JN233498

SOCIAL
PSYCHOLOGY
ACROSS
CULTURES

グローバル化時代の
社会心理学

P.B.スミス & M.H.ボンド 著

笹尾敏明・磯崎三喜年 訳

北大路書房

SOCIAL PSYCHOLOGY ACROSS CULTURES
Second Edition

by

PETER B. SMITH and MICHAEL H. BOND

Copyright©1998
All rights reserved
Japanese translation/rights arranged with the original publisher, Prentice Hall Europe
through Japan UNI Agency, Inc., Tokyo.

日本語版への序文

私たちの本が初めて翻訳されるのが日本語であることをとてもうれしく思います。というのも，いくつか理由があるからです。

まず初めに，社会心理学者は長い間日本と欧米の国々に見られる共通点と相違点について関心があった，という点があげられます。本書でも述べるように，社会心理学の先駆者であるKurt Lewinは1930年代に日本に訪れており，既にその頃から知識の交換に双方が関心を示していたことがうかがえます。

最近でも，日本はますます広がる社会心理学のグローバル化に重要な役割を果たしてきました。過去数十年にわたり，社会心理学を先導してきた理論的発展の多くは北米でなされたものです。しかし結果の普遍性を気にする研究者たちのほとんどは，データ比較の対象として日本に注目しています。したがって，本書でも日本人サンプルを含んだ研究が多く紹介されています。このデータや意見の交換は決して一方的なものではありませんでした。日本の社会心理学者もまた，太平洋を挟んだやりとりに大きく貢献してきました。ますます頻繁になるこのような交流によって，異文化社会心理学は，どの社会的現象が普遍的で，どれがそうではないのか，より確信が持てるようになったのです。日本の研究者はさらに，文化差を説明・予測するための理論を展開するのにも大きく貢献しています。

最後に，やや個人的な話になりますが，日本は私たち2人が異文化心理学者として成長するために必要な貴重な経験を与えてくれました。異文化心理学が誕生してまだ間もない頃，Prof. Bondは1971年から3年間にわたり関西学院大学で教鞭をとりました。彼はDr. Ken Takedaが親切にも備えて下さった研究室で，実験を行なったり，結果について考えながら，この学問分野の方法を身につけました。彼が受け持った日本の大学院生は，彼に日本語を教えたり，日本の文化への洞察を与えるために全力を尽くしてくれました。Prof. SmithはProf. Jyuji Misumiのお招きにより，1980年代に何度も大阪大学を訪れています。彼はリーダーシップの文化差を研究するために1988年の数か月を豊中市で過ごしました。異文化の中で生活するという経験は，本書に書かれているような文化差を鋭く理解するには欠かせません（Bond, 1997を参照のこと）。私たちは日本でさまざまな経験をすることによって，後にそれぞれ異なった他の文化圏も訪ね，それらに取り組むようになりました。私たちの書いた本を読むことで，異文化を体験することがいかに重要であるかを理解していただけたらと思います。マコトニソウネガイマス！

この本の翻訳に Dr. Toshi Sasao とそのチームとともに取り組めたことをとても喜ばしく思います。心理学の著書を翻訳するという作業は骨の折れる仕事で，両方の言語のニュアンスに対する感受性，文献の深い知識，そしてかなりの時間を要します。皆さんが今，手にしているこの本に多大な貢献をして下さった Dr. Sasao，いつも明るい彼のチーム・メンバー，そして国際基督教大学に厚く御礼申し上げます。

　「大山の高きは一石にあらず」

Peter B. Smith
Michael Harris Bond

第 2 版への序文

　自我を文化と切り離して，その存在を強く確信することは，たいへんな力量と雅量を要する離れ技であることは，私たちの経験からよく知るところである。
（ライオネル　トゥリリング）

　本書は時代の申し子です。それは，1997年の4月のことでしたが，本書の執筆は電子メール，心理学に関する文献の電子検索，また同僚たちとの国際的なネットワークによって首尾よくやり遂げることができました。文化を越えての接触が多くなることによって大学のカリキュラム自体にも文化的側面の研究を取り入れることになりました。こういった接触を通して，自分が持つ文化のルーツ，また心理学の理論発展にとってあまり研究のされていない地域への研究をも促進することにもなります。

　第1版に関して読者からの反響は絶大なるものでした。その第1版が出版されてから5年ほどの歳月が流れましたが，その第1版のほとんどの章の改訂を余儀なくされました。各章ごとに新しいセクションが加えられ，さらに文献の量にしても50％以上増大しましたが，その大部分は第1版が出版された1993年以降の文献です。組織行動と土着心理学に関してはそれぞれ新しい1章を設けました。他の加筆も，同僚の貴重な意見をもとに行ないましたが，その加筆がさらに本書の有効性を高めるものとの願いからでした。

　今回の改訂版にあたり，私たちの同僚の意見——特に自分たちとは文化的，言語的，また，受けてきた教育や世代の異なる同僚たちからの提案をできる限り取り入れるようにしました。というのも，私たちはそういった種々さまざまな背景から得られる協働を信じているからです。自分たちの文化的背景は，本書の中でも私たちの一部として醸しだされてしまい，自分の所属する民族，文化，社会集団が他よりも優れているという自集団主義傾向が（悪気なく，自意識なしに）出てしまっているかもしれませんが，その望ましくない傾向は対話を通して，今後きわめて重要となるグローバル化へと鍛造されていくものと信じています。この改訂のプロセスは現在でも進行中で，世界のある地域に関する研究はもう既に進んでいますが，他の地域ではまだまだというところもあります。そのようなわけで，この改訂版の読者の皆さんにも感想やご意見をうかがいたいと思います。そのインプットが皆さんと共有できる学問の上での対

話となり，それが第3版へと導かれるものと思います。

　この第2版の出版にあたっては，私たちの妻たちが示した域を越えた寛大さ，英国・サセックス大学および香港中文大学両大学からの支援，また次に掲げる同僚からのさまざまなコメントから恩恵を受けました。特に，Tom Farsides, Yoshi Kashima, Yueh-Ting Lee, Kwok Leung, Mark Peterson, Felicia Pratto, Paul Redford, Jim Tedeschi, そしてColleen Ward諸氏に感謝いたします。古代ペルシャのことわざにあるように，「われわれは皆様の恵みのご加護の元におります」。

　本書のねらいとして，文化がいかに社会行動に影響を与えるのかを科学的な立場から，親しみを持てるようにわかりやすく初心者向けに書きましたが，決して難解な概念や問題点を回避したわけではありません。つまり，政治的あるいは学究的な論議はこの分野の紹介にあたり，できる限り取り入れるようにしました。本書を熟読することによって読者の皆さんの理解，知識が深まり，そしてさらなる研究への発展に貢献できると信じています。読者自身や私たち自身の今後の研究成果が，本著の価値の判断基準となることでしょう。

Peter B. Smith	Michael Harris Bond
Department of Psychology	Department of Psychology
Sussex University	The Chinese University of Hong Kong
Falmer, Brighton	Shatin, NT
United Kingdom	Hong Kong
p.smith@sussex.ac.uk	mhb@cuhk.edu.hk

目　次

日本語版への序文　i
第2版への序文　iii

第1章　はじめに　1

1．社会・組織心理学における世界観　2
2．多くの示唆を与える異文化間でのエピソード　6
　(1)このやりとりの結果　9／(2)典型的な結果か？　9
3．まとめ　11

第2章　データベースを広げる第1ステップとして　13

1．社会心理学はいつどこで始まったか　13
　(1)はじまり　13／(2)アメリカへの移動　15／(3)世界への広がり　15
2．古典的研究はどのくらい追試で検証されているか？　17
　(1)同調と独立　17／(2)社会的に逸脱するとどうなるか？　20／(3)社会的促進　22／(4)権威への服従　25／(5)リーダーシップ・スタイル　28／(6)集団決定　29／(7)集団極性化　31／(8)集団葛藤と協同　33
3．追試についての再考　35
4．前向きに方法を探る　36
　(1)必要となる方法　37／(2)機能的に等価であることは可能か？　39
5．追試の体系的なプログラム　40
　(1)理論に導かれた研究計画　41
6．まとめ　42

第3章　見過ごされてきた概念としての文化　43

1．文化とは何か？　43
　(1)国という文化　45
2．国と文化　47
　(1)エコ文化的アプローチ　47／(2)Hofstedeによる労働に関する価値観についての古典的研究　50／(3)Hofstedeの研究を評価する　53／(4)価値観についてのさらなる研究　56
3．理論の万能薬としての文化　62
　(1)普遍性の探求　63／(2)行動の文化的因果　66／(3)価値観と行動　71
4．まとめ　76

第4章 社会行動の普遍性を求めて　77

1. ジェンダー差　77
   (1)好きな人として誰を選ぶか　78／(2)ジェンダー・ステレオタイプ　79／(3)一般法則それとも詳細な記述？　80
2. 情動表現　81
   (1)情動の解読　82／(2)情動経験　84／(3)情動表出と「不可解な東洋人」　85／(4)できごとの評価と情動　87
3. パーソナリティ特性　88
   (1)外向性－内向性　89／(2)エミックからの出発　90／(3)ビッグ・ファイブの評価　91／(4)自己効力　93
4. 攻撃性　95
   (1)殺人　96／(2)侮辱　98／(3)攻撃性を表出するか抑制するか　99
5. 向社会的行動　100
6. 組織の構造　102
7. 暫定的な結論　104
   (1)いくつかの注意点　105
8. まとめ　107

第5章 自己と社会的認知　109

1. 物理的コンテクストにおける自己　110
   (1)近接性　110／(2)家屋とテリトリー　113／(3)空間的位置のとり方の意味　114／(4)所有物　114／(5)自己の衣服　115
2. 文化的コンテクストにおける自己　116
   (1)独立的自己　117／(2)相互依存的自己　117／(3)自分自身を記述する　119／(4)独立的／相互依存的な自己の捉え方と社会的認知　122／(5)独立的/相互依存的な自己の捉え方の測定　123／(6)自己の捉え方とパーソナリティ　126
3. 他者知覚　127
   (1)他者の行動の原因を説明する　127／(2)何に注意を向けようとするか　129／(3)言語の選択　130／(4)身体的特徴のインパクト　131
4. 自己に関する肯定的感情　134
   (1)自尊感情　134／(2)主観的幸福感　137／(3)知覚された生活の質　138
5. 成功と失敗の帰属　139
   (1)帰属における自己奉仕的バイアスの研究　139／(2)帰属における謙遜バイアスの限界　141／(3)能力帰属と成績の結びつき　143
6. 自己と他者を比較する　144
   (1)達成に価値を置く理由　145
7. 将来の展望　146

8．まとめ　148

第6章　コミュニケーションと対人関係　149

1．コミュニケーション・スタイル　149
　(1)言語の文化的コンテクストとその使用　150／(2)自己開示　154／(3)面子を保つ　156／(4)沈黙は金なり？　158／(5)真実の多様性　159／(6)誉めることと応答すること　161／(7)非言語的成分　162
2．時間的展望　165
　(1)単一的時間と複合的時間の捉え方　166／(2)先の見通し　167
3．親密な関係　169
　(1)恋愛は文化と結びついた概念か？　169／(2)確立された親密な関係　171／(3)同性の友人関係　174
4．協力と競争　175
　(1)競争性をコンテクストの中に置いてみる　178／(2)子どもたちの間での協力　180／(3)協力とパートナーのアイデンティティ　181
5．小集団での行動　182
　(1)社会的手抜きの新しい視点　183／(2)同調を再び取り上げる　183／(3)少数者の影響　185／(4)個人の小集団への貢献　189
6．小集団プロセス　189
　(1)集団効力感　190／(2)集団の遂行　191
7．まとめ　192

第7章　対集団関係　193

1．社会的アイデンティティ理論　194
　(1)最小集団条件パラダイム　194／(2)最小集団条件効果の再現性　196／(3)社会的アイデンティティ理論のより広範囲な検討　197
2．より広い視点から見た内集団バイアス　198
　(1)集団奉仕的帰属　198／(2)内集団卑下　200／(3)集団アイデンティティと内集団バイアス　201
3．社会的優勢理論　204
4．ステレオタイプ　205
　(1)ステレオタイプの機能　207／(2)ステレオタイプの起源　210／(3)国別ステレオタイプ　210／(4)正確なステレオタイプ？　213
5．偏見　214
　(1)自民族中心主義　214／(2)対集団間偏見の予測について　217／(3)偏見から差別へ　218
6．集団間葛藤　219
7．まとめ　220

第8章　組織行動　223

1．組織における人選と査定　223
2．仕事への動機づけ　227
3．報酬分配　231
　(1)内集団における報酬分配　232／(2)外集団における報酬分配　235
4．階層性（ヒエラルキー）とリーダーシップ　237
　(1)リーダーシップの機能と役割　237／(2)リーダーシップはいつ必要とされるのか？　238／(3)リーダーシップの効力　240／(4)より広い視野で捉えたリーダーシップの研究　244
5．交渉　245
　(1)交渉目的の設定　246／(2)交渉スタイル　246
6．葛藤の解消　251
　(1)葛藤理論の精緻化　253
7．組織文化　254
　(1)組織の慣例　256／(2)組織の公正さ　256／(3)意思決定の手続き　257／(4)組織について振り返る　259
8．まとめ　259

第9章　異文化間交流の特徴　261

1．他者との出会い　262
　(1)見知らぬ人との出会い　262／(2)不確かさの軽減　263
2．他者の認識　264
　(1)アイデンティティの手がかり　265／(2)外集団の認識　265
3．外部者とのコミュニケーション　267
　(1)コミュニケーション　267／(2)コミュニケーションのための社会的コンテクスト　270／(3)文化から文化へ状況をつくり上げる　272
4．コミュニケーション不全　274
　(1)裏切られた期待と誤った帰属　274／(2)言葉の壁　276／(3)修復的フィードバック　282／(4)スタイルの適応　287／(5)より好ましい関係性の希求　287／(6)ユーモア　288
5．多文化チーム　289
6．多国籍および共同企業のビジネス組織　292
7．チャン君とロバートソン先生の再考　296
　(1)不安　297／(2)言語　297／(3)対人空間　298／(4)時間　298／(5)帰属スタイル　298／(6)賞賛と同情　299／(7)礼儀の問題　300／(8)その他の問題？　300
8．まとめ　300

第10章　異文化接触の結果　303

1．異文化適応　303
2．文化変容　307
　(1)結果の測定用具　307／(2)時間を越えた文化変容の結果　308／(3)文化的アイデンティティ　309
3．異文化接触における結果の予測　314
　(1)結果の研究　314／(2)異文化接触の結果をもたらす中でのメタ文化的認識　325
4．組織内における異文化接触の結果を改善する　327
　(1)実際の組織的文化　328／(2)人事の課題　329
5．結論　330

第11章　土着の心理学　331

1．ラテン・アメリカ　333
2．サハラ以南のアフリカ　335
3．インド　336
4．東アジア　338
　(1)日本　338／(2)中国　339／(3)韓国　339／(4)フィリピン　340
5．ロシア　341
6．西ヨーロッパ　342
　(1)スペインの「道理をはずれた規範」　343／(2)Moscoviciの社会的表象理論　343／(3)名誉の原理　345
7．進展の検討：土着心理学　346

第12章　将来の展望　349

1．歴史としての社会心理学？　349
　(1)示唆されるところ　350
2．文化はどのように変容するのだろうか？　351
　(1)収束仮説　351／(2)個人的近代性の様相　354
3．収束仮説を支持しない証拠　358
　(1)経済発展と価値観　358／(2)近代化症候群の多様性　359／(3)伝統性と近代性が無関連であること　359／(4)移住と心理学的変化　360
4．収束と分岐の折衷　361
　(1)特定の機能的収束　362
5．将来へ向けて　363
　(1)理論の拡張　363／(2)心理学の測定尺度を普遍化する　365／(3)インプットを多様化させる　366／(4)新たに出現する文化的多様性の次元　366
6．結論　368

	引用文献	369
	人名索引	435
	事項索引	445
	訳者あとがき	451

■ボックス 1.1■	心理学はどこで行なわれているか？	4
■ボックス 1.2■	思慮深いボスとは？	6
■ボックス 1.3■	何と呼べばよいのだろう？	10
■ボックス 2.1■	メタ分析	18
■ボックス 2.2■	ロバートソン先生とチャン君──教師と生徒	27
■ボックス 3.1■	動いている世界	46
■ボックス 3.2■	文化的影響に関する仮説の出所	49
■ボックス 3.3■	「集団主義流」の意思決定のエピソード	56
■ボックス 3.4■	日本人の友情とオーストラリア人の忠誠	60
■ボックス 3.5■	普遍的な人権	73
■ボックス 4.1■	表出ルールの不一致	86
■ボックス 5.1■	評定尺度データを異文化の視点から見る：注意すべき研究視点	111
■ボックス 5.2■	私は誰？ ロバートソン先生とチャン君の場合	121
■ボックス 5.3■	独立的および相互依存的な自己の捉え方の測定	124
■ボックス 5.4■	なぜオートバイの運転手は，そのような行動をとったか？(1)	129
■ボックス 5.5■	なぜオートバイの運転手は，そのような行動をとったか？(2)	129
■ボックス 5.6■	文化に根ざした侮辱の仕方の違い	131
■ボックス 5.7■	自尊感情と意思決定	136
■ボックス 6.1■	さまざまな言語における人称代名詞の使用	152
■ボックス 6.2■	直接的および間接的コミュニケーション	154
■ボックス 6.3■	文化とインターネット	155
■ボックス 6.4■	31か国における生活の速度	167
■ボックス 6.5■	他に合わせる	185
■ボックス 7.1■	いろいろな国の人に対するステレオタイプ	206
■ボックス 7.2■	国民アイデンティティと内集団バイアスを測る難しさ	212
■ボックス 7.3■	世界観の脱中心化	216
■ボックス 8.1■	ヨーロッパ7か国における仕事の満足度の傾向	229
■ボックス 8.2■	ロシア再考	231
■ボックス 8.3■	階層性が示唆すること	238
■ボックス 8.4■	イスラエルとアメリカにおける集団への参加	243
■ボックス 8.5■	代表者としての異文化間交渉	247
■ボックス 8.6■	個人としての異文化間交渉	249
■ボックス 9.1■	日米交渉	274
■ボックス 9.2■	民族言語としての生命力	277
■ボックス 9.3■	翻訳の危機	278
■ボックス10.1■	観光産業とその影響	304
■ボックス10.2■	異文化移動の経験	305
■ボックス10.3■	認知された文化間の効力の範囲	309
■ボックス10.4■	再移住：再び「家」に戻る	315
■ボックス10.5■	認知された差別	318
■ボックス10.6■	文化間の調和を促進する社会的要因	320
■ボックス10.7■	カルチャー・アシミレーター	323
■ボックス10.8■	カルチャー・アシミレーター──説明と解釈	324
■ボックス12.1■	英語の普及	353
■ボックス12.2■	現代人のプロフィール	355

第1章 はじめに

心理学は長い過去を持っているが，その歴史は短い。（エビングハウス，1908）

　本書がめざしているのは，社会・組織心理学の研究結果として知られているものが，世界各地において妥当性を持つものかどうかを示すことにある。心理学の歴史においては，その研究のほとんどが北米を中心に行なわれてきた。アメリカやカナダでは，人々は多種多様な文化集団に属している。その意味で，それらの研究は，他の世界各地の集団に見られるような文化の多様性を反映しているかもしれない。しかし，そうであると確信できるためには，個々の研究がなされるさまざまな文化集団が，明確にしかも個別に同定されていることが必要となる。

　研究者や教師としての経験からいえば，心理学が満足のいくものとなるためには，それまで明確にされていない領域や，十分に理解できていない領域にまで分け入って，身のまわりの行動を見ることができたかどうかが大切になる。こうしたまだ探索されていない，また見過ごされてきたまだ見知らぬ領域を取り上げて，読者の皆さんにも，そこに踏み込んでいく旅へと一緒に参加してもらいたい。そうすることによって，表1.1に示した問題に答えることができるのではないかと思われるからである。これらの問題に十分な答えを出せるかどうかは，われわれのデータが人間行動の全領域にわたって多様性を持ち合わせているかどうかによる。実際，これらの問題の多くは，心理学を専門としない人たちの協力を得て初めて，十分に答えることが可能となる。これらの問題に対する答えの最初のステップとして，社会・組織心理学における行動の

▲表1.1　考えてみたい問題

- 人間性について普遍的なものとは何か？
- ある組織を経営する唯一のベストな方法はあるだろうか？
- 大量の移民が流入した国々では，どのようなことが起こるだろうか？
- 自分と異なる他の文化圏に育った人を理解することは可能だろうか？
- 英語を母国語として育った人が，母国語としていない人とどうすれば効果的にコミュニケーションをとれるだろうか？
- ジェンダーによる文化の違いはあるだろうか？
- 文化間の接触が頻繁になると，文化間関係は円滑になるだろうか？
- 人間社会というのは，究極的には1つのグローバルな視野に基づく大規模社会となるだろうか？

類似と相違について，通常のアプローチよりもその幅をもう少し広げて探求していくことにする。

　このアプローチがうまくいくかどうかを考えるには，最近の性差に関する研究を見ればよいだろう。初期の研究は，その多くが，被験者のジェンダーにバランスがとれているかどうかについては注目していなかった。もしくは，被験者は，すべて男性であった。それらのデータが，一般的な妥当性を持つという前提で，仮説検証が進められてきた。その後，男性と女性が，さまざまな状況においてどう反応するかについて系統だった比較研究を行なって初めて，そこで見られるジェンダーの役割が社会化されたものであること，また，社会を維持したり変えたりする文化的要因についての理解が可能だと考えられるようになった。しかし，ジェンダーのような特殊な問題に言及する前に，まず社会・組織心理学の歴史と地理的な広がりについて概括してみたい。それから，本書の第3章において，文化という概念が何を意味するかについて焦点を当てることにしたい。第12章にたどり着く頃には，文化について導き出す結論というのは，ジェンダーとか民族的アイデンティティに基づく相違など，下位集団間の文化内に見られる相違と関連しているという問題に立ち返ることになる。

　今，文化に関する問題を取り上げることが時宜にかなっているのは，いくつかの理由がある。まず第一に，さまざまな国や大陸間の旅行が増えることによって，これまである1つの国（あるいは別の国）において検証された社会行動に関する研究結果には限界があることがより明確になってきたからである。第二に，多くの国，またこれらの国々のコミュニティに住む人々は，より熱心に自分たちの特徴や他の人々との違いを主張するようになっており，これらの人々が接触する際のプロセスについても理解を深めていかなければならないことがあげられる。最後に，違う文化を背景とした人々は，その関わり方に違いがあり，それゆえ同じ研究を行なったとしても，それがどこで行なわれたかによって違った結果が得られる可能性を考えなくてはならないことがあげられる。もしそうだとすると，心理学という学問は，いろいろな場においてその理論が検証されているという場合にのみ妥当性を持つと考えられる。

1. 社会・組織心理学における世界観

　まず，社会・組織心理学の現状から見ていく。これらの研究は世界各地で行なわれ，多くの専門雑誌にその成果が発表されている。またこうした研究結果は，学生用のテキストという媒体を通して，専門家以外にも伝達されている。北米で最近出版された心理学の入門書を考えてみよう。Baron & Byrne (1994) の本が，アメリカにおいては社会心理学のベスト・セラーである。その最新版には約1,700の参考文献があり，

その内100ぐらいの研究が，北米以外で行なわれたものである。また，Greenberg & Baron（1995）の組織心理学のテキストには1,327の文献があり，そのうち78だけが北米以外によるものである。Myers（1996）による社会心理学のテキストでは，他の北米のテキストに比べれば，異文化に関して注意が注がれてはいるが，それでもおよそ2,700の全参考文献中，北米以外で行なわれた研究は228だけである。

近年出版された英語で書かれた社会心理学書の著者は，必ずしも北米の心理学者とは限らない。Hewstone, Stroebe & Stephenson（1996）は，ヨーロッパでは最もよく知られている社会心理学のテキストの著者であり，また別の社会心理学書の著者であるHogg & Vaughan（1995）は，オーストラリアとニュージーランド出身である。両方のテキストで，合計して約2,000の文献中，500以上が北米以外のものである。だが，これら500以上の研究論文は，西ヨーロッパ，オーストラリアとニュージーランドで行なわれたものである。今まで見てきた上記のテキストの中で，その他の地域で行なわれた研究文献は2％ないし3％にすぎない。つまり，英語で書かれたテキストの中で，社会・組織行動が抽出されている母集団は，世界の200以上ある国の12か国弱にすぎない。それは世界人口の10％を少し上回る程度である。こうした，あまり世界を代表しているとは思えないような集団に基づいた研究は，もし文化が社会行動に影響を与えないのならば，それほど問題にする必要はない。しかし，第2章からもわかるように，文化が社会行動に与える影響については，はっきりとした裏づけがある。

欧米諸国や，他の言語で書かれたテキストを概観することによって，学生の前に提示された研究のサンプルの取り上げ方が，世界の他のところでも当てはまるかどうか見ることができる。もう少し広げて見ると，Pandey（1981a）によるインドでの社会心理学の概観，Furuhata（1980）の日本の社会心理学，またスペイン語で書かれた一般心理学ハンドブックの社会心理学の巻（Rodriguez & Seoane, 1989）などにおいては，北米の研究が大半を占めている。Strickland（1984）によって編纂されている旧ソビエト連邦における心理学者の論文集には，それほど北米の研究は見あたらない。しかし，これらの論文が冷戦前に書かれたことを考えると，今後ロシアの心理学が，旧ソビエト崩壊後もその独自のアイデンティティを保ち続けるかどうかは定かではない。多くの場合，社会・組織心理学研究の主流となっている地域以外の国に住む学生たちは，北米で行なわれた研究に目を通すことになる。

もちろん，テキストの著者は，読者の関心を引く資料を選び，学生たちにとってなじみのある問題や状況に言及している。さらに，北米研究の引用度が高いのは，北米において多岐にわたる社会・組織心理学の研究がなされていることもその一因となっている。他の国々に何人の研究者がいるのか，数えるのは難しいが，Rosenzweig

(1992) によると，世界中で全分野を合わせて56,000人がおり，64%はアメリカ人，そして社会・組織心理学者も，おそらくそれぐらいの高い比率であろうと推定されている。つまり，北米以外にいる，世界の25%から30%の社会・組織心理学の研究者が多くの北米研究にふれ，彼らも同様な著作・研究活動を行なっているのである。

　これまで，簡単に社会心理学のテキストを概観してきたが，各テキストに引用される研究の選択は，著者の国籍に依存することが多い。ヨーロッパ，オーストラリア，インド，日本などで公表されたかなりの数の優れた研究は，これらの国で出版されたテキスト上でのみ話題になる。また，テキストに戻って，著者自身がいる地域以外から引用された研究を詳しく調べてみて初めて，他の見解があることを知る。時には，読者は，その報告されている研究が，実際には他の国で行なわれたことをまったく知らされないことがある。例えば，Baron & Byrne の社会心理学のテキストにおいて，アメリカ以外の国でなされた研究がレビューされているが，100のうち46に関しては，それらがどこでなされたか明らかではない。つまり，54の研究は，アメリカ以外の国で行なわれたと明記されているが，それらは本書のテーマにとって非常に興味深い。Baron & Byrne は，このうち44の研究で得られた結果が，アメリカで行なわれた研究結果と類似しているか，違っているかを問題にしている。そして，25の研究においては，結果はいろいろ違いがあったが，他の19の研究に関しては，アメリカと同様な結果が得られたとしている。このサンプリングは，引用された研究例の半数以上が，北米以外で行なわれたとき，違う結果をもたらしたことを示唆している。われわ

■ボックス1.1■　心理学はどこで行なわれているか？

　以下の3つの質問には，異文化研究を行なっている人でないと答えるのが難しいかもしれない。ここで読者の皆さんにわかっていただきたいのは，心理学研究の実践は，皆さんが思っているよりも世界中のあらゆるところで行なわれているということである。このことがあまり知られていないのは，いろいろな理由があげられる。おそらく，言葉の壁が，最もわかりやすい明確な理由の1つであろう。その他の理由については，他の章で取り上げることにしたい。

1．およそ1億6,000万人の人口を持ち，約85,000人の心理学者がいる国とは？
2．およそ1億2,500万人の人口で，2つの社会心理学関連の学会を有し，その会員数合計が約4,000人いる国とは？
3．およそ9千200万人の人口で，約90,000人ほどの心理学者を有する国とは？
　なお，この国の主要大学には，約600人もの心理学者がいる。
＊これらの質問の答えは，6ページにあるボックス1.2の下にある。

れは，ここではまだ，こういった厄介になりそうな結論を強調できる段階ではない。というのは，これらの研究例がテキストに選ばれたのは，それらがあまりにも例外的で興味をそそる研究だったかもしれないからである。さらに，これらの多くの研究は，ある1つの国で行なわれているのである。次章で提言したいが，もし，場所が違っていても同じ社会的プロセスが作用していることを見たいのであれば，類似した測度とサンプルが，それぞれ違う場所においても用いられていることを保証するだけの十分な注意が必要になる。比較という目的のために明確に計画された研究が，妥当な結果を生み出す裏づけとなる。

　ここでもう一度，今まで見てきたテキストでは，北米で行なわれた研究が圧倒的に多いという問題に戻ってみたい。Lonner（1989）も，33冊のアメリカで出版された一般心理学のテキストを調べたところ，同様に北米の研究の引用が圧倒的であることを指摘している。今ここで問題にしなければならないのは，この北米中心であることが，どれほど問題になるのかということである。世界のいろいろなところで書かれた物理学のテキストを話題にしたとしても，研究者の居場所に関しては同様な分布が見られるだろう。というのも，物理学と同様に，社会・組織心理学者で，有名かつ有能な研究者の多くが北米に住んでおり，テキストの多くが，そういった学者にそれだけ多くのスペースを割いているのも理解できる。しかし，あるデータによると，北米の自然科学者は，北米以外に住む研究者に言及することが多いようである。1988年だけでも，アメリカの自然科学系の学者が引用する研究の44％が自国外の文献である（Gielen, 1994）。

　しかし，物理学の研究においては，違った場所で研究が行なわれても，違った結果が得られる可能性は少ない。それに対し，社会行動に関心があるときは，違った結果が得られるという可能性ははるかに大きくなる。それには，さまざまな理由があげられる。例えば，研究資料の翻訳の問題もあるし，あるいは単に世界のあらゆる地域で人々の行動に違いがあることなどである。もちろん，アメリカのように大きな国になると，国内においても，研究結果が，地域あるいはさまざまな民族的コミュニティによって大きな違いとなって現れる。そういった違いが，世界的なレベルにおいて比較したときに現れるか現れないかは，非常に重要である。アメリカの研究者は，他国の研究者に劣らず，研究の再現性に気を配っており，その中でも，ある国でなされた研究が再現されるかどうかに関して先駆的役割を果たしている。したがって，今ここで行なおうとしていることは，決してわれわれが一方的な立場に立って，北米での研究を批評しようとしているのではない。むしろ，われわれの課題が成り立っているデータ・ベースを広げるために，あらゆる国の研究者の研究を探索していくことにある。

　本書のような小さなサイズの本で，現代の社会・組織心理学全般について述べてい

■ボックス1.2■　思慮深いボスとは？

Smithら（1989）は，電気系統の組み立て工場におけるリーダーシップ行動をアメリカ，香港，日本，およびイギリスの4か国で調査した。どの工場においても，作業チームの一人ひとりに思いやりのある上司は，その部下による評価はよかった。しかしながら，この研究の焦点は，上司が思いやりがあると認知されるにはどのような行動をとったかということであった。工場内での作業者は，自分たちの上司がいろいろな行動をどのくらいの頻度で行なったかについて尋ねられた。

その結果，思慮深い上司であると思われる行動は，国ごとにかなり違った行動を意味していた。例えば，質問の1つに，もし，作業チームの1人が個人的な問題で悩んでいるとき，上司はどのような行動をとるかという質問があった。日本や香港の工場では，その人がいない場所で，他のチームの成員と相談する上司が思いやりがあるとされた。対照的に，アメリカやイギリスでは，そういった行動は思慮に欠けると判断された。つまり，同じ行動をとったとしても，その行動が生起する文化のコンテクストによってかなり異なった意味合いを持つことが明らかになった。日本や香港では，機転をきかせた第三者を通したコミュニケーションが思いやりがあると受けとられていたのに対し，イギリスやアメリカでは，1対1のコミュニケーションが思いやりがあると認知されていた。この文化的違いに関しては，第6章でより詳しく検討したい。

（ボックス1.1の質問の答：それぞれブラジル，日本，そしてメキシコをさす。）

くのはあまり得策ではない。読者の皆さんは，もう既に自国で文献を読んでいるか，あるいはそういった入門書に接していると思われる。次章からは，焦点を絞り，ある1つの国だけにとどまらず結果が再現された研究についてより詳しく検討していく。またその後，2つまたはそれ以上の国で行なわれた研究についても見ていくことにする。

この主要課題に取り組む前に，世界の異なった地域から出てきた2人が，接触・交流するとどのようなことが起こるかを見てみたい。彼らが，コミュニケーションをとろうとする際に生じる失敗を見ることによって，世界のさまざまな地域でなされる研究が，異なる結果をもたらすかもしれないという問題について，なんらかのアイデアを得ることができるかもしれない。

2．多くの示唆を与える異文化間でのエピソード

香港のある大学の中国人新入生チャン君（Chan Chi Lok）は，ジーン・ロバートソン先生——最近スコットランドから赴任してきたばかりの英国人で離婚している—

―が教える「ビジネス英語」の科目を受講した。学生のチャン君は期末試験に落第し，ロバートソン先生と12時に面会の約束をとり，成績に関して相談をすることになっていた。ロバートソン先生は12時30分に学科長のジョージ・デイヴィス氏と昼食の約束があった。

チャン君は12時20分に友人と一緒にロバートソン先生の研究室に到着し，ドアをノックしたが，返事を待たずに2人で中に入ってしまった。先生は驚いた様子で見上げた。チャン君と彼の友人は，先生の椅子に近づき，先生のすぐ横に立った。

　　チャン君は微笑みながら，「先生，もう昼食はお済みですか？」と尋ねる。
　　ロバートソン先生は厳めしい顔をしながら，2メートル程離れたところにある椅子を指さして，こう答えた。「チャン君，そこに座って下さい。20分も遅れてくるなんてことはないですよね。チャン君とだけ話をしたほうがいいでしょう」。そして，友人に向かって，「あなたは廊下で待っていて下さい」と言った。
　　「はあ～？」とチャン君は口を開けたまま聞き返す。
　　ロバートソン先生はゆっくりと同じせりふを繰り返し，チャン君の友人はその場を去った。
　　チャン君は次のように続けたが，ロバートソン先生は開いた口がふさがらない様子である。
　　「先生はとてもいい人だってみんなが言ってますよ。だから，先生を明日のクラス・パーティにご招待したいのです。貴重な時間を割いていただけますよね？　先生」
　　ロバートソン先生は驚きのあまりチャン君を凝視し，眉をつり上げ，こう言った。「無理ですよ。私には，もう予約が入ってます（I book well ahead.）*」
　　「先生は，本が嫌いなんですか？」とチャン君は微笑み，そしてじっと見つめながら尋ねる。
　　「チャン君，あなたはもっと別に話さなくてはいけない大事なことがあるはずです。どうして遅れてきたのかもまだ説明していませんよ」チャン君は，ぽかんとした目つきで先生を見る。「チャン君，どうして遅れたのですか？」
　　チャン君は笑いながら，少し間をおいて，「えーと，電車が遅れたんです」と嘘をついて下を向いた。そして「実は，スクールバスが混んでいたので，先生の研究室までずっと歩いてきたんです」と本当のことを言った。
　　「チャン君，あなたは今までにあまりあてにならない人と言われたことはないですか？」

---

*チャン君は，ロバートソン先生が英語で言った 'I book well ahead.' の「book」を「予約する」という本来の意味ではなく，「本」として誤解している。

「はあ～」

「その,はあ～というのはとても失礼ですよ,チャン君。『もう一度,言って下さい』と言うべきです」

チャン君は「どうもすみません,先生」とブツブツ下を向きながら言った。

「じゃー,もういいわ。ところで,あなたの期末試験の出来はとても悪かったですね。どうしてそうなったかわかりますか?」

ここでチャン君は,2回くしゃみをする。

「風邪を引いたのですか?」とロバートソン先生が聞く。

「いいえ,先生,あなたの臭いのせいです」チャン君は,くしゃみが先生のつけている香水によるものだと説明する。

ロバートソン先生の目が,まん丸になる。

チャン君は,彼女の見るからに困惑した様子に応え,前の質問に戻って説明する。「試験は,本当に難しかったです。でも私は一生懸命勉強し,試験前に,ほ,ほ,ほ本を,よ,よ,4回も読み直しました」チャン君は吃りながらこう言った。「僕たちみんな思ったのですが,先生の試験はとても難しかったのです」チャン君は,クラスメートにも言及しながら続ける。「それに……」

するとロバートソン先生がすぐ割り込んで言った。「他人を巻き込もうとしても駄目ですよ。しっかりと独立心を持たないといけません。努力だけじゃパスしませんよ」

「でも先生のおかげで,自分の英語は上達したんです。先生の教え方はとてもいいですよ。進級するには,どうしてもこのクラスにパスしなければならないのです」

「チャン君,言っておきますが,あなたが今言ったことは,私には全然関係ありません。問題なのは,あなたの英語の実力です。しかも,授業を欠席ばかりしていては実力を伸ばすことにはなりません」

すると,チャン君は,「今学期,母が入院してまして,──チャン君は言葉に詰まりながら──それで毎日見舞いに行かなければならなかったのです」

「チャン君,あなたの一番の義務は勉強ですよね,わかりますか。お母さんをお見舞いするのは夜でもいいのではないですか」

「でも,妹の面倒は誰がみるんですか?」とチャン君が返すと,

先生は「全然わかっていないようですね」と溜め息をつく。

しかし,「ええ,わかっています」との返答に,ロバートソン先生はさらに困惑してしまう*。

---

*英語における「Yes」と「No」と,アジア系の言語における「はい」と「いいえ」の語法の違いにより誤解が生じている。

「チャン君，私は今から他の約束があるので出かけます」と先生が言うと，

「先生，どうかお情けでパスさせて下さい。どうしてもパスしなくては困るのです」

「えっ！　なんですって。お情けのパス。そんなこと今まで聞いたこともありません。まあ，とにかく，急がなくちゃいけないので，再試験を受けたければ，あとから電話で予約をとって下さい」

ロバートソン先生は，ドアのところまで行って，ドアを開けたままチャン君を見送った。そして，彼が，友人のところまでうつむき加減に歩いていくのを見ながら，こう言った。

「チャン君，次回は遅れないで下さい。ここに時間通りに来なければ，けっしてうまくはいきませんよ」

(1) このやりとりの結果

チャン君とロバートソン先生のやりとりは，ある学期のある小さな英語のクラスにおける，学生と先生のやりとりの例といえる。チャン君にとって，外国人と接するのは初めてであったし，ロバートソン先生にとっても中国人学生を教える初めての学期であった。残念ながら，彼らのやりとりを通してお互いを理解するだけの光明は得られなかった。かえって，お互いの否定的なステレオタイプ——チャン君にとっては西欧の女性について，またロバートソン先生にとっては中国人というもの——を助長する結果となった。

学科長との昼食の席で，授業について尋ねられると，ロバートソン先生は，学生がとても礼儀に欠け，無責任で，しかも非論理的であると苦情を述べる。チャン君はといえば，先生があまり自分を理解してくれないので落ち込んでいると妹に説明する。しかも，先生は問題が持ち上がると少々攻撃的になり，成績に関しては融通が利かないとも言う。チャン君の妹は，離婚歴のある女性が，同僚の男性と2人っきりで昼食をとるということを聞くと，チャン君の先生に対する非難ももっともだと思うのである。しかしながら，妹は，チャン君が先生の言うことの半分も理解できないと言っているのに，よくあれだけの悪口が出てくるものだと驚いている。

(2) 典型的な結果か？

この事例によって，ロバートソン先生やチャン君を誹謗しようとしているわけではない。また，英語の教授・学習に伴う実際問題を過小評価しているのでもない。われわれが相互に関わり合うとき，ジェンダーによる違い，年齢，あるいは文化的背景によってかなりの影響を受けるということを述べたかったのである。もちろん，これらは，われわれが同じような背景を持つ人とだけ一緒に生活するのであれば問題にはな

らない。しかし，多くの異文化という場においては，上で見たような行き違いは，よく起こりがちである。文化を越えた関わり合いは，これからも続くであろう。というのも，そこに関わる人たちにとっては，互いに重要な利害関係があるからである。例

■ボックス1.3■　何と呼べばよいのだろう？

　本書でいおうとしていることの1つは，どんな行動やどんな言葉も，これ以上縮小できない客観的な意味を持ってはいないということである。つまり，さまざまな集団や国に属する人たちは，自分の身のまわりにあるものに意味を見つけ，それらが表すニュアンスにしたがって自分たちのアイデンティティを定義し，さらにある集団を他の集団と区別するのである。例えば，本書が取り上げている主題をどのように定義すべきかということがある。英語圏では，異文化心理学（cross-cultural psychology）という言葉を好む研究者と，文化心理学（cultural psychology）を好む心理学者に分かれるが，フランス語圏の研究者は，文化間心理学（psychologie interculturelle）という言葉を最も好む（Krewer & Jahoda, 1993）。

　異文化心理学者は，対象とする民族あるいは国からのサンプルに基づいて，それらの集団間の違いを，質問紙や構造的観察法を用いて研究を進める。理論をないがしろにしているとの批判を受け反発するが，これらの心理学者らのアプローチは，実証主義的な立場に立つものである。彼らの多くは，国際異文化学会（International Association for Cross-Cultural Psychology）に所属し，その刊行雑誌である異文化心理学研究（Journal of Cross-Cultural Psychology）に投稿する。

　文化心理学者は，文化がその構成員によって継承され，あるいは変容するプロセスに関心を寄せている（Shweder & Sullivan, 1993）。特に，ある1つの文化集団において何が起こっているかを研究しており，時として，そうしたアプローチをその土地固有の土着心理学（indigenous psychology）と呼ぶことがある。研究方法は，さまざまな手法が使われるが，ディスコース（談話）分析のような質的アプローチも用いられる。「単なる実証的」な手続きを拒否し，「明確な……文化がいかに体系的に機能しているかに関する理論」の必要性をあげている（Valsiner, 1995）。最近，学術雑誌「文化と心理学（Culture & Psychology）」の刊行を開始した。

　文化間心理学者は，種々の文化集団が交流する社会的プロセスに焦点を当てて研究を進めている。彼らは，集団間の分類だけによる分析を嫌うが，それは人種差別的な意味合いがあるからである。彼らは，文化間研究学会（L'Association pour la Recherche Interculturelle）という学会を組織し，学術雑誌というよりは著書の形で，ほとんどの場合フランス語で出版している（例：Retschitzky, Bossel-Lagos & Dasen, 1989）。

　こうしたそれぞれの立場からの研究への貢献は，本書の中でも見ることができる。

えば，ロバートソン先生にとっては海外において高収入を得るという仕事，チャン君にとっては，広く使用されている言語である英語のネイティヴ・スピーカーと接触できるという利点がある。にもかかわらず，関わり合いのプロセスを互いに喜べず，戸惑い，失望し，また怒ったりしている。そういった文化の違いを橋渡しするという楽しさ，関わり合いによる相乗効果を見落としているのである。

後に明らかとなるように，ちょっとした文化に関する知識が，異文化間の出会いを改善するのに非常に役立つものとなる。そうした目的のために本書が役立てば幸いである。というのも，われわれの住む地球が，いわゆる「地球村（global village）」に凝縮してきており，21世紀は文化を越えたやりとりが増えてきているからである。われわれの相互依存度は増大しつつあり，アメリカ独立戦争時のフランクリンの言葉を借りるなら，「団結せよ。さもなければ，絞首刑に処せられてしまう」のである。歴史的，政治的，経済的な要因がこのプロセスを妨害するだろうが，関わり合う当事者たちがお互いの間で起こる問題を理解し，熱意と正しい認識を持って臨むなら，「団結」に向けてある程度の進歩が期待できる。

チャン君とロバートソン先生のやりとりは，これから述べていくことがらに深く関わる1つの例として，今後も折にふれて言及していくことになる。特に，文化的背景の異なることが，いかに価値観の違い，コミュニケーションのとり方の違い，感情表現の違い，交渉方法の違いなどに反映するかについて注目してみたい。読者の皆さんは，この2人のやりとりがどうなったか，われわれ筆者はこのやりとりをどう見ているかについて，どうしても知りたければ，第9章の最後を見てほしい。そこにより詳しい分析がなされている。しかしながら，筆者自身の文化的背景によって——1人はイギリス人の男性，もう1人はカナダ人の男性——チャン君とロバートソン先生のやりとりにおける問題点を——読者の皆さんには明確であったかもしれないが——見落としているかもしれない。もし，見落としたところがあれば，ぜひご教示をお願いしたい。というのも，われわれ自身，文化的感受性を高めていきたいと思っているからである。

3．まとめ

社会・組織心理学のテキストにおいては，ある地域における行動のサンプルをとることによって，普遍性を取り扱っていると暗黙の裡に仮定されている。これは，都合のよい「神話」といえる。チャン君とロバートソン先生のやりとりは，世界には，その広がりと種類において，さまざまに異なる多くのプロセスがあるということを示している。

第2章　データベースを広げる第1ステップとして

　まわりの人とうまく歩調が合わないという人がいる。それは，たぶん，彼だけ違った太鼓の音を聞いているためだ。彼が聞いている音に耳を傾けてみよう。たとえ，それがどんなに遠くて聞き取りにくいものだとしても。(ヘンリー・ソロー『ウォールデン（森の生活）』，1854)

　ここでは，異文化心理学者が研究を進めていく際に有効と考えられる概念について検討を行なう。しかし，その前に，社会心理学全体を社会文化的コンテクストに置いてみることが必要である。これが，本章の課題である。まず，社会心理学が発展してきた経緯を見ておきたい。社会心理学は，今世紀の半ばに，北米に確固とした根をおろした。その様子を見ていきながら，アメリカで最もよく知られている8つの研究を取り上げ，他の国々ではそれらがどう取り扱われてきたかを見てみたい。最後に，こうした検討を行なうことによって生じる新たな問題について注意深く思いをめぐらすことにする。特に，世界のさまざまな文化集団から得られた結果のバリエーションをいかに解釈したらよいか考えてみる必要がある。

1．社会心理学はいつどこで始まったか

　社会心理学者にとって重要な問題は，記録された歴史を通して論じられてきた。驚くべきことではあるが，現在でも最も意見の一致が見られないことがらというのは，既に古代ギリシャにおいてその萌芽が見られていた。例えば，社会行動を研究するのに，個人の動機づけや認知に焦点を当てた方がよいのか，あるいは，人々の行動や思考を形づくる社会構造を吟味した方がよいのかなどである。アリストテレスは前者を好み，プラトンは後者をより重視した。

(1)はじまり

　現代社会心理学の起源は，約1世紀前のドイツに遡る。Wundtは，世界で最初の心理学実験室をつくり，精神物理学の仕事をしたことで知られている。また，1900年から1920年にかけて，『民族心理学』全10巻を出版している。これが，ドイツ語

から翻訳されるまでにはいくぶん時間がかかっているが，彼のアプローチは，今日の社会心理学だけでなく，社会人類学あるいは社会学に相当する内容を含んでいた。彼は，文化的・社会的コンテクストを規定する上で，社会の役割が重要であることを強調した。この考えが後に世界に広まっていき，彼は，社会学的社会心理学者として活躍することになる。同じ頃，他のドイツの研究者たちは，個人により重点を置いた研究を行なったが，それらは，当時も今もあまり知られていない。

20世紀の初頭には，「社会学的アプローチ」と個人に焦点を当てた「心理学的アプローチ」のいずれも，北米やヨーロッパでは十分確立されたものとなっていた。「社会心理学」として最初に出版された英語のテキストも，このいずれかに分類される。McDougall（1908）は，個人の本能を強調し，Ross（1908）は，他者の社会的影響によって生じる行動の斉一性を強調した。その後数年間においては，行動主義が台頭した。そして，社会心理学が科学たらんとするなら，行動を測定する精密な方法と，それらの規定因を検証し得る実験法の発展が欠かせないと考えられるようになった。この傾向は，特にアメリカで強く見られ，Floyd Allport（1924）に代表されるような，実験志向のテキストが出版されるようになった。また，態度やリーダーシップに関する妥当性の高い測度の開発に，より多くの注意が払われるようになった。これらはいずれも，なぜ人はある特定の仕方で行動するのか，という個人の気質的傾向として概念化されている。しかし，実験的手法を強調する傾向は，アメリカでのみ見られたわけではない。実は，実験社会心理学に関する最初のテキストは，ドイツのMoede（1920）による。フランスやイギリスなどの他のヨーロッパ諸国においては，当時，心理学よりも社会学や社会人類学の方がより発展していた。

現代社会心理学の発展にとって最も重要な人物といえば，Kurt Lewinであろう。彼はもともとドイツで研究を行なっていた。そして，人間の知覚がそのコンテクストによって影響されることを強調したゲシュタルト心理学の考え方を発展させ，集団研究に大きな影響を与えた。Lewinは，研究の関心を知覚の領域から，やがて1930年代に社会行動の領域へと移していった。彼は，個人の生活空間（ライフ・スペース）のさまざまな要素間の相互関連を強調した。また，個人のプロセスだけでなく，社会システムの研究が欠かせないと考える人たちに共感していた。また，個を抽出して社会行動の要素を取り上げ，それらを個別に研究することにはあまり価値を見いださなかった。さらに，彼は実験法を用いることを強調した。その意味で，社会学的社会心理学者と心理学的社会心理学者との間で広がりつつあったギャップを埋める役割を果たすことになった。また，Lewinは，文化的統合を促進した。例えば，1930年代の前半に，ヨーロッパとアメリカの社会心理学者を結びつけ，さらに日本の社会心理学者をも結びつけた（Marrow, 1969）。ゲシュタルト心理学の研究所が九州大学に設立

され，Lewinのリーダーシップ研究のアプローチに基づいた多くの実験研究がなされるようになった（例：Toki, 1935）。

(2)アメリカへの移動

1933年ヒットラーの台頭によって，Lewinと他の多くの著名なユダヤ人社会科学者がドイツを逃れ，その多くがアメリカへと渡った。最初はアイオワ大学，続いてマサチューセッツ工科大において，Lewinは，後にふれるリーダーシップと集団決定の分野で古典とされる研究を行なった。さらに特筆すべきことは，彼が，研究者を次から次へと輩出し，その多くが，戦後のアメリカ社会心理学を彩る重要な人物となった。例えばFestinger, Kelley, Cartwright, Deutsch, Schachter, French, Thibautなどがそうである。1947年のLewinの死後，それぞれ独自の特徴ある実験研究を行なっている。やがて，全体としての社会システムを強調する傾向はしだいに薄れ，実験環境をうまく統制することが優先されるようになった。それは，場面設定の単純化を意味している。また，正確さが優先され，現実味が希薄になっていった。

その後における北米社会心理学の急速な進展はよく知られている。また，心理学的社会心理学が優勢になってきてはいたものの，アメリカには，社会学的社会心理学の伝統が，まだあちこちに残っていた。その伝統は，例えば，Mead, Goffman, Balesなどに代表される非実験的手法によるものであった（例：Secord & Backman, 1974; Hewitt, 1994）。

(3)世界への広がり

第二次世界大戦後，北米以外の社会心理学は沈滞してしまう。1950年代においては，西ヨーロッパ全体よりもミシガン大学の社会心理学者の数の方が多いぐらいだった。これらかなりの数の研究者は，やがてLewinが注目した小集団の研究ではなく，組織行動に関心を持つようになった。社会心理学が，世界中の大学や研究機関に再び設置されるようになると，北米に根ざした統制された実験的精神のもとで研究がなされるようになった。実験室がつくられ，実験が行なわれるようになった。また，実験室がどこに設置されているかはさほど問題にはならなかった。

北米から生まれた社会心理学の理論は，第1章で見たように，今日にいたるまで世界中に影響を与えている。例外として際だつのは，かつてのソビエト連邦である。アメリカの暗黙の個人主義の理論は，長い間受け入れられなかった。その代わり，集団主義の概念を用いた独特の理論が発展してきた（Strickland, 1984）。こうした理論は，かつてのソビエトの政治システムによって生み出されたものと考えがちだが，それは妥当ではない。これらの理論は，子どもを用いたロシアのVygotskyの研究に見られ

るように，心理学において伝統的に社会学的アプローチをとってきたことと関連している。それらはまた，当時のソビエトの科学者や人々によって支持されていた集団主義の価値観とも合致する。次章で見るように，これらの理論は，異文化心理学者たちが発展させてきた概念とも両立し得るものである。

　北米において発展してきた方法をどう用いるかは，社会心理学者としての関心の違いもあり，各国の社会心理学者によってまちまちである。発展途上国においては，北米で有用とされる理論が，切実な問題に応えていないという不平がしばしば聞かれる。これら発展途上国の心理学者は，国家の発展に直接貢献しようとしており，国家建設にあたって必要となる理論や方法をつくり出そうとしている（Blackler, 1983; Sloan & Montero, 1990）。Misra（1981）は，アメリカで訓練を受けた社会心理学者として，インドで帰属理論の研究を始めた。しかし，10年後，彼は，効果的なセールスマンシップの研究を行なうようになった。同様に，Sinha（1986）は，実験的方法を用いるのをやめ，「その土地固有の土着心理学」運動の代表的リーダーになった。この運動は，優れた理論は，その研究が行なわれているそれぞれの文化的コンテクストで必要とされるとの考えを提唱している。Marin（1983）は，ラテン・アメリカでも同様な傾向があると報告している。そこでは，社会心理学者がコミュニティの発達プログラムに積極的に参画している。「応用心理学研究」（Wilpert, 1991）という専門雑誌は，最近の問題として，ブラジル，チリ，コロンビア，メキシコ，プエルトリコ，ベネズエラでのコミュニティ発達プロジェクトにおける社会心理学の利用を取り上げている。これら第三世界の研究プロジェクトの共通点は，Moghaddam（1990）がいう「調整」志向から「生成」志向への転換にある。言い換えれば，これらの国々の社会心理学者は，現状の記述や分析にはそれほど関心はなく，ポジティブな社会変化を生み出すことにより強い関心を持っている。

　西ヨーロッパやその他，産業化された社会における心理学者によってしばしば指摘されることは，北米の研究の追試を試みても，時として違った結果が得られるということである。また，被験者がもっともらしいと考える実験を設定することの難しさを感じることもある。こうした困難さについて，残りの部分で検討したい。では，まずそうした例をいくつか見てみよう。

　西ヨーロッパ人の苦悩は，実験に限ったことではない。彼らはまた，多くのアメリカの理論家が社会行動を概念化するにあたって，そうした行動が生起するコンテクストを無視しがちであるという極端な個人主義の考え方に対しても憂慮している。行動に意味を与えるのは，その行動が生起するコンテクストにあるというのが彼らの考えであり，これは，Wundt以来のヨーロッパの理論家たちの基本的な考え方である。彼らの批判は，「真空状態の実験」というTajfel（1972）の分水界となる論文のタイ

トルに象徴的に示されている。組織行動の領域においても，同様な意見の広がりが見られる。いかに組織が機能するかを規定するものとして，アメリカではリーダーシップ・スキルの発達に重点を置くのに対し，ヨーロッパでは，科学技術と人間との相互作用に重点を置いている。

このように社会心理学と組織心理学の歴史を簡単に振り返るだけで，世界のさまざまな地域で，問題となることがらが何であり，多くの重要なバリエーションがあることがわかる。後に，これを芸術家のようなやり方で，さまざまな研究をより詳しく見ていくことによって，大がかりな絵をつくり上げたいと思う。

今はまさに，いくつかの有名な研究がいつ外国へと伝わり，そこで何が起こったかについて考えるよい機会である。もし，これらの研究になじみがなければ，社会心理学や組織心理学の入門書を見ていただきたい。

2．古典的研究はどのくらい追試で検証されているか？

(1)同調と独立

社会心理学の実験で最も多くの追試がなされたのは，Asch（1951）の同調研究であろう。これは，3本の線分のうちどれが，別のもう1本の線分と同じ長さであるかをナイーブな被験者に繰り返し判断させるという実験である。しかし，この時，一致して誤った判断をする他者（サクラ*）がそこに存在していた。R.A. Bond & Smith（1996）は，アメリカでなされた97の追試と，他の16の国々でなされた36の追試研究で得られた結果を比較した。メタ分析として知られる手続きを用いて，それぞれの研究の「効果の大きさ」を算出した（ボックス2.1参照）。表2.1は，世界のさまざまな地域で行なわれた研究で得られた効果の大きさの平均を示している。

明らかに，効果の大きさは，北米と西ヨーロッパで行なわれた研究の方が，その他の地域でなされた場合よりも小さい。この比較に含まれる研究の数を考えると，誤解を招くおそれがあるかもしれない。追試というと，それぞれまったく同じやり方でなされたと考えがちである。実際には，オリジナルな研究の多くの細かい部分がそのままなされることはなく，その細かい部分の1つひとつが特定の研究における効果の大きさに影響を与えている。Bond & Smithは，アメリカの研究におけるバリエーションを吟味して，これらいくつかの剰余変数が効果の大きさに影響を与える程度を推定した。そして，効果の大きさは，Aschの研究が最初になされて以来，だんだん減少

＊「サクラ」は実験者と前もって打ち合わせ済みの実験協力者。

■ボックス2.1■　メタ分析

　メタ分析（meta-analysis）は，ある類似した研究上の問題について，たくさんの研究から全体としてそれらを統計的に要約し結論づけるための手法である。近年，心理学者によってしだいにこの手法が多く用いられるようになってきている。妥当な結論づけをする際に，しばしば出くわす厄介な問題は，研究者間で測定の技法や，回答者のサンプルが異なったりすることや，いろいろな違った条件でデータを集めたりする点である。メタ分析は，研究者が実際にどういった測度を用いたかとは独立に，「効果の大きさ」を計算できるとの仮定に立っている。単一研究での効果の大きさは，実験条件での被験者による得点と統制条件での被験者による得点の差を，統制条件の被験者の得点の標準偏差で割ることによって計算される。どういった実験効果が検討されているにせよ，効果の大きさは，効果が一貫して見られるかどうかを決定するために，いくつかの研究を通して平均値が算出される。もし研究のサンプルが十分大きいなら，実験デザインのバリエーション，地理的な位置，研究が行なわれた時期などが効果の大きさに及ぼす影響は，推定可能である。本書では，たくさんの公表されたメタ分析について考察しているが，国によって効果の大きさが異なることが強調されている。

していることがわかった。また，効果の大きさは，誤った判断をする多数者の数に影響されていた。こういったタイプの要因は，カナダで行なわれた研究（表2.1参照）で得られた効果の大きさが，なぜ多くのアメリカでの研究結果よりはるかに大きなものであるかを説明している。しかしながら，Bond & Smithが，さまざまな研究間で見られるバリエーションの原因を説明したとしても，世界のいろいろな地域での効果の大きさの違いは，説明されないままである。

　表2.1を見ると，同調効果は，西ヨーロッパや北米以外の地域でより強いといえそうである。だがその前に，さまざまな地域における社会行動を解釈する際に，ある種の困難さがあることも考慮しておく必要がある。同調の概念は，西欧社会では否定的な意味合いを持っている。つまり，独立した判断に高い価値を置き，同調は弱さや怠惰の表れとみなされがちである。こうした同調の否定的な意味合いは，Kane & Tedeschi（1973）によって確認されている。彼らは，Aschタイプの実験において，独立した判断をした被験者の方が，同調した被験者よりも肯定的に評定されることを見いだしている。では，効果の大きさがより強く見られた国では，Aschタイプの実験はどう解釈されているだろうか。ナイーブな被験者は，実験で居合わせた他の被験者（サクラ）が，明らかにたくさんの誤った判断をしていることに気づいていた。被験者は，後で，実験者が，誰がまちがっていたかを明らかにしてくれるよう願ってい

▲表2.1　Aschの同調実験の国別比較

国	研究の数	効果の大きさの平均
Asch自身によるアメリカの研究	18	1.16
他のアメリカの研究	79	0.90
カナダ	1	1.37
イギリス	10	0.81
ベルギー	4	0.94
フランス	2	0.56
オランダ	1	0.74
ドイツ	1	0.92
ポルトガル	1	0.58
日本	5	1.42
ブラジル	3	1.60
フィジー	2	2.48
香港	1	1.93
アラブ諸国（クエート，レバノン）	2	1.31
アフリカ（ジンバブエ，コンゴ共和国〔ザイール〕，ガーナ）	3	1.84

たかもしれない。その一方で，彼らも実験に参加した仲間に対する気まずさを抑えようとして，まちがった判断をしてしまった可能性がある。ある文化においては，正しい判断をすることに高い価値が置かれている。しかし，別の文化では，気まずさを避けることの方がより重要なのかもしれない。このように，同調と一口にいっても，その行動の意味するところは，置かれたコンテクストによってさまざまである。そう考えると，ナイーブな被験者の行動は，同調というよりも如才なさ（機転のきくこと）や感受性の表れとみなすこともできる。この点について，さらに検討する必要がある。したがって，ここでは，Aschの実験パラダイムにおける社会的影響は，非ヨーロッパ社会でより強く見られると結論づけるのは控えておきたい。この効果の大きさの異文化間バリエーションを最もよく説明するのは何かについては，後の章で見ていくことにしたい。

　欧米社会において同調が否定的な価値を持っているというのは，別の形で説明されるかもしれない。Aschの実験は，同調の研究として取り扱われてきた。しかし，そのオリジナルな研究では，被験者の判断の3分の2が，誤った判断である圧力に屈せず，独立した判断がなされていた。Friend, Rafferty & Bramel（1990）は，99冊のアメリカの社会心理学のテキストにおいて，Aschの研究がどう扱われているかを吟

味している。そして，時間の経過とともに，判断の3分の1が誤りだったことに焦点を当てる傾向が強まったこと，そしてこれを，社会において同調がいかに広まっているかを示す証拠として用いる傾向が強まったことを見いだした。Friendらは，この解釈が，Aschがまさに明らかにしようとしたことと逆であることを指摘している。実際，Aschの実験の被験者は，まったくの同調主義者というわけではなく，多くの判断が正しかったことを示している。

　このような結果の再解釈は，同調研究に限ったことではない。Milgramの服従実験のような古典的な研究結果も，しばしば，あたかもすべての被験者が，社会的圧力に屈したかのように報告されている。これは，本書の筆者であるわれわれを含むテキストの執筆者が，読者に対し，社会行動は理解し得るものであり，予測可能であると説得しようとしていることが，その一因と考えられる。人々が時として，あるいはしばしば，自分のまわりの人とは独立に行動すると主張することが，社会心理学の事例の説得性を弱めたり，代わりにパーソナリティ研究を促進することがあるかもしれない。しかし，これは，パーソナリティと社会的プロセスとを単純に2分割することの誤りにすぎない。社会的影響は，あくまでパーソナリティと社会的コンテクストや環境要因との相互作用の観点から理解すべきであり，それが理解の仕方として最も適切であると考えられる。

　メイン・テーマから少し離れてしまったかもしれない。Friendらの批判がわれわれの目的にとって重要なのは，37％の同調反応と63％の独立した反応が，高い数字か低い数字かについては，他の文化の数字と比較しなければ判断できないと注意を喚起しているからである。多くのアメリカ人がそうであるように，その成員が独立やイニシアティブを重んじる社会では，いかなる同調も否定的に解釈されるだろう。異文化的コンテクストにおいては，Aschのオリジナルな研究で得られた効果の大きさは，Asch自身が考えているように相対的に小さく，多くのテキスト執筆者が主張するほど大きくはない。そういえるだけの証拠が得られているのである。

(2) 社会的に逸脱するとどうなるか？

　同調に関する古典的な研究としては，ほかに，Schachter (1951) の研究がある。Schachterは集団討論場面を用い，いわゆる「サクラ」は，ある特定の立場（態度）をとるようあらかじめ指示されていた。実験条件は，「サクラ」がある逸脱した立場をとり続ける（「逸脱者」）か，あるいは逸脱者を装いながらしだいに集団にすり寄っていく（「日和見者」）か，あるいは最初から集団の平均的な意見に賛成する（「中庸者」）かのいずれかであった。Schachterは，アメリカでは，逸脱者がすぐに多くの注意をひくこと，またその意見が柔軟でないとわかると，逸脱者への注意がしだいに薄れていっ

てしまうこと，そしてついには逸脱者は拒絶されてしまうことを見いだした。日和見者は，より同調的な立場へと移ると，他者から引き続き注意を集めることができた。

Schachter は，1951年の自らの研究を修正し，発展させることによって，いくつかのヨーロッパ諸国における社会的逸脱を検討した（Schachter et al., 1954）。このケースでは，被験者は11歳の少年で，模型飛行機のクラブに招待されていた。そして，いくつかの模型飛行機のうち，どれを作るか尋ねられた。「サクラ」は，他に魅力的な選択肢があるにもかかわらず，どちらかといえば退屈なグライダーの製作を選んだ。すなわち，一貫して逸脱した態度をとった。結果は，実験者の予想をはるかに越えた複雑なものとなり，当初考えていたLewin流の仮説を検証するのは困難となった。基本的な問題は，以下の3つであった。第一に，すべての集団が割り当てられた時間内に意見の一致を見たわけではなかった。第二に，逸脱した意見を持つ「サクラ」を拒否するどころか，「サクラ」に賛成することによって意見の一致を見た集団がいくつかあった。これはアメリカで行なわれた研究とはかなり異なっている。第三に，逸脱者への反応は国によって異なり，ある国では他の国よりも強烈な拒否が見られた。これらの効果は，表2.2のように，いろいろな国におけるさまざまなコンテクストで生起した。この表には，Schachter のアメリカでの先行研究において，逸脱者に対して割り当てられたランキングも示されている。研究手続きが異なるため，ランクの直接比較は難しいが，アメリカの逸脱者は，フランスの逸脱者よりもより強く拒否されているようである。

イギリス，ドイツ，ベルギーでは，集団はそれほど逸脱者に反対せず，また反対したとしてもそれほど強く逸脱者を批判することはなかった。また，逸脱者に説得されることもしばしば見られた。De Monchaux & Shimmin (1955) は，イギリスでの実

▲表2.2　ヨーロッパ各国における逸脱と拒否

	逸脱者に反発する集団の比率	逸脱者に賛成する集団の比率	まったく一致が見られない集団の比率	逸脱者の魅力のランク
フランス	95	0	5	6.00
ノルウェー	80	3	17	5.09
オランダ	75	12	13	3.47
スウェーデン	66	9	25	4.50
ベルギー	63	3	34	3.88
西ドイツ	50	18	32	2.01
イギリス	37	20	43	3.04
アメリカ (Schachter, 1951)	-	-	-	6.11

注：表右側のランクは，逸脱者が集団内においてどの程度優先順位を占めているかの程度を示すもので，1が最も優先順位が高いことを示す。

験を担当したが，サクラは一貫して自分の好みを表明することによって，逸脱者のつもりが，実際には集団のリーダーのようになってしまうこともあったと述べている。つまり，実験者が意図していなかった形で，ある国においては，他の国と違い，逸脱者がより魅力的と知覚されたようである。これは推測の域を出るものではないが，第6章で見るように，ある主張を繰り返し行なう少数者の影響（minority influence）についての研究は，ヨーロッパの社会心理学者の間では人気のあるテーマとなった。その意味では，少数者の影響に関する研究の萌芽が，この辺りにあったといえるかもしれない。

　この分析が正しいとしても，なぜある国では他の国よりも少数者の影響がより強く見られるのか，満足のいく説明をするのは難しい。少数者の影響がいくぶん見られた国でも，多くの議論が巻き起こった。そうした集団では，かなりの割合で意見の一致を見ることができなかった。ある国では，他の国より集団成員が権威に従う傾向を示した。しかし，これが文化差によるものなのか，あるいは単にそれぞれの国の実験者や「サクラ」が，いくぶん違った行動をしたためなのかはわからない。いずれにせよ，ある国において社会的逸脱を研究するために計画された実験手続きが，リーダーシップの例として通常考えられるような行動を引き起こしたり，また別の国では，少数者の影響を引き出したりすることがあったことだけは確かである。Asch（1951）の同調研究に際して述べたように，実験者による同一の操作が，文化的コンテクストの異なる国では，違った意味合いを持つことがある。こうしたタイプの機能的不等価性は，異なる国でなされた研究結果を比較する際に大きなリスクとなる。この章の後半では，こうした問題に対処するため，研究の設定の仕方について論じることにしたい。

(3)社会的促進

　社会的影響の研究にとって代わる，しかも長期にわたって検討されてきた課題は，同調や逸脱に焦点を当てたものではなく，他者の存在がいかに仕事を促進したり妨害したするかに関するものであった。この効果については，多くの研究が欧米諸国でなされている。しかし，その結果は，課題や存在する他者が誰であるかによって変わってしまう（Guerin, 1993）。こうした結果の違いは，被験者が，他者が存在する理由を違った意味で捉えたり，遂行を依頼された課題の性質にもよると思われる。ある環境では，被験者はより多くの努力を促されるかもしれない。しかし，また別の環境では，遂行が抑制されてしまうのである。

　集団全体として一斉に仕事をし，しかも同じ課題を行なっているときは，そこで生起する社会心理学的プロセスを見極めることは比較的やさしい。このタイプの一連の実験は，「社会的手抜き」として知られている。この用語は，何人かの人たちが課題

を一斉に遂行しているとき，誰も，自分が最大限の努力を払う必要はないと感じているという事実に基づいて生起するある行動パターンをさしている。実際，1880年代に行なわれたと記録されている最初の社会心理学の実験は，Ringelmannというフランスの工学系の教授によるものであった。その実験では，3人で綱を引いたときには，1人で綱を引いたときの3倍にはならないことがわかった（Kravitz & Martin, 1986）。この研究は，最も初期の社会心理学の実験として知られるTriplett（1898）のアメリカでの似通った研究よりもかなり前になされている。

　Latané, Williams, & Harkins（1979）による研究も，何人かの集団で大きな声を出したり手を叩いたりすると，1人でやる場合に比べ，平均的なアウトプットが低下することを明らかにしている。Latanéの大声を出す実験は，インド，タイ，台湾，日本の子どもを対象に，またマレーシアおよび日本の大学生や主婦を対象に行なわれている。すべての場合において，ある程度の社会的手抜きが見られている。しかし，Shirakashi（1984-5）は，Latanéと同様な手続きを用いて，日本の大学生を対象に実験を行なったが，社会的手抜きは見られなかった。

　Karau & Williams（1993）は，社会的手抜き効果のメタ分析研究を行なった。彼らは，太平洋岸のアジア諸国でなされた研究から得られた15の効果サイズと北米の研究で得られた147の効果サイズとを比較してみた。このメタ分析の結果は，Aschの同調研究でのメタ分析の結果ほど明確なものではなかった。課題のタイプも社会的手抜きが見られるかどうかに影響を与えることが判明した。ここでは，かなりさまざまな社会的手抜きの課題が用いられていたことがその原因であったと考えられる。

　Karau & Williams（1993）は，課題を単純，複雑，どちらともいえない，に分類した。複雑課題が北米で用いられたとき，社会的手抜き効果は減少した。表2.3に示したように，複雑および「どちらともいえない不明確な」課題が結合した場合，平均的手抜き効果は減少することはなかったが，この平均はさまざまな課題で見られたバリエーションを隠してしまうことになった。つまり，太平洋岸の国々から得られた5つの効果に関しては，社会的手抜きが見られなかっただけでなく，むしろ逆になった。

▲表2.3　社会的手抜きと文化

地　域	課題構造（単純）		課題構造（複雑・不明確）	
	効果の数	効果の大きさ	効果の数	効果の大きさ
北米	121	0.55	26	0.50
アジア太平洋	10	0.45	5	－1.18

注：これらの平均値は，Karau & Williams（1993）から引き出されたものである。彼らのサンプルは，Earley（1993）の研究を含んでいないが，この研究も強い文化効果を示した。

Gabrenya, Wang & Latané（1985）の研究は，その最初の例であった。彼らは，ヘッドホンから聞こえてくる音を数えるという課題を用いて，北米と台湾の子どもを比較した。被験者は，個人あるいは2人ペアで課題を行なった。社会的手抜きは，北米の子どもでは見られたが，台湾の子どもは，2人ペアの方がよい遂行を示した。この効果は，特に中学3年生の男子で強く見られた。

同様に，Earley（1989）は，書類処理のシミュレーション課題におけるアメリカと中国の部長96人の課題遂行量を比較した。部長らは，1時間という限られた時間内に一連の仕事を課せられた。就職応募者の面接，請求書の記入，また，応募者の評定を行なう等の課題であった。彼らは，1人もしくは10人の集団で仕事をしていると教示された。1人で仕事をするとされた条件では，少なくとも20項目終えなければならないとアドバイスされた。集団で仕事をするとされた人たちは，集団成員全体でなされた項目の総数が数えられ，全体で200項目終える必要があるとアドバイスされた。結果は，アメリカ人の部長では，社会的手抜きが見られた。しかし，中国人の部長は，1人よりも集団条件でより熱心に仕事をした。その後，Earley（1993）は，個人および集団作業条件において仕事の実際の出来具合を調べ，アメリカ人と中国人で，同様な違いがあることを明らかにしている。GabrenyaらとEarleyの研究で見られた効果は，課題構造におけるバリエーションによるのではなく，文化によるものと思われる。それは，いずれの研究でも，アメリカ人，中国人双方に同一の課題を用いているからである。

アメリカと中国で見られた違いが文化的要因によることは，さらに3つの研究によっても支持される。Earley（1993）の研究では，イスラエルの部長も含まれていた。そして，中国人と同様，社会的手抜きと逆の結果になった。つまり，イスラエル人は，1人よりも仲間と集団で仕事をしていると思ったときの方が，より熱心に仕事をした。同様に，Matsui, Kakuyama & Onglatco（1987）の実験では，日本の大学生は，数を数える課題において，1人よりも2人一緒の方が平均するとより熱心に仕事をしていた。

Yamagishi（1988）は，日本とアメリカの比較研究を行なっている。ただし，社会的手抜きを直接取り扱ったものではない。この研究の被験者は，3人集団で仕事をしているが，集団の他の成員の仕事ぶりをモニターすることはできないと告げられた。報酬は，文字照合課題における集団の生産性に基づいて与えられた。しかし，成員は，各試行ごとに集団全体の生産性に基づくのではなく，個人の出来高に基づく報酬を選択できる機会を与えられた。その結果，アメリカ人は，個人の出来高による報酬の選択がそれほど不利でないときは，個人的な報酬を選ぶ傾向があった。しかし，不利になる可能性が高いときはそうでなかった。これに対し，日本人は，それが不利となる

可能性が高くなっても，しばしば個人的な報酬を選ぶ傾向が見られた。Yamagishiは，日本人の場合，集団の他者が熱心に仕事をしているかどうかわからない状況を避けたいために，個人的な報酬を選んだのではないかと結論づけている。つまり，個人的な報酬を選ぶことによって，そうした状況で起こる社会的手抜きによる不利を被ることはないだろうと考えたのである。

　社会的手抜きに関する研究報告が出ている国は，それほど多くはない。しかし，大声を出す，拍手をするなど単純なものに限れば，社会的手抜きは普遍的な現象といえるだろう。課題がより重要で意味があるほど，北米においても手抜きは減少している。しかし，Veiga（1991）の研究では，アメリカの会社で働く571人の部長の場合，チームで仕事をする際に手抜きが見られたという。これは，非欧米社会で手抜きと反対の現象が起こるのとは好対照の結果である。なぜこうした違いが起こるかについて説明する理論は，後の章で提示することにしたい。

(4)権威への服従

　社会心理学者の研究で最も話題となり，論議を呼んだものに，Milgram（1974）の権威への服従の研究がある。Milgramは，「学習」の実験であるという状況設定のもとに，最強の電気ショックを他者に与えるよう命令されたアメリカ人被験者の65％が，それに従うことを明らかにした。この結果は，電気ショックがしだいに強くなることが，被験者にもよくわかるようになっていたにもかかわらず生起した。つまり，危険を伴うほどの高レベルのショックが，被験者によって他者に与えられたのである。実験はもちろん偽物であり，電気ショックが実際に与えられることはなかったが，犠牲者の抗議や叫び声などが録音テープから流されるというきわめてリアルなものであった。

　Milgramのねらいは，権威ある人物が非合理な要求をするとき，われわれがこれといった理由もなく，その権威ある人物に従ってしまうのかを知ることにあった。アメリカ国内では，この実験が，被験者にストレスを与え，自尊心を傷つけ，倫理的でないという多くの批判があった（例：Baumrind, 1964）。このように倫理的に問題があるという訴えにもかかわらず，少なくとも8か国の研究者が，Milgramの手続きで追試を試みている。そして，他の文化においても，こうした結果が再現されるかどうかを知る機会を得ることができた。

　その結果は，表2.4に示されている。ただし，実験デザインは，Milgramのオリジナルな一連の実験とはいくぶん異なっている。表の数値は，Milgramがベースラインの実験条件と呼んだ450ボルトという最大限の電気ショックを与え続けた被験者の比率を示している。イタリアの研究では，最大のショック水準は330ボルトであった。

▲表2.4 権威への服従の研究

研 究	国	被験者	服従の比率
Milgram（1963）	アメリカ	男性一般市民	65
		女性一般市民	65
Rosenhan（Milgram, 1974 より）	アメリカ	大学生	85
Ancona & Pareyson（1968）	イタリア	大学生	85
Mantell（1971）	ドイツ	男性一般市民	85
Kilham & Mann（1974）	オーストラリア	男子大学生	40
		女子大学生	16
Burley & McGuiness（1977）	イギリス	男子大学生	50
Shanab & Yahya（1978）	ヨルダン	大学生	62
Miranda et al.（1981）	スペイン	大学生	90以上
Schurz（1985）	オーストリア	一般市民	80
Meeus & Raaijmakers（1986）	オランダ	一般市民	92

これは，Milgramの実験では73％の服従にあたる。

　オーストラリア人とイギリス人は，アメリカ人よりも服従的ではない。ヨルダン人はアメリカ人に近く，スペイン人，オーストリア人，ドイツ人，オランダ人，イタリア人はアメリカ人よりいくぶん高かった。しかし，ここで見られた違いは，実験の設定の仕方などの違いをすべて除外できなければ，文化差として論じることは難しい。電気ショックの実験に関しては，この比較は特に難しいであろう。というのは，そのそれぞれの実験において特別な「サクラ」が用いられているからである。これらのサクラのうち，ある人は他の人に比べて，非難されやすくショックを受けても仕方がないと見られたかもしれない。例えば，Milgramの研究の「犠牲者」の1人は，服装のきちんとしたビジネスマンであったが，オーストラリアの研究では，「長髪」の大学生であった。

　このように研究間でのさまざまな方法・設定の違いが，結果の違いをもたらしている。例えば，オランダの実験は，実際にショックを与えるというのではなく，被験者は，ある重要な仕事の応募用紙に答えている人に嫌がらせをしたり，批判したりするよう教示された上で行なわれたものだった。また，Milgramのアメリカでの研究では，性差は見られなかった。それに対し，オーストラリアの女性は，オーストラリアの男性よりもはるかに低いレベルの電気ショックしか与えなかった。ただし，これにはそれなりの理由がある。オーストラリアの女性は，女性の犠牲者にショックを与えるよう依頼されたが，Milgramの研究では，犠牲者はすべて男性であった。

　こうした一連の研究を理解するには，どういった要因がそれぞれの国における服従のレベルを変化させているのかを吟味し，その結果を国ごとに比較する方法がある。Milgramは，自分の研究において，服従のレベルが，0％から92％まで変化するこ

とを見いだしている。最も変化の大きかったのは，実験に，もう1人のサクラが導入されたときであった。ここで，この新たなサクラは，ナイーブな被験者からショックを与えるように依頼されたとき，実際にショックを与える役割をとった。Milgramによる標準的な実験では，ナイーブな被験者は，あらかじめ「学習者」が誤りを犯すたびごとに常にショックを与えるよう教示されていた。つまり，「ベースライン」となる条件との唯一の違いは，誰が実際にショックボタンを押すかであった。こうした「他者にショックを与えるように依頼する」条件では，服従は92％にはね上がった。オーストラリアの研究でも，被験者が第三者にショックを与えるように教示を伝える状況では，服従は増加した。この場合，服従は男性で68％，女性で40％まで上がった。

　Milgramの研究のバリエーションとして，2人の他のサクラが，ショックを与える役割の遂行を拒むという設定がある。このとき，服従する被験者の比率は，10％まで低下した。オランダでは，それが16％になった。ドイツでは，被験者は，他のサクラが拒否するのを見ることによって，服従のレベルがいくぶん低下し52％になった。これらの研究は，今述べた4つの国において，居合わせた他者の行為が，服従水準を上げたり下げたりすることを示している。服従するかどうかを決めるにあたっては，被験者は単に権威者の要求だけでなく，周囲の社会的状況を考慮する。しかし，この一連の研究は，こうした点が，国によって異なるかどうかについて，必ずしも十分なデータを提供しているわけではない。

　実験手続き上のさまざまなバリエーションも，同様に上述した4つの国で行なわれている。これらの研究において，実験者は，被験者に自らの行為に責任があることを

■ボックス2.2■　ロバートソン先生とチャン君──教師と生徒

　服従の研究は，教師と生徒の問題にも関係している。ただし，服従の研究で教師に要求されていることがらは，どう考えても，日常茶飯事とは言いがたい。ロバートソン先生とチャン君の場合も，教師と生徒の関係に焦点を当てている。チャン君がどんなふるまいをすることが期待されているかについて，2人の間に考えのズレがある。ロバートソン先生が指示をすることが教師としての役目であることは双方とも理解している。しかし，2人の間の誤解は，まさにそうした教師と生徒の関係に伴うさまざまな要因によって生じてくるものであることがわかる。例えば，ロバートソン先生は，時間に厳密であること，きちんと出席してしかるべき成績をとることを強調していた。それに対し，チャン君は，困難な状況下で努力をしたこと，（中国人としての）礼儀作法がより重要であると考えていたのである。

思い起こさせた。つまり，アメリカ，オーストラリア，ドイツでは，被験者に，どのレベルのショックを与えるかは，自分で選ぶことができると教示された。オランダでは，被験者は，研究への応募者に，どの程度苦痛を与えることができるかを選択できた。こうした操作によって，4つの国すべてにおいて，最大ショックを与える被験者の数は，実質的にゼロまで低下した。

　服従実験は，次の2つのことを示唆している。第一に，さまざまな国における多数の人々が，権威からの命令を実行するということである。実験者から大丈夫だと言われているにせよ，他者を傷つけてしまうのである。これらの研究が報告されている国は，ヨルダン以外すべて産業化が進んだ社会である。したがって，社会行動の普遍的な形態として，服従を捉えることにはためらいがある。同様な結果が，経済発展の途上国でも見られるかどうか，第5章で考えることにしたい。

　第二に，これらの研究が行なわれたいずれの国においても，権威への服従の盲目的プロセスがあることが示唆される。服従のレベルは，与えられた命令の意味を規定する社会状況によって変化する。こうした社会状況の変化が意味する内容も，国によって変わるかもしれないのである。

(5)リーダーシップ・スタイル

　アイオワ大学におけるLewinの研究グループによって報告された初期の実験に，さまざまな少年クラブでのリーダーシップ・スタイルの効果に関する一連の研究がある（Lewin, Lippitt & White, 1939）。この章でレビューした他の研究でもそうであるが，研究結果は，時として不正確な形で教科書に引用されることがある。Lewinらは，少年クラブのリーダーに，専制的，民主的，あるいは自由放任的な役割をとらせた。これらの役割とその役割を演じるリーダーは，特定のクラブに偏ることなくうまく割り振られた。そして，研究者たちは，民主的なリーダーがクラブの成員に最も人気が高く，モラールも民主的なリーダーのもとで最も高いと結論づけた。しかしながら，クラブが取り組んだ課題として，模型飛行機をどれだけたくさん作ったかを測定した場合，専制的なリーダーの集団が最も生産的であった。また，専制的なリーダーのもとでは，リーダーがしばらくいなくなると，成員は，模型をいくつか壊したりした。それに対し，民主的なリーダーのもとでは，リーダーがいなくなっても成員は仕事を続けた。自由放任的なリーダーでは，成員は，満足度も低く非生産的であった。

　Lewin, Lippitt & Whiteの研究は，専制的および民主的なリーダーシップに対して人々が敏感になっていた第二次世界大戦中に行なわれた。Lewinは，当時専制的とされた国においてこの研究を行なってみるとよいのではないかと考えていた。そして，戦後，すでに30年代に知り合いとなっていた日本の社会心理学者と接触した。その

結果を見ると（Misumi & Nakano, 1960），日本の子どもたちのリーダーに対する好みと，作業の出来具合は，課題がどれだけ複雑であるかによって変わってくることが明らかとなった。子どもたちは，より難しい課題では専制的なリーダーを，やさしい課題では民主的なリーダーを好み，生産性もより高くなった。

また，ドイツ（実際は，かつての東ドイツ）においても，枢軸国が連合国に破れたわけであるが，Birth & Prillwitz（1959）は，基本的にLewin, Lippitt & Whiteの研究と似た結果を報告している。しかし，Meade（1967）のインドでの研究によると，クラブの少年たちは，専制的なリーダーを好み，あまり休むこともなく生産性も高かったという。Meade（1985）は，この研究を拡大し，インド，香港，ワシントンDC，ハワイの中国系アメリカ人の12歳から14歳の少年を用いて検討している。その結果，ワシントンDCの子どもの場合のみ，民主的なリーダーを好む傾向が明確に認められた。ハワイの中国系アメリカ人は，その好みがほぼ均等になった。香港とインドでは，専制的なリーダーが最も好まれた。リーダーのスタイルは，このように国によって違った効果をもたらした。しかも，その結果は，Lewinの期待と異なり，第二次世界大戦のアメリカの敵国（ドイツ，日本）が，専制的なリーダーを好むという結果にはならなかった。インドと香港で，専制的なリーダーシップ・スタイルがなぜ好まれるかについては，第3章で文化研究の概念的枠組を構築しているので，そちらで改めて考察することにしたい。また，第8章で，より広い観点からリーダーシップの研究を見ていきたい。

(6) 集団決定

リーダーシップ研究のほかに，Lewinの一連の実験研究でよく知られているものに，第二次世界大戦中，食習慣の改善を図るにはどういった方法が効果的かを比較検討した実験がある。その結果，アメリカの主婦は，講義を聴いた後よりも集団で決定した後の方が，はるかに，自らの行動を進んで変えようとすることが明らかになった（Lewin, 1947）。それらの行動は，普段あまり食べないレバーを食卓に供したり，子どもにミルクや肝油，オレンジジュースを飲ませようとしたりすることであった。同様な研究が，アメリカの工場における実際の作業集団でも行なわれた。Lewinは，集団討論が効果的なのは，どういった行動が望ましく，どういった行動が望ましくないのかに関する集団規範が，集団討論によっていったん解凍され，そして新たに再凍結されるその道筋が提供されるためだと述べている。例えば，Coch & French（1948）は，パジャマ工場における新しい作業手続きの導入は，従業員がそうした変化をどう受け入れるかについて集団討論を行なった場合にうまくいくことを見いだしている。

民主的リーダーシップに対するLewinの集団への熱意と，その後の集団決定の研

究の間には，かなり共通したものがある。しかし，他の国々における集団決定の研究は，民主的リーダーシップ研究で見られたのと同様に，その結果は混在したものとなっている。日本でもたくさんの研究が報告されている（例：Makita, 1952; Misumi & Haraoka, 1958, 1960）。それらすべてにおいて，アメリカと同様，集団討論や集団決定後の変化の方が，講義を聴いた後よりもはるかに大きいことが示されている。この結果は，日本社会の集団志向に合致している。上で見たように，ある状況下では，日本の子どもたちは専制的リーダーを好んだが，こうした見かけ上の矛盾は，日本社会の階層制と参加に関するより詳しい分析によって説明可能である。この関連については，第8章で検討したい。最近の日本の工場における変化の導入は，「品質サークル」と呼ばれる集団討論が用いられることによって，実際広く普及してきている。

工場での集団討論による変化導入の試みは，国によっては，あまりうまくいっていないところもある。French, Israel & Ås（1960）の実験は，ノルウェーの靴工場における変化導入の際，集団討論を用いたものである。多くの労働者は，集団討論を変化導入の合法的手法とみなさず，統制条件群の人たちよりも肯定的な反応を示さなかった。このような結果となったのは，彼らが，集団討論を労働組合へのバイパス的なものと考えたり，変化を提案する管理的な役割を果たすものと考えたりしたためであると推測される。

プエルトリコの縫製工場において集団参加を導入した場合も，あまりうまくいかなかった（Marrow, 1964）。集団を用いることは，経営者がどうやってよいかわからない証拠だと労働者たちは考えた。そして，会社がうまくいっていないと思ってしまった。結果として，会社を辞め，別の会社に移ってしまったのである。Juralewicz（1974）も，プエルトリコの縫製工場における集団決定の実験を報告している。彼は，集団全体を討論に参加させることによって，これといった効果を見いだせなかった。しかし，集団が，代表者に変化の導入について討論するよう仕向けたとき，集団のその後の反応はかなりよいものとなった。

これらの結果は，集団参加の意味するところが，リーダーシップ・スタイルと同様，国によって大きく異なることを示唆している。実際，集団参加に対する反応も，アメリカ国内でさえかなり異なっている（Locke & Schweiger, 1979）。さらに，集団参加に関する多くの研究が，現実の会社組織というフィールドで行なわれている。こうした状況下での研究は，実験室研究に比べ，はるかにコントロールが難しく，結果の正確な再現に，あまりにも多くの変数が関わってしまうと考えられる。次に，集団決定に関する別の研究に目を向けてみたい。この研究は，かなり構造化された形で行なわれている。

(7)集団極性化

　リスクのある選択を行なうという集団意思決定の研究が，これまでかなり頻繁に行なわれてきた。これは，Stoner（1961）の，集団はその成員の意見の平均よりもよりリスキーな（危険性の高い）決定をくだす傾向があるという発見がきっかけとなっている。後に，アメリカとフランス（Moscovici & Zavalloni, 1969）双方の研究において，こうした「リスキーシフト」は，普遍的なものではなく，集団は，成員の意見を測定する尺度上の一方または他方の極の方向へと極性化することが明らかにされた。いくつかの決定項目においては，「コーシャスシフト」（より慎重な方向への移行）が見いだされており，「保守的なシフト」とも呼ばれている。

　この極性化のプロセスには，当初いくつかの要因が関わっていると考えられていた。第一に，リスクテーキング（危険に挑む行動）は，高い価値が置かれており，人は，他者と自分の選択を比較し，他者が思ったよりもリスク志向であることを知って，より大きなリスクをとるようになるためという考え方がある。逆に，コーション（慎重さ）に価値が置かれている場合，何人かの集団成員が，思ったよりもコーシャスであることを知り，それが結果に影響を与えると考えるのである。この考えでは，平均的な集団成員は，集団における他者のリスク（コーション）を好む度合いを過大視し，その知覚された集団規範の方へ移行することになる。第二に，集団決定は，少なくとも1人では考えつかない，より説得的な議論をもたらす機会を提供するという考え方がある。最後に，これらの研究は，通常お互い見知らぬもの同士の集団で行なわれ，お互いが知り合いになっていくにつれ集合的アイデンティティを感じるようになり，自らの見解を他の集団と対比させることによってシフトが生起するという考え方がある。

　これらの説明のうち，どれが最も一般性を持つかについては，世界のその他の地域における極性化の研究を見ていく必要がある。表の2.5は，Stonerによる最初の手続きと類似したやり方による集団極性化の研究を示している。集団討論後，リスクへの有意な移行が，アメリカ以外の6つの国で報告されている。これに対し，ドイツ，台湾，ウガンダ，リベリアでは，これといった効果が見られなかった。しかし，アメリカで見られたと同様，平均的な移行は誤解を招きがちである。というのは，ある討論項目は，ほぼまちがいなくリスクよりもコーションへの移行を生み出すからである。これらの研究におけるそれぞれ個別の項目ごとの平均を見ると，他の国で見られたと同様，いくつかコーションへの有意な移行が示されている。

　これらは，3つの例外となる研究を除いて，その多くが産業化された国で得られたものである。これらの国の研究者たちは，なぜ極性化が集団で生起するのかに関する説明をより詳しく論じてきている。例えば，Turner, Wetherell & Hogg（1989）お

▲表2.5 集団極性化の研究

研　究	国	被験者	項目ごとの平均シフト	リスクへのシフト	コーションへのシフト	項目合計
Stonerのオリジナル項目						
Rim (1964)	イスラエル	一般人	+0.6	4	2	6
Bateson (1966)	イギリス	大学生	+0.4	-	-	5
Kogan & Doise (1969)	フランス	大学生	+0.5	-	-	5
Lamm & Kogan (1970)	ドイツ	大学生	+0.2	-	-	6
Jamieson (1968)	ニュージーランド	労働者	+0.6	8	3	12
Bell & Jamieson (1970)	ニュージーランド	大学生	+0.5	-	-	12
Vidmar (1970)	カナダ	大学生	+1.4*	-	-	10
Carlson & Davis (1971)	ウガンダ	大学生	−0.2	0	2	11
	アメリカ	大学生	+0.6	3	1	11
Semin (1975)	イギリス	大学生	+0.9	6	0	11
Jesuino (1986)	ポルトガル	大学生	+0.4	9	2	11
Hong (1978)	台湾	大学生	−1.0	1	9	12
	アメリカ	大学生	+0.7	9	1	12
新項目						
Fraser et al. (1971)	イギリス	大学生	0.5	3	1	8
Gouge & Fraser (1972)	イギリス	大学生	0.3	1	2	8
Gologor (1977)	リベリア	大学生	0.0	3	3	6

＊Vidmarは，通常コーションへ移行する両項目を除外している。

よびAbramsら（1990）は，イギリスの生徒やニュージーランドの学生を用いた研究において，自己カテゴリー化理論（Turner et al., 1987）を支持する証拠を提出している。つまり，たまたま集団の成員になったといわれるよりも，ある特別な理由で集団が形成されたと成員が考えたときの方が，はるかに強い極性化が見られている。

ここで，これらの結果が得られた状況について考えることが重要となる。これらの研究のほとんどは，その場限りの大学生の集団を用いたものであり，リーダーなしで課題を行なっている。Jamieson（1968）の研究でさえ，被験者は，夜間の授業に出席していた見知らぬ者同士だった。Stonerの質問紙に記されていた多くのリスクのある状況は，アメリカ文化に特徴的なものであり，アメリカ生活になじみがなければ，あまり意味がないように思われる。大学生を用いた研究でさえ，いくつかの質問項目は地域的に意味をなさないかもしれないという理由で，研究者は，それらの項目をしばしば削除している。

この問題は，アフリカの2つの研究で最も先鋭化している。これらはいずれも，学校の子どもたちを用いて行なわれた。リベリアでは，いくぶんか極性化の証拠が得られた。これに対し，ウガンダでは，いずれの方向へもほとんど変化が見られなかった。

この差は，次のような理由によると推測される。リベリアの研究では，地域的に意味のある項目が設定されていたのに対し，ウガンダでは用いられた「アメリカ直輸入」の項目がそれほど意味を持たず，興味もひかなかったからである。Hong（1978）の研究は，特に興味深い。彼は，Stonerの項目を全部利用して，アメリカ人学生とアメリカにいる台湾の学生を用いて実験を行なった。リスクへの移行は，台湾人学生ではまったく逆になった。つまり，台湾の文化が，これまで極性化研究がなされた他のどの国よりもコーションを好むことをHongの研究は示唆している。

　既に明確な構造化がなされている集団において，極性化がどの程度生起するかについては，あまり知識を持ち合わせていない。社会的なグループ化がより固定化され，階層制が堅固にできあがっているところでは，アフリカの研究や，先に集団決定のいくつかの研究で見られたように，かなり違ったプロセスが作用するように思われる。アメリカでの研究（Wehmann, Goldstein & Williams, 1977）やポルトガルの研究（Jesuino, 1986）は，リーダーシップ構造ができあがると，極性化はかなり減少することを示唆している。Semin & Glendon（1973）は，イギリスのビジネス組織における委員会のフィールド研究を行なっている。その委員会の課題は，職務評価に関するものであった。成員は，集団で討論を行なう前に，それぞれのケースに関して，一定の基準に基づいてあらかじめ判断をし，それを記録しておくよう依頼された。結果は，集団討論後になんら極性化は見られなかった。このように，極性化は，最初に集団が形成された結果として生起する，あるいは，新しいできごとに対して態度を形成していく際に生起するのかもしれない。そう考えると，集団の成員性がより流動的で，また一時的な文化的状況において，より頻繁に関わってくるものなのかもしれない。

(8)集団葛藤と協同

　一連のフィールド研究において，Sherifとその共同研究者ら（1953, 1961）は，集団間の葛藤と協同のダイナミックスを探求した。これは，数週間にわたる洗練された実験デザインに基づき，少年たちのサマーキャンプでのできごとを収めたものである。このデザインは，基本的に任意に構成された集団を互いに競争させるというものだった。そして，2つの集団間に敵意が生じてきたとき，Sherifらは，キャンプに参加した全員が協力しなければならない「上位目標」を共有させることによって，葛藤と相互の偏見を解消できるであろうという仮説を検討した。Sherifとその共同研究者たちは，このモデルを用いて，同様の原理から，現実の世界のさまざまな社会的葛藤を理解し得ることを示唆している。ただし，このモデルが，大規模で長期にわたる葛藤を分析するのに有効かどうかについては批判もある（例：Billig, 1976）。しかし，他の国における少年のキャンプでも，Sherifの研究と同様な行動が見られるかど

うか検討することによって，何か得ることがあるように思われる。

　これらは，印象深い実験であるが，こうした実験が持つ難しさは，必ずしも追試可能であるというわけではないことである。そうした中で，イギリスのTyerman & Spencer（1983），レバノンのDiab（1970），ソビエト連邦のAndreeva（1984）などが追試を行なっている。Tyerman & Spencerは，Sherifの結果は，その多くが，一時的につくり出された集団の性質によるものであるとしている。そこで彼らは，既に恒例となっているサマーキャンプでのボーイスカウトの研究を行なった。キャンプでの4つの分隊は，当初Sherifの研究で報告されたと同様，内集団びいきが見られた。しかし，分隊が4つに分かれ，競争的な活動のプログラムに従事した場合であっても，Sherifの研究で見られたような分隊間の敵意やステレオタイプの増大といったものはまったく見られなかった。キャンプ後半では，キャンプ・リーダーの話によって，集団間協同が増加した。これは，Sherifが効果的ではないとした手続きであった。この結果から，Tyerman & Spencerは，少年たちのキャンプでの行動は，長期にわたってできあがった社会規範によって規定されており，2週間のキャンプで導入された実験的操作によって，それほど変わるものではないと結論づけている。

　Diabのレバノンでのキャンプは，Sherifの手続きをより正確に踏襲したものであった。彼は，10人のキリスト教徒の少年と8人のイスラム教徒の少年（いずれも11歳）を集めた。そして，当初の友人関係のパターンは，宗教と完全に一致するわけではないとしている。2つのランダムな集団が構成された後，彼らは，まったく異なる文化をつくり出していった。一方の集団は，自らを「友人たち」と名づけ，温かい協同的な雰囲気を築き上げた。もう一方の集団は，自らを「赤い魔人」と名づけ，きわめて攻撃的かつ競争的であった。彼らは，お互いから物を盗んだだけでなく，「友人たち」の集団からも物を盗んだ。競争している最中は，「赤い魔人」の方が優位であったが，最終段階になって，「友人たち」が彼らを破り，全部の賞をさらってしまった。そして，「協同」の段階にいたるまで，キャンプを続けることが不可能になった。というのも，「赤い魔人」は負けた腹いせに，ナイフを盗んで相手を脅し，強引にキャンプを打ち切ってしまったからである。

　これらの研究における被験者の標本数は小さい。したがって，これらの結果とレバノンでの長期にわたる自治組織間葛藤の悲惨な泥沼化の間に，意味のある比較が可能かどうか疑問に思うかもしれない。しかし，それこそがまさにTyerman & Spencerがいおうとした点である。つまり，それぞれに特有の集団文化は，競争や協同などの外的誘因だけでなく，それぞれの集団に特有の事象を形づくっている伝統や地域文化にも依存する。もし，はるかに大きな標本が，イギリスやレバノンの研究で用いられ，Sherifが興味を持った要因と関連したこれらの要因の効果を推定できれば，

Sherifの結論の妥当性を確認できると思われる。

　Sherifの研究の追試において，Sherifの結果を明確に支持しているのが，Andreeva（1984）のロシアでの研究である。Sherifが予測したように，Andreevaは，ピオニール（旧ソ連の少年開拓団）のキャンプが，競争的なスポーツを行なっていたときは，内集団びいきが増大するが，農作物の収穫を手伝っていたときには，内集団びいきが再び低下することを見いだした。こうした研究を見ると，Sherifの結果は，一時的な状況設定場面ではほとんど明確に支持されるが，長期にわたるとそうでもないようである。時間的要因には，かなり地域差もある。この点については，後に見ることにしたい。アメリカ国内においても，もちろんではあるが，長期の時間的要因についてかなりの注意が払われている。集団間の長期にわたる葛藤を理解するには，集団間関係の時間的要因の増大に伴って作用するいくつかのプロセスについて考慮する必要がある。

3．追試についての再考

　ここまでは，アメリカの有名な研究が，さまざまな国においてどのように追試されているかを見てきた。一見したところ，結果は，まちまちのように思われる。追試においても一貫した結果が見られるのは，服従の研究である。社会的手抜きと集団極性化は，一般的な現象であり，いずれも，用いられている実験手続きは，日常生活での経験と類似している。ただ，さまざまな国で得られた結果は，いくぶんばらつきを見せている。リーダーシップ，同調，集団決定，集団間関係については，結果にかなりの違いがある。

　われわれは，チャン君とロバートソン先生の場合と似た状況にいるような気がする。人々がどう行動するかについて正確には予測できないし，なぜかについても確かなことはいえない。こうした難しい状況に遭遇すると，彼らと同様，先入観に陥ってしまう。われわれは，どこの出身であるかによって，追試で結果が出ないことに対しいろいろな説明をしがちである。アメリカの社会心理学者は，現代のアメリカにおける研究の方法論的厳密さを指摘し，代表的なアメリカの学術雑誌の基準に達しているかどうかを問題にし，それを要求するかもしれない。そして，アメリカ以外で行なわれている研究は，方法論的に十分な考慮がなされていないと考えがちである。こうした立論が妥当かどうかについては，メタ分析の手法を用いることによって検討できる。これは，一連の類似した研究結果をプールし，実験デザインのバリエーション，研究の場所のいずれが，得られた結果の違いをよりうまく説明できるかを推定する手法である。この方法が，Aschの同調研究と社会的手抜き研究における結果の違いを理解す

るのに有効であることは,既に見たとおりである。この後も,さらにいくつかの例を見てみたい。

ヨーロッパ人は,社会学的社会心理学の伝統を重んじる。そのため,型にはまった実験デザインでは,研究すべき現象の背後にある社会的コンテクストの重要性を無視したり軽視しがちとなり,しばしば現象そのものを歪めてしまう恐れがあると考えている。より階層的な文化出身の社会心理学者は,欧米人は社会心理学がどういうものかよく知っていて,ある地域で行なわれた研究は比較できないし無視してもよいと思う,と結論づけている。また,発展途上国出身の社会心理学者は,既にできあがったものとなっている社会心理学の先例を追いかけるよりも,ともかく地域の問題に焦点を当てて実践することの方がより重要だとしている。

このように見方がいろいろなのは,心理学が何のためにあるのかについて,世界のいろいろな地域で,心理学者がそれぞれ違った考えを持ち,その優先権もさまざまであることを反映している。そもそも心理学は,科学的真理の探究のためか,それとも人類をよくするための方法を見いだすのが目的なのか,判然とはしていない。もし,心理学者が,研究対象となっている現象の文化差にもっと注意を向ければ,これらいずれの目的にもより合致した形で貢献できると思われる。追試がうまくいかないといって,それが社会心理学研究を続けていく上での足かせとなっているわけではない。それはむしろ,将来の研究の妥当性を高める付加的な変数に関する手がかりを与えてくれているのである。

4. 前向きに方法を探る

本章で見てきたように,研究を自民族中心の視点から評価しないようにするため,異文化研究としてどのような研究が好ましいか,判断する方法を確立する必要がある。そうした基準は,関連する理論の方法や定式化についての処方箋を含むことになる。最初にそうした方法を考えてみる。本章でこれまでふれてきた多くの研究は,研究者が異なるとはいえ,アメリカという単一の国で行なわれたものである。アメリカで行なわれたある研究が有名になったがために,多くの研究が行なわれることになり,似たような結果が得られるかどうか検討がなされた。しかしながら,実験者が異なり,国が異なり,時代が異なっていながら,厳密に同じ研究を行なうことは非常に難しいといえる。このため,追試がうまくいくか(あるいは失敗するか)どうかが,その研究が行なわれる二国間の類似あるいは差異によるのかどうかはっきりしない。しかも,その原因が,しばしば,研究対象となっている被験者のサンプルの違いによるものであったり,質問紙の翻訳の違いによるものであったり,さらにはオリジナルな実験者

の関心とは無関連な他の実験操作上のバリエーションによるものであったりする。そうした問題は，国内においても重要であるが，異文化研究においては，特にそれが重要となる。

(1) 必要となる方法

これらの方法論的問題を乗り切る方法はいくつかある。いくつかの研究は，既にそうした方法を実際に用いている。例えば，同一研究者集団が，2つあるいはそれ以上の国において，きわめて似た方法と似た被験者を用いて同時に研究を行なうというものである。Schachterら（1954）の社会的逸脱の研究はそれにあたる。扱う国が多ければ多いほど，結果が，実際そうなるかどうか確認しやすい。2つの国でしか行なわれていないのであれば，得られた結果の違いについていくつかの代替説明が可能となり，その説明のどれを選ぶかに関するはっきりとした根拠も乏しいものとなる。また，実験者集団があらかじめ用いられる手続きを議論し，サンプルとした地域に特有の効果を生み出すような手続きを導入しないようにしている（Triandis, 1976）。

科学的論理からすれば，異文化間比較は，文化的背景以外すべて等しい集団間においてなされるべきである。もし，これらの集団がその他の点で違っていれば，いわゆる「ライバル仮説」なる代替説明が，結果の違いを説明するのに登場することになる。異文化研究においては，多くの非等質な要因が潜んでいる（Brislin, Lonner & Thorndike, 1973）。その主なものを次に見ていきたい。

■翻訳　　被験者は，言葉を耳から聞いて，あるいは書かれた言葉によって教示を受ける。そして，しばしば，教示に対して話されたあるいは書かれた反応内容が，研究上の測度となる。これらの教示および反応は，研究で用いられる比較対象となる言語に忠実に置き換えられなければならない。バック・トランスレーション法は，言語的等質性を保つために，最も頻繁に用いられる。これは，質問紙や他の測度を，他の国や地域で理解可能な形式にまず翻訳し，次に，翻訳ミスがないかどうかをチェックするために，研究とは直接関係しない第三者によって第一言語に翻訳し直すというものである（Brislin, Lonner & Thorndike, 1973）。測度の概念を「距離を置いて見ること」が必要となる。というのは，文字通り訳すと，異なる文化において生じる言葉の微妙なニュアンスの違いを捉えることができなくなってしまうからである。「自由」とか「友好的」などの抽象的な概念は，直接翻訳しにくい。その概念に最も近い概念が何であるかを保証してくれるバイリンガルの人物が必要になる。

■操作変数　　社会心理学の実験は，被験者を侮辱するなど，さまざまな手続きを用

いる。しかも「面目の失墜」などの構成概念を操作することがある。しかし，こうした操作は，いろいろな文化集団において同一の意味とインパクトを持っていなければならない。例えば，「あなた方シチリア人（カナダ人）は，偏見を持っている」といった集合的な侮辱は，個人主義文化より集団主義文化において，より強く知覚される (Semin & Rubini, 1990)。したがって面目を失う程度も違ってくる。こうした非等質性を解決するには，用いられている操作が，機能的に類似したものとなるよう，文化間でのニュアンスの違いを見極めることができる知識を持った協力者に相談する必要がある。いったんこうした手順ができあがれば，これらの操作は，被験者の母国語を話すそれぞれの国や地域の実験者によって十分に行なうことができる。そうでないと，違った結果が生起することになる。

■被験者　われわれの研究に回答する人は，学生，政党の党員，あるいは訓練コースの参加者など，それぞれの文化において，社会的役割がほぼ同一である。しかし，役割が類似しているとはいえ，これらの人たちの出身は，それぞれの文化集団内においてかなり文化的背景が異なっている。例えば，文化が違えば，大学生は，非常に競争的な試験，宗教的な正当性，家族の位置，所属部族その他に基づいて注意深く選ばれている。欧米の大学生と欧米以外の大学生を比較するのは難しい。欧米では，教育が受けやすく，学業達成度もかなり広い範囲にわたっているからである。

　この問題を解決するには，被験者の表向き社会的に等価と考えられるラベルを，実際の背景に合わせ，文化以外の鍵となる変数を等価にする必要がある。厳密な比較は不可能でも，測度を選び，文化的な違いによってそれほど影響を受けない変数を吟味すべきである。例えば，知覚，認知，情動といったより基本的な心理学的プロセスは，社会的・組織的プロセスに比べれば文化内での変動は少ない。また，完全には対応していないサンプルからそれぞれの文化的反応を取り出し，サンプル間の違いの影響を推定し，それを除外するという統計的手続きを用いることもできる。例えば，もしあるサンプルの平均年齢が，他のサンプルよりいくぶん高い場合，こうした違いによる効果は，年齢が，それぞれのサンプル内において研究されている変数とどのぐらい関係しているかを吟味することによって，ある程度抑えることができる。異文化研究のサンプルの特徴は，はっきりと注意深く記述する必要がある。また，例えばアジア系アメリカ人といったような不正確な民族的ラベルづけの使用は避けなければならない (Trimble, 1990)。

■使用尺度　リッカートタイプや「はい，いいえ」形式の言語的測度が，異文化研究のデータを収集する際にしばしば用いられる。しかし，得点をどう解釈するかは，

そうした尺度に対する反応の仕方が文化的に異なるため，交絡することがある。黙従傾向や中心傾向といった反応傾向（例：Hui & Triandis, 1989）は，尺度内容と交互作用を示し，結果の比較を難しいものにする。被験者内標準化の手続き（Bond, 1988b）は，こうした困難を克服できる。この手続きを用いることによって，ある特定の評定尺度上におけるそれぞれの被験者得点は，その他すべての尺度におけるその個人の評定と比べ相対的に示される。このように，多くの人が「はい」「賛成」と多くの項目に答えがちな国からの出身者のデータは，評定尺度の中間点により典型的に反応する国からの出身者のデータと，直接的な比較が可能となる。こうした反応バイアスの問題を処理するには，尺度の中間点を除去したり，評定尺度の段階を減らす方法もある。

■研究の伝統　多くの人は，世論調査，消費者調査，キンゼー報告型の面接や被験者をプールしたデータ収集が当然とされる文化で育っている。そこでは，回答の秘密保持が謳われ，保証されている。こうした研究の伝統も匿名性の保証も，多くの文化では十分でないと思われる。社会科学系の研究は，まったく実践的なものでなかったり，もしくはきわめて政治的なものとなりがちである。研究手続きが，倫理的に受容できるとみなされるかどうかについては，意見の違いが見られる。これらの違いは，心理学的研究がそれほど浸透していない文化において，妥当なデータが得られるかどうか，より幅広い協議と研究手続きの説明が必要になる。

(2)機能的に等価であることは可能か？

　以上のことが，うまく実践されたとしても，さまざまな国の被験者集団における人口学的な違いや言葉の持つニュアンスの違いが，被験者や測度のマッチングを厳密なものでなくしてしまう。異文化の社会・組織心理学の研究を行なうことは，いろいろな国の温度計を読むのとはわけが違うのである。

　Jahoda（1979）がいうように，これらの文化差という事実は，社会心理学が「普通」に行なっていることに疑問を投げかけている。そして，結果として，革新的な方法論が，実験室実験や質問紙にとって代わらねばならないし，文化的な知識を持つ人との関係を大事にしなければならないとしている。また，被験者に対し，注意深い訓練をデータ収集に先んじて行なう必要がある。いずれの場合でも，「社会科学を研究する」文化的コンテクストを十分に把握しておかなければならない。また，その結果としての研究成果が，妥当性を持つと主張できなければならない。これらの目標を達成する有効なガイダンスとして，ここでは，異文化研究法について詳細に検討している文献を見ておくことが大切であろう（例：Brislin et al., 1973; van de Vijver &

Leung, 1997)。

　結果の違いは避けがたいものであり，またその多様性を説明するためにも，異文化社会心理学には理論が必要となる。これらの理論は，既存の社会心理学とまったく一致したものである必要はない。つまり，これらの理論も，なぜ社会的プロセスが，世界のさまざまな場所で違って作用するのかについて，説明できればよい。もし，違ったサンプルを用いて見いだされた効果の違いを説明できる有用な理論があれば，異文化研究だけでなく，心理学理論一般にとっても，きわめて確固とした基礎を築くことができると思われる（Triandis, 1988）。次章では，そうした理論について検討を行ないたい。ただしその前に，まず，解決すべき問題の範囲をより正確に規定することが大切であり，そうした作業に役立つ2つの研究プログラムを見てみたい。

5. 追試の体系的なプログラム

　Amir & Sharon（1987）という2人のイスラエル人は，異文化において追試がいかに大きな問題であるかを明らかにしようとしている。彼らは，本章で論じた研究がサンプルを任意に抽出したものでありながら，有名な研究となっていることを指摘している。こうしたサンプルのバイアスを避けるために，Amir & Sharonは，4つのアメリカの主要な社会心理学の雑誌に掲載された研究を2年間にわたりレビューした。そのうち，アメリカで検討されている変数が，イスラエル社会と似た意味を持っていると考えられる6つの研究を選んだ。そして，イスラエルでこれらの研究の追試を2度にわたって行なった。1度目は，アメリカの研究で行なわれたのと似た対象に対して，2度目は，それとは異なる対象に対して行なった。オリジナルの6つの研究のうち，5つは大学生を用い，残る1つは，高校生を用いた。彼らの追試研究は，この6つのケースすべてに対して，大学生と高校生の両方を用いて行なわれた。

　オリジナルな6つのアメリカにおける研究は，全部で64の主効果と交互作用を報告した。Amir & Sharonの12の追試においては，30の有意な効果が見られた。これらのうち，24の有意な効果が，アメリカと対応するイスラエルのサンプルまたは対応する場合としない場合の両方のサンプルで得られ，アメリカでの結果が再現された。この結果は，追試によってかなりの証拠が得られたように思われる。しかし，より重要なのは，残る40の有意なアメリカでの結果は，イスラエルの研究では何1つ支持されなかったということである。また，6つの有意なイスラエルの結果は，アメリカの研究では見いだされなかった。Amir & Sharonは，追試が成功した結果の多くが，交互作用ではなく，主効果であったとしている。

　Amir & Sharonの結果は，再現性の問題が本質的な問題であることを示している。

第3章でのレビューに見られるように，アメリカとイスラエルは，ある意味で文化的にきわめて類似している。こうした再現性の違いは，似ていない国同士の間では，もっと大きなものになるだろう。Amir & Sharonのこうした推測が説得力に欠けるとすれば，それは，彼らの研究が，アメリカの研究の10年後に行なわれたことである。しかし，社会心理学者によって研究されているプロセスが，社会的相互作用において基礎的なものだと考えるなら，このぐらいの時間間隔で大きな変化が起こるとは考えにくい。また，皮肉なことに，彼らが選んだ6つのアメリカの研究のうち，実はその1つは，オーストラリアで実施された研究であったのである。

そのほか，比較可能な規模の追試研究としては，ブラジルのRodrigues (1982) のものがある。Rodriguesは，アメリカで発表された15の研究について，彼とその共同研究者による追試の概要を提示している。そして，アメリカの15の研究結果のうち，支持されたのは約半分にとどまっていると述べている。

(1)理論に導かれた研究計画

もし，追試の問題がかなり厄介なものであるなら，なぜそうした困難が生じるのかについて説明する理論を探し出す必要がある。こうしたアプローチを試みた初期のものとして，Berry (1967) の研究がある。彼は，個人が生存している社会的コンテクストから自らを分化させる程度について研究した。ここで彼が興味をもった野心的プロジェクトは，個々人がどのぐらい他者から影響を受けやすいかに関することであった。彼は，人が他者から影響を受ける程度は，いろいろな社会の文化によると考えた。例えば，狩猟社会の成員は，自らの行為と他者の行為との協調をそれほど必要としない。他方，農耕社会の成員は，すべての成員が，1年の決まった時期に苗を植え，そして協同して収穫する必要がある。また，収穫の少ない間は，貯蔵が安全になされるよう一致して対応していかなければならない。生存のためには，これらはきわめて重要なことである。したがって，狩猟社会より，農耕社会の方が，他者からの影響を受け入れやすいということになる。

この仮説を検証するため，Berryは，Asch型同調研究の手続きを工夫した。被験者に，1本の線分を，長さのそれぞれ異なる8本の線分のいずれかとマッチングさせた。しかしながら，彼は，被験者に対し，「多くの人が6番目の線分が同じような長さである（実際は違う）と言っている」と付け加えた。Berryは，一連の試行を経て，食物貯蔵型社会の成員が，狩猟型社会の成員よりはるかに，実験者の「助言」を受け入れたことを見いだした。これらの結果は，カナダのイヌイットからアフリカ，ニューギニア，その他さまざまな社会で広く確認されている。

しかしながら，Berry & Annis (1974) は，さまざまな北西アメリカインディアン

の集団間においては，実験者の「助言」に対して，予測された違いを見いだせなかった。これらの集団はすべて，前の研究における同一地域出身の人たちと同様の高得点を示した。しかし，実験者が取り上げたその他の測度では，結果がまちまちだった。これらの集団は，前の研究よりも多様性が小さい。したがって，Berryの理論を検証するには，もってこいのはずであった。Berry & Annisは，仮説を検証できなかったことを認め，いかなる理論といえども，社会的プロセスのすべてのバリエーションを説明することはできないと注意を促している。同様に，本書でも見られるように，アメリカと日本，あるいはアメリカと中国のように，きわめて対照的な文化間での社会行動に違いがあると予測した研究者が，しばしばそうした仮説を支持する結果を見いだしている。しかし，香港とシンガポール，スペインとイタリアのように，互いにより接近した文化集団間の相違を検出できるような，より精緻な理論が必要となる。まず大切なのは，比較的広範にわたって妥当性を持つ理論を探し出すことである。Berryの一連の研究は，そうした方向への第一歩であるが，今後は，より焦点を絞った研究が必要となるであろう。

6．まとめ

　古典的な北米の研究は，繰り返し見てきたように，しばしば違った結果を生み出している。心理学においては，精密な異文化間での追試研究は，不可能ではないにしても非常に難しい。社会的コンテクストにおいて鍵となるバリエーションを妥当な形で査定し，得られる効果の差異と類似を予測できる研究を計画し，実施することが求められる。これらの研究を実施するには，さまざまな文化の研究者が，相互に緊密に協議しあって，結果をより確かなものにしていく必要がある。

第3章 見過ごされてきた概念としての文化

すべての人は，ある面においては，a) 他のすべての人と似かよっており，また，b) ある何人かの人たちと似かよっており，さらには，c) 他の誰とも似かよってはいない。（クラックホーンとマレー, 1948）

　すべて心理学は，行動の一貫性と多様性に関わっている。異文化心理学者が他の心理学者と違うのは，世界中の多様な文化集団間における行動の多様性とその原因の理解に関心を持っている点である。こうした問題への関心は，長い間社会人類学の研究において中心的なものとなっていた。しかし，ほとんどの心理学者は，自らが研究するプロセスはある意味でより基礎的であり，文化によってあまり左右されないと考えてきた。基礎的なプロセスは必ずしも不変というわけではないが，心理学者は多くの場合，個人の遺伝子構成や特定の人生経験，あるいは現在の社会状況といった，より受け入れやすい影響力を参照しながら，行動の多様性を説明しようとしてきた。たとえ，もしあるプロセスが文化的に不変だとしても，そのプロセスが持つ影響は文化によって異なるかもしれない。したがって，文化間でどのような行動的差異が生起するかを予測するには，ある所与の文化において，人々がそのプロセスをはじめるベース・ラインを知っておく必要がある。

1．文化とは何か？

　文化という概念が社会・組織心理学にとってどのように役に立つかということを理解するためには，明確な定義が必要である。Herskovits (1948) は，文化は「人がつくった環境の一部」から成っていると考えた。つまり，文化は，家や輸送手段，道具といった物質的な人造物だけでなく，法律，規範，規則によって統制された結婚，雇用，教育，退職などの社会的制度を含むものである。このような定義は，概要の把握には便利だが，異文化比較を行なう際に，どういった概念的単位を用いるのが最適であるかを決定するには有効ではない。2つの文化集団が異なっているといえるには，そこにどれくらいの差異が必要となるだろうか。

　この問いに対する一致した答えはない。Rohner (1984) は文化とは，文化の成員

がその文化を構成している人間や対象に付与している組織化された意味のシステムである，と捉えている。この定義は，文化という概念は，ある集団の人々にとって物事がどういう意味を持っているのかということに限定すべきであることを示唆している。しかしながら，ほとんどの人類学者は，ある文化において見いだされる物理的な事物もその定義に含まれるべき要素であるとしている。例えばJahoda（1984）は，われわれが生活する家にわれわれが付与する意味が重要であるとしながらも，ある文化における家屋の造りそのものも，その文化の成員の行動や生活の他の側面に対する考え方に影響を与えると主張している。遊牧民とホームレスの人々は行動が異なるだろうし，日常生活のできごとに対しても彼ら独特の意味を付与するであろう。それはアパートや，土小屋，農家，二世帯住宅，あるいはその他どこに住もうと同様である。

人造物がある文化に顕著な意味を生み出すのか，あるいは文化ができごとに与える意味を表す物を創造するのかという議論は，心理学において長い間継続して行なわれている他の論争を思い起こさせる。例えば，行動に対する環境と遺伝の相対的な規定力について，烈しく，果てしなく議論されてきた。最後には，こういった論争が解決しないということはないであろう。なぜなら，対立するように見えるそれらの要因は，実際には相互に絡み合っているからである。われわれの目的にとって，より重要となる文化の側面は，文化とは共有された意味の比較的組織化されたシステムであるという点である。

Rohner（1984）は，文化の概念と社会システムの概念を区別すべきであるとも主張している。彼は，社会システムを「文化的に組織化された集団における多くの個人の行動」と捉え，それは「社会的相互作用のパターンと社会的関係のネットワークを含む」ものであると定義している。これは彼が強調する，できごとに付与されている共有された意味という観点からの文化の定義と対照的である。社会心理学者は，個人の行動が，自らの支持する態度と常に一致するわけではないことを繰り返し見いだしている。Rohnerの区別は，こうした見解に対応している。しかしながら，実際には定義されたような形で，文化と社会システムの間にはっきりとした線を引くことは容易ではない。Ajzen（1988）のような理論家は，態度と行動の明白な不一致は，個人が同時に違う態度を持っていて，それらがある特定の行動に対してすべて関わっているためであることを明らかにしている。社会システムとそれが埋め込まれている文化の間の明白な不一致も，同様に説明できるだろう。例えば，いくつかの非キリスト教国においても，現在はクリスマスの祝祭が見られるが，それは，キリスト教徒によって与えられた宗教的意味というよりは，現代の商業化された贈答品の交換システムが持っている魅力という観点から説明できる。つまり実際には，行動の意味は広く共有されているものもあればそうでないものもあり，Rohnerの定義している文化と社会

システムは，互いに重なり合っていると考えられる。

　Rohnerは，社会学者に広く用いられている社会の概念についても論じている。彼は，社会を「主に生殖活動によって増加する，共通の文化と社会システムにより組織化され境界を定められた，多世代にわたる人口の最大単位」と定義した。つまり，社会という概念を，文化と社会システムが絡み合った程度と捉えている。Rohnerは，世界の多くの場所で，社会の概念が国の概念と同義になっていることに言及している。現代政治における立法権，コミュニケーションや移動スピードの増大は，より多くの国が社会となることを示唆している。しかし，そういった傾向を強調しすぎない方がよいだろう。国という概念は，西欧のものであって，19世紀以降，国境はかなりの頻度で，隣接する社会を分離するというよりは，むしろ政治的便宜主義に基づいて設定されてきた。今日の多くの国においては，明確に区別できる下位文化が存在する。それらは，例えば北アイルランドのように，主に宗教によって区別されるかもしれない。また，ベルギーのように言葉によって，あるいはマレーシア，シンガポール，アメリカのように人種によって区別されるかもしれない。さらに，例えばフランスやイギリスといった多くの国々で見られるように，階層制や教育によって区別されるかもしれない。しかも，最近のソビエト連邦とユーゴスラビアの崩壊は，ゆるやかに結合した社会の集合にすぎない国であっても，かなりの間存続していたという事実を描き出した。インドは，宗教，言語，場所の相違によって区切られた社会が共存し続けている，おそらく最も顕著な例であろう。将来の1つの見通しとして，現在世界の各地で起こっている大規模な人口移動の結果，こうしたタイプの国内における多様性は，減るよりはむしろ増える傾向にあると予測される。その結果われわれは，共通する法的，経済的枠組みによって社会を定義する国の出現を見ることになるだろう。そういった国においては，民族，人種，言語の違いがあり，独自の論理を持ちながら，共通の組織の中でそれらの均衡が保たれることになる。

(1)国という文化

　先に見たように，1つの文化をその他の文化から区別する方法についての最終的な合意は難しいことがわかった。さらに議論を深める中で，前世紀における世界の歴史はますます強力な国民国家を生み出し，それらの多くが，確かにRohnerの定義による社会であり，また目的によっては文化であると認めることもできた。結局，1つの国の中にある文化集団は，貿易，徴税，入国，メディア，宗教，教育，言語などに関する同じ法律や行政政策によって拘束されている。この本の中で議論される研究の多くは，研究が行なわれた国の名前以外には，研究対象となった回答者サンプルの文化的背景の詳細についてあまり報告されていない。こうした詳細についての記述が欠

■ボックス3.1■　動いている世界

　現代の交通手段によって，以前ははるか遠く離れていた住民の交流がどれだけ増えたのか，その度合いを把握するのは困難である。以下に示した数字は，最近のいろいろな国で集められたサンプルを示したものであり，1980年代後半のものである。もちろんその時からさらに増えたと考えられる。これらの数字のほとんどは，観光客によるものである。観光客と地元の人々の関わり合いについては，第10章で論じることにする。なお，各数字は，1年ごとのものである。

国	入国を許可された外国人の数（人）	長期移住者
アメリカ	352,000,000	525,000
ドイツ	136,000,000	903,000
カナダ	93,000,000	162,000
イギリス	91,000,000	216,000
スペイン	54,000,000	23,000
香港	30,000,000	9,000
オーストラリア	3,600,000	222,000
日本	2,000,000	81,000
ブラジル	1,900,000	4,000
ベネズエラ	416,000	43,000

出典：国連（1990）

ているのは，研究者の無能力や怠惰によるものではない。それは，本章で問題にすることと密接な関係がある。つまり，目的に沿った，合意がなされた概念や測度が利用可能にならない限りは，回答者サンプルについての文化的背景や所属を記述することはできないのである。これから述べていくように，この方向性については最近わずかながら進展が見られている。しかし，過去の文献が，現在進展しつつあることによって恩恵を受けるわけではない。したがって実際のところ，われわれが国の文化と呼ぶものに基づいた区別に頼らざるを得ないのが実状である。

　しかし，こうした区別をすることは，2つの大きな問題がある。1つは，国の文化を比較する際，世界の主要国に見られる膨大な多様性を見失う恐れがあるという点である。2つの国の間に見られる差異は，それぞれの国における慎重に選ばれた下位文化間にも見られるかもしれない。このことを忘れてはならない。国の多様性については，その国の外に住む者よりも，その国の成員の方が気づいていることが多い。民族的に均質な日本においてさえ，出身の島が違う者，あるいは同和地区出身者*とその

---

*原著では 'burakumin' という用語が使われているが，同和地区出身者と訳しておく。

他の者，朝鮮人と日本人，関東と関西などの区別がある。地理的に小さな国であるイギリスやオランダでさえ，北と南では出身者の違いが認められている。これらの違いが，国境を越えた差異に比べて大きいか小さいかは，最終的には実証的課題である。もし国の中での多様性が大きく，代表的なサンプルがとられたとすると，国家間の比較を行なってもなんら差異は見られないと予測される。もし多様性が大きく，サンプルが偏っていれば，先行研究で得られた結果を追試によって検証するのは難しい。このように，再現できる予測された違いが見いだされるときに，われわれが議論しようとしている結果の妥当性について最も確信が持てることになる。

　もう1つは，国に焦点を当てることによって，国の文化とは，変化や対立そして差異のない一元的なシステムであると暗黙の裡に示す恐れがあるという点である。どんな国の文化においても，その文化を構成する個人の経験の中には，あらゆる種類の差異があると思われる。1つの文化内のいかなる2人の人生経験であっても，その同質性を暗示することのないようきわめて慎重になる必要がある。この問題を避けるための最も有効な方法は，世界的な文化レベルでの特徴を引き出そうとするのではなく，研究しようとする特定の個人の価値観や行動の特徴に焦点を当てることである。この点については，いくつかの鍵となる研究を紹介した後に検討したい。

2．国と文化

　第2章で見たように，もともとアメリカで行なわれた研究の再現を試みようとする数々の研究が，世界各地でなされてきた。研究成果が蓄積されるにつれて，なぜある場合は成功し，もう一方は失敗するのか，それを理解する助けとなるような概念的枠組みを得ることが緊急の課題となる。換言すれば，比較可能な類似の研究における結果の違いを説明しようとする際に，国の文化に関して存在するすべての相違の中で，心理学者が最も有効に説明できるような国の文化差があるかどうかである。

　われわれが生活している物理的環境に目を向けることによってこの問題を取り扱おうとする研究者もいれば，人々の価値観のバリエーションを分類の基礎として一連の研究の流れを開発した研究者もいる。それぞれのアプローチを順に考えてみることにする。

(1)エコ文化的アプローチ

　前章において，Berry（1967）が，現在ある社会環境のタイプに基づいて同調レベルの予測に成功したと述べた。同様のアプローチをとって，現代の国や，国を特徴づけるすべての利用可能な指標に焦点を当てた研究がいくつかある。そのような方法を

分類するために，研究者は，湿度，農産物の貿易率，1人あたりの国民総生産，市街化率，政治的多様性，サービス産業の雇用比率，平均寿命などといったマクロレベルの変数のほとんどを取り上げている。これらの変数は，パーソナリティ論者が，パーソナリティの次元を識別するため，特性尺度を因子分析したのと同様な手法で分析された。

そのような研究の最もよい例の1つに，Harold Guetzkowによって始められRummel（1972）によって報告された，「国の次元」プロジェクトがある。ここでは，82か国236のマクロレベルの変数が検討された。これらの変数は因子分析を用いて，経済発展，国家のサイズ，政治的志向，国際間対立，人口密度，カトリック文化，国内における対立の7つの主要な次元にまとめられた。経済発展因子を最も明確に定義した項目は，例えば次のようなものであった。

電話の数
非農業人口
ラジオの数
国民総生産
エネルギー消費量
新聞消費量
病院のベッド数
製造業雇用数

これら7つの次元における各国の得点を用いることにより，Rummelは国家の特徴をマッピングすることができた。

この研究および他の研究から，2つの重要な結論を導き出すことができる。1つは，経済発展の因子は必ず抽出され，多くの場合，最も説明力のある変数となる（例：Adelman & Morris, 1967; Marsh, 1967）。もう1つは，こうした分析から出てくるのは経済発展に加え，常にその他さまざまな因子があるということである。しかし，これらの先行研究は本質的に帰納的であり，出てきた因子は多様で，必ずしも解釈しやすいものではない。当時の研究者には，どのような次元が意味のあるものか，その判断の基礎となるガイドラインがなかった。

Georgas & Berry（1995）は，こうした不備を修復しようとした。彼らは，国を生態学的，社会政治的に分類できると提唱している。生態学的指標には，気温，地形，水源，土壌などが含まれる。社会政治的指標は，経済システム，政治・司法システム，宗教，教育システム，およびマスコミュニケーションの形態それぞれに基づく指標に

■ボックス3.2■　文化的影響に関する仮説の出所

　生物学系や自然科学系の学問と同様に，心理学における学問的アプローチは，伝統的により単純でより「基礎的」，あるいは還元主義のレベルで現象を説明できることが好ましいと考えてきた。したがって，多くの心理学者は生理学，遺伝学，認知科学から出てきた説明を好む傾向がある。異文化心理学者は，同じように広範な説明が可能なものを根拠にしている。以下の表では，最も単純で基本的な仮説の出所が左側に，右側には，研究で取り扱われている現象と直接的に結びついた出所が示されている。また，それぞれのアプローチをとる研究者の背景もそれぞれの欄に記されている。

仮説の出所	生態学	制度・社会構造	社会化のプロセス	心理学的構成概念
説明変数の例	気温	血縁	家族文化	価値観，信念，規範
	生存様式	社会階級	組織文化	
研究者の背景	エコ-文化心理学	社会学	発達・組織心理学	社会・組織心理学
		社会人類学		

　これらの仮説の出所はそれぞれ，文化の効果を明らかにするプロセスを手助けするものである。これらの伝統の最初と最後が，心理学を最もよく代表していると考えられるので，本章では，主として最初と最後に属する研究者に焦点を当てている。

下位分類される。そこで合計121か国のサンプルを用いて，これらの基準において類似しているもの同士がまとまるようクラスター分析が行なわれた。予測されたように，得られたクラスターは，どの指標が基準として用いられたかによって異なっていた。生態学的基準から，4つのクラスターが得られ，それぞれに属する国の数は，高温多湿が53，温暖が33，寒冷が14，高温乾燥が20となった。Georgas & Berryは，これと彼らが行なった他のクラスター分析は，国のサンプリングを決定する上で有用であるとしている。類似した国を多数サンプルとした研究よりも，異なるクラスターから抽出された国を少数でもサンプルとした研究の方が，われわれにとって学ぶことが多いかもしれない。例えば，生態学的に温暖とされる33の国のうち，20はヨーロッパ諸国であり，ヨーロッパだけで比較研究を行なっても，それほど代表性があるとはいえないであろう。

　Georgas & Berryは，生態学的および社会政治的因子こそが，国の文化がよって立つ基盤であるとみなしている。これらの因子は，人間の文化の進化に関する世界的な実験における独立変数であると考えることもできる。しかしながら，彼らのモデルは，まだ十分に確立されているわけではなく，また広く取り上げられているわけでもない。

そして，気候的あるいは社会政治的因子が，どのように日常の社会的，組織的行動に影響するのかについては詳細な説明をしていない。しかも社会政治的因子の多くは，文化的進化の原因というより，結果であると捉えることもできる。気候と社会行動の関係をより詳細に探求している研究もあり（van de Vliert & van Yperen, 1996; van de Vliert et al., 1997)，後に続く章においてこれらの研究を見ていくことにしたい。とはいえ，社会的，組織的プロセスにより直接的に関わる変数に基づいて文化を位置づけようとする研究の方が，ほとんどの研究者にとっては，より有望なアプローチであると思われる。そうした研究のほとんどが，人間の価値観に関わっているからである。

(2)Hofstedeによる労働に関する価値観についての古典的研究

こうした研究において大きな進展が見られたのは，Geert Hofstede（1980）の"Culture's Consequences*"が出版されたことによる。Hofstedeは，後にIBMとわかる（当時エルメスという仮名が与えられていたが），アメリカの大きな多国籍企業によって行なわれた企業調査を利用することができる立場にいた。エルメスのあるすべての国における，比較可能な従業員サンプルに，調査に答えるように要請した。調査は，1967年と，1971年から1973年までの，2回にわたって行なわれた。この手続きによって11万7千人以上もの回答者を得ることができた。質問紙の項目は，従業員の仕事経験のあらゆる側面に関するものであり，もともと心理学的理論に貢献することを意図して作成されたわけではなかった。彼はこの全体のサンプルの中からサービスとマーケティングに従事する者だけを回答者として選択し，国家間の比較が最大限可能となるようにした。

Hofstedeのアプローチは，国家間の比較ができるよう工夫して，そのデータバンクからのデータを分析するというものであった。そうすることによって，彼のサンプルの大きさは，11万7千ではなく40となってしまった。それは彼の基準が，40か国それぞれにおいて十分な大きさのサンプルを得ているということを明らかにしているからである。しかしながら，各国ごとの各質問項目の平均得点は，やはりその国の相当数にのぼる回答者に基づいていた。

これら40か国の平均得点を因子分析した後，Hofstedeは4つの次元に沿って，これらの国々を分類することができるとした。それらの次元は，「勢力差（power distance）」，「不確実性の回避（uncertainty avoidance）」，「個人主義－集団主義（individualism-collectivism）」，「男性性－女性性（masculinity-femininity）」と名づけ

＊和訳は『経営文化の国際比較：多国籍企業の中の国民性』（万成・安藤監訳）である。

られている。表3.1は，これら4つの次元それぞれの意味を定義する上で，どの質問項目が最も有用であったかを示している。また，男性性－女性性次元の両極における回答例も載っている。Hofstedeは勢力差を，上位（上司）および下位（部下）の間での尊敬と敬意の大きさという観点から論じている。不確実性の回避は，人生における不確実性に対する対処の仕方として，計画性と，安定性の創造に焦点を当てることと定義されている。個人主義－集団主義は，個人のアイデンティティが個人的な選択や達成によって定義されているかどうか，あるいは，個人が半永久的に属する集団の特性によって定義されているかどうかに関わっている。男性性－女性性の次元は，多くの国の文化間において，性差によって違うとされている課題達成と対人的調和のうち，どちらを重視するかという価値観に関わるものである。そして，それぞれの次元を定義する項目（得点）の平均値を算出することによって，各国ごとに4つの次元の得点が得られることになる。

このように，Hofstedeの研究は，彼のサンプルに代表される40の国の文化圏にどのような差異があるかを分類する仕方について1つの可能性を提示している。さらに，彼はサンプルを拡大し，合計50か国の文化および3つの「地域」を網羅し，それぞれについて，彼が文化的に類似していると考える隣接する国々からのデータを収集した（Hofstede, 1983）。彼のサンプルにあるそれぞれの国から得られた得点の順位を表

▲表3.1　Hofstedeの文化に関連する価値観の4次元

価　値	質問項目	当該回答
勢力差	どのぐらい頻繁に，以下のような問題が起きるのを経験しましたか：従業員が，上司に対して違う意見を述べるのを恐れている。	（頻繁に）
不確実性の回避	従業員は，たとえそれが会社にとって最もよい利益になると思ったとしても，会社の規則を破ってはいけない。	（とても賛成）
	あなたはどのくらい，この会社で働きつづけると思いますか。	（退職するまで）
個人主義	私生活や家族のための時間がとれる仕事を持つということは，あなたにとってどれだけ重要ですか。	（とても）
	自分自身のやり方で仕事をするだけの十分な自由を持つことは，あなたにとってどれだけ重要ですか。	（とても）
女性性	上司と仕事をうまくやっていける関係をもつことは，あなたにとってどれだけ重要ですか。	（とても）
	お互いにうまく協力し合える人々と仕事をするということは，あなたにとってどれだけ重要ですか。	（とても）
男性性	高収入の機会を得ることは，あなたにとってどれだけ重要ですか。	（とても）
	よい仕事をしたとき，それにふさわしい承認が得られることは，あなたにとってどれだけ重要ですか。	（とても）

▲表3.2 Hofstedeの分類から見た国の文化のランキング

国	勢力差	不確実性の回避	個人主義	男性性
アフリカ（東部）諸国	22	36	34	39
アフリカ（西部）諸国	10	34	40	30
アラブ諸国	7	27	26	23
アルゼンチン	35	12	22	20
オーストラリア	41	37	2	16
オーストリア	53	24	18	2
ベルギー	20	5	8	22
ブラジル	14	21	26	27
カナダ	39	41	4	24
チリ	24	12	38	46
コロンビア	17	20	49	11
コスタリカ	43	12	46	48
デンマーク	51	51	9	50
エルサルバドル	18	5	42	40
エクアドル	8	28	52	13
フィンランド	46	31	17	47
フランス	15	12	10	35
ドイツ（西）	43	29	15	9
イギリス	43	47	3	9
ギリシャ	27	1	30	18
グアテマラ	3	3	53	43
香港	15	49	37	18
インド	10	45	21	20
インドネシア	8	41	47	30
イラン	29	31	24	35
アイルランド	49	47	12	7
イスラエル	52	19	19	29
イタリア	34	23	7	4
ジャマイカ	37	52	25	7
日本	33	7	22	1
韓国	27	16	44	41
マレーシア	1	46	36	25
メキシコ	6	18	32	6
オランダ	40	35	4	51
ノルウェー	47	38	13	52
ニュージーランド	50	40	6	17
パキスタン	32	24	47	25
パナマ	2	12	51	34
ペルー	22	9	45	37
フィリピン	3	44	31	11
ポルトガル	24	2	34	45

シンガポール	13	53	40	28
南アフリカ	35	39	16	13
スペイン	31	12	20	37
スウェーデン	47	49	10	53
スイス	45	33	14	4
台湾	29	26	43	32
タイ	22	30	40	44
トルコ	18	16	28	32
アメリカ	38	43	1	15
ウルグアイ	26	4	29	42
ベネズエラ	5	21	50	3
ユーゴスラビア	12	8	34	48

注：このランキングは，Hofstede（1983）の得点から引き出されたものである。ランク1が最も高い。

3.2に示した。前共産圏とアフリカのほとんどの国が省かれているが，実に広範に及ぶ国が含まれている。Hofstedeの研究はいろいろ批判されてはいるが，それは後に検討することにしたい。しかし，いずれにせよ，グローバルな規模という点で，近年において他に並ぶもののない研究となっていることは明らかである。

Hofstedeはまた，表3.2からわかるように，個人主義－集団主義と勢力差の次元は彼自身によって概念的に分離した因子として扱われていたにもかかわらず，それらの間に強い負の相関関係が見られることを指摘している。多くのヨーロッパ諸国と北米諸国からなる1つのグループは，個人主義の得点が高く，勢力差の得点は低くなっている。他方，多くのラテン・アメリカ諸国とアジア諸国からなるもう1つのグループは，個人主義の得点が低く，勢力差の得点が高くなっていた。国の文化を，個人主義－集団主義次元の得点に基づいて区別するということは，近年多くの異文化研究者の注目を集めてきている。われわれも残りの章においてしばしば言及していきたい。しかしながら，その際，それが勢力差の次元と密接に関わっていることを念頭に置く必要がある。残された不確実性の回避と男性性－女性性という2つの次元も，分類の仕方としては重要と思われるが，その後の研究成果や理論化とそれほど一貫していない。そのために，現在にいたるまでこの2つの次元については，あまり研究されてこなかったようである。

(3) Hofstedeの研究を評価する

Hofstedeの功績をどのように評価すべきだろうか。彼の文化の定義は，Rohner（1984）の定義とかなり一致する。彼は，文化を「ある集団の成員を他の集団の成員から区別する心の集合的プログラミング」と定義している（Hofstede, 1980, p. 21）。換言すると，文化が意味の観点から概念化されており，それぞれの文化の成員を代表

するサンプルの価値観を調査することによって文化を研究することは，きわめて適切であるといえる。しかしながら，Hofstedeは，自らのいう中核的価値は国の文化に適用されるのであって，個人に適用されるのではないということをとりわけ慎重に強調している。もし，ある所与の価値の次元において2つの国が異なるとしても，2つの文化に相違があり，それらの文化のどの2人の成員も同様に異なると推論することは論理的ではない。例えば，個人主義の得点においてはアメリカがグアテマラよりも高得点を示すため，ある特定のアメリカ人はある特定のグアテマラ人よりもより個人主義のはずである，あるいは勢力差の得点が低いはずであると予想するかもしれない。それは，図3.1の頻度曲線が示すように必ずしもそうとは限らない。Hofstedeの研究における国の文化の平均得点は，質問紙に回答した者の得点の平均点となる。それぞれの国のサンプル内において幅広い変動が見られることもあり，アメリカ人よりもより個人主義的な（図3.1の右端）グアテマラ人に遭遇する可能性は十分にある。

　実際，価値観は，国の個人主義を定義するための1つの手段であることはわかったが，個人の個人主義を定義する手段であるとはいえない（例：Bond, 1988b）。あるレベルにおける評定の手続きを，下位の分析レベルに適用することを生態学的誤謬（ecological fallacy）とHofstede（1980, p. 29）は名づけている。個人レベルの分析において普遍的な価値観のグループ分けを定義づけることは技術的に困難なため，この誤謬が起こることになる。この難しい問題については，この章の後半でより詳しく検討する。

　社会・組織心理学の役割は，社会的状況において個人がどのように行動するかを予測することであると思う人もいるかもしれない。もし，このような予測を引き出すのにHofstedeが得た国の平均値が使えないとしたら，何のためにあるのだろう？　こ

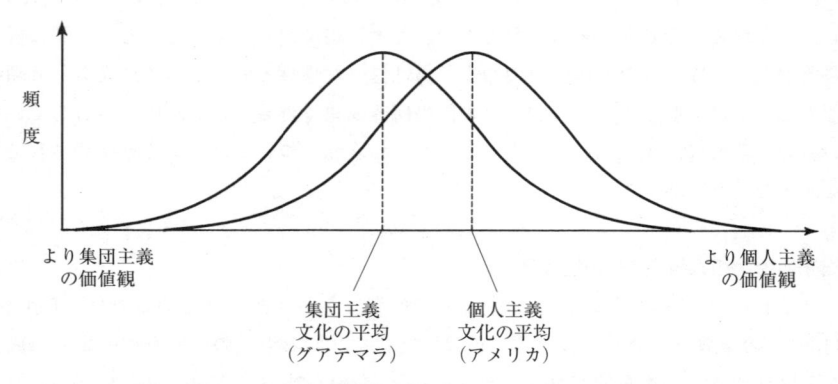

▲図3.1　個人主義と集団主義の国の文化における価値得点の仮説的分布
　　　（出典：Hofstede, 1980より改作）

うした問いかけが秘めている欠点は，社会心理学者はめったにある特定の個人の行動を予測しようとはしないということである。社会心理学者が何をするかというと，個人が，個人として，あるいは所属する集団や組織の一員として，どのように行動するかということを予測するのである。したがって，特定の国で行なわれた研究が適切な代表となるサンプルに基づいていることがわかっているなら，Hofstedeの得点から得られるその国についての知識は，その国の人々の「平均的な結果」を解釈するには役に立つであろう。

　このことは，Hofstedeが研究した国におけるサンプリングの代表性が完全に成功したことを前提としている。しかし，彼のサンプリングには明白な限界がある。まず，すべての被験者はIBMの従業員だった。IBMは有名なアメリカの企業であり，れっきとした独自の文化を持っているとよくいわれる。このように一様化への力が作用する中で，Hofstedeが国の文化差を見つけたということは，彼の研究の強みでもある。しかし，彼のサンプルの多くは男性であること，マーケティングとサービス業務の部署のみから抜粋されていること，さらにすべてのデータが25年前に得られたものであることは否定できない。これらのサンプリングの限界が重要かどうかを吟味するただ1つの方法は，後の研究者が得た結果と比較することである。それを今からやってみよう。

　Hofstedeの本のタイトルは"Culture's Consequences"である。これは，文化が因果要因として機能することを示唆している。彼がサンプルとした国々で得られた個人主義の得点と1人あたりの国民総生産（GNP）の間に，+0.82の相関関係があると報告されたことからも，裕福な国は個人主義の文化を持っているがゆえに裕福なのであるという推論をしがちである。しかし，すべての相関データにおいていえるように，このように推論することは実に危険である。欧米諸国が個人主義的文化を持つのは，彼らが裕福だからだというのも同様に可能な仮説である。近年の日本や香港，その他のアジア太平洋諸国などの非個人主義の国における急速な経済成長は，個人主義そのものが富へと導くという因果関係に疑問を投げかける理由となっている。集団主義の国々が豊かになったのは，個人主義が高まったからかどうか，この点に注意すべきである。これについての証拠は第12章で検討することにしよう。

　Hofstedeの研究を詳細にわたって吟味してきたのは，この研究が現代の異文化心理学におけるあらゆる領域の発展に重要な位置を占めるからである。特に個人主義－集団主義の次元は，かなりの注目を集めた。Triandis（1990, 1995a）は，個人主義－集団主義文化に属する人々の社会行動が異なることをさまざまな観点からまとめている。このことについては，後の章でも考察していく。ボックス3.3と前に紹介したチャン君とロバートソン先生の会話に関する記述は，次元の異なる成員が関わり合うこ

■ボックス3.3■　「集団主義流」の意思決定のエピソード

　トロント出身のチャックとメアリー・フーリィーは，休暇を過ごしに最近ブラジルにやってきた。ビーチで何日かゆっくりした後，2人はホテルでブラジル人の知人と一緒に，本格的な地元の食事に招かれたことを喜んでいた。椅子に座ると，ウェイトレスがすぐにテーブルにやってきて，ブラジル人の友人にメニューを1つ手渡し，友人はそれを見はじめた。チャックとメアリーは，何を食べるかは重要なことだと思い，ウェイトレスにメニューが欲しいという合図を送った。彼らは，メニューが英語とポルトガル語で書かれているのはわかっていた。ところが彼女は，メニューはどれも同じだと答えただけだった。そのうちメニューを見ていたブラジル人は，皆が食べたいだろうと自分が確信する料理を勧めようとした。チャックとメアリーは苛立ち始めた。ホストの気にさわるようなことはしたくなかったが，どんな料理が選択肢としてあるか本当に知りたいと思っていた。
　その間，ブラジル人の友人は，なぜチャックとメアリーが，自分が慎重に選んだブラジル人としてのお勧め料理にそれほど気が進まないのか，困惑していた。この場合彼が，集団成員のために最もよい選択をなすべきだという文化的規範がある。また，ウェイトレスも，年配の集団成員しかメニューを見る必要がないとまさにそう思っていた。

出典：Brislin et al. (1986) が記述したエピソードをもとにして作成した。

とによって何が起こるかの例を示している。しかし，Hofstedeの次元が，われわれの目的に最も適した概念であることを確信する前に，最近の研究を吟味する必要があるだろう。

(4) 価値観についてのさらなる研究

■**文化的バイアスの低減**　中国文化コネクション (1987) と呼ばれる研究者の団体は，Hofstedeの研究が西欧の価値観に偏っている可能性を検討した。というのは，質問紙がいろいろな西欧人によって考案されたものだからである。オランダ人のHofstedeは，どのような研究も，完全に価値観から自由であることは難しいと認めている。そこで，自らのバイアスの可能性を読み手の視野に入れるために，その著書の中で2ページにわたって自らの個人的な価値観を記述している。中国文化コネクションは，中国人の情報提供者に，中国の文化的伝統について基本的に重要な中国的価値観をリストアップしてもらうことから始めた。この結果は，価値観に関する調査の作成に利用され，最終的に23か国の文化から各国の大学生男性50人，女性50人に調

▲表3.3 中国文化コネクションとHofstedeから得られた要因の経験的等価性

中国文化コネクション	Hofstede
統合	集団主義
人情	男性性
儒教的な仕事への原動力	———
道徳的規律	大きい勢力差
———	不確実性の回避

査が実施された。Hofstedeと同じデータ分析方法によって，類似した4つの因子が抽出された。それぞれの国の得点は，これらの次元に関して，Hofstedeの研究で得られた同じ国の得点と比較された。

表3.3に示したように，4つのうち3つの因子はかなり重なっていた。この結果が持つ意味は大きいといえる。この2つの研究は，文化的起源がまったく異なる尺度を利用し，違う時期に実施され，ジェンダーの割合も異なり，またそれぞれの文化圏内で異なるサンプルを対象としている。にもかかわらず，勢力差，個人主義－集団主義，男性性－女性性は，比較的安定した価値観の多様性の次元を表している。また，「不確実性の回避」と「儒教的な仕事への原動力（Confucian work dynamism: CWD）」も重要かもしれないが，これは普遍的な価値観とはいえないことも指摘している。2つの研究結果をまとめ，もし最も妥当な形で文化を分類しようとするなら，Hofstedeの4次元にCWDを加えるべきだと結論づけられるかもしれない。最近の著書の中で，Hofstedeはこの結論を認めているが，5つめの次元としては，違う名前をつけることを望んでいる。彼は，儒教的な価値観は，長期的な展望を持つという美徳を強調するCWD要因にまとめることができると指摘している。この次元において低い値を示す者は，現在と過去により重点を置くことになる。

■**価値観についての理論的展望** より大規模な一連の研究が，イスラエルの心理学者，Shalom Schwartzと彼の同僚（Schwartz & Bilsky, 1987, 1990; Schwartz, 1992, 1994）によって行なわれている。Schwartzは，欧米と欧米以外の両方で発展してきた既存の理論や価値観に関する研究の詳細なレビューを行なっている。彼は，人類が直面する基本的な問題とは何であるかが明らかにされたときにのみ，価値観研究においてすべての価値次元が見いだされるかどうかを判断することができる，と主張している。基本的なニーズは以下の3つだと考えられる。つまり，集団における生物学的ニーズ，社会的調整のニーズ，生存・福利のニーズである。これをもとに，Schwartzは56の価値観を明らかにし，質問紙を作成した。この質問紙は回答者に，それぞれの価値観がどれだけ「人生の道しるべ」となっているかを尋ねるものとなっ

ている。現在までに，50か国以上から2つのサンプル（学生と中学校教師）データが得られている。サンプルとなっている国は，世界のあらゆる地域を含んでいる。

　Schwartzは，国の文化を分類する価値観の次元が成立するかどうかを確信するには，使われた尺度が，すべての国において同じ意味を持つかどうかを吟味する必要があると述べている。ある人が，「自由」は非常に重要な価値だと主張したとしても，それはポーランドやアルゼンチンにおいても，アメリカやナイジェリアと同じ意味を持つだろうか。どの価値観が，すべての国でほんとうに類似した意味を持つかどうかを判断するために，Schwartzは，まず，それぞれの国ごとに種々の価値観の相互関係を分析することにした。

　Schwartzのデータは，最小空間解析（SSA）として知られる方法で分析された。これは，それぞれの項目の平均値を多面的な空間に位置づけ，2つの価値観の統計的距離によって，それらの心理的近さを示そうとする統計的手法である。この手続きによって，どの質問項目がクラスターを形成するかを明らかにすることができる。しかし，どの価値観が，その国の文化において最も重要であるのかはわからない。Schwartz（1992）は，20か国32サンプルについて，こうしたタイプの分析を報告している。結果は，中国とジンバブエについて多少の例外があった以外は，かなり一貫したものとなった。2つの次元内における平均値の空間的関係は，10の領域にまと

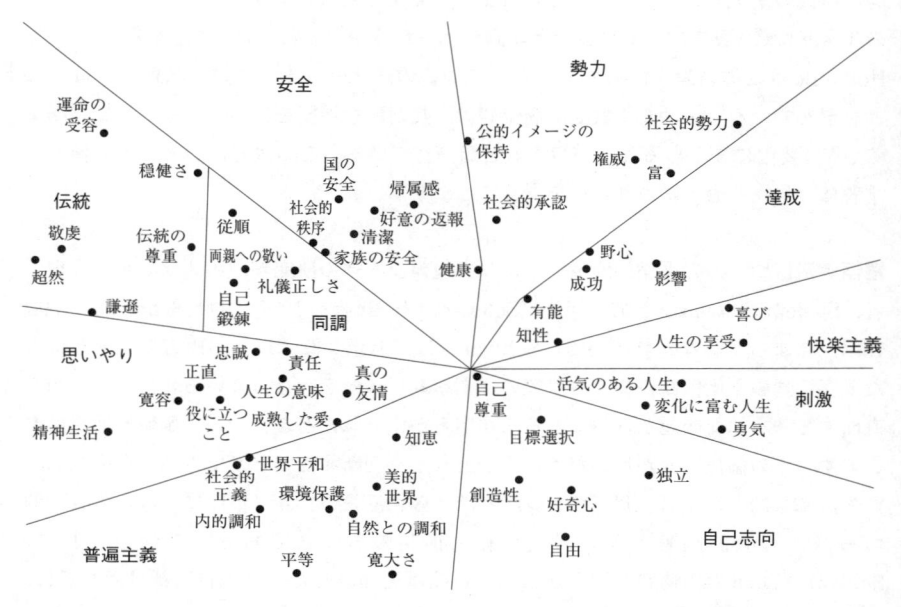

▲図3.2　Schwartzの個人レベルのデータ分析によって得られた価値観の布置（出典：Schwartz, 1992）

めることができた。彼は，これを価値観タイプと呼んでいる。これら価値観タイプのそれぞれに，その最も典型的な価値観を示すような名前をつけた。Sagiv & Schwartz (1995) は，この分析を40か国88サンプルにまで広げ，得られた価値観から，同じ関係の構造を見いだしている。このことから，価値観の構造は，文化を越えて一定していると結論づけることができるかもしれない。しかし，これらの知見は，それぞれの国で，同じ価値観が同じ程度に支持されていることを意味するわけではない。また，価値観の支持は，時間を越えて一定していることを意味するわけでもない。得られた価値観の関係が一定である，ということを意味している。図3.2は，10の価値観タイプとその関係をまとめたものである。

　こうしたプロジェクトの強みは，さまざまな国の文化で重要だと思われる価値観のサンプリングを徹底的に行なったことである。つまり，前の研究が重要な見落としをしていないか，それぞれの価値観が十分に一致した意味を持っているか，などのチェックがなされている。得られた10の価値観タイプは，Hofstede (1980) や中国文化コネクション (1987) が示したものよりも明らかに数が多い。しかし，これらの価値観タイプの検討は，前の研究と矛盾するのではなく，それが洗練されたものであることを示している。図3.2の片側は，自己志向 (self-direction)，刺激 (stimulation)，快楽主義 (hedonism) などであり，Schwartzはこれらを変化への開放性 (openness to change) とまとめている。また，これらは，Hofstedeの個人主義の概念に相当する価値観として位置づけられている。また，図の他方側は，安全 (security)，伝統 (tradition)，同調 (conformity) などであり，Schwartzはこれらを保守性 (conservation) とまとめている。これらは，集団主義の中心的な構成要素として位置づけられている。男性性－女性性は達成 (achievement) として再出現し，これは普遍性 (universalism) と対になっている。そして勢力差は勢力 (power) として現れ，これは思いやり (benevolence) と対になっている。Schwartzは，この価値観タイプのクラスターを，自己高揚 (self-enhancement) 対 自己超越 (self-transcendence) と呼んでいる。

　Schwartzと前述した研究が用いたデータ分析の方法は，一見したところ，重なっているように見えるが，実際は異なっている点に注意を払う必要がある。彼は，それぞれの国の個人に焦点を当てた一連の研究を行なった。そうすることによって，もともと56あった価値観のうち45が，すべてのサンプルを通して一貫した意味をほんとうに持っていると結論づけることができた。意味の一貫性の測度は，それぞれの価値の一貫性が，彼の分析のすべてにおいて，同一の価値観タイプとして現れるかどうかである。例えば，「勢力」という価値観タイプの中に一貫して入ってくる価値観は，社会的勢力，権威，富であることが見いだされている。それに対して，自己の公的イ

■ボックス3.4■　日本人の友情とオーストラリア人の忠誠

　Sagiv & Schwartz (1995) は，さまざまな国のサンプルから得られた価値観構造を比較し，ある価値観が，特定の国ではかなり違った形で解釈されることを発見した。例えば，「真の友情」は，「思いやり」という価値観タイプの中に典型的に位置づけられることがわかる（図3.2参照）。しかし，日本人学生542人のデータに基づくと，「真の友情」は，「安全」という価値観タイプの中に位置づけられていた。この価値関係のパターンは，これら日本人回答者にとって，友情という概念は，「安全」という価値観タイプからなる別の価値観と最も近似していることを意味している。つまり，「帰属感」と「健康」という価値観である。他の文化のサンプルでは，友情と典型的に結びついている価値観は，「成熟した愛」と「人生の意味」であった。このように，日本人学生は，友情を包含や健康という視点から捉えているのに対して，他の文化では，友情をより親密な結びつきを持つこと，愛や成熟に近いもの，人生に意味を与えるものとして捉えている。

　Sagiv & Schwartzは，日本のデータから「寛容」について，独自の理解がなされていることも明らかにしている。日本では，「寛容」は「寛大さ」と「平等」が関連していたが，他の文化では，「正直」と「役に立つこと」と結びついていると考えられていた。しかし，これは，日本では価値観の解釈が，他の文化より独特だということを示唆しているわけではない。Sagiv & Schwartzは，多くの国においては，「忠誠」と「責任」は，「正直」と「役に立つこと」と典型的に関連しているとしている。ところが，オーストラリア人のデータにおいては，それが，「従順」と「礼儀正しさ」に近いものという独自の捉え方がなされていることを明らかにし，さらに分析を進めている。このパターンは，オーストラリア人が「忠誠」と「責任」を外的な義務という視点から捉えており，他の国の人ほど内在化された基準で捉えてはいないことを示している。

メージを守ることや社会的承認は，それほどの一貫性を示さなかった。ボックス3.4は，一貫性を示さなかったいくつかの価値観が，いかに特定の文化を理解する手助けとして有用であるかを示している。

　文化を越えて一貫した意味を持つ価値観に着目することで，Schwartz (1994) は分析をさらに進めることができた。彼は個人ごとの価値観得点を平均し，国ごとの構造と分布の平均を比較する最小空間解析を再度行なった。図3.3を見ると，この文化的なレベルでの分析が行なわれたとき，全体的な価値観の分布は以前得られた結果に類似していたが，価値観の構造は7つの価値観タイプにまとめた方がよいことを示している。個人レベルと文化レベルでの分析を区別することが重要であることを強調するために，Schwartzは，これらの価値観タイプに個人レベルで得られたものとは違

階層制
● 富
● 社会的勢力
権威
保守主義
好意の返報 ● ● 国の安全
● 社会的秩序
支配　成功 ● 影響 ● 年長者への敬い
● 穏健さ
野心 ● 謙遜 公的イメージ ● 礼儀正しさ 家族の安全
の保持 ● 清潔
自己
鍛錬
独立 ● 敬虔 ● 従順
● 伝統の尊重
勇気 有能 ●
目標選択 ● ● 知恵 寛容

美的世界 ●

感情的自律　　　　　　　　　　　　　調和
役に立つこと ●
● 人生の享受
活気のある人生 ● 社会的正義 ● 環境保護
変化に富む人生 平等 ● 運命の受容
● 忠誠 正直 ● 自然との調和
世界平和
● 喜び 責任

好奇心 ●
寛大さ ● 平等主義的コミットメント
創造性 ●
自由 ●
知的自律

▲図3.3　Schwartzの文化レベルのデータ分析によって得られた価値観の布置（出典：Schwartz, 1994）

う名前をつけた。なぜ，この区別がそれほど重要であるかは直ちに検討する必要がある。さしあたり，Schwartzが文化レベルの分析を実施したときに見られた極性（保守主義 対 自律，支配と階層制 対 平等主義的コミットメント）が，Hofstedeの個人主義−集団主義と勢力差をそれぞれ想起させることだけ述べておきたい。

■価値観尺度のその他の出所　　最近のある研究において，価値観のジレンマについての調査が多くの国で行なわれた。Trompenaars（1993）は，北米の社会学者と社会人類学者（Parsons & Shils, 1951; Kluckhohn & Strodtbeck, 1961）が導き出した価値観の次元に関する概念をもとに質問紙を作成した。7つの次元のうちいくつかは，他の研究者によって得られたものと類似していた（例：個人主義−集団主義）が，そ

のほか（時間の展望など）は類似していなかった。この質問紙は，1980年代後半から1990年代前半の間に，ほぼ50か国の会社員のサンプルを対象に行なわれたものである。

　Smith, Dugan & Trompenaars（1996）は，Trompenaarsによって集められたデータの二次分析を行なった。多次元尺度解析法を用いて，文化レベルの多様性を表す2つの主な次元に，「保守主義 対 平等主義的なコミットメント」と「忠誠心のある関わり方（loyal involvement）対 功利主義的な関わり方（utilitarian involvement）」があると結論づけている。1つめのペア（保守主義 対 平等主義的なコミットメント）の名前は，次元を規定する項目の内容がSchwartzの結果とよく対応していたことから，そのように名づけられた。2つめ（忠誠心のある関わり方 対 功利主義的な関わり方）は，回答者が自分たちの集団に対する義務を記述することに関わるものであり，Hofstedeの個人主義－集団主義との概念的および経験的な類似性が示唆される。しかし，Trompenaarsの調査は，旧共産主義諸国からのデータを含んでいるのに対し，Hofstedeのサンプルには，これらの国々は1つも含まれていない。Smithらはこれらの国のデータを含むことによって，Hofstedeが定義した個人主義－集団主義および勢力差の次元を，より明確に区別することができるとしている。

　Hofstedeの研究以降に行なわれた3つの主な価値観の研究は，Hofstedeの結論と矛盾するものではなく，その結論を維持し拡張してきた。現在は，文化を越えた妥当性を有する社会・組織心理学を発展させていくために，いかにこれらを用いていくかを考える時期にきている。

3．理論の万能薬としての文化

　これまで，国の文化とは何かについて検討し，それぞれの価値観の重要性という視点から国の文化を分類できることを示してきた。ここで，異文化研究のいくつかの根本的なジレンマに直面することになる。次の3つについて検討してみたい。第一に，われわれは社会行動の普遍的な側面を追究すべきだろうか。すなわち，国の文化を越えるものを探求すべきだろうか。それとも既に第2章で見てきたように，いろいろなバリエーションが生起することを理解しようとする方が，価値あることなのだろうか。第二に，どのようにしたら因果関係について明確にできるだろうか。どのような意味で，国の文化が成員の社会行動の原因となっているといえるのだろうか，という点である。そして第三に，種々の概念が混乱している中で現在研究が進められているが，こうした状況で，何が最も役立つ概念的な枠組みとなり得るのだろうか。国の文化を分類する際に，価値観は最も役立つ基礎をわれわれに与えてくれるのだろうか，とい

う点である。

(1)普遍性の探求

　人間の社会行動に普遍性を見いだすことが重要かどうかは，研究者がトレーニングを受けた学派にもよる。Lonner (1980) が指摘したように，社会人類学者は普遍性を明らかにするためにかなりの時間を費やした。それは，圧倒されるほどの社会の多様性に抗したことによる。彼らにとって理論を比較するためにはあらかじめ普遍性を明確にすることが必要となる。反対に，ほとんどの心理学者は，研究のプロセスが普遍的だと考えてきた。われわれの研究のおよそ95％は，比較的少数でかつ類似した国の文化（つまり，Hofstedeによって，個人主義が強く勢力差が低いとされた文化）で行なわれてきた。多くの心理学研究を行なうこれらの国が，文化的に類似しているために，「ここで正しいことはどこでも正しい」という仮定をすんなり受け入れてしまっているのである。

　この仮定をもとに，アメリカで行なわれた社会心理学的研究の論理的な拡張が，他の場所で繰り返し行なわれてきた。第2章でふれたように，こうした手続きはさまざまな結果を生み出した。この混乱に対する1つの答えは，繰り返し同じ結果が得られた研究と得られなかった研究を分け，繰り返し結果が得られた研究は，普遍性や一般化に貢献すると考えるというものである。もう1つの方法は（われわれはこちらを好むが），再現できなかったものに焦点を当て，結果に表れた多様性を普遍性につなげて理論を発展させるというものである。そうすることによって，普遍性によって何を意味するかについて明確な特徴を描き出すことができる。Lonner (1980) は，単純な普遍性（例：人間の性活動），さまざまな形の普遍性（例：攻撃性の生起，しかしその形態は文化によって異なる），そして機能的な普遍性（例：なぜそのような現象が，文化によって異なる形で表出されるかを説明できる理論）を区別している。われわれが一番注目しているのは，この最後のタイプの普遍性である。このような普遍性を確立するまでの道のりは長く，厳しい。しかしその道のりの1つ，2つの道標に注目することはできる。

■エティックーエミックによる区別　　Berry (1969, 1989) は，音声学と音素論という言語学者によって最初に考案された区別を利用した。音声学は話された音についての普遍的な特性を問題にし，音素論は特定の単語と言語から構成されるコンテクストの中で音に与えられた意味を問題にする。同様に，Berryは人間の行動についての「エティック (etic)」な分析は，普遍性に焦点を当てるものだと論じた。原理的にはLonnerの単純な普遍性およびさまざまな形の普遍性の区別と同じである。例えば，

われわれは皆ものを食べ，特定の他者と親密な関係を築き，また敵に対する攻撃法も備えている。それに対して，「エミック（emic）」な分析は，このような活動の仕方の違いや，変化の仕方に着目する。成功したエミックな分析は，その地域でのみ妥当な一般論を確立することが期待される。

Berryによれば，アメリカの研究を世界のいろいろな場所で再現しようという多くの試みは，「強制されたエティック（imposed etic）」に分類されるという。言い換えれば，用いられた手続きや実験状況そして測度は，研究されている反応が新しい被験者にとってもともと考案された地域の被験者に対する場合と同じような意味を持ち，したがって，その反応は新しい文化においても同じような意味を持つ，ということを前提としている。例えばカリフォルニアF尺度（アメリカでAdorno et al., 1950によって作成された，権威に対する服従と少数者集団に対する狭量さの測度）について考えてみる。この尺度は，いろいろなところで使われている。Kagitçibasi (1970) は，トルコでこの尺度が用いられたとき，最初にアメリカ人の被験者で行なったときのような項目に対する回答が，互いにまったく相関しなかったと報告している。トルコでは，同じ尺度項目が，いくつかの違う概念を意味していた。別の研究では，Pettigrew (1958) が，この尺度を南アフリカの白人に実施した。F尺度の得点は権威に対する服従を反映してはいたが，彼は，アメリカ人の被験者で得られたような黒人に対する偏見とは関連していないことを見いだした。Pettigrewの研究における南アフリカの白人の間では，当時黒人に対する偏見が広まっており，権威に対して服従的な者だけが偏見を抱いているわけではなかったのである。このように，強制されたエティック的な測度は，研究の再現失敗に大きく関わっている。

Berry (1989) は，多くの場合，異文化心理学者はエティック的に有効な一般論について論じることで事たれりとしていることを認めている。強制されたエティック的な測度を使用する代わりに，彼はより妥当な「引き出されたエティック（derived etic）」的な一般論へと到達するための方略を述べている。これは一連の国の文化の中で，並行してエミック的な研究を行なうことで達成できるという。それぞれの国の文化で，別々に作成された測度を用いれば，量的な等質性を強いることにはならない。もし，それぞれの国の文化についての結果に共通点を見いだせたなら，等質のプロセスがあることを示していると確信できる。そして，少なくともサンプルとした文化に関してプロセスとその事象の多様性について引き出されたエティック的な一般論を唱える立場に立つことができる。また，複数の国から研究者を集め，測度について協議と予備研究を何度か重ねることによって，エティック的な妥当性を持つ測度を開発しようとする，あまり洗練されているとはいいがたい手続きをとる研究者もいる。

本書で紹介されている研究で，これらの手続きを完全に踏んでいる研究はそれほど

多くないが，昔の研究者に比べ，最近は多くの研究者が，引き出されたエティック的アプローチに移行している。Schwartzの価値観研究は，そのよい例といえる。彼の56の価値観のリストは，もともと特定の文化において使われるために作られたのではない。欧米の資料に加えて，中国文化コネクション（1987）などの欧米以外の資料も用いられており，より包括的なものとなるように工夫されている。この価値リストは，国ごとに構成されたものではないが，その地域の研究者は，必要と感じたなら付加的な価値観を挿入することができる。さらに，これまで見てきたように，Schwartzのデータ分析は，当初それぞれの国のサンプルごとに行なわれた。したがって，結果は，それぞれのサンプル内の価値観に付与される意味のまとまり方について独立に検証したものとなっている。つまり，Schwartzが行なったのは，さまざまな文化圏内での並行した一連のエミックであるといえる。Schwartzの研究データで示された注目すべき共通点は，強制されたエティックではなく，人間の持つ価値観に関するエティック・レベルでの一般的な理論化をなすための，しっかりとした基礎を与えるものであったといえる。

　これまで見てきた価値観研究が，妥当なエティック的概念をどのぐらい明らかにしてきたかを，別のところから得られた分類方法と比較することによって検証することができる。Fiske（1991a, 1992）は，社会学的および人類学的な研究を広範囲にわたって検討した。そしてそこから，社会的な関係には4つの基本形態があるにすぎないという考えを提唱した。彼はこれらを「社会的共有」，「権威の順位づけ」，「平等の釣り合い」，「市場での値段づけ」と名づけた。はじめの2つは，それぞれ，Hofstedeの集団主義と勢力差の概念と非常に近いものとされている。残りの2つの次元とHofstedeの他の概念との関係は明確でない。しかし，その概念に与えられた名前と定義から，単純に，他の研究者が明らかにした概念と重なるかどうかを判断するのは注意が必要である。

　Fiskeの「平等の釣り合い」という概念は，別々な団体でも，平等に貢献をしていることに基づいて関係があるという意味での関係をさす。他方，「市場での値段づけ」は，競争的に優位な立場を利用して，次々と利益達成をめざすという関係をさす。表3.4はFiskeの次元と，SchwartzとHofstedeによる価値観の分類が，どのように一致するかを示している。並行した分類であるかどうかは，これらの研究者の目的が，同じではなかったことに注目する必要がある。SchwartzとHofstedeは，異なる文化集団の持つ顕著な価値観について，エティック的に有効な分類法を発展させようとした。Fiskeは，どんな文化集団においても見られるであろうさまざまな社会行動を分類しようとした。例えば，文化「X」の成員は，血縁者とは「社会的共有」によって関わるかもしれない。しかし，友だちとは「平等の釣り合い」，仕事場の上司とは「権威

▲表3.4　Hofstede, Fiske, Schwartzの諸概念間の関連

Hofstede	Fiske	Schwartz
個人主義	低い社会的共有	感情的自律
集団主義	高い社会的共有	保守主義
大きい勢力差	高い権威の順位づけ	階層制
小さい勢力差	低い権威の順位づけ	平等主義的コミットメント
低い不確実性の回避	―	知的自律
男性性	市場での値段づけ	支配
女性性	平等の釣り合い	調和

の順位づけ」，店主とは「市場での値段づけ」をもとに関係を築くかもしれない。もちろん，それと同じように，文化「X」の成員が，仕事場では個人主義の価値観を，自宅では集団主義の価値観を採用するかもしれない。もし表3.4に示した概念がうまく収束するなら，これらは，文化内および文化間双方において，社会行動で何が大切であるかについてかなりの程度明らかにできたと主張することができる。もちろん，科学的に確信するためには，それぞれの文化で実施されたFiskeの志向性測度を受け継ぎ，他の研究結果と比較しなければならない。

(2)行動の文化的因果

　この節のはじめにあげた2つめのジレンマに話を移すことにする。文化が正当に社会行動の原因となるかどうかという問題は，Rohner（1984）によって議論されている。われわれが見てきた文化，社会システム，社会の定義は，成員の信念や活動の分析によるものである。結果的に，文化が行動を説明でき，行動の多様性から文化差を定義づけるとしたら，われわれはトートロジー（ある事象がそれ自身の原因となっていること）を形成していることになる。しかし，もし個人主義やその他の特定の価値観が，社会行動のある側面を説明できるというのであれば，比較的しっかりとした基盤に立つことができるであろう。そこで，文化の行動的側面を説明できる文化の鍵となる要因と考えられるものを抽出してみる。

■**分析のレベル**　残念ながらまだこの問題を完全に解決していないので，分析のレベルについて吟味しなければならない。本書の中で取り上げられる研究は，ある国の文化の特徴と，その国の小さなサンプルの平均的な行動とを比較している。例えば，インドネシア文化の集団主義が，あるインドネシアの学生集団が課題に成功した場合と失敗した場合の理由について質問紙に答える際，特定の帰属をなす原因として作用していると述べることになる。このようにいうと，因果関係の意味合いがあまりに強

くなりすぎて非現実的なものになってしまう。大まかにいえば，その国の教育システムや選ばれた学生のタイプ，教授法のタイプ，アセスメントのタイプの中に，インドネシア文化が現れていると考えられる。しかし，もし個人の行動について因果関係を明確に吟味したいのであれば，研究に参加したインドネシアの学生集団が，実際にどれだけ集団主義なのかを知っておく必要がある。言い換えれば，文化全体の特徴（例：集団主義の価値観）を使って，全体としてのその文化のある属性（例：政治システムや病気の割合，軍費のタイプ等）を説明すべきなのである。しかし，ある特定の個人がどのように行動するかを予測したければ，これらの個人または集団の価値観の特徴を用いるべきである。

　文化レベルの測度は文化レベルの多様性を説明するのに最もよく用いることができ，個人レベルの測度は個人レベルの多様性を説明するのに使うのが最もよいであろう。多くの社会心理学的研究は，個人を対象に行なわれているため，Hofstedeが提唱したような文化レベルの特徴に頼るよりも，個人レベルの測度を用いた研究へのニーズが強まっている（Bond, 1996b）。

　文化レベルの概念や測度を使いながら，全体としての文化の特性を分析するという別の方略も可能である（Leung, 1989）。例えば，Sagie & Schwartz（1996）は国の間で見られる価値観の一致についての研究をした。彼らは，「近代性」はその国の高い価値観の一致と関連し，「民主化」はその国の価値観の多様性と関連していると予測した。Schwartzが収集したデータから36か国の学校教員の価値観を用いたところ，この2つの仮説は支持された。文化レベルの概念を用いた研究があまりに少ないという事実それ自体，社会心理学が発展してきた国々においては個人主義（すなわち，個人中心主義）の価値観が支配的であることを反映している（Hogan & Emler, 1978）。

　分析レベルの混乱は，おそらく最近の異文化心理学の進展にとって1つの大きな問題だろう。難しいのは，多くの研究者が，Hofstede（1980）やその他の研究者がいう生態学的誤謬の罠に落ちてしまったということである。例えば，最も多額の医療費を使っている国の国民が，最も健康であると仮定しよう。もしそうだとして，最も多くの医療費を捻出する個人が，最も健康だといえるだろうか。おそらく違うだろう。実際は，個人のレベルにおいては，その関係は逆転するだろう。つまり，病気の人が，薬に最もお金を費やすだろう。ここで，今まで検討してきた概念からより直接的に引き出される例について考えてみよう。勢力差が小さいことをよしとする価値観を有する国は，世界で最も裕福な国々のほとんどを含んでいる。これは，階層制に反対する人たちは，裕福であるということになるのだろうか。もちろんそうではない。最も成功した企業家の多くは，強い階層制に基づく管理の視点をとることによって成功を収めている。例外として，アメリカのアップル・コンピュータのSteve Jobs氏，イギ

リスのヴァージンのRichard Branson氏，そしてブラジルのRicardo Semler氏がいる。彼らは，一般人の中から出てきてヒーローの地位を獲得したが，彼らが有名だからといって，あまり平等的ではない価値観を持ち，それほど話題に上らない人物が，成功を収める頻度が高いということから目を逸らすこともできない。

　Smith & Schwartz（1997）は，社会心理学の研究における質問が，個人レベルのものかそれとも文化レベルのものかを決めるための基準を概括している。Klein, Dansereau & Hall（1994）は，組織研究において似たような議論をしている。もし，さまざまな国の文化の違いを説明したいのであれば，それぞれの文化を1単位として扱い，国全体を特徴づける指標（平均的な価値観や裕福さ，健康状態，天気，人口統計学的なプロフィール等）のみに頼らなければならない。ということは，この章で述べてきた研究のように，多くの国からのデータが手に入らなければ，こうした種類の研究は成功しないということになる。

　もし，個人の行動における類似と差異を説明したいならば，その個人が，1つの文化集団に所属していようと複数の集団に散らばっていようと，個人レベルの分析がふさわしい。しかし文化レベルの差異を考慮しなければ，個人レベルの分析をいくつもの国の文化にまたがって行なうことは不可能である。例えば，いくつかの国の文化において，従業員の価値観と欠勤の関係について研究したいとしよう。まずはじめに，ある国では他の国よりも欠勤が頻繁に見られるという事実を考慮することができる。すると，仮説を検討する前に，個々人の欠勤の得点をその国の平均値と照らし合わせなければならない。また，価値観と欠勤の相関をサンプル全体について検討し，この相関の強さが，国によって異なるかどうかを検討することもできる。もし，この相関関係が国によって異なるのであれば，次に，この結果が測定の誤りによるものかどうかを決定する必要がある（Bond, 1996b）。

　Triandisら（1985）は，文化レベルに基づく分析と個人レベルに基づく分析の混乱を避けるために，別個のものではあるが，相互に関連した概念を対にして用いることを提案している。彼らの提案とは，集団主義の価値観を支持する文化成員について説明する際は，「集団志向（allocentric）」という用語を使用するというものである。統計的には，このような人は，集団主義文化でよく見られるが，こうした区別をすることのポイントは，個人主義文化においても，少数ではあるが，このような人々がいるということである。同様に，Triandisらは，個人主義の価値観を支持する文化成員を説明するときには，「個人志向（idiocentric）」という用語を使用することを提案している。これは，よい提案であるが，いまだにこうした文化成員レベルにふさわしい用語が，他の研究者によって用いられていないのである。しかし，本書で引用した研究の原著者が，個人主義あるいは集団主義の価値観を持っている個人に言及していると

ころでも，われわれは，こうした集団志向，個人志向の用語を使用することになろう。

残念ながら，公刊された多くの研究は，こうした区別をするのに必要なデータを提供していない。しかし，提示されているデータから得られる結論については，より確信が持てるものとなっている。Leung & Bond (1989) は，個人レベルの得点を他の国のサンプルと混同しないように計算する統計的手続きについて詳細に述べている。この手続きを中国文化コネクションによって集められたデータに適用したところ，この研究で明らかになった第1因子に関する結論は，それほど変わらないことがわかった（Bond, 1988b）。また，この結果は，集団主義における文化レベルの内容と，個人レベルの個人志向の因子内容において一貫性があることを保証するものとなっている。

しかし，2つの分析レベルにはもちろん違いがある。このことについては，Schwartz (1994) によって得られた結果，すなわち，一連の単一国の個人レベルの分析から国の価値プロフィールの特徴へといたる結果を再検討することによって明らかにすることができる。図3.2と図3.3を比較してみよう。図3.2では「知恵」と「寛大さ」は，ともに普遍的な価値観のタイプに属しており，多くの人々が知恵と寛大さを支持していることを示している。しかし図3.3では，「知恵」は保守主義の価値タイプの一部を形成しており，「寛大さ」は知的自律という逆のタイプの価値観に属している。この配置は，「知恵」が重んじられる国は，保守的な価値観が優勢な国であるのに対し，「寛大さ」が好まれる国では，知的自律が支持されていることを示している。個人レベルから文化レベルに移行していくことで，関連性のパターンが変化するという例はほかにもたくさんある（Hofstede, 1980, 第1章; Leung, 1989; Shweder, 1973）。したがって，いずれのレベルで結論を出すにしても，慎重な注意が必要となる。

■**文化レベルにおける概念の枠組み**　分析のレベルについて考察していくと，われわれ筆者や，読者の皆さんに1つのジレンマを感じさせ，後々までそれが残ることになる。多くの研究は，個人レベルの分析に基づいている。しかし，多くの場合，これらの研究を行なった研究者は，被験者の価値観，信念，期待，人格のタイプ等を吟味していない。文化レベルの得点からHofstedeの次元を参照して，被験者の価値観を推測していることが多い。こうした十分な吟味が欠けているため，これらの研究を考察するにはかなりの困難がある。こうした困難から抜け出すには，少なくとも2つの方法がある。1つめは，Schwartzとその他の研究者が行なった最近の研究から，文化レベルの得点が利用可能である。表3.5は，Schwartzのサンプルのいずれが，文化的価値観の7つの次元それぞれにおいて最も高い得点をとったかを示している。

▲表3.5 Schwartzの国レベルの価値領域それぞれにおける最高得点獲得サンプル

価　値	最高得点獲得サンプル
保守主義	エストニア人，マレーシア人，台湾，トルコとポーランドの教師
調和	イタリアとフィンランドの教師
平等主義的コミットメント	ドイツとスペインの教師
知的自律	オランダとイタリアの学生
感情的自律	イギリス，ニュージーランドとオーストラリアの学生
支配	アメリカの学生，中国の教師
階層制	中国とジンバブエの教師および学生，アメリカの学生

Hofstedeの結果と比較して興味深いのは，最も個人主義的（すなわち，知的および感情的自律において最も高得点者）だったのは，アメリカ人ではなくヨーロッパ系の人だったということである。アメリカ人の学生サンプルは，支配と階層制においてヨーロッパ人よりも高い得点を得た。

2つめに，国レベルにおける価値観の次元について理解するには，1つの研究だけではなく，被験者や測定，研究がなされた時期などの多様性にかかわらず，この章でレビューしたすべての研究で一貫して見られる次元がどのくらいあるかによる。Smith & Schwartz（1997）は，そうした次元は2つあると結論づけている。
①個人と集団の関係について好まれる文化的視点（自律 対 埋め込み）
②責任ある社会行動と資源の分配を動機づけるのに好まれる文化的様式（平等に基づく交渉 対 不平等な階層的役割の受容）

「自律 対 埋め込み」という次元は，個人主義−集団主義を想起させるのに対し，「平等 対 階層制」は勢力差を想起させる。しかし，Hofstedeの研究は，これら2つの次元が相互に強く関連していることを見いだしているのに対し，最近の研究からは，これと異なる視点が出されており，それら2つは異なることが示唆されている。これら2つを別物として扱うことによって，表3.6に示されるように，概念的枠組みを広げることが可能になった。この表は，2つの新しい対となる概念を紹介している。本書では，これらの概念を文化レベルの比較を論じる際に使用していくことにする。第一は，水平集団主義（horizontal collectivism）と垂直集団主義（vertical collectivism）の区別である。個人主義文化と集団主義文化については多くのことが書かれている。しかし，集団主義の概念が，集団主義的とされているアジア，アフリ

▲表3.6 文化タイプの分類

優勢な価値	埋め込み	自　律
階層制	垂直集団主義者	排他主義者
平等	水平集団主義者	普遍主義者

カ，ラテン・アメリカ文化などの多様さについてそのすべてを包含しているとは思えない。階層制 対 平等 の次元が文化レベルの研究において常に出現することからも，階層制というコンテクストから生じる集団主義文化と平等というコンテクストから生じる集団主義文化を区別することは意味がある。Schwartzのデータは，太平洋のアジア諸国が特に垂直集団主義文化の例であり，南ヨーロッパ諸国はより水平集団主義であることを示唆している。Hofstedeのデータは，コスタリカが，ラテン・アメリカ諸国の中でも水平集団主義であるという点で区別できることを示唆している。

　第二の対となる概念である普遍主義（universalism）と排他主義（particularism）は，個人主義の多様性を述べる際に，異文化心理学者にはそれほど使われてこなかった。通常，個人主義は階層制がない文化的コンテクストで生起すると考えられてきた。しかし，階層制に基づいて組織化された社会においても，人は，自分の利益の保持や自分が関係を築こうとする相手にエネルギーを費やそうとするだろう。こうした自分に非常に近い相手を好むというパターンは，Parsons & Shils（1951）によって排他主義と呼ばれている。排他主義を集団主義と混同してはならない。排他主義者は誰と関係を築くかを選択し，集団主義者は連続した義務のネットワークに埋め込まれている。Parsons & Shils は，排他主義を普遍主義（すべての人が，資源や正義を等しく共有できる権利があるとする価値観）と比較した。このように，普遍主義は，Schwartzの平等主義的コミットメントの価値タイプと勢力差の低いコンテクストで生起する個人主義と類似している。

　Smith, Dugan & Trompenaars（1996）によって行なわれた43か国の分析結果を，図3.4に示した。彼らは，排他主義が，多くの中央および東ヨーロッパ諸国で顕著に支持されていることを指摘している。われわれが「普遍主義」と呼んでいるものと，多くの著者が「個人主義」と呼んでいるもののほとんどが，北・西ヨーロッパ，アメリカ，オーストラリア，ニュージーランドの特徴であることは，多くの研究によって示されている。

(3)価値観と行動

　この節のはじめに提示した最後の問いは，人々の価値観に基づいた分類が，異文化比較のよりどころとなる最も堅固な基盤を提供してくれるかどうかであった。多くの心理学者は，自分の学問がよりどころとする基盤となる行動を選ぶが，彼らの価値観とは相容れないような仕方で行動するという例がたくさんある。こうした難局を突破するために，価値観や行動といったものがいったい何を意味しているか，よく考える必要がある。価値観とは，何が望ましくあるいは魅力的かについての普遍的な陳述である。価値観は，通常それがどのように実現されるかについての陳述を含んではいな

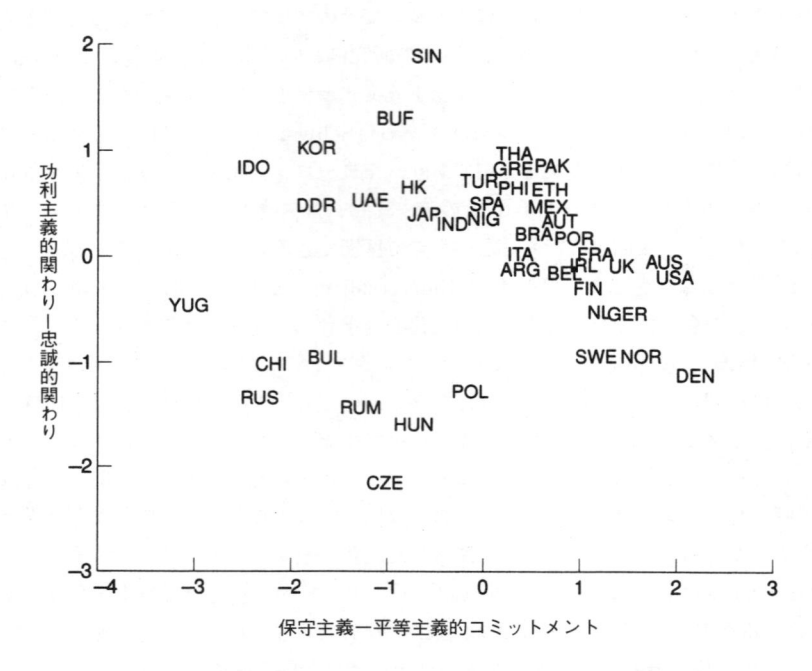

▲図3.4 Trompenaarsのデータから得られた国の位置

ARG（アルゼンチン），AUS（オーストラリア），AUT（オーストリア），BEL（ベルギー），BRA（ブラジル），BUF（ブルキナファソ），BUL（ブルガリア），CHI（中国），CZE（旧チェコスロバキア），DDR（旧東ドイツ），DEN（デンマーク），ETH（エチオピア），FIN（フィンランド），FRA（フランス），GER（旧西ドイツ），GRE（ギリシャ），HK（香港），HUN（ハンガリー），IDO（インドネシア），IND（インド），IRL（アイルランド），ITA（イタリア），JAP（日本），KOR（韓国），MEX（メキシコ），NIG（ナイジェリア），NL（オランダ），NOR（ノルウェー），PAK（パキスタン），PHI（フィリピン），POL（ポーランド），POR（ポルトガル），RUM（ルーマニア），RUS（旧ソビエト連邦），SIN（シンガポール），SPA（スペイン），SWE（スウェーデン），THA（タイ），TUR（トルコ），UAE（アラブ首長国連邦），UK（イギリス），USA（アメリカ），YUG（旧ユーゴスラビア）
（出典：Smith et al., 1996）

い。行動は具体的な行為であり，それは特定の時間に特定の状況で生起するものである。ボックス3.5は，人権に関する領域において，価値観の一般的な陳述に焦点を当てるか，あるいは具体的な行動に焦点を当てるかによって生起するいくつかの違いを示している。

　価値観と行動の定義について考えると，その対比はエティック—エミックの区別と共通点を持っていることが明らかとなる。Schwartzとその他の研究者は，人間が重視する価値観がどの範囲に及ぶかについて一般化したことがらは，エティック的な妥当性があることを見いだした。もし，行動に焦点を当てていたとしたら，同様なプロ

■ボックス3.5■ 普遍的な人権

Doise, Clemence & Spini（1996）は，18か国の学生に世界人権宣言の30陳述について8つの質問への回答を求めた。多次元尺度とクラスター分析の結果，アルバニアやコートジボワール，日本，アメリカなど多様な国のサンプルが含まれていたにもかかわらず，すべての国の回答者において，宣言は同じ4つの要素にまとめられることがわかった。個人および文化レベルの分析によって，人権宣言の陳述について幅広い支持があることが示された。しかし，フランス，イタリア，スイス，コスタリカで行なわれたより詳細な研究（Clemence et al., 1995）から，具体的な個人の行動と政府の行動にそれぞれの国の間で，その行動が受け入れられないとみなされる程度に大きなズレがあることがわかった。以下にあげた例は，どのような行動が受け入れられないか，それぞれの国の回答者の割合を示している。

	フランス	イタリア	スイス	コスタリカ
政府の行動				
他の国に対する戦争	56	69	76	68
死刑	40	72	52	51
外国人追放	54	30	62	41
個人の行動				
逃亡した囚人をかくまう	48	70	45	79
容疑者を密告する	34	9	33	16
誰かに食べ物を与えようと盗みを働く	6	20	11	33

ある国が，他の国よりも人権侵害に対してより許容的であるという一貫した傾向は見られない。したがって，報告されたズレは，質問に対して自信を持って回答するかどうかの差として説明することはできない。つまり，おそらくこれは人権の概念化のされ方における方法論的な違いというより，むしろ真の文化差を反映していると思われる。

ジェクトがこのように成功するとは考えにくい。なぜなら，ある行動が持つ意味は，あくまでそのコンテクストでの行動が意味するものだからである。手を振るとか，キスをするなどは，コンテクストを明確にしないと，はっきりした意味はわからない。もしかすると，具体的な行動表出は，行為者のさまざまな価値観のエミック的な反映と考えるのが最もよいのかもしれない。

コンテクストを越えても，あまり意味が変わらない行動もある。例えばBond（1991a）は，さまざまな病気による死亡率について文化レベルの分析を行ない，これ

を中国文化コネクション研究で得られた価値の分類と比較した。彼は，病気と死亡の発生に強く影響を与える経済発展の水準については，当然ながら統計的に統制して分析を行なっている。そして，例えば，心筋梗塞による死亡は，高潔さよりも名声に価値を置く文化集団においてより高いことを明らかにしている。

しかし，異文化心理学の基盤を，価値観の分類か直接的な行動の研究のいずれかに置くべきだというのは本質的なことではない。価値観と行動のギャップを埋める別な選択肢もある。1つの可能性は，人々の信念を検討することである。Smith, Trompenaars & Dugan（1995）は，Trompenaars（1993）の43か国に及ぶサンプルから得たデータについてさらに二次分析を行なった。ここでは，Rotter（1966）の統制の位置尺度に対する従業員9,140人の回答を検討した。この尺度は，もともとさまざまなできごとが，自分の統制下にあるか，それとも外的要因が強いかに関する一般的な期待を測るために作成されたものである。SmithらはRotterの項目に対する国の得点が，3つの次元を規定していることを見いだした。1つめは，自らの人生において，個人的できごとを統制できると自分を見ている人と，政治的なできごとに関する統制をより強調している人を区別するものである。2つめの次元は，社会的関係をどのように扱うかということに関するさまざまな信念によって定義される。3つめの次元は，運についての信念によって定義される。各国の人々が持つ信念の多様性は，彼らの行動に影響を与えていると思われる。また，それらは，彼らが重視する価値観から生じる効果により説明力が増すものとなっている。

より特殊な信念については，Bond, Leung & Schwartz（1992）とLeung, Bond & Schwartz（1995）による一連の研究で取り上げられている。彼らは，被験者の行動の違いは，被験者自身の価値観によるというよりは，彼らの行動の結果についての期待によると考えた方がよいとしている。この予測は，香港とイスラエルのデータによって強く支持されている。このように国の文化を心に深く留めるということは，単にある特定の価値観を身につけるというよりも，それと同様か（あるいはそれ以上に）さまざまな行動からどのような結果が生じるかがわかるということでもある。これらの行為－結果という期待は，文化の影響を強く受けて形成されるのであろう。

■文化の心理学的理論に向けて　価値観，期待および行動の相互関連を切り離して研究していくことは，今後ますます重要な課題となるだろう。Whiting（1976）が指摘したように，従来の文化の概念は，科学的な用語として使用するためにはあまりに広すぎて不正確であった。つまり，「中身を取り出さないといけない」のである。心理学者にとって，この中身を取り出す作業は，価値観，動機づけ，信念，強化への期待，パーソナリティ特性などといった行動に関わる構成概念を明確にすることにほか

ならない。これらの構成概念は，量化し得るものであり，それぞれの回答者のさまざまな文化的背景に即した形で測定されなければならない。

こうした中身を取り出す作業の結果として，異なる文化集団の個々人が互いに相対して位置づけられるように，同一文化集団内での個々人も同じ方法で位置づけることができるようになるだろう。つまり，行動に関連する普遍的に役立つ次元上のある点に個人を位置づけることによって，その個人の文化的背景の中身が取り出されることになる。この次元における位置づけの違いは，異なる文化の典型的な人々の間で見られる行動の違いを説明するのに用いることができる。それは，ちょうど，同一文化集団の人々の間で見られる行動の違いを説明するのに用いることができるのと同様である（Bond, 1996b）。

■適例として　　例をあげるとわかりやすいだろう。Bond, Leung & Schwartz (1992) は，イスラエルと香港の学生が，どのような葛藤の解決を好むか，その違いを理解しようとした。そして例えば，イスラエル人は中国人よりも仲裁を支持することが明らかになった。本来，このカテゴリーの違いは特に注目されるものではないが，ここでは，葛藤解決の好みを媒介するプロセスも測定された。回答者が仲裁を選択するのは，仲裁が争っている集団間の敵意を軽減することにつながるという信念に関連していることがわかった。この関連は，イスラエル人にも中国人にも見られ，これは文化的に共通なプロセスであることを示している。仲裁を支持することに文化差が見られるのは，イスラエル人は，中国人一般よりも，仲裁が敵意をより軽減しそうだと考えているという結果によって説明することができる。したがって，いろいろな文化の典型的な回答者間における平均の違いを説明するのに，ある文化における回答者間の仲裁に対する好みの多様性を説明する同一の理論的メカニズムが使えることになる。

行動と媒介プロセスを測定するこの手続きは，他の領域の社会行動へと広げることができる。もちろん関心のある媒介プロセスは，領域によって異なるだろう。しかし，これらのプロセスが及ぼす影響は，1つの文化集団よりも多くの文化集団で吟味されているので，プロセスが潜在的に普遍性を持っているとの確信は，劇的に増大すると思われる。関わり合う文化集団の類似性が低ければ低いほど，この手続きの利点はより明確になるであろう。

このアプローチから得られた結果によって，社会心理学者は，自らの考えや発見を，北米やヨーロッパといった伝統的・文化的境界を越えて広げていこうとする試みを，実証的に示すことができるようになる。文化が，心理学的に具体的で明確に定義された操作可能な変数へと置き換えられると，文化の神秘性は薄らいでくる。その時こそ，

文化という研究領域が，社会・組織行動の一般理論の発展へと近づいていくことになろう（Triandis, 1978, 1988）。

　さしあたっては，この章の主柱となっている文化の特徴に頼ることになる。次は，社会行動の普遍的な側面を明らかにしようと研究者が取り組んできたさまざまな研究結果を見ていくことにする。もし，それができないことがわかれば，価値観の研究者らが提供した枠組みを使って，エミック的な分析に専念するか，あるいは見いだされた差異を分析するというここで紹介した例がより適切なものとなる。

4．まとめ

　文化は，共有された意味のシステムである。国は，単一文化であるとは限らないが，多くの近代国家は，国の文化を創造するよう奨励して，内的な多様性を乗り切ってきた。異文化研究への誘いとして，現在最もよいと思われる利用可能な概念的枠組みに，価値観の差異に関する研究が提供しているものがある。個人の価値観の構造は，文化を越えてかなりの一貫性を示している。好まれる価値観は，1つの国の中でも，また国の間でも変動するが，国による価値観の違いは，かなり大きなものであり，報告されている文化差を解釈する有力な手助けとなっている。異文化研究を行なうにあたっては，文化レベルの比較と個人レベルの比較の違いを理解しておくことがきわめて重要である。価値観に関する文化レベルの分類は，4つの主要な文化のタイプ（垂直集団主義，水平集団主義，普遍主義，排他主義）があることを明らかにした。個人のレベルでは，集団志向と個人志向の区別が最も影響力を持っている。価値観の好みは最もよく研究されているが，信念や期待の違いに関する分析も有用であると思われる。

第4章 社会行動の普遍性を求めて

　おおむね……文化の相対性に関するかなりはっきりとした，そして印象的な事実の基底をなす一般的な枠組みがある。すべての文化は，生物学や人間状況の一般性によって提示される同一の疑問に対して，たくさんのいくぶん違った答えを本質的につくり出している（クラックホーン，1962）。

　前章で見たように，心理学者は，しばしば自分たちの課題が基本的かつ普遍的なプロセスを明らかにすることであると考えてきた。この章では，こうしたエティックの視点からかなり詳しく吟味されてきたパーソナリティや社会行動の諸側面を検討し，こうしたアプローチがいかに成功を収めてきたかを見ていくことにする。

1. ジェンダー差

　男性と女性の社会行動に普遍的な違いがあるかどうかについては，Margaret Mead（1935）による古典的な文化人類学の研究をはじめ，活発な議論がなされてきた。Meadは，男性と女性に課せられた役割が，ニューギニアの3つの原始社会では大きく異なることを明らかにした。アラペッシュ（Arapesh）族では，男性も女性も穏和で養育的であることが期待され，ムンデュグモル（Mundugumor）族では，男性も女性も剛健で自己主張することを期待されていた。また，チャンブリ（Tchambuli）族では，女性は経済活動に従事し，男性は着飾って踊ったりおしゃべりしたりすることを期待されていた。

　しかし，その後の広範囲にわたる文化を対象とした研究によれば，ある一貫したまとまりを持ったジェンダー差が示唆されている。例えば，同じぐらいよく知られているSix Culture Study（Whiting, 1963）によれば，女児は養育，責任，従順という特性へと社会化されるのに対し，男児は独立，自信，達成という特性へと社会化される傾向が見いだされている。この男性のエージェンシー（主体的に働きかけることのできる）特性と女性のコミュニケーション（他者とのやりとりを円滑に行なう）特性という社会化の違い（Bakan, 1996）は，多くのさまざまな文化集団において見いだされる。これは，男性の内的統制の位置（locus of control）の支持（Smith, Dugan &

Trompenaars, 1997），女性の道徳遵守（Stimpson, Jensen & Neff, 1992）や情緒的関わりの支持（Kashima et al., 1995）などと一致する。このように，社会化は道具的次元と表出的次元に分かれ（Hendrix & Johnson, 1985），成人の社会行動においてもその影響が見られる。

(1) 好きな人として誰を選ぶか

好きな人として誰を選ぶかについては，早くから，たくさんのそれに関連した研究が行なわれてきている。現在では，その主張を裏づけるだけのしっかりとしたデータベースができている。例えば，Bussら（1990）は，37か国のおよそ9,500人を対象として，好みの相手について研究している。各回答者は，18の特性について，その重要度と望ましさの程度を評定し，相手を選ぶ際の13の基準を順位づけるよう求められた。特性項目の例としては，信頼できる，貞節，健康などが含まれている。この結果は，ジェンダー（Buss, 1989）と文化（Buss et al., 1990）の側面から報告されている。

このように2つの側面に分けて研究が公刊されたということは，心理学が多くの場合，多様性よりも普遍性に関心を寄せていることの好例といえる。ジェンダーによる相手の好みの違いは，全分散の2.4％しか説明していない。これに対し，文化は平均14％説明している。このジェンダーと文化という側面からの分析は，読者層の厚い学術雑誌である『行動と脳科学 "Behavioural & Brain Sciences"』に掲載された。この学術雑誌は，社会生物学の理論の進展に貢献し，ジェンダー差が，自然淘汰によって形成されてきた道筋を明らかにしている。こうした理論の進展については，27人の著名な人物によって論評がなされている。また，異文化問題の適用範囲を広げようとして行なわれた Baron & Byrne（1994）の研究によれば，文化はジェンダーの7倍もの分散を説明していた。これは，『異文化心理学研究 "Journal of Cross-Cultural Psychology"』に掲載されたものであるが，読者数はそれほど多くはない。

ここでは，男性は若さや健康，美しさなどをもとに相手を評価するのに対し，女性は経済力や野心，勤勉さなどに注目して相手を評価する傾向があるというジェンダー差が見いだされている。Bussら（1990）は，こうした好みの差について進化論的説明（Kenrick, 1994）を試みている。進化論的説明の中心となっている考え方は，人間の心理学的機能は人間の起源に適合した設計となっており，そうした共通の遺伝的基盤に基づいているというものである。起源とは，狩猟者－採取者（Wright, 1994）という「祖先から受け継いだ環境」をさす。われわれの現在の生活は，このような起源に順応する（あるいは順応しない）ものとなっている（Nicholson, 1996, pp. 2-3）。この一般的な傾向は，あらゆる行動の結果に見られる一貫した普遍的なジェンダー差

と矛盾するものではない。Bussらは，このような望ましさの特性に違いが見られるのは，男性は健康な子孫を残すことができる女性を求め，女性は長期にわたって自分と子どもたちの面倒をみることができる男性を求めるためと考えている（Sprecher, Sullivan & Hatfield, 1994も参照のこと）。これらの知見は，小さいが重要な分散を説明している。しかし，これらを重視すると，サンプル全体として見た場合，男性・女性いずれも，相互に魅力的で，信頼でき，感情的に安定し成熟している，性格が明るいなど4つの特性を，好ましさのリストで最も高く評定しているという事実を見逃してしまうことになる。特性の順位づけにおいても，親切で思いやりのある，知的な，わくわくさせる，健康であるといった4つの項目が，男女いずれも上位にあげられている。

　このようなジェンダー間の一致とは対照的に，各国の文化間にはかなり好みに違いがある。最も大きな違いが見られるのは，婚前の貞節が大切かどうかである。この測度での分散の37％は，文化によって説明できる。Bussら（1990）は，多次元尺度構成法を用いて，国別文化間における好みのパターンの類似性を明らかにしている。そこで出てきた最も明確な次元は，伝統的－近代的と呼ばれる次元である。彼らによれば，この次元は，Hofstede（1980）による個人主義－集団主義とかなり重なるところがあるという。

(2)ジェンダー・ステレオタイプ

　Williams & Best（1982, 1990）は，Bussの研究を補足する一連の研究を行ない，30に及ぶさまざまな国の文化におけるジェンダー・ステレオタイプを研究した。各国100人の男女大学生に，チェックリスト上の各形容語が，自国の文化において男性を連想させるものか，女性を連想させるものか，あるいは男女を等しく連想させるものかを判断させた。ここから，男女のジェンダー役割に関して，世界各国間でかなりの一致が見いだされた。男性は，支配，自律，攻撃，顕示，達成，忍耐がより高いとされていた。女性は，謙遜，親和，恭順，養護願望，養育が高いとされていた。

　Best & Williams（1994）は，このような普遍的な違いについて，Osgood, Suci & Tannenbaum（1957）による好ましさ，強靭性，活動性という感情的意味の3つの要因を用いてまとめている。その文化特有の男性／女性ステレオタイプの測度を用いて，調査が行なわれた。彼らは，25か国での男性ステレオタイプが，活動性，強靭性で一貫して高いことを見いだした。ただし，好ましさでは差が見られなかった。

　しかしながら，Best & Williamsは，これら活動性と強靭性の男女差の大きさを文化的な変数と結びつけ，以下のように述べている。

……男性と女性ステレオタイプ間における強靭性と活動性の差の大きさは，先進国よりも社会経済的な発展途上国で大きい。活動性と強靭性の差は，識字率が低く女性の大学進学率が低い国においても大きくなる傾向がある。これらは，経済・教育振興に伴って，男性は女性よりも強靭で活動的だとみなす傾向が低下することを示唆している。ただし，こうした傾向は，減少はするもののなくなってしまうことはない。(1994, pp. 299-300)

　このようなジェンダー・ステレオタイプの結果を，ステレオタイプ的な男性度・女性度に関する現実自己と理想自己の評定と対比させて考察してみる。Best & Williams (1994) によれば，調査が行なわれた14か国のうちいずれの国においても，これらの自己概念は，男性性／女性性に関してはっきりとは分化していなかった。もちろん男性の自己概念は，女性の自己概念よりも男性的であったが，各国のステレオタイプの差が示唆しているよりはずっと小さかった。また，いずれの性においても，理想自己は現実自己よりも男性的であった。さらに，このような理想自己におけるジェンダー差は，現実自己におけるジェンダー差よりも小さかった。つまり，Best & Williamsによれば，男性の自己と理想自己の評定は，比較的男性的なものであり，女性についても同様のことがいえる。これは，相補性の原理より，マッチングの原理が作用していることを示している。

　また，その初期の研究と同様，Best & Williams (1994) は，文化に関する変数との関連で，現実自己と理想自己の評定における男性性／女性性の差の大きさを検討している。全体的な感情的意味合いを査定するため，ここでもOsgoodのシステムを用いている。そして，社会経済的側面における発展途上国，キリスト教徒の割合の低い国，女性の家庭外就業率や大学進学率の低い国，緯度的に南に位置する地域の国などにおいて，男性と女性の自己概念が，より感情的に分化していることを見いだした。また，Hofstede (1980) による勢力差との間に＋0.78の相関があった。

　この広範囲にわたる慎重な調査研究は，ジェンダー・ステレオタイプが文化を通して多くの普遍性と一貫性があることを明らかにしている。また，これらの一貫した差の大きさが，国レベルのバリエーションと関連していた。すなわち，差それ自体のバリエーションがあるパターンを持っているように思われる。

(3) 一般法則それとも詳細な記述？

　ジェンダー差の研究は，これから見ていく資料に繰り返し示されるような1つの法則を明らかにしている。もし社会行動について，普遍性やエティックな側面から記述しようとするなら，それらは非常に抽象的な表現とならざるを得ない。反対に，もし

個々に，またはエミックな意味における一般概念の価値を強調しようとするなら，行動の具体的な様式についてより精密に記述する必要がある。このように，相手の好みやジェンダーの役割差に関するエティックな記述には，いくつかの可能性があることがわかる。しかし，これらの一般概念は，文化が違うと，きわめて違った形で示されるという例がしばしば見られる。すなわち，行動の記述が詳細になるほど，重大な差異が見いだされる可能性は大きくなる。

例えば，Bussの研究によれば，信頼できるという特性が，世界的に2番目に望ましい特性としてあげられている。しかし，Christensen（1973）は，9か国の文化における不倫に対する態度には，非常に大きな差異があることを見いだしている。不倫に対し反対の学生の割合は，デンマーク10％からアメリカ中西部の90％までさまざまであった。BussとChristensenの研究結果をどう整合させたらよいだろうか。不倫は，ある文化では不信の表れであるとみなされているのに対し，他の文化ではそうはみなされていないと考えられるかもしれない。さらに，この議論は，どのような行動が不倫とみなされるのかという問題にまで拡張することができる。Buunk & Hupka（1987）は，7か国において，恋人が第三者に対して示す性的行動が，パートナーにどのような反応を引き起こすかを比較検討している。ハンガリーではキスと抱擁が，ロシアでは一緒にダンスをすることが，強い嫉妬を引き起こすことがわかった。また，ユーゴスラビアでは第三者と浮気することが，オランダでは他人について性的な空想をすることが，最も心穏やかではないことがわかった。このように行動を詳しく検討していくと，ほとんどすべての文化が，一般的な法則にそれぞれ独自の価値を付与していることが明らかになる。

2．情動表現

Ekmanによってポピュラーとなった手続きを用いた多くの研究は，さまざまな社会的情動を表現するように撮影された顔写真が，世界中の人々が見ても正確に判断されることを見いだした。初期の研究（Izard, 1980が概観している）では，被験者は一連の顔写真を呈示され，それぞれの顔が表現している情動をリストの中から選ぶよう求められた。12か国における研究の結果，少なくとも6つの情動は，確実にすべての国で識別されることがわかった。これらの「普遍的な」情動とは，喜び，悲しみ，怒り，嫌悪，驚き，恐れであった。

Ekman, Sorenson & Friesen（1969）は，これらの結果の頑健性について，ニューギニアの文字を使用していない社会で調査を繰り返すという，きわめて厳密な検証を行なった。その結果，アメリカ人がニューギニア人の顔を評定した場合でも，ニュー

ギニア人がアメリカ人の顔を評定した場合でも,こうした傾向が見られた。さらに,Ekmanら(1987)は,表現された情動の強さを評定させることによって研究を進めた。10か国から被験者を抽出したが,結果は以前の研究と同様,6つの情動のうちのどの情動が表現されているかについての判断は,かなり一致することがわかった。さらに,6つの情動の強さの違いに関しても一致が見られた。

(1)情動の解読

これらの研究は,情動の解読の仕方は普遍的であることの例としてよく引用される。しかし,こうした結論を受け入れるには,いくつか注意しておく必要がある。まず,このタイプの研究では,被験者は,情動名が記されたリストを提供され,そこから選択するよう求められる。さらに,そのリストの情動を表す言葉は,もともと英語の情動名をそれぞれの被験者の言語に翻訳したものである。このような情動語の翻訳は,同義性という点において脆さをもっている(van Goozen & Frijda, 1993)。結果は,ランダムな推測によって得られるレベルをはるかに越えて選択されてはいるが,そのような「強制されたエティック」的な情動名の呈示は,課題をきわめて容易なものにしている。また,Izard (1971) も,アメリカ,イギリス,フランス,ギリシャの被験者に写真を呈示して実験を行なったが,写真がどんな情動を表しているかについては被験者自身の言葉で記述させた。こうした条件のもとでは,研究者が正しいと判断した反応の割合はきわめて低く,情動ごとに結果が大きく異なっていた。つまり,喜びと驚きは認知が一致していたが,興味と恥は正確な認知が最も難しかった。

Russell (1994) は,現存する大量の文献をレビューし,正しいとされる判断を押し上げてしまう「強制選択法,被験者内デザイン,ポーズをとった顔面表情の写真をあらかじめ選択していること」(p. 102)が問題だとしている。彼は,標準的な方法に頼ることを批判し,こうした解読の研究において用いられる刺激や方法,測度の生態学的妥当性に注意を払うよう研究者に働きかけている。また,情動の普遍性が支持されるには,はるかに多くの研究が必要だと述べている。

また,Russell (1991) は「事前に立てられた仮説と一致するかどうかを問題とするよりも,ある文化の成員が,情動や顔の表情をその文化の中で,どのように概念化しているかを尋ねた方がより有効である」(p. 137)としている。この点について,Markus & Kitayama (1991) は,日本語での20の情動のすべての可能な組み合わせについて,被験者に類似度の評定を求めるという日本での研究を報告している。ここでは,大部分の情動は,英語による研究で見いだされた関係を再現するような配置となったが,そうならないものもいくつか見られた。これらは,社会的関係における参入・離脱を測定する次元に沿って分化した情動であった。Markus & Kitayamaは,

この参入 対 離脱の次元は，日本のように相互依存や調和を強調する文化において顕著であるとしている（Kitayama, Markus & Kurokawa, 1995）。Russell（1994）は，さまざまな文化において，いかに情動が概念化されているかについて詳細なレビューを行ない，「……異なる文化を持ち，異なる言語をしゃべる人々の，情動の分類はいくぶん異なっている。それらの分類の境界は，各カテゴリー内の部門と同様にバリエーションがあると思われる」（p. 444）としている。

情動認知について一般化する場合には，比較的高い文化的な一般性を持つことがわかっている情動の認知についてだけ言及している可能性があることを心に留めておく必要がある。

Matsumoto（1989）は，本書のテーマに密接に関連する形で，顔の情動認知に関する初期のいくつかの研究データを再分析した。15か国において各情動を正しく判断した被験者の割合と，Hofstede（1980）の4つの次元上での各国の得点の相関を算出した。その結果，喜びは，個人主義が高く，勢力差が低い国の文化で識別されやすく，悲しみは，集団主義の文化において識別されやすいことがわかった。また，Schimmack（1996）は，恐れと悲しみは，不確実性の回避が高い文化においてより正確な判断がなされることを見いだしている。繰り返しになるが，一般化する際のバリエーションそれ自体，説明可能であることがわかる。

なぜこうした特定の差のパターンが見いだされるのかについてはいろいろ考えられるものの，Matsumoto（1989）の研究は，明確な説明をしてはいない。しかし，Matsumoto（1992）はさらに研究を進め，アメリカ人と日本人の6つの情動認知の判断能力を比較している。ここでは，ポーズをとった情動ではなく，リアルな情動を示す両国のしかも男女双方の顔を用いた。両国の被験者は，幸せと驚きについては，いずれも同様に正確に認知した。しかし，怒り，嫌悪，恐れ，悲しみについては，アメリカの被験者の方が，より正確に識別することがわかった。Matsumotoは，日本人が否定的な情動を識別するのが得意でないのは，日本ではアメリカよりも，否定的な情動を表出することが社会的に望ましくないと考えられているためであると結論づけている。さらに，日本の被験者は，男性の表情よりも女性の表情を判断するのに長けていた。これは，日本では男性よりも女性の情動表現に対しより寛容であることと一致する。

この研究は，この領域における多くの実りをもたらす研究方向を示している。必要なのは，ただ単に文化間で表情の認知を検討するのではなく，情動経験に含まれる各段階を文化間で注意深く比較することである（Mesquita & Frijda, 1992）。何が情動を引き出し，情動はどのように経験されるのか，さらにそれが他者と共有されるのかどうかを考慮する必要がある。初期の研究によって，異なる文化においても顔の情動

表出がどう解読されるかについては，ある程度一般性があることが明らかになっている。それと同等かそれ以上の研究関心事は，これらの情動が，異なる国の文化において実際に経験され，表出される頻度に差があるのかどうかである。解読の研究は，いくつかの情動の基礎となる，普遍的で生物学的な起源を持つプロセスをある程度明らかにしてくれる。また，経験と表出の研究は，文化がどういう形で，これらのプロセスを方向づけるかを明らかにしてくれる。

(2)情動経験

Schererらは，27か国において自己報告による情動の調査を行なった（Wallbot & Scherer, 1986）。それぞれの国において，学生や若い就業者などが，自然に生起する情動を報告するよう求められた。標本全体としては，怒りと喜びが，一貫して最も頻繁に生起する情動として報告された。しかし，標本を通して見ると，報告された情動の頻度，強さ，持続時間に有意な違いが見られた。

Scherer, Wallbot & Summerfield (1986) は，研究全体に含まれていたヨーロッパの8か国間の差は，予測されたよりも小さいと報告している。残念ながら，このような差は質的なものとして報告されており，Hofstedeのような理論的モデルと関連したものではない。しかし，Gudykunst, Ting-Toomey & Chua (1988) は，これらの結果のいくつかを，関連する国について，Hofstedeの得点の観点から再分析した。ここでは，各国の文化において，楽しさ，悲しみ，恐れ，怒りといった情動を最も頻繁に引き起こすと報告された状況を吟味した。ヨーロッパのデータのかなり同質なサンプルに基づいたデータであっても，かなりの差が見いだされた。例えば，恐れは，男性性は高いが，勢力差と不確実性の回避の低い文化における新奇な状況と結びついていた。Gudykunstらは，この結果は，Hofstedeの見方と一致するとしている。というのは，勢力差と不確実性の回避の高い文化では，新奇な状況における恐れ（実際には恐れの可能性）を減少させるような手続きが既に十分に発達していると考えられるからである。

同じプロジェクトから得られたアメリカと日本のデータの比較が，Matsumotoら (1988) によってなされている。ここでは，日本の学生と比較して，アメリカの学生は，情動が長く続き，より激しく，また身体的な徴候を伴うと報告されている。また，アメリカの学生は，情動に対してより肯定的に反応するとともに，言語的な反応をより多く示すと自らを記述していた。これらの研究結果は，ヨーロッパの研究と対照的に，情動の引き金となるのは文化によって異なるだけでなく，アメリカ人は一般に日本人に比べ，より情動的に反応することを示唆している（Dion, 印刷中も参照のこと）。

Kitayama, Markus & Kurokawa (1995) は，経験された情動のタイプを区別して

いる。集団主義の日本の学生は、「対人的な関わりの情動（例：友好的な感情や恩義の気持ちなど）を，他の情動（例：誇りや怒りなど）よりも頻繁に経験していた……」(p. 2)。一方，個人主義的なアメリカの学生の場合，肯定的な情動を否定的な情動よりもはるかに頻繁に経験していた。このような情動経験の対照的なパターンは，集団主義の文化においてうまく機能するために必要となることがらが，個人主義の文化システムとは違うことから生じていると説明される。

こうした結論を受け入れるかどうかは，アメリカ人と日本人が自分の情動を述べる際に，同じように率直であると考えるかどうかによる。異文化比較においては，どういった情動がいつ表出されるか，に関する文化的表出のルールと分離して情動報告を捉えるのは，おそらく中立的な研究者でさえ困難であろう。

(3)情動表出と「不可解な東洋人」

欧米人は，長い間，日本人やその他の東アジア人に対して「不可解（inscrutable）」というステレオタイプを持ってきた。Friesen (1972) の研究は，未発表ではあるが，Matsumotoら (1988) の結果をどう考察し，またいかに説明できるかを示唆している。つまり，Friesenは，日本人とアメリカ人の学生に，自分だけの場面か「科学者」が同席する場面で，短いフィルムを見せた。呈示されたフィルムは，身体切断に関するストレスを誘発するフィルムか，中立的なフィルムかのいずれかであった。フィルムを見た被験者の反応は，そのまま撮影された。ひとりでフィルムを見た場合，身体切断のフィルムの被験者は，日本人でもアメリカ人でも同様に嫌悪の反応を示した。しかし，科学者が同席した場合，日本人の被験者は嫌悪を示すどころか笑顔さえ見せた。このように，権威者がいるところでいかにふるまうべきかに関する表出のルールは，より無意識的な情動さえをも覆すことになる。Matsumotoらの研究における日本人の情動に関する報告は，このような要因の影響を受けていたかもしれない。言い換えれば，ある国の人間が，他の国の人間よりも多くの情動を経験しているかどうかに関しては不完全な根拠しかないが，表出のルールが文化ごとに異なるということに関してはかなり強い根拠があるといえる。

Gudykunstら (1988) は，表出のルールの問題に関するヨーロッパのデータを再分析した。ここでは，経験された情動に対する言語的・非言語的反応は，個人主義の高い国の文化において有意に強いことを見いだした。この結果は，Matsumotoら (1988) の結果とも一致している。というのは，Hofstede (1980) が，アメリカは日本よりもかなり個人主義が高いとしているからである。同様に，Argyleら (1986) は，怒りや嘆きという社会的表出を抑制するルールは，個人主義得点の高いイタリアやイギリスに比べて，集団主義得点の高い日本や香港において，より強く支持される

ことを見いだした。

これまで見てきた集団主義文化における情動表出に関するほとんどすべてのデータは，東アジアの文化から得られたものである。そこで，以上のような結論が，他の集団主義文化においても通用するのかを調べる必要がある。コスタリカとアメリカのデータを用いて，Stephan, Stephan & De Vargas（1996）は，コスタリカ人は，否定的な情動を表出することをあまりよく思わないという仮説を確認している。さらに，Mandal, Bryden & Bulman-Fleming（1996）は，インド人はカナダ人に比べて，否定的な情動表出に出会ったとき，より否定的に反応することを見いだしている。集団主義文化の人に否定的な情動が活性化された場合，それらは恥（Kitayama, Markus & Matsumoto, 1995）や悲しみ（Kornadt et al., 1992）など，社会的により受け入れられる情動へと変換されるのは，まさにこうした例にあたる。

このように，情動表出に関するデータは，かなり明確である。情動表出の解読には，いくつかの一般性があるものの，情動の経験とその表出は，かなり文化的に規定されている。個人主義で勢力差の低い文化の人々は，より情動的に反応し，より表出的である。というのは，そうした文化では，情動的反応は相互作用していく上での手がかりとしてより必要となるからである。これに対し，集団主義の文化では，役割やコンテクストによって，必要な手がかりの多くが共有されているのである。このような文化では，社会の調和を乱すような情動経験やその表出を避けることの方が特に重要となる（Bond, 1993）。

■ボックス4.1■　表出ルールの不一致

　チャン君とロバートソン先生のやりとりにおいて，チャン君は，ロバートソン先生の前では，直接的な情動表出をしない。自分のきょうだいに話をするときには，彼はそこそこの苦しみを表現する。しかし，その理由は，欧米の基準から見ればかなり曖昧である。これに対し，ロバートソン先生は，いらだちを直接表現する。しかもそれは，言葉だけでなく，声の調子やため息，いろいろな顔の表情などによっても表現する。ただ，彼女は，チャン君とのやりとりをその後，学科長と議論するときには，さらにはっきりものを言っていた。チャン君とロバートソン先生どちらの側も，それぞれの文化の表出ルールに従っていた。そしてどちらも，相手がどのぐらい困惑していたかをおそらく知らなかった。チャン君の情動は，恥に近いものであり，ロバートソン先生の情動は，怒りに近いものだった。

(4) できごとの評価と情動

　情動は文化的に構成されているとする立場と，情動は生物学的な基礎を持つとする立場がある。Ellsworth (1994) は，この相対立する2つの立場を，情動の諸理論を評価する理論と研究を統合することによって，うまく中庸的な立場をとっている。Ellsworthの見方は以下のようなものである。

　　　情動は，新奇性，誘意性，確実性，統制，作用の帰属，社会規範との一致などの特定の次元に沿った，人と環境との関係を評価するパターン化されたプロセスから成り立っており，生理学的反応や行為傾向とも結びついている。(p. 45，アンダーラインの強調は筆者による)

　ある文化における，ある特定の情動は，特定の評価パターンから生じることが示唆されている (Smith & Ellsworth, 1985)。つまり，知覚者の状況評価によって，どのような情動が活性化されるかを規定している。さらに，現在では，情動を喚起する状況を評価するのに用いられる次元は，さまざまな文化を通して変わらないことを示唆するかなりの証拠がある（例：Gehm & Scherer, 1988; Mauro, Sato & Tucker, 1992）。Ellsworthは，次のように結論づけている。

　　　変化する状況に対する注意，快や不快の感覚，不確かさ（あるいは確かさ）の感覚，障害の知覚，統制あるいは統制不能の感覚，作用の帰属，自らの集団に対する賞賛，非難，嘲笑の感覚，生起したことがらの最終的な価値判断や適合性の判断——これらの評価の次元は，異なる文化の情動領域においてもかなり一貫していることがわかる。(p. 30)

　したがって，文化は，あるできごとがどのように解釈され評価されるかを形づくり，それによって経験される情動に決定的な影響を与えている。つまり，もしある個人が，否定的な結果は統制可能だと考えるよう社会化されていたなら，その人は，否定的な結果に罪の意識を覚えるだろう。また，もしそれとは異なる文化的訓練によって，統制不可能だと個人が知覚した場合，その人は，否定的な結果を悲しいと感じるだろう。文化はまた，人々が，結果として生じる情動が，社会的に受け入れられるかどうかについての評価も形づくる。もし，社会的に受け入れられないとみなせば，そうした緊急の評価それ自体が，そのような情動を変える手助けをすることになる。例えば，恥を怒りに，あるいは逆に，怒りを恥に変えようとする (Kitayama, Markus & Matsumoto, 1995)。最終的に，文化は，ある状況における情動の表出や反応の仕方

に影響を与えている（Mesquita & Frijda, 1992）。中国のような文化では，いかなる情動表出であっても節度があることに価値が置かれている。それは，中庸から離れることは，身体の健康にネガティブな影響をもたらすと考えられているからである（Bond, 1993b）。ラテン・アメリカなど他の文化では，ポジティブな情動表出は好まれているが，ネガティブな情動表出は好まれていない（Triandis et al., 1984）。

このように，評価アプローチは，情動経験を説明するために，状況評価の普遍的な次元を用いている。ここでは，結果として生じる評価のパターンが同じならば，情動も同一のものとなる。しかし，文化は，評価のプロセスと結果として生じる情動表出の両方に影響を与える。したがって，異なる文化的伝統を持つ人々に見られる情動生活は，一見したところ同一の状況であっても異なったものとなる。

3．パーソナリティ特性

パーソナリティ研究者たちは，特定のパーソナリティ特性や特性群とそれらの関係が，普遍的に見られるかどうかを考察してきた。このような関心から，アメリカで作成されたパーソナリティ測度を取り上げて，それが他の場所でも予測的妥当性を持つかどうかを検証してきた。例えば，Kelleyら（1986）は，Rotter（1966）の外的統制位置尺度における高得点群と低得点群の比較を行なった。この測度は，個人が，さまざまなできごとについて，個人的に統制できないとみなす程度を測定するものである。アメリカでは，外的な統制位置にある人は，飲み過ぎ，過度の喫煙，危険な運転などの報告がなされるように，慢性自己破壊尺度においても高い得点をとることが見いだされた。Kelleyらは香港，インド，ベネズエラ，アメリカの学生に，この両質問紙を実施した。その結果，外的な統制位置の人が，慢性自己破壊においても高得点となる傾向は，インドと香港では見られたが，ベネズエラでは見られなかった。しかし，慢性自己破壊尺度は，行動の予測に際して妥当性があるかどうかについてアメリカ以外では確認されていない。そのため，この「強制されたエティック的」な研究結果を解釈するのは困難である。

より明確な結果は，Type A パーソナリティ測度（Glass, 1977）を用いた，Evans, Palsane & Carrere（1987）によって得られている。この研究は，競争的，攻撃的，強迫的に活動的な人のタイプを明らかにしている。インドではアメリカと同様，タイプAのバス運転手には事故が多いことが見いだされている。またインドでは，タイプAの運転手はクラクションをよく鳴らし，よく追い越しをし，より頻繁にブレーキをかけていた。強制されたエティック的な測度を使用してはいるが，異文化的な予測的妥当性が示されたことは心強い。ただし，より広範な国でなされた研究結果を体系的

に検討する必要がある。

　より基本的な関心は，パーソナリティの変動パターンそれ自体が，普遍的かどうかを明らかにすることである。すなわち，さまざまなパーソナリティの構成要素が，文化を越えて，同じような形で互いに関連しているかどうかである。いったんこの問題が明らかになると，さまざまな文化にいる人々のパーソナリティ特性の強さの比較が可能になるだけでなく，普遍的な予測因とこれらのパーソナリティ特性がもたらす結果を探求する必要性が出てくるであろう（例：McCrae, Costa & Yik, 1996）。

(1) 外向性－内向性

　Eysenck & Eysenck (1982) は，25か国にも及ぶ多くの研究者によって用いられている，彼ら自身が作成したパーソナリティ質問紙のデータをもとに，彼らのパーソナリティ・モデルが異文化的妥当性を持つという見解を提示している。Eysenckのモデルは，3つの独立したパーソナリティ次元を明らかにしている。それらは，内向性－外向性，神経症傾向－安定性，精神病傾向であり，それぞれに生物学的基礎があるとされる。内向性－外向性は，特に興味深いパーソナリティ次元である。内向的な人は，成員性が既にできあがっている集団にとどまり，集団志向的価値を支持する傾向がある。それに対し，外向的な人は，新しい人々との出会いを楽しみ，個人志向的価値を支持する。実際に，個人志向的な自己を捉える（第5章参照のこと）測度は，外向性測度から予測されるものであった。しかしながら，集団志向性は，内向性測度からは予測されなかった（Kwan, Bond & Singelis, 1997）。

　Eysenckとその共同研究者による異文化的妥当性の証拠は，各国における質問紙に対するそれぞれの反応の因子分析結果に基づいている。彼らは，用いられたすべての国で，きわめて類似した因子が得られたと報告している。しかしながら，Eysenckの結論に対して，Bijnen, Van der Net & Poortinga (1986) は異議を唱えている。彼らは，因子構造の類似性を判断するために用いられた統計的な検定が信頼できないとしている。Bijnenらは，コンピュータによってランダムに生成された数字の組の間にも，同様に高いレベルの類似性が見いだされるケースがあり得るとしている。Eysenck (1986) は，さらに統計分析を進めながら，この主張に反論した。しかし，Bijnen & Poortinga (1988) は，これらの分析に対しても疑問を呈している。つまり，そこで用いられた検定では，21の質問項目に対する反応のうち18項目までランダムなデータで置き換えたとしても，あまり違いがないことがわかった。

　もちろん，Eysenckの分析に対する疑問は，外向性やその他のパーソナリティ特性が，エティックな一般性を持っていないことを意味しているわけではない。そうした可能性はあるものの，それが確かであることを検証するには，また別の研究法が必要

となる。Eysenck パーソナリティ質問紙は，もともとイギリスで作成されたものであり，多くの国においてそれを使用することは，Berry (1969) の強制されたエティックのカテゴリーに入ることになる。他の国で得られたデータは，イギリスのデータに合うかどうか検討されている。Munro (1986) は，10年間にわたる Eysenck パーソナリティ質問紙と，例えばジンバブエにおける Rotter 尺度など，その他のパーソナリティ研究のまとめを行なっている。この研究のサンプルでは，いくつかの項目は，意図された次元とほとんど相関は見られなかった。Munroは，より有効な方法は，どんな国の文化においてもエミック的に妥当な質問紙を作成し（例：Cheung et al., 1998; Tsuji et al., 1996)，それから欧米に基礎を置くパーソナリティ理論との収束を吟味することであると結論づけている。

(2)エミックからの出発

フィリピンでの一連の研究は，このような方法が，いかにパーソナリティ研究の領域に実りあるものをもたらすかを示している。Church & Katigbak (1988) は，フィリピンの学生に，健康な人と不健康な人に見られると思われる特性を記述するよう求めた。自己のパーソナリティを記述する尺度は，このようにして得られた項目から構成されていた。この土地固有の（その地域や文化に根づいた）尺度は，いくつかの有名なアメリカのパーソナリティ尺度とともに，また別の学生にも提示された。この尺度に対する反応は，アメリカの尺度と高い相関を示さず，さらにアメリカの尺度項目は，フィリピンの学生の場合，アメリカの学生で行なわれた場合と同じようなクラスターにはならないことが見いだされた。

このように，これまで得られた結果には，いくぶん失望させられる。これは，われわれが望めるのは，文化内におけるエミック的な研究を行なうことであり，エティック的な妥当性を持つ次元を見いだすのは諦めざるを得ないことを示唆している。しかし，Church & Katigbak (1989) は，エミック的な結果とエティック的な結果をつなげるにはどのような方法が適切かを明らかにするため，Berryの視点をさらに進めた分析を行ない，それを報告している。各文化において，同一の標準化された質問紙を用いるよりも，まず最初に各文化内で得られたエミック的なデータ同士の相互関連を見ていくべきであるとしている。このようにして見いだされた相互関連は，より広範な理論化から引き出されたエティック的な一般化と比較が可能となる。ここで引き出されたエティック的な一般化とは，欧米の研究者によって提唱されたさまざまな特性が，5つの主要なパーソナリティ次元へとまとめることができるという Costa & McCrae (1985) の提案である。これらの次元とは，外向性，協調性，誠実性，情緒安定性，経験への開放性である。

フィリピンの被験者から得られた性格特性を用いて，Church & Katigbak（1989）は，これらの特性がフィリピン人によっても同じようなクラスターにまとまるかどうかを検討した。いくつかのテストが用いられたが，そのうちの1つで，被験者は特性を「一緒にまとめられる」グループに分類するよう求められた。2つめでは，被験者は，仲間の学生を評定するよう求められ，その結果は因子分析にかけられた。こうした方法のいずれも，Costa & McCraeの「ビッグ・ファイブ（Big Five）」パーソナリティ次元の異文化的妥当性を支持するものであった。さらにデータを収集した後，Katigbak, Church & Akamine（1996）は「ビッグ・ファイブのすべて――より高次の次元は，フィリピンの次元に示されており，フィリピンの次元はいずれも，それほど文化特有のものではない」と報告している。興味深いことに，Eysenckの次元はそれ自体，ビッグ・ファイブのいくつかと重なっている。したがって，Church & Katigbakの研究は，Eysenckの考えを支持するものであるが，より異文化的に敏感な研究手続きを通してそれを行なっている。

　香港における同様な一連の研究において，Yang & Bond（1990）は，Norman（1963）の強制されたエティック方式によって測定されたパーソナリティのビッグ・ファイブ次元が，中国の対人知覚尺度から得られた5因子のうち4因子と相関しているものの，1対1の対応をしているわけではないことを見いだしている。第5の次元は，アメリカの次元と機能的に類似しているように見えるが，エミック的に敏感な方法での評価が必要となる。

　ビッグ・ファイブ因子の一般性を支持する研究は，イスラエル，ドイツ，日本においても報告されている（Digman, 1990）。近年，McCrae & Costa（1997）は，NEO PI-R測度（Paunonen et al., 1996も参照のこと）を用いて，6つの異なる語族を代表する国（ドイツ語，ポルトガル語，イスラエル語，中国語，朝鮮語，日本語が使用されている）においても，ビッグ・ファイブに非常に類似した構造が見いだされたと報告している。もちろん，ビッグ・ファイブが，広い範囲の文化において再現されているという事実は，ある特定の地域に住む人々に重要な他の次元が検出される可能性を排除するものではない。例えば，中国では，その文化特有の次元があることを示唆する証拠が，Cheungら（1998）から得られている。Cheungらは，NEO PI-Rにおいて定義されているビッグ・ファイブ次元以外に，中国的伝統という付加的な因子の証拠を見いだしている。こうしたその土地固有の因子は，例えば親孝行などを説明する上で，ビッグ・ファイブ次元を上回る予測力を持つことになる（Zhang & Bond, 1996）。

(3) ビッグ・ファイブの評価

　一連の研究は，パーソナリティ特性がいくつかの次元にまとめられ，そのまとまり

方には文化を越えて，一般性があることを示唆している。こうした研究では，回答者は，自分自身または他者のパーソナリティについて質問紙項目上での評定を求められることになる。このことは，驚くにはあたらない。われわれは既に，表出された情動を認知する能力には一般性があることを見てきているからである。これは，おそらく多くのパーソナリティ判断の基礎を提供している（例：Borkenau & Liebler, 1992）。多くのパーソナリティ論者は，パーソナリティ構造の類似性が，パーソナリティという体制の進化論的，生物学的基礎を支持するものであると結論づけている（Buss, 1991; Hogan, 1996）。

もちろん，構造の類似性は，重要性の類似性を意味しているわけではない。Churchのフィリピン人パーソナリティの一連のエミック的な研究も，どのパーソナリティ概念がフィリピンの文化において最も中心的かという議論を巻き起こしている。'pakikisama' の概念は，「内集団でうまくやっていく」とか「内集団に譲歩する」というように訳されるが，この概念は特に重要なものであることが確認されている。Churchは，この概念と，フィリピンと同様に集団主義の高い社会における研究者によって報告されているエミック的な概念との類似性を指摘している。特に，多くのヒスパニック文化において非常に重要視されている 'sympatia' や，ギリシャ文化における 'philotimo' などがその例としてあげられている。また，フィリピン人は，目上の者に対する依存や忠誠を強調する。この概念は，勢力のある目上の者に保護され，お返しとして恩に報いるというプロセスを記述した，日本人の「甘え」の概念に近い（Church, 1987）。このように，Churchの結果は，フィリピン人が，「ビッグ・ファイブ」パーソナリティ特性のエティック的な定式化に一致するような形で，互いに知覚できていることを示している。しかし，フィリピン人は，ビッグ・ファイブ因子のうちの協調性により重きを置いている。Bond & Forgas (1984) が，オーストラリア人と香港の中国人の比較を行なったときのように，集団主義が高く，勢力差が大きい他の多くの文化の成員でも同じようなことがいえる。中国人は，オーストラリア人に比べ，協調性により強く重みづけしている。ターゲットに対して，一緒にそして友好的にふるまうという意志を強く持っている場合，特にそうしたことがいえる（中国文化において誠実性が突出していることについては，Chang, Lin & Kohnstamm, 1994; Watkins & Gerong, 1997も参照のこと）。

もし「ビッグ・ファイブ」パーソナリティ特性が，さまざまな文化におけるパーソナリティ判断の基礎となっているならば，ビッグ・ファイブが，どの程度Schwartz (1992) によって明らかにされた個人的な価値観の次元と一致するかを検証することが重要となる。この個人的な価値観の次元とは，Hofstedeの異なる文化の特徴を支持するのに用いられてきたものである。おそらく個人の価値観は，各文化集団におけ

▲表4.1 Schwartzの価値領域とパーソナリティのビッグ・ファイブ測度

Schwartzの価値領域	神経症傾向	外向性	経験への開放性	協調性	誠実性
自己志向					− 0.23
刺激		0.25			
快楽主義				− 0.37	− 0.20
達成				− 0.40	
勢力	0.20		− 0.26	− 0.36	
安全					
同調				0.29	0.20
伝統		− 0.20		0.40	
思いやり		0.24		0.45	
普遍主義			0.37		

注：0.20またはそれ以上の相関のみ記してある。出典：Luk & Bond（1993）より許可を得て転載。

る社会化のプロセスから生じるその個人の欲求を反映している（Bilsky & Schwartz, 1994）。Bilsky & Schwartzは，イスラエルにおける2つのより高次の外向性と情動性の次元が，Schwartzの価値円環上に仮定されたように位置づけられることに気づいた。すなわち，外向性は快楽主義と自己志向に位置づけられるが，情動性は明確に位置づけられない。Luk & Bond（1993）は，NEO PI-Rを用いて，ビッグ・ファイブのすべての次元は，香港の中国人の回答者においては，表4.1に示されるようにSchwartz（1992）の価値領域と関連があることを見いだしている。

特に注目すべき点は，協調性が自己超越の価値領域と強い正の相関を示し，自己高揚の価値領域と負の相関を示した点である。これらさまざまな結びつきの普遍性を評価するためには，あるものはイスラエルや中国の文化に特有であるように，こうした類の多文化研究が必要となる。

(4)自己効力

自己効力の概念は，Bandura（1977, 1986）によって導入されたものであり，行動の社会的認知理論の中枢をなすものである。この概念は，個人がある特定の活動を遂行できる，あるいはより一般的には，個人が取り組むさまざまな活動をうまく遂行できるという個人の信念に言及したものである。個人の自己効力感は，個人的な制御経験，他者を観察することによる代理経験，知識のある他者による言語的説得，あるいは生理的フィードバックから生じる。

自己効力は，人間のエージェンシー（働きかけ）の中心概念である。

> どのぐらい有効な働きかけができるかに関する個人の信念は，その人の要求水準，そ

の努力に対して期待する結果，どういった行動を選択するか，活動にどのくらいの努力を費やすか，障害や失敗に直面したときどのくらい辛抱するか，さらにつまずきを経験した後の回復力に影響を与える。人々は知覚された効力感の低い領域における選択肢には，それがどんなに利益をもたらすか考慮するに値するものであったとしても，注意を払わない。……活動領域にかかわらず，高い効力感は，遂行の達成や個人的な幸福感をもたらす……。(Bandura, 1996, p. 105)

こうした強い主張は，広範囲にわたる研究に基礎を置いているが，そのうちのいくつかは，アメリカ以外においてもなされている。例えば，Schwarzerは，一般自己効力の尺度を開発しているが，これはさまざまな文化において高いレベルの一貫性と信頼性を示している（Schwarzer, 1993）。Schwarzerら（1997）は，コスタリカとドイツの学生においては，自己効力得点は楽観主義と正に相関しており，抑うつや不安とは負に相関していると報告している。香港においては，自己効力得点は，1997年の香港の中国返還についての楽観主義と正に相関している。

Bandura（1997）は「効力の信念は，自己参照的なプロセスを含んでいるため，自己効力は，時として，個人主義と同等なものと誤ってみなされることがある」と指摘している。しかしながら，Banduraは，以下のように述べている。

> 自己効力は，個人主義を崇拝するから価値があるのではなく，強い自己効力感は，うまく適応したり変化していくのに不可欠であるために価値があるのである。また，それらが個人的になされたか，個人的な能力を集団としてうまくまとめることによって達成されたかは，それほど問題ではない。(p. 32)

言い換えれば，Banduraは，自己効力感を，普遍的に重要な個人および集団機能の構成要素とみなしている。

このような機能の普遍性は，第2章において論じた，Earley（1993, 1994）の社会的手抜きの研究で例証されている。1993年の研究では，集団主義文化と個人主義文化において，ある個人が，内集団の成員あるいは外集団の成員と一緒に作業する場合とひとりで作業する場合での社会的手抜きの効果が検討された。そして，以下のことが見いだされている。

> 自分が，内集団あるいは外集団の中で作業していると考える個人主義者の遂行は，ひとりで作業している個人主義者の遂行よりも低かった。これに対し，集団主義者の遂行は，ひとりで作業する場面あるいは外集団の中で作業する場面の方が，内集団のなかで

作業する場面よりも低かった。(p. 319)

　しかしながら，これらと同じ結果は，参加者の国の文化にかかわらず，Earley も収集した測度，すなわち参加者自身（とその集団）がこうしたさまざまな条件に置かれた場合にどれくらい効力感があると考えているか，によって説明が可能である。
　自己効力の効果に，こうした文化的な一般性があるにもかかわらず，文化は，効力の信念がいかに形成され，自己効力がいかなる活動をもたらすか，あるいは「自己効力の信念が最もよく示される社会的な配置」(Bandura, 1996, p. 106) に影響を与えている。集団主義社会の人々は，「文化的に混じり合った集団で遂行しなければならないとき，個人あるいは集団としても効力感は低く，生産性も低い」(p. 106)。繰り返すと，機能の普遍的類似性という考えに反して，ある文化差のパターンを見いだすことができる (Oettingen et al., 1994 も参照のこと)。

4．攻撃性

　異文化研究者から大いに注目を集めたパーソナリティのもう1つの側面は，攻撃性である。パーソナリティ特性の観点から，攻撃性は，ビッグ・ファイブにおける協調性や，Costa & McCrae (1992) によって操作的に概念化された神経症的怒り・敵意の側面と負の関連を想定することができる。しかしながら，攻撃性は一貫したパーソナリティ特性というよりは，1つの行動として捉えられることが多く，別個のものと考えた方がよい。定義の多様性の問題もあり，Segall ら (1990) は，攻撃性を単純に「人が他者に対して危害を加えるあらゆる行動」と定義することを提案している。
　文献のレビューから，Geen (1994) は攻撃性に関する（多くはアメリカの）研究を2段階のモデルにまとめている。すなわち，第一に，怒りの原因となるものが否定的な感情を増大させる。第二に，この感情が戦闘傾向あるいは逃避傾向を誘発する。ここで，どちらの選択肢が実行されるかは，「①個人の遺伝的資質，②先行条件づけと学習，③攻撃を促進あるいは抑制する状況の諸側面の認知」(p. 3) に依存する。
　これら後者の2点は，予期－価値理論の枠組みを用いて次のようにまとめられる (Feather, 1988)。すなわち，「報酬となる攻撃は，そうした行動は将来似た条件下でも有用であるという期待の増大をもたらし，その行動の知覚された価値も高める」(p. 5)。そのため，例えば，男性は自分の攻撃性を道具的なものと知覚するのに対し，女性は自分の攻撃性を統制の欠如と捉える (Campbell, 1993)。攻撃性の有用性と価値の知覚におけるこれらのジェンダー差は，男性が女性よりも攻撃的であるという普遍的な事実の1つの要因となっているかもしれない (Barry, Child & Bacon, 1959;

Whiting & Edwards, 1973)。この一般的な枠組みは，殺人や侮辱というトピックを吟味するのに役立つであろう。

(1)殺人

　Archer & Gartner (1984) は，犯罪や暴力の研究において，実証データに基づく比較の観点が欠けていることを嘆いている。「この分野の実証性の乏しさと偏狭さ」(p. 5) が，社会や時代を越えて一般化できるような統制された観察に基づく原因の推測を不可能にしている。こうした比較研究は，十分な報告がなされておらず，また異なる指標が用いられているなどの問題を抱えているため，実際に困難である。このようなデータへのアクセスや質の問題に取り組むことができるなら，もたらされるものは大きい。

　多くの理論家は，攻撃性が本能的あるいは生物学的な起源を持つとしている。しかし，その一方，とりわけ攻撃性の表出は，世界のさまざまな文化間で，きわめて大きな多様性があるとしている。例えば，現在，殺人の比率は，アメリカではイギリスの7倍，南アフリカでは35倍もある。少なくとも，文化が違えば，攻撃性は違った形で表出されると考えられる。

　殺人の比率に影響を与える文化間の斉一性を検出しようとする試みがLandau (1984) によって報告されている。Landauは，殺人の比率は，ストレスが増大してソーシャル・サポートシステムがうまくいっていない国で高くなるだろうと予測した。Landauは，13か国において報告された10年間の殺人とその他の犯罪の統計を比較した。ストレスの測度はインフレ率，ソーシャル・サポートがうまくいっていない測度としては結婚に対する離婚の比率を用いた。その結果，予測は，日本を除くすべての国で支持された。日本では，殺人の比率よりも，自殺の比率が増加することが見いだされている。

　これら文化レベルの発見に対して，心理学的な説明を付与することは魅力的である。すなわち，Landau (1984) のように，ストレスが高くソーシャル・サポートが低いと攻撃性につながるようなフラストレーションを引き出すと説明できる。あるいは，Geen (1994) のように，高いストレスと低いソーシャル・サポートが，より否定的な感情につながると説明できる（Geenの2段階のモデルにおける第1段階）。にもかかわらず，このようなアプローチは「例えば，……集合を研究したときに見いだされた事象の関連が，同程度あるいは同一方向において，個人を研究したときにも見いだされると考える誤り（集合の誤謬：aggregative fallacy）」(Nettler, 1984, p. 101) であり，あるいは第3章で述べた用語を用いるなら生態学的誤謬を犯している。もちろん，事象がきわめて稀なため，社会的な構成単位による集合を考えずに殺人を研究す

ることは困難である。しかしながら、集合としての状況が研究されるならば、その結果は、個人に関するものというより構成単位（都市、地方、郊外）に関するものとなる。そこでの発見は、心理学的プロセスに関して示唆的なものとなり得るが、必ずしもそうとは限らない。文化レベルと個人レベルの現象が結びつく必要がある。

このことは、決して達成不可能なことではない。例えば、殺人における社会的差異は、平均気温と相関しており、気温が高く湿度の高い気候ほど殺人の比率が高くなる（Robbins, DeWalt & Pelto, 1972）。Anderson & Anderson（1996）はアメリカ国内の州でも同じような結果を出している。個人レベルにおいては、Anderson, Deuser & DeNeve（1995）は、気温が高いと敵対的な感情や認知、生理学的覚醒を強め、肯定的な感情を減少させることを明らかにした。彼らは、これらの結果が、社会的事象の処理を敵対的な方向へと歪めると仮定している。このプロセスを、より大きな社会的構成単位に拡張するなら、より気温が高い気候では全体として殺人の比率が高くなることを容易に説明できるかもしれない。

戦争史は、もう1つの重要な文化レベルの変数である。Archer & Gartner（1984）は第二次世界大戦における戦争当事国と非当事国の殺人データを分析した。戦争当事国においては、戦勝国・敗戦国、戦後経済が復興したかどうか、殺人犯の年齢層やジェンダーにかかわらず、戦後の殺人の比率は増加していた。Archer & Gartnerは、以下のように結論づけている。

> 事実と完全に一致すると思われるモデルは、暴力の正当化モデルである。これは、戦時中の権威づけられた殺人や制裁としての殺人が、平和な社会における殺人のレベルに残余的な影響を持つというモデルである。(p. 96)

これらの結果は、Ember & Ember（1994a）の結果とも矛盾しない。Ember & Emberは、Human Relations Area Files（HRAF：人類学的データの関連バンク）という民族史的な記録における186の社会を研究し、戦争は、国内の殺人率増加の主要な原因であると結論づけている。重回帰分析によって、「児童期後期における少年の攻撃への社会化は、殺人や暴行の比率の高まりを予測する」ことを明らかにした（p. 620）。このような男性の攻撃への社会化は、それ自体が戦争の原因というのではなく、戦争の結果であると思われる。

戦争は、ある社会が、食料の供給を低下させる統制不能の災害を経験したときに起こりがちである。その時、戦闘は、飢えに対して将来の安全を保証するための拡張活動となる（Ember & Ember, 1994b）。戦争と殺人に関するこれらの結論を考慮すれば、食料供給の環境保護と周到な管理が、差し迫った関心事となる（環境と発展に関

する世界委員会, 1987)。

攻撃への社会化は，社会の法制度によって支持されているようである。Cohen (1996) は，アメリカのいくつかの州は，開拓者の伝統に端を発する自己防衛のため，暴力を好む文化を発展させてきたと指摘している。さらに，南部の州では，黒人奴隷をしつけ，支配し，罰を与えたという歴史を通して，暴力の文化を押し進めてきた。これらの文化的遺産は，銃器の所持や使用，自己や財産の防衛，配偶者の虐待，体刑や死刑などに関する法律に反映されている。これらの法律による拘束の脆さが，その他の州と比較して暴力を容認する背景となっている（Cohen & Nisbett, 1994）。このように，南部や西部において殺人の比率が高いのは，法律的にも社会的にも，犯罪に見合った刑罰が課せらることはあまりないと思われているからである（Geen, 1994）。

Knauft (1987) は，対人的な調和の規範が，ニューギニアのゲブシや南アフリカのクング族（!Kung），中央エスキモー族などのような多くの社会を特徴づけているが，これらの社会では，殺人の比率が著しく高いと指摘している。これらは，社会科学者によってあまり研究されていない，平等主義が強く中央集権化していないグループである。平和を好むという文化規範を考慮に入れると，暴力への社会化理論は，これらの社会には適用できないように思われる。その代わり，暴力は，女性をめぐる男性の争いから突然起こることがある。男性の間に，女性への性的接触を系統立てるような地位の目印がなく，調和を強調する規範構造に抗する形で，激情に駆られてけんかがエスカレートしてしまう。そして，しばしば殺人が起こる。驚くべきことに，「この暴力は……まったく文化的な統制外であると知覚され，でなければ属性の共有や平等主義を支持するために機能していると知覚される」(p. 478)。Knauftの分析は，あまり研究されていない文化について分析したものである。この分析は，より複雑な社会システムにいる人々の研究のみによって引き出される攻撃性の諸理論が，視野狭窄に陥ってしまう恐れがあると注意を促している（Keuschel, 1988も参照のこと）。

(2) 侮辱

北米の実験研究は，個人レベルでさえ，攻撃性は，実際には必ずしもフラストレーションに続いて生起するとは限らないことを示している（Berkowitz, 1989）。こうした結論は，攻撃性の表出とその仕方について，多くの文化的影響を検討する道を開いてくれる。殺人は，疑いなく，ほぼすべての人の攻撃の定義に含まれているが，いろいろな形のほんのちょっとした害を与えることが，攻撃にあたるかどうかの解釈は，文化間でかなりの違いがある。例えば，上司からの強い非難は，勢力差の大きい文化では小さい文化に比べ，それほど攻撃的ではないと判断されるかもしれない。Bondら（1985b）は，香港とアメリカの学生を対象とした研究において，この考えを検討

した。学生は，ある企業組織の部長が，上司か部下のいずれかを侮辱するというエピソードを評定するよう求められた。なお部下は，自分の部内か部外のいずれかであった。中国人学生による判断は，アメリカ人学生の判断よりも，侮辱されるのが誰であるかにより強く左右された。中国人は，自分の部内の部下に対する侮辱はそれほど不合理ではないとみなし，侮辱した上司を嫌う理由もそれほどなかった。また，中国人は，内集団成員と外集団成員に対する侮辱をより分化させていた。このことは，アメリカに比べて，香港の集団主義が高いことと関連がありそうである。実際，中国人は，しばしば内集団の侮辱を叱責と呼び，より正当なものと考えている。

　文化人類学的な文献の多くが，「名誉を重んじる文化」に注目している。そうした文化では，批判的な意見は，すぐに違う文化の人に対しバランス感覚に欠けた反撃や報復をもたらす。つまり，こうした暴力的な反撃は，自己や自己の名誉，あるいは評判を守ろうとする欲求といったものの全体イデオロギーによって正当化されることになる (Felson, 1978 も参照のこと)。

　文化人類学者は，名誉を重んじる文化は，家畜経済 (Peristiany, 1965) と関連していることに注目してきた。家畜経済では，盗みに対する法律的な矯正が常習的に欠けている。そのため，牧夫は，泥棒を見逃したり，暴力に訴えるよう社会化されるようになる。Cohen & Nisbett (1994) は，アメリカ南部におけるある種の暴力容認傾向や，銃器所持率と殺人率の高さを説明するのに，この論理を援用した。彼らは，現代においてもこれら移民牧夫の子孫たちは，アメリカ北部の人よりも，侮辱を男性的な評判に対する脅威と捉えて反応し，生理学的に覚醒し，認知的に攻撃への準備をし，反撃や支配を試みることを明らかにしている (Cohen et al., 1996)。この家畜経済的な基盤ができてから長い時間が経っているが，この「過敏性」は，法律や社会化の実践を通して維持されている。

(3)攻撃性を表出するか抑制するか

　多くの研究が，否定的な感情が攻撃行動を導くかどうかは，所与の文化状況における攻撃性に関する社会規範と強い関連を持っているとの見方を支持している。また，人が，攻撃行動をとるかどうかは，そうした行動に対してどれだけソーシャル・サポートがあるかにもよる。第2章でふれた，Milgramの実験における服従について見ると，いくつかの社会では，ショックを与えるか，それとも拒否するかは，そうしたプロセスに他者が加わっていたかどうかがきわめて大きな影響を与えていた。

　何人かの研究者は，集団はいつも個人より攻撃的であると述べている。例えば，イスラエルのJaffe & Yinon (1983) の実験は，集団は個人よりも，ためらわずに被験者にショックを与えるというアメリカの結果を再現している。ただし，Rabbie

(1982)は，オランダで行なわれた攻撃性についての一連の実験をまとめ，第2章での集団極性化の議論に沿う形で，集団は自らに対し，より自信を持ちやすいだけだと結論づけている。規範が，攻撃性を支持するなら，集団は個人より攻撃的になるだろうし，逆に規範が，抑制を支持するなら，集団は個人より攻撃的ではなくなるだろう。このように，攻撃性の表出とその形態は，北米で見られているように，社会的コンテクストとともに変化するという証拠が広範囲にわたって得られている。この結論は，本章の前半で考察したように，攻撃性とは異なるタイプの情動表出のルールと同様，異文化的バリエーションがある点で一致している。

5．向社会的行動

攻撃性の研究とは対照的に，何らかの苦境や困難な状況に陥った人を，互いに助けようとする研究が行なわれている。研究は，通常公共の場で行なわれ，道を尋ねたり，硬貨の両替を頼んだり，あるいは路上で物を落とすなど，ちょっとした急を要する場面を含んでいた。アメリカ，カナダ，オーストラリア，トルコにおける研究では，すべて援助は，大都市よりも田舎でより多く見られた。しかしながら，オランダでは，援助は，都会と田舎のいずれも同じように多かった。Korte, Ympa & Toppen (1975)は，この結果をオランダ社会における「礼儀正しさ」という強い規範のためとしている。トルコにおいては，郊外でもそれほど援助は多くなかったが，都市の中心部での援助は最低であった（Korte & Ayvalioglu, 1981)。

違う国において，同一の手続きで向社会的行動の直接的な比較を行なった研究は，それほど報告されていない。Hedge & Yousif (1992) は，対照的な国としてイギリスとスーダンを選んだ。結果は，先と同様，都市－地方の差はここでも両国で見られたが，援助反応の割合には，全体として両国間に差は見られなかった。Yousif & Korte (1995) も，イギリスとスーダンの援助に対する態度に都市－地方差を見いだしている。

援助行動の異文化間比較に関する意欲的な研究が，Norenzayan & Levine (1994)によって行なわれている。18か国の主要都市や首都において，3つの行動（松葉杖をついた男性が落とした紙を拾う，視覚障害者が通りを渡る手助けをする，誰かが落としたペンを拾う）から，全体としての援助指標が算出された。そして，この援助指標と多くの人口統計学的，環境経済的，心理社会文化的な変数との相関が検討された。多くの相関関係が見られたが，それらはすべて，「豊かな国の都市は貧しい国の都市と比較して，見知らぬ人に対してあまり援助しようとしないという一般的な傾向」(p. 13) を示していた。

この結果は，Milgramのシステム過剰負荷理論と一致する。すなわち，経済先進地での生活は，「個人の認知容量にすさまじい圧力をかけ，自分の欲求に不必要な刺激をふるいにかけてしまう。それは，見知らぬ人からの援助要請に対してもそうである」(Norenzayan & Levine, 1994, p. 3) としている。この結論は，先に述べた都市－地方差や，Levineら (1996) のアメリカ36都市における援助の比較，そしてYousif & Korte (1995) の，援助行動は個人の援助に対する態度と対応しないという結果とも合致している。むしろ，人は，認知的に援助する余裕があるときに，援助するのである。

このように，街で見知らぬ人に対して援助的に反応するのは，普遍的ではないにしても，かなり広範囲に及んでいる。しかしながら，援助的に反応するということが何を意味しているかは，より詳しく吟味する必要がある。これまで言及してきた援助の研究において，援助を求める人は，いずれも研究が行なわれたその国の地元に住む人であった。これらの研究から，どれだけ多くの人が，ある反応を援助的であると知覚するかはわかるが，援助の性質が何であるか，なぜ援助がなされたり，なされなかったりするかはわからない。Fiske (1991b) が指摘するように，向社会的行動は，文化人類学者が研究したほとんどすべての文化において見られるが，その意味はかなり違ったものかもしれない。ある人は，自分の集団と同様に思える集団に対する義務感から他者を援助するのかもしれないし，ある人は尊敬から，またある人は礼儀正しさから，またある人は印象をよくしたいから援助するのかもしれない。

その国に住む地元の人と外国人が同じ要請をしたときの反応を比べると，いくつかの違いが見られる。ギリシャは，少なくとも近年観光客が殺到するまでは，外国人を歓迎することでよく知られていた。Feldman (1967) は，アテネで頼み事をする外国人は，同じ場所で同じ要請をするギリシャ人よりも多くの援助を受けたという。パリやボストンでは，その逆となった。同様に，Collett & O'shea (1976) は，外国人に2つの実在する場所と2つの実在しない場所への道を尋ねてもらった。テヘランとイスファハン（いずれもイランにある）では，外国人は，しばしば実在しない場所であってもどう行ったらよいかを教えられた。このようなことは，ロンドンでは起こらなかった。このように，もちろん偽の道案内はまったく役には立たないものの，イラン人では，援助の体裁が保たれていた。つまり，いくつかの集団主義文化では，外国人や部外者は，その国の人と同じようには扱われないようである。その代わり，彼らは，ある面でより重要で援助を受けるに値する存在としての待遇を受けるのである。

このように援助をするか控えるかという単純な区別では，自ずと限界がある。見知らぬ人を歓迎する文化においては，見知らぬ人のどういった特性が援助を装わせるのか注意深く見ておく必要がある。同様に，考えられる答えとして，年齢，ジェンダー，

皮膚の色，物腰，推定された文化的アイデンティティ，さらに，文化的規範がどういったタイプの行動を賞賛に値すると捉えているか，なども考慮すべきことがらである。この援助の体裁は，攻撃性と同様，文化的に媒介されているのである。

6. 組織の構造

　文化的な普遍性が存在すると何人かの人たちが主張している領域が，さらにもう1つ残っている。文化が，特定の仕方でのパーソナリティ表現を強いるように，組織もまた特定の構造を採用するよう圧力がかかることがある。例えば，これは，ダーウィン主義的な自然淘汰のプロセスを通して起こるかもしれない。特定の構造を採用した組織は，より成功するかもしれない。そして，そうした構造を採用しない組織は，失敗するかもしれない。成功と失敗は，最終的には経済的な基準で決まるかもしれない。しかし，ある組織の成功は，組織が，組織内で働く人たちのパーソナリティや態度，価値観を調整できる程度によって媒介される可能性があることを考慮する必要がある。

　組織が生き残るためには，普遍的な構造的必要条件があるという見解は，当初イギリスのアストン大学を中心とした研究者グループによって提出された（Hickson et al., 1974; Hickson & McMillan, 1981）。彼らの主張は，いくつかの調査で政府や教育組織も含まれていたが，その多くは，企業組織において検証されてきた。企業組織は，顧客そして株主やオーナーといった鍵となる支持者の欲求を満たすなら生き残る。アストン・グループの主張は，組織が大きくなるにつれて，効率は，専門化や集中化，形式化といったプロセスを始動させることによってのみ達成することができる，というものであった。例えば，組織は，販売，生産，調査，人事およびその他多くの職務に関する個別の部（課）を設ける。また，組織は，これら個別の職務を調整する手続きをうまく作動させる必要がある。それは，誰が誰に対して権限を持つかという専門的なことだけでなく，一連の公的なルールも含む。したがって，このモデルは，世界中のどこの組織がサンプルであっても，その組織の大きさは，専門化や形式化，集中化といった測度と正に相関する，と主張するのである。

　アストン・モデルへの支持は，西ヨーロッパや北米だけではなく，ポーランド，エジプト，イラン，インド，ヨルダン，イスラエル，日本など，多くの国の組織サンプルにおいて得られている（Donaldson, 1986）。しかしながら，この支持に対しては，本書で繰り返し述べられるテーマに密接に関連した2つの重要な限定条件が存在する。第一に，アストンのグループによって発展してきた提案やモデルの検証に用いられた測度は，強制されたエティックのカテゴリーに分類されるという点である。彼ら

は，過去100年以上にわたってよく研究されてきた，成長のプロセスとそれに続く官僚主義化が，組織を運営する唯一可能な道であると考えている。例えば，組織が成功していれば，大きさも成長するだろうと想定している。第二に，このモデルは，組織内の個人や部（課）の役割と義務の専門性が，人々が実際どのように行動するかを決定すると想定している。この2点を順に検討してみよう。

　過去20年間の世界経済の発展は，組織の有効性に関する型にはまった考え方の再検討を迫っている。アジア環太平洋地域諸国の組織は，西欧諸国の組織が既につくり出していた優位性に疑問を呈し，挑戦を試みた。これらの組織の内部でどのようなことが起こっているかは，第8章で詳しく述べる。ここでは，この成功が個人的な達成よりもチームワークが強調され，短期的な成長や利益よりも長期的な安定性に価値が置かれるといった，一連の集団主義文化というコンテクストの中で達成されてきたことに注目しておきたい。家族に基礎を置いた民族主義的な中国企業の経済発展は，特に示唆に富むものである（Redding, Norman & Schlander, 1994）。例えば，香港の驚くべき経済成長は，比較的少数の世界的に有名な組織をつくり上げることによって達成されてきたのではなく，非常に多くのファミリー企業のネットワークをつくり上げることによって達成されてきた。中国的なファミリー企業内の傾向は，組織が，大きさの点で細切れだったものからスタートし，しだいに小企業へと成長する傾向を示している（Redding, 1990）。

　このように，アストン・モデルは，経済的な成功が，官僚主義化から予測される効果を伴いつつ，組織の大きさという点で成長へと導くだろうという想定のもとに立てられている。しかし，中国のファミリー企業は，まったく違った成功をつかむ術を持っている。Redding & Wong（1986）は，イギリスと香港の組織では，大きさを統制しても，香港の会社は，それほどはっきりした役割や標準化，専門家という地位を持たず，より集中化していることを見いだした。これから先，長い目で見た場合，大規模な中国企業組織が出現しないとはいいきれない。もし出現するなら，それらもまたアストン・モデルによって詳細に記述されたようなやり方で構造化される必要があるかもしれない。しかしながら，近代化というグローバル化プロセスが，あまりに強力で，今のパターンを維持している独特の中国的価値観がかなり蝕まれるようになって初めて，そうしたことが起こると考えられる。こうした結果になるかどうかは，第12章で考察する。

　アストンの主張に疑問を呈する2つめの理由は，集中化や形式化など，多くのかなり一般的なプロセスの観点から予測が立てられているという点である。何人かの人は，これらのプロセスを評価するために用いられる測度が，組織内で実際に起こっていることの多くを検出するのに十分に敏感なものかどうか疑問視している（Maurice,

1976)。例えば,集中化の測度は,組織内の誰が重要な決定を下すかという評価に基づいている。しかしながら,意思決定者が,実際に決定を下す前に他者に相談するかどうかについては考慮されていない。したがって,いろいろな文化における行動上の多様な変動は,検出されないであろう。Tayeb(1988)は,イギリスとインドの組織のサンプルを比較している。アストンの集中化の測度は,どちらも同じような数値を示した。しかしながら,彼女は,勢力差の小さい文化の上司について予測されるように,イギリスの上司は,インドの上司よりもはるかに他者に意見を求めることを見いだしている。このように,組織行動のかなり一般的な測度は,普遍的な傾向を示すかもしれないが,その一方で,本章の前半で述べたように,より特定の側面においては文化差が見られるのである。

7. 暫定的な結論

前章では,文化とその関連概念について検討した。異文化心理学の最大の期待は,われわれが既に持っている知識の限界を検証できるように,各国の文化を分類する方法を探し出すことであった。これまでの研究から,その候補として最も際だつのは,文化的集団主義と文化的個人主義という区別である。

この区別の有効性を検討する手始めに,文化的普遍性があるとされているいくつかの領域を調べてみた。いずれの領域においても,われわれは広い範囲で普遍的な一般化が実際に可能であるという,いくつかの証拠を見いだしている。文化を越えてジェンダー差は存在する。われわれは,いくつかの顔面表情をすべて解読できる。パーソナリティ特性は,確かに同じようなやり方でまとまる。人間はすべて,攻撃と向社会的行動の両方をなし得る。組織構造の次元は,あまり変わらない。これらの一般化のほとんどは,ある種の生物学的な基礎を持っている可能性がある。Poortinga(1990)は,図4.1に示されるように,属性が普遍的なものとなる度合いは,それらが遺伝的に伝えられるか,あるいは文化的に獲得されるかどうかに依存するとしている。文化的な変動は,パーソナリティ,社会や組織行動の領域でより生起しそうであるが,普遍性は,行動の生理学的,知覚的側面で最も明瞭となっている。

検討されている社会行動の領域のいずれにおいても,われわれが,より特定の文化的参照によって形をなすというやり方で一般原理が表現されていることを見いだしたことは,Poortingaのモデルと一致する。さらに,これらの領域の多くは,個人主義-集団主義のような文化的バリエーションの測度を検討することで,これまでの研究者が捉えきれなかった結果のばらつきを説明できることが明らかになった。

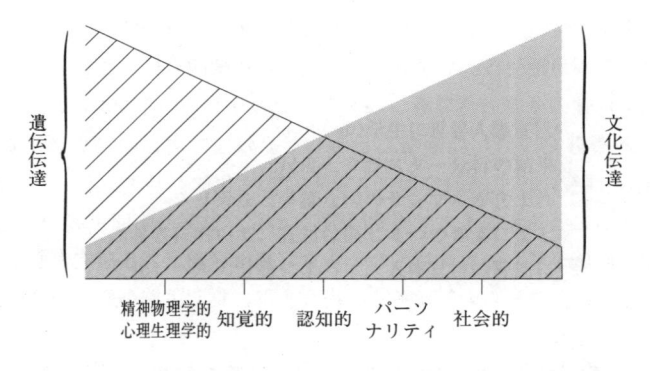

▲図4.1　Poortingaの遺伝と文化伝達のモデル　（出典：Poortinga, 1990）

(1)いくつかの注意点

　そこで，本書の残りの部分で，社会心理学の主な研究分野それぞれにおける，個人主義－集団主義概念のより進んだ体系的な検証を行なうことにしたい。その前に，いくつか注意すべき点がある。われわれは既に，異文化社会心理学の説明レベルについて明確にすべき必要があることを議論した。研究者は，文化間の違いよりも個人間の違いに言及していることが明確な場合には，個人志向－集団志向という語を用いるべきであろう。

　しかしながら，こうした意味的な正確さも，個人主義と集団主義という2つの概念間で，議論が極性化しすぎるとの非難を免れるのは難しい。実際，Sinha & Tripathi (1994) は，イエス・ノーという二律背反的な概念の分け方それ自体が，欧米の理論化の特徴であると指摘している。Kagitçibasi (1994) が指摘するように，人は，個人志向であると同時に集団志向でもあり得る。それは，実証的な研究によって確認されている（例：Singelis, 1994）。例えば，サラリーマンは，仕事では個人志向的なキャリア目標を追求するが，家でくつろいでいるときには，集団志向的価値観を持っているかもしれない。

　また，特定の文化やいくつかの文化をステレオタイプ化して見ないことも大切である。多くの国の文化は異質である。オーストラリアやアメリカ，ブラジルなどの国は，民族的に非常に異質であるが，その他多くの国の文化も，人種や民族，活動領域などかなりの多様性を持っている。しかしながら，単純化して捉えることが価値を持つかどうかを検証するのが，科学の目的である。したがって，単純化することの利点と限界を見極めるため，さしあたってこれまでに選択された概念の使用を続けていくことにする。

　われわれは，もう1つ，Hofstede (1980) やSchwartz (1994) の測度で，比較的

近い得点を示す文化をひとまとめにしがちなリスクを冒している。例えば，中国やインド，ブラジルの社会は，いずれも集団主義が比較的高いとされるが，明らかに，これらの国々は他の多くの点で違いがある。そのうちのいくつかは，Hofstedeの不確実性の回避や男性性／女性性などといったその他の次元の得点に反映されている。Schwartzの研究は，最終的には，より進んだ文化的バリエーションの次元を考慮する必要があることを示唆している。少なくとも，水平的集団主義や垂直的集団主義，排他主義の価値が最も強く支持される国を明確に区別できる研究が必要となる。これまでの文献では，これらの国は多くの場合，単に集団主義の風変わりな例として扱われているにすぎない。

日本はしばしば，集団主義の社会として引き合いに出される。しかし，Hofstede (1980) は，日本はやや高いといった程度で，しかもその集団主義は，他の多くの文化よりもはるかに仕事集団に焦点を当てたものであることを見いだしている (Nakane, 1970)。中国の社会では，集団主義はより強く家族と結びついている (Bond & Hwang, 1986)。ラテン・アメリカでは，仲間同士のシンパティア (sympatia) というヒスパニックの概念が，集団主義の中核的な価値を表現している (Triandis et al., 1984) が，勢力差も大きい。しかしながら，Marin & Marin (1982) はヒスパニックのコミュニティが，文化的にすべて類似しているとみなすことに注意を促している。Hofstedeは，特にコスタリカでは，勢力差がラテン・アメリカの他の国と比べてかなり小さいことに注目している。インドでは，ある人が個人主義的に行動するか集団主義的に行動するかは，コンテクストに依存するとされている。というのは，インド人は，他国の文化の成員に比べ，反論に対して寛容であるとされているからである (Sinha, 1992)。

本章を終えるにあたっては，方法論の問題だけが少し残っている。方法論についての議論は，しばしばエティックなアプローチを好むものと，エミックなアプローチを好むものとの間で極性化してしまう。エティック的アプローチをとる研究者は一般原理を探求する。ついでながら，われわれは，そうした人たちにいくぶんかの共感を示しながら本書を書こうとしてきた。エミック的アプローチをとる研究者は，その土地固有の心理学を打ち立てようとする。このアプローチもまた重要である。しかし，第11章で見るように，このアプローチをもっと子細に検討するなら，実質的な成果をあげるまでには，まだ時間がかかるかもしれない。2つの立場でなされる論争は，われわれが時として考え込む仮想的な論争に似ている。ある学派は，世界中のほとんどすべての人が服を着ていると指摘する（普遍性）。もう一方の学派は，特定の地域や時代に着用されていた服の種類を研究している（普遍性のエミックな表現）。ある学派は，それほど有効な一般概念を持ってはいない。もう一方の学派は，大量の記述的

データを持っている。必要なのは，2つのアプローチをリンクさせるような方法，すなわちエミックとなるエティックな方法なのである！　この統合が可能となるには，なぜ文化ごとに違いが起こるかを予測する理論が必要となる。衣服の場合，その理論は，疑いもなく気候の違いに基づくものとなる。より一般的な社会行動の場合，個人主義－集団主義が，現在のところ，さまざまなライバルの中で先頭を走っている候補のように思われる。しかしながら，個人主義と集団主義という概念は，他の文化的な概念と同様，概して欧米の心理学から出てきたものである。われわれは，それらが世界中の他の場所において支持されるエミック的概念と矛盾しないかどうか，さらに考えていく必要がある。

8．まとめ

心理学者は，人間行動の普遍性を明らかにしようとする。実際，特にジェンダー差や情動表出，パーソナリティ次元などの普遍性についてはかなりの証拠がある。しかしながら，これらの普遍性を樹立するには，比較的高度なレベルの抽象性のある概念を組み立てる必要がある。これらの普遍性が，特定の文化的コンテクストの中でいかに表出され，解釈されるかを問えば，文化的特殊性が相変わらず増えていることに気がつく。一般性と特殊性のいずれが心理学に対してより大きな価値をもたらし得るかは，いまだ議論の余地を残したままである。

第5章　自己と社会的認知

　　人間は万物の尺度である——それが何であり，どういった存在か；それが何で
　なく，どういった存在でないのか——（プロタゴラス）

　この章では，個人的そして対人的状況において道理にかなうカテゴリーを与える主体，またそうした構成者としての主体に焦点を当てることにする。自己はどのように記述されるだろうか。社会的状況における他者を，人はどのように知覚しているだろうか。自分自身の行動をどう説明するのだろうか。他者の行動についてはどうだろうか。自尊心の感覚をどのように身につけるのだろうか。また，どのように自己と他者を比較するのだろうか。これらの問いは，それ自体興味深いものであるが，ここでの答えを探し出す1つの目的は，われわれ自身の行動をよりよく予測することにある。

　個人の自己についての概念化が，行動を左右する重要な要因であるとする考え方は，Sampson (1981) などによれば，きわめて個人主義の色彩が強いとされている。Landrine (1992) は，こうした「自己参照的」な見方を，「西欧文化における自己は，行動の最終説明たり得るものであり，行動の責任を負うものである」(p. 404) との信念によって特徴づけられると指摘している。対照的に，社会中心的な文化における自己は，「持続的で状況を越えた特性といったものなどなく，さまざまな関係やコンテクストと離れた形では，独自の特性，希望，欲求を持つことはない」としている (p. 406)。したがって，こうした集団主義の文化では，態度のような自己派生的な変数よりも，規範のような社会的変数の方が，行動をうまく予測すると考えられる。

　第3章において，文化は，以下の4つに大別されると述べた。すなわち，水平集団，垂直集団，普遍主義そして排他主義である。社会的認知の異文化研究者は，個人主義文化と集団主義文化を単純に区別することによって，ほとんどの仮説を導いている。しかし，むしろ多くの社会心理学や組織心理学の研究がなされている普遍主義文化と，それ以外の世界のさまざまな文化との違いという視点で捉えた方がよいのではないだろうか。ここでは，明確さを期すため，今後もそれぞれ個人主義文化と集団主義文化と呼んでおこう。ただし，より詳細な区別がなされるには，水平集団と垂直集団の文化において比較が可能となるだけの十分な研究が必要である。

　これまで述べてきたように，心理学という科学は，主として個人主義の文化，特に

アメリカ合衆国の産物である。そのため，あるトピックが別のトピックよりも心理学者の関心をひくということが起こった（Hogan & Emler, 1978; Markus & Kitayama, 1994）。異文化研究の性格上，文化的に顕著な話題とそれらと結びついた研究パラダイムおよび研究手段が，異文化研究の基礎を形づくってきている。自己とはまさに，そうしたトピックの1つである。ここではまず，物理的コンテクストにおける自己について検討する。

1. 物理的コンテクストにおける自己

　個人主義文化において，誰とつきあうかを決める重要な要素は，自分と他者との空間的関係をいかにとるか，その表出の仕方に端的に見ることができる。個人主義文化においては，人々は，他者との物理的距離を大きくとることによって，あるいは個人的空間の領域を守ることによって，自らの独立性を強調しようとすると予測される。これに対し，集団主義文化では，人々は，一般に未来を共有することになる集団の他の成員に近づき，空間を共有しようとする。その一方で，集団主義文化の成員は，つながりを持たない他者とはより大きな距離をとろうとする。ただし，実際には，相対的な地位やジェンダーなども空間的関係を規定する重要な要因であり，あまり単純化できないように思われる。

(1)近接性

　Little（1968）による初期の研究は，18のさまざまな話題に関して会話をするとき，二者がどのぐらいの距離をとるかを5つの国に住む人々を対象に検討している。彼は，いずれの話題においても文化差があることを見いだした。相手と最も接近した距離を好むのが，ギリシャ人であった。続いて，イタリア人，アメリカ人，スウェーデン人，スコットランド人の順であった。しかし，Littleの研究では，友人同士，知り合い同士，見知らぬ者同士の会話が混在していた。つまり，本来，区別すべきものが混じってしまっていた。

　知り合いの程度が明確になっている一連の研究を見てみたい。Watson & Graves（1966）は，アメリカに住む互いに友人であるアラブ人同士の学生とアメリカ人同士の学生に，ペアで会話をさせた。彼らは，母国語で話すよう教示された。イラク人，サウジアラビア人，クウェート人，エジプト人の結果は，ほとんど似通っていた。アメリカ人に比べ，アラブ人たちは，互いに顔を正視し，より近くに座り，より多く視線を交差させ，より大きな声で話をした。Watson（1970）は，サンプルを広げ，出身地が31か国にまたがるコロラド大学の学生を用いた。しかし多くの場合，1か国

1ペアしか実験を行なうことができなかった。結果は、アラブ諸国、インドやパキスタン出身の学生が、最も近くに座り、ラテン・アメリカ人、南ヨーロッパ人、東アジア人と続き、アメリカ人やオーストラリア人を含む北ヨーロッパ人が最も距離が大きかった。Watsonはまた、すべての被験者に、ペアになった友人と互いにどの程度親密であるかを評定させた。その結果、最も近くに座ったアラブ人、インド人、パキスタン人が、互いに最も親密であると評定していた。この結果は、彼の結論の妥当性を損なうことになるかもしれない。というのは、多くの研究が、われわれは、自分が好きな人の近くに座ることを明らかにしているからである。もし好意度の違いが、友人ペアの座る距離を説明できるとすれば、この結果に対し文化的な説明をする必要はない。しかし、親密さの評定それ自体が、文化的な違いによって影響を受けることもある。

第3章で述べたように、さまざまな文化集団によってなされた質問紙上の回答の平均値を比較することは危険でもある。というのは、ある文化集団の成員は、他の文化集団の成員よりも、評定尺度上ではるかに極端な評定をすることがあるからである（Chen, Lee & Stevenson, 1995）。Watsonが、各文化集団内で、近接性と好意度の関係を検討すればこの問題について解決できたはずである。しかし、彼は、この重要なステップを踏まなかった。アメリカでの類似した研究において、Sussman & Rosenfeld（1982）は、知り合いではない日本人は、アメリカ人よりも離れて座ったのに対し、ベネズエラ人は、より近くに座ったと報告している。これらは、Watson

---

■ボックス5.1■　評定尺度データを異文化の視点から見る：注意すべき研究視点

Chen, Lee & Stevenson（1995）は、アメリカ人やカナダ人は、自己報告評定尺度において中間点付近にマークすることが、日本人や台湾人に比べ少ないことを明らかにした。こうした「中庸を志向するバイアス」は、これら4つの文化集団の集団志向に関する個人レベルの測度と中程度の相関を示した。しかしながら、反応尺度を賛成／反対の形に構成し直しても、集団による文化差は除去できなかった。これは、賛成か反対かを強制的に選ばせることによって、研究者たちが、なんとかして中庸志向のバイアスをコントロールしようしたことを示している。また、ある研究では、構成概念を適切に測定するポジティブやネガティブな項目が、その尺度で等しい重みを持つよう工夫されている。その意味で、自己報告評定尺度を用いようとする研究者は、異なったサンプルから得られた平均値を比較する前に、被験者内データを標準化しておく必要がある（この問題の詳細な検討は、Leung & Bond, 1989を参照のこと）。

の結果と一致している。Graham（1985）は，ブラジル人の交渉者は，アメリカ人や日本人よりも，互いをより多く見つめるだけでなく，互いの身体接触もより頻繁になされることを見いだしている。Shuter（1977）は，ベニス（イタリア），ハイデルベルグ（ドイツ），ミルウォーキィー（アメリカ）の通りで話をしている2人づれを観察した。男性同士の場合，イタリア人の2人づれが最も距離が小さく，アメリカ人の2人づれが，最も距離が大きかった。男女の2人づれでも，アメリカ人は最も距離が大きかったが，ドイツ人とイタリア人では差が見られなかった。

　互いに話をする必要のない状況で，見知らぬ者同士がどういった位置関係をとるかについてはたくさんの研究がある。Noesjirwan（1977）は，病院の待合い室で，インドネシア人は同性の知らない人の隣に座ろうとする傾向があるのに対し，オーストラリア人は，他者からできるだけ離れた席に座ることを見いだしている。また，インドネシア人の方が，隣に座った人と会話を始める傾向がある。たぶん，インドネシア人にとっては，同性であることによるつながりの意識が大きいのであろう。McKim & McKim（1988）は，アフリカ南部のボツワナ出身の学生が，アメリカの学生よりも，見知らぬ人に対しより大きな距離をとろうとする傾向のあることを見いだした。Mazur（1977）は，サンフランシスコ，スペインのセビリア，アラブ圏モロッコのタンギアの公園で，見知らぬ男性同士がどれだけ離れてベンチに座るかを比較した。アラブ圏では距離の近さと頻繁なアイ・コンタクトが好まれるとよくいわれているにもかかわらず，結果は，なんらの違いも見いだされなかった。おそらく，これらの差は，友人関係でしか見られないのだろう。Sanders, Hakky & Brizzolara（1985）は，女性同士では，エジプト人とアメリカ人の学生とで，距離のとり方が異なることを見いだした。どの程度の距離が好ましいかは，被験者が，想像上の部屋の図を示して，そこに印をつけることによって決定された。エジプト人の女子学生は，男性の友人，見知らぬ人のいずれに対しても，かなり距離をとろうとする傾向があった。これに対し，エジプト人男子学生は，アメリカ人の男子学生や女子学生と似たパターンを示した。

　これらの結果は，Hall（1966）や他の研究者によって指摘されている空間的位置のとり方に関する文化差が，よく知っているもの同士では支持されることを示している。見知らぬ者同士では，あまりはっきりせず，むしろ男性か女性かという要因が，距離の好ましさに影響を与えている。物理的近接性の重要性は，どういった行動を近接性が許容するかによって決定されると考えられる。Watson（1970）の研究は，より近くに座った者同士は，より身体的な接触をしていることを示している。同様にShuter（1976）は，ラテン系アメリカ人は，より近接性が高くより多くの身体接触を示すとしている。また，近接性が高いと，アイ・コンタクトを維持しやすく，パートナーのアイ・コンタクトも判断しやすい。

もちろん，こうした接触の程度への好みの問題は，単なる学術的な興味にとどまらない。ある国の人が，別の国の人を訪ねたとしよう。もしその訪ねた先の相手に好印象を与えたいと思うなら，まず，そこで好まれる空間的な位置どりが必要になる。例えば，Collett（1971）は，イギリスのプログラムを紹介しているが，それはイギリス人がアラブ人に対してより接近した距離で，より頻繁なアイ・コンタクトを行ない，よく接触し，よく笑うよう訓練するというものである。訓練を受けた人は，そうではない人（統制群）よりも，アラブ人からより好感を持たれた。先にあげた，チャン君の例を覚えている人もいるだろう。チャン君が，ロバートソン先生に近づきすぎたとき，先生は，もっと「適切な」距離に座るよう彼に告げたのである。

　Marriott（1993a）は，日本とオーストラリアのビジネスマンの会議を観察した。そして，この二国間に見られる集まりでは，好まれる位置どりの仕方に，かなりの違いがあることに気づいた。日本人は一般的に，たとえその集まりに2，3人しかいなくても独立した会議室を使用した。彼らは，オフィスで訪問者をもてなそうとはしなかった。また，オフィスはしばしば他の上司と共有されていた。会議室には低い長方形のテーブルが置かれていた。日本人は，ドアの近くに座り，年長者は，もっとドアの近くか，もしくはテーブルの中央に座った。他の日本人も，年功序列にしたがって座った。オーストラリア人もこれとそっくりなパターンで席に案内された。似たような配置は，メルボルンの日本人オフィスでも見られた。対照的に，オーストラリア人の上司は，会議室が大きいときには，席順には無頓着であった。オーストラリア人上司のオフィスで行なわれた個人的会合では，上司は，自分の机に座ったままだった。オーストラリア人は，日本人が位置どりを重視していることを知っており，それに合わせようとしていた。しかし，Marriottの見方では，オーストラリア人は，年功の重要さに気づいているものの，適当な席に案内されるまで謙虚に待っているという日本的なエチケットを完全には理解していなかった。これらの空間的な位置どりに関する好みは，日本のビジネス文化が比較的高い集団主義と勢力差が大きいことを示すのに対し，オーストラリアのビジネス社会は，勢力差があまりなく，集団主義の程度も低いことを示している。

(2) 家屋とテリトリー

　Altman & Gauvain（1981）は，個人主義文化においては，家屋の境界が明確に定められていると報告している。ドア，庭，垣根，門などが，比較的小さな「家」の各領域を占めるものとして，明確に配置されている。これに対し，集団主義文化では，物理的境界はそれほど明確ではなく，「内部の」領域が，中庭やその他のオープンスペースに集中している。こうしたいくつかの違いは，確かに気候の違いによるもので

ある。しかし，気候の違いそれ自体，世界のさまざまな地域で見られる社会構造と関連している。集団主義文化における家屋の境界は，このように物理的にはより透過性が高い。ただし，Gudykunst, Ting-Toomey & Chua（1988）は，それでもなお境界が存在していること，そして，それは誰がそこに立ち入ることができるかに関するルールに基づいていると指摘している。Altman & Chemers（1980）によれば，たとえかなり貧しく，そのためひどく混み合った状況でも，一定のプライバシーを守るためのルールが存在することを示す一連の研究があるという。

　そのようなルールが，どういった性質を持つかを研究するには，ルールが破られたときに何が起こるかを見るという方法がある。Gudykunstら（1988）は，個人主義文化では，侵入されると活発な攻撃が起こるのに対し，集団主義文化では，受動的なひきこもりが起きがちだと述べている。他の文化からの訪問者は，適切な位置のとり方についての文化的ルールをかなり頻繁に侵害することがある。しかしながら，ルール違反が目に見える反応を引き起こさない状況では，その違反行為に気づくのは容易ではない。

(3)空間的位置のとり方の意味

　現在のところ，空間的位置のとり方と文化の関係について，われわれはまだ十分な知識を持ち合わせてはいない。それは，まず，これまでなされた研究の多くが，例えば，他者と自分のとる距離について言語的な回答を求めるなど，かなり単純な測度しか用いてこなかったことが関連している。しかし，実際にそこで作用しているプロセスは，かなり微妙なものがある。もう1つの問題は，物理的近接性は，それほど測定が難しくないため，すべての文化において，近接性がまったく同じ意味を持っていると考えがちなことである。例えば，集団主義のアラブやラテン系文化においては，物理的近接性は，「親しみ」を表しているが，その一方で，東アジアなど勢力差が明確な文化では，物理的近接性は，尊敬の念が欠如していると捉えられがちである。Watson（1970）が被験者に行なった面接は，この見方を支持している。頻繁なアイ・コンタクトは，アラブ系，ラテン系，インド人，パキスタン人では，肯定的な意味合いを持っている。しかし，アフリカ人や東アジアの人たちは，頻繁なアイ・コンタクトを，不服従や怒りと捉えることがある。行動の非言語的側面が，どのように他者にメッセージを伝えるかについては，次の第6章でさらに考察することにする。

(4)所有物

　自己の物理的側面について見過ごされてきたのは，所有物に関してである。個人主義文化においては，所有権は明確に規定されており，個人の物理的所有物は，個人の

アイデンティティの1つの表現と見ることができる。逆に，集団主義文化では，集団で共有されやすく，集団のアイデンティティを示すものと考えられる。Wallendorf & Arnould (1988) は，アリゾナに住む人と，ナイジェリアの北にあるニジェール共和国のイスラム系ハウサ社会に住む人の所有物に対する態度を比較した。この比較は，都市に住むアメリカ人とニジェールの郊外に住む人との間で行なわれたが，単一文化圏内での市街地と田舎を比較したときと同様の違いが見いだされた。概して，アメリカ人は，ニジェール人よりも，自分自身の所有物に対しより強い愛着を示した。ニジェール人のある回答者は，自分たちの間には，あまりに多くの所有物を持っていると神の介入によって失われるという考え方がある，と答えた。つまり，この人にとって所有物とは，物質的な対象への愛着と宗教的な信念とが結びついたものなのである。

アメリカ人が最も頻繁に好きだという所有物は，機能的なものや娯楽用品，小物，芸術品や写真である。なぜ，こういったものに価値を置くのか尋ねたところ，60％の人が，それらは，友だちや家族などの個人的な思い出と結びついているので愛着を感じると答えた。このように，アメリカ人の回答者は個人の生活史を強調していた。ニジェールでは，面接者が，所有物とはどんなものと理解しているかを伝えるのがかなり難しかった。「私の子どもたち」，「私の田畑」，「私のコーラン研究」など，所有物とはみなされない反応もあった。何とか理解してもらい，面接が進むと，ニジェールの女性が好む所有物は，そのほとんどが結婚記念品や家財道具であることがわかった。男性は，家畜や道具だけでなく，宗教的なものや魔術的なものをあげた。そういったものになぜ価値を置くかを尋ねると，はっきりとした個人史を強調するより，社会における自分自身や家族の立場を維持する必要性を強調した。所有物に対してどんな意味を持たせているかについて，文化間でこうした対照的な違いがある。これは，文化集団において，所有物が社会的に顕著で重要なテーマとなり得ることを示唆している。

Dittmar, Singelis, & Papadopoulou (1996) は，こうした形の分析を進め，イギリス人，ギリシャ人，アメリカ人の自己概念と，彼らが自らの所有物にどのような価値づけをしているか，その結びつきを明らかにしている。アメリカ人の回答者は，自らをより個人志向（自己を独立的であるとする信念）とみなし，その所有物を彼らの個別の自己を表現するものと捉えていた。これに対し，イギリス人とギリシャ人の回答者は，所有物を彼らの社会的地位や他者との感情的なつながりを表すものと捉えていた。

(5)自己の衣服

Jahoda (1982) は，世界のまた別の地域について関連する資料を提示している。

彼は，イスラム諸国の女性が着用するチャドル，すなわち体全体をベールで覆ってしまう衣装を身につけることと，アメリカで行なわれたZimbardo（1970）の実験とを対比させている。Zimbardoは，彼の実験の被験者たちが，体全体を覆うような服を身につけるよう依頼されると「没個性化」し，より攻撃的で社会的に無責任な行動をとることを示した。Zimbardoは，被験者が，個人として誰であるかがわからないので，自分自身の行為に責任を感じなくなるためと考えている。対照的に，Jahodaは，女性はベールを身につけるべきだという規範がある国では，個人の衝動を自由に表出するよりも，ベール（Zimbardoの衣服とかなり似た衣装）を身につけることが，個人の社会的義務を明確にさせるのではないかと考えた。同様に，第2章で見たように，集団主義文化では，ある集団の一員であると認識されると，社会的手抜きは生起せず，むしろ抑制されがちである。

興味深いことに，集団のアイデンティティを規定する上でも，衣服の役割は重要であることがわかった。これは，Zimbardo自身が，自らの実験結果をベルギーにおいて追試しようとした際に見られたことである。アメリカでの研究では大学生を用いたが，ベルギーでは，兵士を用いた。兵士は，Zimbardoの実験と同じような衣服を身につけたとき，制服を着たときよりも攻撃的ではなくなった。これは，Zimbardoの予測とは逆だった。兵士は没個性化するというよりも，むしろ実験の衣服を身につけることによって，個人としての意識を強めたように思われる。つまり，制服の方が，個人としての意識が低下するのである。

もしZimbardoがアメリカの兵士を用いていたなら，ベルギーの兵士と似たような結果が得られただろう。軍隊は，たとえ個人主義の国であっても，集団志向的な価値体系を奨励する。そうした中では，自らの部隊への義務は，制服を着用することによって公的に明確になる。制服を着用しないことは，独立した行為者となることであり，アラブのイスラム女性がベールを脱ぎ捨てることと同じであるように思われる。

2. 文化的コンテクストにおける自己

自己に焦点を当てようとするなら，文化的なレベルの分析から個人的なレベルの分析へと移っていく必要がある。文化が自己にどのような影響を与えるかについて，最近の心理学的研究で多大な貢献をしているのは，Markus & Kitayama（1991）である。彼らは，個人主義の文化体系によって強められた独立的自己概念と，集団主義の文化体系によって強められた相互依存的自己概念とを区別している（Oerter et al., 1996も参照のこと）。

(1)独立的自己

自己を独立した個として認識するということが，現代の西欧先進諸国においては非常に強調されてきた。自由意思や自己決定などには，きわめて高い価値が置かれており，これらの国々の多くの成員は，自分のことについて尋ねられたら，知性，友愛，慎み，その他の個人的特性を持ち，能力に富んでいると答えるだろう。これは，決して以前からそうだったわけではない。中世においては，「個人」という言葉は，英語では全く違った意味を持っていた。つまり，それは，三位一体である父なる神，子なる神，聖霊のそれぞれをさすものとして用いられていた（Williams, 1961）。言い換えれば，当時支配的であった宗教的概念として，個人は，個別の実体ではなく他者と分かちがたく結びついており，そのアイデンティティは集合的に規定されていた。

個人が，ある程度自律的で，社会的コンテクストから独立したものであるという近年の西欧的概念が出てきたのは，西欧諸国においてデカルトの時代になり，分析的な思考に高い価値づけがなされるようになってからである。こうした思考法は，しばしば世界をどう捉えるかの基になっている対概念を極性化させる。社会心理学でよく用いられる対概念には，自己/他者，個人/集団，リーダー/フォロアー，環境/遺伝，個人主義/集団主義などがある。こういったタイプの思考法の例として，欧米の心理学では，セマンティック・デイファレンシャル（SD）法の質問形式がよく用いられている。こうした質問において，被験者は，一連の両極性の評定尺度上で，自己や他者を評定することが求められる。

この対としての自己と環境の捉え方は，確かに採用し得る唯一の方法というわけではない。Geertz（1974）の，以下のような強い口調にもそれは示されている。

> 境界があり，ユニークで，多少とも動機づけ的な側面と認知的な側面が統合され，意識の中心をなし，情動，判断，そして行為が，ある明確な全体として組織化されており，他者というまとまった全体および社会的・自然的背景に対し対照的な構えをとるという，人についての西欧的な概念は，世界の文化というコンテクストで見ると，かなり特殊な考えであり救いがたいものといわざるを得ない。(p. 225)

(2)相互依存的自己

自己を相互依存的なものとする考えは，より全体的（ホリスティック）であり，あまり分析的な思考法ではない。このアプローチでは，対象と概念の相互関連がより顕著である。欧米と中国の科学を歴史的に論じる際，Needham（1978）は，次のように書いている。

プリミティブな真実から進歩していくには，2つの方法がある。1つは，何人かのギリシャ人によってもたらされた方法である。ちょうどデモクリトスが原子を扱ったように，宇宙を機械的に説明することによって，因果の概念を洗練させようとするものである。もう1つは，宇宙の諸事象を，さまざまな要素間相互の影響をすべて条件づけている構造的パターンへと体系づける方法である。(p. 166)

　文化人類学者は，多様な「東洋」の文化を記録している。そこでは，自己は，よりコンテクストに依存した多面的な形で定義されている（Marsella, Devos & Hsu, 1985）。現代社会におけるこうしたタイプの相互依存的自己概念は，最近になってやっと心理学者によって実証的な研究がなされるようになった。Markus & Kitayama (1991) は，相互依存的価値観を持った個人は，関わりを持つ大事な人たちと調和的な関係を維持していくことが，人生の主たる目標であると考えている。この仮定からすると，相互依存的な人々は，一般に他者に対して一貫したまとまりのある行動を維持する必要はないことになる。さまざまな他者に対応するために，さまざまなときにさまざまな仕方で行動する必要が生じるのは無理もないことである。店の主人，上司，母方の叔父，隣人の子ども，バスで乗り合わせた人への行動は，その特定の人物との特定の関係を規定する義務によってすべて決まってくる。実際，相互依存的（または集団志向的）な人は，規範（Trafimow & Finlay, 1996）やコンテクスト（Singelis & Brown, 1995）などの要因によって大きく影響されやすい。何人かの欧米の理論家たちも，状況がいかに個人に影響を与えるか指摘している（Mischel, 1968; Argyle, Furnham & Graham, 1981）。しかし，かなりの議論を経た現在においては，多くの欧米の理論家が，人と状況との相互作用プロセスを重要視している（Epstein & O'Brien, 1985）。すなわち，誰しも，順番待ちで並んでいるときは，パーティに出席しているときほど友好的にふるまうのは難しい。しかし，ある種の人々は，状況にかかわらず，友好的にふるまうかもしれない。また，順番待ちでの友好的なふるまいとパーティでの友好的なふるまいとは，微妙に異なるかもしれない。したがって，最近の理論家は，より厳密に規定した一貫性よりも，状況を越えた行動のまとまりを問題にしている。

　相互依存的価値観を持つ人にとって，なんらかの特性，例えば，友愛的態度などのまとまりを維持することは，それほど重要ではない。より重要なのは，それぞれの特定の状況において，何が直接必要であり，また誰がその状況を構成しているかなのである。したがって，もし相互依存的価値観を持つ人が，自分自身について述べてほしいと尋ねられても，自らの行動が生起するコンテクストが明確でなければ，それに答えるのは難しい。また，それは，もっともなことだと思われる。

(3) 自分自身を記述する

　この考え方は，Markus & Kitayama自身の研究結果（1994）によって支持されている。日本人の回答者は，重要な情動を向ける当該人物と自分が強い関わりをもっているかそうでないかによって，情動を区別することがわかった。他の相対主義的な社会からも，似たような結果が期待できる。というのは，関わりの程度は，そうした状況における情動経験にきわめて重要だからである。これに対し，個人主義の社会では，他者との関わりの程度は，それほど決定的なものではなく，情動もより自律的なものであるように思われる。Stipek, Weiner & Li（1989）も，この考えを支持している。ここでは，中国人とアメリカ人が，怒りを感じる状況について述べるよう求められた。アメリカ人は，自分たちに個人的に起こったできごとをより多く述べた。これに対し，中国人は，自分が知っている他者に起こったできごとについてより多く言及した。

　Bond & Cheung（1983）は，日本人，香港に住む中国人，そしてアメリカ人の大学生に自分自身を記述させた。彼らは，欧米の研究でよく用いられる20答法（Twenty Statements Test：TST）と呼ばれる手続きを用いた。これは，「私は誰か？」という質問を提示し，20通りの答えを回答者に出させるものである。予想されたとおり，アメリカ人は，日本人よりもより一般的な特性を多く用いた。また，香港の大学生の結果は，アメリカ人の結果とかなり類似していた。Bondらは，香港の大学生は，欧米のカリキュラムに基づき英語で教育されており，欧米化されているためと結論づけている。

　もう1つの可能性として，彼らが用いた社会的役割への言及を分析するコーディング・システムの問題がある。つまり，アメリカと香港とで自他の関係の違いを検出するためには，このシステムは大ざっぱすぎたかもしれないのである。彼らが用いたやり方では，独立的（あるいは，本書で用いられている言葉でいえば，個人志向的）自己記述「私は大学生です」と相互依存的（集団志向的）自己記述「私は2年生の心理学のクラスの一員です」は，いずれも役割に言及したものとしてコード化されていた。Triandis, McCusker & Hui（1990）もTSTを用いて，アメリカ本土，ハワイ，ギリシャ，香港，中国の大学生を比較した。その結果，自分自身をある社会的カテゴリーの成員として言及するのは，中国人の回答者が他の国の人たちより圧倒的に多かった。同様な違いは，韓国人とアメリカ人（Rhee et al., 1995），オーストラリアのさまざまな民族のコミュニティ成員間（Bochner, 1994）でも見いだされている。

　また，自己概念の差に関するより精緻な検証が，Cousins（1989）によって報告されている。Cousinsは，日本とアメリカの大学生に自己を記述させた。最初は，一般的によく知られているTSTのやり方を用いた。予想されたとおり，アメリカ人は，自己を記述するのに，たくさんのより一般的な（すなわち，状況に関わらない）特性

語を用いた。これに対し，日本人は，ある所与の仕方でふるまうコンテクストを明確にすることによって，自らの特徴を述べる傾向があった。例えば，ある回答者は，自らを「金曜の夜は麻雀をする」と記述した。それから，CousinsはTSTを以下のように修正した。つまり，回答者に，例えば家にいるとか，友人と一緒などのように，ある特定の状況における自分を記述するよう求めた。これらの条件では，そのパターンが逆転した。今度は，日本の大学生は，自己についてより一般的な特性を表す記述を用いるようになった。これに対し，アメリカの大学生は，一般的な特性を表す記述は減少し，限定的な記述をするようになった。例えば，ある回答者は，「私は，家では怠け者だ」と答えた。Cousinsは，アメリカ人の独立的で，コンテクストにしばられず自己概念を守ろうとする欲求が，ある特定の場面である行動をとると答えさせていること，またこのことは，必ずしも「現実の」自己を反映しているとは限らないと結論づけている。上述したアメリカ人の回答者は，自分はほんとうは怠け者ではなく，家にいるときだけ時として怠け者になることをほのめかしている。その意味で，コンテクストから独立したイメージを守っていることになる。他方，日本の学生は，相互依存的性質が特定されたとき，自らを特徴づけることが可能であることを示している。

　もし，ある研究者が，ロバートソン先生とチャン君のやりとりを中断させ，彼らの自己概念を比べてみたなら，ボックス5.2のように，ある類似した対比を彼らの自己概念テストに対する反応の中に見ることができる。ロバートソン先生は，自分自身について述べるのに，広範な特性語と一般的な役割を用いた。チャン君は，自分が関わっている特定の状況を明確にし，そうした中で，自分がいかにふるまうかを述べている。

■構造化された特性の記述　　より広く用いられている自己概念の査定法として，回答者に自分の心理学的特性を形容詞チェックリスト上に答えさせる方法がある（例：Goughの形容詞チェックリスト）。しばしば，これらの形容詞は，新聞記事，辞書あるいは小説などから集められた日常的に使用される言葉から成っている。この語彙アプローチ（Saucier & Goldberg, 1996）は，ある文化の文学者仲間によって用いられている一連の包括的な特性の自己記述用語を生み出している。

　自己のパーソナリティを査定するこのアプローチは，パーソナリティのビッグ・ファイブモデルが，一致していく上で役立った（Digman, 1990，第4章で既に論じた）。アメリカにおける特性記述語の最初の研究は，人々が自らを多様に知覚する際の5因子，すなわち，活動性（外向性），協調性，誠実性，情緒安定性，知性を特定することであった（Goldberg, 1990）。同様な研究が，違う言語を用いている他の文化集団でも行なわれ，同様に類似した5つの因子を見いだしている（例：John, Goldberg

& Angleitner, 1984によるオランダやドイツでの研究; Shmelyov & Pokhil'ko, 1984によるロシアでの研究; Yang & Bond, 1990による台湾での研究; Isaka, 1990による日本での研究; Benet & John, 1996によるスペインでの研究)。

このようにかなりの一致が見られることから、Williams, Satterwhite & Saiz（印刷中）は、20か国の学生が、これら5因子の自己記述に対し、どの程度心理学的に重要と考えるか、その違いを比較した。多くの国で、外向性と協調性は最も重要だと評定された。情緒安定性と経験への開放性は最も低かった。そして、誠実性がその中間であった。こうした汎文化的な結果は、社会行動を導く際の外向性と協調性が鍵となる役割を果たしていることに由来するかもしれない（Wiggins, 1979）。また、その国特有のパターンも見いだされている。例えば、シンガポール人は、情緒安定性を最も高く評定し、協調性を最も低く評定した。そうしたいくつかのパターンの違いは、社会的関心の違いから生じていると思われる。それが、自己知覚の諸次元をどの程度心理学的に重要と捉えるかの違いとなって現れている。

最近、いくつかの文化では、その土地固有の自己知覚特性が5因子以上あることを示す研究が出ている。Yik & Bond（1993）は、香港において6因子を、Narayan, Menon & Levine（1995）も、インドでやはり6因子を見いだしている。また、Benet & Waller（1995）は、スペインで7因子を、Almagor, Tellegen & Waller（1995）もイスラエルで7因子を見いだしている。Church & Katigbak（1989）は、フィリピンで8因子を見いだしている。もちろん、相関マトリックスから因子を抽出するには、ある程度の任意性も作用する。研究者は、自らが依拠する理論的立場によって、その理論が期待する数の因子を抽出することになる。しかしながら、特定の文化的ダイナミックスによって、ある文化の人々は、共通のものをいくぶん細分化させ

■**ボックス5.2**■　私は誰？　ロバートソン先生とチャン君の場合

ロバートソン先生：
- 教師
- 離婚している
- スコットランド人
- 郷里から遠く離れている
- 愚かな人たちに我慢できない
- 活動的
- 淋しがり屋

チャン君：
- 香港のある大学の学生
- チャン一族の出である
- 授業では熱心に勉強しようとしている
- ポクフラム・バスケットボールチームに入っている
- 妹の面倒をみている
- 病院の母親を毎日見舞う
- ロバートソン先生と話すのが不安

る傾向がある。例えば，Yik & Bondは，中国人の自己知覚における誠実性が，3つの別々の成分——抑制，勤勉，知性——から成り立っていることを見いだしている。中国人の回答者は，誠実性を重視しているが，それは，十分には構造化されていない20答法においても，誠実性を強調していたことから裏づけられる (Ip & Bond, 1995; Watkins & Gerong, 印刷中)。他の文化でも，また別の次元で細分化がなされることがある。例えば，フィリピンでは，協調性で同様な細分化が見られる (Church, 1987)。

こうした研究アプローチを用いることについては，別の問題も指摘されている。例えば，輸入された特性尺度が，その地域の言葉に翻訳されたとしても，当該地域で発展してきたその土地固有の特性尺度によって生み出された自己知覚の次元を，どのぐらい正確に再現することができるだろうか (Church, Katigbak & Reyes, 1996)。

それぞれのタイプの測度を用いた研究結果は，類似した次元数が抽出されることを示している。しかし，それぞれの地域の次元は，輸入された次元を組み合わせたものとなっている (例：Yik & Bond, 1993)。言い換えれば，「強制されたエティック」尺度は，自己知覚によるパーソナリティのまとまりをいろいろな形に分割している。これは，その地域に固有の測度は，海外からの尺度よりも，当該地域での行動カテゴリーを予測するのにより効果的なものであることを示している。

(4)独立的／相互依存的な自己の捉え方と社会的認知

多くの異文化心理学者は，こうした自己に関する文化的構成概念を区別することによって，触発された。彼らは，こうした論法を，社会心理学の伝統的なトピックへと展開している。例えば，Heine & Lehman (1997) は，人が何かよくないことや愚かなことをしたと感じることによって生起する認知的不協和は，独立的な自己へと社会化されている文化でより大きいとしている。相互依存性へと促す文化では，「個人の行動は，主として状況的なしがらみや義務によって規定される。したがって，そこでの行動は，個人の考えや態度を正確に反映したものとみなすことはできない」(p. 7) (Kashima et al., 1992も参照のこと)。こうした社会では，個人は，自己と一貫しない行動をとっても，それほど不協和を経験しないことになる。この予測は，日本とカナダの比較によって確かめられた。Carr (1996) は，アフリカのいくつかの国で行なわれた研究をレビューし，これらの地域では，「認知的耐性」の方が認知的不協和よりも，非一貫性に対する反応をより適切に表現する言葉であるとしている。

新たな領域に目を移すと，Campbellら (1996) は，自己概念の明瞭さの概念について検討している。この概念は，「ある個人の自己に関する信念が，明瞭かつ確信を持って定義されている程度をさし，内的に一貫しており，時間的に安定している」(p. 142) と定義される。彼女らは，独立的な自己の捉え方をする文化圏出身の人た

ちは，相互依存的な人たちより，自己概念の明瞭さの水準が高いはずだと考えた。この予測は，カナダ人と日本人の比較によって確認された。

(5)独立的／相互依存的な自己の捉え方の測定

　Singelis（1994）は，これら2つのタイプの自己の捉え方に関する測度を最初に開発した。Gudykunstら（1994）が，すぐそれに続いている。この多文化研究者らは，文化にとらわれない尺度の開発を工夫し，引き出されたエティックの測度を作成した（ボックス5.3参照）。SingelisとGudykunstいずれも，独立的および相互依存的な自己の捉え方は，その言葉上のラベルが意味するように，相互に無関連であり，両極性を備えた尺度ではないことを見いだした。

　1980年代半ばからの「集団主義の10年間」が，たくさんの集団志向および個人志向の測度を生み出したことは注目に値する。Yamaguchi（1994）の集団主義尺度，Hui（1988）の個人志向尺度，Triandisら（1995）の集団志向／個人志向測度，Matsumoto, Kudoh & Takeuchi（1996）の個人主義－集団主義査定目録，Hamaguchi（1987）の間人主義（人の間主義）尺度など，その他いずれも集団主義および個人主義文化システムに基づくこうした複雑な対比的側面を扱っている。それらは，複雑な形で相互に関連している（Triandis, 1996）。そして，それぞれの尺度は，自己の捉え方や行動について異なる質問をすることによって，適切なものとなっている。多くの尺度は，集団志向あるいは個人志向の価値観が，個人の生活すべての領域に等しく当てはまると仮定している。ただし，いくつかの尺度（例：Hui, 1988; Matsumoto et al., 1996）は，家族との関連では集団志向の反応が，仕事の関連では個人志向の反応が可能であるなど工夫がなされている。

　文化圏を越えた心理測定的な研究から，重要な進展が見られている。つまり，Singelisら（1995）は，集団志向／個人志向のパーソナリティ次元が，水平および垂直成分へ分化し得るという証拠を提示した。すなわち，さまざまな文化にいる人々は，平等主義あるいは階層主義の傾向を持つ集団志向者（あるいは個人志向者）となり得る（Gelfand, Triandis & Chan, 1996も参照のこと）。したがって，第3章で見たように，研究者は，個人レベルにおいて，Smith, Dugan & Trompenaars（1996）が文化レベルで引き出したものと対応した区別をしていることになる。つまり，文化は，階層や平等の観点からだけでなく，普遍主義や排他主義においても変動し得るのである。

　このように，個人主義および集団主義の心理学的ダイナミックスについて考えると，あふれるほどの測度がある。この心理測定的な研究が，1つの重要な転機をもたらした。さまざまなタイプの自己の捉え方が測定可能になったことから，心理学者は，分

■ボックス5.3■　独立的および相互依存的な自己の捉え方の測定

独立的項目	相互依存的項目
自らの長所は，自分で判断できる	重要な決定をする前に他者と相談する
自らの世話ができることは自分にとって大切なことである	仕事に関連したことがらで仲間に相談する
私の個人的アイデンティティは私にとってたいへん重要である	集団の利益のために自分の利益を犠牲にする
私は他者に頼るよりも自分を信頼したい	困難には集団でことにあたる
私は他者とは別個の独自の人間である	私は集団の決定を尊重する
私の価値観と私がメンバーとなっている集団の価値観とが両立しないとき，私の価値観に従う	私はたとえ幸せでないとしても，集団が私を必要としているならそこに留まる
私は他者に頼ろうとはしない	私は自分がメンバーである集団と調和を保とうとする
私は自分の行為に責任を持つ	私は自分がメンバーである集団の多数者の意向を尊重する
独立的な人として行動することは私にとって重要である	私は自分がメンバーである集団が自分を必要とするなら，たとえ彼らに不満足でもその集団に留まる
私は自分の将来は自分で決めたい	私は慣習や伝統を守る
私のことは私なりに行なう	私は仕事がうまくいくように他者の個人的事情を配慮する
私はユニークであり他者と異なっていることをうれしく思う	何かことを起こす前に他者と相談し，その意見を聞いた方がよい
私は選ばれることによって，賞賛や報酬を受けることを心地よく思う	決定をする前に親友に相談し，そのアイデアを得ることは重要である
私はたとえ不都合な事があっても知り合いを援助する	他者との関係は，個人的な達成よりも重要である
集団の決定が間違っているとき，私は支持しない	

出典：Gudykunst et al.（1994），許可を得て転載。

析のレベルを文化レベルから個人レベルへと移すことができるようになった。

　文化的集団主義は，独立的な自己の捉え方よりも相互依存的な自己の捉え方をより促進すると仮定されている。これらの自己の捉え方は，文化集団を通して，汎文化的プロセスを表す他の変数と結びつくことになる。そこで，例えば，Gudykunstら（1994）は，日本でもアメリカでも，より相互依存的な人は，Schwartz（1992）の自

己抑制的同調，安全，向社会性などの価値領域を強く支持するのに対し，より独立的な人は，自己志向を好むと報告している。同様に，Singelisら（1996）は，独立的な自己の捉え方をする個人は，自己に依拠する当惑を示しがちなのに対して，相互依存的な自己の捉え方をする香港の中国人とアメリカ人は，より他者に依拠した当惑を示すことを見いだした。さらに，Singelis（1997）は，多文化の背景を有する学生集団では，文化的集団主義がより相互依存的な自己の捉え方を維持するよう作用し，他者の情動への感受性や反応性を高めることと結びつくことを見いだした。最近の研究（例：Heine & Lehman, 1997の不協和に関する研究など）は，相互依存的な日本人は，独立的なカナダ人よりも，自らの行動が一貫性に欠けていてもそれほど気にしないとしている。ここでは，回答者の自己の捉え方は，個別に測定されていた。また自己の捉え方と不協和の結びつきは，両方の文化集団の成員に対し直接検討された。個人内においてどのようなプロセスが作用しているかは，今や，心理学的レベルにおいて直接査定できる。

■**自己モニタリングの場合**　　上述した研究は，独立的自己概念と相互依存的自己概念の区別をいくぶん支持している。しかし，それらの中で，実際に被験者がどういった価値観を支持しているかに関する測度を含む研究は，ほとんどない。Gudykunstの，自己モニタリングの概念に焦点を当てた一連の研究からは，新たな証拠が出てきている。モニタリングの概念は，最初，Snyder（1979）によって定義された。彼は，アメリカ人被験者が自分自身の行動をモニターする程度を測るテストを考案した。Gudykunst, Gao & Franklyn-Stokes（1996）およびGudykunstら（1990）は，Snyderの尺度は，自己モニタリングについて，個人主義文化で期待されるものだけを測定しているのではないかと指摘している。日本人と中国人の回答者に面接を行なった後，Gudykunstらは，新しい自己モニタリング尺度を作成した。彼らによれば，この尺度は，引き出されたエティックの性質を持っているという。Gudykunstらは，アメリカ人とイギリス人の回答者が，自らの行動をモニターする測定項目において高い得点をとるのに対し，日本人や中国人の回答者は，何が社会的に適切な行動であるかを決定するために他者の行動をモニターする測定項目で高い得点をとることを明らかにしている。また，この違いは，独立的価値観を支持する人たちよりも，相互依存的価値観を支持する人たちにより強かったという。

　Gudykunstの研究は，データの文化レベルの解釈と，回答者によって支持される実際の価値観との間にあった溝を埋める橋渡し役となっている。これは，自己概念で報告した差異についてのわれわれの解釈と，そうした差異がいかに個人の社会行動と結びついているかについて，いっそう確信を深めてくれる。この場合，より独立的な

自己の捉え方をする人たちは，社会的相互作用において，自分自身をよりモニターするのに対し，より相互依存的な自己の捉え方をする人たちは，他者の反応をよりモニターするのである。

(6)自己の捉え方とパーソナリティ

　自己の捉え方とは，われわれが，自分自身の特性，信念，動機づけ，価値や行動スタイルをどう理解しているかをさす。パーソナリティの特徴は，前章で論じたパーソナリティ・テストによって測定される。Gudykunstら（1990）の自己を捉える尺度項目とNEO PI-Rのようなパーソナリティ自己報告測度の項目を比較すると，それらはかなり類似していることがわかる。実際，Singelis（1994）の自己を捉える尺度とCosta & McCrae（1992）の5因子目録との相関は，アメリカ人と香港の中国人回答者のいずれにおいても有意に高かった（Kwan, Bond & Singelis, 1997）。独立性は，外向性，誠実性，神経質（負）や経験への開放性によって予測された。相互依存性は，協調性とだけ関連が見られ，あまり対応していなかった（Yamaguchi, Kuhlman & Sugimori, 1995を参照）。

　これは，それほど驚くべき結果ではない。McCrae, Costa & Yik（1996）は，自己の捉え方を文化的影響によって形づくられる1つの特徴的な適応と位置づけるモデルを提示している。こうした特徴的な適応は，5つのパーソナリティ因子の基底にある基本原理によっても規定される。この理論的なつながりは，上述した実証的な相関から支持され，この領域は文化とパーソナリティ学派の考え方へと近づいていった（Barnouw, 1985）。このアプローチは1940年代に人気があり，所与の文化的システムは，その文化に特有のパーソナリティ・タイプを身につけるよう作用するものと見ていた。しかしながら，証拠は希薄である。パーソナリティを査定する現在の測度は，精神分析に基づく以前の測度に比べ，より高い信頼性と十分な妥当性を持っている。したがって，パーソナリティ特性とそこから生じてくる自己の捉え方は，文化集団を互いに分化させ（例：Kashima et al., 1995），文化集団間の違いを説明するのに用いられる（例：Kwan, Bond & Singelis, 1997）。こうした使用法は，しだいに増えていくと考えられる。つまり，研究者は自らの特定の測度を普遍的な特性を示すパーソナリティ測度へと結びつけるよう期待されているのである。これら5次元のレベルの違いこそが，文化を通したいくつかの行動的差異を説明してくれるかもしれない（Bond, 1996b）。

3．他者知覚

(1)他者の行動の原因を説明する

　独立的な人と相互依存的な人がどのように自らを記述するかということと，彼らの物理的な環境とのズレが，社会的認知のプロセスに根ざしているなら，彼らの他者知覚のプロセスを吟味するときにも，同様な違いを見いだすことが予測できる。Shweder & Bourne (1982) は，70人のインド人と17人のアメリカ人成人による仲間についての自由記述を比較した。自分たちの仲間に関するアメリカ人の陳述は，その72％が，コンテクストと離れたパーソナリティ特性の帰属であった。これに対し，インド人の陳述は，コンテクストと離れたパーソナリティ特性の帰属は，50％にすぎなかった。予測されたように，インド人の陳述の大部分は，人物の特徴が記述される際，社会的コンテクストが特定されていた。例えば，「彼は利己的である」が，典型的なアメリカ人の陳述であるのに対し，インド人の場合は，「彼は，家族にお金を渡すのを渋りがちである」となる。これより先の研究において，Korten (1974) は，アメリカ人とエチオピア人の他者知覚を比較している。アメリカ人は，他者を能力，知識，情動スタイルの観点から特徴づけていた。エチオピア人は，当該人物の他者との相互作用の様子について記述することがはるかに多く（「彼は，ルームメートと話すのが好きだ」），自らの意見や信念についてもそうであった（「彼は，この国の政治形態に反対している」）。つまり，そのいずれもコンテクストと関連したものになっている。

　J. G. Miller (1984) も，インド人とアメリカ人が，他者についてどのような自由記述を行なうか比較している。そして，この2つの国の間には，コンテクストと密接に結びついた記述とコンテクストとは無関係な記述の明瞭な違いがあることを見いだした。彼女のアメリカ人サンプルは，特性記述を3倍も多く用いていたのに対し，インド人は，コンテクストと結びついた特性を2倍も多く用いていた。彼女はまた，被験者にほんの短いできごとを提示し，そのできごとの鍵となる人物が，なぜ実際そのように行動したと思うかを尋ねた。その例がボックス5.4と5.5に示されている。ここでもまた，アメリカ人はその人物固有の特性による説明を行なったのに対し，インド人は，よりコンテクストと結びついた説明を行なった。

　インド人とアメリカ人の別の比較では，L'Armand, Pepitone & Shanmugam (1981) が，サンプルをマッチングさせて，暴行事件のケースを取り上げ，誰が責められるべきか評定させた。その結果，いずれの国においても，多くの回答者が，男性

を責めた。女性を責める割合は，アメリカ人がインド人の2倍あった。これに対し，インド人は，その女性の過去の性的経験に関する情報によって，アメリカ人の5倍もの影響を受けた。つまり，彼女が貞節な人であったか否かという他者との関係に関するコンテクスト要因が重要であるとみなされた。この要因が，彼女の知覚された責任と将来の結婚の見通しにきわめて大きな効果を持っていた。

　これらの研究は，インド人とアメリカ人のサンプル間に有意な差を示しているが，その差は頻度の差にすぎない。言い換えれば，アメリカ人の中にも，行動を状況要因によって説明しようとする人がいるし，インド人の中にもパーソナリティ特性によって説明しようとする人がいる。したがって，この2つの国のサンプル間において社会的認知のプロセスが基本的に異なっているとは断言できない。それらしい説明として，2つの文化集団の人たちは，注意の向け方が異なることが考えられる。この見方によれば，独立的価値観を持つ人たちは，主として自分自身や他者の行為に焦点を当てる傾向がある。これに対し，相互依存的価値観を持つ人たちは，行為がなされるコンテクストとそれがさまざまな行為とどのように絡み合うのかという点により注意を向ける傾向がある。

　こうした推測から，Newman (1993) は，アメリカ人で集団志向の人と個人志向の人の帰属過程を比較した。そして，集団志向の人は，他者の行動について内的な特性による説明をそれほど用いないことがわかった (Trafimow & Finlay, 1996も参照のこと)。集団主義文化の出身者はより集団志向であり，相互依存的な自己の捉え方をするように思われる。したがって，彼らは他者の行動に対し外的帰属をしがちである (例：Lee, Hallahan & Herzog, 1996; Morris & Peng, 1994)。

　この点については，Miller, Bersoff & Harwood (1990) によっても明らかにされている。彼らはインド人とアメリカ人の大学生と子どもに，さまざまな緊急事態にどういった基準で介入するかを尋ねた。そして，インド人は，かなり頻繁に自らの社会的役割として事態に介入すべきであるとの道徳的義務を指摘した。これに対し，アメリカ人は，多くの状況を個人的な選択の問題であると答えた。彼らは，生命を脅かすような緊急事態においてのみインド人と似た回答を示した。ここで見られた差は，年齢の小さい子どもでははっきりしなかった。これらの結果について，Millerらは，回答パターンの違いは，人がしだいにそれぞれの文化に社会化されていくためではないかと推測している。Markus & Kitayama (1991) は，こうした社会化のプロセスは，人が所与の状況で優先させるべきさまざまなルールを徐々に内面化していくことから派生するとしている。

■ボックス5.4■　なぜオートバイの運転手は，そのような行動をとったか？（1）

　以下のエピソードは，Miller（1984）の被験者の1人によって語られたものである。彼女は，インド人とアメリカ人双方の被験者に，なぜオートバイの運転手は，そのようにふるまうと思うかを尋ねた。

　これは，オートバイ事故に関したものである。オートバイの後輪がパンクした。後部座席に乗っていた人がふり落とされた。その人は倒れた瞬間，歩道で頭をうった。オートバイの運転手——職業は弁護士であるが——は，仕事で法廷に行くところであったが，その人を近くの病院に連れて行き，そのまま法廷にかけつけた。
　運転手は，ケガ人の傷の程度について医者の診断を聞かず，病院に彼を置いて行った。事態の重大さからすれば，ケガ人は即座に移されるべきかどうか判断すべきだった。しかし，彼は法廷へ行ってしまった。結局，その人は亡くなった。

　Millerは，アメリカ人とインド人から出されたそれぞれ典型的な3つの意見を引用している。ボックス5.5を見る前に，あなたならどう説明するか考えてみて下さい。

■ボックス5.5■　なぜオートバイの運転手は，そのような行動をとったか？（2）

アメリカ人の反応：
1．彼は，明らかに無責任である。
2．彼は，ショックを受けていたに違いない。
3．彼は，自分の職業上の成功を躍起になって求めていた。

インド人の反応：
1．彼が請け負っている相談者のために法廷に行くことが彼の義務である。
2．彼は，興奮して混乱してしまったのだろう。
3．ケガをした人は，自分の傷がそれほど深刻だとは思わなかったのだろう。

(2) 何に注意を向けようとするか

　もし，われわれが習得する注意の向け方が，本当に社会的認知における文化差のもとになっているなら，われわれの注意をしばらく別な方向に向けたらどうなるかを検討するのもおもしろい。Trafimow, Triandis & Goto（1991）は，イリノイ大学に通

っている白人と中国人の学生に，2分間注意を2つのうちの1つに向けさせ，それから20答法に答えさせた。1つの実験条件では，被験者に自分と家族を結びつけるあらゆることがらを思い浮かべてもらった。もう1つの実験条件では，自分と家族を分離するあらゆることがらを思い浮かべてもらった。表5.1に示すように，これらの実験操作は，被験者がその後，自分自身をどう記述するかということにかなり大きな効果をもたらした（表5.1）。家族と分離したものとして自分を考えた場合，中国人は，自己が本来持っている特性をより多く記述した。また，自分の家族について考えた場合，白人は，より役割特性をあげるようになった。

　独立的価値観を持つ人と相互依存的価値観を持つ人によって注意の向け方が異なることは，Ross（1977）が名づけた「基本的帰属錯誤（fundamental attribution error）」の限界を説明するのに役立つように思われる。この用語は，多くの研究において，人々が，他者の行動を説明するのにそれが生起したコンテクストよりも他者の特性や能力に言及しがちな傾向をさす。この章でみてきた研究は，基本的帰属錯誤が集団主義文化および集団志向の人においては見られないか，もしくはかなり少なくなるという意味で，それが誤りであることを示している。つまり，基本的なものとはいえないのである。

▲表5.1　注意の向きを変える教示によって20答法への回答がどのように異なるか？

回答者	自分自身についての陳述			
	独立的		相互依存的	
	白人	中国人	白人	中国人
家族や友人と違う点を考えて下さい	86	68	6	19
家族や友人との共通点を考えて下さい	71	59	21	34

出典：Trafimow, Triandis & Goto（1991）によって報告されたデータをもとに改変。

(3)言語の選択

　個人志向および集団志向の価値観によって起こってくることは，どこに注意を向けるかという差異だけではない。Whorf（1956）は，文化集団の成員の考え方が使用する言語の構造や性質と結びついていると提案している。この提案から，非常に幅広い研究の方向性を引き出すことができる。ある文化の言語が，その文化内における行動パターンを規定したり反映したりするかどうかについては，ちょっとした論争がなされている。ここでの関心は，個人主義あるいは集団主義の文化で現在用いられている言語のタイプが，こうした価値観の違いを反映しているかどうかである。

Semin & Rubini（1990）は，イタリア人を記述するのに用いられる言語の文化的バリエーションを，これまで述べた研究とはかなり違った方法によって吟味した。彼らは，北イタリアと南イタリアで用いられている侮辱のタイプを比較した。南イタリア人は，集団志向の価値観を支持するとされている。これに対し，北イタリア人は，個人志向の価値観をより好むようである。シシリー島出身の学生は，北のボローニャやトリステ出身の学生よりも，より高い比率で「関係性」の侮辱を示すという仮説が支持された。呪いの言葉やある種の個人主義的な侮辱は，北イタリア出身者に多くみられた。これらの侮辱の例は，ボックス5.6に示されている。最大の効果を引き出すために，その文化に合致した侮辱をすることがいかに重要であるかは，Bond & Venus（1991）によって指摘されている。彼らは，香港の被験者が，個人として侮辱されるよりも，集団の成員として侮辱されることに対してより強く反応することを見いだしている。

(4) 身体的特徴のインパクト

1983年，McArthur & Baronは，社会的知覚の生態学的理論を提出した。この理論は，次のように述べている。

> 社会的知覚は，種の生存のため，あるいは個人の目標達成のための適応的機能を果たす。さらに，動きや声の特徴，顔つきなど，ある個人が直接知覚することが可能な属性，

■**ボックス5.6**■ **文化に根ざした侮辱の仕方の違い**

個人主義的な侮辱（北イタリアに顕著）
1．おまえは馬鹿だ
2．おまえはクレチン病の馬鹿だ
3．宗教者に言及してののしる
4．性的な言葉を発してののしる

集団主義的な侮辱（南イタリアに顕著）
1．おまえもおまえの家族もガンになるぞ
2．おまえの姉さんは牛だ
3．おまえは頭がおかしい，おまえの父さんもそうだ
4．おまえは共産主義者だ
5．近親相姦に言及したののしり

その個人が行為する機会や行為を受ける機会など，個人の行動的「アフォーダンス」に関する有用な知識を提供する。検出される特殊なアフォーダンスは，知覚者の順応性に依存する。それは生得的なものであったり，知覚者の社会的目標，行動的能力，あるいは知覚的経験によって条件づけられる。(Zebrowitz-McArthur, 1988, p. 245)

　この理論は，ある身体的手がかりが，さまざまな文化において同一の印象を伝えるかどうかについて，かなりの数の異文化研究を生み出した。
　そうした中で，韓国とアメリカの比較研究は，刺激人物の身体的特徴に関する情報が，この2つの国で類似したアフォーダンスを伝える可能性を示している (McArthur & Berry, 1987; Montepare & Zebrowitz-McArthur, 1987)。いずれの国においても，赤ちゃん顔をした大人の顔にたいへん似た反応をすることがわかった。赤ちゃん顔とは，大きな目，ふっくらとした唇，なめらかな肌，小さな鼻，丸い顔である。同様に，いずれの国においても，優しい声は，弱く，無能で，温かいと評定された (Peng, Zebrowitz & Lee, 1993)。Keating (1985) は，11か国の人たちにペアの写真を何組か呈示し，どちらの人物がより支配的かを尋ねた。より支配的な人物は顎が大きく，唇が薄く，頭髪の生えぎわが後退しているという点で一致していた。
　こうした結果は，「年齢の過度の一般化効果」(Zebrowitz & Collins, 1996) の観点から説明されている。これは，人間という種のより成熟したメンバーと，それとは対照的な赤ん坊を結びつけた身体的手がかりに対する普遍的な反応パターンである。赤ん坊は，どこでも依存的であり，弱く，従属的であるため，赤ん坊に似た身体的特徴をもつ大人は，赤ん坊のような心理学的属性を持つと思われがちである。対照的に，より成熟した身体的特徴を持つ人は，自己主張が強く支配的であると知覚されやすい。こうした社会的知覚は，普遍的である。なぜなら，すべての文化で，人々は年齢による身体的変化をよく理解しており，より成熟した人物は若い人を慈しむよう社会化されているからである。こうした年齢の過度の一般化は，より太った（丸ぽちゃな）人を協調的で依存的であると知覚し (Sleet, 1969)，背の低い人を地位が低いと知覚することの説明となるかもしれない (Collins & Zebrowitz, 1995)。

■**身体的魅力**　　われわれの生物学的遺伝子は，健康で若々しい人との結婚を求めるという。したがって，「子どもを生むのに適した」特徴を持っている人は，より魅力的と知覚される。例えば，Montepare & Zebrowitz (1993) は，若々しい足をしている人は，よりセクシーと知覚されることを見いだしている。同様に，濃い長い髪，ふっくらした唇，高い頬骨，すべすべした肌を持つ女性は，より身体的魅力があるとされる (Gangestad, 1993)。強い顎と突き出た頬骨をもつ男性は，身体的に魅力がある

とみなされ，これは文化を越えて見いだすことができる（Cunningham, Barbee & Pike, 1990）。これらの性質は，すべて，若くてパートナーとしてふさわしい人を選び出す際に有利に作用するものである。こうした手がかりの普遍性があるなら，さまざまな文化集団間で，顔の魅力に対する評定値の相関が高くなるのはそれほど驚くに値しない（例：Bernstein, Tsai-Ding & McClelland, 1982による台湾人とアメリカ人の研究；Cunningham et al., 1995によるアメリカ在住の黒人，白人，アジア人の研究）。

身体的魅力に関する多くの研究は，刺激材料として顔写真を用いており，顔の測定可能なパラメータを特定する試みがなされてきている。多くの文化集団において魅力的と捉えられるのは平均的な特徴を持つ顔であり（Gangestad & Thornhill, 1994），それは異なる文化間でも当てはまる（Jones & Hill, 1993）。しかしながら，この問題に関する論争は終わっていない。最近の研究では，より高い頬骨，より細い顎，より大きな目の方が，つまり平均から遠ざかった方が，文化内においても文化を通しても平均的な顔よりさらに魅力的であるとする結果も得られている（Perrett, May & Yoshikawa, 1994）。

■**身体的魅力のステレオタイプ**　身体的魅力のステレオタイプは，「美は善である」というスキーマとして知られている。というのは，こうした研究のメタ分析は，一貫して，美しい人は社会的に望ましい特性を持っているとみなされがちであることを示している（例：Feingold, 1992）。このステレオタイプを唯一支えているのは，身体的な魅力に価値を置く心理作用である（Eagly et al., 1991）。しかしながら，美のステレオタイプに関するほとんどすべての研究が，もっぱら北米でなされてきた。Dion, Pak & Dion（1990）は，美のステレオタイプが，個人主義文化でより強く見られるとの仮説を検証している。そこでは個人的な属性が，個人のパーソナリティをよく表すものと考えられている。彼らは，カナダの中国人のうち，より個人志向の強い回答者（コミュニティへの関わりによって測定される）が，他者のパーソナリティ特性を評定する際，より大きな美のステレオタイプ効果を示したとしている。

最近，美のステレオタイプについては，回答者に自分と同じ文化圏出身の人と，違う文化圏出身の人を評定させるという異文化的検討がなされているが，すべてのケースにおいて，「美は善である」というステレオタイプが確認されている（Albright et al., 1997; Chen, Shaffer & Wu, 1997; Wheeler & Kim, 1997）。しかし，文化的バリエーションもある。それはステレオタイプの強さではなく，むしろ何が「善」と考えられているかにある。例えばWheeler & Kimは，集団主義の韓国人は，「北米人ほど，魅力的なターゲットをより高い潜在能力を持っているとはみなさず，また，北米人と違い，魅力的なターゲットは他者とうまくまとまり，他者への関心も高いとみなす」

(p. 2) ことを見いだした。身体的魅力のステレオタイプの普遍性を確認するには、さらに他の文化での研究が必要である。また、ステレオタイプの内容が社会文化的に説明される程度について査定する必要もある。

4．自己に関する肯定的感情

(1)自尊感情

　パーソナリティ発達に関する多くの欧米理論において、全体としての自己価値や自己尊重といった感情を維持し発展させようとする動機は、基本的なものとなっている。自尊感情の損失とそれを回復しようとする努力は、社会行動の諸理論（例：Solomon, Greenberg & Pyszczynski, 1991）や、精神病理学の起源（例：Taylor & Brown, 1988）の手がかりとなる役割も果たしている。

　文化は、自尊感情の発達にどのような影響を与えるのだろうか。存在脅威理論の提唱者たち（Terror Management Theory: Solomon, Greenberg & Pyszczynski, 1991）は、自己の所属する社会集団が規定する文化的要求を満たすほど、自己肯定的な感情を抱きやすいとしている。したがって、集団主義文化に属する個人と個人主義文化に属する個人では、異なった属性に基づく個人的価値感情を持つことになる。

> 中心的な文化が独立的なものであるとき、自己のポジティブな特徴を同定し、つくり出し、確証してくれることがらは、自尊感情と直接結びつく――相互依存的な枠組みでは、自らの問題、欠点、足りない点を同定することが、そこに適応していくという文化的課題の不可欠な要素となる。（Kitayama, Markus & Lieberman, 1995, p. 539）

■測定の問題　　自尊感情の直接的な測度は、一般的なものであれ特殊なものであれ、回答者に、ポジティブな自己陳述を肯定し、ネガティブな自己陳述を否定するよう要求する。もし、Kitayama, Markus & Lieberman（1995）の主張が正しいとすると、集団主義文化に属する回答者は、個人主義文化に属する回答者よりも自尊感情が低いはずである。しかし、文化レベルでのデータは、それを支持していない。つまり、一般的な自己満足度の測度は、文化的レベルの個人主義とは相関していない（Diener & Diener, 1995）。さらに、特殊な測度である20答法のポジティブな自己陳述は、個人主義の文化であるアメリカ人の回答者で38％に対し、集団主義文化のフィリピン人の回答者では、50％以上見られた。ただし、同じく集団主義文化である香港の回答者では27％であった（Watkins & Gerong, 1997）。

Kitayama, Markus & Lieberman（1995）の仮説は，集団主義と個人主義双方の文化において，独立的／相互依存的な自己の捉え方と自尊感情とを結びつけた測度を実施することによって，より直接的に検討できる。この研究デザインによると，Kitayamaらが予測するように，独立的な自己の捉え方は，集団主義の文化集団と個人主義の文化集団双方において，自尊感情と正に相関していることが見いだされるはずである。しかし，相互依存的な自己の捉え方は，個人主義の文化集団においてのみ，自尊感情と負に相関している。集団主義文化では，自尊感情は，相互依存的な自己の捉え方と無相関である。これは，Rosenberg（1965）の自尊感情尺度のポジティブ項目とネガティブ項目のいずれを用いても変わらない（Kwan et al., 1997）。

　この結果は，相互依存性が個人主義の文化システムにおいては不利となることを示唆している。おそらく，他者志向とそれに伴う自己犠牲は，個人主義社会における個人的成功を妨げてしまうからである。集団主義文化においては，こうした妥協は，無理を生じさせない。つまり，相互依存性は自尊感情にとってニュートラルなのである。この推論は，非現実的なオプティミズム（楽観主義）のバイアスについての異文化研究と一致している。すなわち，楽観主義傾向とは，自分は他者よりも肯定的なできごとを経験し，他者よりも否定的な経験をしないと信じることをさしている（Weinstein, 1980）。より独立的とされるカナダ人は，こうした自己高揚バイアスを示すのに対し，より相互依存的とされる日本人はそれほどでもない（Heine & Lehman, 1995）。

■**文化が果たす役割**　文化は，自尊感情全般というより，ある特定の自尊感情のタイプを形成するのに関わるのかもしれない。自尊感情をいくつかのタイプに分類すると，文化によって自尊感情の成分が量的に等価であるかどうかが問題になる。幸いこれまでの研究から，多くの文化においてかなり頑健に自尊感情のさまざまな成分を測定できることが示されている（Watkins & Dong, 1994）。

　Tafarodi & Swann（1996）は，一般的な自己肯定と自己コンピテンスの概念を区別して，「文化的トレード・オフ」仮説の立場からそれを実証している。つまり，集団主義文化の中国人回答者は一般的な自己肯定が相対的に高く，個人主義文化のアメリカ人回答者は，自己コンピテンスが相対的に高いと答えている。この点をより直接的に検証し，また将来的にこうした類の他のモデルを考えるには，集団志向と個人志向といった個人レベルの測度を含んでいることが必要となる。

■**自尊感情と心理学的プロセス**　自尊感情のレベルやタイプは，文化によって異なるかもしれない。しかし，自尊感情はあらゆる文化において同じ効果をもっていると

■ボックス5.7■　　自尊感情と意思決定

　楽観主義的なバイアスは，独立的な自己の捉え方をする人たちにおいて強いと思われる。Mannら（1997a, b）による意思決定の研究は，自分の成果をバラ色とみるのは自尊感情と関わっており，それらは，独立的な自己の捉え方をする人たちでより強くみられる（Kwan et al., 印刷中）。Mannらは，アメリカ人，オーストラリア人，ニュージーランド人，日本人，台湾人，香港人の大学生にメルボルン意思決定質問紙を実施した。そして，個人主義文化出身の回答者が，意思決定についてより高い自尊感情を報告することを見いだした。この自尊感情は，責任転嫁，遅延，過度の用心など——これら意思決定の3つの側面は，集団主義的文化集団ですべて高くなる——において，日本人以外のすべての文化で，負の相関を示した。

　しかしながら，いったん意思決定すると，集団主義文化の人たちは，その正しさにより強い確信を示すかもしれない。Yatesら（1989）は，日本，中国，マレーシアとアメリカの被験者に，対となっている事実に関する陳述のうち，どちらが真実かを選ばせた。その後，自分たちの選択がどれぐらい正しいと思うかを推定させた。アメリカ人と日本人はいずれも，50％以上の楽観的な評定を行なった。しかし，中国人とマレーシア人は，それを上回る確信度を示し，より謙遜した評定を行なうだろうとの予測と逆の結果となった。Yates, Lee & Shinotsuka（1996）は，アメリカ人（個人主義？）の文化は，さまざまなできごとに対して，できるだけ多くの説明を思いつくよう促すが，中国人（集団主義？）の文化は，そうしたことをそれほど強く求めようとはしない。したがって，中国人の回答者はより確信を持ちやすくなる。なぜなら，それほど多くの選択肢とその根拠について考える必要がないからである。自らの決定がまちがっているかもしれないと思う理由をあげるよう求められても，中国人はアメリカ人よりもはるかにその数が少なかった。しかしながら，日本人とアメリカ人の評定が似ているのは，個人主義以外の文化的変数が関わっているかもしれない。自己の捉え方の概念や他の個人レベルの測度が，近い将来，意思決定とそれに伴う確信度との力動性をより詳細に明らかにしてくれるかもしれない。

思われる。例えば，自尊感情が相対的に高い人は，日本とオーストラリアいずれにおいても高レベルの達成を価値がないと思ったりはしない（Feather & McKee, 1993）。あるいは，自尊感情と非行の負の相関は，アメリカ（Kaplan & Robbins, 1983）だけでなく，香港の中国人でも見られる（Leung & Lau, 1989）。自尊感情が他の変数と絡んで，文化によって違った機能を果たすという証拠は得られていない。もしそうした結果があれば，人間行動の理論を新たに考え直す必要がある。

■集合的自尊感情　　自尊感情測度に関する問題の1つには，自己に焦点化されすぎていることがあげられる。自尊感情の質問紙は，もともとアメリカで考案された。そこでは何よりも自己の独立的な側面が強調されており，その意味で「バイアスのかかった研究領域」（Kitayama, Markus & Lieberman, 1995）になっている。また，個人主義のイデオロギーが，自尊感情を研究する際に強く作用していたと考えられる（Hogan & Emler, 1978）。

　第7章で詳しく検討するが，社会的アイデンティティ理論は，集合的自己を「ある社会集団（あるいは複数の集団）の成員性の意識と，それに伴って生じる価値や情動的意味あいによってもたらされる個人の自己概念の一側面」（Tajfel, 1981, p. 255）と定義している。集団成員性は，相互依存的な自己の一側面であり，心理的充足感は，独立性に焦点を当てた自己測度だけでなく，集団成員性とも大きく関わっている。Crockerとその共同研究者は集合的自尊感情尺度を開発し，自尊感情だけを問題にした場合よりも，人生の満足感や無力感をはるかによく予測できるとしている（Crocker et al., 1994）。この結果は，特に（おそらく，より集団主義の）アジア系アメリカ人に当てはまる。心理的充足感に関する理論は，個人主義ではない文化にも当てはまるよう，より相互依存的な要素を含んだものにしていく必要がある。

(2)主観的幸福感

　自尊感情と関連する構成概念に主観的幸福感（Subjective well-being：SWB）がある。これは，Dienerら（1996）によって，「人々の自分自身の生活に対する評価」（p. 1）と定義されている。SWBは，ポジティブ感，ネガティブ感がないこと，生活の満足度，仕事やレクリエーションなどの活動領域における満足度の複合成分からなる測度である。これらの測度は，41か国の大学生と成人サンプルの自己報告調査から作られている。

　この調査データから多くの成果が得られている。
① 「報告されている主観的幸福感の平均レベルは国によって大きく異なり，これらの違いは調査時点に関係なく安定している。ただし，多くの国の平均レベルは，尺度の中間点を越えている」（Diener et al., 1996）。もちろん，こうした調査を国際的な紛争，飢饉，疫病などに見舞われている国に実施するのは実際的ではない。しかし，通常の条件では，多くの人々が，ポジティブなSWBを報告している。
② 「経済発展と感情に関する文化的規範の双方が，報告された幸福感の平均レベルと相関している。『感情に関する文化的規範』は，ある人がある情動（この場合はポジティブな情動）を経験することがどれだけ望ましいかをさしている。この

規範は，たとえ国家収入を統制した場合でも，報告された主観的幸福感の平均と相関している」(Diener et al., 1996, p. 13)。経済発展は，人権の遵守（Humana, 1986），個人主義などの多くの国家レベルでの変数と結びついており，基本的な欲求の充足はSWBと正に関連している。経済発展とのこれらの相関は，生活の物質的な側面での満足に限定されるわけではない。「経済発展の徴候も，家庭生活や仕事の満足度によって測定されるように，よりよい社会関係と相関している」(Diener et al., 1996, p. 8)。国の異質性（民族的多様性），殺人率，人口密度は，SWBと相関がない。これは，注意しておく必要がある。

③「収入のような変数は，国という枠を越えて平均的な主観的幸福感と相関するが，文化によっては，主観的幸福感と相関を示すさまざまな要因も，その強さには差が見られる。例えば自尊感情は，集団主義の国よりも個人主義の国において，生活の満足度とより強く相関する」(Diener et al., 1996, p. 13)。この結果は，集団主義の国においては，他の個人レベルの測度がSWBと強く結びついているかもしれないという興味深い疑問を提起する。その意味で重要である。その答えの1つは，以下のようなものである。

④「感情（気分や情動）は，個人主義の国では生活満足度の判断により重みが置かれているが，集団主義の国では，文化的規範がより強く重みづけられている」(Diener et al., 1996, p. 13)。この結論は，独立的／相互依存的な自己の捉え方の論理を，個人主義／集団主義文化の論理――集団主義文化システムにおける人々が自らのSWBを査定する際に，相対的により外的な源泉（すなわち，感情に関する文化的規範）に注意を向けるという論理――と結びつけることによって導かれる。

(3)知覚された生活の質

Veenhoven (1993, 1996a) は，さまざまな国に住む人々の幸せについて，信頼でき，かつ意味のある測定が可能だとしている。これらの評定は，世界の幸福感 (happiness) に関するデータベース (The World Database of Happiness) において見ることができる (Veenhoven, 1996b)。彼女は，この評定を各国の平均余命と掛け合わせることによって，48か国における「幸せな生活への期待」(happy life-expectancy：HLE) 指標を計算した。この測度によると，インドとナイジェリアで，「見かけの生活の質」が最低となり，アイスランドとオランダが最高となった。

HLEは，たくさんの国家レベルの指標と正に相関している。それらの指標とは，1人あたりの国内総生産（GDP），男女の平等，識字率，職場におけるゆとり，ボランティア組織への加入数，贈収賄や偏見がないこと，などである。信仰心，人口密度，

軍事費などの他の指標との相関は見られなかった。HLEと国民1人あたりのGDPとの相関が高いことから（$r=0.78$），「見かけの生活の質」は経済の近代性を反映しているとされている。実際，上述したHLEと社会指標の関係は，その多くが，1人あたりのGDPを統計的に統制すると消えてしまう。

それでも，いくつかの有意な関連が見られる。贈収賄や偏見がないこと，職場におけるゆとりなどは，個々人の収入レベルにかかわらずHLEを予測した。これらの事象は，国レベルの生活の質の知覚とその形成において，経済的な進歩とは独立に発達し得る社会的規範が重要であることを示唆している。さらに，これらの要因は，経済の近代性と結びついて，国民1人ひとりが長く幸せな生活を謳歌できるような社会的コンテクストを提供している。

5. 成功と失敗の帰属

認知社会心理学者は，自己と他者に関する知覚の研究に加えて，人がある課題で他者よりうまくやれたとき，あるいはうまくやれなかったとき，どういった説明をしようとするかについてもかなり関心を寄せている。Nisbett & Ross（1980）は，「自己奉仕的バイアス」（self-serving bias）を見つけだし，実験での被験者が，成功を自分の技能や能力に帰属し，失敗をコンテクスト要因に帰属する傾向を指摘している。この章の最初の方で取り上げた研究は，これらの効果が個人主義の文化集団でのみ見られるのか考慮する必要のあることを強く示唆している。「自己奉仕的バイアス」仮説を評価するには，自己概念に関するさまざまな文化における研究結果を心に留めておく必要がある。Cousins（1989）が報告しているように，日本人は状況が明確に規定されているときに自らを素因的に捉えようとするのに対し，アメリカ人は，状況が明確でないときに素因的に捉えようとする。他の集団主義文化の回答者も，自己を記述する際，社会的コンテクストに言及する傾向があり，もしCousinsの研究の追試が行なわれれば，同様の効果が見られると思われる。では，相互依存的な被験者は自らの成功や失敗をどう説明するのだろうか。こうしたタイプの研究で典型的に用いられる研究デザインは，被験者にとって易しいあるいは難しい課題を提示するというものである。そして，相互依存的な被験者が，独立的な被験者と同様，自らの成功や失敗を個人的な特性の観点から説明するかどうかを検討することになる。

(1) 帰属における自己奉仕的バイアスの研究

Kashima & Triandis（1986）は，日本人とアメリカ人による成功と失敗に対する説明の違いを比較した。なお，研究はすべてアメリカで行なわれた。方法として，自

由回答形式が用いられた。これは，欧米人のサンプルでは見られなかったタイプの説明を見逃さないようにするためである。引き出された自由反応のカテゴリーは，Heider（1958）によって最初に提出された4つのカテゴリーにうまく当てはまる形で分類できた。すなわち，能力，努力，課題の困難度，運の4つである。Kashima & Triandisの実験課題は，被験者に見知らぬ国のさまざまな場面をスライドで提示し，後にそのスライドの詳細を被験者に思い出させるというものであった。課題は難しかったため，双方の国の被験者は，成功を運や課題への慣れ，そして失敗を課題の困難度などの状況要因から説明する傾向が見られた。自己奉仕的バイアス仮説が予測するように，アメリカ人被験者は，失敗よりも成功を自らの能力の観点から説明していた。しかし，日本人の被験者は逆のパターンを示した。彼らは，成功よりも失敗に対して自らの能力がないためと帰属し，「自己消滅的バイアス」（self-effacement bias）を示した。全体として，遂行を説明するために能力という構成概念を用いる頻度には差がなかったが，その用いられ方は明らかに異なっていた。

　これらの研究は，2つの問題を区別する必要性を示している。第一に，相互依存的な被験者は，自らの遂行を説明するためにより頻繁に素因的特性を用いるかどうかを検討する必要がある。第二に，彼らが，自己奉仕的バイアス仮説が予測するのと同じやり方で素因的特性を用いるかどうかを検討する必要がある。成功や失敗を説明するのに，被験者が努力や能力と分類される言葉を用いることについては，かなり一般的な証拠がある。例えば，Munro（1979）は，白人のジンバブエ人，黒人のジンバブエ人，そして黒人のザンビア人を比較した。3つの集団がいずれも最も頻繁に説明に用いたのは，「行為」，「個人的要因」，そして「機会」であった。これらはおそらくそれぞれ努力，能力，運に近いと思われる。成功と失敗についての個別の平均は，提示されていない。

　Boski（1983）は，ナイジェリアの3つの主な民族集団出身学生の回答を比較した。その3つとは，イボ，ヨルバ，ホサの3民族であった。そして，成功を説明するのに努力と能力がしばしば用いられること，失敗の理由としてコンテクスト要因が用いられる傾向を見いだした。このような全体的な効果は見られるにせよ，彼は，それぞれの文化集団が，その集団の支配的な文化的価値観に基づいて，違ったパターンを示すと予測した。特にイボ族は個人志向の価値観を重視しているとされるのに対し，イスラム教徒およびより伝統的なホサ族は，集団志向の価値観を支持していると考えられていた。Boskiは実際に，ホサ族の被験者が，イボ族よりも自らの成功を能力の観点から説明することが少なく，課題の性質や運などコンテクスト要因の観点から説明することが多いことを見いだしている。失敗の説明については，それほど違いは見られなかった。Lee & Seligman（1997）は，成功と失敗の双方の結果に対して，個人主

義とされている白人のアメリカ人が自己奉仕的バイアスを示すのを見いだした。集団主義とされる中国本土出身の中国人は，自己消滅的バイアスを示した。同様に，Fry & Ghosh（1980）は，白人のカナダ人とアジア・インド系のカナダ人の8歳から10歳の子どもをマッチングさせて，成功と失敗の帰属を比較した。白人の子どもたちは，通常の自己奉仕的帰属のパターンを示した。つまり，成功に対し努力と能力をより高く評定し，失敗に対し運やフェアーではない実験者などのコンテクスト要因をより強調していた。対照的に，アジア・インド系の子どもたちは，白人の子どもたちよりも成功において運がより重要とみなし，失敗においては能力がより重要とみなしていた。

(2)帰属における謙遜バイアスの限界

これまで見てきた4つの研究は，いずれも，集団主義得点が相対的に高いサンプルを含んでおり，実験課題を終えた後，集団主義の被験者における自己奉仕的な帰属のバイアスはあまり見られなかった。この結論は，Chandlerら（1981）の研究結果と矛盾しているように思われる。彼らは，アメリカ，日本，インド，南アフリカ，旧ユーゴスラビアの学生に学業成績の成功と失敗の理由について構造化された質問紙に回答を求めた。その結果，日本を除くすべての国において，失敗よりも成功に対してより個人的に責任があると答えていた。ただし，その効果の大きさは国によって違っていた。

成功と失敗の帰属について文化間で比較を行なった他の研究とChandlerらの結果

▲図5.1　謙遜すると？（出典：Feign, 1986）

をうまく整合させるには，彼らが用いた手続きの違いを考慮すればよい。彼らが用いた尺度は，例えば，次のようなものである。「私の成績のよさは，私の学問的能力の高さを直接示していると思う」。これに対して，他の研究では，被験者が自らを評定する直前に，ある特定の課題で実際に成功する（あるいは失敗する）よう工夫している。本章の前半でふれたように，集団主義文化の成員はコンテクストを明確にできないと，自分がどのような人物かを規定しにくい。実験研究では，ある特定の場面，および会話行動の相手となる特定の人物（実験者）を設定している。そこでの説明は，実験者に対し，被験者が自らの行動をどう説明したいと思っているかというエミック的に妥当な表象であると思われる。他方，Chandlerらの測度は，強制されたエティック測度であり，少なくとも集団主義の国では，こうした測度は，学生の理想的な自己知覚や自己呈示を引き出しがちである。こうした限界があるにもかかわらず，Chandlerらが，日本で自己奉仕的バイアスを見いだしていないことは注目される。Watkins & Regmi（1990）も，強制されたエティック測度を用いてネパールの学生に自分たちの実際の成績を説明させたが，自己奉仕的バイアスは見られなかった。

　中国人の被験者を用いたいくつかの研究によれば，自己奉仕的バイアスを検討する妥当なテストは，コンテクストを明確にしたテストである。Wan & Bond（1982）は，香港の中国人は説明を求められる状況によって成功と失敗の帰属に変化が生じることを見いだした。ある特定の顔見知りの実験者に対して説明するときには，自己奉仕的バイアスとは逆の運への帰属が見られた。これに対して，コンテクストに依存しない匿名の質問紙で説明する場合にはその効果は逆になった。こうした帰属パターンと一致して，自己奉仕的帰属をする学生よりも，謙遜しがちで自己消滅的な学生の方が，同輩からより好まれていることがわかった（Bond, Leung & Wan, 1982b）。したがって，Stipek, Weiner & Li（1989）が見いだしたように，中国人の被験者がアメリカ人の被験者ほど成功を誇るような表現をしなかったとしても不思議ではない。

　集団志向の価値観をもつ人々の帰属が，誰に対してなされるかによって違ってくるのは，なんら驚くことではない。集団志向の価値観を重視する人が，自らの言葉や行為を特定の他者との関係で適切なものにしていこうとすることこそ，集団志向の価値観の中心をなしている。Mizokawa & Ryckman（1990）は，そうした適応がどのようになされるかについて，また別の側面を例示している。彼らはアメリカのアジア系アメリカ人の子どもたちに質問紙調査を実施し，民族的起源の異なる人たちを比較した。40項目から成る質問紙によって，授業科目での成功，失敗を評定させた。彼らもまた，自己奉仕的バイアスと同時に，謙遜効果を見いだした。しかし，その効果は文化集団によって異なっていた。例えば，東南アジア系アメリカ人は，能力評定に対して，謙遜効果を示したが，努力評定においては自己奉仕的バイアスを示した。これ

に対し，日系アメリカ人の子どもたちは逆のパターンを示した。

このように，集団主義の成員が，自分の行為を説明するすべての領域で一様に謙遜バイアスを示すと考えるのは妥当ではない。実際このことは，「努力」と「能力」の概念化においても当てはまり，それ自体文化によって変化する（例：Watkins & Cheng, 1995）。インドにおける一連の研究は，インド人は能力と動機づけがわかっている人の遂行を予測するように尋ねられると，その予測は能力と動機づけの加算的なものになることを示している（Singh, 1981）。すなわち，彼らは，遂行を能力レベルと努力量の単純加算と考えている。これは，アメリカでのいくつかの研究によって支持されているHeider（1958）が最初に公式化した予測とは対照的である。Heiderは，遂行を能力と努力の関数であると考えている。Heiderのモデルによれば，遂行が高レベルとなるには，動機づけと能力の双方が適当な水準であることが必要となる。インドにおける研究，少なくともSingh（1981）の広範囲にわたるサンプルによる結果では，十分な努力によって能力の欠如を補うことができると考えられている。こうした信念は，集団主義の文化集団でより当てはまると考えることができるかもしれない。というのは，もしある成員が能力やそれとは別の努力で貢献すれば，集団の遂行は高くなると考えられているからである。努力している様子は，集団主義文化における自集団への忠誠を表す重要な方略であり，そこではこうした「努力崇拝」がしばしば見られる。

(3)能力帰属と成績の結びつき

Littleら（1995）は，子どもが自分の学校での成績を説明するのに用いる3つの信念体系を提示している。手段−目的信念は，どういった要因（例：教師の援助）が，ある結果を達成するのに重要であるかに関わる信念である。媒介信念は，そうした結果を達成するために，所与の手段を持ち合わせているかどうかに関わる信念をさす。統制期待は，ある結果を達成できるという一般的信念をさす。Littleらは，東ドイツ，ロシア，アメリカの学生について，これら3つの信念タイプを比較し，信念と実際の出来具合との関連を検討した。

手段−目的信念は，これらの文化集団で類似した構造を示し，同程度のレベルで評定された。手段−目的信念と実際の出来具合との結びつきは，3つの文化集団すべてにおいて弱かった。これに対して，媒介信念と統制期待は，文化集団によって異なる結果を示した。まず，アメリカの学生は，他の文化の学生よりも自らの媒介信念と統制期待をより高く評定していた。ドイツとロシアの学生の評定値が低いのは，その学校システムにおいて，学生に対し批判的で，比較を用いた公的フィードバックがなされていることがその一因と考えられる。特にソビエト連邦では，近年の大変化が起こ

るまで，それが顕著であった。つまり，自己高揚傾向が作用する機会はあまりなかった。加えて，ロシアとドイツの学生は，媒介や統制の評定と実際の出来具合との相関が，アメリカの学生よりもはるかに高かった。著者たちは，ドイツとロシアの子どもたちが，出来具合に基づいたフィードバックをクラスで受け取っており，その結果，彼らの信念と期待が学業成果とより密接につながっていることから説明している（Oettingen et al., 1994 も参照のこと）。

Little ら（1995）が主張するように，学生の評価に関わる教育的実践はより広範な文化的背景を反映している。例えばアメリカの教室を特徴づける私的で支持的なフィードバックの使用は，個人主義，楽観志向と一致している。このように実際に行なわれているさまざまなことがらが，学生の出来具合に関連した能力評価と，自己評定と実際の出来具合との対応に密接に関わっている。

6．自己と他者を比較する

自らの態度と行動を他者と比較することは，社会心理学の中心問題であった。しかし，自己と他者を比較する理由は，その人が個人志向の価値観を持つか，集団志向の価値観を持つかによって異なる。個人主義の文化集団においては，社会的比較は自分自身の個人的性質や能力についてフィードバックを与えてくれる。したがって，明確で独自な自己という感覚を強め，発掘してくれる。集団主義の文化集団においては，社会的比較は比較対象によって異なる意味を持つことになる。所属する集団の他の成員との関係における社会的比較は，集団成員に集団のコンセンサスがどういったものであるかを感じとらせ，また将来的な不一致の危険性を知らせるガイドラインとなる。見知らぬ他者や他集団の成員と関連した社会的比較は，自集団の威信を高めたり，あるいはそこまでいかなくとも，違いを強調しがちとなる。というのは，こうした他者は，関係のネットワークから外れているからである。

Takata（1987）は，日本の大学生にアナグラム課題を行なわせ，被験者は，自分の遂行と，自分よりよくできた，あるいはできなかった他の被験者の遂行との比較を求めた。他者より出来が悪かったとき，被験者は自分の能力推定の正確さをより確信していた。それに対し，出来がよかったときはその能力に疑問を持っていた。自己消滅的なバイアスがここでも見られた。Takata がもっと情報が欲しいかどうかを被験者に尋ねると，自分の能力を低いと推定した被験者は情報を得ることにあまり関心を示さなかった。これは，おそらく自分が受け取った評価に納得していたためと考えられる。

しかしながら，Endo（1995）は，比較査定における日本人の謙遜バイアスは，自

分の知っている他者と比べた場合にのみ見られるとしている。つまり，比較の対象が，「他の多くの人たち」である場合には，自己高揚バイアスが生起する。これは，集団主義の文化においては集団志向の人々が，他者との関係にいかに敏感であるかを示している。

こうした結果は，個人主義文化において自己主張と自信に高い価値が置かれることときわめて対照的である。Markus & Kitayama (1991) は，日本とアメリカの大学生を直接比較している。被験者は，運動能力，同情，知的能力，記憶力など，さまざまな特性や能力において，自分たちの大学のどのぐらいの割合の学生が，自分より優れていると思うかを推定した。その結果，アメリカの学生は，自分たちより上は30％しかいないと答えた。これに対し，日本の学生はほぼ正確に，50％程度と推定していた。同様に，Yik, Bond & Paulhus (1997) は，香港の中国人が，望ましいパーソナリティ特性の評定において，他者が自分に対して行なう場合よりも，自らを低く評定することを見いだした。逆にカナダ人は，他者が自分に対して行なう評定より自分を高く評定していた。

(1)達成に価値を置く理由

達成動機は，人間の基本的な欲求であると考えられてきた (McClelland, 1961)。個人志向および集団志向いずれの価値観を持つ人であれ，自分と他者の達成したことがらを比べることがある。これはごく自然なことであるが，比較を行なう動機は同じではないように思われる。Church & Katigbak (1992) は，アメリカとフィリピンの大学生に学業達成への動機づけを評定させた。アメリカの大学生は，フィリピンの大学生よりも個人的な達成とよい成績を得ることに高い順位をつけた。フィリピンの大学生は特に，よい仕事に就く準備をする，他者からの承認を得るなど，集団志向の目標により熱心であった。同様に，Yang (1986) は，達成に対する中国人の志向を理解するには，個人志向のやり方で定義された達成と，集団志向のやり方で定義された達成とを区別する必要があると提案している（Yu, 1996も参照のこと）。

このセクションでふれたいくつかの研究は，いずれも東アジアでの達成志向に関するものである。達成動機づけについては，その他の地域でも多くの研究がなされている。しかし，これらの研究は，強制されたエティック形式のものであり，なぜ特定の文化の成員が達成を好んだり好まなかったりするかについて，文化的特性に応じた分析に耐えられるわけではない。これまで吟味してきた研究結果は，比較的明確であるが，限られた範囲の研究から集団主義文化一般について結論を導くことは慎重でなければならない。これらの研究で見られた謙遜が集団主義文化一般に見られるものであると断言するには，もっとさまざまな文化集団の研究が必要である。次章では，謙遜

よりも誇張により高い価値を置いたコミュニケーションスタイルがとられているアラブ世界やその他の地域から得られた例を見ていく。また，全体的な文化差を生み出すのに重要と考えられる個人レベルの変数を測定することが有用であると思われる。例えば，Kwan（1997）は，自己のパーソナリティを評定する際に見られる自己高揚は，独立的な自己の捉え方，外向性，誠実性，情緒安定性と正に相関することを見いだしている。文化集団を通して見られる違いには，こうした個人レベルの変数が関与していることが示唆される。

7．将来の展望

本章は，第4章の終わりで提示された課題についての検討から始まった。自己と社会的認知の領域における研究を概観するにあたり，現在社会心理学で最も関心のある研究分野に焦点を当てた。ここでの課題は，個人主義／集団主義の概念が，世界のさまざまな地域から得られた結果において見られるもつれをどのぐらいほぐすことができるかを検討することであった。社会的認知に関する多くの研究は，文化全体ではなく個人の研究にその基礎を置いているので，われわれは，多くの場合，個人志向および集団志向の概念を用いてきた。また，得られた結果を分析するため，これと関連した独立的および相互依存的自己概念の考え方も用いてきた。

集団主義の文化圏において行なわれた研究は，確かにかなり様相の異なる結果を呈している。こうした文化に属する被験者は，自己や他者をより状況的な用語で知覚し，自己と他者をそれほど明確に分離して捉えようとはしない。また，自己奉仕的な評定や帰属を行なうこともあまりない。しかしわずかではあるが，ここで引用した研究の中には，個々の被験者の価値観，すなわち自己に対する捉え方を個人レベルで測定しているものもある。したがって，なぜこうした違いが見られるのかについての説明は必ずしも決定的なものではない。

最近の多くの研究は，こうした曖昧さを解決するために価値観や自己概念を測る個人レベルの測度が必要であることを示唆している。また何人かの批評家（例：Kagitçibasi, 1997）は，人は生活のある領域では自分を集団志向と捉え，また別の領域では個人志向と捉えることがあるとしている。例えば，人は家族との関係では集団志向の価値観を持つが，仕事では個人志向の価値観を持つことがある。こうした考えを支持するデータが，アメリカと日本で得られている（Matsumoto, Kudoh & Takeuchi, 1996）。

第二の可能性は，自己志向か集団志向かは，単一文化内であっても，さまざまな階層，地域によって異なる点である。Marshall（1997）は，ニュージーランド人は，イ

ンドネシア人よりも予想通り個人志向的であるが，その得点にはかなりのばらつきがある。それは，同じ国の中でもその個人の属する社会階層によって違うからである。さらにWatkinsら（1996）が，9か国の大学生に自己概念について20答法による回答を求めたところ，個人主義－集団主義のレベルとは無関係な差異があることを見いだしている。おそらく文化差は，大学生よりも他の母集団においてより大きいと思われるが，それにしてもこれは挑発的な結果である。

こういった実証的な批判は，個人レベルの研究結果を文化レベルの違いによって説明できるかどうかについてのわれわれの感覚を研ぎ澄ませてくれる。それによって，社会的認知に関する北米の理論と世界のさまざまな地域での関連研究をつなぐ橋をより強固なものにすることができる。

アメリカで現在最も支持されている社会的認知の理論は，情報処理モデルに関するものである（Markus & Zajonc, 1985; Sampson, 1985）。本章で見られた違いは，こうしたモデルの考え方と一致しているように思われる。つまり，個人志向と集団志向の人は，それぞれ違った形で注意を向けるよう社会化されていると仮定することによって説明が可能である。個人志向の人は，Kelley（1967）の帰属理論で明確に示されているように，所与の状況における規定因をはっきりさせ，その他の要因の効果と区別しようとする。集団志向の人は，これとは違って，所与の状況における要因の全体的布置に注意を向け，何と何が結びつくかを考えることによって因果の推論を行なおうとする。イギリスの哲学者John Stuart Mill（1872/1973）は，当時既にこれら2つの因果を規定する手続き，すなわち，「差異法」と「連合法」を明らかにしていた。われわれの多くが，その時どきでこの両方の因果推論をしており，また実際それが可能である。文化集団間の違いを説明するのに必要なのは，このどちらをより頻繁に用いるかを考えることである。相互依存的および独立的な自己の捉え方の間に相関が見られないとするはっきりとした証拠は，こうした考えを支持している（Gudykunst et al., 1994; Singelis, 1994）。

しかしながら，社会的認知の文化差を，個人の注意の向け方に差があるという分析へと帰することは過度の単純化を招くことになる。第3章で見たように，文化とは，共有された意味の体系である。このことは，われわれが何に注意を向け，どのように行動するかということが，単に個人として気まぐれにそうした行動をとるわけではないことを示している。それは，われわれがある特定の集団で育ち，その集団において世界をどう捉えるかを学んでいるからである。

社会的認知モデルは，注意の向け方や情報処理の仕方に関する個人の選択レベルを分析の最適水準とみなす考え方である。これは，個人主義文化でより多くの関心を引く考え方であり，個人の行動を研究する際に価値を持つものであると思われる。次に，

他集団の成員と個人の関係という重要な問題に移っていく。

8．まとめ

　社会的認知プロセスにおける文化差の説明は，個人主義－集団主義という文化レベルの差に対応する個人レベルの構成概念の発展によって，大きな進歩を遂げた。すべての研究が，個人志向－集団志向，あるいは独立的／相互依存的な自己の捉え方という直接的な測度を含んでいるわけではないが，しだいにその数は増えている。集団主義の価値観を重視するあるいは相互依存的自己概念を持つ個人は，従来の社会心理学研究の典型的な被験者とは，有意に異なる仕方で，自己を評価し社会を捉えている。こうした違いが，社会行動にどういった結果をもたらすかについて次章以降で見ていくことにする。

第6章　コミュニケーションと対人関係

　ハンプティ・ダンプティは，ちょっと軽蔑したようにこう言いました。「僕が言葉を使うときには，それがぴったり意味してるものになることを意味してるんだ。それ以上でもそれ以下でもないよ」
　「問題はね」，とアリスは言いました。「あなたが，言葉にそんなにたくさんの違った意味を持たせることができるかどうかってことよ」
　「問題はね」，と今度は，ハンプティ・ダンプティが言いました。
「どっちが主人かっていうことなんだ。それだけだよ」（ルイス・キャロル『鏡の国のアリス』）

　前章では，個人主義文化において，特に社会的相互作用が構築される基盤となる認知プロセスに焦点を当てた。しかしながら，既に見たように，顕著な集団主義あるいは排他主義の文化に生きている人々の社会的環境は，多くの心理学が取り上げてきた個人主義あるいは普遍主義の文化における社会的環境とはかなり異なる。こうした人々を取り巻く価値観や信念，期待，行動の多様性は，利用できる情報の種類と量に大きな影響を与える。この章では，この多様性が，人々が互いに知り合って，互いの行動に影響を与えるプロセスについてさらに検討を行なうことにする。そこで生起するコミュニケーション・スタイルの違いと，それと関連した時間に対する態度の違いをまず検討してみよう。それから，異なるタイプの社会的関係がどのように展開するかについて考察を行なう。

1．コミュニケーション・スタイル

　日常生活における英語の使い方の多様性を考えると，英語を母国語とする人々にとって，例えば白人のアングロ系（白人）文化集団といった1つの文化集団においてさえも，統一的なコミュニケーション・パターンがあるという考えを受け入れることは困難であろう。もちろんアメリカやイギリス，オーストラリア，カナダなど，いずれの国においても，英語の会話形式はきわめて多様である。そうした多様性は，しばしば階級，民族，あるいは地域によって下位文化集団を形成することもある。例えば，

ロバートソン先生のチャン君に対する話し方から，彼女がスコットランド東南部出身であることがわかる。彼女が使ったいくつかのフレーズは，チャン君だけではなく，他の地域の英語を使う人にとっても理解しにくい。「20分も遅れて来るなんてことはないですよ」と言ったとき，彼女は彼が20分遅れだと確信していることを意味していた。適切なアクセントで話されていれば，エジンバラやグラスゴーなら伝えようとしている意味はかなり明確であったかもしれない。しかし，それが，スコットランド以外の地域に住む英語を話す多くの人を混乱に陥れることがある。こんなことがあるとは，彼女にすれば思いもよらないことである。

英語と同様，中国語など他の言語においても，地域の方言はコミュニケーションを困難にする。しかし，ここのコンテクストで強調したい点は，一般に文化を通して特徴的なコミュニケーション・スタイルといったものがあるのかどうか，そしてそれらは特に個人志向あるいは集団志向と関連づけられるかどうかである。こうした一般性のレベルに言及するには，話されている特定の言語を越えたコミュニケーションの側面を考慮する必要がある。

(1)言語の文化的コンテクストとその使用

Munroe, Munroe & Winters (1996) は，さまざまな文化で発展する言語のタイプは，人々が生きている物理的環境によって影響を受けるとしている。特に，世界の温暖な地域に住む人々は，寒冷な地域に住む人々よりも多くの時間を戸外で過ごす。したがって，彼らはより遠くで，またより大きな音のするところで，互いにコミュニケーションをとらなくてはならないことになる。それを効果的に行なうには，単純で曖昧さの少ない構造を持つ言語が必要となる。Munroeらは，暑い国の言葉は，子音と母音が規則的に交互に繰り返す（例：Panamaあるいはmatador）パターンを持つことがより多くなると予想している。また，こうした規則性を持たない言葉（例：screechあるいはstick）は解読しにくいので，寒冷地域により多くなると予想している。彼らの仮説は，47の非識字社会を含む53の社会における言葉のサンプルで支持された。英語やその他広く使用されている言語が，地域の言語へかなり移入していることを考慮すると，この効果が現代社会においても当てはまるかどうかを示すだけの十分な数の識字文化の言語を対象としているわけではない。このようなMunroeらの仮説を今後拡張してみることはたいへん有効であろう。

音声学的構造はさておき，Hall（1976）は，さまざまな文化における言語の実際の使い方は，高コンテクストと低コンテクストに分類することができると提案している。Hallにとっての低コンテクスト文化とは，話し言葉が明示的で，意図されたメッセージの多くが話された言葉によって伝えられる文化である。それとは対照的に，高コン

テクスト文化とは，意味の多くが暗示的で，話された言葉はたいてい間接的であり，メッセージのわずかな部分しか伝えない文化である。メッセージの残りの部分は，話し手についての過去の知識，会話の状況，その他あらゆる文脈的手がかりをもとに聞き手によって推察される。Hallは観察によって，多くの国がどちらのカテゴリーに当てはまるか分類している。

Hall（1976）は，高コンテクスト文化と低コンテクスト文化を，対極というより1つの連続的なものとして位置づけた。Gudykunst, Ting-Toomey & Chua（1988）は，Hallの分類と，実証的に得られた個人主義－集団主義の尺度にそってHofstede（1980）が，さまざまな国の文化を位置づけたものとの間に密接な対応が見られると指摘した。Gudykunstらはさらに，高コンテクストおよび低コンテクストのコミュニケーションが，どのように個人主義と集団主義文化の維持に貢献しているかを調査している。

彼らは，個人主義社会における会話は，直接的，簡潔，個人的，道具的であると特徴づけている。これらは集団主義社会の間接的，精巧，文脈的，情緒的なコミュニケーションとは対照的である。この一般的な傾向から，個人主義文化集団における発言は，より焦点化され，簡潔で，「私」および特定の目標への言及が多いものになると予測できる。集団主義社会における発言は，とりとめのないものになりがちで，「おそらく」，「きっと」，「たぶん」，「少し」，「いくぶん」，「どちらかといえば」といった修飾句を多く含むと予測される。加えて，話し相手の地位を反映した言葉の調整がなされ，話し手は，聞き手が受け取っているメッセージに対してどう反応しているかについて情緒的手がかりを読み取ろうとすると予測される。

この予測を実証的に検証するのは，大がかりなプロジェクトになる。既存の研究は，文化の特定の対や集団間コミュニケーション・スタイルなどの断片的比較にすぎない。例えばKatriel（1986）は，イスラエルにおけるユダヤ人とアラブ人のコミュニケーション・スタイルを比較している。彼女は，相対的に個人主義のユダヤ系サブラ人（純血系）の 'straight talk'（「率直な話」）への好みと，'musayra'（「自分を他者の位置や状況へと引き入れ，他者と調子を合わせながらやっていくこと」を意味する）アラブ語への集団主義の好みとを対比させている（Katriel, 1986, p. 111）。彼女が記述している対比は，Gudykunstら（1988）の直接性に関する予測と合致する。より体系的な証拠がM. S. Kimの研究によって提出されている。彼女は，集団主義文化における話し手は，聞き手に対して押しつけがましくならないよう，また聞き手の感情を害さないよう要請されているのに対し，個人主義文化では，話し手は，明確であることを要請されていると仮定した。彼女は，異なる文化圏の回答者にこうした要請の重要度を評価させることによって仮説を検証した。文化レベルにおいては，韓国

> ### ■ボックス6.1■　さまざまな言語における人称代名詞の使用
>
> 　文化的に重要視されている1つの言語的現象は，代名詞の欠落である。多くの言語において，会話の際，一人称および二人称単数の代名詞（「私」と「あなた」）が，落ちたり省略されたりする。そうした言語的省略は，話し手と会話者間の分離を避け，相互作用する人の「われわれ」感覚を支える。Kashima & Kashima（印刷中）は，71の文化で話されている39の言語を研究した。彼らは，代名詞の欠落は，関係の強化が重要となる集団主義の文化の人たちによって用いられる言語の特徴であることを見いだした。これに対し，個人主義の文化では，個人が際だつことが重要であり，そうした分離は，「私」と「あなた」という言葉を用いることによって強化される。
> 　Kashimaらは，それぞれの言語の一人称と二人称単数の代名詞の数についても研究した。彼らは，これらの名詞をより多く持っている文化は，Hofstede（1980），Schwartz（1994），中国文化コネクション（1987），Smith, Dugan & Trompenaars（1996）の文化レベルの特徴によって測定される地位や役割に基づいてより多くの区別がなされる文化であると予測した。これらのデータのいずれを用いた場合でも仮説は支持された。

とハワイにおいては押しつけがましくならない，および他者を傷つけないことへの要請がより高く評価されたのに対し，アメリカ本土においては明確であることへの要請がより高く評価された（Kim, 1994）。自己概念についての個人レベルの測度を用いた研究も並行して進められ，相互依存的自己概念を持つ者は，押しつけたりせず，あるいは他者を傷つけないよう努めるのに対し，独立的自己概念を持つ者は，明確であるよう努めることがわかった（Kim, Sharkey & Singelis, 1994; M. S. Kim et al., 1996）。こうした違いがあるにもかかわらず，すべての文化集団でコミュニケーション上さまざまな制約を用いることは，自分自身がどれくらい効果的にその相互作用を促進できると感じているかという評価と関連している（Kim & Bresnahan, 1994）。

　同様に，Gudykunst, Gao & Franklyn-Stokes（1996）は，コミュニケーション・スタイルのコンテクストの高さについての自己報告尺度を開発した。彼らは，5つの異なる文化集団に共通する8つのコミュニケーション因子を発見した。それらは，他者の意味を推察する能力，直接的あるいは曖昧なコミュニケーションの使用，対人的感受性，演技的コミュニケーションの使用，行動を導く感情表現，会話における開示性，正確さ，沈黙への肯定的態度であった。彼らはまた，文化的個人主義・集団主義の理論化と矛盾しない，個人レベルでの自己の捉え方と価値観についての尺度も開発した。独立的な自己の捉え方と価値観は，報告された間接的メッセージの理解能力，

演技性，感情志向性，開示性，そして正確さといったコミュニケーションの使用と正の相関があった。しかし，間接的メッセージの使用とは負の相関があった。相互依存的な自己の捉え方と価値観は，感受性とは正の相関，そして沈黙に対する肯定的態度とは負の相関が見られた。このことから，高コンテクスト，および低コンテクストのコミュニケーション・スタイルに対する自己の捉え方による媒介効果に関するほとんどの仮説が，この野心的な研究で検証されたことになる。

　もちろん，いずれの文化集団においても，直接的で明瞭なコミュニケーションが要求されるときもあれば，間接的でほのめかすようなコミュニケーションが要求されるときもある (Levine, 1985; Miller, 1994)。例えば，Yeung (1996) は，オーストラリアと香港の銀行で参加型意思決定がなされる会議の逐語録を分析したところ，いずれの文化集団においても両方のコミュニケーション形式が見いだされた。こうした評価への圧力を伴う課題が焦点になる状況では，参加者は，自らの発言をわかってもらい，認められたいと思う。その意味で，どちらの文化の成員においても同じくらい頻繁に意見の相違が見られたが，Yeungは，その表出方法が異なっていることに注目した。すなわち，オーストラリア人は，「はい，しかし……」という形式をより多く用いたのに対し，香港の中国人は，より修辞的質問を発していた。さらに，両集団の参加者とも，強引だと思われないように，自らの立場を命令口調にならないように注意をはらって主張していたが，そのやり方は違っていた。オーストラリア人は，「いくぶん」，「……と私は考えます」，「できれば」といった言語的な緩衝表現をより多く用いた。これに対し，香港の中国人は自らの立場に言及する際，特に「（われわれは）……することができるでしょうか？」といった質問形式をより多く用いた。同様に，Beebe & Takahashi (1989) も，異なる形式を用いてはいるが，日本人もアメリカ人と同じくらい，直接的で明白な反対意見を述べることを見いだしている。

　言語によっては，「私たち」という代名詞が，話し手と聞き手の境界を不明瞭にするために戦略的に用いられることもある。Mao (1996) は，中国語のコミュニケーションにおける「私たち」に，4つの異なった，そして時には相互に関連した意味があることを見いだしている。それらは，単独，謙遜，政治活動，および回避の4つである。集団主義文化における言語には，すべてこうした「私たち」という代名詞の豊かな意味合いを見いだすことができる。

　このように「私」ではなく「私たち」に焦点化されているのは，集団主義を反映している。また，それは香港の中国人とドイツ人による苦情の手紙を比較した場合でも見られる (Laucken, Mees & Chaussein, 1992)。まず，中国人は匿名で手紙を書く傾向がある。それによって苦情を述べている人を苦情自体から分離し，苦情を出されている人との関係を守る働きがある。さらに，中国人はドイツ人に比べて，困っている

のは自分たちだけではなく他にもそうした人がいることを指摘する度合いがかなり高かった。最後に，中国人は罪を犯した加害者に対して，個人的非難を向ける度合いが低かった。これらの方略すべてが組み合わさって，中国人の手紙では，直接的な主張が和らげられ，より調和的な関係を保とうとするものとなっている。この集団主義アプローチは，やりとりの匿名性を増すことで，争いが起きないようにしている。その意味で，集団主義文化におけるコミュニケーションは直接的でないと解釈することができる。

(2) 自己開示

自らの個人情報を開示することは，直接的コミュニケーションの1つのタイプと考えられる。Won-Doornink（1985）は，アメリカと韓国では，予期したとおりアメリカの方が自己開示が高いという結果を得た。他の研究について概観した後，彼女は，この違いは，東洋（集団主義）と欧米（個人主義）の文化差の典型的なものと結論づけている。相互に自己開示することは，個人主義文化においてより高い価値を持っている。というのは，相手のことをさらに知りたいと思うかどうか，選択できるからである。集団主義文化では，個人史やパーソナリティを知ることよりも，相手の所属や地位，当面のコンテクストを支配するルールを明確にする方がより重要となる。開示は，既に確立された内集団関係の中でのみ価値を持つことになる。

Goodwin（1995）は，ロシア人の学生および起業家は，個人情報の自己開示意欲が低いことを報告した。Goodwin & Lee（1994）は，イギリスの学生は，シンガポールの中国人学生よりも，友人に対して自ら進んで快く自己開示することを見いだした。Derlega & Stepien（1977）は，ポーランド人とアメリカ人の自己開示意欲を比較した。集団主義と思われるポーランド人はアメリカ人よりも，友人に対する開示と見知

■ボックス6.2■　　直接的および間接的コミュニケーション

　直接的および間接的な話の特徴は，ロバートソン先生とチャン君のやりとりに示されている。ロバートソン先生は，チャン君の友だちに廊下で待つようにと明確な指示を出している。また，彼女は，チャン君が遅れてやってきたこと，嘘をついていることを明確に指摘している。これに対し，チャン君は，頻繁に「僕たち」という名詞を用いて，自分のことをクラス全体のことのように言う。彼は，自分の妹の面倒をみて，授業に欠席したことを弁護し，お情けでパスさせてほしいと言って，修辞的質問を用いている。それが，ロバートソン先生の拒否の度をさらに強める結果となっている。

らぬ人に対する開示をより明確に区別した。この分析の延長線上にGudykunstら（1992）の研究がある。彼らは，アメリカ，日本，香港，台湾の学生が，どの程度明確に内集団関係と外集団関係を区別するかを比較した。そして，より集団主義とされる3か国で，外集団関係よりも内集団関係における自己開示と他者への質問がより多く見られた。他方，アメリカでは，内集団と外集団間で，これらの測度に有意な違いは見られなかった。

■ボックス6.3■　文化とインターネット

　コミュニケーションの新しいメディアがつくり出されると，それぞれのメディアを用いる人々の文化的優先権を表明する仕方も進化する。現在，電子メールのほぼ85％は，英語で書かれている（Naisbitt & Aburdene, 1990）。しかし，この話し言葉と言語の相対的な斉一性は，人々が互いにコミュニケーションするときに用いたいと思うあらゆる種類の方法を提供するわけではない。特に，電子メールは，コミュニケーションの他のモードとしての非言語的付随物がない。これは，「顔符号」がつくり出されることによって改善されている。それによって，伝達者は，送ったり受け取ったりする伝達内容に関する感情を強調することができる。最もよく知られている顔符号は，スマイルマークである。顔符号は，おそらく北米が起源で，電子メールの伝達者によって広く用いられるようになった。日本の電子メール利用者は，欧米の利用者より頻繁に顔符号を用いるといわれているが，それは，漢字によく似ているからだと思われる。
　日本の電子メール利用者は，スマイルマークを理解するのが難しいことに気づいた。というのは，スマイルマークによって描かれた「顔:-)」は，一方の側を向いているからである。そこで，彼らは，別の形(^_^)を考案した。それは，前よりもはるかに顔のように見えるものであった。上向きのカーブを出すキーボードの文字はないため，日本のスマイルマークは，それをどう読むかを知らないと，いくぶん表情に乏しいものになる。日本語が男性と女性で違うように，上に示した顔符号は，男性版である。女性は，(^.^)を使う。というのは，日本では伝統的に女性が男性版のように歯をむき出しにしていると慎みがないと考えられているからである。怒りや悲しみなど，他の欧米の顔符号は，日本ではめったに使われない。しかし，謝罪 ^o^;> や冷や汗 (^^;)の顔符号は使われている。このように，インターネットは情動の異文化研究に貢献できるのである。

出典：ニューヨークタイムズ，1996年10月10日

(3)面子を保つ

　個人主義および集団主義文化におけるコミュニケーション・スタイルの違いは，どのような機能を持つだろうか。Ting-Toomey（1988）は顔の理論によってこの点に関する一般的な説明を試みている。彼女は，いずれの文化においても人は面子を保とうとするが，その概念は，個人主義と集団主義文化間で違った意味を持っているという。いずれの文化状況でも，人は，「肯定顔」と「否定顔」の両方に関心を持っている（Brown & Levinson, 1987）。「否定顔とは，個人の自立した権利を尊重してほしいという希望をさす。これに対し，肯定顔とは，自らが呈示したイメージを認めてほしいという希望をさす――。Brown & Levinsonは，人々は，多くの場合，顔への（面子がつぶれるような）脅威に対して，それを最小限にしようと協力すると考えた。というのは，いずれの側の顔願望（面子を保ちたいという願望）も，もう一方の側の行為によって損なわれやすいからである」（Leichty & Applegate, 1991, pp. 452-453）。顔願望は，相互作用する上での普遍的な関心事である（Ho, 1976）。

　実際，「顔」は，広義のメタファー（隠喩）である。関係をはぐくみ，それが汚されるのを防ぐために重要な行動上の手だてを網羅している。それは，「礼儀正しさ」の概念と関係がある。というのは，無礼な行動は，無礼な人と無礼な行為を受ける人双方の顔を脅かすからである。礼儀正しさの理論（Brown & Levinson, 1987）は，相互作用をする者が，適切な礼儀正しさを伝えるために用いる言語的および非言語的な方略の多様性を説明できるよう発展してきた。

　敬語を用いる話し手は，好まれ，より影響力があり，支配的ではないと評価される（Liska & Hazelton, 1990）。このような敬語は，Goodyによって同定されたように社会的に普遍的なものである。

> 効果的な相互作用を行なう上での基本的制約は，いずれの文化や言語においても本質的に同じである。人は，自分の目標を達成しようとするには，どこにいても対話者の協力が必要になる。そして協力を得るには，人は聞き手の反感を買わないようにしなければならない……。(1978, p. 6)

　礼儀正しさの理論は，一般的に，話し手の礼儀正しさは対象人物（聞き手）が話し手に対して持っている勢力，聞き手と話し手の社会的距離，聞き手に対する話し手の要求の厄介さの度合いに伴って増加すると予測している。Holtgraves & Yang（1990, 1992）は，韓国とアメリカ両方の回答者を用いて，言語的礼儀正しさを形成する上で，これらの変数が両文化において重要であることを確認した。また，Ambadyら（1996）も，韓国人とアメリカ人の役割演技で，非言語的礼儀正しさの指標が，勢力

差と要求の厄介さの関数関係として増加することを見いだした。このように，さまざまな文化圏において，人々は，同一関係と内容変数の関数として，他者に対する行動の礼儀正しさを変化させるという証拠が蓄積されてきている。話し手，聞き手いずれの側もこうした顔願望を尊重することに関心があるため，相互作用が進展していくことになる。

　しかしながら，個人主義文化で，顔に焦点が当たるのは，主として「私」である。つまり，そこでの「私」は，自分の肯定的性質を認めてもらい，否定的性質については隠すか，大目に見てもらおうとする。例えばGoffman（1959）の研究は，欧米諸国に見られる否定顔が損なわれるのを回避しようとする「体面繕い」の手続きを取り上げている。Ting-Toomey（1988）によると，集団主義文化集団においては，調和を守ることが主な目標であり，それが達成されると，肯定顔も維持される。紛争の危険があるときの関心事は，特定の「私」が，恥をかくことではなく，迅速に間接的コミュニケーションの手がかりを読みとることによって，対立状況を回避できるよう，「私たち」が危険をかわすことである。Argyleら（1986）は，人が他者と関係を持つ上での，インフォーマルなルールについて比較を行なった。そしてイタリアとイギリスに比べて，日本と香港では情動表出の抑制，調和の維持，そして面子喪失の回避に関するルールを支持する傾向が強いことを見いだした。これらのルールは，単純な自己開示というより，会話での広範な話題に適用される。また，コミュニケーション・スタイルの違いも含んでいる。

　このように，個人主義文化においても多くの人々は他者に恥をかかせまいとするが，Ting-Toomeyのモデルによると，そうした関心は，集団主義状況における理由とはいくぶん異なった理由から生じている。Choi & Choi（1992）は，それぞれ「如才なさ」と「面子を保つ」と訳される，'noon-chi' と 'che-myun' という韓国語の概念を分析している。英語の如才なさ（tact）は，対人的な交渉術あるいは操作術といったニュアンスがあるが，韓国語での意味は，より集団主義的で，対立の回避に焦点が当てられている。彼らは 'noon-chi' の例として，Aが自分のオフィスからBに出ていってほしいと願う場面を取り上げている。Aはそこで，Bに時間を尋ねる。間接的コミュニケーションに慣れているBは，Aが自分に出ていってほしいと思っていることを察知し，それを行動に移すことで調和的な関係を保とうとする。この如才ない行動が意図していることは，対人的な交渉術を示すためというよりはむしろ関係を守ることにある。

　もちろん，集団主義の文化の中でも，面子保持の方略はさまざまである。Tsai（1996）は，中国人と日本人では，面子を失う恐れのある状況においてそれぞれ対処の仕方が異なるとしている。つまり，日本人は，後々義理を果たすことができないと

知っていれば，謝罪することによって面子を保とうとするのに対し，中国人は仮にできないと知っていても，援助を約束して面子を保とうとする傾向があるという。このように，面子を保つことが主要な関心事である文化圏の中でさえ，そのプロセスには文化的差異が見られる。

　最善の努力をしても，面子を失うことは時として生じる。こうした状況で，人は「体面の保持」を試みる。Ting-Toomey (1988) の理論は，個人主義文化において侮辱された人は，特に第三者にその侮辱行為を目撃された場合，それに反駁することによって面子を取り戻そうとする傾向が強いと予測する。Bond & Venus (1991) は，香港の学生に実験を行ない，役割演技で先生役を演じているサクラに侮辱された場合どうなるかを検討した。中国人の被験者は，侮辱が個人的なものである場合は 1 人でいるときよりも他の集団成員と一緒にいるときの方が，その侮辱に対し抵抗を示す割合は少なかった。Bond & Venus は，この一見逆に思える結果について，被験者は，個人的な面子を保つことよりも，彼らが属する集団の名誉を傷つけるような争いを避けることに，より大きな関心を払うためではないかと解釈している。もう 1 つ別の実験では，侮辱は被験者個人だけではなく，彼らの属する集団にも向けられた。この実験条件においては，被験者はよりいっそう強く反駁し，また同時にそこにいた他の集団成員により頻繁に視線を向けることが観察された。これは，侮辱に対する仲間の反応を読み取ろうとした行動であると解釈できる。

　侮辱に対する反撃は，唯一のそしてかなり直接的な体面保持に当たる。Cocroft & Ting-Toomey (1994) は，日本人とアメリカ人の回答者を用いて，文化的にバランスのとれた体面保持方略の類型論を展開している。彼らは，反社会，自己呈示，自己帰属，ほのめかし，命令，向社会的，そして間接的戦略の 7 つの独立した因子を見いだした。アメリカ人は，最初の 4 つの方略をより頻繁に用い，日本人は最後の方略をより多く用いた。残念ながら，これらの研究では，体面保持方略の使用と，個人志向あるいは集団志向の個人レベルの測度を関連づけていない。また，研究者らは，異なる方略のタイプが概念的に等価であるとは限らないことも認めている。したがって，アメリカ人が，他者の体面保持の方法としてより自己帰属（すなわち，個人として責任をとる）を用いるという事実は，自分の（あるいは他者の）「否定顔欲求」にあまり関心のない日本人には当てはまらないように思われる。このように，体面保持の文化的ダイナミックスは，非常に複雑なものである（Imahori & Cupach, 1994 も参照のこと）。少なくとも，行動の方略が文化によって異なることは明らかである。

(4)沈黙は金なり？

　Giles, Coupland & Wiemann (1992) は，話すことに関する中国人とアメリカ人の

信念を比較した。アメリカ人は，話すことは愉快で大切なことであるとし，進行中のことがらを統制する手段と捉えていた。他方，中国人は，沈黙に対してより寛容で，黙っていることこそ進行中のことがらを統制する手段と捉えていた。交渉の研究によれば，日本人も沈黙を許容し，また交渉の進み具合を戦略的に統制するためにこれを頻繁に用いることを示している（Graham, 1985; Hasegawa & Gudykunst, 1997）。オーストラリア人は，アメリカ人よりも言語によるコミュニケーションに消極的である。この違いは，オーストラリア人が相対的に不安が高く，自己の能力を低く見ていることから生じているようである（Barraclough, Christophel & McCroskey, 1988）。個人主義の度合いが強い国の間でも，沈黙と話すことの意味は異なってくる。例えばフィンランドにおいては，沈黙はしばしば話し手に対する傾聴と，話を継続することへの奨励を意味するものとされている。しかしその一方で，メッセージが受け取られているという積極的な言語的あるいは非言語的相づちがある場合にのみ，話し手は話を続ける傾向が強くなるという国もある（Wiemann, Chen & Giles, 1986）。

　Scherer（1979）は，ドイツとアメリカいずれにおいても，話すことによって優位性が表現されるが，優位な人の話し方は，両国間で異なることを見いだした。優位に立つアメリカ人は，より大きな声で話し，感情表出の幅が比較的広い。これに対して，優位に立つドイツ人は，感情表出の幅は比較的狭いが，言語的流暢さは高い。日常的な経験から，人々がどれくらいの声の大きさで話すかということが，出身国によって予測できるほど違っていることがわかる。しかしこれらの違いが，その国において最も支持される価値観と関連しているかどうかについての研究はないように思われる。

　Peng, Zebrowitz & Lee（1993）は，英語と韓国語のアルファベットの朗読を録音したものに対して，韓国人とアメリカ人がどのような印象を持つか比較した。両国の被験者は，声の大きさと権力とを結びつけて考えた。アメリカ人はそれに加えて，話す速度を能力と権力に関連づけたが，韓国人はそうではなかった。Pengらは，韓国人にとってのみ，リラックスした声よりも緊張感を伴う声の方が，高い地位を伝えることになると予測したが，この予測は支持されなかった。ただし，それは実験に用いられた会話において，声の緊張感と大きさがきわめて高く相関していたためかもしれない。

(5)真実の多様性

　コミュニケーション・スタイルの側面には，異なる文化において，どのようなものが「真実」あるいは「虚偽」のコミュニケーションであると考えられているかに関するものもある。普遍主義文化においては，法律が原則としてすべての市民に平等に適用可能と考えられているように，真実はある絶対的なものであると考えられている。

排他主義，あるいは集団主義文化においては，コミュニケーションは常に社会的コンテクストに沿って生じるものと捉えられている。ある所与の状況において何を言うのが適切かを決定するには，社会的感受性と如才なさが要求される。普遍主義文化においても，方便としての嘘（white lies：社会的調和を保つための真実でない発言）をつくことは広く受け入れられている。しかしながら，そういった発言の頻度は，排他主義あるいは集団主義文化の方が高いと考えるのが妥当であろう（McLeod & Carment, 1988）。

Christie & Geis（1970）は，自らが名づけた「マキャヴェリ主義」に関するアメリカでの一連の研究について報告している。マキャヴェリ主義者とは，さまざまな策謀的な戦略によって他者を操作しようとする者のことである。マキャヴェリ主義と迎合主義についてはいろいろな国から研究が報告されており，中にはChristie & Geisの質問紙を用いているものもある。例えば，Tripathi（1981）は，マキャヴェリ主義尺度において高得点を示す者が大学の奨学金を獲得しようとして嘘をついたことから，その尺度がインドでも妥当性があることを示した。しかしながら，今までのところ，マキャヴェリ主義についての文化間での直接的な比較はなされていない。

Almaney & Ahwan（1982）は，アラブ語圏で用いられる，「誇張」と訳される'mubalaqha'の使用について論じている。彼らは，アラブ人は，欧米人ならば誇張とみなすような形式で話さなければ，本当のことを話していると信じないだけではなく，むしろ反対のことを意味しているとさえ推論しかねないと述べている。この誠実さについての信念が，アラブ人と欧米人との間に誤解を生み出したことは，1990年から1991年の湾岸戦争にあまりにも鮮明に示されている。当時，イラク政府は，クウェートへの侵略は，大規模な報復を見るであろうというアメリカ国務長官ジェイムス・ベーカーによる警告を気にも留めていなかった。社会評論家の事後分析によると，その理由は，ベーカーの警告の仕方がそれほど大げさでなかったためであることが示唆されている。その結果，イラクの外相アジズは，ベーカーの威嚇が本物だとは考えなかったのである。それ以前のアメリカ－アラブ諸国間における外交交渉中のコミュニケーション失敗の例が，ボックス8.5（p. 247）にあげられている。

これらの例は，第3章で詳述されている原則，すなわち文化を越えた妥当性にエティックな原則がある一方で，それらが表現されるエミックな手段は，文化によって異なることを例証している。本章で取り上げたケースを見ると，すべての文化において，人々は他者への印象づけを願ってはいるが，その手段はその文化特有のものになると考えられる。

(6) 誉めることと応答すること

　他者を賞賛するということは，すべての文化に見られる人間関係における行動の一形態である（Triandis, 1978）。これは，相互作用する人同士の結びつきを強めるためのものと考えられる。賛辞は強化子の働きをするものであり，その内容を分析することにより，その文化において何に価値が置かれているのか垣間見ることができる（Nelson, El Bakary & Al Batal, 1993）。また，その形態を分析することによってその文化におけるコミュニケーション・スタイルを知ることができる。

　Barnlund & Araki（1985）はこの分野における比較研究の先駆者であるが，誉めるという行動について文化的にバランスのとれた質問紙を作成するために，日本人とアメリカ人のネイティブ・スピーカー（それぞれ日本語，英語を母国語とする人）によるインタビューを行なった。高コンテクスト文化についての理論と一致して，日本人の回答者は，間接的な形式のお世辞（非言語的形式，第三者を通す形式など）を好む傾向を示した。アメリカ人も間接的な形式をかなり支持したが，その頻度は相対的に少なかった。アメリカ人は，日本人に比べて他者をより頻繁に誉め（Beebe & Takahashi, 1989も参照のこと），大げさに賞賛し，身体的外見に焦点を当てる傾向が見られた。またアメリカ人は，自分に遠い人（見知らぬ人，知り合いなど）よりも，自分に近い人（配偶者，友人など）を誉めることが多いが，日本人はこの逆のパターンを見せたという。

　アラブ文化も高コンテクスト文化であるが，Nelson, El Bakary & Al Batal（1993）の研究は，アラブ人と日本人の類似点だけでなく，相違点をも明らかにしている。Barnlund & Araki（1985）の面接－質問紙法を用いて，Nelsonらは，日本人と同様に，アラブ人もアメリカ人よりは誉めることが少ないことを確認した。しかしながら，エジプト人の賛辞は，アメリカ人と同じくらい直接的であった。エジプト人は誉めだすと，アメリカ人に比べてより長く，またしばしば比喩を用いながら，より巧みな誉め言葉を述べた。彼らは，身体的外見に集中する形で誉めるが，ヘアスタイルのような努力によって得られる属性でなく，目をはじめとする生得的な属性に言及することが多い。アメリカ人と同様，エジプト人も日本人よりはパーソナリティ特性を誉めることが多いが（誉めるときには），一方で日本人と同様，アメリカ人よりもスキルや仕事について誉めることが多い。もちろん，信頼性のある相違のパターンを見いだすには，他の高・低コンテクスト文化の情報が必要となる。また同様に，文化を越えてより効果的に誉める方略について，多くの知識が必要であると考えられる（Wolfson, 1989）。

　賛辞に対する応答にも，かなり違いがある。謙虚さに価値を置く文化では，人はお世辞に戸惑うかもしれない。例えば，Loh（1993）は，賛辞に対して「ありがとう」

と言ってそれを受け入れる傾向の強いイギリス人に比べて，香港の中国人は賛辞をはぐらかしたり，否定さえする傾向があることを見いだした。Lohは，イギリス人にとっては同意するという規範がより礼儀正しい選択であるのに対し，中国人にとっては謙虚さの規範が優勢であると考えている。ここでも，異文化間の誤解を生み出すものがかなり潜在していると思われる（第9章参照）。

(7)非言語的成分

コミュニケーションは，上述のような言語的成分だけで成り立っているわけではない。人々は，話したり，聞いたりする間，相手を見つめ，匂いをかぎ，ジェスチャーを使い，微笑むなどの顔からの手がかりを発し，互いに相対するように身体を置き，また姿勢を変える。これらの非言語的行動は，親密さの表現，相互作用の統制，社会的統制の行使，情報の提供，情動の制御，サービスと課題遂行の促進，という6つの社会的機能を果たす手助けをする（Patterson, 1991）。

これらの広範な機能は，どのような文化にも適用し得るものであり，非言語的行動を異文化間で検討することは適切である。既にかなりの研究がなされており（Poyatos, 1988など），そのうちのいくつかは前章で紹介されている（第5章のプロクセミックスなど）。しかしながら問題なのは，これらの研究の多くが記述的であり理論的でないことである。

■ジェスチャー　ジェスチャーの異文化研究は，その好例である。「ジェスチャーの世界」というビデオの中で，Archer (1991) は，セックスや自殺，争い，友情，美といったトピックに関する情報の伝達に，文化が異なるとどのようなジェスチャーが用いられるかをドキュメンタリー記録にまとめている。いうまでもなく，ある概念についてジェスチャーが存在するかどうか，もしあるなら，どのように表現されるかについては，文化によってかなりの違いがある。文化的円滑さのためには，手の合図による「語彙」を習得する必要がある。それらをまちがって用いると，例えば「いいぞ」というときに親指を上にあげる仕草や「勝利のVサイン」などをそれらと別の意味を持つ文化で用いると，人々を侮辱してしまうことになる。

発話と独立して用いることができるジェスチャーを表象（emblems）と呼ぶ（Kendon, 1988）。これらは，それ自体が言語であるが，文化のどの理論にも関連づけることが難しい。実際，現代のジェスチャー研究は，ジェスチャーを多様なタイプに区別している。例えば，Bavelas (1994) は，ジェスチャーを会話的，主題的，相互作用的なものに分類している。相互作用的ジェスチャーはカナダ人の会話の10％から20％を構成するが，それは「話し手が聞き手に屈することなく，彼らを巻き込み

参加させる」(p. 212)。

　この基本的な機能は，他の文化集団ではどのように達成されており，文化によってどのように違ってくるのだろうか？　Wakashima（1996）によれば，日本ではそのような相互作用的ジェスチャーは礼儀に反すると見られるため，あまり用いられておらず，その代わりに言語的なメカニズムがうまく使われている。それはなぜだろうか？　Anderson & Bowman（1985）は，勢力差の大きい文化の人々は，目上の人を立てるのに身体的な緊張を示すと述べている。このような習慣は，他の相互作用にも一般化され，全体としてジェスチャーは抑制される。したがって，聞き手に屈せずに彼らを巻き込み参加させるという目標を達成するには，人々は他の方法を用いなければならない。

　何人かの研究者は，非言語的行動を理解するため，「効率性」アプローチへと関心を移した（Hecht, Andersen & Ribeau, 1989）。今や，凝視やプロクセミックスのような多様なタイプの非言語的行動を用いて結果を達成する能力を，ジェスチャーとともに検討すべきである。「非言語的なメッセージを意味，機能そして結果と結びつけることによって，研究者たちは行動の幅を明らかにした。そして，その有用性を査定する手段を提供し，文化的なパターンや違いを記述するだけでなく，その説明を発展させている」(p. 178)。研究者はこのようなアプローチを用いて，非言語的行動をその源泉（例えば目，手，声帯など）によってグループ化することをやめ，それらが果たしている機能について測定していく必要がある。

　このような機能が文化間でどのように達成されているかが，やがて研究者の探求すべき対象となるであろう。このような関心の移行が，非言語的行動に関する文化間での比較を，地域ごとの特色の目録づくりから，コミュニケーション機能に着目した理論構築へと導いていくであろう。

■体臭　対面的コミュニケーションは，人々を視覚，聴覚的な接触だけでなく嗅覚的な接触へとも導く。Hannigan（1995）はそのような接触の重要性を強調する。

　　　臭いは，人間の感覚の中でも特に大脳辺縁系（情動と記憶を司る脳の部位）に直接つながっているものである。さらに大脳辺縁系は性，食欲および体温に関係するホルモンを分泌する視床下部と脳下垂体を刺激する。したがって，臭いは，人間の最もプライベートで情動的な自己の側面への裏口となり得るものである。(p. 499)

　その原始的な効力のため，心地よいおよび嫌悪を感じさせる臭いに関連した言葉は，社会的，文化的の境界を示すのに用いられ，われわれの対人関係を受容可能なグル

ープと受容不可能なグループに分ける役割を持っている (Largey & Watson, 1971; Almagor, 1990)。

そのインパクトの直接性ゆえに、人の体臭は他者をひきつけたり遠ざけたりする初期要因となる。しかしながら、このトピックはほとんど科学的に研究されていない。Ackerman (1990) は以下のように指摘している。

> 食生活、習慣、毛深さの違いなどのため、人種が違うと、その臭いも人種特有のものがあるという逸話的な事実がきわめて多く報告されている。そのため、人種差別者と呼ばれるのをほとんどの科学者が恐れているが、そうした主張は無視しがたいものになっている。(p. 22)。

嗅覚に関する数少ない異文化間研究の1つに、Schleidt, Hold & Attili (1981) が、日本人、ドイツ人、イタリア人被験者に、3つの文化集団の人物が着用した服のわきの下の臭いを評価させたものがある。女性は、文化集団にかかわらず、同性の人物の臭いを男性よりも不愉快ではないと評価した（性に普遍的なものだろうか？）。しかし、日本人は、すべての臭いをドイツ人やイタリア人よりも不愉快であると評価した。Ackerman (1990) は、白人系（と黒人系）は毛深く、毛の小胞により多くの汗腺を持つと指摘している。蒙古人種系にとって、他の人種集団は、「より芳醇に」臭うのかも知れない。また、日本人は清潔さに関心が高いため、臭いの閾値が低いのかも知れない。

汗の臭いに関して見られた文化差は、口臭に関しても当てはまると考えられる。Knapp (1978) は以下のように観察している。

> アラブ人は常に話している人の息を吸う。しかしこの習慣は、マナーの違いの問題だけではない。アラブ人にとって、よい臭いは好ましく、互いが関わり合うための方法の1つである。友だちの臭いを嗅ぐことは、よいことであるばかりでなく望ましいことでもあり、相手の息を吸うのを拒否することは恥ずかしいことなのである。(p. 171)

人の口臭は、その人の食生活と歯の衛生の関数であり、どちらの変数も文化的な社会化によって強く影響を受ける。このトピックについても研究は少なく、実際旅行者が口臭を強烈に嫌っているにもかかわらず、文化集団を比較した研究は見られない (Hannigan, 1995)。

対人魅力において、Schleidt, Hold & Attili (1981) が、イタリア人とドイツ人の女性は配偶者のわきの下の臭いを不愉快であると判断したのに対し、日本人女性はそ

のような判断をしなかったと報告していることは注目に値する。彼らは，日本での配偶者の選択は，（ドイツやイタリアのように）社会経済的な要因よりも性的な魅力によって影響を受けていると推測している。この興味深い推測は，体臭の役割を重視している。しかし，この強力な感覚のモダリティ（様相）に関する研究は乏しく，そのインパクトを評価するには対人的相互作用の問題，特に異文化的相互作用の問題として検討するのが賢明であろう（第9章参照）。

■微笑み　Matsumoto & Kudoh（1993）は，日本人とアメリカ人被験者の双方に，笑顔と笑顔ではないモデルの写真を見せ，同じ文化と異なる文化のモデルの写真を評定させた。すべての条件で，笑顔はより社交的であると判断された。同様にAlbrightら（印刷中）は，中国人とアメリカ人の評定者は，笑顔という非言語的手がかりを楽観性や正直さといった社交性の要素と関連づけた。幸せと笑顔の関連は普遍的である（第4章参照）ことから，このような知覚はどこでも見られると思われる。

　しかしながら，笑顔は，同時に文化的に異なった知覚も伝える。Albrightら（1997）は，中国人が笑顔をセルフ・コントロールや落ち着きの欠如と関連づけていることも明らかにしている。この結果は，中国人が，情動を自己抑制するよう社会化されていること（Bond, 1993）と一致する。Matsumoto & Kudoh（1993）は，笑顔は，賢さに関するアメリカ人の評価を高めるが，日本人の評価には影響しないことを明らかにした。彼らはまた，顔面のどの筋肉がどのくらい刺激されるかによって，笑顔にもいくつかの種類があることを指摘している。笑顔のような単純な手がかりの知覚においても，細かな区別があり，情動表出の問題を取り巻く文化的ダイナミックスによって影響を受けるように思われる。

2．時間的展望

　集団主義文化を定義づける鍵となる要素は，多くの場合，自分の所属する集団を選べないことである。その結果，集団志向の人は，時間に対して異なる展望を持つ。もし私が，一生あるいは一生のほとんどをある特定集団の成員として過ごさなければならないとしたら，翌週または翌年，他の集団に移動する可能性がある場合に比べて，自らの集団に対する考えは，―過去と未来の両方に―より広がるであろう。また，対人的な問題を今すぐ処理することは，あまり重要ではなくなるだろう。今日扱えなかったことでも，また次に対処できるからである。人類学者は，時間的展望という重要な問題に関心を示してきたが，心理学者はつい最近まで時間的展望についてあまり関心を向けてこなかった（例：Levine, 1997）。

(1) 単一的時間と複合的時間の捉え方

　Hall (1983) は，時間を単一的に捉える文化と複合的に捉える文化を区別している。単一的な時間の捉え方は，時間を限りある資源として捉え，スケジュールや約束事のために用い，一度に1つのことだけをするよう時間を割り当て，コントロールしなければならないと考えている。単一的時間の文化の人々は，しばしば空き時間や待ち時間を「暇つぶし」の時間と見る。このような捉え方は，多くの個人主義文化で見られる。複合的な時間の捉え方では，調和的な関係を維持することを重要な課題と見ており，世話になっているいろいろな人に対して失礼にならないよう，時間を臨機応変に用いるべきだと考えている。このような考え方は，多くの集団主義文化に特徴的である。Hallのモデルはもっともらしいが，時間に関連して重要であると思われる文化の側面はほかにもある。例えば，Hofstedeの不確実性の回避の次元は，われわれが時間の使い方を前もって注意深く計画する度合いに関連している。中国文化コネクション (1987) で確認された儒教的な仕事への原動力も，時間と強く関わっている。Hofstede (1991) が強調するように，儒教は，長期的な目標を達成するための忍耐と倹約に価値を置いている。そのため，Hofstedeは，儒教的な仕事への原動力を長期志向と名前を変更している。

　Levine, West & Reis (1980) と Levine & Bartlett (1984) による一連の初期の研究は，7か国における時間管理の諸側面を比較した。彼らは，公共の場にある時計の正確さ，人々が道を歩く速度，郵便局員が小額の切手を販売終了するまでの時間の間にかなりの相関があることを見いだした。この3つの測度を成分として，Levine & Norenzayan (投稿中) はボックス6.4にあるような31か国の「生活の速度」指数を算出した。

　Levine & Norenzayanの研究結果は，国の経済的な豊かさと市民の典型的な生活の速度に強い関連があることを示している。しかしながら，相関関係から直接的な因果関係を導き出すべきではない。因果関係を主張するには，生活の速度が経済成長が進むにつれ変化していくかどうかを見なければならない。現時点では，そのようなデータは見当たらない。たとえ文化が変化しても，社会構造の中で生活の速度の差異を保つような他の側面が存在するはずである。例えば，ブラジルとアメリカをさらに比較したLevine & Bartlett (1984) は，ブラジルでは，約束の時間に遅れて来た者はそうでない者よりも好ましく，うれしそうで，成功しやすいと評価されるのに対し，アメリカでは常に時間よりも早く来る者がそのように評価されることを明らかにしている。

■ボックス6.4■　31か国における生活の速度

　Levine & Norenzayan（投稿中）は，夏の大都市（多くは首都）での一人歩きの人の歩く速度，郵便局員が切手を売る速度，公的な場所における時計の正確さを研究した。3つの測度を合わせて，生活速度の指標とした。生活の速度は，日本と北および西ヨーロッパで最も速いようである。Levine & Norenzayanは，彼らの指標が，1人あたりの国内総生産（GDP）の高さ，年平均最高気温の低さ，個人主義の価値観と強く相関することを示した。国内総生産の測度は，生活の速度の最も強力な予測因であり，気温と価値観の測度は，生活の速度における差異を説明してはいなかった。

動きが速い国	中程度の国	動きの遅い国
スイス	香港	ギリシャ
アイルランド	フランス	ケニヤ
ドイツ	ポーランド	中国
日本	コスタリカ	ブルガリア
イタリア	台湾	ルーマニア
イギリス	シンガポール	ヨルダン
スウェーデン	アメリカ	シリア
オーストリア	カナダ	エルサルバドル
オランダ	韓国	ブラジル
	チェコ共和国	インドネシア
		メキシコ

(2) 先の見通し

　時間的展望は，人が物事をどのくらいの速度で行なうかだけでなく，どのくらい先まで計画を立てているかを扱わなければならない。Hofstede（1991）は，（先に儒教的な仕事への原動力と呼ばれていた）長期志向の本質は，短期的現在よりも，未来に焦点を当てることだと提案している。この対比は，アメリカ人を一方に，中国人あるいは日本人をもう一方に置いて比較すれば明らかになる。Doktor（1983）は，日本の管理職の仕事ぶりを観察する研究を行なった。その結果，彼の観察したサンプルのうち，アメリカ人管理職ではわずか10%しか1時間以上かかる仕事には取り組まなかったのに対し，日本人管理職では41%がそうした仕事に取り組むことがわかった。同様に，アメリカ人管理職の49%が9分以内で終わる仕事を行なったのに対し，日本人管理職はわずか18%しかそうした仕事は行なわなかった。これらの結果は，日本人管理職は，より長期の時間的展望をもって相互作用していることを示唆するが，個人レベルでの時間的展望概念の直接的測度を提供しているわけではない。

Wheeler, Reis & Bond（1989）も，活動の長さに関する研究を行なっている。彼らはアメリカと香港の学生に，自らの活動を2週間にわたり日記に記録してもらった。中国人は，2人よりも集団で時間を過ごす方が長かった。彼らは，集団の活動により多くの時間を費やし，また一緒にそれを行なう他者の範囲も限られていた。中国人に関する結果は，課題よりも人を重視する複合的な時間の捉え方と一致するが，ここでも，直接的に未来への志向を測定しているわけではない。

　直接的な測度を用いた研究は2つあるが，残念ながら集団主義のレベルが異なる国のデータであり，これらはすべて長期志向が低い国である（Hofstede, 1991）。Sundberg, Poole & Tyler（1983）は，インド，オーストラリア，アメリカの小さな町に住む15歳の青少年を対象に調査を行ない，未来のできごとを7つ選んでもらった。これら7つの未来のできごとの時間の平均は，集団主義の強いインドに住む男子の方が，より個人主義の強いオーストラリアやアメリカの男子より長かった。しかしながら，インドの女子はすべての女子の中で時間の展望が最も短かった。インドにおいてのみ，男子と女子の間で時間的展望に有意な差が見られた。集団主義では，より長期的な時間的展望が見られるであろうといった予測は男子において支持されたが，女子においては支持されなかった。このような結果は，国の文化をひとまとめにして一般化することが危険であることを示している。アメリカやオーストラリアと違い，インドのように性役割がはっきり分けられている国では，この研究結果は，下位文化の多様性がいかに重要であるかを示している。Sundbergらは，研究が実施された学校への入学は，女子の方が男子よりもより選びぬかれた子どもであったとしている。このような学校にいる女子は，インドの他の地域にいる女子よりも個人志向的な傾向があったとも考えられる。しかし，残念ながら個人レベルでのデータはない。

　Meade（1972）も，アメリカ人とさまざまなインド人サンプルの時間的展望を比較した。回答者は全員男性で，与えられた短い文章から短い話を書くよう求められた。与えられた文章は，例えば「L. B. は新しい仕事を始め……」といったものである。そして話の主要なテーマが，未来のことか過去のことかを知るため分析を行なった。現在に関しては，特別なコーディングは行なわなかった。その結果，アメリカ人の話の62%が未来に設定されているのに対し，インド人サンプルでは，ヒンズー教徒のバラモン（Brahmins）が8%，イスラム教徒（Muslims）が16%，パルシー教徒（Parsees）が56%，ヒンズー教徒のクシャトリヤ（Kshatriya Hindus）が58%であった。このような歴然とした差が，文化的価値観によるものか検討する前に，サンプルとしたそれぞれの文化集団から価値観の測度を分離する必要がある。この結果は，先と同じく，インド文化の異質性と，ある国の単一の民族集団から性急な一般化をすることの危険性を物語っている。

時間的展望の違いが，文化的価値観の違いとどのぐらい正確に相関しているかを明らかにするには，まだまだ多くの研究が必要である。これまでの研究では，はっきりとした結論を出すことはできない。今必要なのは，信頼性と妥当性が保証された個人レベルでの時間的展望に関する測度である。Trompenaars（1993）は，Cottle（1976）が考案した測度を用いて，43か国の従業員のサンプルから時間的展望のデータを集めた。例えば，回答者は，過去・現在・未来を表す円を描くよう求められた。円の大きさや，それぞれの相互関連の度合いがコード化されたが，その結果は公表されていない。

3．親密な関係

文化によって，文化内の成員同士が互いにどのようにコミュニケーションするか，また時間をどのように捉えるかに差があるとすれば，それらの差を強調することが，成員間で進展する関係性に大きな影響を与えると考えられる。この一般的な予測は，ほかでもない親密な関係の領域で明確になるはずである。親密さの概念とその表現の両方が，文化によって形成されることを見いだせるだろう。親密さは，社会行動の普遍的な次元として最も新しい構成要素であり（Adamopoulos, 1991），絶えざる発展が期待される。

文化が違えば，当然ながら結婚の契約の仕方も異なる。多くの国では，近年「見合い結婚」が減少し，「恋愛結婚」の増加が見られる。Xu & Whyte（1990）は，中国のチェング（Chengdu）という都市で，1933年から1987年の間に結婚した女性を面接した。この期間中，自分で結婚相手を選んだという女性の比率は，17％から57％と着実に増加した。残りの43％ですら，相手を選ぶのにある程度の選択を行なったと回答した。Sprecher & Chandak（1992）も同じように，インドの若者サンプルの3分の1から半分は，結婚相手を選ぶ自由があると思っていることを明らかにした。これらの変化は選択の要素を多く含んでおり，このことは，個人志向的な価値観の登場と関係があると推察される。

(1)恋愛は文化と結びついた概念か？

恋愛は，相手を自由に選ぶことが重要なポイントと考えられてきた。そのことから，恋愛は個人主義の国で強く支持されると予測できる。Sprecherら（1994）がアメリカ，日本，ロシアの学生に「今，恋をしていますか？」と尋ねたところ，どの国においても大多数の学生がそうであると答え，個人主義的であると思われるアメリカではなく，ロシアの学生が最も得点が高かった。Levineら（1995）は，学生に「ある男

性（女性）があなたの望むすべての条件を満たしていたら，彼（彼女）に恋していなくても結婚しますか？」と11か国で尋ねた。インド，パキスタン，そしてタイの回答者は，その他の国の回答者よりも頻繁に「はい」と答える傾向が見られた。各国で「はい」と答える割合は，Hofstede（1980）の集団主義得点と有意な相関があった。

しかしながら，簡単で単刀直入な質問は，人々が「恋をする」ことの意味をどう捉えているかに関する文化差を隠してしまう可能性がある。Shaver, Wu & Schwartz（1991）は，アメリカとイタリアの人々は，恋愛を喜びと結びつけているのに対し，中国人を対象にした面接では，恋愛は悲しみと正の相関が見られたことを報告している。Rothbaum & Tsang（印刷中）は，アメリカと中国の恋歌の内容を分析した。中国の歌は，悲しみ，未来，そして恋愛の生じたコンテクストについてより多く言及しており，アメリカの歌は，歌い手の愛の対象に直接焦点を当てたものが多かった。しかし，サンプルを比べても，表現されている情動の強さに差はなかった。第3章で紹介したSagiv & Schwartz（1995）の研究結果にもあったように，「友情」も，日本と他の国では意味がいくぶん異なるようである。この問題に取り組むには，「恋愛」とは何かについての理解を分化して捉えることができる測度が必要である。

Dohertyら（1994）は，恋愛と友愛を区別している。彼らは，ハワイで中国人，太平洋諸島の島民，日本人，そして白人系のアメリカ人の4つの民族集団の回答を比較した。Dohertyらは，白人は他の3つの集団ほど恋愛を支持しないと結論づけた。しかし，彼らは，質問紙の回答バイアスによって文化差が生じる可能性を考慮に入れなかった。恋愛の項目と友愛の項目の割合を見ると，中国人が最も恋愛を高く評価し，白人がそれに続いているのである。

もう1つ，よく用いられる測度に，Munro & Adams（1978）の恋愛態度尺度がある。この尺度は，ロマンチック勢力，ロマンチック理想主義，そして夫婦愛からなる3つの次元を，回答者がどのくらい支持するかを測定するものである。ロマンチック勢力の項目は，愛を人生に影響を与え障害を取り払う強い力として描いている。ロマンチック理想主義の項目は，愛することは生きることの本質であると主張する。夫婦愛の項目は，愛には思いやりによって，心を和ませ落ち着かせる効果があるはずだとしている。この尺度は，カナダで開発され，そこでは3つの次元に分かれることが，高い信頼性を持って見いだされた。この尺度はさらに，高校生と大学生を対象に，カリブ海（Payne & Vandewiele, 1987），セネガル（Vandewiele & Philbrick, 1983），ウガンダ（Philbrick & Opolot, 1980），アメリカ（Philbrick, 1987），そして南アフリカの多くの白人と黒人の集団（Stones & Philbrick, 1991）で用いられている。北米以外では，この尺度の妥当性は特に確認していないので，これは強制されたエティックの測度を扱っていることになる。

このケースでも，国のサンプル間の平均値を比較するのは適切ではない。それは，国のサンプルの平均値は，さまざまな項目で極端な答え方をするか否かといった構えの文化差によって歪められているかもしれないからである。しかし，このバイアスの問題は，それぞれのサンプルの中で，どの次元が最も支持されているかを比較することで回避できる。1つの次元における項目数が少ないことを修正すると，強調点にいくらか差が見られた。夫婦愛の尺度はウガンダ人，セネガル人，そしてアメリカの工学部の学生に最も支持された。ロマンチック理想主義の尺度は，カリブ人に最も好まれた。ロマンチック勢力の尺度は，南アフリカの黒人，白人両集団において強く支持された。カナダではサンプルの年齢層は幅広かったが，若い回答者の間では，ロマンチック理想主義が最も高い得点を得ていた。このちぐはぐな結果は，明確なパターンを示していない。今後の研究に枠組みを与えるためにも，さらに積極的な理論化が必要である。

Simmons, von Kolke & Shimizu (1986)，そしてSimmons, Wehner & Kay (1989) も同じようなアプローチを用いたが，彼らは，恋愛を評価するのに別の測度を用いている。彼らは，Hobart (1958) の恋愛尺度において，フランスとドイツの学生が最も高得点で，日本の学生はやや低かったことを明らかにした。1つのアメリカ人サンプルは，日本人よりも高得点で，他のアメリカ人サンプルは日本人よりも低かった。しかし，尺度のそれぞれの項目に対する回答を分析すると，恋愛も国によって異なった意味を持つことがわかる。例えば，「個人的に重要なことに関しては，恋人同士は何もかも打ち明けるべきだ」という主張は，ドイツ人の75%，アメリカ人の53%，日本人の25%に受け入れられた。

この一連の結果は，第4章で取り上げたBuss (1989) およびBussら (1990) の友人の好みに関する研究で得られたパターンにそのまま当てはまる。他者への愛着の表現は，比較的普遍的である。しかし，愛やロマンスという一般的な観念に，どのような態度や行動が含まれるかを明確にして，測度をより詳細なものにすればするほど，多くの差異を見いだすことができる。

Hatfield & Rapson (1996) は，19か国で行なわれた婚前の性行動に関する18の調査結果をまとめている。日本人，韓国人，イスラエル人，香港人，そして中国系アメリカ人回答者では，その頻度は比較的低かった。ヨーロッパ人，アフリカ人，ラテン系アメリカ人，そして北米人回答者では，その比率はずっと高かった。このような差のパターンを説明できる理論は，今のところ出されていない。

(2)確立された親密な関係

既に形成されている親密な関係に関して文化間の比較を行なった研究は非常に少な

い。Ting-Toomey（1991）は，アメリカ，フランス，そして日本のかなり大きな学生サンプルに，異性の親しい友人との現在の関係について評定してもらった。アメリカ人は，より多くの「愛を示す行動」と自己の開示とともに，個人主義の文化で予測されるように，関係を続けるかどうかのアンビバレンスもより多く報告していた。フランス人は，アメリカ人や日本人よりも葛藤のレベルが低かった。Ting-Toomeyは，この結果は，フランスでは不確実性の回避が高いためと説明している。しかし，日本は，不確実性の回避という文化次元において，さらに高い得点を得ており，この説明では不十分である。葛藤レベルの差異を理解するには，3か国で他の友人関係の重要度に差があるかどうかを同時に検討する必要がある。例えば，フランスは葛藤が特別低いのではなく，日本が特別に高いのかもしれない。日本人男性は，仕事に関連した同性の仲間集団に対し強いコミットメントがあるため，異性との関係に葛藤が生じるとも考えられる。この予測と一致する形で，Ting-Toomeyは，日本人女性の回答者は，日本人男性よりも，より多くの葛藤を報告していることを明らかにしている。これは，他の2か国では見られない。

　第4章で，相手の嫉妬を掻き立てるような行動は，文化によって異なることにふれた（Buunk & Hupka, 1987）。Hupka & Ryan（1990）はこの分析をさらに進めて，姦通に対する反発が最も強く表明されるのは，どの社会であるかを予測しようとした。彼らは人類学の過去の多くの研究から集められたデータファイルを用いて，150の部族社会を比較した。女性の不義に対する夫の反応は，無関心から殺人まで非常に多岐にわたる。Hupka & Ryanは，これらの違いは，それぞれの社会で結婚と所有権をどのくらい重要視するかによって予測できると結論づけた。Levinson（1989）は，さらに多くの社会のデータファイルを調査し，結婚関係における暴力事件を調べた。330もの社会のうち，84%は夫が妻を殴っていた。また，27%は妻が夫を殴っているが，その時は夫が妻を殴る場合ほど暴力的なものではない。この種のデータは，暴力行動の頻度や，それらが減少傾向にあるかどうかについての情報は含んでいない。

　Van Yperen & Buunk（1991）は，オランダ人カップルとアメリカ人カップルの満足度を比較することで，親密な関係を理解するための一般的な側面を考察しようとした。アメリカの理論家の多くは，第8章で見るようなAdams（1965）の公平理論の適用を試みている。Van Yperen & Buunkは，アメリカの研究で見られたように，公平理論がカップルの関係性に対する満足度を説明できるかどうか検討した。アメリカ人被験者に関しては，関係に最も満足している者は，相手が関係に自分と同レベルの投資をしていると感じている者であることが明らかになった。しかしオランダでは，最も満足している者は，「もらいすぎ」の者，つまり相手が自分よりも多くの投資をしていると感じている者であった。「もらいすぎ」のアメリカ人は，利益が同等であ

ると感じている者よりも満足度は低かった。

　これらの結果は，われわれの視点から見ると非常に興味深い。なぜなら Van Yperen & Buunk（1991）は，被験者に，彼らのいう「共同志向」の測度に回答を求めており，それは集団志向的価値観を測定しているからである。この研究におけるアメリカのサンプルはペンシルベニアとハワイで集められたが，回答者の半分以上はアジア系であった。Van Yperen & Buunk は，被験者がサンプル全体として高い共同志向を持っており，その回答は公平理論の予測から逸脱することを明らかにしている。その意味で，オランダの親密な関係は，アメリカの親密な関係とは異なるといったステレオタイプ的な結論を下さないですむことになる。もう1つの説明として，集団志向的価値観を持つ者と持たない者では，関係そのものが異なる可能性が考えられる。実は，共同志向の是認と公平理論の予測からの逸脱との関連は，アメリカにおいてより強かった。おそらく，アメリカのサンプルの方が多様性に富んでいたためであろう。

　アメリカのサンプルの多様性は，民族的な多様性だけでなく，ジェンダー差にもよる。Van Yperen & Buunk（1991）は，Hofstede がオランダを「女性的」と特徴づけたことに注目しているが，この次元をこのように呼ぶことには問題がある。というのは，文化の特徴と個人の特徴を混同してしまいかねないからである。しかし，彼のいう「女性的」な文化は，共同志向の価値観が優位である文化をさし，男性的な文化は（大抵は男性による），課題達成が最も高く評価される文化をさす。Hofstede はこの定義により，オランダとスカンジナビア諸国を最も「女性的」であるとした。また Hofstede によると，女性的な文化は，男女の平等な関係を促進する文化でもある。Van Yperen & Buunk も，オランダの男女間の関係における貢献度の評価には差がなく，逆に，アメリカのサンプルでは有意な男女差があることを見いだしている。この結果は，こうした国の分類に合致している。どちらの国も，女性はより共同志向が強かった。全体として結果をもっともらしく説明するとすれば，オランダでは共同志向がより強く，アメリカではジェンダーや民族的背景によって，得点の変動がより大きいということであろう。

　なぜ，集団志向的価値観を持ったカップルの反応は，公平理論に当てはまらないのだろうか。親密な関係においては，集団志向的価値観は，パートナーが個人の貢献度を別々に計算するよりも，関係性を1つの単位として評価するよう導くと考えられる。アメリカの研究からは，個人主義の文化においてさえ，パートナーが問題の原因が誰にあるかを考えだす程度によって，関係性の破綻を予測できるという（Bradbury & Fincham, 1990）。さらに Dion & Dion（1993）は，個人主義の国でロマンチックな恋愛が理想とされているにもかかわらず，個人志向的価値観が強い人は関係を終了させがちなことを示している。Dion & Dion（1991）は，カナダで，こうした傾向を支持

する結果を得ている。また，Dohertyら（1994）は，ハワイで恋愛と個人主義の測度間に負の相関があることを見いだしている。ここに，分析のレベルを区別することに注意をはらう必要がある。ほとんどの人が個人志向的価値観を支持する文化において，相対的に集団志向的価値観を持つ人は，より関係性に打ち込む人であるように思われる。

関係性が確立すると，しばしば，家族が形成されることになる。家族はあらゆる文化の土台をなすものであるが，それは特に集団主義の価値観に立つ文化で当てはまる。低コンテクストの文化における研究者が，2人の恋愛関係の発生には注意を向けるものの，2人の関係を含む家族関係にそれほど注意をはらわなかったとしてもそう驚くことではない。さらに，個人主義の文化においては，核家族のダイナミックスにより強調点を置き，大家族の役割にはあまり関心を示さないと考えられる。どちらの家族のタイプに関しても，文化間の比較を行なう研究は，主として臨床や発達心理学者たちによってなされてきた。ここでは詳しく取り扱うことができないので，以下のような書物を参照されたい（Kagitçibasi, 1996b; Berry, Dasen & Saraswathi, 1997）。

相対的に集団主義の文化においては，関係性の破綻を扱った研究は少ない。Hortaçsu & Karançi（1987）は，トルコの学生がアメリカの学生と同じように，関係性の破綻を相手の人格や相性の悪さに帰属していることを明らかにした。しかしながら，参加者はアンカラの中東工業大学の学生であった。ここでは英語で授業がなされており，参加者は比較的個人志向的価値観を持っていたと考えられる。Levineら（1995）は11か国で行なった調査で，「結婚生活で愛がまったくなくなってしまったとしたら，潔く別れて新しい人生をやり直した方がいい」と考えるか否かを学生に尋ねた。回答はさまざまであったが，文化レベルでの平均値は，Hofstede（1980）の集団主義の得点とは無関係であった。つまり結婚の解消をもたらす要因は，文化レベルの価値観というよりは，社会構造や法的な要因の影響が強いと考えられる。

(3)同性の友人関係

対人的な親密さは，同性の友人関係においても見られるが，このトピックに関して文化間で比較を行なった研究は非常に少ない。こうした研究は明らかに重要であるが，異文化の友情が成功するか失敗に終わるかは，双方がある程度友情の概念を共有しているかどうかによる。Verkuyten & Masson（1996）は，オランダ在住のさまざまな民族集団が同性との友情をどのように知覚しているかを調べた。彼らは，個人志向と集団志向の個人レベルでの測度を用いて，民族集団差を理解することを試みた。

Verkuyten & Masson（1996）は，彼らの扱った民族集団が個人志向において違いがないことを見いだした（Kashima et al., 1995も参照のこと）。しかし，モロッコ人

とトルコ人は，オランダ人や南ヨーロッパ人に比べて集団志向が高かった。集団志向の高さは，「自分が友人に似ていると知覚する程度」，「友人を記述するのに，民族，ジェンダー，宗教などの社会的あるいは付与された特徴を用いる程度」，「集団志向の低い人より親友が少ないこと」（p. 215）などの要因と関連していた。集団志向の高い人は，「親友との関係をより親しいものと見ており」，「親友以外の友人はより少なかった」（p. 215）。さらに「集団志向の高い人は集団志向の低い人よりも，第三者との関係に関する友情のルールをより多く支持する……。集団志向は，互いの面子を保つことと内集団規範による決まりを守ろうとするという考えと一致している」（p. 215）。

この洗練された研究は，民族集団に見られるあらゆる差異を「ひとまとめにすることから脱すること」ができる，すなわち，集団志向という個人レベルの変数で説明できることを示している。さらに，相互依存的な自己の捉え方を親密な個人的関係の領域における理解へと広げてくれる。このような理解は，自己概念，内集団関係の強さ，対人的な調和への関心などに関する過去の研究結果と一致している。

4．協力と競争

親密な関係の発展をめぐるいくつかの問題を取り上げたので，次は，より広い社会的状況において，人はどのような要因によって互いに協力したり競争したりするかという，より一般的な問題に目を向けることにする。他の分野の研究者にも見られるが，普遍性を前提とする研究者にとっては，実験の被験者としての個人が，協力あるいは競争相手とする他者がどのような人かを知ることは，それほど重要ではないと考えられていた。さらに，これから取り上げようとする研究は，厳密に統制された実験デザインを用い，参加者同士のコミュニケーションは最小限にとどめられていた。また，参加者には相手方の情報はほとんど与えられなかった。これらの研究は，いろいろな実験ゲームにあるように，特別に操作的な協力の定義がなされている。それぞれのゲームで，実験者は被験者に一定の選択肢を与え，それらを協力的または競争的と名づけている。第 3 章で述べたことに関していえば，実験者が名づけた現象が，被験者が知覚している状況と同じであるかを明確にするために，今までの研究をより詳細に見ていく必要がある。この潜在的な違いは，強制されたエティック的研究，すなわち，ある文化の概念や方法が他の文化では異なった意味を持つ可能性があるにもかかわらず，それを検討せずに他文化に適用した研究に特徴的である。もちろん，この危険性は本書で取り上げるどの研究にも当てはまる。しかし，これから扱う研究に関しては特に深刻である。なぜなら，それらは非常に綿密に統制されており，またその多くは

被験者にゲームをさせるものだが、そこで彼らは互いに話もせず、その場で起きていることをどう感じているかについて、実験者に直接フィードバックすることもないからである。

アメリカの協力と競争の研究においてポピュラーになったゲームのうち、最も広く用いられているのは、おそらく「囚人のジレンマ」であろう。このゲームでは、2人のプレーヤーが1つまたは複数の選択を同時に行なう。プレーヤーたちの選択の組み合わせによって、両者が利益を得たり、一方が他方を犠牲にして大きな利益を得たり、また両者が損をしたりする。典型的な報酬分配表を表6.1に示した。各プレーヤーは、協力（C）または裏切り（D）の選択ができる。表に示されている数字は、両者が選択したときにそれぞれが受け取るお金、または報酬である。つまり両者ともCを選べば、両者とも3の報酬が得られる（ゲーム1）。しかし、もしプレーヤー1がCを選び、プレーヤー2がDを選べば、プレーヤー1はわずか1、プレーヤー2は4の報酬を受ける。どちらも、相手方が「協力」の選択をするよう仕向けながら、自分自身は裏切りの選択をすれば、相手を犠牲にして自分は大きな報酬を得ることができる。もちろん両方のプレーヤーが裏切れば、両者が協力し合ったときよりも報酬は少ない。似たようなゲームで、被験者が自分の取り分を増やそうとしているのか、それとも相手のプレーヤーを出し抜こうとしているのかがわかる差の最大化ゲームというのがあるが、これも表に示した（ゲーム2）。

McClintock & McNeel（1966）とMcNeel, McClintock & Nuttin（1972）は、アメリカとベルギーのフランダース人の学生で、差の最大化ゲームのスコアを比較した。彼らは、ベルギーの学生の方がずっと競争的であると報告している。しかしフランス人のFaucheux（1976）は、このデータの分析には、アメリカ寄りのバイアスがかかっていると批判している。彼は、ベルギー人は負けているときに限って競争的となり、逆にアメリカ人は勝っているときに競争的になると指摘した。彼は、つまるところ、実はアメリカ人の方が競争的であり、ベルギー人はゲームの構造を利用して相手とのバランスを保とうとしていたと解釈している。

▲表6.1　典型的なゲームのマトリックス

		ゲーム1 囚人のジレンマ・マトリックス		ゲーム2 差の最大化マトリックス	
		プレーヤー2		プレーヤー2	
		選択C	選択D	選択C	選択D
プレーヤー1	選択C	3\3	1\4	3\3	1\3
	選択D	4\1	2\2	3\1	1\1

それぞれのセルの最初の数字はプレーヤー1の利益を示しており、2番目の数字はプレーヤー2の利益を示している。

同じような解釈の曖昧さは，Marwellとその共同研究者の一連の研究にも見られる。Marwell & Schmitt (1972) は，搾取される危険がある場合，ノルウェー人がアメリカ人よりもずっと競争的であるという結果を得た。しかし，搾取の危険性が排除された場合には，ノルウェー人の方がアメリカ人よりもずっと協力的であった (Marwell, Schmitt & Boyesen, 1973)。これらの研究は，さまざまな文化集団において客観的であると思われている協力と競争の行動に関する記録が，より細かく見ると別の解釈が可能であることを示している。

　同じような研究でCarment (1974) は，カナダ人の35％が競争的な選択をしているのに対し，インド人では55％であったと報告している。インド人の方がカナダ人よりも競争的であるといった結論に対して，Alcock (1974) は異を唱え，他のゲームで時間の圧力をかけた場合，カナダ人の方がインド人よりも競争的であったと述べている。さらに別の研究で，Alcock (1975) は，インド人は自分が強い立場にあるときはより競争的になると感じており，カナダ人はそのような状況であまり競争的にならないことを明らかにした。これらの研究は，ある文化集団を競争的であるか否かラベルづけするよりも，それぞれの国のサンプルにおいて，どのような状況で競争的な行動が生じるのかを見る必要があることを示唆している。

　Carment & Alcock (1984) は一連の研究の最後で，以下のような見方を支持している。差の最大化ゲームで，再びインド人はカナダ人よりも競争的であるという結果が出た。しかしながら，1人のプレーヤーがより多くの報酬を得られるようにゲームのマトリックスを変更すると，複雑な効果が見られた。ここでは，カナダ人は，より競争的になった。つまり，より多くの報酬を得やすくなったプレーヤーがそれだけ報酬を得ようとし，不利な側のプレーヤーは，それを食い止めようとした。インド人においては，逆のパターンが見られた。つまり，有利な側のプレーヤーはそれ以上の利益を避けようとし，不利な側のプレーヤーは，有利な側のプレーヤーがさらにボーナスを得られるようにした。この結果は，カナダ人は，状況をより競争的であると知覚したのに対し，インド人は，階層的な状況における行動，つまり下位の者は上位の者に敬意を示し，上位の者は寛大さを示したと解釈される。ここでもまた，被験者の反応の意味を理解するには，彼らが状況をどう捉えていたかを知る必要があることがわかる。

　インド人が参加した他の研究で，L'Armand & Pepitone (1975) は，アメリカ人の学生はコストがあまりかからないときは，よそ者に報酬を与えようとするが，自分たちの取り分が少なくなる場合は，報酬を与えようとしなかったことを明らかにした。インド人学生の間では，その差はほとんどなかった。彼らは，どの条件においても報酬を与えようとしなかった。なぜそうなのかについては，Pandey (1979) の研究に

よって部分的に明らかにすることができる。インド人が他者に報酬を与えようとする気持ちは，与える側と受け取る側が所属する集団の地位に強く影響される。L'Armand & Pepitone の実験では，報酬を受ける「よそ者」は，被験者からは見ることができたが，話しかけることはできなかった。しかし高地位のバラモンであることは見てとれたはずである。L'Armand & Pepitone は，さらに分析を進め，インド人被験者の中でも，バラモンの被験者は，そうでない階層の被験者よりもより多く「よそ者」に報酬を与えようとしたことがわかった。

最後の2つの研究は，アメリカやカナダなど個人主義の文化においては比較的明確な構造をもった実験であっても，インド人が実験状況でどのように報酬を分配するか決断する際の集団主義の原理に注目しなければ，謎めいた結果を生み出してしまうことを示している。

(1)競争性をコンテクストの中に置いてみる

このセクションで，これまで見てきた実験は，どれも北米で見られる協力と競争を他の文化と比較するといったものだった。表6.2は，ある程度一貫した結果をまとめたものである。どのケースでも，北米人の研究者は，「外国（北米以外）の」集団がより競争的であるという結果を得ていた。6つのうち5つの研究で，実験状況をいくらか修正して検討を進めると，「外国の」集団の競争性が弱まるとともに，北米の集団の競争性が強まることが見いだされた。このような結果は，北米以外の被験者は，北米人よりもコンテクストに敏感であるという考え方と一致する。もちろん，北米人も状況の変化に反応していたが，その程度は小さかった。集団主義傾向の強い文化の被験者は，よりコンテクストに敏感であると推測されるものの，5つの研究のうち3つは，ヨーロッパ人と北米人を比較したものであることに注意しておく必要がある。Hofstede（1980）の個人主義のランキングでアメリカとカナダがそれぞれ1位と4位であるのに対し，ベルギー，デンマーク，ノルウェーは8位，9位，13位である。分布の中で，高コンテクストの極に位置する文化の結果が得られれば，より大きな差が見られると予測できる。ただし集団主義文化に属する者の協力・競争の選択は，取引の相手が誰であるかに強く影響されることに留意しておかなければならない。

この分析は，世界の他の場所でなされた研究を検討するための仮説を提供してくれる。Bethlehem（1975）は，西欧化が競争をもたらすとしている。彼は，ザンビアのトンガ族の伝統的な成員と西欧化した成員，さらにザンビア在住のアジア系の学生を比較した。予測通り，伝統的なトンガ人は修正版囚人のジレンマ・ゲームで，西欧化したトンガ人よりもはるかに協力的であった。

アフリカで行なわれた他の研究で，Foley Meeker（1970）は，リベリアのクペレ

▲表6.2　北米とその他の国を比較したゲームの研究

研究	全体の効果	変化したコンテクストの効果
McClintock & McNeel (1996)	ベルギー人がより競争した	ベルギー人はあまり競争しない* アメリカ人がより競争した*
Carment (1974)	インド人がより競争した	
Alcock (1974, 1975)	同じ	インド人はあまり競争しない カナダ人がより競争した
Carment & Alcock (1984)	インド人がより競争した	インド人は状況を優位－従属と再定義した カナダ人がより競争した
Marwell & Schmitt (1972)	ノルウェー人がより競争した	ノルウェー人は最も競争しなかった
Marwell, Schmitt & Boyesen (1973)		アメリカ人はあまり競争しなかった
Rapoport, Guyer & Gordon (1971)	デンマーク人がより競争した	デンマーク人はあまり競争しなかった アメリカ人がより競争した

*このケースでは，実験者はコンテクストを変えなかった。しかし，彼らは実験が進むにつれて，被験者にどのくらいうまくいっているかがわかるようにフィードバックを与えた。こうして被験者をコンテクストの変化に順応させることができた。

(Kpelle) 族の伝統的な成員と西欧化した成員を比較した。西欧化したクペレ人は，伝統的なクペレ人よりも個人志向的価値観を持っていると考えられる。囚人のジレンマ・ゲームを用いた結果，ここでも伝統的なプレーヤーの方が協力的であるという結果が得られた。しかしFoley Meekerがさらに差の最大化ゲームを行なわせたところ，伝統的なプレーヤーもそうでないプレーヤーも同等に，しかも強いレベルで競争的であるという結果が得られた。ここでもまた，文化の競争性を測定する方法としての実験的ゲームが混乱した結果をもたらした。Foley Meekerの被験者が，なぜ2つのゲームで異なった反応をしたかはわからない。彼女は，差の最大化ゲームでは，被験者が相手から協力か競争かはっきりとしたメッセージを受け取るため，競争に対しては競争で応えていたと説明している。しかし囚人のジレンマ・ゲームでは，相手がどのような出方をしているかわかりにくい。そのような状況では，西欧化したプレーヤーは競争を選び，伝統的なプレーヤーは相手を信頼しようとするとFoley Meekerは述べている。

興味深いことに，Cox, Lobel & McLeod (1991) が行なったアメリカの民族集団の研究においても同様なパターンの結果が得られている。彼らは，囚人のジレンマのデザインと学生被験者を用いて，アングロ（白人）系の学生が，ヒスパニック（ラテン）系，アフリカ系，アジア系の学生よりも競争的であることを見いだした。さらに，相手が協力的な選択を行なっているというフィードバックを与えられると，アングロ系の学生はより競争的になり，ヒスパニック系，アフリカ系，アジア系の学生はより協力的になった。Gabrenya (1990) は，集団主義の背景を持つ者がより協力的になる

という結果は，相手方がよそ者である場合には逆になることを明らかにした。台湾人で得られたパターンとは逆に，個人主義文化（アメリカ）の被験者は，友人よりもよそ者に対してより協力的になることがわかった。集団主義という文化次元においては，相手との関係の質が，協力的な行動の重要な調節器であるといえる。

(2)子どもたちの間での協力

　文化間で協力行動を比較する際のアプローチに，Madsenとその同僚が世界中の子どもたちを扱ったものがある。Madsenは，2人から4人の子どもがグループで関わるような実験装置を開発した。子どもたちは，ボールを運んだり，おはじきをしたり，協力してひもを引っ張って箱を開けるといった課題を与えられた。子どもたちが協力し合えば課題はかなり易しいものの，競争するとすぐに困難になる。この実験方法を用いてMadsenらが世界各地で行なった一連の研究によると，多くの国でグループに報酬が与えられる場合には，協力関係が結ばれた。しかし，報酬が個人に与えられる場合には，子どもたちは協力するのが難しかった。表6.3は，それらの状況でどのようなことが観察されたかをまとめたものである。この表から明らかなように，田舎に住む子どもたちの方が都会に住む子どもたちよりも協力的であることが見てとれる。しかし，この一連の研究の中で，直接国と国を比べて見られた唯一の差（つまり，アメリカとメキシコの間に見られた差）は，都会と田舎の差として説明することができる。Madsenの研究では，ロサンゼルス（米国）とバハ・カリフォルニア（メキシコ）の小さな町の子どもを比較しているからである。

　Kagan, Knight & Martinez-Romero（1982）は，メキシコの田舎の子どもは，アメリカ人やメキシコ系アメリカ人の子どもよりも協力的であるという結果を得ている。この場合，子どもたちに，おもちゃを取られてしまったらどうするか，他の子に叩かれたらどうするかを質問するなどの面接法が用いられている。したがって，この研究は，協力のレベルの違いが，かなり異なった研究方法を用いても得られることを示しており，今までの結果を支持している。

　Strube（1981）は，子どもの競争に関して入手可能な研究をメタ分析し，報告されたジェンダー差に一貫性があるかどうか調べた。その結果，アメリカのアングロ系文化とインドの文化では，男子の方が競争的であり，イスラエルではその反対の傾向があると結論づけている。第4章で見たように，ジェンダー差も文化によって変化し得るのである。

　男女差や都市と地方の間に差が見られたので，残った問いは，この一連の研究から，サンプル間に文化に帰属できるような差が見られるかどうかということである。表6.4の4つの研究は，どれもおはじきを引っ張る実験装置を用いて，9歳から11歳の

▲表6.3 Madsenの装置を用いた研究結果

研　究	場　所	結　果
Sommerlad & Bellingham (1972)	オーストラリア	オーストラリア原住民はより協力的
Thomas (1975)	ニュージーランド	ポリネシア人と田舎のマオリ人は，都市のマオリ人や白人より協力的
Munroe & Munroe (1977)	アメリカ，ケニヤ	キクユ族（ケニヤの農耕民族）がより協力的
Miller & Thomas (1972)	カナダ	ブラックフット族（アメリカインディアンの一部族）は白人より協力的
Shapira (1976)	イスラエル	キブツは都市より協力的
Shapira & Madsen (1969)	アメリカ，イスラエル	都市の子どもたちには差なし
Shapira & Lomranz (1972)	イスラエル	アラブ人はユダヤ人のキブツほど協力的ではないが，都市のユダヤ人より協力的
Madsen & Yi (1975)	韓国	田舎が都市より協力的
Madsen (1971)	アメリカ，メキシコ	メキシコ人がより協力的
Madsen (1967)	メキシコ	田舎が都市より協力的
Madsen & Shapira (1970)	アメリカ，メキシコ	メキシコ人がより協力的
Kagan & Madsen (1972)	アメリカ，メキシコ	メキシコ人がより協力的
Madsen & Lancy (1981)	パプアニューギニア	田舎が都市より協力的
Marin, Mejia & Oberie (1975)	コロンビア	田舎が都市より協力的
Hullos (1980)	ハンガリー	田舎が都市より協力的

▲表6.4 Madsenのおはじき遊びにおける協力行動

研　究	国	平均協力試行数
Madsen (1971)	アメリカ	0.2
Shapira (1976)	イスラエル	1.67
Madsen & Yi (1975)	韓国	1.44
Madsen & Lancy (1981)	パプアニューギニア	2.2

すべての研究が10試行行なった。ただし，Shapiraの研究のみ12試行。イスラエルの平均値は，他と比較できるように変換した。

都会の子どもが，協力するよう指導を受ける前の結果を示したものである。アメリカ人の子どもは，他の3か国の子どもよりも明らかに協力的でないことがわかる。おそらく，より個人志向の傾向があるためと考えられる。

(3)協力とパートナーのアイデンティティ

協力と競争の諸側面に関する最近の研究は，実験ゲームにおける行動が，価値観や文化的背景によるだけではなく，相手をどう見ているかによっても異なることに注目している。Van Lange & Liebrand (1991) は，個人主義・競争的とされた学生と，

向社会・愛他的とされた学生が，集団へのボーナスに貢献する度合いを比較した。オランダとアメリカの両国で，相手のプレーヤーが賢いと被験者が信じた場合，向社会的プレーヤーはより協力的になったが，個人主義のプレーヤーはそうはならなかった。したがって，Hofstede (1980) が最も個人主義とした2つの国の文化においても，相手が協力的なパートナーであるとわかると，相互依存的行動パターンを示す被験者がいることがわかる。

Yamagishi & Sato (1986) も同じような問題を扱っている。日本の学生が，集団へのボーナスに個人的に貢献する度合いは，5人の集団が友人で構成されているか見知らぬ人で構成されているかという点と，ボーナスがどのように計算されるかの2点によって規定されることが見いだされた。もしボーナスが，個人の最も低い貢献度に合わせられたり，平均的な貢献度に合わせられた場合，友人集団の方が見知らぬ人の集団におけるよりも貢献度が高かった。もしボーナスが，個人の最も高い貢献度のレベルに合わせられた場合は，友人と見知らぬ人の行動に差は見られなかった。つまり，集団主義の文化においても，他のプレーヤーが友人であるという情報は，ゲームのルールが相互依存を促しているときに限り協力行動を促した。

これら最近の協力行動の研究は，子どもの協力に関する一連の研究と同様，協力行動が，文化の中のさまざまな要因や，文化差に影響されることを強調している。今必要なのは，これらさまざまな効果を混同しない研究である。この研究はまた，コンテクストの要因が文化的圧力と反対の方向に強く働くとき，文化的圧力を覆すことを示している。さらに，個人主義－集団主義が，協力のレベルに関係する唯一の文化レベルでの変数ではないことを忘れてはならない。囚人のジレンマ・ゲームのいくつかの研究は，Hofstede (1980) が文化的に男性的であるとした北米の文化の成員と，文化的な女性性で高得点を得ている北ヨーロッパ文化の成員とを比較している。Hofstedeのデータによると，女性的な文化の成員は利益をあげることにあまり力を入れず，相手とよい関係をつくることにより力を注ぐと予測される。

5．小集団での行動

ここまで，ペア（2者間）の関係を考えてきたので，今度は，人々が小集団の中で他者とどう関わり合うかという問題へ範囲を広げてみたい。この問題を検討するには，第2章でレビューしたいくつかの古典的な研究の追試を参照する必要がある。それぞれのケースにおいて，これまで進めてきた概念的枠組みに照らして検討することが実り多いと思われる。

(1)社会的手抜きの新しい視点

　第2章では，社会的手抜きとは正反対の効果が，イスラエルだけでなく東アジアの諸国でも見られることにふれた。Earley (1989, 1993) の研究は，この正反対の効果の最も強い根拠を提示している。先に詳しく述べたこと以外に，これらの研究の被験者は，個人志向／集団志向を査定する簡単な測度にも答えていることを付け加えておきたい。

　Earleyの測度から，アメリカ人の部長は，イスラエル人や中国人の部長よりもはるかに個人志向的価値観を持っていることがわかった。また個人レベルでの分析は，文化に関係なく，集団志向的価値観を持った人は，他者がいるところで仕事量が増し，個人志向的価値観を持った人は，他者がいるところで手抜きをすることを示した。Earley (1993) の研究では，さらに実験的操作が加えられた。被験者には，自分たちが1人で仕事をしているか，内集団あるいは外集団の成員と一緒に仕事をしているか，いずれかを想定させた。個人志向の人は，どのような集団と一緒に働いていようとも手抜きをすることが明らかになった。集団志向の人は，内集団と一緒に働いているときはパフォーマンスを向上させたが，外集団と一緒にいるときはそうでなかった。この研究は，集団主義の文化の中で行動を分析する際に，内集団での社会的影響と見知らぬ他者に対する行動を区別することがいかに重要であるかを強調している。

(2)同調を再び取り上げる

　もし集団主義の集団成員が，数は少ないがより安定した集団で時間を過ごし，内集団の調和を求めるなら，個人主義の文化の集団で見られるよりもより大きな同調を導くと期待できる。第2章では，R. A. Bond & Smith (1996) が，Asch (1951) による線分の長さの評価に関する同調研究のさまざまな追試をメタ分析した結果について述べた。これらの研究は，われわれの現在の目的にとって理想的なものというわけではない。というのは，このような種類の物理的刺激に対する判断が，態度や社会的表象といった社会的刺激と同じように社会的圧力に反応するかどうか確信が持てないからである。しかし，研究者たちは，Aschの実験の厳密な追試を，他の社会心理学のどんな研究よりも広い範囲の国で行なっており，最も確かなデータを提供している。

　Bond & Smith (1996) は，さらに分析を進めて，アメリカで行なわれた研究のうち，誤った判断の数に影響する実験デザインにどのようなものがあるかを検討した。例えば，判断者の数がより多い場合，ナイーブな被験者が女性である場合，被験者が対面的接触を持つ場合などでは，誤った判断が多いことが明らかになった。これらのデザインの違いによる結果のばらつきが世界中で見られることを示した後，彼らは，文化的な説明を探し求めた。彼らは表2.1 (p. 19) で報告されたさまざまな国の同調

レベルは，関連する国の文化レベルの得点から予測できることを見いだした。同調レベルは，Hofstede（1980）やTrompenaars（1993）の集団主義得点，Schwartz（1994）の保守主義得点と関連していた。

これらの結果を解釈する際，誰がこれらの研究の被験者だったかを考える必要がある。Aschのもともとの研究では，ほとんど互いに見知らぬ学生が被験者だった。多くの研究がAschと同じ方法を用いたと報告しているものの，被験者が互いに知り合いであったか否かといった情報を載せているものはほとんどない。集団志向の価値観を持った文化集団の成員は，内集団の成員からの圧力には同調するが，見知らぬ他者からの圧力には屈しないと予測できるため，被験者が知り合いか否かというのは非常に重要な情報である。これに関連して，日本での研究は特に興味深い。Frager（1970）は，互いに見知らぬ学生を用いて，低いレベルの同調しか見られなかったことに非常に驚いた。実は，彼は，多数派の意見と反対の意見を持つといった反同調の度合いが高いことも見いだした。この逆転した結果は，研究がなされた当時の慶応大学で学生の不安や反抗が高まっていたことと関係しているのかもしれない。Williams & Sogon（1984）による日本人の研究では，既存の集団では誤った判断の率がずっと高く，見知らぬ学生同士ではその率がずっと低かった。この結果は，集団志向の被験者の同調率は，長期的な集団に対してはより大きな同調，見知らぬ他者に対しては少ない同調あるいは反同調を示すといったように，実験に参加している他の判断者との関係によって強く影響を受けることを示している。

同調の研究をより注意深く見ていくと，同調率の高い場合においては，被験者が自らと内集団の他の成員とをつなぐ強い集団志向の価値観を持つだけの十分な理由があったことがわかる。例えば，イギリスの無職のアフリカ系（Perrin & Spencer, 1981）や，フィジーの少数派のインド系の民族（Chandra, 1973）の間では，同調は特に高かった。このように結果を見ていくと，さまざまな国の文化の同調レベルを考えるよりも，同調を集団志向の価値観——それが文化全体を特徴づけるものであれ，より広い社会の中の特定の下位文化を特徴づけるものであれ——の結果として捉え直すよう促してくれる。

しかしながら，同調は必ずしも長期的な価値観から生じるものではなく，社会的カテゴリーの実験的操作によっても生じる。Abramsら（1990）による最近のイギリスの研究では，被験者は，他の判断者が心理学の同級生であると思い込まされた場合の方が，他専攻（例えば歴史学）の学生であると思い込まされた場合よりもより多く同調した。もちろん，このようなカテゴリーの影響は，集団志向の人ではさらに強いと推測される。

農耕社会と狩猟社会の同調に関するBerry（1967）の生態学的な研究（第2章参照）

■ボックス6.5■　他に合わせる

　中川武弘氏は，アメリカの一流大学院への入学を許可されるという栄誉を与えられた。彼は，一緒に研究をすることになる教授の研究をよく知らなかったが，彼が行くことになる大学は，最も地位の高い大学であり，それを理由に入学を決めた。彼は，それまで日本を出たことがなかったので，指導教授と初めて会うのが心配で，なんとかよい印象を与えようと懸命だった。
　現地で落ち着いてすぐに，中川氏は，教授の研究室を捜し出し，彼女が机に座っているのがわかり，彼女に名刺を出した。彼女は温かく彼と握手し，彼の名刺をちらっと見た。
　「あら。あなたの名前は，呼ぶのが難しそうね。『たき』と呼ぶのはどう？」と彼女は言った。
　続けて彼女は，次の日曜日にオープンハウスを開く予定だと説明し，これは彼にとって，同僚や他の学生と出会ういい機会になると言った。家への道のりを教えた後，彼女は，いつでも来たいときに来てくれてよいと言った。中川氏は，フォーマルなものかどうかあれこれ考えたが，教授は，気楽な格好でいいと念を押した。中川氏は，行くつもりです，とだけ言って研究室を出た。彼は，研究室からの帰りがけ，その場にふさわしいことがわかるようになるのは，本当に難しいとつくづく思った。彼は自分の英語が不十分なために，いつ，どんな格好をして行ったらいいかに関する教授の指示を理解できなかったのだと考えた。

から個人主義および集団主義文化での実験室研究まで，広い範囲で研究結果が得られているが，これらはどれも同じ結論を支持している。つまり，ある人の運命が他の人の運命に相互依存しているほど，その人が同調する可能性は高まるのである。

(3)少数者の影響

　多くの研究者は，Aschの実験を，多数者が少数者を同調させるのはどのような状況であるかを知るよい機会として捉えている。近年では，何人かの研究者が逆のアプローチ，すなわち少数者が多数者の判断に影響を与える状況についての研究を展開している。もともとフランスで提案された（Moscovici & Faucheux, 1972; Moscovici, 1976）このアプローチは，北米よりもヨーロッパに強く根づいている。Moscoviciは，少数者の影響を多数者の影響よりも「間接的」であると見ている。「間接的」という語を，彼は，「少数者は逸脱した立場を一貫して保つことによって，しだいに多数者を変化させていく」という意味で用いている。こうして生じる変化は，影響の直接的

な測度にはおそらく表れないが，関連した態度の変化を見ることで検出できるであろう。またMoscoviciは，少数者の影響の効果は表面的な同調ではなく，より深く内在化されるため，多数者の影響の効果よりも長期にわたって持続すると主張している。

Moscovici & Personnaz（1980）は，被験者が青から緑まで変化する一連のスライドの色を判断する際，少数者が一貫してスライドの色を緑と主張すると，多数者の判断に影響を与えることを明らかにした。この実験は，2段階から成っている。まず多数者と少数者は，ともに色の判断を行なった。次に，各集団成員に個人的に，各スライドを見たあとに何色の残像が見えるかを尋ねた。（残像とは，ある一定の時間視線を明るい色に集中させたあと，白いスクリーンを見たときに現れる色のことである。）実験のこの段階で，多数の成員は，少数者が残像を何色と判断しているか知らされていないにもかかわらず，彼らは緑の残像である赤から紫の色が見えたと報告した。この効果は，一貫した反応をする少数者がいなくなったあとの試行でも持続した。少数者の影響は，常に一貫した反対意見に基づいており，そのプロセスは，実は決して「間接的」なものではない。しかし，その効果は持続的で，しばしば「間接的」にしか見ることができない。

この種のポジティブな結果は，パリにおけるMoscviciとその共同研究者によって，またヨーロッパ諸国の研究者によって繰り返し得られている。北米のほとんどの研究者は，多数者と少数者の影響は，どちらも同じ影響プロセスによって説明できるとの見方をとっており，初めはこれらの効果が再現されることに疑問を抱いていた。彼らは，少数者の意見を支持する人数が少ないために，少数者の影響は多数者の影響ほど頻繁には生じないと主張した。Woodら（1994）は，少数者の影響に関して入手可能なすべての研究を集めてメタ分析を行なった。彼らは，少数者の影響の効果は大西洋の両側の欧米諸国だけでなく日本でも再現されていると結論づけた。しかし彼らの分析から，国によって得られた効果の種類に興味深い違いがあることもわかった。Woodらの分析に続いて，他の国々で行なわれた研究も発表されたので，これらの差異が文化差として説明できるかどうか調べることができる。表6.5にあるように，少数者の影響を検討した研究のデータと統制群のデータを比べた研究の結果は，今では11か国から報告されている。

Moscoviciの仮説の最も決定的な検証は，私的で間接追従の測度によってもたらされる。表に示されているように，フランス，スイス，イタリア，ギリシャでは仮説が強力に支持されたが，アメリカや北ヨーロッパではあまり支持されていない。しかし，南ヨーロッパの国では，Moscoviciのモデルが予測するように，公的であれ私的であれ，追従の直接的な測度は，それほどの効果を示さなかった。Moscoviciの予測とは反対に，イギリスとアメリカでの直接的な測度は，より大きな効果を示した。それ以

▲表6.5　少数者の影響の研究

	公的追従		私的直接追従		私的間接追従	
	効果の数	効果の大きさ	効果の数	効果の大きさ	効果の数	効果の大きさ
アメリカ	14	−0.46	29	−0.24	4	−0.07
イギリス	3	−0.73	6	−0.89		
フランス	10	−0.17	13	−0.35	11	−0.45
ベルギー	6	−0.10	4	−0.18	1	−0.21
イタリア			7	−0.18	1	−0.61
スペイン			6	−0.10		
スイス	2	−0.70	6	−0.07	6	−0.63
ギリシャ			5	−0.20	3	−0.78
日本	3	−0.26	1	−0.34		
オランダ			1	−0.08	1	−0.15
オーストラリア			4	−0.21		

負の効果の大きさは，少数者の影響のない統制条件の被験者に比べ，少数者の唱導した方向へ被験者が意見を変えたことを示す。この表のデータは，Woodら（1994）とR. Bond, Smith & Wood（1997）から引き出された。

外の国では研究の数が少ないため，表に示された差異が一貫したものか，あるいは意味あるものかどうかについてはっきりしたことはいえない。

■**少数者の影響が最も強いのはどこか？**　文化的な視点から見て，Moscoviciの研究は，特に2つの点で興味深い。ひとつは，ヨーロッパ諸国の文化のどういった点が，人々の関心を少数者の影響というトピックに向けさせ，少数者は間接的な方法で影響を及ぼすというMoscoviciの仮説をきわめて強力に支持するように導いたのかという問いである。もうひとつは，長い目で見てより重要な点であるが，Moscoviciの少数者の影響は，集団主義文化では，影響やコミュニケーションの不調和を避けるために，より間接的なものになるという考えと結びつけることができる。少数者による間接的な影響は，集団主義文化で広く一般的に見られるようであるが，その手法は，Moscoviciがフランスで効果的だとした口頭での頑固なまでの一貫した逸脱発言ではないようである。逆に，イギリスやアメリカのように，フランスよりも個人主義の強い文化では，フラストレーション状況に置かれた少数者がその集団を離れたいという欲求を抑えて一貫した視点を表明し続ければ，彼らは，間接的な影響と共に直接的な影響も与えることができる。

　西ヨーロッパ，アメリカ，オーストラリア以外でMoscoviciの仮説が検証されたのは日本だけである。Koseki（1989）は，スクリーンに投影された点の数を判断する際に，少数者が強力な影響を与えたと報告している。しかし，彼女の結果は，違った文化において同じ意味を持つ研究手続きを用いているかどうかという点で問題がある

ことを示している。Kosekiの初めの研究では,サクラは,「優先権を無視して,常に一番または最初の方で,自信のある様子で話した」という。こうした話の順番が重要なのは,日本社会では,最初に話すということは高地位であることの指標であることが多いからである。したがって,ここで見られたのは少数者の影響ではなく,高地位の影響かもしれない。またKosekiは,サクラが話す順番を系統的に変化させる研究を行ない,サクラが最後に話した場合は少数者の影響はかなり少なくなること,しかし,その場合でもその影響は有意であることを明らかにしている。

　Yoshiyama (1988) は,線分の長さを照合する課題で,同じく少数者の影響があることを確認している。多数者は,少数者を自分たちほど有能ではないが,より自信をもっていたと知覚しており,その傾向は,特に多数者と少数者のギャップが大きいときに見られたと報告している。Atsumi & Sugiman (1990) は,討論課題を用いて,多数者と少数者の両方が互いにある程度影響を与えることを見いだした。多数者と少数者のギャップが小さいときは,少数者が有力であるが,ギャップが大きくなると少数者は多数者に折れた。さらにMoscoviciのモデルが予測するように,少数派の影響が生じたときは,その効果はより長く続いた。

　日本での結果はいずれも,被験者が集団の調和を維持するために最善の方法を探しているという見方と一致する。少数者が影響を及ぼすのは,欧米と同じく,一貫した行動をとるということが自信の表れであると見られているためである。しかし日本の研究は,多数者が,このような少数者の自信に応じるのは,多数者が初めから少数者の意見に近いときだけであることを示している。これらの実験結果と同じようなことが,日本の議会の進行にも見られる。多数派は,欧米の議会では投票で少数派の意見を否決するのに対し,日本の多数派である自民党は,少数派の党の考えにかなり頻繁に妥協を示す。少数派はたいていの場合,妥協へといたらなければ退席すると脅すことで,こうした傾向を強めるのである。

　ここまで,小集団内で生じる3つの社会的影響について見てきた。それぞれ,仲間同士の間で生じると考えられる影響形態である。ここで抜けている重大なことは,階層の地位による影響,すなわちリーダーシップの影響についてである。これは,一般的に組織心理学の研究として進められているので,第8章で取り上げることにする。平等的価値観が,階層的価値観よりも強く支持されている文化では,組織が唯一,階層的な関係が顕著になる場所である。しかし,階層的価値観が主流の文化においては,親密な関係にせよ仕事の関係にせよ,その価値観がすべての関係に影響を及ぼしていると予測される。

(4)個人の小集団への貢献

集団におけるメンバーの行動を研究するのは困難である。それには，対象となる行動の綿密な分類と観察者のトレーニングが必要である。文化間で比較を行なう研究では，同質の状況や測度をつくるのに，また別の問題が生じる。

さらに，比較の結果を理解するには，コミュニケーション・プロセスにおける文化の影響に関する理論を発展させなければならない。例えばアメリカ人は，インフォーマルなリーダー不在の集団討論において，本土の中国人や香港の中国人に比べて質問が多いという事実から，何が結論づけられるだろうか（Ho, 1996）。アメリカ人は，一緒に議論している人たちに対して，行動の自由をより広げているのだろうか。それとも，直接的な意見の対立を避けようとしているのだろうか。

Oetzel（1995, 1996）は，集団討論への個人的インプットを理解するために，「効果的意思決定理論」を用いて，理論と結果のつながりを検討しようとした。この理論は，集団行動の課題と維持の次元に影響を与えるとされる話し手の交替と反対意見の表出に注目している（Bond & Shiu, 1997）。Oetzelは，集団主義の文化的ダイナミックスは，話し手の平等な交替を好み，葛藤処理に関してはより回避的な方略を好むとしている（Ting-Toomey et al., 1991）。これらの文化レベルの差異は，個人レベルにも反映する。集団志向的な自己の捉え方をする人は，集団主義スタイルの言語的インプットを見せ，個人志向的な自己の捉え方をする人は，個人主義スタイルを見せる。

Oetzel（1996）は，日本人とアメリカ人の討論参加者を比較したが，同質集団の文化では，差異は見られなかった。しかし彼は，独立的な自己の捉え方をする人は，アメリカ人であれ日本人であれ，集団討論中の葛藤状況を処理する際に，より多く話す機会を持ち，より競争的な方略をとるだろうという予測を確かめた。相互依存の得点は，いずれの行動も予測し得なかったが，Oetzelは，集団の歴史が長いほど相互依存がより顕著となり，回避的で協力的な葛藤方略の使用が予測されると述べている。

6. 小集団プロセス

前のセクションでは，集団や下位集団における個人の行動について考察した。このセクションでは，理解すべき対象として集団そのものに焦点を当てることにする。このレベルでの研究は，検討すべきものとして，例えば，成員の会話における平等性の程度や成員の集団移動を対象にしている。

(1)集団効力感

　相互依存的課題を成し遂げるために他者と一緒に仕事をしなければならないとき，集団成員としての遂行を動機づける新たな知覚が生じる。Bandura（1997）は，この構成概念を，「認知された集団効力感」と名づけ，これを「所与のレベルの達成を生み出すために必要となる一連の行動を組織化し，実行するための結合した能力についての集団に共有された信念」（p. 478）と定義づけた。集団が効果的に機能するために必要となる相互作用的ダイナミックスは，集合効力感となる。これは，集団成員全員の自己効力感を総合したものとは異なる概念である。これらの相互作用的な考えは，「集団における知識と有能さが結合したものであり，集団がどのように構造化され，その活動が調整され，それがいかにうまく導かれるか，それが採用する方法や成員が互いに促進的に相互作用するか妨害的に相互作用するか」（p. 478）などを含んでいる。さまざまな相互依存的課題において集団効力感の知覚が，集団の遂行を予測することが明らかにされている。

　では，文化はどのように認知された集団効力感に影響を与えるのだろうか。Earley（1993）は，集団主義の文化システムでは，内集団で仕事をする方がより効率的で，内集団はよそ者から構成される集団よりもより効率的だと考えるよう社会化されている，としている。したがって，

　　集団主義の人は，外集団コンテクストや1人で仕事をするときよりも，内集団コンテクストで仕事をするときの方が，1人であれ集団成員であれ，より多くの報酬と効力感を感じ，遂行もよくなると期待する。個人主義の人は，内集団や外集団コンテクストで仕事をするよりも，1人で仕事をするとき，より多くの報酬と効力感を感じ，遂行もよくなると期待する。（pp. 324-5）

　Earleyの研究が，社会的手抜き効果について予測された通りだったことは既に述べた。Earleyは，さまざまな実験状況で得られた手抜きのレベルが，自己効力感と集団効力感の両方に関する被験者評定が強く関わっていることも明らかにしている。

　このフィールド研究は，集団効力感の予測力を立証するものである。また，この研究は，文化的価値観が，どのように集団の「潜在能力」に関する重要な判断に影響を与えるよう作用するかに関するモデルを提供している（Guzzo et al., 1993）。同様に，男性性－女性性（Hofstede, 1980）と課題への効力感，社会的役割の割り当て，階層（Schwartz, 1994）と権威的リーダーシップスタイル，長期志向（Hofstede, 1991）と短期的 対 長期的グループ分けの効力感など，それぞれの結びつきを予測できるかもしれない。

(2)集団の遂行

　P. B. Smithら（印刷中）は，23か国の管理職の，集団内・外で起きた意見の不一致への対処の仕方を比較した。勢力差の大きい国の管理職は，内集団の問題を解決するにあたって，部下をあまり頼りにしなかった。この結果は，勢力差の大きい文化における集団内での権力の集中と集団への忠誠という観点から説明することができる。また，内集団論争への対処法は，個人主義－集団主義によっても異なってくる。集団主義文化では，フォーマルなルールと手続きに頼る傾向が強い。これは対人葛藤への文化的嫌悪と一致する。個人主義文化では，チームの成員は自らの経験と訓練に頼る。これは自己信頼への文化的重視と一致する。

　これらの結果は，文化が，チーム機能とアウトプットを生み出す集団手続きにインパクトを与えることを示唆している。これらの文化－プロセスの結びつきは，図6.1に示されるように，国の文化の役割をはっきりと認めたHelmreich & Schaefer（1994）によって開発されたチーム遂行に関する適用範囲の広いモデルに統合されるかもしれない。Smithらの場合，国の文化は，チーム成員の価値を形成するインプット要因となっている。そのためチームの成員は，問題となっていることがらを解決するためにさまざまな決定プロセスに同意するのである。そしてこれらの手続きが，部署間での論争の頻度を増大させるなど，さまざまな結果と関連してくる。

　国の文化は，リーダー－成員の責任とコミュニケーション手続きに関する規範にも関連している。飛行機の乗務員の役割改善のために，Merritt & Helmreich（1996）はコックピット管理態度質問紙（Cockpit Management Attitudes Questionnaire）を8か国のパイロットと客室乗務員に実施した。アジア5か国の回答者の態度は，まとまっており，「トップダウン型のコミュニケーションと協調，権威的リーダーシップを好み，他者の遂行を進んでモニターし，ストレスを軽視する」（p. 17）などへの支持を示していた。この操縦席を管理するアプローチは，アメリカの集団と対照的であ

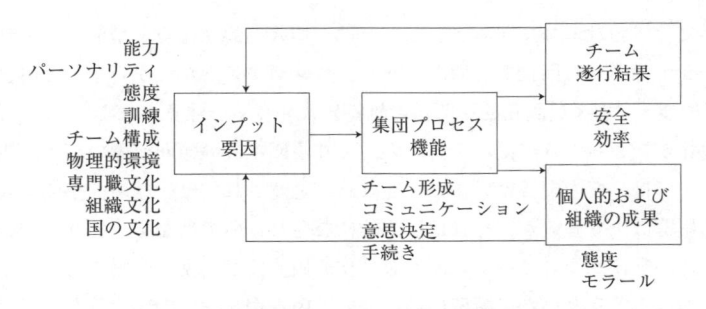

▲図6.1　チーム遂行のモデル
（出典：Helmreich & Schaefer, 1994から作成。R. Helmreichから提供されたものを許可を得て掲載）

り，特に，パイロットについてそうであった。これらの態度が，アメリカの操縦行動と乗組員の効率に関連してくるなら，こうした違いを文化的コンテクストと関連づけることが重要となる（Helmreich, Merritt, & Scherman, 1996）。このように，特徴的なアジア型の態度は，アジアの操縦席管理では機能するかもしれない。たとえそれが，同じように効果的な結果を生み出すにしても，あるいは，そうでないにしてもである。というのは，アジアチームのプロセスはアメリカのものと違っているからである。これらの文化的問題に答えることは，異なった文化的背景を持つ乗務員に対し，緊急事態により効果的に対処できるよう訓練する上で重要となる（Merritt, 1996）。

文化と集団遂行を巧みに結びつけたのが，Erez & Somech（1996）が行なった社会的手抜きの分析である。彼らは，「身近な他者がいるところでの遂行，具体的な目標の使用，集団内のコミュニケーション，誘因が評価への懸念を強める」（p. 26）ときには，チーム内での社会的手抜きは消滅すると主張する。しかし，個人主義文化で奨励される独立的な自己の捉え方をするチームの成員は，集団主義文化で奨励される相互依存的な自己の捉え方をする人より，目標，コミュニケーションそして誘因が存在しないと，より手抜きをする。この仮説は，イスラエルの管理職を用いた研究で確認されている。

この研究は，文化に由来する自己の捉え方と遂行を活気づける誘因とを注意深く結びつけることによって，文化が集団行動に及ぼす効果を明らかにすることに成功した。今後の研究で，さまざまなコンテクストにおけるいろいろなタイプの集団課題についても，同様に，文化と結びつけてみる必要がある。これはとても難しい課題だが，文化間における比較を行なう心理学的研究により大きな外的妥当性を与えてくれることになる。

7．まとめ

集団主義文化におけるコミュニケーションは，個人主義文化で典型的に見られるコミュニケーションよりも間接的で簡潔であり，コンテクストがわからないと解釈しにくい。時間的展望は長く，調和的な関係の維持により多くの注意がはらわれる。最近，いろいろ変化が起こってきてはいるものの，より集団主義の傾向が強い国々，少なくとも東アジアでは，恋愛関係はいまだにそれほど是認されてはいない。集団主義文化での社会的影響はより強いが，それは一方的になされるのではなく，相互に調和を求めようとする心理に基づいている。優勢な文化的価値観が，協力行動の生起や小集団プロセスにおける差異といかに緊密に結びついているかを示すのに十分な進展が見られている。

第7章　対集団関係

　もし敵軍が荒々しく現れて，われわれに攻撃を仕掛けるでもなく，退陣するでもなく，長い間われわれの軍に対面したままいるとしたら，それは注意と警戒を必要とする最も緊迫した状況だといえよう。（サン・ツー『戦術』）

　前の2つの章では，現代の北米の多くの研究者が重視する個人主義的な視点から社会行動を見てきた。この章でも個人の行動に焦点を当てるが，特に集団への所属が行動の規定要因となっていることに注目する。個人主義的なアプローチは，集団の行動をその成員の社会的認知とそれに伴う行動を統合した結果として捉える。しかしここでのアプローチは，できごとの因果関係を逆に捉える。つまり個人のアイデンティティとそれに伴う行動は，集団への所属によって規定されると考える。このような視点を提案した研究者らは主にヨーロッパ出身であるが，現在では彼らの考え方やアプローチの影響は広範囲に及んでいる。
　スイスの心理学者Doise（1986）は，社会心理学の妥当性を立証するには，「説明のレベル」がいくつ必要であるか，という問を探求した。ほとんどの人はおそらく，社会心理学は個人レベルと小集団レベルの両方の行動を解明するものでなければならないと考えるであろう。Doiseの考えがヨーロッパ的であるのは，彼が対集団間レベルと社会全体でのレベルの説明をも含めたところにある。近年のヨーロッパにおける研究は，このようなよりマクロ的レベルでの影響に着目することで特色づけられる。
　第5章で紹介した社会的認知の研究では，個人を社会的情報を処理する孤立した存在として捉えていた。自分および他者に関する帰属過程は，われわれがどこに注目し，われわれを直接取り巻く社会環境からどのように情報を引き出すか，という点に左右されると考えられていた。しかし1972年にIsrael & Tajfelが監修した著書において，多くのヨーロッパの社会心理学者らの考えるところでは，本来の社会心理学は「より社会的」であるべきであり，アプローチの幅を広げ，われわれの行動に影響を与える過去と現在に永続する社会的関連やネットワークを含めるべきだと述べている。つまり，個人がどのように社会的情報を処理するかという課題にだけ着目するよりも，そのような情報が環境の中でどのようにつくられ，時を越えて維持されていくのかという問いに注目する必要があるというのである。例えば，われわれの社会では，中流階

級の身分であることや，ゴルフをたしなむ人であることや，IBMの社員であることに関しては一貫性を持った認識がある。われわれがそのような集団の一員であれば，他者からもわれわれ自身が分類され，定義づけられることになるだろう。

1. 社会的アイデンティティ理論

　Tajfel (1981) の社会的アイデンティティ理論によると，われわれのアイデンティティの社会的側面は，自分が所属する集団に起因するとしている。つまり，自分の集団の特性が他の集団の特性よりも優れていると判断することで，われわれは自分自身を肯定的に捉えるだけではなく，内集団と外集団に対して，それぞれどのような行動が適切なのかがわかるようになると議論されている。このようなバイアスのある分類は，どの集団に所属しているかによってはっきりとした区別がなされる集団主義的な文化では自明のようであるが，Tajfelの提言は，彼が初期の実験研究を行なった個人主義的な文化にも同様に適用されるというものであった。

(1)最小集団条件パラダイム

　Tajfelは「最小集団条件パラダイム」と呼ばれる実験手続きを考案し，ある集団に属するというだけで，自分が所属する集団以外の集団，つまり外集団に対する行動に影響があるかを厳密に調べた。Tajfel, Flament, Billig & Bundy (1971) はイギリスの小学生をランダムに2群に分けた。男子小学生は，「芸術の好みを測るとされた尺度」によって，「クレーによる絵画を好む集団」，あるいは「カンディンスキーによる絵画を好む集団」のどちらかに割りふられたと教示された。各集団の成員の座る位置はバラバラであったため，男の子たちは互いに誰が自分と同じ集団に属しているかはわからないようになっていた。次に，彼らは自分と同じ集団の成員と，自分とは違う集団の成員に報酬を分配するにあたり，表7.1に示されたような組み合わせの中から報酬を選ぶよう求められた。これらの組み合わせは，なぜある選択がなされたかがわかるようにつくられていた。4つの組み合わせは，選ばれた報酬分配が，①自分の集団の報酬を最大化する，②全体の報酬を最大化する，③自分の集団の報酬を多くするとともに，集団間の差を最大化する，あるいは④両集団を平等に扱う，といったものであった。

　表7.1が示すように，平均的な報酬分配は尺度の中央に偏るという結果となった。被験者は自分の集団の利益を最大化しようとしたわけでもなく，また実験者が支払う報酬を最大化しようとしたわけでもないことがわかる。もしそのような目標があったのであれば，尺度の両極値に近い値を用いたはずである。このデータに最も近いのは

▲表7.1 Tajfel ら（1971）が用いた報酬分配表の例

マトリックス1											
クレー・グループの第74番の成員	25	23	21	19	17	15	13	<u>11</u>	9	7	5	3	1
カンディンスキー・グループの第44番の成員	19	18	17	16	15	14	13	<u>12</u>	11	10	9	8	7
マトリックス2											
クレー・グループの第74番の成員	11	12	13	14	15	16	17	18	<u>19</u>	20	21	22	23
カンディンスキー・グループの第44番の成員	5	7	9	11	13	15	17	19	<u>21</u>	23	25	27	29

注：それぞれの表の中で，被験者は上下で一対になっている数値を選ばなければならない。下線のついている数値はカンディンスキー・グループのメンバーたちの最も典型的な報酬分配の選択であった。

③の集団間の差を最大化しようとした，という選択と，ある程度は④の平等，という選択である。

これらの集団が人為的かつ任意につくられたものであることを考えると，これは驚くべき結果である。これと同様の追試実験では，集団はコイン投げによって決められた。ある集団カテゴリーに所属するといわれただけで，その集団が有利になるような自集団へのひいきが出てしまう可能性があるからである。この内集団びいきは，自分の集団（内集団）と外集団の区別が，その状況においてなんらかの意義ある社会的アイデンティティを形成するからであるとTajfelは考えた。もちろん，このように極端に単純な実験状況では，自・他集団を明確に区別するようなアイデンティティが醸し出される方法はほかにはないといえよう。しかし，より日常生活の典型的な状況で，ある集団へのより永続的な所属がその人の状況的アイデンティティを規定し，その状況でのその人の考えや行動を規定する条件を見いだした。

最小集団条件パラダイムを用いた研究の結果はイギリスをはじめ，個人主義的傾向の強い国々で再現されている。Mullen, Brown & Smith（1992）は最小集団条件パラ

▲表7.2 国別に見た内集団バイアスの効果のサイズ

国	効果の数	効果のサイズの平均値
イギリス	82	0.12
アメリカ	33	0.22
ドイツ	11	0.27
オランダ	4	0.59
アイルランド	3	0.14
スイス	2	－0.01

ダイムや実在する集団において，内集団バイアス効果を調べた137の実験結果のメタ分析を行なった。彼らの分析に含まれた研究は6か国で行なわれており，表7.2にそれらの国での効果サイズの平均が示されている。アメリカ，ドイツ，オランダでは他の3か国に比べて効果のサイズが大きかったことがわかる。さらにMullenらは，研究デザインの違いがこれらの効果サイズに影響していると報告している。特に人為的につくられ，かつ低い地位を与えられた集団の成員には内集団バイアスが見られなかった。このような集団の成員は逆にかなりの外集団びいきを見せた。これらの結果はTajfelの理論からより厳密な仮説を立てる必要があること（Jost & Banaji, 1994）を示しており，それはこの章の後半で取り上げる。低地位集団に所属することによって見られた効果は，典型的な内集団びいきの度合いを国ごとに比較することを難しくしている。もしこれらの研究をイギリスのサンプルから除外すれば，イギリスの効果のサイズは0.24となり，北ヨーロッパと北米の国々と同じ結果となる。このメタ分析に含まれた研究の数からは，サンプルを大きくすることで効果の分散が大きくなるか否かは，わからない。また，Hogg & Sunderland（1991）もオーストラリアの学生を被験者にした最小集団条件パラダイムを用いた実験を行なっている。

(2)最小集団条件効果の再現性

　より集団主義的傾向のある文化圏における最小集団条件効果は，日本ではKakimoto（1992）の研究が実証している。しかし，ニュージーランドではWetherell（1982）がより複雑な結果を報告している。彼女の初めの研究ではヨーロッパ系とポリネシア系の社会経済的地位の低い8歳児を比較している。どちらの集団も，内集団と外集団の差を最大化することを好んだが，その結果はヨーロッパ系の子どもたちにより顕著に見られた。ポリネシア系の子どもたちには両集団共通の報酬を最大化しようとする傾向がいくらか見られた。Wetherellはこの結果について2つめの研究でさらに詳しく調べた。サンプル数を増やすことで，ヨーロッパ系，マオリ系，サモア系の子どもたちを比較することができた。ヨーロッパ系の子どもたちは依然として内集団と外集団の差を最大化にしようとした。その反面，サモア系の子どもたちは共通の報酬を最大化しようとし，マオリ系の子どもたちの選択はヨーロッパ系の子どもたちの選択とサモア系の子どもたちの選択の中間に位置していた。

　サモア系の子どもたちの結果は特に興味深い。というのは，彼らは伝統的に集団主義傾向の強い文化圏に属しているからである。表面上，この結果はTajfelの理論に反するようであり，その理論の適用は個人主義的な文化圏に限定されるかのように見える。しかしTajfelの実験手続きが初めに考え出したときの状況とは異なった状況で用いられていたため，サモア系の子どもたちが実際，状況をどのように理解していたか

については手がかりがない。彼らがどの集団に所属しているといわれてもあまり気にしていなかったことが1つの可能性としてあると，Wetherell（1982）は述べている。サモア系の集団主義的な価値観によれば，この研究で顕著になった集団はサモア系の集団とパケハ（白人系のヨーロッパ人）集団に所属する実験者であったと考えられる（Bochner & Perks, 1971）。このような分析によると，彼らは内集団の利益を最大化しようとし，サモア系のどちらの集団にも利益が生じるようにしたことになる。2つめの可能性としてWetherellは，ポリネシアの文化では他者に贈り物をすることが高く評価されるという点である。外集団に利益を与えることで，ポリネシア系の子どもはサモア社会の中で肯定的な社会的アイデンティティを得ることができたとも考えられる。このような解釈は第5章でふれたように，東アジアの研究で見られた「謙遜バイアス」と一致するものである。しかし，これらの研究結果を解釈するにあたっての難しさは，異なった文化集団を比較研究する際に，地元の実験者を使うことの重要さを物語っている。また同じ欧米諸国における最小集団条件パラダイム実験でも，被験者が物事をどのように認知しているかに関しては，ほとんど情報がないことがわかる。

(3)社会的アイデンティティ理論のより広範囲な検討

社会的アイデンティティ理論の価値は最小集団条件パラダイム実験の結果にのみ基づくものではない。社会的アイデンティティ理論はイギリスとオーストラリアの研究者によってさらに社会的カテゴリー化理論（social categorization theory）へと発展した（Turner et al., 1987）。この理論は個人的アイデンティティと社会的アイデンティティを区別し，個人がある社会的カテゴリーに所属しているとみなす度合いが，内集団における影響のプロセスと外集団に対する反応の両方を予測するとしている。特に社会的カテゴリー化理論の研究者らは，同調，少数者の影響，集団極性化，内集団バイアスなどの集団プロセスはすべて，集団の成員が，カテゴリー化されているという社会的現実に対する反応として理解することができると主張している。ある集団に分類された人は，その集団の典型的な成員が行なうと思われる行動に近い行動をとろうとすると考えられる。

ある集団の成員として分類されることは，一時的であったり，永続的であったりする。社会的カテゴリー化理論の研究者たちは理論検証のために，実験的操作によって一時的なカテゴリー化を行なう（例：Abrams et al., 1990）。この場合，実験者が，カテゴリー化し得るカテゴリーの選択肢を決定している。しかし本書で強調した点は，集団主義の文化圏の成員はしばしば自ら，あるいは他者から，自分たちがある集団の成員であると永久的にカテゴリー化されるのに対し，個人主義的な文化圏の成員には

カテゴリー化される集団内外を問わず，社会的な流動性が多分にある，ということである。このことから集団のダイナミックな効果は，その場限りの実験的な集団よりも永続的な集団で見られ，それは集団主義的な文化圏では特に顕著であると考えられる。第6章では同調と少数者の影響の研究を紹介し，これらの効果が集団主義の文化圏でより顕著に表れるといった結果を見てきた。さらに，内集団の成員の外集団の成員に対する行動を取り上げた研究を見ていくことにする。

2．より広い視点から見た内集団バイアス

　社会的アイデンティティ理論と社会的カテゴリー化理論の研究成果をレビューするにあたり，Mummendey（1995）は最小集団条件パラダイムから遠ざかるにつれ，社会的カテゴリー化以外の要因が集団の成員の行動に影響していると示した。また，最小集団条件効果が高められるのは，実験者によってその集団にカテゴリー化された成員は，自分の集団および他集団に対してほかに情報がないことによるのだと説明されている。実社会でのやりとりの中では，他者をいろいろな方法でカテゴリー化することができ，それに伴い，他者の行動もそれらのカテゴリー化の1つの効果として特徴づけられる（例：Dorai, 1993; Islam & Hewstone, 1993a）。しかしながら多くの国々で行なわれてきた研究は，異なった民族集団に属する成員はしばしば自分の内集団は好ましい特性を持ち，その他の外集団は好ましくない特性を持つといったバイアスに満ちた信念を維持していることを示している。そもそもTajfelらの理論が生まれた背景には，対民族間のステレオタイプが日常的に多く見られるからであった。心理学における他の分野のデータもこの効果の存在を示している。例えば，消費者心理学の分野では，Peterson & Jolibert（1995）が「生産国効果（country-of-origin effect）」のメタ分析を行なっているが，自分の国で生産されたとされる製品は，同じ製品でも他国で生産されたとされるものよりも，品質や信頼性も高く評価されることが明らかになっている。

(1)集団奉仕的帰属
　ある集団に属しているという事実だけで，個人の行動の帰属パターンがまったく逆になり得ることが，いくつかの研究からわかっている。例えば，Taylor & Jaggi（1974）はインドの30人のヒンズー教徒に，店員が客をだますといった好ましくないできごとと，サービスするといった好ましいできごとを別々に評価させた。この時，被験者にはこれらの行動が同じヒンズー教徒，あるいは外集団であるイスラム教徒が行なったと告げられた。その結果，自分の集団のメンバーが好ましい行動をした場合

はそれを内的特性に帰属し，好ましくない行動をした場合はそれを外的要因に帰属することがわかった。しかしヒンズー教徒はたとえ同じ行動でも，それがイスラム教徒によってなされた場合は，大きく異なった評価をした。つまり，好ましい行動は外的に帰属され，好ましくない行動は内的に帰属されたのである。Taylor & Jaggiの集団奉仕的帰属（Hewstone, 1990）が実証されたことは社会的アイデンティティ理論と一致しているといえる。ヒンズー教徒たちは内集団と外集団のメンバーの行動を，内集団が有利となるように知覚することにより，肯定的な社会的アイデンティティを堅持することができたのである。Pettigrew（1979）は，偏見を維持するような帰属方法でできごとを解釈することを「究極の帰属錯誤（ultimate attribution error）」と名づけた。

　同じような結果を示している研究に，サウジアラビアとアメリカの学生の帰属を比較した研究がある（Al-Zahrani & Kaplowitz, 1993）。両国の被験者は，家族の成員または見知らぬ他者によるさまざまな行動の理由について考えるように指示された。予測通り，アメリカの学生は内的帰属をより頻繁に行なったが，行動が他国のメンバーによる場合は，その帰属差は顕著になった。サウジアラビアの被験者の外集団への帰属パターンは，Taylor & Jaggiがインドで見いだしたのとよく類似している。アメリカ人の好ましくない行動は内的に帰属され，好ましい行動は外的に帰属された。ところがアメリカ人の被験者がサウジアラビアの人の行動を評価するとき，このような帰属パターンは見られなかった。このようなバイアスの欠如は，アメリカ人にとって自分をサウジアラビア人と比較するようなことは，サウジアラビア人がアメリカ人と比較をするほど重要ではなかったためかもしれない。Al-Zahrani & Kaplowitzは，さらに被験者の個人志向的傾向と集団志向的傾向も測定した。しかしこれらの変数は，サウジアラビアの被験者が見せた外集団バイアスの度合いとは相関がなかった。これらの結果がある特定の状況——例えばアメリカに対するサウジアラビア人への感情が一様であるかなど——によって規定されるのか，またこのような内集団バイアスが集団志向性によって説明できないかなど，今後も研究を重ねていく必要がある。前者の説明の方が当てはまりやすいかもしれない。というのも，集団奉仕的帰属に関する文献は規定要因が非常に複雑であることを示しているからである（Hewstone, 1990）。このような複雑さは集団奉仕的帰属の測定そのものがさまざまであればさらに増大する。Weber（1994）は，集団帰属を「防衛的機能」（つまり内集団の好ましくない行動と外集団の好ましい行動を外的に帰属すること）と「高揚的な機能」（内集団の好ましい行動と外集団の好ましくない行動を内的に帰属すること）の2つに区別した。前者は集団の価値を維持するのに対し，後者はそれを高揚する。普通の対集団間の葛藤では防衛的なバイアスしか見られない。Weberの予測では，集団高揚のバイ

アスは極端に緊迫した対集団葛藤が生じた場合にのみ生じることになる。

Tajfel（1981）は，特定の状況においては，ある集団の成員が自分の集団と他集団とを比較する理由が見つけられない場合があると述べている。例えば，社会の中で地位の低い集団がそうである。このような状況では集団の成員は以下の3つのうちのいずれかを行なうと彼は考えた。まず1つめには，より好ましい結果が期待できるような側面について比較を行なうことが考えられる。例えば伝統的な衣装の美しさや，その集団の言語の快活さを強調するといった「社会的創造性（social creativity）」と呼ばれる選択がある。2つめに，その集団から離れてより好ましい特性を持った集団に移るといった「社会的移動性（social mobility）」という選択がある。個人主義的な文化圏では機会の平等と集結の自由を強調しているため，このような選択の機会も多く，周りからの支持も得やすい。3つめには自分の集団の特性が将来的によりよい評価が得られるように改善していくといった「社会変革（social change）」の選択がある。

社会的移動性は集団主義文化圏よりも個人主義的な文化において実現しやすいものの，個人主義文化の中でも肌の色や性別などによるカテゴリー化には，この方略は用いられにくい。社会変革の選択肢も，どのような文化においても時間のかかる難しいプロセスである。自分の集団の特性を変化させるということは，現状のポジションから利益を得ている他集団に脅威を与えるほか，実現させるにも非常に時間がかかってしまう。

これらの考察から示唆されていることは，Mullenら（1992）が実験室内での人為的集団で見いだしたように，実在の集団の成員で，自集団を他集団よりも高く評価しないような例を見つけ出す必要があるということである。それは垂直的な集団主義の社会で最も頻繁に見られるであろう。そのような社会では，不利な立場にある集団は，当該集団よりも高い地位にいる集団がその高い地位を当然受けるべきものであると正当化してしまうことが予想される。

(2)内集団卑下

Hewstone & Ward（1985）はTaylor & Jaggi（1974）の実験研究デザインを改善し，マレーシアに住む中国人とマレー人の帰属データを調べた。マレーシアでは中国人はかなりの数にのぼる民族的少数派であり，いくつかの職業選択に制約がある。Taylor & Jaggi（1974）がインドで得たのと同じように，多数派集団であるマレー人は自民族中心的な帰属（ethnocentric attributions）をした。マレー人は好ましい行動が同じマレー人によってなされた場合は内的帰属，中国人によってなされた場合は外的帰属をした。同じように，好ましくない行動も，それがマレー人によってなされた場合は中国人によってなされた場合よりも，それを状況に帰属した。ところが中国

人の方は外集団びいきの帰属を行なった。このような逆転した結果は，マレーシアでの中国人の低い地位と，マレーシアの多数派に受け入れられるために彼らがそれを承知したことがおそらく原因となっていると考えられる（オーストラリアの少数派でも同じような結果を得た Feather, 1995 も参照のこと）。

　Hewstone & Ward (1985) はさらにシンガポールでも追試を行なった。シンガポールでは2つの民族集団の政治的な権力関係が逆転しており，また民族間の調和も政治的に求められている。この異なった社会的文脈では，数的に優勢な中国人は内集団びいきも自分たちの集団に関する特性の卑下的な帰属も行なわず，数的に少ないマレー人は，マレーシアでの結果よりも弱まったものの，依然として内集団びいきを示していた。

　このように細心の注意をはらって実施した異文化心理学的な研究では，内集団の帰属パターンの複雑な一面を垣間見ることができる。マレーシアに住む低い地位の中国人の内集団卑下（in-group derogation）は，彼らが多数派であるシンガポールでは見られなかった。これはマレー人に対する中国人の集団卑下的帰属の一般的な傾向として理解すべきものなのか，あるいはマレーシアではある程度人種差別が制度化されたのに対して，シンガポールでは人種間の調和が法律化されているということなのか，それとも両方の理由によるものなのだろうか。

　社会心理学者が提案した帰属を用いた内集団卑下は，集団の成員が比較対象を選べば内集団びいきとして捉えられる。いくつかのヨーロッパでの研究では，不利な集団は社会的創造性によって自分たちを評価するための別の基準を選択することが示されている。例えば van Knippenberg & van Oers (1984) はオランダで，2つの異なったカテゴリーに分類された看護師の認知を比較した。より高度な看護トレーニングを受けたグループは自分たちが他のグループよりも理論的洞察力に優れていると認知したのに対し，高度なトレーニングを受けていないグループは自分たちがより友好的であるとの認知を示した。同じように，Mummendey & Scheiber (1984) はドイツの異なった政党に属する成員たちが，自分たちが重要だと感じている特性において自分たちの内集団が他の集団よりも優れていると評価したと報告している。

(3)集団アイデンティティと内集団バイアス

　社会的アイデンティティ理論に代わるアプローチで，本書のテーマに直接結びつくようなアプローチがイギリスで Brown らによって行なわれている。Hinkle & Brown (1990) が論じるには，社会的アイデンティティ理論の中心となる概念は，人はある内集団の成員であると感じている場合にのみ外集団に対して差別する，というのである。社会的アイデンティティ理論を支持する者はこのような逸脱を認めようとはしな

いが，これは異文化間的コンテクストでは有益な研究路線であるといえる。なぜなら Hinkle & Brown が指摘するように，彼らの予測は個人志向的価値観をもつ人よりも，集団志向的価値観をもつ人に当てはまると考えられるからである。病院，工場，製紙工場やパン工房などのフィールド研究では，内集団びいきと集団アイデンティティの関係は非常に変動しやすいものであることが示されている。例えば Roccas & Schwartz（1993）は，集団間の類似度が高いほど集団アイデンティティと内集団バイアスの関係が強まることを明らかにしている。

　Hinkle & Brown（1990）はこの変化の理由として，自分の集団を他の集団と比較することは自分のアイデンティティにとって常に重要であるとは限らないことをあげている。スポーツチームなどの集団では，他の集団と比較すること自体が目的となっている。Hinkle & Brown はこれらを「関係的」な集団と呼んでいる。このような集団に対し，「独立的」な集団が存在する。これらは陪審員団や結びつきの強い家族など，対集団間比較をする必要があまりない集団をさす。彼らの考える社会的アイデンティティ理論は図7.1に示すとおりである。Brown ら（1992）による実証的な研究では，イギリスのさまざまな集団のメンバーから集団志向性と集団の関係性への傾向を測定した。彼らのモデルから予測されるように，内集団とのアイデンティティと外集団に対するバイアスの相関は，集団志向性と集団の関係性への傾向がどちらも高い場合にのみ高かった。Feather（1994）がオーストラリアで行なった研究は，この結果をさらに支持するものであった。彼らの研究では，オーストラリアに対する内集団バイアスとオーストラリア人であることへのアイデンティティの間に正の相関が得られた。Hinkle & Brown が予測するように，この相関は Schwartz の同調，安全，（低い）快楽主義の価値を持つ被験者においてはより顕著であった。さらに，これらの価値観は集団志向性の価値観と同等のものであると考えられよう。

　以前にも指摘したように，社会的アイデンティティ理論は「社会心理学をより社会的に」したいという考えをもったヨーロッパの社会心理学者によって提唱された。しかし，多くの批判があるように，皮肉なのは，彼らの仮説は主に集団主義的な文化圏

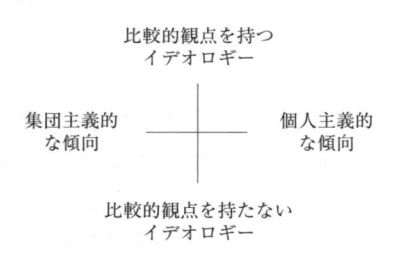

▲図7-1　Hinkle & Brown の社会的アイデンティティ理論の改定版（出典：Hinkle & Brown, 1990）

で支持されていることである。ヨーロッパにおけるこの理論についてのフィールド研究での検証結果によると，あまり一貫した結果が得られなかったが，Hinkle & Brown (1990) の説明でその理由が理解できよう。しかし集団主義的文化圏において，集団の関係性への傾向が重要であるか否かに関してはいまだに十分な情報がない。Triandis (1992) が提唱するには，集団主義的文化圏のメンバーは自分たちを外集団と比較するのに関心がなく，逆に「内集団中心性 (ingroup centrism)」によって特徴づけられるという。Torres (1996) はHinkle & Brownのモデルをブラジルとイギリスで比較検討した。小学生を被験者にしたその研究で，彼女は自分の所属する社会階級とのアイデンティティと他の社会階級集団へのバイアスの相関は，イギリスよりもブラジルで強かったことを明らかにした。しかしどちらの国においても，この効果は集団志向的価値観と集団関係性への傾向との相関はなかった。つまり彼女はわれわれが予測するような国レベルでの効果を得たが，個人レベルでの変数はそれを説明し得なかったのである。これはおそらく彼女が注目した社会階級という集団がHinkle & Brownが注目していた集団とは違うタイプの集団だったためであろう。

彼女の結果をより明確にするために，Torres (1996) はさらにブラジルとイギリスで学生が所属している4つの集団を選択した。彼女は個人志向性・集団志向性尺度が「強制されたエティック」であるといった批判を受け入れ，それぞれの集団に適した尺度を作成した。彼女の分析によると，彼女の得た学生サンプルは自分たちの所属する宗教集団を集団志向性が高く，また関与度の高い集団であるとみなしていた。これらの宗教集団では集団アイデンティティと内集団バイアスには強い相関が見られたが，他の3つの集団では相関は見られなかった。多少の修正を要したものの，Hinkle & Brown (1990) の理論はかなり異なった2つの文化においても，的確な予測をするのに有効であった。

個人主義的文化圏では，人々は比較を欲する集団と欲しない集団の区別をしていないのかもしれない。逆に集団主義的文化圏においては，あらゆる行動が社会的文脈に根づいているという意識をより強く持っているため，社会的比較をする傾向は集団志向性を特徴づける価値観の一部であることを意味するのかもしれない。ただし集団志向的な人が行なう社会的比較は，社会的アイデンティティ理論の支持者が考えるそれとは少し異なる。集団志向的な集団に属する一員として，私は集団の成員としての私のアイデンティティについてあまり気にしないでおこう。というのは，それはもう保証されているからである。その代わり私は自分の集団全体に注目し，集団の中からであれ，外からであれ，その集団のウェルビーイング（幸福感）を脅かすものに注意をはらおう。そうすることによって，私の行動を内・外集団の成員の存否に適応させることができる。Bondら (1985a) が行なった研究はこの可能性を支持している。彼ら

は被験者がそれぞれのジェンダーに典型的な行動の解釈を行なう際，そこに聴衆がいることの効果を比較した。アメリカでは聴衆がいてもいなくても，解釈に差は見られなかった。しかし香港では，より集団志向的な人（Kwan, Bond & Singelis, 1997）は同性の聴衆が不在の場合，外集団に対してよりバイアスのかかった解釈を行なった。

　おそらくHinkle & Brown（1990）の研究の最も興味深いところは，個人志向性と集団志向性を支持する度合いに十分な多様性があったために，同じ文化圏内でも仮説を検討することができるという点であろう。結局，文化間比較の研究のために生まれた変数は，文化間に見られる多様性だけでなく，欧米の文化の中の多様性を理解するのにも有効であったのである。

3．社会的優勢理論

　この章の初めに，対集団関係についての研究は，最近の社会的認知の研究に見られる個人主義的傾向から逸脱していると述べた。しかし，ここまで取り上げた研究のほとんどが，集団という文脈の中での，特定の個人の行動に関連していることに注目するべきである。集団への所属が，ある人の，内集団・外集団に対する行動に影響しているものとして捉えられている。さらに一歩進めて，個人の行動をより広い文脈で捉えることもできる。Sidanius & Prattoによって展開された社会的優勢理論（Social Dominance Theory）によれば，社会的地位の高群と低群にそれぞれ所属する人の間では，一貫した相違が見られる（Sidanius, 1993）。具体的には，高地位群では，自分の優勢的立場を正当化する信念の保持を示す「社会的優勢志向（social dominance orientation：SDO）」が強く，この社会的優勢志向の強さは，自分の所属する集団へのアタッチメントの強さと相関がある。他方，低地位群では，これらの変数の間に同様の相関はあまり見られない。つまり，低地位群では，SDOの強い人は，自分の集団へのアタッチメントが希薄であり，逆に自分の集団へのアタッチメントが強い人は，SDOが弱い。

　低い地位を受容しているか拒絶しているかは，少数集団における帰属傾向を理解する上で意味を持つ。例えば，少数集団の地位を受容していると，自分の集団に不利な帰属を行なう傾向があり（例：Milner, 1975），逆にマイノリティー集団の地位を嫌悪していると，その根本的に誤った帰属傾向をいっそう強めてしまうことがある（Amabile & Glazebrook, 1982）。Tajfel（1981）も社会的アイデンティティ理論を議論する中で，地位の高群と低群の関係を扱っている。彼は，低地位群に所属する人は，そのいわば逆境に対抗する手段として，社会的移動性や社会的創造性などの傾向を示し得ると指摘したが，Sidanius & Prattoの理論は，これらを反映しているといえる。

Sidanius, Pratto & Rabinowitz (1994) は，アメリカにいるヨーロッパ系，アフリカ系，およびヒスパニック系アメリカ人の学生を対象として，ジェンダー差も扱ったところ，彼らの理論モデルの支持が得られた。つまり，男性とヨーロッパ系アメリカ人では，SDOと内集団アタッチメントに相関があり，その他の低地位群では，それらに相関がなかった（Sidanius, Levin & Pratto, 1996も参照のこと）。また最近，Prattoら（1996）は，研究の場を新たに3つの文化圏に範囲を広げた。その結果，これら他の文化においてもSDOの尺度は妥当性があり，一般に男性の方が女性よりも高得点を得，SDOと性に対する偏見が正の相関にあり，何よりも，SDOは現地の集団関係における民族的偏見を予測することがわかっている（中国のみ例外であるが）。他の章で見てきたように，価値観には文化差があることを考えると，国によってSDO傾向の強さにも差があることが予想される。例えば，平等主義を重んじる国よりも，ヒエラルキーを重んじる国の方が，その傾向は強いと考えられる（Schwartz, 1994）。

しばしば個人差の視点から説明されるようなデータでも，集団レベルの理論を用いて十分説明できることを，社会的優勢理論は示してくれる。さまざまな現象について，個人レベルで研究するのがよいのか，集団のレベルで研究するのがより有用なのかは議論の続くところだが，少なくとも，集団レベルの分析をする場合には，所属する集団にかかわらず，他の集団に対する主に否定的な捉え方に連続性があることに注目すべきである。しばしば他の研究者が，特定集団に対する偏見として説明する現象が，Sidanius & Pratto のモデルでは，自分の所属集団が社会的に優勢になることを正当化するような，複数の態度や信念が保持されている「志向（あるいは傾向）」として捉えられる。

4．ステレオタイプ

4節と5節では，ステレオタイプと偏見を取り上げるが，これら2つの概念は，互いに入れ替えられ，区別が曖昧になることがしばしばである。ステレオタイプとは，特定の集団の成員に対して持たれているいくつかの信念のことをさし，偏見とはむしろ，特定の集団の成員に対する，通常否定的な態度のことをさす。ジェンダー，民族，年齢，学歴，富など，社会的地位の指標となるものであれば，何でもステレオタイプの基盤になり得る。また，ステレオタイプは多くの側面において多様である。例えば，それは他の多くの人によって共有される場合もある。時には，ステレオタイプ視されている当人たちさえも，そのステレオタイプを信じることがあり，その場合，彼らはMoscovici（1981）のいう「社会的表象」（Augoustinos & Walker, 1995）を受容して

■ボックス7.1■ いろいろな国の人に対するステレオタイプ

　Peabody（1985）は，ヨーロッパ6か国の学生を対象に調査を行ない，ある特定の国の人が，いくつかの人格特性においてどの程度おのおのの特性が典型的に見られるかを，評価させた。合計32の特性について，両極判断尺度（「知的－無知」など）に対する回答を求めた。評価対象は，フランス，ドイツ，イタリア，イギリス，ロシア，アメリカの典型的人物と（これらはヘテロ・ステレオタイプとなる），自分自身の国の人（これらはオート・ステレオタイプ）であった。各国で，何人かの回答者は，評価することを拒んだり，尺度上の中位点を非常に多く選択したが，それらのデータは除外した。残りのデータを分析したところ，異なる国の評価者によって示されたヘテロ・ステレオタイプに，かなりの一致度が認められた。表に示した各国の特性は，一致度が最も高かった順に並べてある。ちなみに，データが集められたのは1970年頃であり，「ゲイ（gay）」という形容詞は，現在使われる意味合い（同性愛者）ではなく，「根暗（grim）」の対として捉えられている。

アメリカ人	イギリス人	フランス人	ドイツ人	イタリア人	ロシア人
自信がある (self-confident)	自己統制的 (self-controlled)	ネアカ (gay)	働き者 (hard-working)	ネアカ (gay)	真剣 (serious)
行動的 (active)	如才がない (tactful)	行動的 (active)	堅物 (firm)	直情的 (impulsive)	働き者 (hard-working)
自発的 (spontaneous)	冷静 (calm)	自信がある (self-confident)	威圧的 (forceful)	落ち着きがない (agitated)	堅物 (firm)
うぬぼれている (conceited)	選り好みする (selective)	好感度が高い (likeable)	粘り強い (persistent)	自発的 (spontaneous)	用心深い (cautious)
威圧的 (forceful)	粘り強い (persistent)	うぬぼれている (conceited)	行動的 (active)	倹約家 (thrifty)	
寛大 (generous)	用心深い (cautious)		知的 (intelligent)		
派手・贅沢 (extravagant)					

いるといえる。また，ステレオタイプは，それを保有する一個人に独特である場合もある。ステレオタイプは，対象となっている集団に属する典型的人物の特性，価値観，行動，意見や信念についての一連の信念でもある。それらはまた，単純化あるいは分化して，肯定的あるいは否定的に，そして確信的あるいはそれほど確信もなく持たれることになる（Triandis et al., 1982）。

　ステレオタイプに関する初期の研究は，特に対立・虐待・残虐行為の被害を受けてきた歴史を持つ集団に対する関心が中心であった。そのような背景から，外集団に対するステレオタイプは極端，単純，否定的，対照的であり，それぞれ自分の所属する

集団に対しては肯定的で，外集団に対しては否定的な評価がなされた（Schwarzwald & Yinon, 1977）。そこで，集団間で調和が成立するためには，ステレオタイプの消滅が必須条件であると広く信じられた（Taylor, 1981）。ステレオタイプに対するこうした嫌悪感は，多くの社会科学者によって共有され，個人の独自性を尊重する文化的風土によっても強化された（Snyder & Fromkin, 1980）。実際，ステレオタイプ研究のほとんどが，個人主義的な社会において行なわれてきた。

しかし近年になって，心理学者らはより公平なステレオタイプの理解をしている。多くは，ステレオタイプが持つ「真実の核心」（Mackie, 1973）を指摘し，また，交流のある社会集団の間でも，互いに肯定的なステレオタイプを持つ場合があることも認められている（Berry, Kalin & Taylor, 1977）。多民族構成が確立されたコミュニティにおいては，自分の集団や文化に対する自意識が確実であるほど，外集団の特性に関するステレオタイプが，より肯定的になることが明らかにされた（Lambert, Mermigis & Taylor, 1986）。さらに，ステレオタイプは多面的に定義することもでき，そのことによって，自分の集団とそれ以外の集団に対して，包括的かつ分化したアイデンティティを与えることが可能になる（例：Bond, 1986）。Taylor（1986）は，ステレオタイプが形成される上でのこの最後のプロセスが，異文化間の調和を維持するために重要な要素となってくるだろうと論じている。例えばBen-Ari, Schwarzwald & Horiner-Levi（1994）の研究では，西欧系ユダヤ人の賢さと，中近東系ユダヤ人の社交能力の高さについてのステレオタイプが，それぞれの集団においてどちらも共有されていて，彼らが自分の行動を帰属する際，それらの肯定的なステレオタイプが強く影響していることが示されている。そのおかげで，これら2つの集団の間に生じると予測される，隔絶した内集団びいきの帰属は見られなかった。

(1)ステレオタイプの機能

ステレオタイプは，外集団のメンバーに対する先入観である。ステレオタイプを持つことで，それを保有する人は，他の集団の成員が何を求め，何を信じ，何を行なうかということに関して，自分自身の不安を低減することができる。その意味で，ステレオタイプは一種の認知的スキーマでもある（Rummelhart, 1984）。それは，他者の個人情報に注意を向け，それを処理する必要性を減らし（Hamilton & Trolier, 1986），代わりにその注意を相手との相互作用における他の側面に向けることを可能にする。「認知研究の主流である情報処理アプローチの見解と一致して，現在ではステレオタイプは，複雑な社会空間を単純化しカテゴリー化する必要性から生じた，必然的産物として捉えられるようになった」（Augoustinos & Walker, 1995, p. 1）。

さらに，ステレオタイプは，人が集団に所属することを通して，高い自尊心を維持

することにも役立つ（Weinreich, Luk & Bond, 1996）。先に述べたように，Tajfel (1981) によれば，集団への所属は，自己概念の一側面を形成する。そこで，人は，自分の所属する集団と他者の集団を，自分の集団に有利な結果をもたらすような側面において比較し，区別することによって，自尊心の向上を図ろうとする。

あらゆる民族や文化の人格ステレオタイプに，共通して見いだされた重要な側面は，正直，親切，忠実，信頼などの特性に代表される，「思いやり（beneficence）」の側面である（Giles & Ryan, 1982）。これは，人格特性の「ビッグ・ファイブ」のうち，誠実性と協調性の合わさったものと考えられる（Digman, 1990）。一般に，人は，外集団よりも内集団の方が，この思いやりの側面において高いと評価する。同時に，外集団メンバーも同様に，自分の集団の思いやりをより高く評価をするため，対集団認知の「鏡写し」（Bronfenbrenner, 1961）が生じる。おそらくこのような「内集団促進」は，存続力のある文化集団すべてに共通して見られる基本的特徴だろう（Bond, Chiu & Wan, 1984）。ここで，対集団間の調和を成立させるにあたって非常に重要な問題となってくるのは，この内集団と外集団に対する評価の差の大きさである。特に重要なのは，互いの持つ価値観（Feather, 1980）や博愛性（Schwartz, Struch & Bilsky, 1990）についての評価の差である。適度な評価の差は，ある文化集団が存続していくためには社会的に必要であるかもしれない。しかし，この差が大きくなると，それは社会的に有害となる。

比較の基準となるさらに別の側面は，現実に即したステレオタイプにしばしば表出する，「コンピタンス」の側面である（Giles & Ryan, 1982）。この側面には，知性，出世型，裕福度，高学歴といった特性が関わっている。この側面における評価には，ある程度，対集団間の社会的現実とそれにいたった歴史が反映される。そして当然ともいえるが，このコンピタンスにおける相対的評価が，集団間で一致することがしばしばある。例えば，十数年前の研究では，香港に住むイギリス人と香港系中国人の双方が，イギリス人の平均的な社会的地位の方が高いと認めている（Bond & Hewstone, 1988）。しかしながら，香港返還後，このイメージがどれだけ持続しているか，興味深いところである。

評価尺度が十分に包括的なものであれば，集団間比較が行なわれるような側面がさらに浮かび出てくる可能性がある。ステレオタイプ研究では，神経症傾向，外向性，開放性のすべてが独立した比較基準として見いだされた（例：Bond, 1986）。つまり，個人特性のステレオタイプ的認知のレベルでは，集団のメンバーは，さまざまな側面において外集団成員と比較をして，自尊心を高めることができる。

ステレオタイプは，集団レベルで，さらに重要な機能がある。それは，ステレオタイプが，対集団間で接触があるときに，それぞれの集団メンバーの行動を導く規準と

なることである。Gibson (1979) は,「認知は行動のためにある」といっているが, 実際, 相手の人格の認知と, その相手に対する行動とが関連していることが, 研究によっても明らかにされている。例えば, 中国人でもオーストラリア人でも, 相手が「思いやりがある」と認知した場合ほど, その相手とより頻繁に関わろうとする傾向がある (Bond & Forgas, 1984)。反対に, 相手の性格が邪悪であると認知した場合ほど, その相手を避けたり, 非難したり, 攻撃する可能性が高くなる。すべての集団間対立の基盤にあるのは, 敵に対するこうした悪者視であるといえる。

　もちろん, 異なる集団であっても, より親密的に交流することもできる。例えば, 外集団メンバーのコンピタンスに対する高い評価が, 従順な行動を導くことが考えられる。同様に, 外集団の神経症傾向が高いと認知された場合, 自己開示的で親密な行動が抑えられ, かわりに形式的行動が表出し, また, 外向性の認知が高ければ, 積極的で社交的な行動が見られるであろう (Bond, 1983)。

　このようにステレオタイプは, 外集団メンバーに対する行動の選択肢を定めてくれるという意味において, われわれの持つ不確実性をさらに軽減する機能を持つ。そして, 集団間で実際交流があると, 互いに対して持っているステレオタイプが改められたり確認されることもある。例えば, 香港中文大学 (The Chinese University of Hong Kong) では, 地元の中国人学生も, 交換留学生であるアメリカ人も, アメリカ人の方が外向的で, 中国人の方が内向的であるというステレオタイプを持っていた (Bond, 1986)。この共有された認知は, 集団間での相補的な行動パターンを導き, 一般にアメリカ人が交流のきっかけづくりをして中国人がそれに応じる形になる。協力関係にある集団の間では, このように交流を促進するような共有ステレオタイプが生まれるものだと考えられる (例：Everett & Stening, 1987)。また, こうしたステレオタイプは, 異なる集団に属する見知らぬ人と対面する不安を和らげてくれる。

　Augoustinos & Walker (1995) によれば, ステレオタイプは,「社会に実在する社会関係, 勢力関係に根拠を与え, 正当化するために用いられる, イデオロギー的表象」(p. 1) としての社会的機能も持つ。Jost & Banaji (1994) はこの見解についてさらに詳しく述べ, ステレオタイプは「特定の集団による他の集団の搾取を正当化し……ある集団の貧困と無力, そして他の集団の繁栄を, まるでこれらの格差が正当で, 自然でさえあるように説明してしまう」(p. 10) といっている。こうした見解からすれば, 社会的に不利な立場にある集団も, 自分の集団に対する比較的否定的なステレオタイプを受け入れると考えられる。特にこれは, 思いやりの側面よりも, 対集団間の評価が一致することの多い社会集団の能力に関する評価で, 最も強く表れる傾向だといえる。

(2)ステレオタイプの起源

ステレオタイプの初期の研究（Katz & Braly, 1933）は，人が，他の文化や民族に所属する人に対して，まったく会ったこともないのに，非常に強いステレオタイプを持つことを明らかにした。こうした極性化された態度は，自分とは異なる人に対して一般に持たれる不信感が基盤となり，それがさらに地元のメディアや学校カリキュラムを通して強化されると考えられる。同じ領域内で，外集団と接触することの多かった歴史を持つ集団の場合に，ステレオタイプは特に明確で，かつ集団内で共有されるといえる。このような状況では，ステレオタイプがあることによって，集団間の交流における予測がかなりつくようになり，結果として，異文化間交流に伴う不安や緊張が緩和されることになる。

(3)国別ステレオタイプ

Peabody（1985）が，30年ほど前にヨーロッパの学生を対象に，国別のステレオタイプについて，研究を行なったことは先にもふれた。もう少し最近では，Linssen & Hagendoorn（1994）が，これらと同様の国別ステレオタイプを，7つの西欧諸国について見いだした。ここで関心の的になるのは，これらの持続性を持つステレオタイプが，どのような客観的情報に基づいて構成されるのかである。Linssen & Hagendoornの研究では，他の国に関するステレオタイプを構成する特性は，効率性，支配性，共感性，情緒性の4つにまとめられた。認知された効率性については，その国の経済発展のレベルが最も強い予測因子であり，認知された支配性については，その国の政治力の強さが最も強い予測因子であった。これらの変数関連には，ある程度の論理が読みとれる。しかし，共感性は，その国の大きさによって予測され，情緒性は，国の南緯度によって予測された。これらの関連が偶然のものであるかを明らかにするためには，世界のさまざまな地域における追試研究が必要である。

Linssen & Hagendoorn（1994）は，研究対象にロシアを含めなかったが，彼らの結果は，Peabodyの研究の回答者が示したロシア人に対するステレオタイプを理解するのに役立つであろう。ただし，ここでは冷戦に関するメディア報道の影響は考えないこととする。すると，ロシアは国土が広く，緯度も北に位置する。また，研究が行なわれた当時は，政治力が強く，経済的にも繁栄していた。そこで，Linssen & Hagendoornの結果から予測されるとおり，Peabodyの回答者は，ロシア人は支配的で効率的であると評価する傾向にあった。しかし，より最近のデータによると，ロシア人が自分たち自身に対して持つステレオタイプは，かなり変化している（Peabody & Shmelyov, 1996; Stephan et al., 1993）。彼らが自分たちに典型的に見られる特性としてあげるのは，寛大さ，率直さ，軽率さ，非現実的，好感度が高い，偏見がない，

などである。時代は変わり，国家の勢力は衰退し，それに伴ってステレオタイプも変わったのである。

　Peabody（1985）の研究で明らかになったもう1つの興味深い点は，学生による自国に対するステレオタイプと，他国に対するステレオタイプを比較したところ，自国をより肯定的に捉える傾向が見られなかったことである。国別あるいは民族別のステレオタイプに関する以前の研究では，たいてい内集団バイアスが見いだされていた。例えば，Brewer & Campbell（1976）が，ケニア，タンザニアとウガンダにある30の民族集団を対象に調査したところ，ほとんどすべての集団において内集団バイアスが見られた。Peabodyの結果は，社会的アイデンティティ理論にそぐわない結果ともとれるが，別の見方をすれば，回答者であった学生たちにとって，国籍は自分たちのアイデンティティにとって重要な要素ではなかったのかもしれない。Koomen & Bahler（1996）は，実際にはPeabodyの研究とほぼ同時期に，同じようなヨーロッパの国々で，一般の人々を対象に行なった意見調査のデータを分析した。その結果，他国に対するステレオタイプについては，やはり意見が一致しているものが多かったが，自国に対するステレオタイプには，明らかにより肯定的なものが見受けられた。

　しかし，ステレオタイプに，内集団バイアスを認めなかった研究結果もまだある。Mlicki & Ellemers（1996）は，ポーランドの学生が，ポーランド人の特性を明らかに否定的に捉え，オランダ人の特性をより肯定的に捉えていることを見いだした。ポーランド人が最も多くあげたポーランド人の典型的特性は，「酔っ払い」，怒りっぽい，無秩序，であった。自国に対する否定的なステレオタイプは，ハンガリー人（Larsen et al., 1992）や，ベネズエラ人（Salazar, 1997）にも見られている。しかし，Mlicki & Ellemers（1996）のポーランド人のデータが特に興味深いのは，彼らがそれほど否定的な特性をあげながらも，ポーランド人であることに対する非常に強いアイデンティティを示したことである。

　さて，これまでに概観してきた2つの理論，つまり社会的アイデンティティ理論と社会的優勢理論によって，これらの結果をどのように説明できるか，検討する必要がある。社会的アイデンティティ理論によれば，ある人が地位の低い集団（この場合は国家）に所属するとき，その人に与えられる選択肢は社会的移動性か社会的創造性である。社会的移動性はさておき，社会的創造性を実行する最も明らかな方法は，自分をより大きな，より社会的価値のある集団のメンバーとして捉えることである。実際，Mlicki & Ellemers（1996）は，ポーランド人の学生が，オランダ人の学生よりも，ヨーロッパ人としてのアイデンティティを強く持っていることを明らかにした。Salazar（1997）も同様の結果をラテン・アメリカで得ている。ベネズエラ，ペルー，

■ボックス7.2■　国民アイデンティティと内集団バイアスを測る測定の難しさ

　国民アイデンティティを調べる多くの研究では，回答者に，自分と他国の人の特性をそれぞれ表すのに，適切だと思われる形容詞を選択させる。しかし，このような方法では把握しきれない側面が，かなりあると思われる。Condor (1996) は，イギリス人の社会的アイデンティティを調べるのに，より質的なアプローチを取った。彼女の報告によれば，イギリス国民のうち，ウェールズ人，スコットランド人と北部アイルランド人は，自分たちをそれぞれウェールズ人，スコットランド人，北部アイルランド人として同一視することにほとんど迷いが見られなかったが，それ以外のイギリス人は，国民アイデンティティを明確にできなかった。自分たちはブリティッシュ（大ブリテン島の人）なのか，イングリッシュ（イギリス人）なのか？　彼らが住んでいるのは，大ブリテン島なのか，連合王国なのか，それともイングランド（イギリス）なのか？

　さらに彼らは，ある「偽りの謙虚さ」を示すことがあった。Condorと面接した回答者の多くは，イギリス人に特有の否定的特性を多く認めた。しかし，彼らは，このような自己批判ができることは，他の国に対しても偏見が少ないことを意味すると考え，そのことから，イギリス人は実際他の国民よりも優れていると感じていた。つまり，彼らは，自分たちに内集団バイアスがないことを主張したが，逆説的なことに，それが彼らの内集団バイアスとなっていた！　このような効果が他の国でも同様に見られるのかを調べた研究はまだない。

　メキシコ，コロンビア，そしてドミニカ共和国の人々は，それぞれ自分の国の市民としてよりも，ラテン・アメリカ人としてのアイデンティティをより強く持っていた。Salazarの用いたサンプルの中では，唯一ブラジル人だけが，自分の国民性を最も強く意識していた。Personnaz (1996) も，フランス人の学生が，自分をフランス人よりもヨーロッパ人と同一視する傾向が強いことを明らかにした。したがって，社会的アイデンティティ理論は，国別のステレオタイプ研究の結果をほとんど説明することができる。自国に対するステレオタイプが否定的な場合には，国民は，より大きな集団レベルでのアイデンティティを強調するようである。ただし，Mlicki & Ellemersの研究において，ポーランド人としてのアイデンティティよりもいっそう強く，一段と大きな集団レベルでのアイデンティティがない限り，なぜポーランド人が，自国の否定的ステレオタイプに強く同一視したのか，これを社会的アイデンティティ理論によって説明するのは実に難しい。

　社会的優勢理論によれば，一般に認知されている国別アイデンティティのヒエラル

キー（階層）が存在し，それに基づいて，どの国民が肯定的な自己イメージを持ち，その国民性への同一視も強くなるのか予測できる。仮に，中央ヨーロッパ人が西ヨーロッパ人をうらやましく思っていたり，ラテン・アメリカ人がアメリカ合衆国には見劣りしていると感じているとすると，この理論はこれまで得られている研究結果をほとんど説明することができる。しかし，このような国家間の格づけの認知が正しいのかを実際に検討した研究はない。ポーランド人で得られた結果を，社会的優勢理論を用いて説明できるかを試みるには相関分析を行なう必要があるが，Mlicki & Ellemers（1996）はこれを行なっていない。

(4)正確なステレオタイプ？

　ステレオタイプの正確性に乗じて，対集団関係を促進しようとするならば，まずその正確性を定義する必要がある。Ottati & Lee（1995）は，ステレオタイプの正確性の指標として，複数のヘテロ・ステレオタイプ（他者から見たステレオタイプ）の近似性，ヘテロ・ステレオタイプとオート・ステレオタイプ（自分から見たステレオタイプ）の近似性と，ステレオタイプと客観的指標の一致度の3つをあげている。1つめを妥当な指標だとすると，Peabody（1985）の行なった国別ステレオタイプの研究で，西ヨーロッパのさまざまな国の学生は，ロシア人に対するステレオタイプがほぼ一致していたので，彼らの認知は正確性を持っていたといえる。しかし，先にもふれたように，その後の研究で，ロシア人の自国に対するステレオタイプ（オート・ステレオタイプ）はこれらのヘテロ・ステレオタイプとかなり異なることが明らかになったので，先の結論が絶対的であるとはいえない。他方で，ヘテロ・ステレオタイプとオート・ステレオタイプの近似性が明らかになった研究もある。アメリカ人と中国人の学生の間では，中国人の方がアメリカ人よりも抑制的で，個性が目立たないという意見で一致している（Bond, 1986; Lee & Ottati, 1993, 1995）。ただし，もちろん中国人はこれらの特性を肯定的に評価し，アメリカ人回答者は否定的に捉えていた。いずれにしろ，このデータは，オート・ステレオタイプとヘテロ・ステレオタイプが近似している点から，ステレオタイプの正確性を示している。

　Lee & Duenas（1995）は，アメリカ人とメキシコ人のビジネスマンの間で行なわれた複数の会議を事例研究として発表した。それぞれ，相手の「時間に対する態度」に関してステレオタイプを事前に持っていたが，それらが本人たちの実際の行動とほぼ正確に一致したという点で，そのステレオタイプの正確性が証明された。両群とも，メキシコ人は複数の時間軸に基づいて行動すると捉え，特にアメリカ人は，メキシコ人を「マニャーナ（『まあ，そのうちに』という意味のスペイン語）な人々」と表現した。一方，両群とも，アメリカ人は単一時間軸に基づいて行動するという見解で一

致し，これをメキシコ人は，「機械的」と表現した。実際に会議に現れた時間や，仕事の締切りの守り具合など，より客観的で感情の影響も少ない指標をとってみても，これらのステレオタイプの正確性は明らかであった。しかし，この見解の一致にもかかわらず，当初，両者の間でビジネスを進めることができなかった。お互いをなぜ，どのように認知しているか理解し合い，ビジネス上の時間をどのように扱っていくかに関して，共通理解を得て初めて両者の間のビジネスを進めていくことが可能になった。したがって，正確なステレオタイプは，対集団関係を効果的に管理する手助けにはなっても，それ自体，必ずしも対集団関係の成功をもたらすわけではない。

5. 偏見

Baron & Byrne (1994) は，偏見を「ある集団の成員であることのみに基づく，その集団の成員に対する（通常，否定的な）態度」(p. 218) と定義した。これは否定的な行為を含む「差別」とは区別される。態度としての偏見は，他の認知的スキーマと同様に機能する (Fiske & Taylor, 1991)。例えば，偏見と一致した情報は，一致していない情報よりも注意が向けられやすく，多く反復され，さらに正確に覚えられる。

(1)自民族中心主義

Sumner (1906/1940) は，自民族中心主義 (ethnocentrism) を「自分の集団をすべての中心と考えることで，他集団はその考えに照らし合わされて測られ，評価される」(p. 13) と定義している。この普遍的であると思われる認知的過程について，比較的中立的な定義が与えられたのは，時間がたつにつれ，その含意が軽くなったことが前提となっているが，最近の定義では，自民族中心主義を「内集団びいきと外集団の拒否」(Levine & Campbell, 1972) と捉えている。

Triandis (1994) は，この普遍的な自民族中心主義傾向について次の4つのことを明らかにしている。

①自文化（内集団）の中で起きていることは，「自然」で「正しい」と判断され，他文化で起きていることは「不自然」で「まちがっている」と認知される。
②内集団の慣習は普遍的に正当であると認知される。
③内集団の基準，役割，価値観は疑いもなく正しいと思っている。
④内集団のメンバーを援助したり，協力したりすること，内集団をひいきすること，内集団を誇らしく思ったりすること，外集団に対して不信感や敵意を持つこと，などは自然なことだと信じ込まれている。(pp. 251-2)

この観点からすると，外集団の評定する基準は内集団によって定義され，また自民族中心主義は外集団との関わりへの自発的動機に導くことになる（Lambert, Mermigis & Taylor, 1986）。外集団が内集団の基準に類似しているほど，外集団に対する敵意は減る（Brewer & Campbell, 1976）。

　個人の特性としての自民族中心主義を測定する尺度は，Adornoら（1950）の「権威主義」研究から始まる。Altemeyer（1981）は，この尺度や初期の尺度の心理測定的な欠陥を批判し，より頑健な右翼権威主義（right wing authoritarianism: RWA）と呼ばれる尺度を作成した。この概念は，正当化された権力への服従，権力者が許可した場合における他者への攻撃の自発性，伝統主義などが相互に関わり合っている要因にふれている。この尺度は文化を越える妥当性を明らかにしている（Altemeyer, 1988; Rubinstein, 1996）。また，個人が持つイデオロギーの中の一般的な伝統性に関連しており，ビッグ・ファイブの「経験への開放性」と負に関係している（Trapnell, 1994）。国民の多くが愛国心的なバイアスを捨てたという状況においても，RWAで高得点を示した人はひいきの傾向を示すようである（Altemeyer & Kamenshikov, 1991）。

　以上のことを踏まえて，Triandis（1996）は，アメリカの被験者におけるRWAは垂直集団主義（集団志向性）と正の相関関係を示していることを明らかにした。同様に，Lee & Ward（印刷中）はシンガポール在住のマレーシア人と中国人で垂直集団主義の高い人のみが，対集団間態度において内集団びいきをすることを明らかにしている。これは，個人レベルの集団主義（または集団志向性）を測定する尺度がRWAイデオロギーの一部である自民族中心主義にふれているということだろうか。集団的なレベルにおける文化の力動を特徴とする内集団を前提とすれば，そのような重複は起こり得るだろう。

　このことから，自民族中心主義はどのように測られようと，国ごとに可変性が考えられる（Ramiez, 1967）。Bond（1988b）は社会的統合（cultural integration）－文化的内面性（cultural inwardness）の対になっている価値観の側面において，22か国の学生の間で有意な差を明らかにした。社会的統合は，他者に対する寛容や彼らとの調和などといった価値で定義され，文化的内面性は文化的な優越感や伝統の尊重などの価値で定義される。おそらく，ある文化圏において典型的とされる人間が文化的内面性の高い人であるならば，外集団との接触を拒否し，さまざまな形で外集団を差別するであろう（例：人権についてはBond, 1991aを参照のこと）。

　自民族中心主義は一律に有害な概念であるように見えるが，よい面もある。Feshback（1987）が行なった政治に対する態度の因子分析的研究では，国家主義（nationalism）と愛国主義（patriotism）の区別が示された。国家主義は他集団に対

■ボックス7.3■　世界観の脱中心化

　国や人種集団についてのあなたの定義の仕方はどれだけ文化的に繊細だろうか。ここであげるのは，名称をつけられた人々が好む名称の例である。

- アメリカ合衆国の国民はよく「アメリカ人」とされるが，これはアメリカ大陸に住む他の住人を無視している。本書の著者もこの習慣から完全に抜け出せていない。
- イギリス連合王国（United Kingdom）の国民はよく「イギリス人」とされるが，同じようにイギリス王国に住むウェールズ人やスコットランド人や北アイルランド人を無視している。
- オランダ王国（Netherlands）に国民はよくオランダから来たといわれるが，オランダはオランダ王国の中の2つの地域の名前である。
- アジア・太平洋（Pacific Asia）はよく極東とされるが，中華人民共和国にとっては「中の国」である。
- 旧ソビエト連邦はよく東ヨーロッパに位置づけられていた。チェコ人やハンガリア人やポーランド人は自分たちは中央ヨーロッパにいると主張している。
- イギリスの南アジア料理のレストランは典型的にインド料理を意味する。これらのレストランはたいていパキスタン人やバングラデシュ人によって経営されている。

して不和を生じさせ排他的な志向性にふれている。これは権威主義の多くの研究の焦点となっている。その一方，愛国主義は，集団の大きさにかかわらず，協力的な集団を維持するために必要な内集団に対する評価についての統合的な要因にふれている。後の第10章で見るように，自民族中心主義の肯定的な側面は，和合した多文化社会には必要な要素になり得る。

　自民族中心主義的な態度と対になるのは「寛容さ」である。Berry & Kalin（1995）は個人レベルの寛容度尺度を作成し，それはカナダの人種態度の調査で使用された。Berryらは，ヨーロッパらしさに基づく，カナダで共有された人種のランキングを明らかにした。しかし，予測されたように，「寛容的な人は多様な集団に対してあまり好き嫌いを示さなかった。反対に，非寛容的な人は，一般的に多くの人が好む集団に対してより好みを示したが，最も好まれていない集団に対しては好意を示さなかった」（p. 315）。このことから，予測されたように，自民族中心主義の低い人は外集団のメンバーに対する拒否が少ないことがわかる。

(2)対集団間偏見の予測について

　さまざまな種類の外集団に対する偏見は，その集団に対して持っているステレオタイプから一部予測することができる。これに関する多くの研究で，外集団成員の特性にまつわるステレオタイプが検討されてきた。さらに，外集団成員が持つ価値観に対する信念も重要である。例えば，Bond & Mak（1996）は，Schwartz（1992）の自己超越性（すなわち思いやりと普遍性）側面での外集団の位置づけの認知は，他集団成員の拒否の低さと関連していることを明らかにした。

　「象徴的な信念」と定義される価値観は（Esses, Haddock & Zanna, 1993）は特に重要であろう。これは，外集団の成員が内集団にとって大切な社会の伝統を奨励するか侵食するかについてのステレオタイプである。これらの象徴的な信念は，特性についての信念と中程度の相関しか示さない。しかし，さらに重要なことは，他集団とその成員に対する否定的な態度を予測する際に，これらの象徴的な信念は特性についての信念よりも有力であるということである（Esses et al., 1993; Haddock, Zanna & Esses, 1993）。象徴的な信念と偏見の関連性の強さはRWAの高い人々の間でさらに強くなることがわかっている（Esses et al., 1993）。

　また，偏見の発生や防止においては，多数派が持つ価値観と少数派が持つ価値観の役割も重要である。Sagiv & Schwarts（1995）は，イスラエルで多数派のユダヤ人と少数派のアラブ人の「外集団との接触に対するレディネス（readiness）」を検討した。ユダヤ人集団については，レディネスは普遍性と自己方向性の価値観とは正の相関，そして安心と同調の価値観とは負の相関を示した。アラブ人集団において決定的だったのは達成である。これらの結果は，集団の境界を越えた行動を導くという意味での価値観の役割を示したが，文化的に異なった集団間のコンテクストの中でも実証されなければならない。Feather（1980）が社会的な相互作用を導く際に価値観の適合の重要性を示していることをふまえると，そのような研究は価値観の類似性に関係する変数を組み込むことになるだろう。

　それまでの集団間の歴史やメディアの描写や私的な経験の結果として，情緒はさまざまな外集団と関連している。これらの情緒（肯定的および否定的）は偏見と関係しており（Dijker, 1987），さらにこれらの情緒は集団についての認識によって予測される（例：Stephan et al., 1994）。Esse, Haddock & Zanna（1993）は「（特性についての）ステレオタイプは他集団の成員に対するわれわれの情緒的反応の一部を規定し，そしてそれは他集団に対するわれわれの態度に直接的に影響する」(pp. 152-3)。情緒の影響が評価されれば，外集団成員の特性に関するステレオタイプ的な情報は偏見の予測にはあまり役立たないであろう（Haddock, Zanna & Esses, 1994）。

(3)偏見から差別へ

外集団成員に対するステレオタイプ的な認知はかなり機械的な側面がある (Devine, 1989)。また，外集団接触の状況では，過去の学習に基づく情緒的な反応も活性化されるだろう。しかし，これらが実際の行動として現れるかは個人的・社会的な要因にもよる。Devineら (1991) はアメリカ人の被験者に，外集団についてどのように感情を抱くべきか，そして実際にはどのような感情を抱くか聞いた。被験者はさまざまな外集団に対して「抱くべき感情」と「実際の感情」の間の差も評価するように求められた。強い偏見を示した人は差別的な行動の回避に対する個人的な基準がうまく内在化されにくく，さらにその弱い制御に基づくように行動する必要性も低く評定していた。また，彼らは内在化された基準と実際の行動の差に関する罪の意識や恥をあまり感じていなかった。

つまり，偏見のある人は外集団に対してアンビバレンスな感情を経験しにくいようである。内的な葛藤に欠けるため，偏見が差別の実践に移りやすくなるのである（例：Haddock, Zanna & Esse, 1993）。非偏見的な人は平和主義的な基準から離れてしまうことに関して自己批判的である。このような認知的制御が差別を防ぐための方略を探すよう仕向けるのであろう。Gaertnerら（1989, 1993）は，共通内集団アイデンティティモデル（Common In-group Identity Model：共有されたアイデンティティや運命を持つことで私たち/彼らの区別を解消する）を提唱している。このように危機を解除するような再カテゴリー化はおそらく非偏見的な人々にとって魅力的な方略であろう。

もちろん，個人レベルでの偏見以外にも差別に関連する要因は多くある。われわれは，例えば旧東・西ドイツのように，他集団によって政治的および経済的な脅威を感じる社会集団の中に住むことがある（Ripple, 1996）。また，内集団成員の間でよく聞く人種差別的な話によって，昔から受け継がれ，維持されている（Wetherell & Potter, 1992），「敵意のイデオロギー」(Staub, 1988) に煽り立てられている社会にいるのかもしれない。このような差別に導く社会的な誘因は，集団間の和合についての政治的なイデオロギーによって抑制できなくなってしまうこともあるだろう（例：カナダの多文化主義と人権の遵守，Humana, 1986）。このような不安定な状況は第4章でふれたような攻撃性に関連している社会的要因（例：近年起きている天災や戦争）や文化的優越感を助長するような文化的価値観などによって悪化することがある。

ここで述べておく必要があるのは，対集団間に関連する（例：ステレオタイプ，偏見，差別）研究の大半は，階層性（Schwartz, 1994）や勢力差（Hofstede, 1980）や保守主義（Smith, Dugan & Trompenaars, 1996）等の文化的な尺度において低い得点を示している社会で行なわれているということである。このような社会的システム

は，不平等や正当性についての多くの討論に対して寛容的であり，市民はそのような内容に精通していて，人種差別，同性愛恐怖症，年齢差別，男女差別等の問題についての市民の対話に積極的に参加している。このような社会の平等主義を前提に考えると，今までに明らかにされてきたいくつかの心理過程の一般化について疑問視しなければならないであろう。例えば，名目上の人種差別廃止や外集団の地位に基づいて行為を示されたときの反応は，おそらく階層性がはっきりとした文化においてはあまり見られないことであるし，不適切なプロセスである。このようなシステムでは，イデオロギーの正当化が集団間の階層を正しいとする。そして，このことは非差別的な政策（差別されている集団の成員に対して慎重に埋め合わせをすること等）への動因を妨げることになる。

6．集団間葛藤

　差別的な行動は必ずしも表立った対集団間の敵意を引き起こすとは限らない。物質や社会資源へのさまざまなアクセスを取り囲む社会的なイデオロギーは，競いあっているすべての集団のメンバーによって受け入れられているかもしれない。例えば，階層がはっきりとした社会（Schwartz, 1994）では，すべての集団メンバーのSDOは高く，このことは内集団でのアタッチメントを失わずに起こる。このような社会システムでは，グループの地位のランキングは，罪の意識や恨みを抜きにしてすべての集団によって受け入れられ，正当化されるからである。

　他方で，資源へのアクセスにおいて集団間での不平等は優勢になることもあり，差別された集団メンバーへの恨みを買うこともある。しかし，植民地の政権に見られるように，この秩序への挑戦を計画するには危険すぎるだろうし，また集団の変動のための社会的基盤が欠けているのかもしれない。さらに，問題の集団成員は「同時並行のきずな（cross-cutting ties）」と特徴づけられる社会（住んでいる地域的，政治的，または社会的な集団の成員であることが，他の競争相手の集団と共有している社会）の一部かもしれない。葛藤行動は，集団の極性化を促進してしまう社会よりも「同時並行のきずな」のある社会の方が起こりにくい。上記したようなさまざまな状況が組み合わさり，そして特に人が上方へ動くことができると，集団間葛藤は減るだろう。そして人は，文化的に一般的な秩序の侵害を妨害する規範（DeRidder & Tripathi, 1992）を支持し，規範に従い，そのことが暴力の可能性を減らしていくであろう。

　確かにどの新聞の一面にさっと目を通してみても，和平が得られずに，暴動が毎日起こっているような対集団間関係が多い。おそらく相対的な不平等が集団間に起きて

いたり (Wilkinson, 1996), 集団の利益が問題にされたり (Tzeng & Jackson, 1994), 認知された不公平に対する暴力による仕返し (北アラビア人のあだ討ち等) が顕著であったり (Dragoti, 1996), 認知された集団の勢力 (Guzzo et al., 1993) が集団成員の中で強く, それが共有されていたり, 物質的な資源の状態が悪かったり, 外集団は必ず侵害されるべきであるといった罪の転嫁的なイデオロギー (Staub, 1996), それとともに外集団を特徴づける価値観について人間性に欠ける信念を持っていたりする (Schwartz, Struch & Bilsky, 1990) のだろう。こうしたそれぞれの要因は対集団間暴力の可能性を悪化させ, そのことは特に自分の内集団に強いアイデンティティを持つ人によく当てはまる。

　特定のある1つの集団に属することが引き起こす最も直接的な結果に焦点を置いた研究についてはひとまずここで終わらせる。しかし, 異文化心理学者にとって大切な対集団間関係の要因はほかにも多くある。次の章で述べるように, 組織はたいてい複数の集団から形成されるシステムと考えられており, 組織内・間で起こるフォーマルまたはインフォーマルな交渉のタイプは組織が成り立つためには重要である。さらに, 第10章でふれるように, 対集団間関係の理解は移住や文化変容のプロセスを容易にしてくれるだろう。

7. まとめ

　集団に所属するということは, われわれが「誰であるか」ということを規定するだけでなく,「誰ではない」ということも明らかにすることによって, 社会的アイデンティティを定義することである。定義された集団の成員であることは, どのように行動するべきかというモデルを提供することになる。このことは, 特に集団関係性の目的を持っていたり, 集団の成員が集団志向的な価値観を持っているときに起きやすい。集団のメンバーシップが集団志向的な価値観に起源を持っている場合は, 内集団成員に対する行動と外集団成員に対するそれがはっきりと区別される。

　優勢な集団のメンバーであるということは集団への強い自己定義と内集団びいきに関連している。国民の多くは自分の国をひいきする。しかし, ヨーロッパのいくつかの国とラテン・アメリカの諸国では, 地域へのアイデンティティは国民としてのアイデンティティよりも好まれるということも示されている。すべてのステレオタイプがまちがっていたり否定的であるわけではなく, これらは当該国家について観察可能な特性からくるものであることもある。ステレオタイプは自分の集団をひいきしたり外集団を拒否したりする形で, 偏見を反映する。ある社会的状況下であったり, 影響を受けやすい人であったりすると, この偏見は差別的な行動につながる。社会的および

文化的な考慮は，差別的な対集団間における慣習が集団間暴力になるかどうかを規定するであろう。

第8章　組織行動

　　日本とアメリカの経営方法は95％同じであるが，重要な点においてすべて異なる。（ホンダの共同設立者である藤沢氏の言葉から）

　世界にはいくつかの大規模組織が実に長い間にわたって存在してきた。おそらくカトリック教会が最も長く存続してきたといえるであろう。しかし，最近になるまでほとんどの国において，生活時間の大部分を中規模から大規模組織の中で過ごす人口の割合はわずかであった。その割合は，教育の大衆化，科学技術を基盤とした医療介護，そして消費者経済の発展とともに現在急速に増加している。この変化の過程は西ヨーロッパと北米で最も早く起こり，その結果としてそれらの地域に由来する著作や研究によって，最善の組織経営形態が発展してきた。本書ではこれまで，北米と西ヨーロッパの価値観や社会行動が，他の地域で典型的に見られるものとどのように異なるのかを探ってきた。このことは，この章を通じてわれわれが関心を持つことになる2つの疑問を提示する。1つめには，欧米的組織管理方法が世界の他の地域で用いられたときどうなるであろうか。そして，2つめには，なぜアジア太平洋地域の組織が近年これほど成功してきたかを説明することに異文化心理学は，貢献できるだろうか。これらのうち，はじめの疑問に答えるには，組織心理学において伝統的に課題とされてきた分野をいくつか順に見ていく必要がある。

1．組織における人選と査定

　組織に関する欧米の理論の中核となる考えでは，まず，求めている特性を備えた人物を雇用し，さらにその専門的知識を最適に活用できるような役職に任用するために，個人のスキルや人格を査定する手続きが必要となる。さらに，各個人がそれぞれの特定の仕事を的確に果たしているか，そしてそれによって彼らの訓練，昇格，あるいは解雇が必要であるかを判断するためにも，そのような手続きを求めることになる。組織経営に関するこのアプローチには，個人を独立した存在として捉え，その特性は本人の社会的状況とは切り離して評価できるものであるとする考え方が根底にある。そして，組織の求める特性を就職志願者が備えているかを査定するための，信頼性と妥

当性のある方法を開発するためには多大な努力が注がれてきた。いくつかの欧米の組織が実質的に心理テストやアセスメント・センターのような複雑な手続きに頼る一方で、リクルートの基礎として最も一般的に用いられるのは面接と経歴データである。

世界中のどこの組織でも新しい人員をリクルートしなければならないのは明らかである。しかし、欧米の人選の方法で前提とされている個人主義から遠ざかるほど、別の方法がより好まれることが推測できる。初めにヨーロッパにおける多様性を見てみよう。Shackleton & Newell（1991, 1994）は、ヨーロッパ5か国の、それぞれ250社が用いている人選方法を調査した。最も多用される人選方法に違いが見られたことは表8.1に示されている。面接は一般的に使われていたが、ドイツでは比較的少なかった。イギリスとドイツでは、願書や照会書が査定の際の主要な参考資料となった。フランスやベルギーでは、面接や願書に加えて筆跡鑑定や性格検査、認知能力検査が用いられる傾向にあった。「常に筆跡鑑定を用いる」と報告した会社は比較的少ない割合ではあったが、その事実は、実際にフランスの会社の77％、フランス語（ワロン語）を公用語とするベルギーの会社の44％、そしてオランダ語（フランダース語）を公用語とするベルギーの会社の21％が、少なくとも時にはその方法を用いていたという事実を隠してしまうことになる。イタリアで好まれる方法は面接だけであり、また、調査の行なわれた他の国と比較して、これらの面接が人事のスペシャリストによって行なわれる場合がかなり少なかった。各国の間に見られるこれらの違いを解釈するには、西欧の8か国の新聞に掲載された1,400の管理職の求人広告について最近行なわれた内容分析の結果をも考慮しなければならない（Tollgerdt-Andersson, 1996）。この調査では、スウェーデン、ノルウェー、デンマークの新聞求人広告のほぼ80％が、採用されるべき人に求められる個人的能力、社会的能力を詳細に示していたことがわかった。この数字は、ドイツとイギリスで65％、フランス、イタリア、スペインでは50％であった。最も頻繁に求人広告の中で要求されていた個人資質も表8.1に示した。

スカンジナビア諸国で、管理職に要求される対人関係スキルが強調されることは、Hofstedeがこれらの国を、「女性的」価値観を持つものとして特徴づけたことと一致している。ドイツとイギリスで最も頻繁に要求された特性は、協同作業に必要とされる対人関係スキルをそれほど重視するものでなかった。Hofstedeが「勢力差」が比較的大きいと報告したより南方の国々では、年齢が重要な査定基準となる。したがって、ヨーロッパ連合（EU）内で、管理職に求められる特性はかなり共通していることは確かだが、それでも、異なる地域にあるそれぞれの組織の文化と思われるものが反映される形で、それぞれの重点の置き方には違いが見られる。

次に、集団主義的・階層的価値観がより強く浸透している世界の地域を見てみると、

▲表8.1　種々の人選方法を「常に」用いると答えたヨーロッパ企業の割合と最も頻繁に求人広告の中で要求される資質

国　名	面接	願書	照会	性格検査	認知能力検査	筆跡鑑定	要求される資質
ベルギー（フランダース〔蘭〕語）	91	74	15	35	30	2	−
ベルギー（ワロン〔仏〕語）	100	92	12	25	32	12	−
フランス	94	89	11	17	7	17	年齢
イタリア	96	45	32	8	8	0	年齢
スペイン	−	−	−	−	−	−	年齢
ドイツ	60	83	76	2	2	0	リーダーシップ・スキル
イギリス	91	70	74	10	12	0	コミュニケーション・スキル
スウェーデン	−	−	−	−	−	−	協同性
デンマーク	−	−	−	−	−	−	協同性
ノルウェー	−	−	−	−	−	−	実績と協同性

出典：Shackleton & Newell（1994）と Tollgerdt-Andersson（1996）による。

　明らかに違う人選方法がとられているのがわかる。Huo & von Glinow（1995）は，台湾や中国では面接は人選目的ではほとんど行なわれていないと報告している。より重要な査定基準は，候補者がどの機関で訓練を受けてきたかということ，そしてどの地域あるいは民族の出身かということである。集団主義的文化においては，特にそれが垂直的集団主義である場合，名門校出身者は，非常に厳しい入学基準と高い競争率をくぐり抜けてきているので，非常に有能であると考えられている。そして，個人特性や対人関係スキルは短い面接や検査では妥当に評価され得ないと考える。また，採用される候補者は終身雇用であろうから，組織の求める行動様式になじませる機会もその先いくらでもあると考える。新卒採用方法に対する同様の捉え方は，日本や韓国など，他の東アジア諸国にも見られる。Child（1994）によれば，上級管理職の採用の場合，中国で最も用いられるのは guanxi（関係）の概念（第11章参照）に基づいた上司による照会書であり，その後さらに候補者自身とではなく，その現在の同僚との非公式の面接が行なわれる。

　人選に関するもう1つの問題は，そこでその組織が内部昇進か外部採用のどちらによって候補者を求めるかである。ここでもまたその方法に本質的な違いが見られる。Child（1981）は，多くのイギリスとドイツの企業について調査し，各企業で実践されている人選方法の比較を行なった。ドイツでは，上級職にある者は，組織内の動きについて常に遅れをとらないように気をつけている傾向があると報告した。この傾向は欠点として，結果的に中級職者の「訓練された無能さ（trained incapacity）」を招く，と上級職者の立場からは考えられている。したがって，この上級職者らは，上級職の採用を外部から行なうのを好むのである。逆にイギリスでは，部下が日常的な仕

事を取り仕切り，問題が生じたときにだけ上司に相談することが好まれる。こうすることによって，下級職者の才能が伸ばされ，じきにイギリスの組織は内部から上級職を選任することができる。

いったん雇われた人間が組織に入ったならば，欧米の経営理論によると，定期的に本人に仕事の評価が伝えられることで，その人は最もよい仕事ができるとされる。これは，仕事の評価システムとして様式化されることもできるし，単にその新任と上司との定期的な会合の一部であってもよいのである。このプロセスを経て，結果によっては報酬が調整されるわけである。Seddon（1987）は，なぜこのような制度が欧米以外の組織においてうまく機能しないか，その理由をいくつかあげた。個人の仕事が評価されるということは，組織の中で，分化した個人の役割が存在することが前提とされる。しかし，集団主義的文化圏においては，仕事は個人よりもむしろチームが主体であり，各個人の貢献を識別するのは困難である。さらに，第6章で述べたように，集団主義的文化では，直接的で隠し立てしないコミュニケーションはたいてい行なわれない。率直で批判的なフィードバックは集団の調和を乱したり，あるいは評価する方，される方，ともに面子を失うことにもなりかねない。したがって，もし評価システムが存在したとしても，異なる文化では相当違った用いられ方がされているであろう。個人主義的文化では，評価者は，個人の仕事の方向づけや進展を援助するコーチのような存在，あるいは以前の粗末な仕事の出来の直接的批判者として理解できる。集団主義的文化では，評価者はむしろ，将来どうすればよいかという指導を与える好意的な人物なのである。この違いを表すように，Seddon（1987）の調査結果では，上司が自分よりも知識を持っているべきだと考えた管理職は，スウェーデンではたった10％だったのに対し，イタリアでは66％，香港では65％であった。集団主義的文化における評価者の指導は，その指導の対象である個人だけでなく，集団をも考慮したものとなるであろう。Chow（1994）の，香港と中国における回答者の90％は，集団の一員として効果的に機能できる，という能力は非常に重要な評価の基準であるという考えを示した。Black & Porter（1991）は，アメリカで肯定的評価の受け取りと相関関係にあった管理職の行動面は，香港にいるアメリカ人や中国人の管理職が評価を受けた場合には，同様の相関関係が得られないことを明らかにした。この結果は，これらの評価側面が香港では有効でなかった，あるいは香港で有能な管理職に求められる行動が異なっていたために生じたと考えられる。少なくとも香港のアメリカ人管理職に関しては後者の説明がより適切であろう。香港の中国人管理職の評価が有効であるためには，「エミック的な妥当性」を持った基準にそれは基づいていなければならない。

世界の異なる地域における人選と査定のあり方に関するわれわれの知識は不完全で

ある。しかし，今ある情報だけでも，これらの手続きが組織生活の中心的な特徴であるにもかかわらず，異なる状況では非常に多様な方式で実行されている傾向があることを示している。

2．仕事への動機づけ

　仕事への動機づけが文化によって異なることをうまく予測できるというのは，ここまで読み進んでこられたならば驚きでないだろう。Hofstede（1980）の提示した文化の4つの側面のうちの2つは，世界のIBM社の社員の，仕事における目標設定に見られた違いに基づいていた。このうちの1つ（個人主義－集団主義）がその後の多くの研究の主要な構成概念となった一方，もう1つの側面（男性的－女性的）は，ほとんど顧みられてこなかった。Hofstedeら（1996）は，以前に自分たちが使った仕事目標に関する質問項目をヨーロッパ10か国の学生に対して実施し，その結果を報告した。そこで得られた仕事目標のデータは30年前にIBMの社員が示したパターンとは違っていることがわかった。例えば，以前の調査で，「収入」に重要な価値を置いた国では，「昇進」にも価値を置いていたが，90年代の学生たちの間では，収入に最も価値を置く国は，昇進に最も価値を置く国とは相反していた。当然この変化には多くの要因が考えられる。例えば，異なる国や，異なるタイプの調査参加者のサンプリング，調査時期の違い，経済状況の相違等があげられる。

　この対照的な結果が明らかにする重要な点は，価値観の総体的構造がさまざまな文化にわたって連続性を持っているという証拠がある一方で，個人や国の状況によって，具体的な仕事目標は当然異なり得ることである。何が仕事として捉えられ，何が捉えられないかということ自体も文化によって異なるかもしれない。例えば，友人を手伝うことなどとは違って，仕事を構成する活動とは何か，という定義は実に多様である。子守り，観光客の案内や英語を教えることは，誰がそれを行ない，どこでそれが行なわれるかによって，仕事とされるかもしれないし，されないかもしれない。仕事は経済的報酬を与えられる活動であると通常考えられてはいるが，これは仕事自体を単純化して捉えているにすぎないことを示す一連の研究がある。The Meaning of Working International Team（1987）は，8つの産業国における労働者に，「もし宝くじで大金が当たったならば仕事を続けるかどうか」を尋ねた。仕事を続けると答えた人の割合は，日本が93％，アメリカが88％の一方，ドイツでは70％，イギリス69％，という違いがあった。Adigun（1997）は，産業化がこれらの国ほど進んでいないトルコと北キプロスで同様の調査をしたところ，回答者のほぼ70％が「続ける」と答えた。Carrら（印刷中）は，アフリカ南東部のマラウィ共和国で同じ質問に

64％が仕事を続けると答えたことを明らかにした。これらのデータは，経済的なもの以外の仕事に対する動機づけの重要性，また，世界のある地域では，他の地域よりも仕事への動機づけが高い可能性があることを示している。

さらに，The Meaning of Working International Team（1987）は，日本においてはとりわけ仕事の動機づけが高いことを示した。100ポイントを与えて，それを仕事と家庭生活，趣味，宗教，その他の関心事に分配するよう求めたところ，日本人は，他のどの国の回答者よりも仕事に多くのポイントを与えた。これらのデータは，宝くじに関する質問よりも，妥当性があるかもしれない。それは，この質問に答えるにあたって作用する回答バイアスの文化差が，より小さくなるからである。同僚と仕事のあとに飲みに行ったり，その他のレクリエーション活動をともにすることは，他の文化では個人の自由選択によるものであり，たいていは仕事とは関係のないものだと考えられるものだが，日本ではこのようなことも仕事上の義務に含まれているのかもしれない。Shwalbら（1992）は，日本人とアメリカ人の管理職に就いている人の大きなサンプルをもとに価値観の比較を行なった。それによると，日本人は個々の仕事への取り組み，卓越すること，経済的報酬を重視し，アメリカ人は組織への所属，社会的関心，認められることを強調した。これらの結果が興味深いのは，安易に日本が集団主義的で，アメリカが個人主義的であると考えると，正反対のパターンが予測されるからである。このような結果が得られた原因として，それぞれのサンプルが，より得がたい仕事の側面を目標として強調したことが考えられる。

Schwartz（印刷中）は，仕事の動機づけに関する文化差は，学生と教師がどういった価値を重視するかを調査した結果に基づいて予測することができるとした。例えば，仕事中心主義の傾向は，完全性や階層性に価値を重く置く国では強いであろうし，情動的自律や平等主義，調和，保守主義などを好む国では弱いことが予測される。さらに，ある文化における仕事中心主義の傾向とは別に，各文化において強調される価値というのは，それぞれの文化において最も効果的となる動機の種類について洞察させるのである。Ruiz Quintanilla & England（1994）は，仕事を雇用者や国家から与えられるべき個人的権利として捉える者と，それを個人がより広い社会に対して尽くすべき義務だとして捉える者とを区別した。結果は，ベルギー人とドイツ人が仕事を権利として捉える傾向にあり，日本では両方の捉え方に同等の価値が置かれ，アメリカでは義務として捉える傾向が強かった。これは，平等主義と知的自律に価値を置く国では，仕事は権利として捉えるであろうというSchwartzの見解と一致している。

仕事の動機づけに文化差があるとする考えには長い歴史がある。19世紀のドイツの社会学者Max Weber（1921/1947）は，特定の西ヨーロッパ諸国における資本主義の台頭に大きく貢献するものとして，プロテスタントの労働倫理（Protestant work ethic）の存在を認めた。興味深いことに，今日的なデータによれば，そのプロテスタントの労働倫理は現在驚くほど普及している。Giorgi & Marsh（1990）は，以前に西ヨーロッパ9か国で，12,000人以上の回答者に対して行なった意見調査に言及している。彼らは，労働を肯定的に価値づける傾向は，依然としてプロテスタントの割合の高い国ほど強かったことを見いだした。しかし，労働をこのように評価するのはもはやプロテスタントたちではないとも述べている。労働を最も高く評価した人々は，プロテスタントが優勢な国において，無神論者と自称する人たちであった。したがって，厳しい労働を価値あるものとする捉え方は，前世紀にわたって，地理的にはヨーロッパからの移動をさほど見せていないが，特定の信仰にあったその起源からは分離してきたのである。

ほかにも，この考えをさらに追究したある研究がある。もしプロテスタントの労働倫理がもはやプロテスタント信仰に密接に関連していないのなら，世界の他のどの地域でその労働倫理が支持されているのかを調べるのはもっともなことである。Furnham, Kirkcaldy & Lynn（1994）は41か国における12,000人の学生による質問

■ボックス8.1■　ヨーロッパ7か国における仕事の満足度の傾向

International Survey Researchという会社は10年以上にわたって西ヨーロッパ企業の従業員における仕事の満足度を調査してきた。下表は，1985年と1997年に，その当時の現状を好意的に捉えていた従業員の割合（％）を示している。

国名	1985	1997	変動
イタリア	53	56	3
スイス	65	66	1
ベルギー	58	58	0
フランス	60	57	－3
オランダ	70	65	－5
ドイツ	67	61	－6
イギリス	64	54	－10

これらの数値のもととなったサンプルは十分に大きかったため，スイスとイタリア以外で見られた変動はすべて統計的に有意である。満足度の低下傾向は北ヨーロッパ諸国，特にイギリスなどで顕著である。この傾向は，仕事の安定感の低下と，組織利益に対する一体感が低下していることと関連している。

出典：International Survey Research（1985, 1997）

紙への回答の分析結果を報告した。その質問紙には，労働倫理に関連した項目がいくらか含まれていた。残念ながら，質問項目に答える際に影響し得る文化的バイアスはまったく考慮されなかった（文化的バイアスの検査法については第3章を参照のこと）。したがって，得られた平均得点は誤った結論を導きかねない。Furnhamら(1993)は，プロテスタントの労働倫理に関する比較的長い質問用紙が13か国で用いられた結果について概要を述べた。そして，現在その尺度による得点が最も高いのは，勢力差と集団主義に関して高い得点を持っている国であると結論づけた。しかし，この研究もまた，回答バイアスの修正を行なっていないので，当の研究者たちも認めているように，これらの結果は，追試をもって実証されるべきである。

プロテスタントの労働倫理の起源となった文脈から離れたところで，それを測る尺度が用いられることにはさらなる危険が伴うのである。というのは，その構成概念を評価しようとする項目のほとんどは，潜在的に，あるいは明白に，個人主義的であり，集団主義的文化圏の回答者のこれらの項目への価値の置き方を知ったとしても，それは彼らがなぜ懸命に働こうとするのかを説明する主要な要因をすべて捉えてはいないと予測されるからである。第3章で既に中国文化コネクション（1987）研究による「儒教的な仕事への原動力（Confucian work dynamism）」については述べた。この儒教的な仕事への原動力の因子となる要素はそれほど個人主義的でなく，目的の継続と他者に尽くすべき責務ということをより強調するものである。Reddingは東南アジアにいる中国人の海外起業家を対象に行なった1990年の研究を，Weberが一世紀前にヨーロッパの起業家に対して行なった研究の題を意識して，「中国資本主義の精神（The Spirit of Chinese Capitalism）」と名づけた。しかし，それぞれが取り上げた集団の示した起業家的価値観の内容にはいくつかの大きな違いが認められた。Yu(1996)は，中国人の達成動機が個人主義的ではなく，むしろ社会的志向性があることを強調する。台湾における研究で，彼が作成した社会的志向性達成動機の尺度は，個人主義的達成動機の尺度よりも，個人の仕事の遂行の結果を予測する妥当性が高かった。欧米の社会において最も達成動機が高いとしたMcClelland（1961）の主張も，この見解による批判を受けやすい。確かに欧米社会におけるアジア諸国からの近年の移民者による優れた学業成績やビジネスの成功は，多くの場合，社会的に動機づけられ，強く持続性のある達成動機の存在を実証するものである。また，Ali（1988, 1990）がイスラム的労働信念（Islamic work belief）の尺度を開発したことにより，さらなる研究路線が開かれた。

このセクションが示唆するところは明らかである。つまり，組織において重要なさまざまな問題に対する組織メンバーの反応を理解するには，「強制されたエティック」ではない概念や尺度に基づくしかないのである。どこの組織も従業員の訓練や，報酬

■ボックス8.2■　ロシア再考

　ロシアは人口が多いにもかかわらず，ほとんど異文化間研究では扱われてこなかった。Ralstonら（1997）は，アメリカ，ロシア，日本と中国で約200人の管理職からなるサンプルを得て，それぞれが重視するSchwartzの個人レベルの価値観のタイプを比較した。各国のサンプルが最も重視した3つの価値観は次のようであった。

国名	第一位	第二位	第三位
アメリカ	自己志向性	達成	思いやり
ロシア	安全	自己志向性	思いやり
日本	達成	自己志向性	普遍主義
中国	思いやり	安全	達成

　旧ソ連時代に西側諸国でステレオタイプが予測されていたにもかかわらず，実際，今日のロシアの管理職が中国人ほど集団主義的価値観を重視していないことをこの結果は示唆している。

の分配，仕事のコーディネート，他社との合意の達成，そして変革の導入などの問題に直面する。これらの分野に関する研究をそれぞれ順に見ていくことにしよう。まず，訓練の分野からのわかりやすい例を見てみよう。Earley（1994）は，管理職の自己効力感と業績の向上を目的とした訓練プログラムの比較を，アメリカ，香港，中国で行なった。すると，個人志向的価値を重視する者は，個人の業績に焦点を当てた訓練によりよく反応し，逆に集団志向的価値を重視する者は，集団への貢献を強調する自己効力訓練の方によい反応を示すことがわかった。Earleyはさらなる実験として，今度はアメリカと中国のみにおいて，6か月後の管理職たちによる実際の仕事上の業績を追跡調査した。するとやはり，自己効力向上の訓練プログラムは，それが訓練生であった管理職たちの価値観に適合していた場合ほど，成果を上げていることがわかった。

3．報酬分配

　組織が従業員の持つ個人的動機を生産的な労働へと変容させる過程の中心的要素となるのは，報酬の分配である。このプロセスについては多くの研究がなされてきたが，最も典型的なのは，報酬の分配に用いられる異なる判断基準を比較対照するものである。残念なことに，通常，分配の公正（distributive justice）と呼ばれるものについ

ての多くの研究において，研究者たちは必ずしも正確にどういう人々の間で財源が分配されるのかを明らかにしていない。さらに，分配はたいてい集団よりも個人に対してなされている。このような研究のデザインは，おそらく自分たち自身，普遍主義的価値観を持つ研究者たちが，公正の原理は普遍的であり，それは集団よりも個人を見た方が研究しやすいと考えるために生じたものであろう。これでは，分配の公正に関する研究を，組織状況における財源の分配と関連づけていくことが困難になってしまう。

それでもなお，財源が少ない状況においては最もよく働いた，あるいは最もそれを必要としているなどの理由に基づいてふさわしいと考えられる者にそれが与えられるべきである，という観念と，内集団バイアスの概念との間にはいくらか関連がある。社会的アイデンティティ理論と，そこから派生した社会的カテゴリー理論が，財源は自己か自己の所属する集団に与えられるとする一方で，分配の公正の研究者は，公正性の基準として公平（equity），あるいは平等（equality）が好まれるのかを比較してきた。アメリカでAdams（1965）によって提唱された公平理論は，われわれは作業チームのメンバーそれぞれの「入力」と「出力」に見合った報酬の分配を好むとする。言い換えれば，集団の異なるメンバー間で，それぞれの識別可能な「入力」に基づいて報酬は格差を設けて分配されるであろう，と言い含んでいる点において，この理論は明らかに普遍主義的要素を持つ。Adamsの公平理論の妥当性に関してはかなりの議論がなされてきたが，それはなおもアメリカにおける研究では強い支持を受け続けている。アメリカ人は総体的には公平に基づいた報酬分配を好むようだが，平等に基づいた分配をより公正であると判断する状況も多々あるようである。例えば，Elliott & Meeker（1984）がアメリカの管理職を対象とした研究で，被験者に継続してともに働き続けると考えられる作業チームを仮想してもらい，その5人のメンバー間で報酬を分配させたところ，60％以上の分配が公平ではなく，厳密な平等に基づいていたのである。集団主義的な集団や排他主義的な文化集団の中で特に集団調和が重視されることは，これらの集団において，公正は，公平よりも平等に基づくものとして考えられることが多いと予測させられる。しかし同時に，この種の文化集団においては，そのメンバーはより永続的にその所属する集団に献身するということも忘れてはならない。そこでわれわれは，集団志向的価値観を持つ者が自分の所属する集団内で報酬分配を行なう仕方と，見知らぬ人や集団外の人間へ報酬分配を行なう方法との間の区別を保たなければならないのである。

(1)内集団における報酬分配

内集団での報酬分配を研究するために，Leung & Bond（1982）は，香港とアメリ

カの学生に，ある講義をとっている学生集団を想定してもらい，どのようにそれらの学生に成績をつけるかを判断させた。いずれの国の学生も有能に課題をこなした集団のメンバーに好意的ではあったが，中国人の方がアメリカ人よりも集団の中でより平等に成績をつけた。Bond, Leung & Wan (1982a) はさらなる研究を行ない，仕事の遂行による集団への貢献のみならず，集団調和の維持への貢献に関しても，同様の効果を見いだした。Kim, Park & Suzuki (1990) はアメリカ，日本，韓国の学生を対象にこの研究の追試を行なった。すべての国において公平が重要であるとされていることがわかったが，より集団主義の強い国である韓国では，その傾向が比較的弱かった。

集団主義的文化の論理は，外集団メンバーへの報酬分配は内集団のメンバーに対して行なわれる場合とは方略が異なることをさらに示唆している。Leung & Bond (1984) は3度目の研究において，一方は友人を，他方は見知らぬ人を主体としたシナリオを用いた。すると中国人は，内集団の友人に対しては報酬を集団の中でより平等に分け与えたが，外集団の見知らぬ人に対しては，アメリカ人よりも忠実に公平の基準に従ったのである。集団主義的文化圏では，集団の境界を越えると，有効な報酬分配の法則が切り替わるようである。

インドとアメリカにおける，内集団でのボーナス支給や減給の割り当てに関する2つの研究が行なわれている (Murphy-Berman et al., 1984; Berman et al., 1985)。ここでは，公平，平等，必要性の3つの分配基準が比較されている。平等がそうであったように，必要性もまた，内集団の成員の福利を促進することを目的として，集団主義的状況の下でより用いられることが多いと予測できる。また，集団内に不平等が多く存在するほど，分配基準としては平等よりも必要性が有効になることが考えられる。いずれの研究においても，アメリカ人よりインド人の方が，必要度の高い人により高いボーナスを支給したり，減給の程度を引き下げたりする傾向が強いという結果が出た。この影響は，ボーナスの分配に関して，より強かった。したがってこれらの結果は，いずれの国でも公平や平等よりも必要性の方がある程度有効であるが，より集団主義的な国においてその影響がより強いことを示している。

Leung & Park (1986) は，個人が何を公正であると判断するかは，その個人が集団に所属する中で設定している各々の目標次第であるという可能性を検討してみた。もし第一の目標を仕事の達成の促進とするならば，公平が最も公正な報酬の根拠と考えられるだろうし，もし集団調和の維持がより重要ならば，平等の方が好ましい基準になるであろう。韓国とアメリカの被験者を比較したところ，確かにいずれの国においても，報酬分配が目標設定の方向づけによって影響されることがわかった。それでもなお，総体的にはアメリカ人より韓国人の方が平等を好んだ。Kashimaら (1988)

は同様に，職場でのボーナス支給の公正について評価させたところ，オーストラリア人より日本人の方が公正より平等を好んだことを報告した。最後に，Mann, Radford & Kanagawa (1985) は，日本人とオーストラリア人の12歳の小学生を対象に，集団の中で誰が報酬分配を行なうべきであると考えるかを調査した。するとやはり，日本人ではその役割を全員で平等に担おうとする傾向があったのに対し，オーストラリア人は特定の下位集団に，報酬格差をつける権利を与えようとする傾向があった。

　これらの研究では感心するほど一貫した結果が得られているが，Marin (1985) は，アメリカにいるインドネシア人の留学生とアメリカ人学生との間で分配方法に違いを見いだせず，この問題に関する結論はいまだ出せない状況にある。しかし，そのインドネシア人たちは既に2年近くアメリカに滞在していたことが指摘される。さらに驚くことには，Leung & Iwawaki (1988) がそれぞれの国にいる日本，韓国，アメリカの学生を調査した場合にも，やはり内集団における分配の仕方に違いを見いだせなかったのである。この場合には，Leungらはサンプルの中から日本人とアメリカ人の学生の個人志向的，あるいは集団志向的な価値観の傾向に関するデータも集めていたのだが，日本人サンプルの集団志向性の平均得点が，アメリカ人サンプルの平均得点よりも高くはなかったことは彼らにとって意外であった。そしてこのことが，日本とアメリカの間で分配方法の傾向に違いを見いだせなかった原因ではないかとした。しかし，集団主義についての議論と一貫して，各国において集団志向的価値を重視した学生は分配に関しては平等を好む傾向にあったことは確認されている。Hui, Triandis & Yee (1991) が，さらに集団志向的価値観と平等を好む傾向との関連について研究をしている。彼らの研究によると，香港の学生はアメリカ人の学生よりも仕事の成果に与えられる報酬を平等に分け合ったのであり，このように異なる文化集団の間によく見られる差は，それぞれが集団志向的価値を重視する程度によって説明がされるものであった。

　このように，アジア諸国とアメリカとを比較すると，内集団における報酬分配に関して，より集団主義的な国で平等が基準とされる頻度が高いことがわかる。アメリカと，やはり個人主義の強い国が多い西ヨーロッパ諸国との比較では，それほど顕著な差異は見られない。Pepitoneら (1967) は，アメリカ，フランス，イタリアの学生に実験の中でゲームを行なわせ，その報酬分配の方法を調べた。アメリカとフランスの学生は，自分たちの能力が高いと思い込まされたとき，自分の配分を多くし，つまり公平に基づいて報酬を分配した。イタリア人の行動はそれほど明白なものではなく，これは，北イタリアよりも南イタリアの方で集団主義がはるかに強いといわれていることによるのかもしれない。Pepitoneら (1970) のさらなる研究で，イタリア人は，実験開始前に金銭的報酬を受け取っていた場合に自分の配分は減らす，というように，

事実上，平等の方を好む傾向があることを示した。これらの研究に合わせて，アメリカ人とオーストリア人（Mikula, 1974），アメリカ人とドイツ人（Kahn, Lamm & Nelson, 1977）を比較した研究によると，公平か平等のどちらを基準として用いるかを決定づけるものとしては，文化的要因よりも状況的要因の方が重要であると思われる。

(2)外集団における報酬分配

外集団に対する公正な報酬分配に関する一連の研究によると，集団主義的文化圏に属する者は，内集団において用いた分配原理をそのまま外集団に適用するわけではないということが示されている。Aral & Sunar（1977）の研究では，トルコの学生の方がアメリカの学生よりも，ある仮想上の2人の建築家の間で報酬を分配するときに，公平を基準にすることを好んだ。Mahler, Greenberg & Hayashi（1981）は，日本とアメリカの学生に，いくつかのストーリーの中で，2人の労働者にどのように報酬が分配されるべきかを尋ねた。2人の労働者が同じ内容の仕事をしているという話の場合に，日本人は平等をより強く好んだが，2人の労働者に親密な関係がないことが示唆されたストーリーの場合には，アメリカの学生との差異は見られなかった。Marin（1981）は，コロンビア人とアメリカ人を比較して，心理学実験においては，コロンビア人が，公平に基づいた報酬分配をより多く行なうことを見いだした。また，既に述べてきたLeung & Bond（1984）の研究でも，外集団との関わりにおいて香港の中国人の方がアメリカ人よりも，公平の基準に忠実に従った。

したがって，分配の公正に関する研究は，割合はっきりとした結論を提示している。より集団主義的な国では，内集団の中では平等が基準とされることが多く，その外集団では公平の方が基準として用いられる。この結論は，集団主義的とされる国に属する大半の人がより集団志向的価値観を持つ，という前提に基づいている。被験者の価値観の測定がなされたこれまでの2つの研究のうちの1つでは，この文化差は認められなかったが，いずれの研究においても，実際，個人の価値観はその行動と一致するものであった。このような，国の中における価値観の多様性は，国家間で予測される差異が見いだされなかった場合の説明となり得るだろう。

公平と平等を基準とした報酬分配を比較した研究からはこのようなはっきりとした結論が得られる。他の基準も導入されると，結果は微妙に違ってくる。既に述べたMurphy-Bermanら（1984）とBermanら（1985）の研究は，アメリカよりもインドで，必要性が内集団での分配に関して，より強く影響したことを示した。また，Murphy-Berman & Berman（1993）の場合には，学生の被験者に，彼らがおそらく外集団のメンバーとして捉えていた工場労働者への分配をするよう求めたにもかかわ

らず，アメリカよりもドイツにおいて，やはり必要性が強く影響を持った。Berman & Murphy-Berman（1996）はそれまでに彼らが行なった分析をさらに発展させ，特定の分配の方法をした個人が，他の人からどのように思われるかをドイツとアメリカで調べた。ドイツ人はすべての場合において，必要性に基づいて分配を行なった者を好み，アメリカ人はボーナスの分配に関しては公平，減給に関しては必要性に基づいて分配を行なった者を好んだ。アメリカ人はボーナスを分配する際，公平に基づいた者を，賢いが好感は持てないとし，必要性に基づいた者は，好感は持てるが賢いとは思えないとした。したがって，ドイツ人は1つの一般原理（集団にとってよいことを好む）に従っており，アメリカ人の評価はより状況に規定される（つまり，各状況における個人のメリットを判断する）ものだった。Singh & Pandey（1994）は，異なるカースト出身のインドの学生の分配判断を比較した。そこで求められた判断とは，学生に受講許可，経済的援助，そして職を与えることに関するものだった。低いカースト出身の学生は個人的なメリットに基づいてそれらの分配を行ない，中級のカースト出身の学生は必要性をより優先させた判断を行なった。そして上級のカースト出身の学生は状況に応じて異なる判断を行なった。これらの研究はすべて，必要性という基準が，特に経済的逆境が広く存在する多くの文脈において，十分に考慮されてきていないことを示唆している。

　さらに，資源分配の基準としてもう1つ可能性があるのは年功序列であるが，これはつい最近になって初めてこのタイプの研究に含まれるようになった。多くのアメリカの研究者らが保有する平等主義的価値観が，彼らに他の基準を重視させてしまっていたのかもしれない。Rusbult, Insko & Lin（1993）は，アメリカよりも，より階層的社会である台湾において年功序列に基づいた報酬分配が行なわれるであろうと仮説を立てた。しかし，実際，台湾では，年功に基づいてボーナス分配を行なう有意な傾向が見られるのは，男性の間だけであった。対照的に，アメリカでは女性被験者が年功に基づいてボーナス分配を行なった。つまり，年功序列が報酬分配に与える影響はそれぞれのサンプルにおける性役割の違いが交絡していることがわかった。Chen（1995）は，中国とアメリカの管理職が，報酬分配方法の好みを比較した。中国人は，アメリカ人よりも年功と職階を分配基準として重視した。Chen, Meindl & Hunt（1997）はさらなる研究において，垂直的集団主義と，水平的集団主義を測定する別々の測度を作成した。そして，年功に基づいた報酬分配は，垂直的集団主義と正の相関，水平的集団主義とは負の相関があることがわかった。これらの最近の実験結果は，集団主義的文化圏において，報酬分配の際の内集団と外集団の区別は確立されているが，これはおそらく，水平的集団主義の価値観の重視によるのであろうとしている。この見解に従えば，垂直的集団主義の方が重視される世界の地域では，年功等の

分配基準の方法が用いられる傾向があると予測される。

　報酬分配に関する実験結果が現在カバーしている広範囲な領域は，初期の研究者によって提言された理論領域を凌駕している。今われわれは，単に個人主義と集団主義との関連において，内集団と外集団の区別を考えるだけではなく，分配を行なう者によって，必要性や年功，多様性などがどれだけ意識されているかに関する問題を考慮しなければならない。Leung（1997）は，ありとあらゆる社会状況の中で，異なる分配原則が意識されてくると仮定する，資源分配のコンテクストモデル（contextual model）を立てた。このモデルによれば，集団志向的な個人による，内集団と外集団を区別した分配が見られるのは，この分配を行なう者自身が，報酬をいくらか受け取る候補者の1人となっている場合のみに限られる。内集団の中では，分配を行なう者は必要性に基づいた分配を行なうことで集団調和を促進するか，あるいは平等に基づいてそれを行ない，集団調和を維持することができる。上司のような役割にある場合，分配を行なう者は，どの文化においてでも，公平に基づいて分配を行なうとされている。このLeungのモデルについては，この章の後半で再び述べることにする。

4．階層性（ヒエラルキー）とリーダーシップ

　これまでこの章では，主に組織の成員間に見られる関係について，あたかも彼らの間に地位や身分の差がないかのようにして扱ってきた。これは，勢力差が小さい欧米の国であっても，ほとんどの労働組織の中に存在するさまざまな関係の性質をかなり単純化してしまうことになる。さらに第3章で見たように，Hofstedeの文化的集団主義の測度で高得点を得た国は，たいてい勢力差に関しても高い得点を得ていた。したがって，組織の力動に関する理解を促進するため，リーダーシップに関しても見ていく必要がある。Lewin, Lippitt & White（1939）以降の欧米の理論家たちは長い間，専制的リーダーシップと民主的リーダーシップを対比させ，階層性を参加の対立概念として捉えがちであった。しかし，世界の多くの地域で，勢力差や階層性が，集団主義的でかつ参加型である社会構造の一部をなしていることから，欧米型モデルの持つ一般性は注意深く検討する必要がある。

(1)リーダーシップの機能と役割

　個人主義的文化では，作業チームにおける集団成員の位置づけというのは，組織に加わるというそのメンバーの選択や，その人のそのチームの仕事への貢献度に対する集団による評価など，さまざまな選択の過程によって制限されるものである。集団主義的文化では，各メンバーのアイデンティティはチームにおける業績よりも，そのチ

■ボックス8.3■　階層性が示唆すること

　ロバートソン先生もチャン君も，彼らの間の関係が階層性に基づいていることを理解している。ロバートソン先生はチャン君を「チャン」と呼び捨てにするという行為によって彼女の地位と優越感を反映させている。また，彼女は彼の話を遮り，最終的には面談を打ち切る。チャン君は，ロバートソン先生が特に女性であることから，彼女に対して敬意を表す最善の方法がよく分からず，彼女を名前で呼ぶことを避けた。その代わり，中国の文化では尊敬語である「先生」という呼び方をした。彼はまた，ロバートソン先生が自分の話を遮るのに抵抗しなかった。

ームへの所属という事実によって定義されるので，それぞれの役割というのは，それほど明確に規定される必要がない。アメリカにおける一連の古典的な研究の中で，Bales（1951）は，学生のディスカッション・グループにおいて，「課題中心的」リーダーと「社会情緒的」リーダーが別々に現れることを示した。課題中心的リーダーが課題内容の計画を立てる一方で，社会情緒的リーダーは冗談を飛ばしたり対立葛藤を解消したりして，たとえ報酬のない作業であっても集団がスムーズに機能できるような態度をとった。前述の推論が正しければ，このように固定した役割分担が集団主義的文化ではあまり見られないことが予測される。

　Krichevskii（1983）は，このような役割分担が，当時のソビエト連邦のスポーツ・チームや学生集団の中で生起することを明らかにした。しかし，当時のソビエト連邦における集団主義のレベルについての確証的なデータがないため，この結果はあまり確信がない。Smith（1963）はイギリスの学生と，研修期間中の管理職の集団を使い，Koomen（1988）はオランダの学生の集団を使って，それぞれ，課題中心的役割と社会情緒的役割の分担の度合いは，成員がその集団にどれだけ強くひかれているかによる，ということを示した。Smith（1963）とKoomen（1988）の研究結果は，Balesがアメリカでもともと得たパターンと一致する。より集団主義的な社会に関する実験研究は得られていないが，日本の組織の作業チームでは，はっきりとした役割分担がなく，成員全員がその時どきに求められるさまざまな機能を十分に果たすことの責任を負っているということが広く報告されている。

(2)リーダーシップはいつ必要とされるのか？
　個人主義的文化圏におけるリーダーは，せいぜい，課題や人間関係に関して集団に欠落している機能を補い提供する個人として捉えられるぐらいである。何人かのアメ

リカ人の理論家は（例：Kerr & Jermier, 1978; Manz, 1983），ある状況のもとでの作業チームは完全に自己運営的になり得ることを指摘しており，その状況を特定しようとしている。言い換えれば，チームのさまざまな成員によって必要なリーダーシップの機能は果たされ，外部から任命されるリーダーからの指示を実質的に必要としなくなるということである。

それとは対照的に，集団主義的文化においては年功序列や勢力差の原理が根づいているので，リーダーのいないチームなどまずないであろう。多くの集団主義的文化において，効果的なリーダーとは，おそらく課題や集団維持に関して必要とされるすべての特性を備え，リーダーシップの機能を一手に担う人物だと考えられるのである。

しかし，年功序列制が存在するからといって，そのような集団におけるリーダーシップが欧米の文化で理解されるところの専制的なものではない。リーダーと，それぞれの集団メンバーとが関わり合う様式というのは，これまでの章でも述べてきたような，それぞれの文化的背景に特有のコミュニケーション・スタイルによって決まってくる。リーダーには一様に敬意が払われるが，ある文化ではリーダーの指示を待つという形でこの敬意が示されるかもしれないし，また別の文化ではリーダーに助言を与えるという形で示されるかもしれない。この2通りの敬意の払い方を分けて捉えることで，第2章でふれた集団主義的文化における集団意思決定に関して得られた研究結果の多様性を多少なりとも理解できるかもしれない。

第2章でも述べたように，日本の文化においては集団による意思決定が非常に効果的であることが多くの研究によって示されてきた。日本の文化において集団意思決定が持続的に中核的位置を占めていることは，「QCサークル（Quality Circles）」や他の集団意思決定の手段が多用されていることに示されている。例えば，日本の製造会社などにおいては「稟議」といって，会議を開かずに，作成された決定案を関係者間に回してその承認を求めるといった手続きなどがある（Smith & Misumi, 1989）。日本は階層的な文化の一例として見ることができるが，そこでは会議への積極的参加と多くの助言や提案をすることによって上司など立場が上にある人に対する敬意は表される。実際にはリーダー（ここでは上司）が会議に参加せずに，協議の結果報告を受けるだけの場合がしばしばあることもまた意味深い。対照的に，プエルトリコで行なわれた集団意思決定の実験は失敗に終わっている（Marrow, 1964; Juralewicz, 1974）。ヒスパニック系の文化では，決定権はリーダーの特権であると考えられる傾向があり，集団討議への積極的参加もその権威に対する抵抗や不信の表れとして捉えられてしまう。

このように個人主義的文化よりも集団主義的文化において，リーダーシップのあり方が集団の構造の一環として組み込まれている程度が大きいと考えられる。それでい

てなお，効果的なリーダーシップの機能は，各文化的状況に適したコミュニケーション様式を通して，それぞれの文化において発揮される。これらのことがどれほど真実であるかを見極めることは現在非常に困難になっている。それは，数多く発表されているリーダーシップに関する研究の中で，リーダーの行動特性をどれだけ詳細に特定しているかという点においてそれぞれ大幅に異なっているからである。

(3)リーダーシップの効力

　はじめに，リーダーとリーダーシップの普遍的な特性に注目して行なわれた研究を見てみよう。最近の研究者らは，リーダーと組織メンバーが共有できるような目標を据えた「カリスマ的」なビジョンをつくりだすことがリーダーの主要な能力であると考えている。例えば，Bass (1985) はアメリカで，「変容型 (transformational)」リーダーと，組織員との関係がより現実的な「取り引き型 (transactional)」リーダーとが区別されるような質問紙を作成した。変容型リーダーとは，単なる好意からではなく，めざす状況に対するビジョンを共有することによって，情緒的なつながりを作業チームとして形成し，それを維持していく者であると考えられる。Bassの質問紙はその後アメリカ，日本，シンガポール，イタリア，カナダ，スペイン，ニュージーランド，ドイツ，そしてインドで行なわれた研究で用いられた。すべての研究において，部下から見て変容的であると捉えられたリーダーが，同時に彼らによって最も高い評価を得た（Bass & Avolio, 1993）。

　現在進行中である大規模な研究プロジェクト「GLOBE」を通じて，より広範囲に及ぶ検証結果が得られ始めている（House & Wright, 1997）。56か国における従業員のサンプルが，上司やそれ以外の組織文化の側面についての質問紙に答えている。完全な結果はまだ得られていないものの，Houseの研究チームで合意されているリーダーシップ概念とは，「自らがメンバーとなっている組織の効力を高めるようとし，影響を及ぼし，意欲を掻き立て，貢献していく力」である。現段階での予備的結果は，国家間差よりも，むしろ異文化間で一様に変容型の，あるいは「価値観に基づく」リーダーシップが支持されていることを示すものとなっている。

　したがって，組織において成功するリーダーの普遍的特性を大まかに特定する可能性はいくらかあるようだ。しかし，これらの研究で用いられた尺度は本質的に「強制されたエティック」であり，異なる文化的状況で被験者が特定の回答をする要因が何なのかを検討する必要がある。Dorfman (1996) は，Bassの質問紙データの因子分析を行なったところ，シンガポール，オランダ，ドミニカ共和国の研究結果から抽出された因子が，Bassがアメリカでの研究で抽出したもともとの因子とは異なることを指摘した。いったい，効果的なリーダーの行動特性が何であるかをはっきり理解し

ていくためには，なぜこのように因子構造が異なるのかを説明するような尺度を見てみるべきであろう。これらの尺度とはおそらくリーダーのより具体的な行動特性に焦点を当てたものであろう。

最もよく知られている欧米のリーダーシップ理論は頻繁に，課題遂行機能を強調するリーダーシップ・スタイルと，社会情緒的機能あるいは集団維持機能を重視するリーダーシップとを区別してきた。例えば，Fiedler（1967）は課題志向型リーダーシップと人間関係志向型リーダーシップを区別し，Vroom & Yetton（1973）は専制型，コンサルタント型，そして集団志向型の3つのスタイルを区別した。これらのモデルと他の関連したモデルの検証がアメリカで行なわれたところ，それぞれのリーダーシップ・スタイルが状況によって生産性に異なる効果を及ぼすことがわかった（Smith & Peterson, 1988; Yukl, 1994）。そこで，どのリーダーシップ・スタイルがどのような状況下でより効果的になり得るかを説明しようと，一連の「コンティンジェンシー」理論が発展していった。

一方，集団主義的文化においては，より個人主義的文化におけるリーダーシップ研究と比べ，著しく異なる結果を得ている。かなり広範囲な研究としては，日本のMisumi（1985）によるものがある。Misumiの研究はこれまでに炭坑や銀行，造船所，バス会社や地方自治体など多様な組織をその対象としてきた。30年以上にわたる研究を通してMisumiは，日本のさまざまな集団や組織において最も効果的なリーダーとは，課題遂行上そして人間関係上の行動の両方において同時に高得点を得ている人物であることを見いだした。Misumiは2つのリーダーシップ・スタイルをそれぞれ「課題遂行（performance）」と「集団維持（maintenance）」と呼んでいるが，これらはアメリカで最もよく研究される2つのリーダーシップ・スタイルの内容とかなり共通している。

Misumiが得た結果は，集団主義的文化を持つ他の国々でも同様に得られている。Bond & Hwang（1986）は台湾のリーダーシップ研究を概観した。アメリカで作成されたオハイオ州立大リーダーシップ尺度の翻訳版を用いた研究ではやはり課題遂行と人間関係の両側面で同時に高得点を得たリーダーが最も効果的であることが示され，Sinha（1995）はインドでの効果的なリーダーシップについて報告している。最も効果的なリーダーシップ・スタイルは，課題行動と部下の面倒見という二側面で特徴づけられる。同様の結果がイラン（Ayman & Chemers, 1983），そしてブラジル（Farris & Butterfield, 1972）でそれぞれ得られた。これらの研究はいずれも欧米と同様，リーダーの2つの行動特性の重要性を支持するものではあるが，尺度を構成する具体的な質問項目はそれぞれの地域に固有の（つまり，エミック的に）重要な文化的価値観を反映したものだった。

西ヨーロッパなど，より個人主義的な国々におけるリーダーシップ研究は，アメリカにより類似した結果を出している。異なるリーダーシップ・スタイルが異なる状況において効果的であった（Smith & Tayeb, 1988）。Zhurvalev & Shorokhova（1984）も旧ソ連でコンティンジェンシー理論を支持するような結果を報告している。彼らは当時のソ連の企業において見いだされたすべてのリーダーシップ・スタイルを分類するのに，Lewinの専制型，民主型，放任型の3つの分類では不十分であるとした。彼らはLewinの分類したスタイルの中間型や，3つすべてを合わせたスタイルを持つ管理職なども見られると報告した。さらに，受動型（passive style）を除いたこれらすべてのリーダーシップ・スタイルが特定の状況のもとで効果的になり得ると結論づけた。また，リーダーシップの効力に影響する環境的状況もいくつかあげられている。

　ここまでさまざまな国々におけるリーダーシップ・スタイルの効果に関する研究の多くは，1950年代に初めて現れた課題志向型そして集団志向型の2つのリーダーシップ概念に依存していた。Ekvall & Arvonen（1991）は，すべてでないにしても相当多くの文化において変化しつつあるリーダーシップの状況に対応して，リーダーシップ・スタイルのさらなる側面が追究されていくべきであるとしている。彼らはリーダーシップ・スタイルの伝統的な2つの側面に，「変化重視型（change-centered）」スタイルを新たに加えた尺度を作成した。こうすることによって最近の変容型リーダーシップ・スタイルを強調する傾向と関連づけられた。アメリカとスウェーデン，そしてフィンランドの管理職にこの尺度を用いたところ，変化重視型のリーダーシップ・スタイルが課題志向型や集団志向型とは独立していることが示された。

　Howellら（1997）は以上述べてきた数々のリーダーシップ・スタイルの諸特徴の予測的妥当性を，アメリカ，メキシコ，台湾，韓国と日本の電子部品工場において検証した。すると，支援的で，仕事の成果に応じて報酬を与えるようなリーダーが5か国すべてのサンプルで肯定的に評価された。また，カリスマ的とされるリーダーは日本以外のすべての国で肯定的に評価された。指示型（directive）リーダーシップはメキシコや韓国，台湾では肯定的効果を及ぼしたが，アメリカや日本ではそのような効果は見られなかった。参加型リーダーシップはアメリカでのみ肯定的効果を示した。したがって，ある効果は異文化間で共通しており，またあるものは各文化に固有であることがわかる。つまり，リーダーシップのより一般化した特性が異文化間に共通した効果をもたらし，より細分化され，特定されたものが文化に固有の効果をもたらすのである。

　このようにさまざまな国において異なるリーダーシップ・スタイルの効力がたびたび研究されてきたものの，その効果を直接国家間で比較するような実験方法を用いてきた研究者はほとんどいない。ボックス8.4には異なるリーダーシップ・スタイルに

■ボックス8.4■　イスラエルとアメリカにおける集団への参加

　Erez & Earley（1987）は，目標設定の仕方の違いに対する反応を，3つの学生集団の間で比較した。学生たちは，コンフリクトが生じないような履修スケジュールをできる限り多く組むことを求められた。1つの実験条件では，学生集団は実験者によってスケジュールの目標数が与えられた。2つめの条件群では，学生集団は集団としての目標数を交渉する代表者を任命した。3つめの条件群では，学生集団は目標数の決定に直接参加した。学生集団を現実的な目標に「導く」ことによって，3つすべての条件群において同じような目標が設定されるよう実験操作を行なった。比較されたのは，アメリカ中西部，イスラエル都市部，イスラエルのキブツ出身の学生集団であった。実験の第1段階では低い目標が設定され，第2段階ではより高い目標が設定された。下の表を見ると，イスラエル人の方が目標設定手続きにより強い影響を受けていることが，特に第2段階において示されている。彼らは目標が与えられることに抵抗を示し，意思決定手続きへの参加に対して肯定的な反応を示したのである。

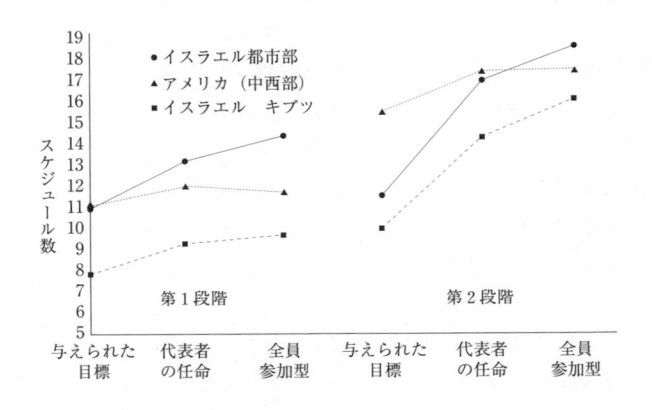

　Erez & Earleyは，この違いはアメリカとイスラエルの文化的価値観の違いによって説明されるとしている。集団主義と勢力差に関する学生たちの価値観が測定され，結果を比較したところ，イスラエル人は集団主義的価値観を重視し，相対的に勢力差をあまり重視しない。この結果は，彼らが実験の操作に対して示した反応と符合するものであった。したがって，異なる集団リーダーシップのスタイルに対する文化レベルでの反応というのは，被験者が属するおのおのの文化に特有の価値観によって予測されるものであることがわかった。

関して，イスラエルとアメリカの学生の直接比較がなされている。

　リーダーの具体的な側面に焦点を当てた研究は，リーダーの行動とそれがもたらす

結果に文化間差を見いだしてきた。もし本書の前半で取り上げてきた議論が妥当だとするならば，このようなリーダーシップの多様性は既に認められてきた文化の多様性の側面と関連づけできるはずである。実際多くの研究がそれを試みている。Jagoら（1993）は，一連のよくある仕事上の問題にどう対処するか管理職を対象に調査した。ポーランドとチェコの管理職が最も専制的手段を選び，アメリカとフランスがそれに続き，ドイツ，オーストリア，スイスの管理職は参加的態度を最も重視した。Jagoらはこの結果が，調査の行なわれた7か国における勢力差の違いを反映していると主張した。Smithら（1994）は14か国の管理職に，8つの比較的日常的な仕事上のできごとをどのように処理するか自己評価させた。すると，自分の経験と受けてきた訓練を頼りにするという自己報告の度合いが，Hofstede（1980）の高水準の個人主義の評価と強い相関関係にあることがわかった。それに対し，勢力差の大きい国々では形式的な規則や手続きに頼るという傾向が強かった。

(4)より広い視野で捉えたリーダーシップの研究

リーダーシップについてはさらに追究していく余地がある。これまで見てきたように，この研究分野におけるほとんどの研究は限られた数のリーダーシップの「スタイル」を特徴づけ，それぞれのスタイルを重んじるリーダーがどれだけ部下の仕事の成果に影響を及ぼすかを調査してきた。リーダーシップをそのように捉えると，効果的なリーダー行動の他の多くの側面，例えば，時の流れに応じた変化や，異なる状況での異なる行動や態度の使用，あるいは特定の個人に対して特定の行動をとることなどを見落とす可能性がある。これらの側面に関する検証を行なったいくつかの異文化研究がある。

Petersonら（1995）は22か国の管理職のサンプルが直面している問題の種類を比較した。役割の過重負担が最も高かったのはHofstede（1980）の勢力差測度で高得点を得た国々で，役割の曖昧さが高かったのは勢力差の小さい国々であった。この研究結果から推測すると，欧米の管理職はかなりの不確かさと曖昧さの対処に迫られているようである。この状況での効果的なリーダーシップは不十分あるいは不完全な情報をもとに決断を下したり，不確定要素を減らし得る他者との関係を築く能力を必要とする。反対に，勢力差の大きい国の管理職はさまざまな人間関係網の中心に位置しており，曖昧さよりむしろ役割の過重負担が生じやすいのである。この状況での効果的なリーダーシップは，物事に優先順位をつけ，重要な目標を明確な視野をもって維持できる能力を必要とする。

もし，国によって異なる組織的，環境的問題に直面するならば，同様にリーダーは他者との関係を扱っていく上でやはり多様な方法を用いると考えられる。Luthans,

Welsh & Rosenkrantz (1993) は職場の管理職の研究をロシアで行ない，その結果を，既にアメリカのサンプルで得られていたものと比較した。するとロシア人管理職は，計画や決定，調整作業などの「伝統的」なリーダーシップに割合多くの時間を費やし，他方，アメリカ人管理職らはより多くの時間を組織内外の人とのネットワークづくりに費やしていた。勢力差の大きい国と小さい国における管理職の活動内容の間には，このタイプの違いが予測される。より小さい規模ではあるが，同様の研究を Boisot & Liang (1992) が行ない，中国人管理職はアメリカ人管理職と比較して上司とともに過ごす時間がより多く，組織外の人や同僚と過ごす時間がより少ないことがわかったが，これは勢力差の大きい国で予測される通りの結果である。

Schermerhorn & Bond (1991) は香港とアメリカの管理職の間での，上司に影響を及ぼす行動と部下に影響を及ぼす行動を比較した。両方のサンプルにおいて上司と部下に対するアプローチの仕方の間に大きな違いが同様に見られた。しかし香港の管理職が断定的に主張することをより重視する一方，アメリカ人は理論的な議論や機嫌とり，あるいは互助的な交換条件のやりとりなどを行なうことを示す得点が高かった。Schmidt & Yeh (1992) はアメリカ，オーストラリア，日本，イギリス，そして台湾の管理職にそれぞれ好まれている，部下に影響を及ぼすストラテジーを比較した。イギリスとアメリカで最も強い因子だったのは「取り引き (bargaining)」であり，オーストラリアでは「穏当な親密性 (reasoned friendliness)」，日本では「断定的論証 (assertive reasoning)」，そして台湾では「制裁 (sanctions)」であった。しかし，これらの因子を定義する具体的な行動はそれぞれの文化のサンプルによってある程度の違いがあった。したがって，測定の操作をより具体的にしていくにつれ，またしてもより多くの文化的特殊性が見いだされてくる。ある個人がカリスマ的，変容型，参加型や専制型であると捉えられるために成すべきこととは，ある程度状況によって特定されるのである。この提言の例はボックス 1.2，p. 6（第 1 章）に示されている。

5．交渉

リーダーシップは交渉の一種であると便宜的に考える人もいるかもしれないが，交渉にはほかにも，組織内や組織間での意見の相違の解決や，ある行動への協力を獲得するためのなんらかの試みを含んだ手段が数多く存在する。交渉では通常，面と向かった対話や文章でのやりとりなど，明白な形でのコミュニケーションが用いられ，そのため研究は容易である。そして，たいてい交渉は同じ内集団に所属しない者同士の間で生じる。

(1)交渉目的の設定

　異なる文化圏における交渉を系統立てて理解するには再度，個人主義と集団主義の概念にふれなければならない。個人主義的文化における交渉者は，その時点で仕事が達成されるべきであるという論理的な必要性の度合いに基づいて合意にいたることを最優先と考えるであろう。一方，集団主義的文化における交渉者は，他者との調和的関係を維持することにとりわけ気を遣うと想像される。これは必ずしも集団主義的文化の人の方が相手に対して寛大で気前のよいことを意味するわけではない。集団志向的価値観を持った人も個人志向的価値観を持った人と同じだけ，外集団の人に対して競争的になり得る傾向があることは既に述べてきた。しかし，集団志向的価値観を持つ人は，人間関係の調和を維持するような交渉手段を好むことが予想されるのである。例えばそのような人は，公然とした議論や他の対立的手段よりも，むしろ調停や，間接的なコミュニケーションを好むと考えられる。もちろんどちらのタイプの文化における交渉者も，達成されるべき仕事を基準にすることと人間関係の維持の両方を考慮するであろう。ただし，そこでどちらを相対的により重視するかということが差を生むことになる。

(2)交渉スタイル

　Glenn, Witmeyer & Stevenson（1977）は，国連安全保障理事会の会議の筆記録を分析することによって国際交渉のスタイルを研究した。彼らは，ボックス8.5の例にあるように，「事実に基づく（factual）対話スタイル」と「直感的な（intuitive）対話スタイル」の違いを提言している。アメリカ合衆国の代表者が用いている事実に基づくスタイルは，自分たちが重要だと考える問題に焦点を当て，申し立てられている事件の状況についてはほとんどふれていない。一方，シリアの代表者によって用いられている直感的なスタイルは，アメリカ－アラブ関係という広い文脈を捉え，詳細な内容に焦点を当てようとするアメリカに抵抗する。このスタイルの違いは，欧米社会よりもアラブ社会において相互依存的価値観がより重視されているという事実から予測されるものと一致している。この例に見られるのはかなり白熱した対話であるが，それは1967年の第三次中東戦争期のものだからである。アラブ諸国と欧米諸国の代表者間の最近の対話にも似たようなスタイルの違いが明らかに見られる。私的交渉の方が，公的な場での交渉よりも当然実を結びやすいということもあり得るが（交渉の仕方も異なる可能性もある），私的な場であっても交渉スタイルの違いが依然として存在する傾向がある。

　Kimmel（1994）は，1990年の湾岸戦争以前にアメリカのベーカー国務長官とイラクのタリク・アジズ外務大臣との間で行なわれた会談における，より最近のアメリ

■ボックス8.5■　代表者としての異文化間交渉

アメリカ大使：「シリアの代表者は，私が述べたことに関して論評している。私が発言したときの状況を思い返してみよう。私が発言したのは，空母から発ったアメリカ合衆国の空軍機が攻撃に加わっていたという，悪意のある誤った告発がなされた状況の中であった。そして，相手の発言に対して，そのような告発が真実であることの証拠を提出するべきであると言った。しかし証拠は何も提出されていない。あの告発には根拠がないために，証拠は提出され得ないのだ。あの告発は誤りであり，悪意を持っており，中傷的である。それが私の発言の内容であり，アメリカ合衆国が関与したという事実に反することを示してしまう危険性があったゆえ，私がせざるを得なかった発言である。」

シリア大使：「私の発言に対する論評の中で，気がかりないくつかの言葉が用いられていなければ，私はアメリカ合衆国の立派な代表者に言い返そうとは思わなかった。彼は私の以前の発言に対して，それが誤った，悪意のある，中傷的な告発であると言っているのだ。私は，アメリカ合衆国が，イスラエルのアラブ連合共和国とヨルダンへの侵攻を援助してきており，アラブ連合共和国とヨルダンにおいて行なわれたいかなる破壊や殺人，そして今なお私自身の国であるシリアにおいて行なわれていることに関しても責任があることを，断言する。もし中傷的なものがあるとすれば，それは過去20年間の，アラブ世界に対する，そしてアラブ諸国に対する，アメリカ合衆国の恥ずべき政策である。」

アメリカ大使：「トメー大使の個人的なコメントはあらゆる種類の外交上の慣例に反するもので，軽蔑にも値しないので，返答するつもりはない。私が言及して，それがまったくの誤りであり，悪意を持っていると述べたのは，第6機団の空母機がこの対立に介入したとする発言であり，私は大使を含め，誰かがこの発言の趣旨に合うような証拠を安全保障理事会に提出できるものならしてもらいたいと思う。」

シリア大使：「私はアメリカ合衆国の代表者による，悪意に満ちた，私個人に対する攻撃を無視することにする。ただ，私はこれだけ言っておく。大国に属するだけでは不十分である，と。アメリカ合衆国は爆弾1つでシリア全体を破壊できる。しかし，偉大な文化的，そして知的伝統に属する方がよりすばらしく，より強いのである。私はこのことに誇りを持っている。」

出典：Glenn, Witmeyer & Stevenson（1977），pp. 63-4.

カーアラブ間交渉の失敗原因を概観した。ベーカー長官のアプローチは，短い期限を設定した内容の書簡を送る形で，イラクのクウェートからの撤退を明確に要求するこ

とであった。言い換えれば，その要求は目の前にある課題に焦点を当てており，事務的な言い回しで，抽象的かつ当為的であり，断定的で，期限が設けられた内容であった。他方のアジズ大臣の望みは，アメリカ側の交渉者をもっとよく知り，双方の国家指導者間の直接会談を後日行なうことを提案し，現在イラクがとっている行動の歴史的背景を説明し，より長い時間をかけ，より広範囲にわたる問題を検討することであった。つまり，アラブにおける人間関係の築き方のスタイルと一致して，アジズはゆっくりとしたペースで，人間関係に基づいた，漠然とした始まりの対話をすることを好み，より上位の者同士の直接会談へ導こうとした。ここで両者が交渉できるような基盤を築くことに失敗したために，あのように何万という命が失われてしまったのである。

　Porat（1970）は，労働組合と経営者側との折衝のシミュレーションをヨーロッパ5か国で行ない，その結果を比較した。研修コースに参加中の管理職によって経営側と組合の両方の役が演じられた。表8.2を見ると，より対立的な目標を設定したのはHofstedeによって個人主義的であるとされた国々の人たちであった。しかし，代表されている5か国すべてが比較的個人主義が強い国であった。Harnett & Cummings（1980）は，アメリカ，フィンランド，スペイン，フランス，ベルギーの買い手は，最大限の利益を得るために交渉力を行使することを見いだした。対照的に，より集団主義的なタイや日本の買い手は，売り手と買い手の間で利益を平等に分割しようとする傾向があり，これはおそらくこのような平等主義的な姿勢の方が売り手との長期的な関係に有利に働くと考えるからであろう。

　交渉に関する異文化研究で最も大規模なものは，過去15年間にわたってGrahamとその同僚によって行なわれてきたものである（Esteban et al., 1993; Graham, Mintu & Rodgers, 1994）。ビジネス講座に参加している管理職にランダムに買い手または売り手の役をあてがい，売買交渉のシミュレーションを行なわせた。この種の研究は既に16か国で並行して行なわれており，国ごとのサンプルの大きさは40から80の間である。データはアメリカとメキシコ，カナダ（Adler, Schwarz & Graham, 1987），イギリスとフランス，ドイツ（Campbell et al., 1988），日本と韓国，台湾（Graham

▲表8.2　対立的目標設定と個人主義

国　名	対立的目標を設定する交渉者の割合（％）	Hofstedeによる個人主義のランキング
イギリス	43.6	3
スウェーデン	33.3	10
デンマーク	25.0	9
スイス	21.1	14
スペイン	12.5	20

■ボックス8.6■ 個人としての異文化間交渉

ロバートソン先生とチャン君の間の交渉は明らかに失敗であった。ロバートソン先生が交渉する中でとった立場は，彼女が論理的であると信じる当為的な原則，つまり落第した試験は再受験すべきである，ということに固執することであった。チャン君は妥協案を探ろうとして，彼の努力や母親の病気など，より広い範囲の状況要因を引き合いに出した。彼はまた，「お情けの合格」を提案するなど，合意に達するための新たな方法を考え出す工夫をしようとした。両者はそれぞれ異なる問題を重視しており，言い争いを解決する方法に関しても異なる考え方を持っていたのである。

et al., 1988)，そしてロシア（Graham, Evenko & Rajan, 1992）から集められている。より最近のデータは中国とフィリピン，チェコスロバキアから得られている。これらの研究結果を要約するにあたって，Grahamの当初の方針は，アメリカの研究から得られた一連の結果の異文化間での一般性を検証すること，つまり「強制されたエティック」によるアプローチをとることであった。ここで中心となった提言は，「問題解決型アプローチ（problem-solving approach: PSA）」を用いる交渉者は有利な結果を得にくいということであった。しかし，PSAを用いることは交渉相手にもPSAを用いらせるような影響を与えると予測され，もしそのような効果が実際働いた場合には，PSAを用いる交渉者はより利己的な交渉者よりも好結果を導くことができると予測される。PSAの測定は，1時間の交渉セッションの終わりに交渉者たちに評価用紙に記入してもらうことで行なわれる。Estebanら（1993）が13か国からのデータをまとめたところ，予測通りの結果が得られた。さらに，Hofstede（1980）の研究で集団主義の得点が高かった国の交渉者ほどPSA使用の度合いが高いことがわかった。これらの結果は予測通りではあったが，質問紙の回答バイアスに文化的な差があるという可能性がまったく考慮されていないため，これらの結果は注意して解釈しなければならない。

よりエミック的なデータ分析への動きとして，それぞれの国のサンプルで別々に仮説検証が行なわれている（Graham, Mintu & Rodgers, 1994）。そうすることで異なる国で得られた結果の間に明らかな違いがあることがわかったが，このことは比較的サンプルが小さかった理由もあるかもしれない。しかしGrahamらは，結果の違いは，Hofstedeによる国別の得点を参照することで部分的に予測可能であり，これらがランダムな効果によって生じた違いではないとの確信を深めている。例えば，勢力差の得点が高かったサンプルの交渉者の行為は，あてがわれた役（買い手か売り手か）に

よって，有意に影響されていることがわかった。売り手は買い手に譲歩する傾向が見られたのである。一方，勢力差が小さく，状況に左右される度合いが低い文化的集団では，交渉者が自分の役を意識しているという兆候がまったく見られなかった。彼らは実験者によって示された交渉基準に基づいて自己利益を増やすことに集中したのだった。また，より個人主義的で，PSAの度合いが低いアプローチは個人主義的な国々でより効果的だったが，台湾や韓国ではこの関係が逆転し，それが有意となった。

　他の研究分野と同様に，最も信頼できる研究結果というのは，研究の対象となった人々の価値観の測定もきちんと行なわれているものである。Estebanら（1993）の研究にはRokeachの価値観調査（Rokeach Value Survey）にあった集団主義的価値観の測定が含まれており，予測される通りの違いがサンプルに見られた。価値観と交渉行動の関係に関するより直接的な分析がChanら（1995）によって行なわれた。同一の文化圏内における交渉行動を香港とアメリカの学生で比較したところ，香港では見知らぬ人よりも友人との間で合意に達することが多く，アメリカの被験者では交渉相手が誰であろうと差は生じなかった。また，香港の被験者はアメリカの被験者よりも集団主義的価値観を重視し，状況に応じた交渉ストラテジーを用いた。

　Grahamとその同僚によって行なわれた一連の研究の中では，サンプルをとったほとんどの国からそれぞれ交渉を行なった6組のペアの様子が録画された（Graham, 1993）。ビデオテープの分析によって，交渉行動の言語的側面よりも非言語的側面においてはるかに大きな違いがあることが示された。すべての文化において交渉は基本的に質問や，交渉者の立場に関する情報の開示，取り決めをすることなどに基づいて進められた。「ノー」という直接的な否定を用いる頻度は日本人で平均2回，ブラジル人では平均42回，と大差が見られた。直接的なアイ・コンタクトは台湾，フラン

▲図8.1　葛藤解消へのアプローチ（出典：Feign, 1987）

ス，ブラジルで最も頻度が高く，イギリスと日本では低かった。10秒以上の沈黙はロシアと日本，イギリス，そして中国で生じた。話のさえぎりは韓国とドイツ，フランスで最も頻繁に起きた。これらの行動はすべて信頼性をもってコード化できるため，より大きなサンプルを使ってこの種の研究をすることは有意義な結果をもたらす見込みが非常に高い。Grahamの研究グループの一連の研究の中で見いだされた多様な交渉力の強さというのは，各文化の中で，言語行為よりも非言語的行為によって伝達されるようである。各文化圏内ではこれらの非言語的行為の意味がよく理解されていると考えられる。しかし，異なる文化に属する者同士の交渉では必ずしもそうとはいえない。

　ここまで取り上げてきた研究は，買い手と売り手の間の直接交渉を扱ったものであった。そこで見てきたのと同様のプロセスが，広告主が消費者に影響を与えようとする，より間接的なプロセスの中でも働くと考えられる。Han & Shavitt (1994) は，韓国とアメリカの雑誌広告の内容を分析した。アメリカの広告は個人主義的価値観に訴えかけるものが多く，集団主義的価値観に訴えるものが少なかった。次に研究者たちは学生に広告を読ませ，それらの説得力の強さを評価させる実験を行なった。結果として，個人が自分自身で用いる商品の広告に関しては，個人主義的な宣伝の仕方がいずれの国でも同じぐらい効果的であるという評価がされた。しかし，他者と一緒に用いられる商品に関しては，韓国人は集団主義的な宣伝方法の方に，アメリカ人は個人主義的な宣伝方法の方に好反応を示した。

6．葛藤の解消

　いくつかの交渉スタイルの相対的な「強さ」に焦点を当てた研究を見てきたが，次に，合意にいたるまでのさまざまなプロセスを見てみよう。Kirkbride, Tang & Westwood (1991) は香港の管理職と経営学専攻の学生ほぼ1,000人を対象に調査をした。彼らが葛藤状況の対処法として好んだのは妥協と回避であった。Ohbuchi & Takahashi (1994) は日本とアメリカの学生に，自分が経験したことのある葛藤状況とそれをどうやって解消したかを説明するよう求めた。日本人で最も多かった回答が回避であった一方，アメリカ人はその場の問題について双方から直接意見対立をさせて解決していた。法的対立に焦点を当てたLindら (1978) は，学生のサンプルを調査し，対立的 (adversarial) 問題解消方法がフランスやドイツ，イギリス，アメリカなどの個人主義的な国で好まれることを明らかにした。Leung & Lind (1986) は香港とアメリカの学生にさまざまな仮想的な葛藤状況を提示し，いろいろな対処方法の中でどれが最善であるかを評価させた。まず，香港系中国人は尋問的

(inquisitorial）方法を好んだ。つまり，裁判官のような上位者を任命し，その人に証拠の鑑別と有罪・無罪の判定をしてもらうようなことである。他方でアメリカ人は，検察側と弁護側によって別々の答弁が行なわれるような対立的なシステムを好んだ。

その後の研究で，Leung（1987）はなぜこのように異なった葛藤解消法が好まれるのかを明らかにするようなデータをさらに発表した。香港とアメリカの両方がイギリス式の対立的な司法制度を採用していることを念頭に置く必要があり，したがって，香港系中国人の回答者が尋問形式を好んだことは，彼らが社会に既存の制度を実際拒否していることになる。Leungは，香港の中国人の被験者が最も好んだ葛藤解消法は，彼らが，敵対感情を最も抑えるであろうと考える方法であったことを明らかにした。彼らは対立的裁決よりも尋問的方法を好んだが，調停（mediation）や交渉（bargaining）といった非公式な手段をより強く好んだ。したがって，これらの研究結果は，香港のような集団主義的な文化圏においては調和関係の維持が重要な目的であるという見解と一致する。実際Leungは，被験者の中でも，相互依存的価値観の測度で得点の高かった者が，調停や交渉などが敵対感情の抑制や減少につながりやすいと考えた。

Trubisky, Ting-Toomey & Lin（1991）は学生集団内の葛藤を解消するのに好まれる方法を，台湾とアメリカの学生で比較して同じような結果を得ている。台湾の学生は，「義理」，「回避」，「統合」や「妥協」とされる葛藤解消法を用いることを好んだ。アメリカではこれらの方法の使用度は低く，また，「支配的」とされるスタイルを好む傾向に関しては個人差が見られた。Trubiskyらの指摘によれば，Hofstedeはアメリカが非常に個人主義的で，台湾が非常に集団主義的であると特定できたものの，彼が示した他の3つの側面に関しては2国間にほとんど差を見いだすことができなかった。したがって，ここで生じた差は2国間における集団主義の水準の違いによって説明されるとしている。しかし，Trubiskyらは質問紙への回答バイアスの文化差を修正しないままでいる。この修正が行なわれると，アメリカ人学生では「論争」手段が最も好まれ，台湾人学生では「回避」手段を用いる傾向がはるかに高いことがわかる。

Leungら（1990, 1992）はこの一連の研究をさらに一歩進めた。彼らは比較的個人主義的な国であるオランダとカナダ，それから比較的集団主義的な国であるスペインと日本の学生の葛藤解消法の傾向を比較した。すると，カナダ人やオランダ人と比較した場合，スペイン人と日本人は交渉と応諾を好む傾向がより強く，相手を責める傾向が弱かった。

(1)葛藤理論の精緻化

　報酬分配に関する研究を検討したときと同様，葛藤理論の分野で現存する関連文献もまた理論上の再定式化が必要である。これまでに得られている調査結果の説明をするのに，単に個人主義者と集団主義者に予測される傾向を比較するのでは粗雑すぎるからである。つまり個人主義者はすべての状況で用いるような葛藤解消法の傾向を持ち，集団主義者は，状況に対する敏感さから，その状況に応じて異なる葛藤解消法の傾向を持つと考えられる。Leung（1997）は集団主義的文化圏の中でも，敵対感情の抑制と分裂の回避という2つの別々の関心事があると提言している。比較的激しい葛藤状況では敵対感情の抑制が最大の関心となる。集団主義的文化において，内集団調和の維持が重視されることから，激しい葛藤は外集団と生じる可能性が高い。一方，個人が内集団や外集団と持つ継続的関係に影響を与えるような，より穏やかな意見対立が生じた場合には，分裂の回避がより強い関心となる。Leungは，敵対感情の抑制が目的とされる場合，集団主義的文化では問題解決と妥協が好まれると予測している。しかし，分裂回避が目的とされる場合には，譲歩や回避といった方略が好まれるとした。これまで見てきた研究のうち，どれが比較的穏やかな葛藤を扱っていたのかは明らかでない。Leung（1987）の研究で扱われていた論争は法廷に持ち込まれるようなものであった。そのLeung（1987）の被験者は，Leungが後に提唱したモデル通り，敵対感情を最も抑制すると思われる葛藤解消法を好んだ。

　この新しい理論形式を直接検証することが今最も必要とされている。特に，この分野における研究の多くは集団主義的文化の典型として中国人と日本人を主に扱ってきたが，そこから得られてきた解釈が世界の他の地域でも成り立つのかを知る必要がある。Gire & Carment（1993）は，Leungら（1990, 1992）が4か国比較で採用したのと同じ個人間・集団間葛藤を用いて，カナダとナイジェリアの学生の葛藤解消法の傾向を比較した。どちらも交渉を好んだが，ナイジェリアの学生は特に集団間葛藤において脅迫する傾向が有意に強かった。カナダ人は交渉だけが敵対感情の抑制につながり得ると考えた一方，ナイジェリア人は交渉と脅迫の両方が敵対感情の抑制になると捉えていた。したがって，Leungの見解の詳細はナイジェリア人のサンプルには当てはまらなかったが，敵対感情の抑制につながると考えられる特定の行為が好まれる，という彼の基本原理はここでも支持されている。ナイジェリア人が，脅迫を用いることが敵対感情の抑制につながり得ると推測していることは，香港系中国人の学生とイスラエル人学生から得られた結果とは正反対であるために，ことに興味深い（Bond, Leung & Schwartz, 1992）。イスラエル人は香港系中国人よりも脅迫を用いる傾向は強かったが，彼らが最も好んだのは調停であり，この調停こそ，彼らが敵対感情の抑制につながると最も強く期待している方法であった。

Leungのモデルの一般性は，ドイツ人とドイツにいる2組の難民，レバノン系アラブ人とトルコ系クルド人によって好まれる葛藤解消法を比較したBierbrauer (1994)の研究によってさらに検証された。方法としては，かなり深刻な論争の模様を描いた短文が回答者に提示され，それに対して望まれる葛藤解消法を聞いた。ドイツ人は法律に基づいて論争が解決されることを好み，彼らは好んで用いる手段の主要目的を，法律の遵守とこれからの行動に指針を与えることだと捉えていた。クルド人とアラブ人は，慣習や道徳に基づいた形式的ではない方法が関係者や家族によって執行されることを好んだ。彼らはこのような方法は，道徳的価値を守ることと敵対感情を抑制，減少させることに価値があると捉えた。これらの結果もまたLeungのモデルと一貫している。

7．組織文化

　この章では，組織行動の研究におけるいくつかの主な方法を概観してきた。そのために，数々の組織的プロセスに焦点を当ててきており，たびたびそれらのプロセスを実際の組織という文脈の外で捉えてきている。そうすることで，われわれが個人主義的な諸国の研究者によって最も頻繁に用いられている方法に従ってしまっている。研究しようとする対象をより扱いやすいと思えるような要素に分割し，それらを別々に検討するのである。それをもって，われわれは何かを得ると同時に何かを失ってしまう。ここで，失われるものが何であるかを考えてみよう。組織は強力な社会的システムであり，その中で多くの人が生活時間の大半を過ごす。組織はまた，社会システムの主要な構成要素の1つである。本書では繰り返し，国別の文化のレベルと，それぞれの国文化内の個人のレベルの両方において文化差を分析してきた。しかし，3つめのレベルでの分析にも意味がある。それが，組織文化のレベルである。

　たいていの大規模組織の経営幹部は，自分たちの組織の文化を形成しようとして多大な時間とお金をかける。そのような試みは成功するかもしれないし，失敗するかもしれないが，重要なのは，国に文化があるのとちょうど同じように組織にも文化があるということである。組織と国の文化が重なる場合があるかもしれないが，論理的にいって必ずしもそうなるとは限らない。1つの国の中でも特定の地域の人々が他の地域とは違う価値観を重視することがあるのと同様に，ある同一組織の従業員の間でも異なる態度や価値観を好む傾向があり得る。多国籍企業の組織文化などは，その企業が経営を行なっている国の文化的枠組みを実際越えたものになるであろう。今ではよく知られているのだが，Hofstede (1980)の先駆的な研究におけるデータ抽出対象となった企業であるIBMでは，国境を越えた企業文化をつくり出していくことに多大

な投資を行なっていたので，Hofstedeが国家間差を見いだすとはまったく予測していなかった。ところが，国家間の多様性は実在しており，Hofstedeが明らかにしたさまざまな文化的側面が実質的なものであることが強く支持された（Hofstede & Bond, 1988)。

より最近では，デンマークとオランダの20の企業における組織文化間の多様性を測定する尺度をHofstedeは開発している（Hofstede et al., 1990)。この目的のために，各国の人々のデータをひとまとめにすることで国別文化の側面を特定するのと同様に，各組織内の個人データを集め合わせる。Hofstedeら（1990）の研究の場合には，組織のメンバーが重視する価値観と，彼らが組織の慣例をどう捉えているかということに関するデータの両方が集められた。異なる組織の文化を識別するには，慣例に関する測定の方が役に立つことがわかった。組織における慣例の代表的な6つの因子が抽出され，中でも主要なのは，慣例の結果に重点を置くか，あるいはその組織的なプロセス自体を重視するのかということだった。他の因子は，従業員志向か仕事志向の慣例であるか，我流か専門的であるか，開放的か閉鎖的か，拘束力が弱いか強いか，そして規範的なものか実用志向的なものか，ということであった。

この章で述べてきた，人選方法や仕事への動機づけ，報酬分配，リーダーシップ，交渉，そして葛藤解消に見られる多様性を理解しようとするとき，国ごとの文化を単位としてその多様性を分析するよりも，むしろ組織ごとの文化を単位とした方が，より細かい分析が可能になると予測される。現時点では，厳格に妥当性のある組織文化の尺度の数が非常に少なく，また内容的にもかけ離れたものが多いので，このような分析を主とした研究はこれから行なわれていくべきものである。同一の組織内の個人データを単純に統合することによって組織文化を規定するという，より一般的な方法は，個人のレベルでの多様性と組織のレベルでの多様性とを混同してしまうのである（Hofstede, Bond & Luk, 1993）。

Van Muijen & Koopman（印刷中）は，ヨーロッパ10か国における産業組織の文化の認知を比較した。彼らの調査では，組織において実際どれだけ規則が遵守され，革新がなされるのかに関して報告された内容は，これらの国で重視される価値観を得点化したHofstede（1980）の研究に基づく予測とは，あまり相関がなかった。しかし，規則に従うことや革新することに対する好みの傾向は，Hofstedeの得点とある程度関連があった。彼らはこの違いはHofstedeら（1990）の研究で導かれた結論と一致しているとする。つまり，国家間の文化差は，重視される価値観の違いによるものだと理解するのが最もよいが，組織文化の差はむしろ実践の場における習慣や慣例の違いによって生じるということである。したがって，特定の価値を非常に重んじることに関して1つの国においてコンセンサスが得られていても，そのような価値観を

どう実践していくかに関する考え方を，特定の組織がそれぞれ時間をかけて形成していくことができる。

(1)組織の慣例

もっと限定して組織文化を捉える方法として，1つあるいはそれ以上の具体的な組織慣例を比較することができる。例えば，特定の行為に関して，組織のメンバーは異なる解釈をするかもしれない。Johns & Xie（1995）は，カナダと中国の組織従業員の欠勤に関する評価を比較した。欠勤の頻度を聞かれた場合，両国の従業員のほとんどが，自分は平均よりも少ないと答えた（自己奉仕的バイアスの例である）。しかし，自分が所属する作業グループの欠勤状況を評価するよう求められた場合，中国人のほとんどはやはり平均以下であると評価したのだが（集団奉仕的バイアスの一例である），カナダ人はそうは評価しなかった。この研究は，組織行動における文化差を見いだすために，文化差に鋭敏な尺度が必要とされることをはっきりと示している。

Morris, Davis & Allen（1994）は，アメリカ，ポルトガル，南アフリカの会社のサンプルにおける，起業行動に対する価値観を比較した。彼らは，起業行動は極端に個人志向的か集団志向的かに偏らない価値観を持つ組織で最も顕著だろうと予測していた。彼らは，個人主義が優位な組織では個人は他者からの協力を十分に得ることができず，集団主義が優位な組織では劇的な革新が行なわれにくいと予測した。このように予測した曲線的関係をアメリカと南アフリカでは見いだすことに成功したが，3つのサンプルのうち最も集団主義的であるポルトガルではこのような関係が見いだされなかった。しかし香港など，いくつかの集団主義的文化における起業活動は明らかに活発であることから，Morrisらが用いた起業行動の尺度は，一段と集団主義の強い文化においては妥当性が不十分だったと考えられる。

(2)組織の公正さ

組織による扱いの公正さを従業員がどう感じているかによって，組織から提供される動機づけやリーダーシップ行動に対する反応の仕方に影響が出るのかに関心を寄せている研究がいくつかある。Leung, Earley & Lind（出版年不詳）はアメリカと香港のスーパーマーケット従業員を比較した。アメリカのサンプルでは，公正さが認知された場合，上司の行動と，職業の安定性の認知，組織への献身，そして「組織的市民性（organizational citizenship）」（要求される以上に組織に貢献する意思; Organ, 1988）との関連性がそれぞれ弱まった。香港でも同じように，上司の行動と組織に対する献身との間の関連性は弱まった。また，いずれの国でも非公正さの認知は，報酬に対する満足，職業の安定性，組織への献身の間の関連性をも弱めた。さらに，香港

では，非公正さの認知は報酬に対する満足を低減するような影響力を最も強く示した一方で，アメリカでは，上司に対する認識から生じる非公正さの認知が最も強い影響力を持った。Leungらは，公正さの認知が及ぼす影響は，それぞれの場所で最も強い動機となっているものによって異なってくると結論づけた。つまり，香港の従業員にとっては報酬の方がより重要な問題だったため，その関連での非公正の影響が強く，アメリカでは上司の質の方がより重要だった。

Leungら（出版年不詳）の研究結果に見られた相違のいくつかは，「強制されたエティック」の尺度の使用によって生じた可能性がある。Farh, Earley & Lin（1997）が行なった研究では，中国人の回答者に用いた場合の妥当性がより高い「組織的市民性」の尺度を作成している。台湾の8つの企業の従業員を調査したところ，公正の認知が，同僚に対する利他主義，誠実性，対人間調和と企業の財源保護という，組織的市民性の4つの水準における向上を予測することがわかった。したがってこの研究は，アメリカ以外で，組織の公正さと組織的市民性の関連を検証するエミック的な妥当性を持つ尺度の作成に初めて成功した例である。この種の研究は，対象となった8つの企業の組織文化がどれだけ多様であるかに関する情報をまったく提供しないが，北米以外でも組織の公正さという概念を適用できることを示唆している。

この関連の研究で，Borges-Andrade（1994）はやはりアメリカと他の地域との間に相違があることを示すような研究をブラジルで行なっている。アメリカでの先行研究では，個人の直接の上司に対する満足度と組織への献身との間の有意な相関関係が報告されている。Borges-Andradeは，ブラジルでは組織全体に関わるような因子の方が，献身のより強い予測因子であることを明らかにした。高い献身度の予測因となっていたのは，組織の総体的な評判，組織全体の中で人材管理に与えられる優先権と，組織が従業員に対して公正あるいは公平な扱いをしているという認知であった。したがって，アメリカの研究が，管理職は個人に直接関わりのある環境に反応していることを示す一方，ブラジル人はより広い，集団としての文脈によって影響されることがわかる。

(3)意思決定の手続き

特定のリーダーシップ・スタイルのもたらす効果に関する先行研究をこれまで見てきたが，ここでは，1つの文化における組織（あるいは組織内の特定の職務）が，意思決定を行なう際，異なる方法を用いる傾向があることに焦点を当てる。このタイプの研究で最も広範囲に及ぶものとして，組織内のどの階層で特定の種類の決定が下されるのかをヨーロッパ12か国において比較したものがある（Industrial Democracy in Europe International Research Group, 1981）。特に重大な決定に関しては，国家

間で大きな違いが見られた。これらの相違は，労働組合や他の関係者とのコンサルテーションを規制する法律の違いを反映している側面もあった（Brewster, 1995も参照のこと）。この研究は最近追試が行なわれており（Industrial Democracy in Europe International Research Group, 1993），多少の縮小はあったものの，継続的にこのような国家間差があることが明らかになった。ヨーロッパ連合（EU）が「社会憲章」（雇用に関する基準を定めたもの）を採択したことで，次の10年間にこれらの差がさらに縮小することが期待できるのかもしれない。

　上記の研究に関連した研究において，ヨーロッパの多くの国の管理職は，職階で1つ下に位置する人たちが意思決定の手続きへの関わりを深めるほどの専門知識を持っていないと考えていることを示している（Heller & Wilpert, 1981）。この研究とその後の研究において，特定の意思決定が行なわれる階層については，イギリス，オランダ，旧ユーゴスラビアの間で比較した場合や（Heller et al., 1988），イギリスと中国で比較した場合（Wang & Heller, 1993）のいずれよりも，ヨーロッパ諸国の組織間あるいは組織内の職務間で比較した場合の方がより大きな多様性が示された。こうした結果が示すパターンは，以前に述べたように，組織文化は価値観よりも実践されている慣例によって識別される，という見解と一致している。

　組織における上昇志向性が歓迎される程度に関しても国家間差があり得る。Carr & MacLachlan（1997）は，組織内の「動機的引力（motivational gravity）」と呼んでいるが，これは組織のメンバーが個人のイニシアティブを一般的にどの程度支持，奨励しているかということである。彼らはマラウイ人管理職のサンプルに対し，仕事で成果を上げたり，よい提案をしたり，定期的にボーナスを稼いだりする従業員に対して，彼らの組織の同僚が通常どのような反応を示すか尋ねた。するとほとんどの回答者は，同輩や仕事仲間からの否定的で，非支援的な反応を予測した。同じように，香港では「赤目病（red-eye disease）」として（Bond, 1993），またオーストラリアでは「背丈の高いポピーは切り落とされる（出る杭は打たれる）」として（Feather, 1994b），このような評価のされ方があることがわかっている。対照的にCarr（1994）は，同じような状況で日本人管理職は肯定的で支援的な反応を予測することを明らかにした。引力というよりむしろ「動機的浮力（motivational buoyancy）」として考えてしまうような現象を抱えるタイプの組織文化の特徴を理解するためには，さらにより多くの研究が必要である。また，既に述べたように，Morris, Davis & Allen（1994）は組織内における起業行動の文化的多様性を見いだしており，そのような起業行動も同様な現象に支えられるものであるのかもしれない。

(4)組織について振り返る

　特定の組織文化を研究するもう1つの方法として，エミック的に実施された事例研究の資料を検討することができるが，このようなアプローチの例は第11章でいくつか紹介する。このアプローチの長所は，特定の状況において組織がどのように運営されているのかを明らかにできるが，同時に短所として，他のエミック的なアプローチと同様，分析的アプローチ自体が文化によって異なることも指摘され得る。社会心理学理論の場合にも増して，さまざまな国の学者によって発展させられてきた組織理論というのは，異なる始点から発せられ，したがって研究者たちに異なる現象を追い求めることを助長させる傾向がある。例えば，Üsdiken & Pasadeos（1995）などは，欧米の理論家たちはめったに互いの理論についてふれないことを指摘している。Hofstede（1996a）は，アメリカの理論家はほとんどが個人に焦点を当て，参加と調和の創造に注目する一方，ヨーロッパの理論家はシステムにより多くの関心を抱き，葛藤が起きること，そしてそれらを規制する手続きや規則の必要性があることを前提としているのではないかと示唆している。しかし理論家の間の分裂は，地域的であると同時に言語的である可能性もある。フランス系カナダ人であるChanlat（1994）は，この半世紀にわたって，フランス語による組織分析が比較的異なった焦点の当て方をしてきたことを細かく述べている。また，確かに北米とヨーロッパの英語圏の組織理論家の間でも強調する点が異なることもあるが，異なる言語圏との間に比べ，より多くの交流がある。

　この章を通じて，それぞれの組織があたかも文化的に同質であるかのように扱ってきた。これは，組織内で生じるさまざまなプロセスのいくつかの基本的な側面を理解していくために必要とされた簡易化であった。次の章では，多国籍企業や合弁企業等，多くのビジネス交渉の場で頻繁に生じるように，それぞれ異なる文化圏出身の者同士がやりとりを行なった場合にどういうことが起きるかを見ていくことにしよう。

8．まとめ

　世界のさまざまな地域では，組織の効力に貢献する種々の要素は異なる様式で執り行なわれる。従業員の仕事上の目的は多様であり，結果としてこれらの異なる優先事項を反映するように彼らはリーダーに応答し，他者と交渉し，葛藤を解消する。人選や報酬分配を行なう効果的な方法は，これらの違いを考慮したものでなければならない。組織の中でともに働くというプロセスにおいて，組織としての目標を達成していくための固有の方法によって特徴づけられるような，それぞれ独特の組織文化が形成されていく。組織の目的に対するカリスマ的なビジョンを示すようなリーダーは，

その組織文化において実践されているさまざまな実務に非常に強い影響を与えることができるが，そのビジョンが組織メンバーによって重視されている価値観や慣例と調和するような形で伝えられなければ，それは成功し得ないであろう。

第9章　異文化間交流の特徴

「歌えないなんて，君はいったいどんな鳥なんだい」と鳥は尋ねました。
「泳げないなんて，君はいったいどんな鳥なんだい」とあひるは言い返しました。（セルゲイ・プロコフィエフ『ピーターとおおかみ』）

　さまざまな文化の人々の出会いがある時，文化分析における抽象的なものや細かい点はただちに現実的な問題となる。貿易，移住，メディア，旅行，そして人権運動が人々と政府をますます民族的多様性に向き合わせ，折り合いをつけさせる方向へと突き動かしている今の世の中では，このような出会いは特に多くなっている（Naisbitt & Aburdene, 1990）。
　社会科学者は文化と文化の境界線上で生じる交流を検討することが，よりいっそう求められるようになった。異なった文化の人はどのように行動をとるのか。さまざまな文化の人々がともに暮らし，ともに働く際に，どのような違いが重要となってくるのか。これらの違いはコミュニケーションのプロセスにどのように影響するのか。以上のような問いに答えるためには，幅広い意味で「単一文化を持った国の中」で行なわれた集団間行動の研究が大いに役に立つ（第7章参照）。これらの研究の多くは，異なった文化の出会いの場面にまで拡張できるのである。
　この章では今までのまとめとして，異文化との接触から生じる課題に対する現在理解されていることを論ずる。まず初めに，社会的関係が展開する一般的なプロセスを検討する。見知らぬ人との出会いは不安と同時に，相手と効果的にやりとりするために行動を予測する必要性を生じさせる。人を認知するプロセスはその第一歩である。他者に対する初期の認識は，相手の属する集団や文化に関連したステレオタイプを引き起こす。そしてわれわれはこれらの前提を用いて，彼らに対するわれわれの行動を選んだり，彼らのわれわれに対する行動を——ほとんどの場合悪く——解釈したりする。
　他者が異なった文化的背景を持つ人であった場合，われわれはその人のコミュニケーション行動に戸惑ったり憤慨したりすることがある。なぜならそれはわれわれの予測に反していたり，それを不適当であると判断するからである。この困惑は相手の立場からも言えることであり，言語の違いによって問題はさらに複雑となる。おのおの

が状況を改善しようとするが，それぞれが文化的に異なった方法を用いるので，さらにこじれてしまうのである。このようなさまざまな問題をよりよく理解するために，最後にチャン君とロバートソン先生の不運に満ちたやりとりを分析してこの章を締めくくりたい。

1. 他者との出会い

----

(1)見知らぬ人との出会い

Simmel (1950) によると，見知らぬ人 (stranger) とは同時に「内」と「外」の人である。物理的には同じ環境を共有しているものの，新しく来た人はその場にいる他の人とは馴染みがなく，彼らが言語的に，あるいは非言語的にどのような対応をするかわからない。Herman & Schield (1961) がこのような出会いを分析したように，

> 新しい状況にいることの当面の心理的影響は安心感の欠如である。その状況がもつ潜在的可能性や，目標を達成するための手段，そして意図を持ってなされた行為がもたらし得る結果を知らないことが，不安を生じさせる。(p. 165)

さらに，新しく来た人の身体的特徴や服装，癖，話し方などが，見ている人にその人が自分たちとは違う集団に属する者だということを示す。彼らは新しく来た人の属する集団は自分たちとは異なった生活様式を持ち，自分たちの集団に敵対心を持っていると信じてしまうこともある。その上，自分が外集団に属する他人と接した場合，自分の集団の成員がそれを集団への裏切りと解釈してしまうのではないかと不安になる。これらの集団間関係の考慮 (Stephan & Stephan, 1985) が他人との接触から既に生じている不安を増長させる (Gudykunst & Hammer, 1988)。

このような出会いから考えられる結果は回避である。見ている人が内向的で不安傾向の強いパーソナリティを持っていればなおさらである。たいていの人にとって，既知から未知へ橋を架けるのはあまりに面倒くさく，危険である。しかし役割規定 (role constraints) がこの選択肢を遠ざける。見知らぬ人は顧客，客人，先生あるいは従業員ということもあるだろう。また，われわれは人として新しい体験に興味を持ち，それらを受け入れようとすることもあるだろうし，新しい他者を身体的に魅力的だと感じることもあるだろう。またわれわれ自身が多様性への適応を奨励する文化に属しているかもしれない（例：Schwartz, 1994の平等的コミットメントが高い人など）。こうした要因は，たとえ不確かであってもわれわれを見知らぬ人と関わるよう

に導く。ではそういった場合，人はどのように取り組むのだろうか。

(2)不確かさの軽減

Berger（1987）の提言によると，

> ある程度スムーズで調和がとれ，かつ納得のいく形で他者と交流するためには，相手がどのように行動するかを予測する能力と，それらの予測に基づいて自分の行動のレパートリーの中からその交流の効果を最大限にするような応対を選択する能力の両方がなければならない。(p. 41)

Bergerによれば，見知らぬ他者と出会うとき相手のことをあまりに知らなすぎるため，他者の情報を集めようとする気持ちが高まるのである。

他者の文化を共有することは，この意味ではもちろん非常に有効である。同じ文化を有する人は同じ役割期待（例：Tyler, 1995）や状況の理解（Forgas & Bond, 1985），暗黙の人格理論（implicit theories of personality; Yang & Bond, 1990），そして同一のコミュニケーション・スクリプト（communication scripts; Wierzbicka, 1994）を共有するよう社会化されているからである。Forgas（1981）が記したように，

> 人間だけが持ち得る能力である象徴のプロセスが，日々の互いの相互関係における期待や内的表象を構築することを可能としている。これらの表象は，今度は社会化されたパーソナリティと社会システムを構築するための基礎となる。(p. 168)

他者が同じ文化システムから来た人であれば，他者の応答を予測する能力は大きく伸びるであろう。しかし交流する人が異なった文化から来た人であれば，通常他者と接する時に生じる一般的な不確かさは悪化する（Gudykunst & Shapiro, 1996）。関係を発展させていくための文化的に合意していたガイドラインは，ここでは共有されていないのである。例えば，Simard（1981）が報告するところによると，

> ……他の集団から将来友だちになり得る人について考えるとき，[フランス人とイギリス人は]，会話のきっかけをつくることや，会話中何を話せばよいかを知ること，相手に興味を持つこと，どの言語を用いて会話をすべきか考えることなどが，自分らの集団の人に話しかけるときよりも難しいと感じている。(p. 183)

このような困惑は異なった文化の人々が出会うとき頻繁に起こる。その結果，この

ような出会いで生じる不安は同一文化圏内で他人と出会う場合よりも大きい。

　幸い，出会いのコンテクスト（政治的集会や教室など）が行動の選択肢の幅を狭め，各自がその状況に合った相互作用のスクリプトを予測できるようにしてくれる。Berger（1987）によると，次にわれわれは，他者をよりよく知るために受動的・積極的・相互作用的といったさまざまな「知識獲得方略」に出る。受動的な方法とは，ターゲットとなる相手の真のパーソナリティが出やすいと思われる社交の場やくだけた場を選んで，相手を控えめに観察することである。積極的な方法とは，ターゲットの社会的ネットワークに属する者に相手の情報を尋ねるなど，ターゲットと直接関わることなく社会的環境を操作することである。相互作用的な方法とは，面と向かった直接的な接触を持つことであり，質問をしたり，自己開示を促したり，ターゲットをリラックスさせてより正確な情報を得ることなどが含まれる。これらの方略を用いることで自分が関わっている特定の相手の情報が得られ，文化間の相互作用が長期化するにつれ，それに伴う不確かさと不安が軽減する（Hubbert, Guerrero & Gudykunst, 印刷中）。

　他者に対する不確かさのレベルの低さが魅力の高さと関連があることが，さまざまなタイプの人間関係（知り合い，友人，異性関係）を通して韓国，日本，アメリカで確認されている（Gudykunst, Yang & Nishida, 1985）。これらの結果が多様な人間関係を通して幅広く得られたことから，人は他者に対する不確かさのレベルを下げようとする動機があり，確かさが増すことが他者との関係を発展させるための一側面であるといった命題を普遍的であると認めることができる。相手のことを知ることは互いが見知らぬ他人でなくなるために重要である。このプロセスの第一歩は，相手が「誰」であるかを認識することである。

2．他者の認識

　われわれの生活の大部分は「無意識的（in a state of mindlessness）」（Langer, 1989）に，他者と交流することに費やされている。さまざまなコンテクストにおいて，われわれは社会的スクリプトに定められたように習慣的で，あまり考えずに他者と関わる。Abelson（1976）が定義したように，スクリプトとは人の期待するような首尾一貫したできごとの連続であり，人は参加者として，あるいは観察者としてそれらのできごとに関わる。人は一生を通じて，連続したできごとに参加することと観察を行なうことの両方によって，スクリプトを学んでいく。共有されたスクリプトを使用することで，旅行客，チケット販売員，図書館員，通信オペレーターなどのさまざまな役割にある人々はサービスを求める人々の特徴にいちいち注意を払わずとも普通のや

りとりができるのである。
　しかし新しいやりとりが始まったときや，一方が役割としての関係から抜けたいと思うとき，状況は変わる。新しくかつ適切な行為をとらなければならないため，人は「意識的（mindful）」になる。このように促された「意識」の1つの特徴は，やりとりをする相手の情報を確認することにある。

(1)アイデンティティの手がかり

　心理的に便利な手がかりの多くは，他者とやりとりをするときすぐに目につく。性別，年齢，人種，身体的魅力，体型，童顔であるかどうかなどはすべて視覚的に明確なものである。相手が喋ると，話の内容のほかにも声の大きさ，速さ，流暢さやアクセントの置き方などによる情報も加わる。そのほかにも服装，空間的近接性（proxemics），体臭，姿勢，身振りや凝視のパターンといった非言語的な行動も観察できる。
　これらの他者の特徴1つひとつが彼らのパーソナリティを物語る。性別などのカテゴリーによる手がかりは，それにまつわるステレオタイプを通して他者の情報を提供する。声の大きさなどの個人的な手がかりは直接的な示唆に富み，他者の機嫌やパーソナリティの「瞬間的な判断（snap judgments）」（McArthur & Baron, 1983）を可能にする。これらの情報によって人は他者に対する不確かさを減少させ，他者がどのように応対するかの予測をし，彼らに対する行動の方向性をより明確にすることができる。一言でいえば，われわれはよりよく行動できるようになるのである。もちろん，前章で明らかにしてきたように，異文化から来た人は異なった手がかりに焦点を置き，自らの行動を決める際にこれらの手がかりを異なって解釈することがある。つまり彼らが異文化の人々と関わりをもつとき，お互い相手に対して同一文化圏内の他者と出会う場合とはまったく違った前提をもって始めることになるのである。

(2)外集団の認識

　他者が外集団の成員として分類されるかどうかが，他者認識において重要なポイントとなる。人々を区別するためには，性別，年齢，民族など，いろいろなカテゴリーが存在する。これらのうち，どのカテゴリーが顕著になるか，共通であるカテゴリーが顕著になるか，それとも異なっているカテゴリーが顕著になるかが，この後の重要な問題となる（Zarate & Smith, 1990も参照のこと）。
　社会的知覚の研究で用いられる方法では，しばしば刺激の条件を簡略化し，研究者が関心をもっている変数に対して回答者を注目させるようにしている。例えば，被験者はある特定の集団——黒人など——を想像し，彼らの特徴を評価するよう求められ

る（例：Quattrone & Jones, 1980）。このような方法は実験的統制を強めるが，実験室の外で，人ははたして相手が黒人であることに気がつくかという問題を無視しているため，生態学的妥当性が弱くなってしまう。では，自然の状況で人はいったい何に気づくのだろうか。

日常の対人知覚において，あるカテゴリーが顕著になるには，さまざまな要因がある。第一に，いくつかのカテゴリーは普遍的に顕著であるといえよう。例えばBrewer（1988）は，性別と人種はいずれも社会的知覚の「プリミティブ（原始的）」なカテゴリーであるという仮説を立てている。このようなカテゴリーは対人関係においてすぐに顕著になるものであり，他のカテゴリーよりも優先される。

第二に，ある社会の中でのカテゴリーの特異性も要因の1つであろう（McGuire et al., 1978）。ある集団の中で視覚的に異なった人の割合が低ければ低いほど，その人たちは異なった集団の成員として知覚される傾向がより強まる。特異な人々の行動はよりよく記憶され，影響がより強いと知覚され，その集団のステレオタイプの観点から解釈される（Taylor et al., 1978）。

第三に，その人が集団の身体的特徴をどのくらい代表しているかといった「典型性（prototypicality）」（Cantor & Mischel, 1978）も，その人を集団の成員として分類するのに影響する。非典型的な人は分類されにくく，ある特定のカテゴリーに分類されることも少ない。

第四に，アクセントの置き方，文章の構成，文法の型などが，普通の話し方からどの程度ずれているかが，ある人が外集団の成員であることの明確な手がかりとなる。話し方は効果的な課題達成のための重要な要素であり，話し合う人は，会話をスムーズに運ぶために互いの表現能力をすぐにでも測り合わなければならない（Coupland et al., 1988）。対話が効果的に進むために相手の話し方に合わせる必要性は，相手が普通とは違った話し方をするときの不安とともに増加する。そこで不確かさを減少させる必要性が強くなり，民族のような情報量の多い社会的カテゴリーが顕著となる（Gallois et al., 1988）。

話し方に最も大きなズレが生じるのは，相手が外国語を話すときである。この場合，まず用いられているのがどの言語であるかを正確に認識しなければならない。そうすることで，その言語が自分の言語レパートリーの中にあるかどうかを見極めることができ，その場での話し方を，どのように相手の言語に合わせばよいのかを知ることができる。相手の文化や民族についての新たな手がかりの重要性が，このような言語の分類を行なう中で明らかになるであろう。

最後に，集団間対立の繰り返しが「見る者の注意力」を育て（McArthur & Baron, 1983），脅威を高め，相手が他の集団に属していることを際立たせるといえる

(Giles & Johnson, 1986)。また経済的，社会的，政治的に勢力を持った集団（例：植民地主義者）は目立ち，分類されやすいこともある。見る者のパーソナリティがここでは問題となる。自民族中心的で攻撃的で不安定な人ほど，他者が外集団の成員であることに敏感な傾向がある（Scott, 1965）。このような場合，知覚することに始まる他者への反応は，対人的から対集団的へ続く他者認知の視点のうち，極端に対集団的に偏る（Hewstone & Brown, 1986）。つまり，相手をその人の属する集団の成員としてのみ捉え，その人特有の個人的な特徴を無視した行動をするようになる。

　人はどのようなときに外集団として分類されるのかを知る必要があろう。そしてさらに，どのようなときにカテゴリーによらない他者の情報に注意が向けられるか解明する必要がある。いくつかの研究において，被験者はカテゴリー以外にパーソナリティの情報が得られる場合（Pratto & Bargh, 1991）や個人差に注意を向けようという動機づけがある場合（Zebrowitz, Montepare & Lee, 1993）は，必ずしもステレオタイプを持って人を判断しないことを示している。今後，この点の議論はより重要となっていくだろう。

　では，異なった文化，人種，民族をもった2人が出会った結果，どちらか一方，あるいは両方が相手を外集団の成員であると分類したとしよう。この時点では分類することによって，その集団に関連したステレオタイプと，その集団に対する感情が引き出される（第7章参照）。これらの認知と情動がやりとりの背景となり，相手に対する行動と，相手が向けてくる行動の解釈の枠組みを構成するわけである。

3．外部者とのコミュニケーション

　コミュニケーションという行為には，どこにおいてもそのプロセスの基礎となる構成要素とダイナミックスがある。しかしながらこれらの構成要素がどのように重視され，評価されるか，そしてこれらのダイナミックスがどのように絡み合うかは，文化によって大きく異なっている（Gudykunst, Ting-Toomey & Nishida, 1996; Gudykunst & Kim, 1997の要約を参照のこと）。異文化間のコミュニケーションが有効であり続けるためには，これらの差を何とかしなければならない。このセクションでは，文化の境界を越えたコミュニケーションの際に生じる課題を取り上げる。

(1)コミュニケーション

　コミュニケーションという行為は，簡単にいうと，メッセージを他者に伝え，その他者がメッセージに意味を与えて解読するというやりとりをさす。メッセージは意図的に，または非意図的に送られ，メッセージには内容と，コミュニケーションをとる

者同士の関係という2つの情報が含まれる（Watzlawick, Beavin & Jackson, 1967）。コミュニケーション行動の多くはスクリプト化されており，コミュニケーションが習慣的な方法で展開し，望ましい予測通りの結果をもたらすようにされている。言語的コミュニケーションはいくつかの操作的スキルを必要とする。相手がこれらのスキルを自分とより近い形で使用していると認知すると，同じ民族内の者同士であれ（Burleson, Kunkel & Birch, 1994），異なった民族の者の間であれ（Lee, 1996），相手をより魅力的だと感じる。

> コミュニケーションが成功するには，コミュニケーションを操る者は，「行なっていることの内容とそのプロセスの両方を調整する必要がある。……内容を調整するには，まず膨大な情報の共有，または共通の地盤——つまり互いの知識，信念，前提など——を確認しなければならない。……そしてプロセスを調整するには，コミュニケーションをとる時に応じて，共通の地盤の最新情報を入手しなければならない。（Clark & Brennan, 1991, p. 127）

このようにリアルタイムで理解の確認をしていく作業を，地盤づくり（grounding）という。コミュニケーションをする者の共通の地盤が少なくなるほど話し合える内容の幅も狭くなり（Chen, 1995），会話が進むにつれてやりとりの中で同じ理解が持てたかどうかを確認するために，よりいっそうコミュニケーションの地盤づくりをする必要が生まれる。

異文化間コミュニケーションは，相互作用への強い関わり合いを要求される手間のかかるプロセスである。ギブ・アンド・テイクを敏感に感じながら会話に入り，自分の考え，感情，そして行動をやりとりのプロセスの中に取り込むこと，とも定義できる（Cegala, 1981）。皮肉にも，異文化間の会話において，初期の段階では，この交流への関与は希薄である（Chen, 1995）。

時にはコミュニケーション過程が機能しなくなることがある。相手が通常の習慣的な会話形式を破ることがある。例えば「お元気ですか」という質問に対して「激しい頭痛に苦しんでいます」という答えが返ってくることもあるだろうし，約束の時間をすっぽかされるなど，一方または双方が予測する結果が得られないこともある。このような場合，コミュニケーションをしている一方または両方がコミュニケーションに対して「意識的（mindful）」になり（Langer, 1989），どのように応ずるかを決めなければならなくなる。コミュニケーションから身を引くかもしれないし，新しい会話形式を採用するかもしれない。また問題に真っ向から取り組むことでいきづまりを処理しようとするかもしれない。Watzlawick, Beavin & Jackson（1967）などはこの修

▲図9.1 文化による YES の意味のあいまいさ（出典：Feign, 1987）

復プロセスをメタ・コミュニケーション（meta-communication）と呼んでいる。

これらの応答自体が，さらに相手からの応答を受け，こうした応答の繰り返しがやりとりを進めていく。コミュニケーションとは，このやりとりプロセスのステップをさす。交わされるさまざまなコミュニケーションの意味合いに双方が合意したときに，正確なコミュニケーションは起こる。この正確さはできごとの結果によって評価され，コミュニケーションが機能しなくなり，双方がともに意識的な「修復」に取り組むとき，正確さが問題となる（Schwartz, 1980）。ほとんどのコミュニケーションには不正確なところが多分に見られるが，それはあまり問題にはならない（図9.1を参照）。なぜなら関わっている両者に対して結果が許容できる範囲内であったり，許容できなくとも真っ向から問題にするだけの価値がないと思われたりするからである。

つまりこれらのプロセスの結果が，関わり合う両者のニーズと狙いを満足させるものであることが，効果的なコミュニケーションであるといえる。Wish（1979）が示したように，アメリカにおいては安定した関係は次の5つの次元で捉えることができる。

①協同的－競争的
②濃密的－表面的
③課題志向的－社会情動的
④階層的－平等的
⑤形式的－非形式的

これらの次元は，すべての文化システムにおける人間関係に適用できると考えられる（Adamopoulos, 1988; Lonner, 1980）が，いまだこの重要な問題に関する実証研究

はなされていない。

　文化的集団の違いは，ある特定の関係が生じる頻度やそれらの好ましさの程度から生じるものといえる。この文化的集団の違いを考えると，効果的なコミュニケーションとはわれわれの文化で理想的とされた関係性を導き出すものをさすと考えるべきではないことがわかる。二者間のコミュニケーションは，その関係がどのような特徴を持っているかにかかわらず，互いが望んでいる関係を得ているなら効果的なのである。

　時には，コミュニケーションをはかる一方または両方が，互いの関係を変えたいと思うであろう。例えば，階層的な関係の中で部下がもっと平等な関係を望むことがあるだろう。このような要求は一時的に関係を乱すが，彼らのコミュニケーションは正確に理解され続け，彼らの現状に対する不満を伝えるのに効果的である。一言でいえば，効果的なコミュニケーションが成立するためには，関係の種類についての合意やその関係に対する満足は必要ない。

　後にわかるように，共通の地盤の問題，地盤づくりのプロセス，コミュニケーションの正確さ，コミュニケーションが機能しなくなったときの対応，修復方略，関係の種類に関する好みといった問題は異文化間のやりとりでは特に重要なものとなる (Gudykunst, Matsumoto et al., 1996; Tannen, 1985; Scollon & Scollon, 1995; Wiseman, 1995)。

(2)コミュニケーションのための社会的コンテクスト

　異なった文化的集団の人々が互いに接触するときのコンテクストはさまざまである。例えば，フランス人の大学院生が論文作成のためフィールドワークを行なう中で，工場で中国人の農夫に出会う，トランスバールのダイアモンド採掘坑でズールー族の部下がアフリカ人の上司のところに出頭する，移民の親を持つトルコ人の子どもが初めてドイツの小学校に行く，などである。同じ社会の成員同士の接触か異なった社会の成員同士の接触であるかなど，可能性は無数にある。この多様性を整理するため，Bochner (1982) は異文化間接触を表9.1にあるように概念化した。

　接触におけるこれらのさまざまな変数については，社会心理学で幅広く研究されてきた。例えば時間の流れという変数はKiesler, Kiesler & Pallak (1967) によって研究されている。彼らによると，自分が将来その相手ともう交流しないと考えている場合，相手の「不適切な」行動をより極端に嫌う。同様にBond & Dutton (1975) は，将来相手と関わらないと思う人はより自由に相手を攻撃することを明らかにしている。これらの研究結果は地元の人と外国人観光客の相互関係に容易に結びつけることができる。この関係はさらに観光客の富に対する妬みによって助長されることもあるかもしれない。

▲表9.1　異文化間接触の種類

接触の変数	同じ社会の成員間 種類	例	異なった社会の成員間 種類	例
誰の領域にいるのか	普段は共有	黒人と白人のアメリカ人	自国か外国の領域	観光客 留学生 移民とそのホスト
時間の流れ	長期	黒人と白人のアメリカ人	短期 中期 長期	観光客 留学生 移民
目的	中で生活する	黒人と白人のアメリカ人	中で生活する 中で勉強する 利益を得る 娯楽	移民 留学生 労働者 観光客
関与の種類	社会に参加する	黒人と白人のアメリカ人	参加する 開拓・利用する 貢献する 鑑賞する	移民 労働者 専門家 観光客
接触の頻度	多い	黒人と白人のアメリカ人	多い 中くらい 少ない	移民 留学生 観光客
参加者同士の接触の度合い	社会的距離	黒人と白人のアメリカ人	社会的距離	移民 留学生 観光客
相対的な地位と勢力	平等・不平等	黒人と白人のアメリカ人	平等・不平等	観光客 留学生 移民
数字的なバランス	多数派・少数派 平等分配	黒人と白人のアメリカ人 中国人，日本人，白人のハワイ人	多数派・少数派	ホストと学生 移民 観光客
分別のための顕著な特徴	人種 宗教 言語	黒人と白人のアメリカ人 アイルランド インド	人種 宗教 言語	移民 留学生 観光客

また，表9.1にある接触の変数のどれをとっても，社会心理学的なプロセスが関わってくる。一方の，あるいは両方の集団が既存のパターンに意識的に逆らう場合（例：Devine, 1989）を除いて，これらの変数は，接触する者が同じ文化の成員か異なった文化の成員かに関わらず作用する。例えば，Dutton（1973）の逆の差別（reverse discrimintation）に関する研究においては，ある条件下では少数派の成員は多数派によって特別待遇を受けることが示された。集団間接触のコンテクストを構成するそれぞれの変数は，より複雑であろう文化間での相互作用を考察するための基本的な枠組みとなる。さらに，文化的集団のペアを取り上げたとき，その1つひとつのペアはそれぞれの「関係の文化（culture of relationships）」（Triandis et al., 1993）を持っていると考えると，問題はさらに複雑になる。コミュニケーションの結果を予測する際，この特定の「ペア文化（pair-culture）」を，1つの要因として考慮しなければならない。

(3)文化から文化へ状況をつくり上げる

　あらゆる出会いは，Barker（1968）の言うように，人が互いにある種の関係を持つような「行動場（behavior settings）」で起こる。例えばクラスメートが学校の食堂で会う，会社の結婚式で雇用者が従業員に合流する，夫婦が夕食をつくりながらその日のできごとを話し合う，などである。つまり，そこに関わる人はこれらの社会的エピソードの理解を共有して（つまり共通の地盤を持って）おり，両者とも直面している問題に焦点を当て，彼らの相互作用がスクリプト通りに展開できるようにしている（Forgas, 1979）。

　しかし，社会的エピソードに応対する者が異なった文化を持つ場合，そのできごとに対する彼らの初期の理解は異なる可能性が高い。この可能性を検証するため，Forgas & Bond（1985）はオーストラリアと中国の学生に両集団に共通するいくつかのエピソード（例：個別指導の時間に遅れるなど）を評価してもらった。この研究から明らかになったことは，それぞれの文化集団の人はこれらの状況を評価するのに4つの基準を用いているということである。オーストラリア人，中国人どちらもエピソードが自分にどれだけ関与しているか，そして内容が課題志向的であるか社会志向的であるかを評価基準としていた。問題は，同じ状況がこの2つの共通の評価基準上で異なったレベルを示したことである。例えば，道案内をすることは中国人よりもオーストラリア人にとって関わり合いの深いことであるが，勉強することはオーストラリア人よりも中国人にとって課題志向的であった。残りの2つの評価基準については，オーストラリア人と中国人ではまったく意味の重なるところは見られなかった。オーストラリア人はエピソードを競争的な反応を引き起こすか，自信のある反応を引き起

こすかで判断していた。これに対し、中国人はエピソードが平等主義的な反応を引き起こすか、うれしい反応を引き起こすかで判断していた。

いずれにしろこの研究は、同じ状況を理解するとしても、異なった文化的背景を持った人々には異なった意味を持つことを示している。結果としてこれらの異なった状況表象によって引き起こされる行動も異なる（Furnham, 1982）ため、同じ行動状況における参加者の初期の反応が、互いの期待にそぐわないことがしばしば生じる。初期に共通の地盤がないため、行動を調整することが直ちに難しくなり、関係を持続させるためにはその状況に関する共通の理解を深めることに注意をはらわなければならない。

■役割上の関係　社会的状況の重要な側面に、役割上の関係がある。例えば、友人同士の関係や雇用者と従業員の関係にあるということは、文化が異なっているとしても誰もが経験していることであろう。しかし、どの程度の勢力や親密性がその関係を構成しているかについては異なるであろう。礼儀理論（politeness theory）に関する研究（Brown & Levinson, 1987）によると、これらの変数は両方とも役割上の関係において必要な礼儀行動のレベルに影響する。もし、異なる文化に属する人々がある関係を特徴づける勢力の違いや親密性の度合いにおいて異なった前提を持っているとなると、彼らは相応の礼儀を否定したり、相手に礼儀正しくしすぎてしまったりする。

例えば、Scollon & Scollon（1981）は先住のアサバスカ族（北米に住む原住民）の人は英語を話すアメリカ人よりも雇用関係においてより距離を置くと述べている。結果として、アサバスカ族の人は仕事場ではより礼儀正しくふるまう。英語を話すアメリカ人はより親しい関係とみなし、より礼儀正しさに欠け、アサバスカ族の人には高慢であると見られてしまう（Holtgraves, 1992）。また別の研究では、Spencer-Oatey（1997）は教師－生徒の関係はイギリスよりも中国においてより近い関係として捉えられることを明らかにしている。中国人の学生がイギリスの教師に対し自分の意見を「押しつけた」なら、それは礼儀正しさに欠けるという印象を与え、無遠慮な人だと思われてしまう。これらと同じように、同じ役割上の関係でも異なった解釈が持たれるため、異文化間の関係は早くから危機にさらされる（Tyler, 1995も参照のこと）。

以上の分析は、両者がある行動――例えば、相手に礼を述べること――が同じこと――つまり礼儀正しさ――を伝えているものであると理解していることが前提である。しかし、次に論ずるように、異文化間では必ずしもそうではない。

> ■ボックス9.1■　日米交渉
>
> 　Graham（1993）は日本人とアメリカ人ビジネスマンの間の売買交渉のシミュレーションを，第8章の単一文化で行なったときと同じ手続きを用いて行なわせ，その様子をビデオに録画した。被験者は実験者とともにビデオを見直し，交渉が難しいと感じた「中心点（focal points）」についてコメントするよう求められた。あげられた問題点は以前，単一文化で行なわれたGrahamのデータから予測されるものとほぼ一致した。日本人の交渉者は言葉を頻繁にさえぎられたり，申し出を直接的に断られたり，買い手ではなく，売り手が主導権を握ることを不快と感じている。アメリカ人の交渉者は頷きが賛成を意味するものだと誤って解釈し，初めに高い売値が出されると腹を立て，「最終の」申し出（提示価格？）が本当に最終のものなのか判別できずに混乱した。
> 　Okumura & Brett（1996）も同じような形態を用いた。彼らは日本人には売り手は買い手を尊重するといった規範があるため，アメリカ人の交渉者は自分たちが買い手である場合は得をし，売り手である場合は損をするであろうと予測し，実際にそのような結果を得た。この結果は，アメリカやその他の西洋の企業が日本の市場に介入するときに出会う難しさを浮彫りにするものである。

4．コミュニケーション不全

(1)裏切られた期待と誤った帰属

　異文化に接する機会の多い環境に暮らす者は，常に驚きを経験している。人は約束の時間に遅れたり，早すぎたり，また約束もせずに突然やって来たりする。立つ位置が近すぎたり，遠すぎたり，話すのが多すぎたり，少なすぎたり，速すぎたり，遅すぎたり，不適当な内容を話したりもする。また感情的になりすぎたり，淡白になりすぎたり，ある種の感情を表したり，表さなかったり，タイミングの悪いときに表してしまったり，ちょうどよいときに表しそびれてしまったりする。驚きを受ける可能性のある言語的・非言語的行動をリストにすると，文化差が報告された分野のリストと同じくらい長くなってしまうであろう（特に第6章参照）。

　人は驚いたとき，まずその状況の説明を求める（Pyszczynski & Greenberg, 1981）。Berger（1987）のいうように，他者の見慣れない行動が説明できると，不確かさは軽減され，他者の行動が予測しやすくなる。もちろん文化間の問題は，他者の行動を説明する人が自分の文化を基準にして，驚きを受けた行動の解釈をすることにある。多くの場合，その基準は他者のパーソナリティに好ましくない帰属をすることにつな

がる。したがって，アメリカ人ビジネスマンが，見込みのあるマレーシアのパートナーをじっと見つめ，彼を名字ではなく名前で呼ぶと，「無作法」であると見られてしまう（LaFrance & Mayo, 1976 も参照のこと）。また，日本人の話を途中でさえぎるイギリス人は——話をさえぎることはイギリスの会話では日本よりも頻繁に生じる（Murata, 1994）のだが——は「攻撃的」であると見られてしまう（ボックス9.2参照）。

このような否定的な帰属がなされてしまうのは，他者の行動に対するわれわれの期待に規範的な側面があるからである（Burgoon & Walther, 1990）。われわれはたいてい，自分の文化に特有の行動を好む。観察する側の文化では，期待から逸脱する行動は多くの場合，社会的ルールを破っていることが多く，人が無礼で神経質で無知であるか，または単に野蛮であることの判断基準となっている。この最後の「野蛮である」という帰属は，異文化間の出会いのあとで用いられるのが常で，実際かなり当てはまるようである。観察者の文化的基準で判断すれば，他者の行動は実に「野蛮」である（Burgoon, 1989）。なぜならわれわれの文化的基準にそって教育を受けた者は，そのような行動はあまりしないからである。しかし，相手もまた，自分の文化の中でその状況に適していると思われる行動をとっているにすぎないのである。

最終的に結果として残るのは異文化間の「誤った帰属（misattribution）」，つまり，あるできごとに対し外国人が，受け入れ側の文化で通常与えられる理由とは異なった理由づけである（Brislin et al., 1986 も参照のこと）。例えば，相手はあなたの家族のことを尋ねることで友好を示そうとしているかもしれないが，あなたはそれを「おせっかい」と感じてしまう。視線を下げることで自然に尊敬の念を伝えようとしているのにもかかわらず，「無関心」だと思われてしまう。帰属プロセスの結果は，行動を解読するための文化的プログラムによって規定される。基準が異なるところには——それは頻繁に生じるが——誤った帰属がはびこることになる。

■ポジティブな誤帰属　もちろん，見慣れない行動が生み出す誤った帰属はいつも否定的なものとは限らない（Burgoon, 1995）。例えば，オーストラリア人の教師が特別講義のために日本の高校を訪れたとき，校長に手厚くもてなされてうれしく思うかもしれない。もしその教師が「校長があのようにふるまったのは私を才能ある教師だと思っているからだ」といった帰属をしたとしたら，期待を大きく上回る「手厚いもてなし」を，まちがって解釈したことになる。校長は単に客に対する日本の学校のエチケットに従ったにすぎず，オーストラリア人教師に対して特別の敬意を払ったのではないかもしれない。教師は校長のもてなしを誤って解釈している。

もし教師が彼の文化圏内で適切とされている帰属を用いて，その後の校長に対する行動を決めたとしたら，好ましくない驚くべきできごとが生じるであろう。教師が仕

事を求めたり，校長を夕食に招いたり，さらなる講義を提案したりしても，これらの提案に対する返事は，オーストラリア側が予測する才能ある教師の扱われ方とは食い違うであろう。この時点で，いらだった教師は校長を矛盾していて不可解で野蛮な人だと見るようになる。

　非言語的行動を取り巻く期待が裏切られた場合に関して，Burgoon (1989) は，ある種の期待からの逸脱は——少なくともアメリカでは——肯定的に評価されていることを明らかにした。例えば，コミュニケーションをとる者がより近くにやって来て，より多くのアイ・コンタクトを交わしたり，思ったよりも多くある身体的接触を行なった場合，相手側の反応はより肯定的であった。これらの結果から，異文化間での第一の問題は，どのような種類の非言語的規範からの逸脱がどのような種類の相手によってなされたときに，他の文化に肯定的に評価されるかを知ることにあるといえる。そして，「外の人」が規範を乱したときに受け入れ側の文化の人がしたときと同じような肯定的な反応が返ってくるか否かを知る必要がある。特に受け入れ側の文化の成員が他にもその場にいる場合は，二重の基準が適用されるであろう。こうした問題を知る必要があるのにもかかわらず，現時点では，社会学者はこれら2つの問題のどちらに関しても明確な答えを持っていない (Burgoon, 1995)。しかし，「外の人」が受け入れ側の非言語的規範を破ったとき，ほとんどの場合，地元の人に悪く評価されると考えた方が賢明である（例：Jones et al., 1994; Vrij & Winkel, 1992も参照のこと）。しかもこれは，逸脱をした人が同じ文化的集団の人かどうかにかかわらずそうである (Drew & Ward, 1993)。これと同じことが，言語的規範への期待が裏切られたほとんどの場合にもいえるであろう（例：Lee, 1996)。

　結論として，異なった文化の人々が相手側の文化の規範を知るまで，誤った帰属のサイクルは続くであろう。このサイクルは遅かれ早かれ，状況から逃げ出そうという力動を引き起こすような苦い経験をもたらすであろう。

(2)言葉の壁

　言語は道具的，感情的な目標を達成するために，表象的な情報を伝達する効果的な方法である。文化的な習慣は，文法，語彙，文の構造やアクセントなどの詳細な問題から，しゃべる量，トピック，しゃべる相手などの巨視的な問題までの基本的な言語の使い方を規定する。同じ文化の中でも，これらの言語使用の側面にはきわだった差があり，またこれらの差がどのように評価されているかにも大きな差がある（例：Elwell, Brown & Rutter, 1984はアクセントの変化の効果について述べている)。異文化間ではこれらの違いはさらに重要となる。

　異文化間で最初に論じられるのは，言語はその言語を用いる者同士の相互理解を強

■ボックス9.2■　　民族言語としての生命力

　1970年代は世界中で民族と集団間の関係性の研究に対する関心を一新させた。
　これらの研究を概念化し統合するには，集団間の行動が生じた社会構造的なコンテクストの特徴を分析することが必要となる。用いられる言語は集団間の関係の重要な反映として見られるようになる。集団の民族言語的（ethnolinguistic）生命力は「集団が集団間のコンテクストにおいて，独特で集団主義的なまとまりとして行動できるように働きかけるもの」と定義される（Giles, Bourhis & Taylor, 1977, p. 308）。集団の生命力に影響するとされている要因を以下にあげる。

- 人口統計的要因：1つの政治的ユニットの中での民族言語学的な集団の数とその占める割合。
- 制度的なコントロール：民族言語学的な集団がどの程度フォーマルに，またはインフォーマルな形で政府，教育，ビジネス，マスメディア，宗教などの社会的な機関に用いられているか。
- ステータス：スピーチ・コミュニティの威信——つまり，局所的に，そして国際的に根ざす歴史的，文化的，言語学的威信。

　集団の民族言語学的な生命力は主観的に，または客観的に評価できる。主観的な評価はある特定の集団内と社会の異なる集団間の両方において，さまざまなレベルのコンセンサスを見せることがある。人々が自分たちの集団の民族言語的な生命力をどう評価するかは，彼らの第二言語学習に対する態度や異言語に接触したときにどの程度スピーチを適応させるかに関連している。

出典：Harwood, Giles & Bourhis（1994）

め，集団が団結するための力となる点である。Fishman（1972）が論じたように，母国語は強く，感情的な共感を呼び，多くの文化的集団の人々にとってはナショナル・アイデンティティの特徴を形成するものである（Smolicz, 1979）。

■スピーチの適応　　2つめの問題は，異文化間交流において生じるものであり，やりとりする者が互いに異なった母国語を持っている場合に最も顕著になる。効果的に話し合うためには誰が誰に適応すればよいのだろうか。スピーチの適応には，誰かのスピーチ・パターン（例：アクセント，方言，会話のスタイルなど）を話す相手に近

づけ，言語の使用がより類似するようにすることが必要となる（Thakerar, Giles & Cheshire, 1982）。その適応は対人魅力や関わり合う両方の相対的な力によって，一方的なものであったり，相互的なものであったりする（Giles & Johnson, 1981）。

もし2つの文化的集団が互いに対立しており，集団への所属が相互作用の重要な要素であったとしたら，話し方や使われる言語の相違が生じるであろう（例：Bourhis et al., 1979）。参加者は相手方の言語を使うことを拒んで，事実上互いが不可解という名の壁を前に孤立するようになるかもしれない。言語と文化が密接に関連していると認識されていることから，ある文化的集団が相手の集団の言語を学ぶことを拒否するということすら起きかねない。彼らは教育プログラムの中にそれを入れてしまうと，自分たちの文化遺産が損なわれたり（Lambert, 1967），不愉快な文化が自分たちの文化を永遠に支配してしまう（Giles & Byrne, 1982）と信じている。

2つの文化的集団の関係が肯定的で安定していたとしても，誰の言葉を誰の言葉に近づけるかという問題を解決するために交渉する必要がある。コミュニケーションを

■ボックス9.3■　翻訳の危機

われわれが翻訳を正しいものにしようとすると，時としてその訳がネイティブ・スピーカーにとって滑稽で曖昧になることがある。このような曖昧さは研究を行なう上では問題となるが，日常の異文化間の相互作用場面では批判されたり，許容されたり，あるいは喜ばれたりする。

- 航空会社の広告：私たちはあなたの荷物を取ってあっちこっちに飛ばします。
- ホテルで：部屋係の女中を大いに利用することをお勧めします（部屋係をどうぞご利用ください）。
- 店で：当店ではお客様のご要望に沿うような丁寧で敏速なセルフ・サービスをお勧めしています。
- ぜんまい仕掛けのおもちゃ：使える限り保証します
- 他のホテルで：火事になった場合はできるだけホテル係員にお知らせ下さい。
- 観光会社：馬車での市内ツアーにぜひご参加ください。流産（誤送の意味）はないと保証します。
- 新聞の記事：新しいプールが着々とできあがってきているが，それは請け負い業者が多くの労働者を（水の中に）投じているからだ。

出典：Davies（1989）

行なう人々の役割は考慮されるべきポイントであり，その他にも関わりのある民族集団の相対的地位や結束，各スピーチ・コミュニティの民族言語としての生命力（ボックス9.3参照）や両者からの交流関係の目標（評論に関してはGallois et al., 1988も参照のこと）なども考慮すべき点である。どちら側の参加者にとっても，この交渉は社会的にデリケートな課題である。適応するための努力は高く評価され，相手の言語集団の成員も同じようにしてくれる（Giles, Bourhis & Taylor, 1977）が，その場に居合わせた同集団の成員からは否定的に解釈されかねない。例えば，第二言語に切り替えた者は，その言語コミュニティと同じような政治的思想を持っているように見られ（Bond, 1985），自分たちの言語コミュニティの成員に対し，より民族的な主張を引き起こさせる（Bond & Cheung, 1984）。

　その上，第二言語を用いる者は，第一言語を用いているときとの認知的，価値的，対人的な違いを経験していることに気づくだろう（例：Hoffman, Lau & Johnson, 1986）。Kolers（1968）は具体的な言葉から抽象的な言葉や感情に移るにつれ，バイリンガルが連想する言葉が異なっていくことを明らかにしている。この研究結果が翻訳・通訳の問題に関係することは明らかである。第二言語に切り替えることの政治的・社会的影響についてはあまり明らかではない。例えば，Guthrie & Azores（1968）はフィリピンで文章完成法のテストを行ない，タガログ語版に回答した者は第二言語の英語版で回答した者よりも頻繁に伝統的な価値や態度について述べていることを明らかにした。同じように，中国人のバイリンガルの人はお世辞に対し，中国語で答えるときよりも，英語で答えるときの方が受容しやすく，話も歪めなかった（Loh, 1993）。これらの研究からの結論は，外集団の言語を用いるとその集団のポジションへ変化するということであるが，そうならないこともある（Bond & Yang, 1982）。

　言語は，それを用いる者とそれを聞く者の両方に対して，民族的熱意を持った返答を促すための重要な手段であることは明らかである。「より幅広いコミュニケーション」（Naisbitt & Aburdene, 1990）として英語がますます使われるようになると，英語は特定の文化的集団のイデオロギーや動機づけから切り離されるようになるため，このジレンマはどうにか和らぐであろう。しかしながら，その他の言語集団に関しては，有能なバイリンガルの人にとって言語の選択は重要な問題であり続け，対人的な状況そのものがどのように規定されているかといった問題をはっきりさせる助けとなる（Gallois & Callan, 1991; Giles & Hewstone, 1982）。この文化間での生活の事実は異文化間相互作用の問題をよりいっそう複雑にしている。

■**第二言語能力**　　コミュニケーションをとる者同士の言語能力も，考慮すべき重要

▲図9.2　言語の相互受容（出典：Feign, 1986）

な問題である。効率よく仕事をしたいのなら，他の要因が何であれ，両者が使える共通の言語を見つけ出さなければならない。さまざまな言語コミュニティにおける一般的な解決策は，どちらかが第二言語を用いることである。ただでさえ両者を引き合わせた課題に対する多くの難題に取り組まなければならないのに，この課題は第二言語を用いる者にさらに認知的負荷を加える。

　その上，第二言語を用いる者は印象管理（impression management）の問題にも直面しなければならない。彼らは外国語が堪能であるほど，能力に関係する特性について高く評価される傾向がある（Hui & Cheng, 1987; Wible & Hui, 1985）。有能に見えるという問題は，第二言語を話す者の地位が低い場合——多くの場合そうなのだが——深刻になる。実際，その人の第二言語能力は，その人の働く組織の中で功績を評価するための基準であったりする。そのことのため，彼らに重要な任務を任せる気にさせる（Hui & Cheng, 1987）。これらが第二言語を話す者にとって，出会いの緊張をさらに高める。もしも第二言語を話す者が，自分が無能と思われたくないために，高い地位の者の不確かな語学力に対し注意深く説明を求めなかったら，まちがったコミュニケーションをもたらすかもしれないのである。このような異文化間のやりとりの中で，互いがコミュニケーションを明確化するための共通の地盤づくりをあまり行なわないとしても驚くに値しない。結果として，課題遂行が効果的ではなくなってしまう（Li, 1994）。

異文化間交流の場において，第一言語を話す者は相手の言語能力の低さに反応するという事実がある（Pierson & Bond, 1982）。第一言語を話すものは「間」をより多くとったり，ゆっくり話したり，文章の構造を易しくするなど，話し方を変える（'foreigner talk'に関してはGass & Veronis, 1985; Veronis & Gass, 1985a も参照のこと）。ネイティブでない人のスピーチやその特定アクセントにどれだけなじみがあるか，ネイティブでない特定の人とどのくらい親しいかによって，実際の話し言葉が理解しやすくなる（Gass & Varonis, 1984）ように，これらの「解釈可能化方略（interpretability strategies）」（Coupland et al., 1988）によっても理解しやすくなる。しかしながらこの変化が起きるためには，相手が自分たちの言葉をどれほど理解しているかを把握しなければならず，通常よりもより「受け取り側へ集中（addressee focus）」（Gallois et al., 1988）することが必要となる。このことは，またも，注意を実際に手がけている仕事からコミュニケーション・プロセスそのものに移してしまう。皮肉にも，このような困難の多い異文化間のやりとりにおいては，あまり困難ではない文化内での会話に比べて，内容の繰り返しは少ない（Li, 1994）。

　その後も第一言語を話す者は，困惑のサイン（そしてコミュニケーションの共通地盤づくりも！）が受け入れられ，よりそれが促されるような対人関係の場をつくらなければならない。そうでなければ第二言語を話す者は困惑を避けるため，また有能であるように見せるため，理解しているふりをして，あとになってわかっていないことが明らかになるという，悪い結果が生じてしまう（例：Li, 1994）。第一言語を話す者は困惑のサイン（照れ笑いをする，うなずく，眉をひそめる，あごを緩める，曖昧に「えっ？」と声を発するなど）を読み取らなければならない。これらのサインも文化によってバリエーションがあるので，第一言語を話す者はそれらを正確に取り上げ，解釈しなければならないのである。

　ここまでのさまざまな考察から明らかになったのは，多言語間の接触は——理由は異なるにしろ——ネイティブの言語を話す者にとっても，第二言語を話す者にとっても同じくらいたいへんであるということである。両者ともコミュニケーションという手段に普通以上の注意を払わなければならない。互いのスピーチに誤解が生じやすく，また期待が裏切られることも多い（Varonis & Gass, 1985b）。加えて，互いに相手側の集団に対する好ましくないステレオタイプが裏づけられてしまうといった危険性も含む。

　さらに互いが，微妙な多くの個人的，社会的，文化的要因のバランスをとり，互いの言語に適応すべきであるか，適応するとしたらどのようにするか，そしてどの程度適応するのかを決めなければならない。実際，ほとんどのバイリンガルの人は最小努力の法則に従って，仕事場以外では第二言語を必要とするような接触は避けて通るの

である。彼らは代わりに自分たちの言語コミュニティ内の人と交流することになる。

■スピーチ・プラグマティックス　チャン君は完璧な英語で彼の先生であるロバートソン先生に「もう昼食は召し上がりましたか」と挨拶した。フランス人のエンジニアは完璧なタイ語でバンコクのプロジェクト会議に参加しているが、「皆さんの結論がいくつかの点においてまちがいであることをご説明することをお許し下さい」と発言する。オランダ人の客が完璧なポルトガル語でホストのブラジル人にこう尋ねる。「夕食には本当は何時に到着すればよいのですか」。中国人教師がアイルランドから訪問している教師に向かって、自分の妻（実際その場に居合わせているのだが）は「あまり頭がよくないので」、大学に行かなかったことを完璧な英語で話す（Wei & Yue, 1996）。上のどのケースにおいても、話し手は相手の言語に言語的には適応しており、その言語を流暢に使用している。しかしどのケースにおいても、彼らは他文化の言葉の使用法則を破っている。スコットランドでは、先生の食生活に関しては質問しないことになっている。タイでは公の場で同僚に異議を唱えることはしない。ブラジルでは自分のホストに正確な時間を尋ねて対立するようなことはしない。アイルランドでは自分の身内が同席しているときは、他者に対して身内に関する軽蔑的な発言をしない。

スピーチ・プラグマティックスとは、ある特徴的なコミュニケーションのパターンのことであり、言語の使用を規定する価値観と態度を示す。第6章でも論じたように、各文化は規範的なコミュニケーション・スタイルを持っている。議論の展開の仕方（Scollon & Wong-Scollon, 1991）、発表の率直さ（Yeung, 1996）、自己開示の度合い（Gudykunst & Kim, 1997）、会話のトピックスなどはすべてそれぞれの文化の慣例に規定されている（Blum-Kulka, House & Kasper, 1989; Thomas, 1983）。これらの慣例が破られると、上に述べたような誤った帰属のサイクルを起動させてしまう（Riley, 1989）。

相手方の言語を流暢に話す人だと、好ましくない結果は実に悲惨な結果となる。このような場合、相手側はあなたがこれだけよくこの言語を知っているのなら、「もっとよく知っていてもよいはずだ」と考えてしまうようである。このような考え方がなされると、相手はあなたの話し方を単なる「無知」ではなく、「無礼」だと解釈し、反撃してくるであろう（Felson, 1978）。他言語の能力は気をつけて取り扱わないと、両刃の剣となってしまう恐れがある。

(3)修復的フィードバック

ここまでのところ、異なった文化を持った人々は同じ状況を異なって理解する傾向

があるということを示唆してきた。結果的に，人々はこれらの状況におけるそれぞれの文化に基準をおいたスクリプトに反した行動を互いにとってしまうことになる。選択が可能であれば，どちら側の人もこれ以上関わらないことを選ぶことになる。

　仕事場のように，いつも選択可能であるとは限らない。また個人的な理由から，他文化の人と長く続く関係をつくろうという，やる気に溢れている人もいるかもしれない。人々の行動をよりスムーズに互いに調整するため，うまく行かない場面に対処し，修復をすることを学ばなければならない（Schwartz, 1980）。しかしここにはさらなる文化的な問題が存在する。

　この問題に進む前にまず，交流関係における不快感という感情は，曖昧ではっきりしないということに着目するべきである。例えば第6章でも述べたように，日本人はカナダ人に比べて，友人や他人との会話で相互作用的なジェスチャーをすることが少ない（Wakashima, 1996）。したがって異文化間で交流するとき，カナダ人は日本人側からあまり相互作用的なジェスチャーが来ないと感じ，日本人は多すぎると感じる。両者とも基線からの逸脱により落ち着かないが，彼らの「不快（dis-ease）」の源は確認できない。このような場合，知識を持った人が問題の原因について明確な助言をしない限り，彼ら自身で問題を解決することはできないであろう。したがって，次に述べる議論では，参加者によって認識された問題についてのみ適用する。

■困惑　　Goffman（1956）は「面子（face）」を「ある特定の接触の際に他者に対して，ある点において，人が効果的に主張する自分自身のポジティブな社会的価値」(p. 213) と定義している。他者との交流の過程でこの点が疑問となってしまったとき，人は困惑することになる。困惑（embarrassment）は急性の社会的苦痛であり，その「不快」感は，すぐにその場にいる他者に伝染する。それは一般的な現象であり（Ho, 1976），公的自己意識と社会不安が高い人にとっては，特にひどい嫌悪感を引き起こす（Yuen, 1991）。

　Cupach, Metts & Hazelton（1978）は，困惑には大きく2つのタイプ——「不適切なアイデンティティ（improper identity）」の状況と「落ち着きの喪失（loss of poise）」の状況——があるとした。1つめは自分の行動が役割に関わる社会的期待に背いたときに生じ，2つめはさまざまなできごとにより落ち着きがなくなっていくときに生じる。両方とも異文化間交流ではよく見られるものである。

　ある文化的集団の人は他の文化的集団の人よりも，より幅広い社会的状況で強い困惑を感じているという事実が報告されている（Yuen, 1991）。第6章で明らかにしたように，面子は集団主義的文化の中では，その人の所属する集団の成員の行動に密接に結びついており，その人をより広範囲にわたって傷つきやすくする（Ting-

Toomey, 1988) ものである。Singelisら (1996) は香港の中国人とアジア系アメリカ人と白人系アメリカ人にModigliani (1966) の困惑尺度 (Embarrassability Scale) を実施した。その結果, すべてのサンプルに関して 2 つの因子が抽出された。1 つは自己困惑性 (self-embarrassability) (つまり自分が社会的期待を裏切ることに対して自分が感じる恥) を表すものであり, もう 1 つは共感的困惑性 (empathetic embarrassability) (つまり社会的期待を裏切った他者に対して自分が感じる恥) を表すものである。白人系アメリカ人はアジア系アメリカ人や香港の中国人に比べて, どの種の困惑も少ないと報告された。これらの違いを理解する上で, 独立的自己概念が高い回答者はどちらの困惑も少なく, 相互依存的自己概念が高い回答者はどちらの困惑も高かったということが重要となる。自己が他者にどう関わるかという文化的論理が, われわれの経験する困惑の度合いを決定する要因であることは明らかである (Singelis & Sharkey, 1995も参照のこと)。

文化の違いによって生じる第一の影響は, 集団主義の人は個人主義の人よりも交流関係が困惑につながることが多いので, 彼らが交流を避けようとすることである。この回避は, 特に異文化間での交流関係や目上の者との交流関係の場合に起こる。第二に, 集団主義の人は個人主義の人よりも困惑を隠す傾向があり, 状況を繕おうとする。どちらの傾向も, 何かが順調でないことに, コミュニケーションをしている人が気がつくために必要なフィードバックが生み出される確率を減少させる (例:Li, 1994)。フィードバックがなければ, 修復は起こり得ない。

■**改善のための方略** いったん困惑が感じられ, それが伝達されると, 人は面子を元に戻し, 交流関係をレールの上に戻すためのステップに踏み出す (Felson, 1978)。方略には, 謝る, 弁解する, できごとを知らなかったということに対して謝る, あいにくのできごとをジョークにする, 相手を攻撃する, などがある。

方略の選択は交流をしている者の文化を含め, さまざまな要因によって影響される。例えばSueda & Wiseman (1992) は, アメリカ人はユーモアと弁解を用いることが多いのに対し, 日本人は謝ることが多いという結果を得ている。これらの違いは, 文化が何を求めるかによって説明される。個人主義の文化では自立性を保つことが強調され, 集団主義の文化では関係性を保つことが重視される (Ting-Toomey, 1988)。

どちらの改善策も, それぞれの文化コンテクストの中では規範的である。異文化間で問題となるのは, それらが他の文化集団の成員にどのように解釈されるかという点である。修復のための方略は関係性のきわどい時点に生じるだけあって, その帰属プロセスの結果はかなり決定的なものとなる。上に述べた集団の中では, 日本人はアメリカ人のユーモアを不誠実さとして解釈し, アメリカ人は日本人の謝罪を責任の承認

として解釈してしまうのである。どちらもまちがいであろう。文化をベースにした改善のスタイルを理解しかねると，効果的なコミュニケーションに対して，困惑から起こる一連の失敗を引き起こすであろう。

　たとえ両方の文化的集団において，謝ることが規範的であったとしても，謝罪の形が異なるかもしれない。Garcia（1989）は，アメリカ人の友人のパーティーに出席できないことに対するアメリカ人とベネズエラ人の謝罪を比べている。彼女によると，

　　　アメリカ人は傷ついたアメリカ人ホストに対して丁重で自己消滅的であり（否定的な礼儀の方略を使用），ベネズエラ人は彼らの社会文化的な言語使用のルールに従って，親しいが悔恨の念はなく，ホストに対する親しみと団結の強さで自分たちを表現した（肯定的な礼儀の方略を使用）。(p. 3)

　ベネズエラ流の謝罪は，友人間の関係を特徴づける親密な関係性と一致している。しかしながらアメリカ文化におけるホスト - ゲストの，より形式ばった関係性にはそぐわないものである。結果として，アメリカ人ホストはベネズエラ人が発する謝罪を無神経で無礼だと感じ——ベネズエラ人が伝えようと思った印象は決してこれではなかったはずだが！——感情を害してしまうのである。

　日本人とアメリカ人が謝るときも同じような違いが生じる（Barnlund & Yoshioka, 1990）。日本人の方が直接的に「たいへん申し訳ありませんでした」と言う傾向があるが，アメリカ人に比べて謝罪を繰り返すことはあまりしない。日本人が謝るときは，自分たちの過ちについて説明する傾向は低く，被害を受けた相手に何かをしてあげることで補おうとする傾向がある。さらに日本人は被害者側の地位に応じて，謝り方を変化させる傾向がある。このように状況を立て直すための方法が多様であるため，異文化間における誤解がいかに生じやすいか簡単に想像できる。

　さらに第二言語の無能さも，改善の成功を妨げるようである。ある者は，異文化に属している話し相手と同じように謝ることを心得ていたり，その文化における正しい謝り方を学んでいたりする。にもかかわらずその人は，必要となる複雑な発音ができないということもあるのである（Trosborg, 1987）。その結果，そこから否定的な帰属が生じてしまうのである。

■フィードバックを与える　　コミュニケーションにおけるフィードバックの意味と機能は，Haslett & Ogilvie（1988）によって定義されている。フィードバックとは「相手の行動に対して聞き手が返す反応である……他者からのフィードバックはわれわれの行動がどのような影響を彼らに与えているかを教えてくれ，われわれの望む目

標を達成するために，われわれの行動を修復できるようにしてくれる」(p. 385)。共通地盤づくりに必要な情報もフィードバックの1つの形態である。フィードバックがなければ，修復もできないのである。

　フィードバックは言語的，非言語的などさまざまな形態を持つ。また，なされる時期もさまざまである。できごとの直後や時間が経ってから，続くできごとによってコミュニケーションをとる者が何か不本意なことが伝わってしまったと気づく場合もある。フィードバックはまた，当事者からだけでなく，さまざまな人から発せられる。それは直接本人に伝えられることもあれば，より間接的に，例えば手紙などで伝えられることもある。どのようなフィードバックにしても，効果的なコミュニケーションには必要不可欠である。それを用いることで，コミュニケーションをとる者は「どんどん小さくなるまちがいの連続――目標に向かうための一連の修復不足と修復過剰」を始める (Deutsch, 1968, p. 390)。異文化間での問題は，異なった文化集団の人々が与えられたフィードバックに気がつき，それらを正しく解読できるかという点にある。

　多くの場合，フィードバックは否定的なものである。Nomura & Barnlund (1983) は，批判を「相対した二者間の出会いの場における，他者の個人的な特性や行動に関する不満の表現」(p. 2) であると定義している。この章で展開されている論点から見てみると，異文化間においてこれらの2つの不満がいかに頻繁に生じるかは容易に想像がつく。では批判はどのように伝えられているのだろうか。Nomura & Barnlundは文化的偏りのない対人批判尺度 (Interpersonal Criticism Scale) を作成し，アメリカ人と日本人の回答者にインタビューした。回答は，より消極的なもの (その場に現れないようにする，第三者に打ち明ける，曖昧な返事をする等) からより積極的なもの (建設的な提言をする，いやみな意見を述べる，侮辱する等) へ順番に並べられた。性別や不満のさまざまな種類にかかわらず，アメリカ人は日本人よりも積極的な形の批判を表現した。この結果はHallによる，コミュニケーションの高コンテクストのスタイルと低コンテクストのスタイルの分析と一致する。高コンテクストの文化に属する者の関係性に対する感受性とも一致するように，日本人はアメリカ人よりも，相手の地位に応じて，異なる (より消極的な) 批判の形を見せた。

　批判的な，あるいはそれ以外のフィードバックが文化的に異なった方法で提供されると，それを誤解する可能性は非常に高くなる。それをまったく見逃してしまう人もいれば，誤って解釈してしまう人もいる。こうした失敗は，効果のない調整を引き起こし，さらなる困惑を生み出す。たとえ異なった文化からのフィードバックが正しく理解されたとしても，相手を憤慨させてしまうかもしれない。相手は，受け手の文化の慣例から逸脱した方法でフィードバックをしたために，「ぶしつけ」であると見られたり，「不可解」であると思われたりする。そして文化の溝はますます広まってい

くのである。

(4)スタイルの適応

Miller (1995) は，これまで述べた問題を実際に克服するために，日本人とアメリカ人の仕事仲間が行なった方法について，ある事実を明らかにした。彼女が用いた被験者は全員，最低1年はともに仕事をしている者である。冗談を言ったり，相手の愚痴を言うことは頻繁であった。正確にコミュニケーションをはかるために，日本語と英語の切り替えも行なわれた。「繰り返し (echoing)」つまり相手が言ったばかりの言葉を頻繁に繰り返すことと，「積極的なリスニング」つまり会話の最中に頻繁に内容の確認を行なうという2つの方法が，英語よりも日本語にはっきり見られた。結局，両者とも相手の行動スタイルのいくつかを自分たちの中に取り入れたのである。Thomas & Ravlin (1995) はこのような適応の利点を実験的に確証した。アメリカにある日本企業に働くアメリカ人従業員に，アメリカのコンテクストに適応した行動スタイルを持つ日本人マネージャーと，適応していないマネージャーのビデオを見せたところ，適応しているマネージャーの方がより有能で信頼できると見られた。

Rao & Hashimoto (1996) は日本人の行動適応が広く起こっていることを明らかにした。彼らはカナダで働く202人の日本人マネージャーを調査した。日本人の同僚とカナダ人の同僚に対して，どのタイプの説得行動 (influencing behaviors) をとるか尋ねた。彼らはカナダ人に対してはより独断性があり，理性に訴えることが多く，恐れも多く，より高い権威により訴えると報告している。マネージャーたちは，彼らの文化内で有効だった間接的な説得方法から大きく変化したといえる。Weldonら (1996) は同一文化圏内と異文化間において，意見が合わないときの中国人とアメリカ人マネージャーの適応を比較した。中国人はアメリカ人マネージャーよりもより大きな変化を見せた。同一文化圏内では中国人は相手側を困惑させようとし，説教しようとした。しかし異文化間では関係性を維持しながら状況を改善することに焦点を当てた。

(5)より好ましい関係性の希求

前にも述べたように，Wish (1979) はアメリカにおける関係性を捉える5つの次元を確認している。われわれはこれらの次元はすべての文化的集団において見られると考えている。さらにわれわれは，文化システムの違いとは，どの程度，多様な関係性を奨励しているかに表れるものであり，こうした異なる形の関係性によって特徴づけられると考えている。この考えを支持する直接的な事実はないが，Hofstede (1991) の文化バリエーションの5つの次元はいくつかの測定可能な推測を提供している。文

化的な不確かさの回避は関係性のより強いフォーマルさに，男性性はより強い課題志向性に，勢力差はより強い階層性に，個人主義はより表面的なものに，そして長期的な志向はより強い競争性に関連していると仮定される。

　もしこれらの推測が正しいならば，異文化間でコミュニケーションをとる者はさらなる差異に直面しなければならない。たとえそれぞれが相手の行動を正確に解釈できたとしても，それぞれが異なった関係性をめざすかもしれないのである。アメリカ人の主婦はスリランカ人のメイドとあまり階級に基づかない関係を望むかもしれない。スウェーデン人の教師はアラブ人の生徒たちとあまりフォーマルではない関係を望むかもしれない。イギリスのビジネスマンは中国人の製造業者とより協力的な関係をつくりたいと思っているかもしれないし，フィリピン人はカナダ人の同僚ともっと親しい関係を持ちたいと思っているかもしれない。また，ブラジル人の夫はフィンランド人の妻にもっと密接な関係を望んでいるかもしれない。もちろん，すべての関係性は時間をかけて交渉していかねばならない。しかし文化的背景が他者に対してある種の関係性を妨げるとき，この交渉は壁に直面する。

(6) ユーモア

　集団生活において，ユーモアは友好的な雰囲気をつくり，働く者の仲間意識を高め，威嚇を取り除き，コミュニケーションを促進し，より生産的な環境をつくるのに役立つ。さまざまな文化集団にとって，ユーモアは社会的接触において人々をつなげる強力な力となる（例：Fine, 1976）。共有されたユーモアは，多くの異文化間交流を特徴づける不安，緊張，いらだちなどに対する強力な防御手段である。ユーモアを作ることは，異文化間のやりとりをより効果的にするため，またそれを維持するために必要な努力やスキルの習得を補うのに役立つ。

　Alden, Hoyer & Lee（1993）によるテレビ広告の研究などの文化のユーモラスな産物の分析によって，さまざまな文化的集団において，ちぐはぐな認知的要素がユーモアを特徴づけていることが明らかになった。しかし，何をちぐはぐだと捉えるかは文化に特有の法則による（Berger, 1975）。このような法則（または共有の地盤）がないと，異文化間でユーモアをつくることは難しくなる。だじゃれなどのように，ジョークが言語に依存するものだと特に顕著である（Jordan, 1988）。

　文化的集団によって，ユーモアのセンスに対する価値観も多様である。例えばWeller, Amitsour & Pazzi（1976）は，イスラエルのユダヤ人で東側の家系の者は，西側の家系の者よりも不条理なジョークをおもしろくないと感じたと報告している。Wellerらは，西側のユダヤ人は理性的な論理を重んじる文化から来ており，不条理な話は彼らの理性的な考えから一時の解放を与えてくれるので喜ばれると論じてい

る。明らかに，どんな理由があるにしろ「気むずかしく，まじめな文化」から来た者は，たとえはじめはジョークを理解したとしても，ジョークから社会的強化を引き出すことは少ない。

このユーモアという微妙なトピックはことさら，さらには「楽しむ」ということ一般に関して，より多くの研究が必要とされている。第10章でも論じるように，異文化間の生活は，その難しさにもかかわらずかなり成功するものである。われわれは異文化間において，人がどのように互いを喜ばせることができるかについてもっと知る必要がある。

5．多文化チーム

次に多文化（cross-cultural）間での合同作業の体験に関して，実証的なデータが得られている例をいくつか見てみよう。多くの場合，作業チームのいくつかのタイプは異なった文化集団の成員から成り立っている。例えば北米では，プロジェクトを進める学生のチームは民族的にとても多様であることが多い。この章で述べられてきたプロセスは，このようなチームにどのような影響を与えているだろうか。

Kirchmeyer & Cohen（1992）はカナダのビジネス専攻の学生を4人ずつのディスカッション・グループに分けた。各集団には民族的マイノリティに属する学生が1人含まれるようにした。民族的マイノリティに属する学生は自分たちの伝達能力が劣っていると感じ（Kirchmeyer, 1993），また彼らの貢献は他の成員よりも低いと評価された。しかしKirchmeyerは，相反する観点が建設的に引き出されたときには，多様性は弱点というよりはむしろ利点であることを示唆している。1992年の研究では，このように異なった観点が引き出されたときにはディスカッションの質が高く評価されることや，少数派の成員がより肯定的に評価されることが明らかになった。多様性が利点となるか否かは課題の性質，リーダシップ，チーム・メンバーの語学スキル，チームワークの期間をはじめ，多くの変数によって決まる。

McLeod, Lobel & Cox（1996）は観光客をアメリカに引き寄せるためのアイディアを出させる実験で，文化的に多様なアメリカ人学生集団の方がアングロサクソン系（白人）の学生だけの集団よりも多くのアイディアを出したことを明らかにした。ここでの課題はただアイディアを出すというものであったが，一般的にはある問題に対してチームが合意しなければならないことが多く，その場合，少数派の意見は脅かされやすい。Watson, Kumar & Michaelsen（1993）は，文化的に多様なビジネス専攻のアメリカ人学生の集団と，多様でない集団にいくつかの事例研究について話し合ってもらい，17週間にわたり比較した。はじめの段階では，評定者は多様でない集団

の方が効率がよいと判断した。しかし研究の最後の方で，集団内プロセスを検討してみると，多様な集団の方が用いられた予測や選択可能な解決策に幅があることがわかった。つまり時間が経つにつれ，多様性はハンディキャップから利点へと変化したのである。Thomas, Ravlin & Wallace（1994）も，ビジネス専攻の学生の集団に事例研究について話し合ってもらった。彼らの研究は10週間にわたり日本で実施された。多様でない日本人だけの集団は肯定的に評価されたものの，時間が経つにつれ，多様でない集団と多様な集団の評価の差が縮まっていった。

　Oetzel（1996）は，集団内の学生が全員日本人である場合，全員白人系アメリカ人である場合，そして両方が混ざっている場合を比較した。彼はまた，被験者の独立的自己概念と相互依存的自己概念を測定した。集団は盗作に絡んだ事例について，40分以内に決定を下すよう求められた。すべての集団において，独立的自己概念を持った者はより頻繁にしゃべり，より積極的に行動することが明らかになった。さらに多様な集団内においては，アメリカ人学生がよくしゃべり日本人はあまりしゃべらないという傾向が目立った。この研究は，文化的に多様なチームの集団・プロセスが抱える多くの問題の決定的要素を明確にしているが，集団の存続時間が短いため，時間が経てば明らかになったはずのこれらの問題の対処方法は提示されないままである。

　ここまで見てきた学生のチームを用いた研究は，新しくつくられたチームでどのようなことが起こりやすいかということに関してはいくつか示唆を与えるが，長期的なチームではどのようなことが生じるのか，チームの成員が学生ではなかったらどうなるか，チームの成員全員があまり英語に流暢でなかったらどうなるかといった問題に関しては何も示唆していない。より長期に渡る作業チームに関する研究は数少ない。Bilbow（1996）は香港の多国籍企業内で各部の会議をビデオに録画した。フォーマルな報告のための時間では，中国人も欧米人と同じ頻度で話していた。しかし自由な談話時間では欧米人の方が中国人よりも2倍多くしゃべった。さらに中国人のチームの成員からの発話の3分の2は前の発話に反応する形で行なわれたものであるのに対し，欧米人の発話で前の発話に反応する形のものだったのは，4分の1にすぎなかった。この観察はチームの成員で同じ地位にある者を対象としている。

　この種の分析は，話し方のパターンがチームの効率を阻害したか否かについて直接的な回答を示していない。文化が状況の認知に影響するといった議論からも推測できるように，Bilbow（1996）は，中国人と欧米人は会議の目的に関して異なった認識をしているのではないかと指摘している。ほかにも，会議が英語で行なわれていたということが発話の分配に影響したという解釈もできる。Du-Babcockら（1995）は，香港でビジネス・ゲームに参加した学生のチームを観察した。英語で作業をしているセッションと広東語で作業をしているセッションをいくつかビデオに録画した。その

結果，英語のセッションでは英語があまり流暢ではない人の非言語的なフィードバックが大きく減少することが見いだされた。おそらく首尾一貫した会話をすることへのストレスが，他者への非言語的なフィードバックの回路をショートさせる，あるいは切断してしまうために，チーム内での効果的なコミュニケーション──特にメンバーが感じている困惑の伝達──が妨害されてしまうのであろう。

　多文化的な作業チームで，メンバー同士が比較的短い期間だけ関わり合う形態としてはほかに，飛行機のフライト・クルーがある。管制塔で用いられる言語がだいたい英語であるため，英語圏以外の航空会社の多くは英語が母国語のパイロットを採用しているが，残りの添乗員のほとんどは現地の人を採用している。Merritt（1995）はこのような多文化的な航空会社の3社で，外国からのパイロットと現地採用のパイロットに，仕事中に感じる利点とフラストレーションをインタビューした。最も多く報告されたフラストレーションは，言葉の問題とコックピットの緊迫した雰囲気であった。何人かのパイロットは，話し方が早すぎたりはっきりしないときは，安全性のためにも，貴重な時間を説明に用いなければならないと話した。コックピットの緊迫した雰囲気は，コックピットのクルー・メンバーの価値観の差で説明することができる。Meritt & Helmreich（1996）はアジアのフライト・クルーの回答者は権威への服従を重視しているのに対し，アメリカのパイロットはパイロットが誤った行為をしていると感じたらそれを指摘することを望んでいることを見いだした。これらの価値観の違いは緊迫した雰囲気を醸し出すだけでなく，緊急事態における安全性を脅かすことにもなる。単一文化のクルーにおいても，Helmreich（1994）はクルー内ならびにクルーと管制塔の間に十分なコミュニケーションがなされていないと，重大な結果を招くといった証拠をあげている。ニューヨークに着陸するのを待機しているうちにガス欠で墜落してしまったコロンビアの航空機があったが，その原因を分析していくうちに，言葉の問題と勢力差の大きいクルー内でのコミュニケーションの失敗が，全面的に回避できたであろうあの惨事の主な原因であることが突き止められた。

　ある状況では価値観の差はリスクを増大させるが，Bochner & Hesketh（1994）は長い間ともに働いている人たちに対しても，望ましくない影響をもたらすことを発見した。オーストラリアのある銀行では，アングロ系ではない従業員はアングロ系の従業員よりも高いレベルの集団主義的傾向と勢力差を示すことが明らかになった。また，アングロ系ではない従業員は差別されていると感じやすく，銀行内で多文化主義を推進する政策により支持的であった。

　このセクションで見てきた研究は，多文化的なチームは初期にいくつかの問題に直面するため，単一文化的チームに比べて効率的でないことを示すものであった。もしチームが多様性の潜在的利点を引き出すような構造と方法を発展させれば，時間が経

つことでこの状況は逆転することがある（例：Watson, Kumar & Michaelson, 1993）。Smith & Noakes（1996）はこのような共力作用にいたるまでにチームが通らなければならない4段階のモデルを提唱している。

① 適応性の確立：この段階でチームは，メンバー間の違いはパーソナリティの違いだけでなく，メンバーが行動に付する意味や価値観の相違でもあることを認識する必要がある。

② 課題と方法：次にチームは，仕事の仕方——望ましいと思う方法はさまざまであるが——を定める必要がある。それには与えられた課題の基本的な要素に関することだけでなく，時間の配分や用いる言語など，より根本的な問題に関することも含まれる。

③ 個人間のつながり：時間が経つにつれ，チームの中に気の合う者同士のサブ・グループができる。これらのサブ・グループは文化的な価値観の差を反映したものになるだろうが，チームは派閥をつくることがチーム全体の効率を阻害しないような方法を見つける必要がある。

④ 参加的安全性：多文化的なチームは，メンバー全員が社会的・職業的なリスクを自分自身や他者に与えずに，課題達成のために貢献することができるようになって初めて，その多様性から利益を得ているといえる。

　Watson, Kumar & Michaelson（1993）の研究は，いくつかの学生集団は17週間続いたミーティングのあとでかなりこの最終ゴールに近づいていたことを示している。しかしこの時点で効率的な作業が達成できるか否かは（達成することがあるのであれば），多様性の度合いやチームのリーダーシップの質，そのほか多くの要因によって影響される。多様性のトレーニング・プログラムは成功の見込みを強めるために幅広く用いられている。しかしこれらのプログラムの成否は，そのプログラムに参加する者のさまざまな価値観を尊重するような方法をとっているかにかかっている。例えば，Kirkbride, Ducan & Tang（1990）は香港のような縦の関係を重視する集団主義からのチーム成員は，個人主義的な文化で好まれている参加型のトレーニング・デザインよりも，年長者による教訓的な教えと指導によく反応することを示唆している。多文化的なチームのための効果的なトレーニング・プログラムとは，ある特定の方法をメンバーに押し付けるものではなく，生じてきた特定の問題およびその問題の解決策に焦点を当てたものであろう。

6．多国籍および共同企業のビジネス組織

　ここ20年あまりの輸送とコミュニケーションの発展を見ると，大きいビジネス組

織の中でも，繁栄するのはビジネスをグローバルに進めるものであることがわかる。その結果，富んだ国の製造業者は，人件費の安い国々への生産工場の移転をますます進めている。したがって世界の鍵となる地域では，爆発的な工場設立の増加が見られる。アメリカの企業はメキシコ北部に幅広く「マキラドーラ（maquiradora; スペイン語で「工場」の意味）」を作った。またアメリカ，日本，香港，そして西ヨーロッパの企業は，中国や南アジアの国々に多大な投資をしている。中央ヨーロッパならびに東ヨーロッパにもかなりの投資がなされている。

　いくつかのケースでは，外国が所有する多国籍ビジネス企業が直接投資を行なっている。しかし，現地の組織と「ジョイント・ベンチャー的」なパートナーシップを結ぶような流れも強まっている。これは現地のパートナーの方が雇用，政府との交渉，マーケティングの取り決めなどに影響する現地の条件に精通していると考えられ，投資する企業にとって魅力的な選択肢だからである。こうした最近の変化の規模は巨大である。中国では，10年前まではほとんど見当たらなかった外国からの直接の投資あるいはジョイント・ベンチャーが，1994年までに45,000ほど設立されている。ハンガリーのように小さな国でさえ，同じ年代までに15,000も見られるようになった(United Nations Commission on Trade & Development, 1995)。これら2つの国とメキシコの3か国が近年で最も多くの投資を受けて発展している国である。ジョイント・ベンチャーの所有権の形態と多国籍企業の直接的な投資の形態は異なるものの，どちらも少数の海外赴任の管理職が大勢の現地の従業員——その中の多くは組織のより下層で働いている——とともに働くことになる。

　このような発展は経済的な圧力から発しており，多国籍企業はこのような投資に伴う文化的な問題を十分認識していることが多い。例えば，Trevor (1983) は自分の研究を「気の進まない日本の多国籍企業（Japan's Reluctant Multinationals）」と題している。これらの問題の本質を検討するとなると，われわれが行なっている分析レベルを変えなければならない。前のセクションで多文化的なチームについて検討したとき，われわれはチーム成員個人の価値観の多様性が，いかにチーム全体の成功または失敗につながるかに注目した。ジョイント・ベンチャー組織の中には多くの多文化的チームが存在するだろうし，価値観の多様性もさらに強調されるだろう。しかし組織全体の文化に注目すると，異なった問題が表面化する。特にある組織の文化を他の組織の文化から区別するものは，価値観の違いというよりは特定の慣例の違いであることがわかる。そのため，ジョイント・ベンチャー組織が認める慣例を織り込むのは困難であると予想される。第8章で見てきたように，選挙，報酬の分配，交渉の手続きといった組織の慣例は，国ごとに異なっている。あるプロジェクトに投資するジョイント・ベンチャーのパートナーは，自分たちが最も慣れている方法をとるか，それ

とも現地の文化に最も適合した方法を現地のパートナーに指示してもらうか，といった選択をしなければならない。

　ジョイント・ベンチャーと多国籍企業に関する研究は，彼らが全面的に均一の方法を採用させようとすると，よくても一部でしか成功しないことを示している。Child (1994) は1980年代後半に中国北部のジョイント・ベンチャーで働く海外赴任管理職にインタビューし，それを報告している。報告された問題の主な領域は，価値観の文化差に直接関わる人材管理の諸側面についてであった。例えば昇進する者や海外研修に行く者を選ぶために規定に基づいた方法を用いることや，賃金の差を導入したり拡大すること，評価システムを導入することなどは，すべてある意味で問題であった。アメリカの企業はこれらのシステムを導入することを強く勧める傾向がある。日本の通常の慣例は，中国ではあまり機能しないと日本の管理職は報告する傾向がある。結局，彼らはかなり指示的な方法を用い，日本の組織で一般的な参加型のテクニックをあまり使わなかった。ヨーロッパからの管理職は，アメリカの管理職がめざしたのと同じような変化を求めたが，問題が生じたときは妥協する傾向があった。Worm (1996) はスカンジナビア人と中国人のインタビューを通して，変化の激しい現場に関する最近の情報を提供している。Wormは，中国で活動中の21のスカンジナビアの企業が直面している多々の文化的差異を普遍性（universalism）と特殊性（particularism）の対比として捉えている。Wormは普遍主義的な欧米の管理テクニックは，面子を保ち，年配の人を尊重し，信頼に基づいた人間味あふれる対人関係の構築を保証するような形で導入された場合でのみ，首尾よく機能すると結論づけている。

　企業がジョイント・ベンチャー内の文化的な問題を乗り越えるための方法の1つは，ジョイント・ベンチャーのパートナーと同じような文化的背景を持った現地の管理職を任命することである。例えば，Smith, Wang & Leung (1997) は，多くの香港の管理職が，欧米の企業から中国のジョイント・ベンチャーホテルの管理職として任命されていることをあげている。これらのホテルで報告される文化的な問題は，日本人や欧米人の管理職のいるホテルに比べてだいぶ少ない。しかし現地の年配の中国人管理職は，日本人や欧米人の管理職と働いているときよりも，香港の管理職とともに働いている方が不満であった（Leung et al., 1997）。彼らは，日本人や欧米人の管理職には無理でも，香港の管理職には自分が取って代われると考えるからかもしれない。

　Child & Markoczy (1993) は，ハンガリーでジョイント・ベンチャーを研究した。彼らはそこで，日本の企業の方がアメリカの企業よりも多くの問題を抱えていることを発見した。集団主義的な中国人が個人主義的な基盤を持ったアメリカ人パートナー

とトラブルを起こしたように，個人主義的なハンガリーの従業員もまた，日本がチームワークを重視するのを問題と捉えた。集団主義的傾向と個人主義的傾向の対比は，日本やその他の環太平洋アジアの企業が欧米の国々で活動するときに生じる問題を理解するのにも役立つ。White & Trevor（1983）はイギリスにある日本の企業の中でも，製造工場で働く従業員と銀行で働く従業員の間で，態度にはっきりとした差が表れていると報告している。製造工場は強い共同社会主義的な価値観を持つ労働階級が優勢な地域に設立されている。また，日本企業は，労働階級の従業員が集団主義的な価値観を特に持つ地域にある。これらの地域では管理職はよく尊重され，工場も生産的である。反対に，より個人主義的な価値観を持った中流階級の労働者が優勢なロンドン市内の銀行では，外国の所有する銀行に対して忠誠心が少なく，仕事上の利点があるなら頻繁に職場を変える。この度重なる転職は，日本人の持つ終身雇用の概念と会社への忠誠心といった観念と対立する。

　ここまでの分析を見ると，文化に基づいた問題に直面するのは環太平洋アジアの国々と欧米の国々の間に成立したジョイント・ベンチャーだけであるような印象を受けるかもしれない。このような場合の差異は確かに特に大きいが，だからといって他のジョイント・ベンチャーに文化の問題が存在しないわけではない。Shenkar & Zeira（1992）はイスラエルの44のジョイント・ベンチャーの社長たちが体験する役割葛藤と役割の曖昧さのレベルを調査した。ジョイント・ベンチャーに代表される国の文化に関して，Hofstede（1980）の得点をもとに「文化的距離（culture distance）」を測定する尺度を作成した。役割葛藤は文化的距離に関連していないものの，役割の曖昧さは，文化的距離の勢力差と男性性の得点が低いとき，または個人主義，不確実性の回避に高い得点を得たときに最も高いことが明らかになった。

　ヨーロッパ内の比較的同じような価値観を持った国々のベンチャーでも，問題が存在することがある。Laurent（1983）はフランス人管理職の価値観に関する調査から，多国籍企業で働いている者の価値観はフランス国内の企業で働いている者に比べて，よりフランス人サンプルの全体的な平均値に近いことを明らかにしている。おそらく多国籍企業内で問題に直面することで，そこで働くフランス人管理職は，自分たちの中核をなすフランス的な価値観を主張するにいたったのであろう。Suutari（1996）はフィンランドの多国籍企業で働く管理職に，ヨーロッパの他の国々のパートナーたちの行動を描写するよう依頼した。多くの場合，彼らが行なった描写はHofstede（1993）から予測されたものに一致し，サンプルとなった多国籍企業の組織的文化が，依然として国家間の差異を超越していないことを示している。

　Lichtenberger & Naulleau（1993）は，216のフランスとドイツ間のジョイント・ベンチャーの調査をまとめている。報告されている調査の半分以上は，文化差が緊張

をもたらすとしている。問題であると報告されたことがらとして，仕事の方法における差，階層的な関係性での差，そして時間の捉え方の差などがあげられた。皮肉なことに，最も多く報告された問題は，企業の上級職に文化的な差異は重要であると説得することの困難さであった。多国籍企業やジョイント・ベンチャーがこの章で取り上げた問題の多くに直面し，それらを最もよく処理できる方法を探すために，これからも取り組んでいくことは明らかである。

7. チャン君とロバートソン先生の再考

　この章を通してさまざまなタイプの異文化間交流の分析を読み終えた今では，第1章で見たチャン・チー・ロックとジーン・ロバートソンの出会いの意味がおわかりいただけたのではないかと思う。この章で説明してきたテーマに関連した異文化間のさまざまな典型的な問題が，彼らのやりとりの中で確認できるはずである。

　いくつかの鍵となる問題を取り上げる前に，チャン君とロバートソン先生の今後には，もう希望がないということを頭に入れておかねばならない。両者とも，文化が行動の隅々までに影響を与えるということに気がついていないようである。彼らは相手が異なった文化から来ていることは理解しているが，他の文化の人々の行動に結びついた慣習については何ひとつ理解していないようである。そのため1つひとつの行動は相手の「文化中心性」，つまり受け手の文化的規範で解釈されてしまう。混乱といらだちは結果として避けて通れない。彼らが文化の影響に意識的（mindful; Langer, 1989）にならない限り，どんな発展も不可能である。

　このような注意深さはもちろん育まれていくものである。彼らが経験するさまざまないらだちは，他者を単に「迷惑な人」「野蛮な人」と名づけるよりも，より洗練された帰属をするよう促す。彼らの知っている文化的な情報に対して不満を表し（Bochner, 1980）てもいいし，他の文化の情報が載っている本を取り上げてもいいし，文化の理解を助けるような映画を見てもいいし，行動の文化差に関するおもしろそうな話を聞いてもいい。文化に対して目を開くための潜在的な資源は多くある。まちがいなく，ロバートソン先生は異文化間で引き起こす言語的な問題に関するフィードバックを受けなければならないであろう。彼女が仕事を失いたくないのであれば，なおさらである。第二言語の学習に伴う文化的な要素がますます評価されるようになった（Valdes, 1986）今では，ロバートソン先生も香港で英語を教えていくうちに文化的な自覚を得るはずである。チャン君に関しては，大学の国際化に向けてのカリキュラム（Featherman, 1993）が彼の文化的な自覚を広げると同時に，異文化の人と接するときのいくつかのスキルを教えることが望まれる。

(1)不安

　チャン君はロバートソン先生との面談が不安であった。授業の成績とおそらく卒業がかかっている。これらは中国の文化では非常に重要な関心事である（Stevenson & Lee, 1996）。対人的なサポートのために，彼は友人を連れて来た。ロバートソン先生が友人に外で待つように指示してから，チャン君の不安はますます大きくなった。彼は先生の英語に集中するのが難しくなり，どもり始めた。ロバートソン先生の対抗的な言葉や会話の中断は，彼自身が置かれた状況をコントロールできるという感覚を，さらに失わせた。彼の言語運用能力はさらに落ち，ロバートソン先生が急に面会を打ち切っても何も抵抗する言葉が出なかったほどである。

　ロバートソン先生は，この異文化間の接触に対して少しも不安を感じていないようであった。彼女が世の中に対して持っている安心感は，文化差に対するまったくの無知と，面会の間，両者とも英語を用いていたことによって助長されていると思われる。ロバートソン先生はまるで，スコットランドで手のかかる幼稚園児と接しているかのようなふるまい方をしているのである。

(2)言語

　授業ではロバートソン先生がオフィスでしゃべるときよりも，ゆっくりと，口語ではない言葉を用いてしゃべることを祈るばかりである。「あまりあてにならない人（a wee bit slippery）」や「もういいわ（never bother）」などの表現は英語を母国語としない人には非常に難しく，「20分も遅れてくるなんてことはないですよね（I doubt you are twenty minutes late.）」という文章もロバートソン先生が実際に思っていることを否定している形をとっている。「わかっていないようね，ちがいますか（You don't get it, do you?）」という独特の付加的な質問も同じことがらに関して相反するスタンスをとるので，英語を勉強している者にとっては混乱するような構造であるといえる。チャン君の「Yes」は理解していないことを表現しようとしている。しかしこの場合，英語では「No」ということになっているので，ロバートソン先生はチャン君の意外な返事に驚いている。チャン君の母国語の広東語をはじめ，多くの言語では質問は肯定的にも否定的にもなり得るので，答える側はその問いに対して肯定または否定することを求められる。したがって曖昧さは軽減される（図9.1 p.269参照）。

　チャン君は，先生に対していくらかの問題を起こしている。予想通り，彼は文法と単語の一般的なまちがいをする。彼の英語習得のレベルでは，英単語のもつ含意は把握しきれず，ロバートソン先生が「臭う（stinks）」という彼の発言は，ロバートソン先生の並々ならぬ反応を引き起こしたわけである。チャン君は英語のプラグマティックスもやはりまだ身についておらず，先生はもう昼食はお済みですかというチャン

君の質問も，ロバートソン先生からは無礼だと思われた。これは広東語で昼間に用いられる典型的な挨拶の直訳であり，チャン君にとっては会話を始めるための適切なきっかけであった。たとえロバートソン先生がこの中国のしきたりを教わったとしても，これを挨拶としてはやはり個人的すぎると感じるだろう。身分の低い学生からではなおさらである。

(3)対人空間

　個人主義の文化においてドア（戸）は，個人の領域の境界を示すものである。ノックして許可がもらえる前に入るということは，中にいる者を侮辱し戦いを挑むようなものである。中国人のような集団主義的な文化にとってはドアと領域の捉え方は異なる。チャン君はロバートソン先生が彼を待っていることを知っているので，ノックして到着したことを知らせてすぐにドアを開く。ロバートソン先生は残った時間の大半を再び権威を取り戻すために費やすが，チャン君はその権威を脅かしたつもりはまったくなかった。

　チャン君が身体的にロバートソン先生に接近することで，ロバートソン先生はさらに憤慨する。彼は先生が座るように命じるときの冷たさに気がつかず，1対1で話し合う相手からあまりにも遠くに座らされることを不思議に思っている。中国人の心地よい距離はスコットランド人の感じる距離よりも近く，チャン君はロバートソン先生のような欧米人は「mo yan ching（厳しく情けがない）」であるといったステレオタイプを確信し始めている。

(4)時間

　個人主義的な文化に属する人々が自分たちの自由を守り，コントロールの問題を個人的な問題にしないようにするための方法の1つが，厳密にスケジュールを組むことである。集団主義的な文化では勢力差があるため人々は全体的に約束に対して――その中でも特にアポイントメントに対して――柔軟な姿勢を持っている。20分遅れたことでチャン君はロバートソン先生を侮辱し，学科長と昼食の約束があるというロバートソン先生を時間の危機に追い込んだ。この危機のせいで彼女は話が終わる前にチャン君をオフィスから追い出すことになり，チャン君を傷つけた。

(5)帰属スタイル

　集団主義の文化では「努力の賞賛」はとても重要である（Stevenson et al., 1985）。「がんばっている」，あるいはそう見せかけていることによって既存の規律を乱すことはないし，忠誠心の欠如を見せなくてすむ（Bond, 1991c）。個人主義の文化では能力

の要因がより大きな説明力を持っている（Stevenson & Lee, 1996）。能力の多様性は個人主義的文化の独自性というテーマに則しており（Snyder & Fromkin, 1980），個人が集団への同調に抵抗することを正当化する。したがってチャン君の成績について話す際，チャン君はロバートソン先生の授業で努力したことを強調し，ロバートソン先生はチャン君の能力の欠如を指摘したのである。

　チャン君はまた，ロバートソン先生に「僕たちみんな思ったのですが，先生の試験はとても難しかったのです」と言い，課題の難しさについて集団レベルでの帰属を行なった。先生は彼の言い分を連合形成の方略（Kipnis, Schmidt & Wilkinson, 1980）を用いて影響力を与えようとしているのだと解釈した。このような認知は反発を引き起こし（Brehm, 1966），チャン君は自分で責任をとるべきで，他者に頼るべきではないといった，焦点を個人に向けた反論を生じさせる。集団主義では重要である家族の責任を，ロバートソン先生は，チャン君が授業の欠席を息子・兄としての義務のせいにすることで口実に用いたと思っている。学校よりも家族を優先することを彼女は認めていない。

■ウソをつくこと　　集団主義の文化では，対立が生じそうなときに上司や同僚の面子を保つために，外的帰属を行なうことは一般的である（Ting-Toomey, 1988）。調和を保つために見え透いたウソをつくことは互いに許されている。個人主義の文化ではウソをつくことは社会の契約を破ることであり，暴かれれば答められる。ロバートソン先生がチャン君のことを「あてにならない人」と呼んだが，それは彼がウソをついていると思っていることを遠まわしに告げているのである。

(6)賞賛と同情

　集団主義的な文化において上司は多大な権威と決定権を持つ。部下は上司に忠誠心，賞賛，尊敬の念やその他の好意の証を表明し，その肩を持つことでその勢力の使用を和らげようとする。個人主義的な文化においてリーダーは，関係者がある程度詳細に話し合って定めたルールや手続きに束縛されている。そしてこのプロセスでは，客観的な基準と事実によってリーダーの正当な機能が保証されている。従うものはルール（基準，スケジュール，スタンダード）をわきまえ，それ相応に働くことが期待される。

　チャン君は先生が自分をパスさせてくれないことを正確に察知すると，ロバートソン先生をますますおだてる。彼女はこの手段を対人的な贈収賄として捉え，チャン君の能力の問題に焦点を戻すようにする。それに対してチャン君は，難しい家族状況の中でやっていかなければならないことを先生に伝える。ロバートソン先生はチャン君

の「勉強」が第一の義務であると頑として譲らず，彼が「お情けのパス」を公然と願い出るときには不信の色を表した。ロバートソン先生にとって，そうすることは彼女の「プロ根性」を裏切ることなのである。

(7)礼儀の問題

この面会は互いの礼儀に反することで満ちている。チャン君がいかに欧米の時間と空間の慣例を侵しているかは既に見てきた。言語的にも彼は丁寧な 'pardon' ではなく，無作法な「ん？（huh）」を用いるし，先生に対して「臭う」と言う。またクラスのパーティーといった関係のない話題を持ち出す。さらに彼はロバートソン先生に昼食を済ませたか尋ねたり，彼女を名前で呼ぶ代わりに「先生」と呼んだり，スコットランドのプラグマティックスに反する発言を行なった。

ロバートソン先生も単刀直入に話したり，チャン君に対してそっけなく反対したりすることで中国のコミュニケーションの慣習を侵している。彼女は彼の言葉をさえぎったりもしている。ロバートソン先生が，チャン君の友人を追い返したり，面談をさっさと終わらせるなどの「上司面」をすることで，無作法に見えたはずである。皮肉にも中国の文化での教師の地位は高いため，チャン君はこのような行動を受け入れている。

チャン君の文化的視点からしてみれば，彼はかなり礼儀正しい。「先生」という尊敬を表す言葉を用いているし，ロバートソン先生に笑いかけたり注意深く見つめたりしている。彼女の授業を直接的に賞賛したり，間接的にクラスの評価を報告することで賞賛したりしている。また彼女の時間を「貴重である」としているし，彼女が話題を変えることを一度も言葉で抵抗せずに受け入れている。残念なことに，これらの行動はロバートソン先生にとっては無礼であったり，「ごますり」だと思われたりしてしまった。

(8)その他の問題？

以上がチャン君とロバートソン先生との交流におけるいくつかの主な問題領域である。読者の感受性が養われていくとともに，これら以外の問題を発見するであろう。これらの差異はどれも明らかな結果を引き起こし，両者とも満足がいくような解決を見つけることは難しい。それを達成するためには両者のたゆまぬ努力が必要である。

8．まとめ

異文化間の効果的なコミュニケーションの将来は，あまり明るいものではないよう

である。Freedle（1979）は文化を「交流を持つ人がある状況の中で何を伝えようとしているかを，力動的に発見するような習慣的な方法の相互作用の図式セットである」(p. xiii) と定義している。文化的な背景が異なる場合，交流を持つ人々は言語をはじめとするこれらの図式からはずれてしまう。異なったシステムで意味を解読することで，互いに誤帰属を頻繁に行なうようになり，その結果，相互交流をうまく噛み合わせるのが難しくなる。

　これらの誤帰属は，文化的外集団の成員に対して以前から存在していた否定的なステレオタイプを強め，正当化し，両者をさらに分け隔てるように機能する。このような分離的な力にもかかわらず，彼らは互いのコミュニケーションを正しく理解し効果的に調和をとるために必要とされる時間，注意，困惑，修復作業に積極的になるよう動機づけられる。そうすれば，彼らはそれぞれの関係性の目的が同じでないことがわかるであろう。このようなコミュニケーションの壁に突き当たってしまうと，文化を越えた関係性が果たしてうまくいくことがあるのかと思うかもしれない。もし関係性がうまくいくことがあるとしたら，ではどのように満足のいく結果が得られるのだろうか。次の章ではこの問題を取り上げる。

第10章 異文化接触の結果

この世界の人々は実質的には共存しているが，
共存が意味するものを心で理解するにいたっていない。
われわれは兄弟として生きることを学ばなければならない。
さもなければ愚か者として滅びるであろう。
（マーチン・ルター・キング，Jr.）

これまでの章では，異文化接触の多くの側面について述べてきたが，そこに関わる者にとってはやっかいな挑戦でもある。しかしその複雑性，労苦や危険にかかわらず，多くの人々は異・多文化間に生き続けている。21世紀に向けて，多文化主義はさらに現実となってきている。そこで，異なる文化的背景を持つ人々と関わるとき，何が起こるかを知ることはとても重要である。移住は増えており，これは世界的に深刻な社会心理学的問題（Biebrauer & Pedersen, 1996）を呈し，同時に人間の適応過程にふれるための，多くの機会を研究者に与えている（Rogler, 1994）。

1. 異文化適応

Anderson（1994）は，1950年代から4つの主な適応過程モデルを包括的に吟味している。1つめは，「カルチャーショック」（Oberg, 1960）の概念に基づく回復モデルである。心理的危機とアイデンティティの拡散に焦点を当てることによって，最近このモデルの医学的な含蓄はより詳細になってきている（Garza-Guerrero, 1974）。2つめは，不確実な，新しい社会文化的報奨の状況の中で機能するために，必要な知識と技術を増やす必要性を強調した「学習モデル」である（Guthrie, 1975; Taylor, 1994）。適切なコミュニケーションスキルと社会的習慣はオペラント条件づけのメカニズムを通して学ばれる。3つめは「旅（journey）モデル」で，これは外国の文化に対する無知や拒否から理解や受容に動いていくプロセスを追ったものである（例：Bennett, 1986）。4つめは「均衡モデル」である。このモデルでは異文化適応を，明確な文化の違いが人の内的均衡を乱すときに起こる緊張軽減の力動的なプロセスと概念づけている。不安になった人は，主観的な調和の再調整が達成できるまで，認知的スキーマ

■ボックス10.1■　観光産業とその影響

　観光事業は大きなビジネスである。1986年には2億8,700万人が金儲け以外の理由で少なくとも一晩海外で過ごしている。この観光事業は表向きにはUS$94,600の収入を得ていることになる（World Tourism Organization, 1986）。この額はさらに伸び続け，グローバル化の一部分となっている（Robertson, 1990）。

　国内での移住も，ある文化集団に属する人が他の集団と接触することをもたらすことから，ここにふさわしいトピックであろう。しかしBochner（1982, Box 9.1）が述べているように，多くの観光（目的地はどこにしろ）は短期間で娯楽目的であり，めったに起こらず，少数の観光客とローカルの人との人数的な不つり合いがあり，さらに傍観者的でもある。このような表面的な接触でさえも仲介者となるツアーガイドの人によって緩和され，そのローカルの人と関わることもよくある（Cohen, 1985）。

　観光事業の大きさは明らかだが，これについての心理的および社会的影響の研究はほとんどされていない。Pearce（1981）は，観光客は「環境的なショック（生態学的な移動によって起こるちょっとした健康の問題）」を体験する，と述べている。Cort & King（1979）は，観光客の「カルチャーショック」（特に老人や不確実さへの耐性が弱い人におけるカルチャーショック）を立証している。

　観光客に対するホスト側の反応は，喜びから敵意までと多様である。観光客は価値のある外貨を持ってきてくれるかもしれないし，環境問題を悪化させる「毒の杯（見栄えはよいが，実は悪いもの）」（Sisman, 1994）や文化の破壊（Smith, 1989），売春，犯罪，賭博（Mathieson & Wall, 1982）を持ち込むかもしれない。コミュニティによる観光客への反発はめずらしいものではない（Pearce, Mascardo & Ross, 1991）。Pearce（1982）は，観光事業が及ぼすホスト文化への結果を次のようにまとめている。

　　　ホストのコミュニティが小さく，洗練されておらず，孤立している場合に，観光客がホストに及ぼす社会的・心理的影響は大きいようだ。直接にしろ，間接的な影響にしろ，受け入れ側の社会が技術的に進歩していて，観光客とホストの豊かさの差があまりない場合は，接触の経験が及ぼす影響は少ない。このような場合は，観光客はホストと友好的な関係を結ぶことができ，その地域の組織を維持することができ，さらに訪ねられた側の尊厳を高めることができる。悪影響は対人的な摩擦に限られたものではなく，騒音，汚染，環境問題といったものを通してホストに間接的なストレスを与えることも含まれる。

　Urry（1990）は「観光客の注視（tourist gaze）」の強い影響について述べている。観光客はふだんのコンテクストから抜け出しているということに価値を置くので，いつもと違うことが強調された状況や経験を探そうとする。これは「脚色された真実（staged authenticity）」の要求をつくり出してしまい，景色，建物，美術館，復興した民間伝承やさまざまな種類の対人的な出会いを含む。このことは結局，観光地に住み働いて個人事や文化の変化への要求を高めることになるのである。

■ボックス10.2■　異文化移動の経験

　異文化体験や移動は，自己の統合を妨げることなく，かえってより高次な成長へと導くとの見解もある（例：Adler, 1987）。この移動の経験を説明するにあたって Adler (1975) は，他の文化システムに直面することによって刺激されるからだ，と指摘している。

　　個人的なレベルでの異文化体験の力動は肯定的な自己の崩壊である。このような体験は，新しい環境と認知が出会ったとき，いつも起こり得る。この文化の直面にはさまざまな反応や応答があるが，最も大きなショックは，自分の伝承文化と自分がその産物であるということに直面したときであろう。他の文化に出会ったとき，自分の自民族主義の根本を理解したり，文化の本質に対して新しい視点や見地を得ることによって，個々人は新しい経験的な知識を得る。この移動の経験を通して，人は差異と複雑性にさらされる。差異が無視できないとき，それらは歪められる。この歪みは個人が経験的に理解しなければならないという感情を喚起させるだろう。そうすることによって学習，自己意識，人格の成熟がもたらされるのである（p. 22）。

　逸話的な証拠も，このような激励的な結果は文化間の出会いから始まるということを指摘している（Storti, 1990）。多くの著名な社会科学者らの異文化研究や理論構築を刺激するものは，異文化に住んだり働いたりした自らの経験から引き出されていると思われる（Bond, 1997）。もちろん，そのような変化に対する希望は文化を越えた探求を動機づけ，これらの科学的証拠づけの仕上げは異文化体験を理解するのに最も役に立つであろう。

や行動または新しい文化との関係を修復していく（例：Grove & Torbiörn, 1985）。
　Anderson (1994) によると，それぞれのモデルには欠点がある。新しい文化へ適応する段階についての綿密な分析というよりは，研究者は独断的に結果に着目したり，非現実的な試練や経験について書くことに夢中になってきた。Anderson は「異文化適応は変化や相違――例えば異なった環境の異なった人々や規範，基準，習慣――の中で生きていくために学ぶ，あたりまえのプロセスである」（p. 299）と指摘している。そうすると，おそらく異文化適応は一般的な適応の研究と結びつくかもしれないし，ある一種の「移動体験 (transition experience)」として捉えることもできる (Bennett, 1977)。つまり異文化適応は，親との死別や大学生活を始める，または禁酒する，などという一般的な適応との共通点を持っていると思われる。

Anderson (1994) は，異文化適応モデルを提唱する基盤として，過去に行なわれた研究の検討を行なった。そのモデルは，長い適応の連続から成るもので，それぞれがある結果を得るための動機，その望ましい結果の妨げ，そしてその結果を得るための新しいさまざまな反応の形成を含んでいる。そしてこれは満足が得られるまで続くことになる。新しい文化に適応するとき，これらの妨害は頻繁にそして一斉に起き，さらに連続的である。そしてフラストレーションや無気力，一時的な逃避や放棄，その他の否定的な反応を引き起こす。もちろん，受け入れる国々も，文化を学習する者に報酬を与えたり罰したりすることによってこのプロセスに関わっている。学習者は自分たちの反応を修正したり，内集団のメンバーから引き出された新しいスキルの習得の結果に従事していく。文化を学習する者に対する内外の反応は否定的なこともあり，その場合，適応のプロセスを，より気の進まないものにするかもしれない。

　Anderson (1994) は「異文化適応は循環的，継続的かつ相互作用的である」(p. 307)とまとめている。文化を学習する者を支えるものは「(a) 新しい文化に自ら進んで自分を開いていこうとする意思，(b) 助けとなる手段を使ってこれからの障害に立ち向かおうとする意思，そして最も重要なこととして，(c) 逃げない決心」(p. 313)である。これらの動機を持続的に展開していくためには，時間と仲間からのサポートは欠かせない (Smith et al., 1963)。Andersonは，次のように述べている。

　　どのくらいの人々がどのようなとき，現在の状況に対する評価を用いて反応するのだろうか。評価は個人的要素と状況的要素に左右されるものである……。われわれの動機のパターンや強さ，情緒状態，熱心さ，信念や期待，その国の人々との関わり合いの程度などのすべてが対処の仕方に影響している。これらは，ある特定の時期にある特定の刺激に対する特定の反応を引き出すために，目新しさ，切迫感，潜在力，または不確かさ等を含む状況の特徴と相互作用する。(p. 314)

上記したような複雑さを考えてみると，このプロセスには多数の終結があり得ることは不思議ではない。Anderson (1994) は，6つの適応者のタイプを明らかにした。
①帰国者 (The Returnees)：新しい文化からすばやく去り，初期のフラストレーションに対処することを放棄する。
②逃避者 (The Escapers)：新しい文化に残るが，もとの文化で習得された活動に没頭することによって，性質の違う嫌な現実との関わりを最小限にする。
③タイムサーバー (The Time Servers)：自分の持ち場に残り，仕事が十分にできる程度には適応するが，慢性的に少々落ち込み気味である。
④働き者 (The Beavers)：課題に関する側面に没頭し，高いレベルを獲得する。

対人関係における適応は最小限にとどめ，ホストの文化やそこに属する成員との社会的交流を避ける。
⑤適応者（The Adjusters）：仕事もよくこなし，その文化に所属する人々とも交流し，そこの文化に関する理解も持ち合わせているが，まだ対処したり，よりよい適応を獲得するために努力している。
⑥参加者（The Participants）：異文化におけるさまざまな障害を乗り越え，認知的・情緒的・行動的な必須条件を習得して，新しい文化での生活において有能な参加者になる。

これらは，複雑なプロセスの大まかな分類である。Andersonは，「文献を吟味したところ，状況や適応する個人が多様であるように，適応には多くの種類やレベルがある」（p. 318）と指摘している。文化を移動する人々に必要となる再社会化（resocialization）は人生にわたって必要となる典型的な再社会化となんら変わらなく（Taylor, 1994），それらは多種多様な結果を招くのである。

2．文化変容

異文化適応のモデルが時を経た適応のプロセスを重視する反面，文化変容のモデルはこの複雑なプロセスの内容や結果に着目している。文化変容は異文化に属する人々との交流の結果による人や集団の変化に関する概念である。留学生や移民などの移住を経験した人々を主に対象にしているが，多様な社会の中において元来住みついている土着集団（indigenous groups）についても研究されている（Berry & Kim, 1988）。

(1)結果の測定用具

今まで多くの文化変容の測定尺度が使われてきた。Ward（1996）は，以下のように測定尺度の範囲について述べている。

> Church（1982）が行なった滞在者の適応に関する研究は，より広い世界観，自民族中心主義的傾向の軽減，より高い自己意識と自尊感情を含む，文化変容の結果の調査である。実験的研究はホストの文化に対する態度（Ibrahim, 1970）や心理的苦痛（Masuda, Lin & Tazuma, 1982），知覚的成熟（Yoshikawa, 1988），情緒的状態（Stone Feinstein & Ward, 1990），健康状態（Babiker, Cox & Miller, 1980），受容感と満足感（Brislin, 1981），ホストとの相互作用の本質と範囲（Sewell & Davidsen, 1961），文化的に適切な行動やスキルの獲得（Bochner, Lin & McLeod, 1979, 1980），学力（Perkins, Perkins, Guglielmino & Reiff, 1977），労働における遂行（Harris, 1972），などを滞在者

や移民の適応の査定として用いている。(pp. 126-7)

また因子分析を用いて，これらを類似した概念を持つ因子にまとめている研究もある。Wardらは，心理的適応と社会文化的適応という2つの適応の側面に着目した研究を行なっている（例：Ward & Kennedy, 1993）。1つめの側面は負担の多い新しい環境への対処による内的・心理的結果を示し，それは身体的および心理的幸福感の状態によって表される。2つめはこの対処による対人関係上の結果であり，これは社会的・行動的能力と特徴づけられている。

実験的にこれら2つの側面はある程度，正の関係を示している。この相関関係は理解できるものである。なぜなら，成功した社会的適応は心理的幸福感から生じるし，そのことは心理的幸福感を促す自己効力感にもつながるからである。さらにその反対も起こり得るだろう。しかし，Ward（1996）はこの2つの因子は別個のものとして扱われるべきとしている。なぜなら「これらの因子は違う種類の変数によって予測されたものであり，時間が経つにつれて異なったパターンを表出するからである」(p. 127)。他の研究者らも心理的/身体的，社会的/任務的というように，文化変容に関する同様の区別を行なっている（例：Hammer, Gudykunst & Wiseman, 1978; Kealey, 1989）。

(2)時間を越えた文化変容の結果

アセスメントの複雑さは，「新しい文化での時間（time-in-new-culture）」という変数を考慮して検討するとき，最もはっきりとする。Lysgaard（1955）は初めて，適応における「U字曲線」モデルを提唱した。それは後にOberg（1960）のハネムーン，危機，復活，適応という段階によって，より詳細になった。「カルチャーショック」に関する議論は，前述した「復活」モデルの初期において構成されたもので，滞在者が自分の元の文化に戻ったときの問題まで含むようになった（Gullahorn & Gullahorn, 1963）。

このようなモデルを評価するには，同じ被験者の心理・社会文化的な側面を，時間を追って調べる縦断的研究が必要となる。ここでの横断的研究は不適切である。なぜなら旅行者などの短期滞在者の文化への関わり方は同様の反応を起こさないと考えられるからである。Ward（1996）はこのような研究を再検討し，以下のようにまとめている。

> 概して縦断研究によると，社会・文化的適応は学習曲線をたどる。適応の問題は着実に減り，心理的な適応問題は移動の初期段階においてピークに達する。そして，時間が

■ボックス10.3■　認知された文化間の効力の範囲

　文化の境を越えてうまく適応するために重要と考えられる個人特性やスキルに関するものが提示されてきた（Ruben, 1976; Furnham & Bochner, 1982）。Hammer（1987）は，これらの多様な能力のリストをまとめ，滞在者に質問紙を配布した。効果的に海外に住むためには3つの基本的なスキルが含まれると彼は結論づけている。1つめは心理内的なものに焦点を当てており，新しい物理的・社会的環境からくるストレス耐性を持つことと管理することができる能力である。2つめのスキルは，他の文化からの見知らぬ人との関係を形成して育てる能力である。そして3つめは，効果的なコミュニケーションのスキルであろう。これには誤ったコミュニケーションへの対処とその改善の能力，他者の視点を理解する能力などが含まれる。これらの認知されたコンピタンスの3側面は，Ward（1996）の測定された結果の2つの要因と関連させることができるだろう。

経つにつれて，より多様になる。（p. 132）

　すると，U字型曲線モデルは単純にまちがっていることになる。なぜなら滞在の初期に見られるとされる快感はなく，むしろ心理的不快が見られるからである。またある人は回復し，ある人は回復しないというように，カルチャーショックからの回復は多様である。反対に，社会・文化的適応は斜め上がりの傾斜をたどり，滞在者が新しい文化的環境に対して適合性を獲得したところで水平な線を描くと思われる。

(3)文化的アイデンティティ

　異文化適応のための，個人の文化的アイデンティティの犠牲となるものは何であろうか。植民地主義が残した歴史的遺産は，文化間の接触によって起きる文化伝承の破壊に対する心配を多くの人々にもたらした。この究極の形は，一民族の抹殺や民族絶滅である。ほかには「同化」，すなわち強い文化集団が弱い文化集団を呑み込むことによって独自の組織，慣習，洋服，建築様式，技術などが消滅してしまうこともある。

　個人のレベルにおいては，異文化接触によって起きる文化的アイデンティティの喪失の懸念が考えられる。Alatas（1972）は，人が自分の伝統を否定し，より強い文化集団の伝統を無批判的に呑み込むことを「捕らわれた心のシンドローム（captive mind syndrome）」と名づけている。時どき移民に見られる，他の文化集団への移行を望む人々が自分たちの伝統を拒否することを嘆く人々もいる（Taft, 1973）。Park

(1928) は，調和できない 2 つの伝統の間で引き裂かれ，それぞれの周辺に置かれた人を「境界人（marginal man）」と名づけた。自分の「もとの場所」に戻ったとき自分の文化集団から拒否された帰国者にとっては特に厳しい（Kiddler, 1991）。

しかし，すべての異文化接触が不安定さや文化喪失につながるわけではない。文化的アイデンティティが脅かされた集団は，他の集団から自分たちを自ら隔離し，その集団の成員は熱狂的な愛国主義的および民族主義的な態度をとるかもしれない。すると彼らの文化的アイデンティティは異文化接触を通すことによって強化される。このようなアイデンティティの強化は，国際混成語（lingua franca）を使用するよりも母国語を使用する（Giles & Viladot, 1994）などように，自分の文化の形を明確に主張することにつながるかもしれない。その後，文化的堕落の可能性を抑制するために，その接触は特定の「仲介者」と限られた地域に限定されてしまうのである（例：Pye, 1991）。

多くの文化的アイデンティティの喪失に関する懸念は，情緒的および政治的な含みを持っている。この問題に科学的に取り組むには，まずはじめに他の文化集団とは区別されるその文化集団の信念，価値観や態度，行動を確定しなければならない。そうすることによって，もとの集団から去り，他の文化集団での位置を求めていることが明らかになり，もとの文化的アイデンティティを「失った」といえるのである。

Rosenthal & Feldman（1992）の研究は，民族的または文化的アイデンティティの構成がいかに多面的であるかということを示唆している。これは主観的自己評価（自分を描写するときに用いる民族集団は何か），自分の民族集団の一員であることの評価の意味（肯定的か否定的か），その集団の文化的慣習（友情の選択，使用言語，食物の好み，祭りへの参加等），そしてこれらの慣習に対して感じる重要性，などが含まれる。もしこれらのアイデンティティの側面の間に高い相関が見られなければ，異文化接触は民族的または文化的アイデンティティの一部に影響するだけであるということになるだろう。

この理論を評価するために，Rosenthal & Feldman（1992）はこれらのアイデンティティの要素を，カナダとオーストラリアに滞在する中国人の 1 世と 2 世，香港の中国人学生との比較において検討した。予想通り，多くの民族アイデンティティの尺度間にあまり相関は見られなかった。文化的慣習と中国人として自分を位置づけることは 1 世において減少したが，2 世においてもそれ以上の減少は見られなかった。アイデンティティの主観的評価と中国文化の慣習に対して感じる重要性はまったく減少していなかった（Keefe & Padilla, 1987 も参照のこと）。著者らは，文化的アイデンティティの行動面は時間とともに徐々に変化し得るが，内的要素はより変化に対して抵抗を見せる，と結論づけている。

今ある多くの文化的・民族的アイデンティティの尺度は，このような多面的な特徴を備えている。例えば，「Suinn-Lew アジア系自己アイデンティティ文化変容尺度（Suinn-Lew Asian Self-Identity Acculturation Scale）」(Suinn, Ahuna & Khoo, 1992) の因子分析は，5つの解釈可能な因子を導き出した。それらの因子は，①読み・書き・文化の好み，②民族的相互作用の選択，③民族的誇り，④世代に関するアイデンティティ，そして⑤食物の好み（Wang et al., 1993 も他の例を提示している）である。研究者がアイデンティティの行動面に研究を限定したとしても，同様な複雑性が見られる。Horvath, Marsella & Yamada（印刷中）は，さまざまな民族文化的伝統への参加を反映する「民族文化的アイデンティティ行動指標尺度（Ethnocultural Identity Behavior Index）」を提唱した。彼らはそれぞれが関連しているが，区別できる行動面における文化的アイデンティティの3つの因子（文化的活動，社会的相互作用，言語的機会）を導き出している。

このような区別をすると，個人が独自の文化的アイデンティティのプロフィールを形成する可能性が高いということがいえる。しかし研究者らはこれらの区別された民族的および文化的アイデンティティの要素を1つの指標にまとめてしまい，そうすることによってアイデンティティの側面の明確な関係の発見を阻んでいる（例：Cuellar, Harris & Jasso, 1980; Kodama & Canetto, 1995; Leong, 1996）。例えば，Ward（1996）の心理的および社会文化的適応の尺度は，おそらく他の文化的アイデンティティの要素と関連しているだろう（関連した情報は Ward & Kennedy, 1994 も参照のこと）。

この文化変容における多面的な領域は，よりよいアプローチを提案している。それは新しい文化への適応を，伝承された文化の喪失を伴う0か1のプロセスと概念づけるのではなく，現在持っているレパートリーに加えられるものとして捉えている。LaFromboise, Coleman & Gerton（1993）はこれを「二者モデル（alternation model）」と呼んでいる。このモデルによると，「人はもともと持っている自分の文化的アイデンティティを失ったりどちらか1つの文化を選択しなければならないのではなく，2つの文化の中でコンピテンス（能力）を得ることができる」（p. 395）。このアプローチでは自分の，および他の文化集団特有の行動に対して進んで従事しようとする心持ちや能力が評価される。そうすると，ある人はどちらの文化集団においても自分のアイデンティティが高いかもしれないし低いかもしれない。Havath & Singelis（印刷中）はこのアプローチを用いて，ハワイの学生を欧米型・伝統型・文化隔離型・バイカルチュラル型に分類した。予測した通り，バイカルチュラル型は伝統型と同じように高い相互依存的な自己の捉え方をし，また欧米型と同じように高い相互独立的な自己の捉え方をしていた。この二面的アプローチはヒスパニック系アメリカ人

(Szapocznik, Kurtines & Fernandez, 1980) やイスラエル系アラブ人（Zak, 1976）にも用いられている。

　二面的アプローチはBerry（1990）の文化的態度の研究（本書 pp. 321-2 参照）と一致する。彼は伝承された文化に属する成員の中で使用する行動の一式と，ホストの文化の成員との行動の一式を備えた，状況に対応できる柔軟な人間について提唱している。研究の中に見られる文化的アイデンティティと心理的・社会文化的適応の矛盾の理由の一部は，研究者が文化的アイデンティティの捉え方を一面的な構成とするか二面的な構成とするかによると思われる（Ward, 1996）。

■自己と文化的アイデンティティ　　Weinreich（1986）は，文化的または民族的アイデンティティを「先祖の捉え方と民族性との関わりに対する未来への抱負の間の連続性を表した自己の捉え方全体の一部」（p. 308）と定義している。これは個人が自己において，自分自身で伝来の文化的伝統を位置づけることを要する現象的な考え方である。他の文化的伝統もこの知覚的空間に位置づけられるため，このアプローチはさまざまな文化集団が自己にもたらす影響を吟味するには理想的だといえる（Weinreich, 1996）。これらの検証は自尊心などの心理的機能の指標と関連づけることができ，これはWeinreich（1989）のアイデンティティ構造分析（Identity Structure Analysis: ISA）から引き出すことができる。この方法は，移民の親を持つ子ども（Kelly, 1989）や集団間の敵意行為に巻き込まれた人々（Weinreich, 1992）など，多文化の影響が見られる状況に多く応用されている。

　ISAは平穏な多文化社会の中で育った人々にも用いることができる。Weinreich, Luk & Bond（1996）はベトナム難民を含む欧米，中国，およびその他の文化集団にふれている香港の大学生のアイデンティティのパターンを検討した。被験者の人格構成を評定したところ，彼らの自己認識は欧米人と香港系中国人としての認識においては同じ度合いを示したが，中国人やアジア人としての自己の認識は低い度合いを示した。香港系中国人としての自己認識の高さは主に親や仲間の認識と関連していて，高い自尊心を伴っていた。しかし，欧米人としての自己の認識も主に仲間の認識と自尊心が関連していた。中国人集団としての自己の認識は親の認識と関連していたが，さらにアイデンティティの拡散——一貫した文化的基礎観念の欠如（Weinreich et al., 1996, p. 109）——とも関係があった。著者らはこの結果から，文化的自己認識は多面的で社会化の影響と結びついており，個人によってその人の抱負と多文化的状況での文化的影響を照らし合わせられ，形づけられるものであると論じている。

■価値観の文化変容　　多くの社会学者たちは価値観を，ある文化集団を他の集団と

区別する基礎的な変数として捉えている。本書の中でも類似した視点を適用している。そのため，研究者が価値観の変容を文化変容の尺度として研究してきた（例：Feather, 1979）ことは不思議ではない。典型的な方法として移民の世代間の価値観の違いを研究するものがある。Feldman, Mont-Reynaud & Rosenthal（1992）は，8つの価値観の側面に関して，アメリカとオーストラリアに移住してきた中国人の移民1世と2世の違いを，ホストであるアングロ系白人と香港に住んでいる中国人と比較することによって検討した。ホスト側の価値観に近づく変容は1世において早かったが，その後は遅かった。しかし文化変容の速度と範囲は価値観の側面によることがわかった。「伝統」において急激な変容が見られたが，「家族としての単位の保持（integrity of family unit）」においては少しの変容しか見られなかった。このように価値観の変容は自分の文化の起源から新しい文化へ向かって起こることから，この移り変わりは文化的アイデンティティの喪失と名づけられるかもしれない。

　Georgasら（1996）は，ギリシャ人が移住するときに見られるこのような家族の価値観の喪失の証拠を見いだした。そして彼らは，この喪失は男性や年配の移民よりも女性や若者においてより大きいということを示している。また，この喪失は同化のイデオロギーが支配しているヨーロッパの国々よりも，融合的な政策が実施されているカナダの方がより少ない。つまり，社会的および政治的要素が，移民の経験における文化変容の影響を緩和していると思われる。

　Weinreich（1986）が論じているように，異なった世代の移民の価値観を他の集団と比較することによっても，価値観における文化変容を検討することができる。Cameron & Lalonde（1994）は，カナダに住むイタリア系移民の1世と2世の類似点の評定を比較した。移民1世は自分たちを，家族，友だち，昔ながらの価値観（Old World values）を保持している他の移民者たちと同類と見ていた。一方，2世はより複雑な価値観の位置づけを行なっており，彼ら自身をイタリア人から離れたところで，よりカナダ人に近いところに位置づけていた。すなわち，少なくとも伝承される文化を持つ集団の視点においては，移住は文化の喪失を生じさせると思われる。

　しかしながら移民の2世に見られた複雑な自己認識は，多文化社会における若者にも見られるかもしれない。Bond & Mak（1996）は，香港の学生たちに，自分自身と，さまざまな中国文化と欧米文化の典型的な集団成員とされた人たちの価値観を評定させた。これらの標準的な若者たちは，自分たちの価値観は自分たちの内集団である香港人よりもシンガポール人により類似していると評定した。さらにこれらの香港人は台湾や中華人民共和国の中国人（香港人以外）により近い。このことから，移住の経験がなくても文化の「喪失」はあるという証拠を見つけることが可能であるといえるだろう。民族的に多様な社会においては，創造的な文化変容が起こり得るに十分な文

化的選択が提供されているのである。

■パーソナリティの文化変容　パーソナリティの分野における文化変容の研究にとって，理想的な方法は縦断研究である。しかし，現在のところそのような研究は行なわれていない。次に望ましいのは，移民のコホートを用いて，彼らのスコアを移民のもとの文化と彼らのホストの文化のプロフィールと比較する横断研究とされている。この方法を用いるには数々の文化にわたって同質なパーソナリティ尺度を使用していることを確認することが不可欠である。

　McCraeら (1997) は，はじめにNEO PI-R (McCrae et al., 1996) の構造的な等質性を確かめることによって尺度の等質性を確かめた。そして彼らは翻訳の同質性を確かめるために，バイリンガルの英語と中国語の質問紙の回答を比較した。このような検討を踏まえた上で，文化変容の影響を査定することができたのである。香港生まれの中国人とカナダ生まれの中国人の自己評定と他者による評定の両方を比較した結果，カナダ生まれの中国人は外向性全体と開放性全体，そして協調性の中の1つである信頼，利他主義，柔和な心の側面が高かったことが明らかになった。彼らは「カナダの文化は香港の中国文化よりも社会的行動や態度，経験に対する開放性を促進すると思われる」(p. 24) と結論づけている。

　さらに，McCraeら (1997) は，カナダ生まれおよび香港生まれの中国人とヨーロッパ系のカナダ人を比較することによってパーソナリティにおける民族差の査定を行なった。彼らは「どの国からである（どのくらいカナダに住んでいるか）ということにはかかわらず，中国人の学部生はヨーロッパ系の北米人よりもE尺度，特にE3の主張性 (assertiveness) とE4の活動性 (activity) において低い値を示している」(p. 29) ことを見いだしている。つまり，この複雑な研究計画と精密な分析は，文化変容と民族性に関する，包括的で普遍的に応用できるパーソナリティの尺度についての結論を導き出すことを可能にしている。この研究が後に行なわれる他の文化研究のための基準となることが望まれる。

3．異文化接触における結果の予測

(1)結果の研究

　接触仮説 (Amir, 1969) は，異なった集団のメンバーとの相互作用は集団間の偏見と敵意を低減すると述べている。しかし，この仮説に基づいた研究は，集団間の改善が起きやすい状況の範囲を狭める結果を報告している (Amir, 1976; Hewstone &

■ボックス10.4■　再移住：再び「家」に戻る

　多くの人は滞在した国から（時には今までの人生のすべてを過ごした国から）もとの自分の文化圏に戻る。帰国の理由は経済的または社会文化的かもしれない。多くの場合，帰国は自発的な行為だが，その帰国者の子どもは移動に関して決定の余地が与えられない。

　帰国者，特にその子どもたちの経験はしばしば困難なものである（Harvey, 1983; Kidder, 1991）。Tamura & Furnham（1993）は，男子よりも女子の方が適応の問題を抱えやすく，海外に長期滞在していればいるほど不満や困難は増える，ということを見いだしている。Georgas & Papastylianou（1996a）は，これらの子どもたちが持つ同国人に対する否定的な態度は，時間とともに弱まるどころか強められてしまうことを発見した。多くの子どもは，自分のもとの文化慣習やアイデンティティへの同化よりも統合の方略（Berry, 1990）を選んだ（Georgas & Papastylianou, 1996b）。

　年長者の帰国者に関する実証的な研究はあまりなされていない。帰国子女の数が増加し，その重要性が高まっているにもかかわらず（Westwood & Lowrance, 1988），年長者の再適応についてはほとんど知られていない。ビジネスマンについてはより頻繁に研究されている（Harvey, 1989）。アメリカの管理職とその配偶者に関する包括的な研究の中で，Black & Gregersen（1991）は，仕事や母国や一般的な環境における適応の問題は，長期にわたって海外に滞在した若い人と，社会的な地位および住居状況が悪い人において，より多く経験される。

　再移住に関する綿密な概念化と，さらなる研究が必要である（Martin, 1984）。

Brown, 1986）。実際にStroebe, Lenkert & Jonas（1988）は，交換留学は肯定的というより，むしろ否定的なステレオタイプを磨きあげることになってしまうことを明らかにした。Haddock, Zanna & Esses（1994）が行なったカナダにおける民族集団の研究や，Islam & Hewstone（1993a）のバングラデシュの宗教集団の研究が示しているように，これは接触の質が否定的であったときに起こりやすい。それに伴って差別が起こりやすくなる。

　集団間のレベルでは，むき出しの敵意が見られることがある。対立が抑圧されたりすることによって，恨みや憎しみが水面下で今にも爆発しそうになっているかもしれない。協調的な対集団関係の雰囲気を持つカナダでも，国民が持つ文化集団についての好みには民族的なヒエラルキーが見られる（Berry & Kalin, 1979）。外集団と比較して（支配的なアングロサクソン系の集団とともに）自分の集団を好むという自民族中心主義も存在する。他の集団に対する否定的な認知は，それらの集団が報告してい

る認知と対応している。しかし多くの社会科学者たちは，このような態度的布置が，どのような多民族的な状況においても期待される，最もよい形と捉えている。

対人関係のレベルでは，接触の種類によってさまざまな結果が得られている。例えば，Furnham & Bochner (1986) は「その国に長い期間滞在していても，海外からの学生はホストの国を親密に知ることはないという証拠が圧倒的に多い。よって彼らはホスト社会から社会的にかなり隔離されている」(p. 16) と結論づけている。オーストラリアでの1年の滞在を経た日本人の留学生は，かなり低い社会言語能力しか習得しない (Marriott, 1993b)。またオーストラリアにいるアジアの学生は，日常の社会状況における多くの困難を報告している (Barker et al., 1991)。人種的，民族的マイノリティは，アングロ系白人の大集団よりも意思決定における貢献度が低い (Kirchmeyer, 1993)。また国際結婚においても，1つの文化圏内での結婚よりも離婚率が高い (Carter & Glick, 1970; Ho & Johnson, 1990)。さらに援助行動の研究は，一般的に同国人は外国人よりも援助を受けやすいことを示している (Bochner, 1982, pp. 21-2)。

これらの結果は断片的であまり整理されていないようである。また，これらの研究は，ホスト社会において，他の文化から来ている人と交流をする人間に関わっている。つまり，彼らの関わりとその結果は，ホスト特有の集団間の要因，つまり歴史やそこに関わる集団の文化，そしてその出会いの政治的・社会的状況に影響されていることになる。よって一般化することは難しいといえよう。幸いにも，1つ以上の国からサンプルをとる研究が徐々にでてきたので (Berry & Kwak, 1996)，よりしっかりとした結論が導けるようになるだろう。しかし，現存の研究結果から，異文化間関係は，一文化圏内での関係よりも困難であると予測されている。しかし実用主義に基づく社会科学者らは一般的な結果から離れて，人々が文化の国境を越えて関わり合うときに具体的に何が成功をもたらすのかを追究するようになった。

■**文化的予測要因**　安定していて閉鎖的な集団の中で社会化された人の方が，自己管理型で相互作用における柔軟性を持つように社会化された人よりも，文化間移動をしたときより困難に出会うであろうと予測される。なぜなら前者は新しい環境において失うものが多く，後者は得るものが多いからである。

Carden & Feicht (1991) の研究はこの理由づけを支持している。彼らは故郷から離れてキャンパス内の寮に住んでいるトルコ人とアメリカ人の女性の「ホームシック」を研究した。集団主義的なトルコ人女性はアメリカ人女性よりもいっそうホームシックであった。このような反応は回答者の文化内でも起こる。特に集団主義的な人や集団主義的文化からの人が旅行をするとき，同様のホームシックのパターンが起こるだ

ろう。

　さらに Hofstede（1980）の文化的側面，または Shwartz（1994）などによるその他の価値観における多文化研究を用いることで，より幅のある仮説を発展させることができる。彼のクラスター分析結果によると，デンマークやスウェーデンなどは非常に類似したプロフィールを持ち，イタリアとメキシコなどはかなり異なったプロフィールを持っている。単純に考えると，価値観に大きな文化差がある国の間を旅行すると，より大きな困難にぶつかるということが予測できる。文化差の側面を１つひとつ別個に見ていくことで，この仮説によりいっそう磨きをかけることができる。困難について，またそれをどうやって克服するかということは，背景にある文化の違いについての知識から引き出すことができる。Triandis, Brislin & Hui（1988）はこの方法を使って，「個人主義－集団主義の境界線を越える」のためのトレーニングを導き出した。Hofstede が提唱したその他の側面についても同様に扱うことができるだろう。

　その他のアプローチ（例：Harbison & Myers, 1959 の経済発展の段階）も，文化差の程度を測定するために使うことができる。この類の研究の結果は一般的に一致しており，文化が類似していると適応における困難は少ない（Ward & Searle, 1991）ということを支持している。この結果は「知覚された」文化差の程度を表している（Furnham & Erdmann, 1995; Osbeck, Moghaddam & Perreault, 1997）。このような研究では，文化的距離は心理的適応と社会文化的適応に別々に影響するため，これら２つを別個に考えなければならない（Phalet & Hafendoorn, 1996）。また，言語にまつわる困難は，心理身体的な問題（Chataway & Berry, 1989）とホスト集団に対する肯定的態度（Smith, Griffith, Griffith & Steger, 1980）と日常的に関連しているので，文化的予測要因の１つとして考えることもできる。

■政治的予測要因　　難民や移民，またはその他の一時滞在者の適応における政治政策の影響の研究は数少ない（Berry, 1984）。しかし，「大きな社会への参加や先祖伝来の文化の保持がその社会の政策や慣習によって受け入れられるならば，文化変容におけるストレスの可能性を軽減することができると実証的に示されている」（Berry, 1991b, p. 17）。ここでいう慣習とは，政府がスポンサーとなる言語獲得や文化のオリエンテーションプログラム，仮住宅や健康管理対策，仕事の研修や職業紹介の援助，承諾されやすい市民権などである。このような緩和された政策は，広範囲におよぶ人権の遵守を特徴とする国では与えられているようである（Humana, 1986）。それはその国の個人主義（Hofstede, 1980）や統合（The Chinese Culture Connection, 1987），平等主義へのコミットメントと，社会構造の階層性の程度の低さ（Schwartz, 1994）と関連している（Bond & Chan, 1995 も参照のこと）。

■**デモグラフィックな予測要因**　最近の研究結果は，権威主義に関するパーソナリティの側面を予測した先行研究と一致している。

> すべての場合，社会・経済的に地位の高い回答者は，低い回答者よりも（他の文化集団に対して）肯定的な態度を示した。これらの差異は学歴のレベルにおいていっそう明確であるが，一般的に職業における地位や収入においても同様のパターンが見られた。
> （Berry, Kalin & Taylor, 1980, p. 275）

同様に，ある国の社会階級において高い地位にある集団は，肯定的な対集団間態度を示した。著者は，この結果を特別扱いされた文化集団の成員が感じる大きな安定感からくるもの，と解釈している。ある社会階級の中での安定感，特に経済的な安定感は，あらゆる文化的状況で見られる外集団に対する偏見の尺度と関係していると予測される。するとこの偏見は，外部の民族集団に対して知覚される差別を反映していることになり，さらに社会文化的適応の問題とも関連してくるだろう（Aycan & Berry, 1996）。

Phalet & Hagendoorn（1996）は次のように議論している。

■**ボックス10.5**■　**認知された差別**

差別の経験には，外集団の成員ということで個人に向けられたものと，その個人の集団に向けられたものがある。Dion（1986）は「個人に向けられている認知された差別はストレスや否定的な情動，さらに内集団への同一視を強化する」（p. 176）と述べている。このような同一視は，その個人の集団が剥奪や差別を受けているような感覚を導いてしまう。この集団としての差別は闘争的な抗議の前兆となる（Dion & Kawakami, 1996）。そして特に明らかに少数民族である者においては，民族隔離と関連してしまう（Maghoddam, 1994）。

Aycan & Berry（1994）は，トルコ人の移民が認知しているカナダから受ける強い差別は，彼らの社会文化的適応の低さと関連していることを示している。Dion, Dion & Pak（1992）は，心理的適応の諸問題は，ストレス耐性の弱い人（統制，冒険，コミットメントの感覚が関連するパーソナリティシンドローム：Kobasa, 1979）の認知された差別と関連していることを見いだした。少数民族の出身の女性は，明らかにより低い自尊心を持ちやすい。なぜなら彼女らは文化とジェンダーの間で「二重の危険（double jeopardy）」に挟まれているからだろう（Pak, Dion & Dion, 1991）。

多くの場合（常ではないが），文化変容する集団と有力な文化集団の関係は不平等である。その土地に来てまだ新しい移民たちがホストの社会で成功を手にするための経済的，社会的，文化的資源は足りない。限られた資源と低い地位，または世評が移民とホストの間に社会的不平等を成立させ，永続させている……。(p. 134)

Aycan & Berry（1996）の研究が示したように，国内ではなく国際的な移住が起きたとき，この社会的不平等が，内的適応とは反対に，外的（社会文化的）適応に影響を与えるのである。

社会的不平等は女性の適応をより困難なものにする（例：Carballo, 1994）。受け入れ国での女性の地位は，女性の新しい役割を獲得する機会を広げたり狭めたりする（Population Crisis Committee, 1988）。すると新しい機会が，先祖元来の文化において期待される役割期待と彼女たちの間に葛藤を引き起こす。そしてNaidoo & Davis（1988）がカナダに住む南アジア女性に見いだしたように，これが彼女たちに大きな心理的リスクをもたらすのである。また，年齢も適応の結果に影響する。小学校就学前の文化変容はたいていスムーズに進むが（Beiser et al., 1988），それ以後は，適応のためのスキルを学習することが困難になるため，文化変容は難しくなる（Ebrahim, 1992）。

■社会的予測要因　社会心理学では，肯定的な対集団間接触を導く社会的状況を見極めるために，相当な努力が積み重ねられてきた。Stephan（1985）はこれに関する多くの文献を再検討した。そして彼は，個人が集団の境を越えて関わる場合，外集団に対する肯定的な態度を促進する13の接触状況の特徴を導き出した（ボックス10.6）。

このリストは主に個人主義的な文化変容に属し，同じ国家文化を共有する人々を対象とした集団間研究から抽出されたものである。この中のいくつかの特徴は，他の文化システムや文化に関しては修正が必要である。例えば，集団主義的な文化状況では，社会的地位を越えた接触や，コンピテンスの差異が存在する状況はあたりまえである。多文化組織の中でこのような集団間接触が社会規範である場合，否定的というよりは肯定的な結果が期待されるかもしれない（Gudykunst, 1988も参照のこと）。しかし，Stephan（1985）の提唱したリストは研究の仮説を発展させ，実りの多い結果を構成していく上で役に立つスタート地点なのである。

集団レベルの結果に対して，個人レベルの結果に関する社会的要因の中で最も研究されているのはソーシャルサポート（社会的支援）である。心理的適応は同国籍者の支援の質（Ward, 1996），特に配偶者の支援（Torbiörn, 1982）が関係している。おそらく接触の質よりは量が問題となるが（Islam & Hewstone, 1993aも参照のこと），

> ■ボックス10.6■　集団間の調和を促進する社会的要因
>
> 1. 集団内の協力を最大にし，集団間の対立を出来るだけくいとめるべきである。
> 2. 内・外集団両方の成員の地位は，接触状況の中でも外でも，等しくするべきである。
> 3. 地位に関係ない側面（信念や価値観等）における集団成員の類似性が現れることが望ましい。
> 4. コンピテンスにおける差異は避けるべきである。
> 5. 対集団間接触がポジティブでなければならない。
> 6. 接触に関して規範的で制度化された強い支援が与えられるべきである。
> 7. 文化間接触はその場に留まらず，それ以上に発展する可能性を持つべきである。
> 8. 成員の個性化を促進するべきである。
> 9. 非表面的な接触（例：情報の相互的な開示）は助成されるべきである。
> 10. 接触は自発的であるべきである。
> 11. よい接触は接触の持続と関連しやすい。
> 12. 接触はさまざまな内・外集団の成員と，さまざまな状況で行なわれるべきである。
> 13. 内・外集団の成員の数は等しくするべきである。
>
> 出典：Gudykunst（1991），p. 80

ホスト文化の成員の支援も心理的幸福感に関係している（Stone Feinstein & Ward, 1990）。ホスト文化の成員と多くの接触を持つ人は，必要な相互作用のスキルを身につけやすく，したがって高い社会文化的適応を示す（Ward & Kennedy, 1993）。

■パーソナリティ予測要因　Church（1982）は，さまざまな異文化接触の結果の尺度に及ぼすパーソナリティ尺度の影響についての多くの研究をまとめた。尺度の出所がさまざまであり，さらに1950年以降の多様な一時的滞在者のタイプが，多様なコンテクストにおいて多様なホスト文化と関わっているため，得られた結果は解釈できないほど複雑であった。

　この複雑な結果は，パーソナリティのビッグ・ファイブ（第4章参照）やWardの文化変容における2側面などの大まかな分類を使って簡略化することができる。内的統制，自己効力，達成志向と関連性を持つ側面を含む「誠実性（conscientiousness）」は，常に心理的適応と関連し（Ward, 1996），時として社会文化的適応とも関連する（例：Phalet & Hagendoorn, 1996）。外向性は結果の対立を和らげるため，Ward

(1996) はこれをホスト文化の規範に対するパーソナリティの適合に重要なものと位置づけた。神経症傾向は，文化間の適応を遅らせる文化間不安と関連があるにもかかわらず，あまり研究はされていない（Gao & Gudykunst, 1990）。もちろん，神経症はあらゆる人生の変わり目における適応，特に心理的適応を妨げる。ゆえに神経症患者は自発的な異文化間相互作用のためのプログラムから排除されることがしばしばある。

協調性についてもあまり研究されていない。しかしRuben & Kealey（1979）の慎重な研究から，（非）自己中心的役割行動と尊敬の誇示は心理的適応と効力（社会文化的適応？）両方の喪失を予測することを明らかにした。これらの特徴は協調性（謙遜，利他主義など）に関連しているので，この結果は示唆に富む。

「経験に対する開放性」は，Ruben & Kealey（1979）が効力を予測すると結論づけた「不確実性に対する耐性」の尺度によってふれられている。開放性は非耐性の尺度と負の関連を示している。したがって，高い開放性は，適応する社会的スキルの学習につながる文化間接触を促進すると予測される。

■**態度の予測要因**　Berryは，自分の文化集団に対する態度と他の文化集団に対する態度の2つの志向を明らかにし，それに基づいて文化変容における態度の類型を次のように発展させた。

> 人は，自分の文化的アイデンティティと慣習は価値があるものかどうか，そして保持するものであるかどうかということを決断し，社会の中で自分の民族的な区別の保持と発展に関与していく。その他の問題は，民族間接触の望ましさについて，社会の中で他の集団との関係は価値があるものかどうか，そして求めるものであるかどうかということを決定していく（多文化主義の政策に知見のある人は，伝来文化保持と社会的参加・共有という政策における2つの基本的な要因に気づくだろう）。(1990, p. 14)

もしこれらの立場を2つに分けたとしたら，態度を4種類に分ける分類法がつくられる。その4つとは，統合（integration: 両方の集団の文化的伝統が尊重される），同化（assimilation: 伝来の文化が拒絶され，他の文化が取り込まれる），分化（separation: 伝来の文化に固執し，その他の文化を拒絶する），周辺化（marginalization: どちらの文化も拒否する）である。Berryらは，これら4つの態度に関して文化特有の尺度を作成した（Berry, 1990, 1997）。統合と同化は心理的適応と，また分化と周辺化は不適応と心理身体的問題と，それぞれ正の関係を示した（例：Berry et al., 1989）。この研究をさらに広げて，Ward & Kennedy（1994）はホ

ストの国との強い一体感は，より高い社会文化的適応を予測することを明らかにしている。

したがって，Berryの文化変容に関する4つの態度は，心理的および社会文化的適応のどちらからも示唆されているようである。しかし，これら4つの態度は，基本的なパーソナリティの側面である神経症的側面（Schmitz, 1992）と経験に対する開放性（Schmitz, 1996）の影響を受けている。例えば，神経症的傾向の中の1つである「傷つきやすさ」や開放性の価値のような具体的な側面は特に重要である。多様な媒介を通して（例えば，文化変容に関する態度）適応の結果とパーソナリティは関連しているので，心理測定の進歩は適応の結果のアセスメントを可能にしている（このようなモデルは，McCrae & Costa, 1996を参照のこと）。

■スキル　Bochner（1986）とFurnham（1989）は，異文化適応の問題にスキルの観点からアプローチした。どの文化集団が関わっているかによって（Triandis, 1995b），ホストとの相互作用のルールに関する具体的な知識が必要となる。この知識はいろいろな情報源から集めることができ，自分が正しいと思い込まないようにするガイダンス（Schneller, 1989）や，新しい文化的コンテクストでの予想していなかった対人行動に関して文化的に正しい帰属をするための情報（Bhawuk, 1996; Brislin et al., 1986）も含まれる。

次に，新しい文化での行動の規範的なパターンに関する知識を，実際に実行しなければならない。Argyle（1979）は，人が伸ばすことができる7つの社会的スキルを明確にしている。それらは，視点の取得，表現力，座談の才（話題の豊富さ），主張性，情緒性，不安制御，協力関係の7つである。これら多くのスキルは非言語的行動の側面を含むが，これは対人関係を統制する上でとても重要である。これらの対人的側面に関する文化の立場を知ってしまえば，何か「不足」している人々はいろいろな文化的状況におけるさまざまな反応を学習すればよいのである。例えば，Collett（1971）は，普段「つんとした」イギリス人にアラブ文化における非言語的スキルを教えることに成功し，彼らがアラブ人に与える印象を改善することができた。Wolfgang（1992）は，非言語的行動のトレーニング・マニュアルを制作した。Deshpande & Viswesvaran（1992）は，他の国に滞在している管理職のためのさまざまな異文化トレーニングは効果的であるという証拠を検討している。パーソナリティや前の異文化経験などによって，文化的に適応できるスキルをもう既に持っていることもある（Parker & McEvoy, 1993）。必要とされるスキルを既に持っている，あるいはスキルを高めるのに成功している場合は，より高い社会文化的適応が可能となるだろう（Ward & Searle, 1991）。

■ボックス10.7■ カルチャー・アシミレーター

「カルチャー・アシミレーター」は，異文化間の帰属の正確さの改善を教えるための方略である。Brislinら（1986）は，社会的相互作用での18の普遍的なテーマ（例：権力－服従）の結びつきにおける異文化間の誤解を多種集めることによって，文化の一般的な「カルチャー・アシミレーター」を展開した。「カルチャー・アシミレーター」に参加すると，まず細かい「重要なできごと」を数多く呈示され，その登場人物たちの行き詰まりについて正しい解釈を選択するように求められる。そして，1つひとつの選択について，多くの情報を含んだ解説が与えられる。そうすることによってそこに含まれる文化的な理論の理解を深めるのである。例を見てみよう。以下の文を読んで，次のページに進む前に自分の力で回答してみよう。

――すごい！ 礼儀正しすぎる！――

　Martha Andersonさんが手伝っている英語のクラスはとてもうまくいっている。ベトナム人，カンボジア人，中央アメリカ人の生徒はお互いとても楽しんでいるようで，よく適応しているようだ。男女ともどもお互いをよく助け合っている。あまり他の文化にふれたことがないMarthaさんは彼らの関わり合いのスムーズさに驚き，彼女がクラスで見かけた変わった行動についてインストラクターによく質問をしていた。彼らはお互いを理解できていないときでさえもとても礼儀正しい。特に彼らがMarthaさんや他のインストラクターに話しかけるときはとても礼儀正しいのだ。格式張った丁寧な肩書きで呼ぶのだ。Marthaさんは生徒となかよくなりたい，もっと気軽にしてもらいたいと思った。ある時，彼女はVien Thuy Ng君と個人的に話していた。彼女は「私の名前はMarthaよ。Marthaって呼んで！」と名前で呼ぶように頼んだ。Vienは彼女の名前を知っていることを伝え，そして「ふさわしい肩書きでお呼びすることはよくないのですか？」と応えた。Marthaさんは，それは堅苦しすぎる，よい友だちになって名前で呼び合いましょう，と主張した。Vienは笑みを浮かべてうなずいたが，次の週，英語のクラスには戻ってこなかった。

このような状況を説明できるものはどれか？
1．女性は男性に話しかける者ではないはずなので，Vien Thuy Ng君はMarthaさんは攻撃的すぎて彼に対して図々しいと思った。
2．Marthaさんはひとりを選ぶべきではなかった。Vien君は選ばれたくなかった。
3．Vien君にとって英語のクラスはとても難しく，彼は何が起きているのかさっぱりわからなかった。
4．Marthaさんは複雑な南アジア諸国の社会階層システムを乱してしまった。

これはパーソナリティからのアプローチよりも，異文化適応に対する微視的なアプローチで，その状況特有の必要条件（Dinges & Lieberman, 1989）と，対象である2つの文化の特徴（Triandis, 1993）を考慮しなければならない。このアプローチは集中的なトレーニングプログラムにとっては有益であるが，ある特定の文化への適応のための特定のスキルに関して正しい知識がなければならないので，さらに詳細なアセスメントが必要となる。

コミュニケーション・スキルはこのようなプログラムの重要な構成要素となっている（Kealey, 1989）。Milhouse（1993）は文化的に同様に見られる5つのコミュニケーション・スキルの要素（表現力，平静さ，他者中心主義，対人関係の管理，ヴォー

■ボックス10.8■　カルチャー・アシミレーター──説明と解釈

1. 多くの南アジア諸国では，男性へのアプローチなど，女性の役割はいくらか限られている。しかし，このクラスはアメリカにあり，他の国からの生徒もいればインストラクターも一緒に関わっている。クラスはいろいろな人が交じり合っているということ，生徒たちもなかよくやっていたようだということからすると，これはVien君がクラスからいなくなる理由ではない。ほかに，より適切な答えがある。もう1度選び直してみよう。
2. 確かにアジアの社会からの人は選ばれることを好まない。しかし，正しい答えは，選抜されることとあまり関係はない。MarthaさんはVien君と2人きりで話していたし，他の人もいなかったので，大きな恥はかかなかっただろう。ほかに理由はある。もう1度選んでみよう。
3. クラスではすべてうまくいっていたようだというシナリオからも，この結論は導きがたい。もう1度選んでみよう。
4. これが最もよい答えである。南アジアの人々はとても複雑な地位階層のシステムを持っている。Marthaさんが自分の役割や認知された地位を軽くしようとしたことで，このシステムを乱してしまったのである。しかし，彼女の試みが，Vien君が戻ることを拒むすべての理由ではないかもしれない。もし彼女がそれとなく言って，Vien君の選択の余地を残しておいたら，彼はもっと気楽だったのかもしれない。彼女の主張が，Vien君を彼の世界観やライフスタイルを影響していた価値観を捨てなくてはいけない状況に追い込んでしまったのだ。

出典：Brislin et al. (1986)

カリックス*）を明らかにした。ドイツ人とアメリカ人の両方については，これらの要素の高得点と高い対人関係の質と関連していた。もちろん，これらのスキル要素はその文化特有の視点に基づいて判断されなければならず，スキル・トレーニングがいかに精密で正確でなければならないかということを示している。Martin & Hammer (1989) はコミュニケーション・スキルの要素をさらに補足している。

ことさら強調されるべき重要なスキルは言語能力である。他の文化集団の母語を流暢に使うことは社会文化的適応を促進する（Ward, 1996）。われわれが外集団との間に経験する不確実さや不安をこの流暢さが軽減するために，このような結果が生じると思われる（Gudykunst, 1995）。それによって文化の境界を越えた相互作用が促進される。この相互作用を通して，われわれは正しい言語の使用を獲得することが容易になり，コミュニケーションをする意図に関してまちがった帰属を避けることができる。

もちろん，滞在者や移民の大多数はトレーニングプログラムにアクセスするすべがないので，自分の力でできるだけの適応をしなければならない。日常に起こっている文化の境界線を越えた出会いの中で，大枠のパーソナリティの特性が，これらの必要なスキルを自ら進んで学ぶことや，学ぶ能力に影響を与えると思われる。こうした能力を効率よく機能させることを学習することで，協調性や外向性などの特性が，「異文化の友だち（culture friend）」またはサポートネットワーク形成のガイドとなる媒体をつくることを可能にするであろう。

(2)異文化接触の結果をもたらす中でのメタ文化的認識

結婚とは，われわれのすべてのスキルと維持するためのコミットメントを必要とする，内包的かつ連続的な関係である。誤解と対立の可能性は非常に大きい。驚くべくもなく，異文化間結婚は同じ文化での結婚よりも高い離婚率を示している（Ho & Johnson, 1990）。この結果に疑問の余地はない。なぜならこのような包括的な関係では，既に述べてきた多くの文化の違いが関与して相当な対立を引き起こすからである（Ting-Toomey, 1994a）。

Fontaine (1990) は，持続している異文化間結婚は，文化間関係に関する研究の有益な事例研究となるとしている。なぜなら一般的に「パートナーは，多様性に対する対処や大きな損害を埋め合わせて利益を得るために，実行可能なストラテジーを発達させているはず」（Fontaine & Dorch, 1980, p. 230）だからである。Fontaineによると，そのようなカップルは，「文化間におけるミクロ文化（inter-cultural

---

*ヴォーカリックス（vocalics）は，非言語コミュニケーションの1つとして考えられ，話者の声に反映される意味や情動をさす。

microculture)」をつくり出す。これによって，共有する人生において，互いに交渉することが可能になる。これらのミクロ文化は，「自分の文化」のやり方と「あなたの文化」のやり方の間に起こる対立を回避する手段の1つとして，手元にある課題の生態的コンテクストに着目する。文化の違いが表面化したとき，人はその違いを，配偶者のパーソナリティに帰属するというよりは文化的背景の違いのせいにすることがしばしば起こる。この帰属の仕方は文化に外的現実を与え，それは考慮し調節しなければならない課題の1つとなる。Fontaineは，時間とともに発展するのは，文化的喪失の感覚を感じないで，互いにそれぞれ受け継いだ伝来の文化から離れて創造的な統合体をつくる「文化間におけるミクロ文化」である，と報告している（Ting-Toomey, 1994bも参照のこと）。

　Fontaine（1990）の異文化間結婚に関する分析は，結婚の成功のための2つの重要な要因を明らかにしている。1つめは，配偶者の受け継いだ文化を認識しなければならないということであり，2つめは，互いが関わり合うときにその文化的遺産を一致させなければならないということである。この2つはどちらも「文化の外在化」のプロセスを促進する。相手の文化がそうであるように，自分が受け継いだ文化も自分から分離できるものとなる。文化を自分が受け継いだ伝統の確たる1つの要素として捉えることができるようになったとき，「メタ文化意識」を形成したということになる。

　このような意識は，個人的または直接的な異文化体験から発生し，配慮することを導き出したり（Langer, 1989），行動形成における文化の重要性を理解させたりする。そして，違う文化からの人と関わるとき，自分の文化的背景を分析し始める。彼らの伝統は「個人特有の特質（idiosyncrasies）」を説明することによって理解される。そうすることによって，適切な状況において他者の文化に適応できるようになり，さらに相手の「不適切」な行動も大目に見ることができるようになるのである。するとコミュニケーションにおける「防衛」も減少し，否定的な帰属も軽減されるだろう。

　メタ文化意識は，異文化体験の結果の成功をもたらす，重要でかつ新しい発見であると思われる。異文化間接触の研究においてメタ文化意識を配慮するようになると，典型的とされる否定的な結果は異なってくるだろう。しかし，このようなプロジェクトは，これからさらに洗練されていかなければならない。なぜならメタ文化意識は二者で行なうプロセスだからである。アメリカ人と日本人の初対面の場面で，お辞儀をしているアメリカ人の頭に日本人の伸ばした手がぶつかるという漫画を見たことがあるだろう。これは両者がそれぞれのメタ文化意識を表しているのだが，それがはじめから失敗に終わっているのである。どちらの集団も文化的に知識を深めることができるし，相手もそうだということを知っているので，どちらの文化的ルールを使うか，そしていつそれを使うかということを交渉しなければならないだろう。コミュニケー

ションの過程に複雑性の新しい層が加えられたのである。しかし，おそらくメタ文化意識は，この交渉において彼らをより忍耐強く寛大にするであろう。

4．組織内における異文化接触の結果を改善する

これから心理学者がいろいろなコンテクストにおける異文化間接触の改善に取り組むことに関して，ここに警告を述べておこう。

> 貧困に面した民族集団が，裕福で権力を持った人々との関わりを歓迎あるいは受容するのに，心理学的操作を多く駆使してもあまり効果は期待できないであろう。また，より優遇された文化の人々は，非常に不利な社会の人々の存在を快く思わないであろう。しかし，最小の実在的な葛藤——それでいて相互の不信の念や敵意，そして暴力さえも関わってくるような葛藤——に関して，心理学は貢献できるのである。(Bochner, 1982, p. 37)

歴史的，政治的，経済的，社会的状況が，文化間での出会いにおける心理学的な知識の応用の範囲を限定するというBochnerの指摘は正しい。前にふれたように，これらの要因は，Stephan (1985) が明らかにした非支持的な集団間の環境に関わっていることがよくある。これらは政治的な対応をされなくてはならず，より平等的な方法によって資源の配分をしなければならない。

このような政治的な問題は，国と国の間での論争や環境問題のような，共通の問題が関わっている国際的なレベルで検討する必要がある。これらの問題は本書の扱う範囲を越えている。その代わり，国内および国家間における組織の中で明るみに出てきた異文化問題に焦点を当ててみよう。Ruben (1989) は，異文化適応とコンピテンスに関する研究は，海外赴任中での失敗に関する説明の必要性や，人事決定のための方略，これから海外へ出る駐在員を対象としたテストの方法等のような実際的なところから始まっている，と指摘している。これらの必要性は外交上の団体や国際援助機関，多国籍企業やその他の組織の懸念を反映している。

実践家の焦点からのこの必要性は，慎重でかつ公表された研究がいまだかつて行なわれていないか，または公表されていない，ということを意味している。人権に関する関心が高まるなか，特に北米では，組織における文化の問題にどのように取り組むべきかに関する指針の要求が差し迫っている。この関心によって，多様性の効果的なマネジメントに関する多くの本が出版された（例：Cox, 1993; Hoecklin, 1993）。われわれの指摘を支持する前章での分析から，われわれもこの領域の発展に貢献している

といえるだろう。

(1)実際の組織的文化

ここでの問題は，新参者の適応に影響するものとして，文化が対人行動や組織の活動を形づくるということを組織自身が気づいているかどうかということである。もし気づいているならば，次の疑問は，組織に，方略や手続きに関して妥協する気があるかどうかということ，または組織が社員に，中国のことわざの「靴に入るように爪先を切る」が表すようなことを期待するかどうかということである。組織の方略や手続きが特定の文化的集団を利するとすれば，それは高く評価されるだろう。そうしたことを進められる人はたいてい重役の地位に就いており，自分たちの権力を弱めると思われることに関しては妥協を渋るであろう。おそらく，勢力差の小さい文化からの人々によって設立され維持されている組織は，このような留意に対してあまり抵抗しないと思われる（Bond, 1991b）。

■被雇用者集団の多様化　これを促進するには，以下にあげる条件が必要とされる。
　①文化の多様性をはっきりと支持する組織の方針。
　②文化的適応（cultural accommodation）を是認し，範とするトップマネジメント（Thomas & Ravlin, 1995）。
　③共通の組織アイデンティティを強化する慣習（Gaertner et al., 1993）と，それをめざす大枠での目標。
　④ある民族集団の成員が，組織内のすべての地位階級を獲得できるようにするトレーニングプログラムの準備（Landis & Bhagat, 1996）。そうするには民族的な境界線を立ち切ることを促進する。
　⑤客観的で行動的な側面に焦点を置いた，さまざまな仕事機能の評価基準。これらの基準には，多様な文化の境界線を越えて効率的に働ける能力が含まれるべきである。
　⑥手続き的および相互作用的な結果であるという共通の認知を高めるためにデザインされた組織内の手続き（Tyler & Bies, 1990）。
　⑦文化的・民族的集団からの成員を含んでいるという意味での，これらの手続きの遂行。
　⑧異文化間での共同作業において避けられない問題を乗り越えるために，多文化的なチームの中での集団プロセスを専門にするコンサルタントの利用（Watson et al., 1993）。このコンサルテーションは，文化的な礼儀作法に関して多くの情報を含めるべきである（Scollon & Scollon, 1983）。

Berry（1991a）は，大学における多様性に対する方策の計画と処理について，精密な事例研究を行なっている。

■**海外駐在者のサポートシステム**　現赴任先からの早期帰国の割合は過去に指摘されたほど高くはない（昔は先進国で25 - 40%，発展途上国で70%）（Harzing, 1995）。しかし早期帰国を防止するために，組織によって多くの助けとなる情報が与えられている。これらは，海外駐在者が認知する「心理的接触」を助長することによって，滞在することに対するコミットメントと生産性を強化することを目的としている（Guzzo, Noonan & Elron, 1994）。これらには以下のものが含まれる。

①新参者になじみ深いソーシャルサポートを与えるための，仕事場や仕事場の外で自文化からの成員との接触が可能であること。
②配偶者の適応に関する重要な要因への配慮の必要性（Torbiörn, 1982）。例えば，任務の前に相談するなど（Black & Gregerson, 1991）。
③組織内での共通語の効率的な使用に関してのトレーニング。多くの場合は英語だが，英語を母国語とする者としない者の両方を対象とする。
④新しい職場の文化的および環境的な特徴についてトレーニングを赴任前に行なうこと。
⑤文化的適応に関する問題についてアドバイスをしたり指導したりする，「職場内」でのカルチャー・アシミレーターのアドバイスを準備しておくこと。
⑥海外赴任から帰ってきた後に起こる「帰国」の問題を抱えている人についての考慮（Adler, 1981）があること。特に組織の中で，その人が以前携わっていた役職がその人の将来のキャリアに合っていることを保障することが大事である（Mendenhall, Dunbare & Oddou, 1987）。
⑦これらの情報提供の効果を強めるために，駐在中に行なう文化トレーニング（Brislin & Yoshida, 1994）。
⑧誤解を問題なく解決できる能力などの，異文化的有効性の局面を含む，仕事の評価基準を使用すること。
⑨現地の住人による駐在者の評価へのインプットを得ること。

(2) 人事の課題
■**多様性のあるワークチームのために**　偏見が持つ破壊的な圧力を軽減するためには，経験に対して高い開放性を持つことが何よりも大事である。その後は，チームの中での忍耐や共同作業や謙遜などを強化するために，高い協調性を持った人々が多文化的なチームを形成しているということに気づくだろう。おそらく外向性と関連して

いると思われるコミュニケーション・コンピテンス（Kirchmeyer, 1993）も，同様に少数集団の成員からの貢献度を上げるだろう。

■**海外赴任のために**　組織が赴任する人の候補に関して選択の余地がある場合は，前述したパーソナリティの要因を考慮するべきである。低い神経症的傾向は海外の環境や文化の中で生きるということに対するストレスの緩和を助けるので有効である。Schwartz（1994）の価値観の位置づけ等を使って，赴任者と赴任先の価値観を吟味し，文化的背景が赴任先の文化と最も類似している人を赴任者として選択するのは賢い判断であろう。さらに，言葉やホスト国の歴史や文学に関する知識等といった，文化に関連したスキルを持つことも利点である。最後に，学士号を海外で獲得した等の異文化状況での成功の記録は，海外赴任先で生産性を予測することができる。Black, Gregersen & Mendenhall（1992）は，ほかにも人事における配慮を明らかにしている。

5．結論

　世界は常に変動している。グローバル化時代を迎えて相互依存が広がるとともに異・多文化的接触は増加している。歴史的に見ると，そうした文化間の接触の結果はさまざまである。小説家のフォークナーが述べているように，人類は単に「生き残る」ではなく「打ち勝つ」のであるとすれば，われわれすべての人に，よりよいスキルと特性が必要となる。この変化する「時代の流れ（Zeitgeist）」として，例えば，異なる文化的背景を持つ人々と関わる能力は，アメリカ心理学会，カナダ心理学会ともに，倫理的要綱に含めている。他文化の識字も教育の重要な局面として扱われている（Luce & Smith, 1986）。そして心理学者は多文化に対する意識を高めるプログラムを開発している。この章は文化間のプロセスに重要な点とその結果を，それらに影響を及ぼしている要因を明らかにしてきた。グローバル化時代の将来を乗り越えていくには，これらの要因を綿密に考えていかなければならないだろう。

第11章 土着の心理学

> われわれは対照的な慣例に気づかない限り、自らの文化的遺産に盲目であるので、人間を研究する上で文化を腹蔵無く学ぶことは非常に重要となる。
> （ロゴフとモレリ, 1989）

　第3章で述べたように、多くの心理学研究者の目標とは、普遍的かつ無駄のない一般的原理により説明され得る人間の行動と経験の側面を見いだすことにあった。本書も同様の視点を採用し、これまで論じてきたさまざまな分野において観察された差異が、文化的多様性の一般的次元によって説明され得るかを検討してきた。この見解を追究する中で、Sinha（1997）がいわゆる「内容の土着化（content-indigenisation）」という表現で呼ぶように、別の地域で展開された理論を地元で得られたデータを用いて検証した数多くの例を私たちは見てきた。本章は、このタイプの研究を強調することが誤りであることを示す科学的証拠を探っていく。ある特定の文化集団内において独自に生じる感情や価値、そして行動に関する特有の形式の存在を提唱する研究者もいる。これらの現象が頻繁に生じる限り、それらを説明するような、その地域に土着の理論が必要となるであろう。

　これまでにわれわれが紹介してきた多くの研究が、本質的に、「強制されたエティック」である測度に依拠しているために、より明白な土着的な焦点に絞った研究例を見過ごしてきた可能性が大いにある。研究者が土着の効果を検知することが可能であるのは、基礎とする理論と依拠する測度のいずれもが、心理学が展開されてきた国々で研究者が出会った現象の範囲を超えるものまで捉え得る場合のみである。現存している研究文献の内容を調査してみることで、土着の研究を見過ごしてきた可能性を検討することができる。Öngel & Smith（1994）は、"Journal of Cross-Cultural Psychology"の発刊から24年の間に掲載された721の論文の内容分析を行なった。これらの研究のうち、「引き出されたエティック（derived-etic）」である研究方法を用いたものとして分類されたのは、たったの7つであった。言い換えれば、研究結果の一般性を異文化間で検証する以前に、研究者がもともとサンプルを得た文化で扱っていた概念を測るためのエミック的な妥当性を持った測定尺度を開発したのは、この7つの研究だけであった。さらに、Öngel & Smithは、研究者が基盤としていたのは、

多くの場合，北米（あるいはいくつかの例では西ヨーロッパ）に起源を持つ理論であることを明らかにした。

　他の学術誌の内容分析によっても，世界中で実施された研究において，欧米の理論や測度がそのほとんどを占めていることが確認された。Adairら（1993）は，インドの心理学学術誌において，ごく少数の研究者しか，インド国内で発展した理論や測度を用いていないことを明らかにした。Adairら（1995）が，バングラデシュで見いだした土着化の科学的証拠は，さらに少なかった。Öngel & Smith（1996）は，"Turkish Journal of Psychology" と，"Soviet Psychology" という広範囲に及ぶロシアの心理学学術誌から選出した論文の英語翻訳を掲載している学術誌のそれぞれの内容分析を比較した。トルコでは心理学の土着化の科学的証拠は見いだせなかったが，ロシアの結果はかなりこれとは異なるものであった。今日の状況は不確かであるが，旧ソ連時代には，ロシアの心理学者たちは確かに土着の理論や測度を用いていたのである。どのような理論がその当時好まれていたかは，後にこの章で扱う。

　この議論をさらに進めていく前に，なぜその土地で生成された理論や測度を研究者が用いることがよいとされるのか，改めて考えてみる必要があろう。どんな偏見を持たない科学者であっても，その理論が世界のどこで最初に考案されたかを考えずに，それらを用いるべきではないであろう。一般的には，この種の偏見のなさは推奨されるのだが，本章の目的においては，地元で展開された理論こそが，われわれを，よりその地域に特有の，あるいは土着の現象へと導こうとするのである。世界のさまざまな地域の心理学者が採用する理論の種類は，当然そこそこの地域で優先されている研究からも強い影響を受ける。社会心理学が行なわれている国との文化差が大きい国ほど，科学的な心理学の発展よりも，そこに特有の社会的ジレンマを理解し，それらの解決を試みることが優先される。例えば，Adairら（1997）はラテン・アメリカの研究者に対し，どのような研究が最優先されるべきであるかと考えるかについての調査を行なった。そこでは，メキシコとブラジルにおいては教育が，プエルトリコにおいては暴力が，そしてベネズエラにおいては貧困と生活の質（quality of life）が，最優先されるべき科学的研究の対象であることが見いだされた。

　さて，ここより，土着の現象を説明あるいは提案している，世界のさまざまな地域で行なわれた研究を順に検討していく。これらの研究が扱う現象が，その地域に特有のものであることを示す確かな科学的証拠が得られているといえるかどうか，その判断はこれらの現象の説明を終えるまで控えておくこととする。

1. ラテン・アメリカ

　Diaz Guerrero (1995) は，1955年に開始された大規模な研究プログラムの中で，メキシコにおける土着心理学の発展へのアプローチを提唱し，他のラテン・アメリカ諸国からも大いなる関心をひいた。Diaz Guerreroの基本的な提言によれば，文化は，いくつかの「歴史的な社会文化的前提 (historic socio-cultural premises: HSCPs)」によって特徴づけられるのではないか，というのである。これらは，ある国家や集団の成員の圧倒的多数によって支持されている文化的に重要な前提である。HSCPsは，「集団の言語を構成する思考の，よりア・プリオリで，個人以前の次元の，明らかに社会的な決定要因である」(Diaz Guerrero, 1995, p. 54) という点において，他の精神的態度と区別される。メキシコの中では，123のHSCPsが確認され，そこからさらに因子分析によって9つの有意な因子が抽出された。これらの因子はそれぞれ，友好的服従 (affiliative obedience)，男らしさ (machismo)，処女性 (virginity)，意見の一致 (consent)，権威に対する恐れ (fear of authority)，家族の現状維持 (family status quo)，愛情よりも尊敬の重視 (respect over love)，家族の名誉 (family honour)，そして文化的厳格性 (cultural rigidity) であるとされた (Diaz Guerrero, 1993)。

　より最近では，メキシコの民族心理学者の研究の焦点は，HSCPsを用いた文化レベルでの分類，個人レベルでのメキシコ人の人格の測定と，自己概念の規定因との間の関係を調べることにある。La Rosa & Diaz Loving (1988) は，メキシコ人の学生に，セマンティック・ディファレンシャル (SD) 法 (semantic differential rating scales) に基づいて自己の特徴を説明するよう求めた。その結果から浮かび上がった自己概念の次元は，HSCPsの因子ときわめて高い一貫性を示した。より特定された関連についての仮説も支持されている。Avendano Sandoval & Diaz Guerrero (1992) は，HSCPsの「友好的服従」を重視したメキシコ人は，人格特性の「克己」において高得点を示した。つまり，彼らは他者に優先権を与えたり，他者の利益や慈善のために自分を犠牲にしたりする特徴があったといえるのである。

　プエルトリコでは，いくつかの民族心理学的研究が，「尊敬」が重要なHSCPsであることを見いだしており，「強制されたエティック」の人格検査ではこの構成概念を測定することはできないとされている (Pacheco & Lucca, 1996)。コロンビアでは，家族，男らしさ，そして教育の価値が非常に強調されることをArdila (1996) は見いだしている。さらに，自己概念に関する民族心理学的研究はスペインからも報告されている (Laguna Reyes, Valdez & Wagner, 1996)。この種の研究法によると，サ

ンプルを抽出したそれぞれの国において，自己概念について異なる因子構造が得られる傾向がある。

このように，民族心理学的研究は，スペイン語圏の国々で現在盛んである。今のところその焦点は人格特性や自己概念の測定に当てられてはいるが，それでも，既に述べてきた，人格のビッグ・ファイブの研究やTST自己概念の研究とは異なっている。なぜならば，これらの研究が予測を行なう際の基礎としているのは，文化レベルの概念であり，その研究者たちは，見いだした結果がエミック的であり，それゆえ，主としてローカルな妥当性を持っていることを期待するからである。

Triandisら（1984）は，ヒスパニック文化の仲間関係においては，シンパティア（sympatia）の概念が中心的役割を果たすと提唱した。彼らは，ヒスパニック系のアメリカ海軍新兵に，ヒスパニック系アメリカ人の間でどのような種類の行動が生じると予測するかを尋ねた。その結果は，メキシコの研究で見いだされた土着の特性と類似していた。この地域における，かなり最近の応用心理学は，シンパティアの存在が，コミュニティ・アクション・プロジェクトの発展の基盤となる可能性があることに拠って立っているように見える。Sanchez（1996a）は，社会心理学における基礎的な研究の追試が，いかにして社会心理学者の間で好まれなくなったかを説明している。そのかわりに社会心理学者らは，人口過密，失業，暴力や文盲など，その地域で差し迫った社会問題に焦点を当てたのである。その基本的な過程において，社会的に恵まれていない集団に，自分たちの状況を「問題化」させることが促された。換言すれば，恵まれない条件下にある人々に，自分たちの状況が受動的に受容されるべきものではなく，むしろ変革と改善を必要とするものであると考えることを促すために，会合が組織されたのである。Sanchezは，南アメリカの7か国における，この種のコミュニティ・アクション・プロジェクトについて記述している。たいていこれらのプロジェクトには，プロジェクトをつくり上げることや，公共サービスの改善を求めて権威に圧力をかけることにより，自分たちの環境を改善しようとともに努力している貧困街（barrioやfavela）の集団が関わっている。Sanchez（1996b）は，より広範囲に及ぶようなコミュニティ参加の例をベネズエラから報告している。2人の心理学者が，毎日放送されるラジオ番組で，1週間にわたり，当時提案されていた学校教員のストライキについて伝えた。教員をはじめ，学校の経営陣，教員組合の幹部，そして学生の保護者を含む，すべての関係者に放送時間が与えられた。聴衆は，どのようにしたらこの状況を建設的に処理できるかを考えるよう促され，彼らの考えは，争議の当事者に提案された。このように，他の多くの地域で見られるよりも，ラテン・アメリカの社会心理学には，より広範囲に及ぶ根本的な要素が含まれており，それによって社会的に恵まれないコミュニティとの積極的な関わりが生まれている。

2．サハラ以南のアフリカ

　Carr（1996）は，独特の態度や行動の存在を示すような科学的証拠を，サハラ以南のアフリカ諸国で行なわれてきた研究において概観している。彼は，それらの科学的証拠が，「認知的耐性（cognitive tolerance）」，つまり論理的に矛盾する態度や行動を維持することが，広範囲に及んで存在していることを表していると示唆している。彼はマラウィにおける一連の研究において，マラリアやAIDS（後天性免疫不全症候群），てんかんや住血吸虫病などの疾病に関する現代医学的な説明への是認が，伝統的な説明への是認と負の相関を示さないことを明らかにした。西洋医学の治療を施している看護師の間でさえ，時として，自分の昇進に対する同僚の看護師の妬みから身を守るため，呪文が治療法として用いられた。このように，欧米諸国ではほとんどの場合において，相互に矛盾すると考えられる思想様式が，マラウィ人にはそのように評価されなかったのである。Carrは，例証としてこれらと同様の結果を見せた東アフリカや西アフリカで行なわれた一連の先行研究をあげている。

　Carr et al.（1996）は，提唱されている文化差について，第二の側面を追究している。彼らは，欧米の研究においては，相手との類似性が高いほど，対人間の魅力が高まることが明らかにされている，と述べている。しかし，彼らは，アフリカのドナー（donor）組織や大学で働いてもらうアフリカ在住の外国人を選抜する際，黒人の選抜官が，同程度に有能な候補者の中で，他のアフリカ諸国あるいはアジア諸国の出身者や他の欧米諸国出身の黒人よりも，より文化的にかけ離れた欧米諸国出身の白人を頻繁に選ぶということも述べている。明らかにここでは類似性以外の基準が重視されているのである。植民地時代の白人への尊敬の念が依然として残っているのかもしれない。

　さらに，いくつかのアフリカ諸国における組織的行動の特徴として，Munene（1995）のいう，「席にいない（not-on-seat）」現象がある。これは，ナイジェリア，ウガンダ，その他の近隣諸国の組織に広く見られる行動であり，朝，管理職者が仕事場に現れると，椅子に上着をかけるなり，その日の大部分をどこか他の場所で過ごしてきてしまうことをさす。Muneneはこの現象の原因は，組織における自分の義務の希薄さと，それ以上に優先されている家族に対する義務であるとしている。Munene（1991）は，ナイジェリアの組織が直面するいくつかの困難を詳細に記述している。それらは部分的には，「席にいない」現象のために，意思決定が遅れることに起因しているが，またある部分では，不利な環境条件にも起因している。例えば，既に提供したサービスに対する支払いを受けるのに，会社が2年も待たねばならないことがめ

ずらしくないことが明らかにされている。

　Mpofu (1995) は，ジンバブエの見習い教員が，自己概念をどう捉えているかを調査した。「あなたの文化では，自己をどのように表現しますか」という，自由回答式の質問に対する回答の68%は集団主義的であると分類された。しかし，この結果は，アジア太平洋地域の文化において行なわれてきた，より大規模な自己概念研究の結果と対比するような土着の特性が，アフリカにおける自己概念にあるのかどうかを直接示す科学的証拠とはならない。Durojaiye (1993) は，アフリカの心理学において，独自の，あるいは土着のものは何1つないといっている。しかし，彼はナイジェリアのヨルバ族とウガンダのバガンダ族が持つ知能の概念についての研究を報告している。彼の見いだした結果は，アフリカで行なわれた多くの先行研究の結果を再現したものであった（例：Dasen, 1984）。つまり，知能は，社会的能力も強調される点において異なるほかは，欧米諸国における場合と類似した捉えられ方をしているのである。Dahl (1995) は，マダガスカルにおいて時間の概念について研究した。彼の結論は，時間は直線的にではなく，むしろ個々のできごとに関連して捉えられているということであった。それはつまり，できごとというのは，時間軸上の順序に従って生じるのではなく，それらの準備が整ったときに生じるのだ，と考えることである。例えば，バスは満員になったら出発する，会議は十分な人数が揃ったら開始する，という具合である。

　このセクションで取り上げた数少ない研究は，一連の，独自性を持つ可能性のある現象が，仮に確認されてきたにすぎないことを示している。これらはそれぞれ，サハラ以南の文化に特有であるかもしれないし，より普遍的なものかもしれないのである。これらの現象を説明する土着の理論はまだ発展していない。Howitt & Owusu-Bempah (1994) は，過去における黒人のアフリカ人の特徴づけの仕方が，いかに暗示的，あるいは明示的に人種差別的であったかを立証している。ここで概略を述べてきた現象のうちのどれがこの分類に含まれるのか，この学問分野で評価を行なっていく必要がある。あるいは，それらの現象はより一般的な用語で説明されるかもしれない。例えば，それらは広範囲に及んだ貧困が原因となっているのだろうか。あるいは，集団主義や，勢力差の大きい世界の他の国々にも認められる特徴なのだろうか，と考えられるのである。

3．インド

　インドの研究者の多くは欧米の理論に依拠し続けているが，一方で，土着の概念を導入しようという風潮も強まっている（Sinha, 1986, 1996）。Sinha & Tripathi (1994)

は，インド人は欧米人よりも不協和に対する耐性が強く，個人主義と集団主義志向が入り交じった行動をとることができる，としている。この主張を裏づけるため，21の特定の状況設定において，個人志向的，あるいは集団志向的のいずれの基準を好み，それに従うかを学生に尋ねる質問紙を作成した。質問の一例において，学生は，選挙候補者をその功績によって投票するか，あるいは私的な対人関係に基づいて投票するかを尋ねられた。この時，両方の基準とも重要であると示す回答も許容された。すると，ほとんどすべての項目において，この「両方」の選択肢が最も頻繁に選択された。この結果が，他の文化において得られる回答とどのように比較されるかを示す資料はいっさいないが，個人主義的な文化集団からの比較可能な資料が得られれば，それは非常に意味深いものとなるであろう。

　研究者の中には，伝統的なヒンズー教の書物をもとに，研究の仮説を立てている場合もある。例えば，Palsane & Lam（1996）は，欧米の研究者たちがストレスを否定的感情状態によって定義する一方で，古典的なインドの文献は，苦しみは欲求の激しさの結果であり，したがって苦痛だけでなく快楽もまたストレスの原因になり得ることを強調する，と述べている。バガバッドギーター（ヒンズー教の聖典）を読むと，欧米の理論家たちが支持する積極的なコーピングよりも，むしろ俗世からの脱離（dharma）がストレスの低減につながるのだと予測させられる。このことを課題遂行の場合で考えると，この論理では，課題を入念に遂行すれば，その結果が成功であろうと失敗であろうとストレスとは関係がないということになる。Pande & Naidu（1986, 1992）は，この仮説を検証するため，成人のインド人数百人を対象に調査を実施した。脱離，努力と結果を測る尺度を作成して調査したところ，脱離における低得点群と高得点群は，同数の，生活における潜在的なストレス・イベントを体験していた。これらのイベントの結果もまた，両群の間で差はなかったが，予測された通り，脱離の度合いが大きいほど標準化されたストレス尺度における得点が低かった。インドでは，たとえ結果が悪くても，努力は非常に尊重されることを示した第5章で取り上げたSingh（1981）の結果とあわせると，ここでの結果は興味深い。

　Krishnan（1992）は，伝統的なインドの書物における公正の概念を研究した。欧米の理論家たちはほとんどの場合，報酬分配の基準として，公平と平等を比較対照させてきたが，第8章で概観したMurphy-Bermanら（1984）とBerman, Murphy-Berman & Singh（1985）は，必要性という基準がより重視されることを明らかにした。Krishnanは，インドというコンテクストにおいて，公正は，単に必要性ではなく，「相当性（deservingness）」によって定義されるとした。この相当性とは，ある部分，個人の現在の行動や置かれている条件の問題であるが，さらにそれは個人の社会における地位とも関わる。何が公正で，何が非公正な分配であるか，文化ごとに異

なる理解がされることの影響は，Singh & Pandey（1994）が行なった，異なる社会的カーストの成員による報酬分配の研究などに見られる（第8章でも取り上げている）。

他のインド人研究者は，インド人は同時に個人主義的でも集団主義的でもある，という，Sinha & Tripathi（1994）による特徴づけと一貫性を持つような社会的行動の側面を研究している。Pandey（1981b，1986）は，インドにおける機嫌とり方略の用いられ方について，一連の研究を行なった。彼は，これらが個人と上司との関係において最も頻繁に生じることを明らかにした。これらの状況下では，機嫌とりは逸脱行為というより，むしろ期待されるものであった。彼が見いだした方略のいくつかは，アメリカの研究者によっては見いだされてこなかったものだった。例えば，自己卑下，上司に対する依存の強調，名前で呼ばない，そして気に入られようと個人の意見を変える，などの方略が見いだされた。これらの技は，束縛された，階層的，集団主義的コンテクストの中で仕事を続けながらも，個人の目的を果たしていこうとする方法であると考えられる。また，第8章で取り上げた，J. B. P. Sinha（1995）の「面倒見型－課題遂行型（nurturant-task）」リーダーシップの理論は，このことを補足するような理論的発展である。Sinhaの見解によると，集団主義的コンテクストにおいては，部下がより個人的な責任を引き受けることを助長する方法を見つけ出すことができるのが，効果的なリーダーなのである。

4．東アジア

本書を通して明らかであるように，東アジアと北米から得られたサンプルの比較が，近年の異文化間研究において最も広まっている。これらの研究は，異文化心理学における概念的基盤を拡張する上で，相当な発展を可能にしてきた。しかし，それらのほとんどは，東アジアの諸文化が，互いにどれだけ異なるかということを取り上げてこなかった。この問題を扱うためには，土着の概念に，より直接的に焦点を当てた研究を見ていく必要がある。

(1)日本

Doi（1973）は，日本語でいう「甘え」（amae）——甘えた依存性と訳される——を，日本における社会的関係の重要な特徴として見いだした。「甘え」は，典型的には，寛大な年長者，あるいは親のような存在の人と，助けやサポートを必要とする年少者との間で生じる。Kimら（1996）は，日本の学生と成人の合わせて847人を調査し，この種の関係が広範囲に存在することを明らかにした。彼らは，「甘え」は子ど

もじみた依存性とは異なり，親密で，信頼のおける，存続的関係を維持するものであるとした。また，「甘え」の能力は肯定的に評価された。若い日本人が「甘える」（つまり「甘え」の関係を築く）のは，ほとんどの場合母親との間であり，年長者では，配偶者や友人との間であった。

また，日本の「会社（kaisha）」と呼ばれるビジネス組織も，独自のものとして説明されてきた。伝統的な日本の家族（'ie' と訳されるが）における忠誠と献身の感覚が，仕事生活にある程度置き換えられてきている。少なくとも，より大規模で，成功を遂げている組織においてはこのことがいえる（Kashima & Callan, 1994）。会社に対する従業員の忠誠と，従業員に対する会社の忠誠は，休暇を取りたがらない従業員と，厳しい景気後退時でさえ従業員を解雇したがらない会社の，それぞれの態度に示される。したがって，日本の組織は家族を基盤としているのではなく，家族的なのであり，上司とその部下の間に「甘え」の関係が生じることも予測できる。

(2)中国

中国人は世界の人口の3分の1を構成する。最近出版された"The Handbook of Chinese Psychology"（Bond, 1996a）は，現在，これまでに比べ，はるかに多くの中国人のデータが入手できるようになっていることを示している。本書でも，中国人回答者を含んだ研究を多く引用している。しかし，一般化については注意しなければならない。というのも，中国文化コネクション（1987）から得られたデータは，中国語圏の国の間でも，価値観にかなりの差異があることを示した。ここでは単に，中国社会は，親孝行や勤勉性，面子の保ち合いを尊重すること，そして社会志向の活動を好むなどといった儒教的価値観を重視する，と一般的に捉えられていることを述べておく。日本や韓国で見られる組織の形式とは対照的に，東南アジアにおける中国の海外企業が近年果たしている驚異的な経済的成功は，家族を基盤とした無数の企業によって成し遂げられてきた（Redding, Norman & Schlander, 1994）。これらの企業は，中国社会の他の多くの集団と同様，'guanxi'（関係）に基づいた個人の私的な人間関係のネットワーク，あるいは個人的な親切行為の交換（'renching'）の中で運営される。これらの対人ネットワークは，ほとんどの場合，血縁関係や，民族的つながりに基づいて築かれる。

(3)韓国

Choi, Kim & Choi（1993）は，韓国人学生のサンプルを対象に，韓国における2つの重要な概念である 'woori'（われわれ，と訳される）と 'cheong'（人間の情愛，と訳される）に関する彼らの理解を質問紙によって調査した。その結果，韓国人が

「われわれ」を用いる場合，その代名詞は，欧米言語のように人の集合を意味するだけではないことが明らかになった。「われわれ」は，統一体であり，その中には区別が存在しないことも意味している。cheongは，韓国人的情動の根本的な基盤とされており，特に家族内で求められるものだが，長い期間，距離的に近くに住んでいた者の間でも要求される。それはまた，無条件性，犠牲や共感などと関連している。Choi, Kim & Choi（1995）はさらに，同様な方法を用いて韓国の概念であるchem'yon（社会的面子，と訳される）を定義する研究を行なった。その結果，正式で公的な場において上司の地位にある人に，この社会的面子の維持が要求されることが示された。また，社会的面子を維持する責任は，その上位者個人に限られてはいなく，その人の周囲にいる人々の責任でもあるとみなされている。

　このように韓国の集団主義の主な焦点が家族である一方，'chaebol'（大規模な企業）も独自の特性を持つ。実際の大規模家族に基づいている点で日本の会社とは異なるが，協働する製造会社や銀行，政府機関から成る「家族」が，互いに非常に緊密なつながりを築くという意味においては類似性が見られる（Redding, Norman & Schlander, 1994）。

(4)フィリピン

　フィリピンの心理学者は，社会行動の中心概念として，'pakikisama'（多数派に合わせること），'kapwa'（仲間的存在），'hiya'（恥の感覚），'bahala-na'（ストイックな態度），をあげている（Enriquez, 1988; Mataragnon, 1988）。彼らは，押しつけ的な欧米の研究法をフィリピンの文化で用いるのは不適切であり，より文化に適合した研究方法によらなければ妥当な情報は得られない，という考えを強く支持している。彼らは，目立たずに観察が行なえる，'pagtatanung-tanong'と呼ばれるコミュニティ集団による話し合いの形式を好む。彼らの目標は，'Sikolohiyang Pilipino'，つまりフィリピンの土着心理学を発展させることである。

　また，フィリピンの心理学者たちは，彼らが行なったフィリピン社会の特徴づけの本質を，（本書の著者のような！）欧米の著者たちが捉えそこなってしまう危険性にも気づいている。タガログ語の言葉の簡単な翻訳が，その言葉の意味をまったく変え，文脈的含意を失わせてしまうことがあり得るのである。Enriquez（1993）にとって，'kapwa'がフィリピンにおける社会関係の本質であり，それには上に引用した他の概念も含まれている。'kapwa'は通常「仲間的存在」と訳される。彼は，この翻訳が誤解を招く可能性があることを次のように説明している。

　　英語で最も'kapwa'に近い意味合いを持つ言葉は「他者」である。しかし，フィリ

ピン語の 'kapwa' は，この英語の「他者」という言葉とは異なる。この英語の言葉は自己と他との間に境界があることを示す排他的な用語である。しかし，'kapwa' は，自己と他者との統一を強調する，包含的な用語なのである。英語では，「他者」は「自己」の対立概念として用いられ，自己を独立した独自の存在として認識していることを示唆する。対照的に，'kapwa' は共有されたアイデンティティとして認識される。(p. 160)

すべての異文化間研究において翻訳による危険があることは明らかであるが，Church & Katigbak（1988, 1989）の一連の研究において，人格特性のビッグ・ファイブと，エミック的に抽出されたフィリピンの人格特性の間に，かなりの収束性が見いだされたことは第4章で述べた。Church（1987）の研究は，現在のところ最も詳細に，「強制されたエティック」のデータと，非欧米文化の土着のデータの関係づけを試みている。

5．ロシア

この章のはじめに，旧ソ連時代のロシアの心理学の文献が，大部分土着のものであったと述べた。これはおそらく，このような土着の心理学の発展を示した，（もちろんアメリカを除いて）世界で唯一の例であり，この顕著な例外的事態が生じた理由を考える必要があるだろう。旧ソ連では，数十年の間，相当数の心理学者を抱えながら，逸脱した見解を表明したなら彼らの職業生活，あるいは生命までも脅かされるような社会が存在した点において特殊であった。Radzikhovski（1991）は，このような圧力がいかに心理学の発展を形成したかを回顧している。ソ連の心理学の創始者であるVygotskyとPavlovが焦点を当てたのは，学習と発達であり，その志向性は，生物学的，あるいは決定論的観点などよりも，マルクス主義的見解とはるかにうまく適合していた。

しかしマルクスが主張したように，「人間の本質は個人に生来備わっている抽象概念ではない。それは実際にはすべての社会関係の集合体である」。したがって，集団主義的ではなく，個人主義的とみなされるような方法で行動を分析することは認められなくなった。Radzikhovskiは，Vygotskyが1930年にこの困難にどう対処したか，次の引用を用いて示した。

マルクスのよく知られている根本原理をいくらか修正すると，人間の心理学的本性とは，内的次元に移行した社会関係の総体であり，また，人格の機能となり，その構造形式になったものであるといえるのかもしれない。(Vygotsky, 1930; Radzikhovski, 1991,

p. 89)

　このようにして，Vygotskyは，主観的経験と個人の行動は社会関係の一部であり，いったん出来事が経験されたならば，それはなんらかの方法で内面化される，という議論をすることが可能であった。Vygotskyの死後，学者生活にかかる圧力がますもって強まるのに伴い，彼の理論に対する支持は取って代わられ，彼の弟子であったLeontievが「活動理論（activity theory）」を発展させ，知覚運動と心理学的現象の間には直接的というよりはむしろ不正確に特定された関連があると主張した。Radzikhovskiは，ペレストロイカが起きるまでソ連の心理学者は，危険を冒してまで新しい理論を発展させたり，ソ連以外の文献等を用いたりするよりは，VygotskyやPavlov, Leontievなど，定評のある理論家の研究を引用し続けたという。

　また，彼らは，本書で取りあげられているトピックより，主に教育心理学や発達心理学の分野に関心の焦点を当てた。ソ連の社会心理学において，1970年代と1980年代の間には，確かに欧米の理論家はある程度意識されており，引用も行なわれていた（Strickland, 1979, 1984）。1990年までには，新しい研究テーマを追究し，新しい理論を構築する明らかな欲求が生じ（Zhurvalev, 1990），現在はさまざまな理論的志向性の融合が見られている（Koltsova et al., 1996）。例えば，ロシア人と旧ソ連内の他の多様な民族集団との間の関係を探求するロシアの「民族心理学」を発展させるのに，文化的適応に関する欧米モデルが用いられている（Lebedeva, 1996）。

　このように，ロシアにおける心理学は，広く認められるような土着の理論の統一した核を発展させたとはいえない。事実，現在はVygotskyの考えがロシアよりも欧米諸国において，より多くの関心を集めていることは皮肉である。例えば，Van de Veer（1996）は，Vygotskyによる文化の概念化の発展を追随しており，また欧米の文化心理学者によってVygotskyの見解は頻繁に採用されている（Cole, 1990; Valsiner & Lawrence, 1997）。Searle-White（1996）などは，ロシア人とアメリカ人の学生が，個人的な友情関係の境界をどのように定義するかを比較し，そこで見いだされた差を解釈するのに，Vygotskyの考えを用いた。

6．西ヨーロッパ

　西ヨーロッパの社会心理学者や組織心理学者は，その学問全体の発展から距離が置かれてはいなかったものの，それでもなお，Hofstede（1996c）が彼自身の先行研究をもとにいっているように，ヨーロッパ内においては，世界全体におけるのとほぼ同じだけの文化的多様性がある（Schwartz & Bardi, 1997; Schwartz & Ros, 1995）。心

理学の分野においては，異なる言語で出版されている相当数の研究文献の存在により，この多様性はいっそう際立っている。ここでは，この多様性を示す例を3つ取り上げる。

(1)スペインの「道理をはずれた規範」

Fernandez Dols (1992) は，スペイン社会は，彼のいう「道理をはずれた規範」が多く存在することによって特徴づけられる，と提唱している。これらの規範は，倫理的には望ましいと広く認められながらも，そこからの逸脱が必ずしも罰せられないものである。例えば，交通の速度制限などは，ほとんどの人が必要であると認めながらも，頻繁に無視され，法的にも時折しか強制されないのである。他の例には，より特定の機関や組織の文化に特有のものである。例えば，大学の教授職の候補者は，どんな主題に関する質問にでも答えられることが，スペインでは規範とされる。このため，選抜委員会の成員が，ひどく曖昧な，あるいは無関係なことがらに関する質問をして，特定の候補者を苦しめることも可能なのである。

Fernandez Dols (1992) は，道理をはずれた規範は，アメリカやイギリスよりもスペインにおいて比較的多いとしている。さらに，彼は，道理をはずれた規範が多い文化ほど，規範から逸脱することによる告発を受けやすい人が大勢いるということにつけ込んだ，勢力構造が生じてくるといっている。そこでは，仕事における上司は，自分の思い通りにしない者を気まぐれに攻撃したり，あるいは個人的な理由によって昇進させたい者をひいきしたりすることができる。望みの行動を実行するために，既存の勢力構造の内，または外に，「家族」や「閥」が生じてくる。逸脱を理由に罰せられる者は，たとえ彼らが逸脱をした規範が妥当なものであっても，自分が気まぐれによって苦しめられたと捉えるだろう。Oceja & Fernandez Dols (1992) は，これらの仮説を検証するため，学生に対し，道理をはずれた規範から逸脱したために個人が罰せられる状況についての説明を与え，罰する側と罰せられる側の行動を評価させた。結果は，彼らの仮説を支持するものであった。Fernandez Dolsは，この行動パターンがスペインに完全に固有のものであるとはいっていないが，イタリアなど，他の南ヨーロッパ諸国においても，確かに同様の行動が広く及んでいると考えられている。実際，このようなことは，すべての文化においてある程度生じるであろうが，その程度は，勢力差の大きさに比例するのかもしれない。

(2)Moscoviciの社会的表象理論

フランスの社会心理学においては，Serge Moscoviciの研究が，近年の多くの理論発展を支えてきた。既に第6章で，少数派の持つ影響に関する彼の研究を取り上げた。

彼のより一般的な理論は,社会的表象理論として知られている。この理論によると,日常のできごとは,それ自体には特定の社会的意味を持たない。われわれは,自分の文化において社会化されるプロセスで,特定のできごとや状況が一定の方法によって理解されていくことを徐々に学んでいく。これらの方法で物事を理解できるようになると,われわれは自分の文化集団の成員の社会的活動と,よりうまく調整がとれるようになる。またそうすることで,新たに参加してくる人にそれらの意味合いを伝達する作業を共有する。このように,できごとの持つ意味合いは,個人が構築するものではなく,文化的に共有された社会的表象なのである。

何を,どのように食べるのが適切かということに関する社会的表象は,非常に多様である。多くの欧米の産業国では,牛,豚,鶏を食べることは広く認められているが,馬や犬を食べることは認められていない。中国人は,犬だけでなく,猿,センザンコウ,梟や蛇も食べる。ヒンズー教の文化集団では牛を食べてはならず,ユダヤ人は豚を食べてはならない。適切とされる食物に関しては,ほかにも数多くの多様性が見いだされており,それらは人類学者による研究の主要な対象となっている。

社会心理学者は,そのような信念や価値観に見られる多様性を,さまざまな対象に対する態度における多様性として分析してきた。しかし,Moscovici (1981) は,この分類の仕方は,的はずれではないのかと議論している。態度とは,個人に属するものである。社会的表象は,集団的に創出され,集団的に維持される。われわれが生まれるはるか以前から,われわれの文化集団に多くの最も基礎的な表象が既に存在したため,一個人が文化集団において普及している社会的表象を本質的に変え得る可能性はほとんどない。ヒトラーやスターリン,ガンジー,そしてキング牧師などの有名な歴史的な有名人物は,そのような重大な変化を起こしたといえるかもしれない。しかし,このような例外的な場合においてさえ,これらの人物が,既に存在した,あるいは現れつつあった表象を明確に表現したからこそ,その名声を獲得したのではないかという議論をする余地がある。他には,より揮発的で流動的な社会的表象もある。Sperber (1985) は,3種類の社会的表象を,それぞれ文化,伝統,流行と名づけて区別している。文化的表象が最も永続的である。伝統的表象は何世代かを通じて維持される。流行的表象は,マスメディアに独占された現代社会の大きな特徴ともなっている,移り変わりの速い種類の表象である。

社会的表象に関するMoscoviciの最初の研究(1961)は,精神分析家によって発展してきた行動の解釈の仕方が,どのようにフランスの一般大衆による日常の行動説明に影響しているのか,という問いに焦点を当てた。この研究で,彼がサンプルとした学生の45%が,「葛藤を抱えている」といった説明を用いて仲間を理解しようとする,と報告した。より最近の研究では(Farr & Moscovici, 1984),「共通感覚(commonsense)」的な意味が，文化集団における個人や集団，あるいはできごとに帰属されるさまざまな方法全体を捉えるよう，視点が拡大されている。また，Moscoviciは，19世紀のフランスの社会学者であるDurkheim（1898）が，既に社会心理学は彼のいう，「集団的表象（collective representations）」に基づくと提唱していること，そして，この伝統分野における研究が今世紀初頭に活発であったことを指摘している。

では，社会的表象に基づくアプローチは，既に他の研究によって態度，偏見，ステレオタイプやその他について明らかにされていることに，さらにどんな貢献があるだろうか。社会的表象は，集団的に定義され，集団的に伝達されるため，それを最もうまく研究するには，ある文化集団の成員の間のコミュニケーションの例を検討すればよいはずである。一方で，あるサンプルに含めるべき集団の成員を選抜する方法が事前に特定されていない，というこの理論に対する批判も出ている。Moscoviciは，社会的表象を共有する人々が集団である，としか特定しない。この定義は，広く共有されている社会的表象を研究する際には問題とならないが，より小さな集団や，より一時的な表象を対象とする場合には困難を招く。

集団成員の間でのコミュニケーションに関するデータは，同じ文化集団に属する者が，質問紙や面接を実施することによっても収集できるが，より自然発生的な会話が得られれば，さらに望ましい。適切な標本を分析することで，そこから明瞭なテーマが見いだせれば，その根底にある表象の理解を深めることができるであろう。例えば，Herzlich（1973）はこの種の詳細な研究を行ない，フランスで，病に関する3種類の社会的表象を見いだした。それらは，個人の習慣的な活動を破壊するものとしての病，義務からの解放を意味する病，そして「職業」や「趣味」としての病，であった。Jodelet（1993）も，同様の方法を用いて，フランスの農村コミュニティにおける，精神病と学習障害に関する社会的表象の定義を行なった。

道理をはずれた規範についての理論の場合と同様，社会心理学における，この社会的表象のアプローチがフランスに限られたものであるという示唆はなく，またそれが必ずしもフランスに土着のものを明らかにしているともいえない。類似した種類の会話分析は，西ヨーロッパのいくつかの国々や（Potter & Wetherell, 1987），北米の文化心理学者の間でも（Stigler, Shweder & Herdt, 1990）普及してきている。しかしながら，おそらくこのアプローチは，やはりフランス語圏の国で最も強く支持されているであろう。

(3)名誉の原理

第8章で述べたように，英語圏とフランス語圏の組織理論は，ほとんど統合されたことがない。多くの研究者の語学力不足を理由とする説明を除くと，異なる地域の組

織行動を理解するには，異なる概念を用いることが有用であるために，この分離が生じたと考えられる。このように，コンテクストが意味を持つことの興味深い例として，d'Iribarne（1994）の "La Logique de l'Honneur"（『名誉の論理』）がある。フランスの組織において，この概念は，管理職や従業員がそれぞれ任命された役職に備わっている役割義務を果たしていく方法を明らかにする。フランスの組織における役割の任命と昇進には，仕事における具体的な成果よりも，出身の教育機関の名声と志向性の方がはるかに強く影響する。この基準を反映するように，d'Iribarneが認めた原理は，フランスの組織の成員が，自分が属する専門集団の威信と名声を維持することによって自分に託された信頼に応えるということを強調している。より個人主義的な文化であれば，管理職者は単に特定の目標に対する個人の達成度によって評価されるかもしれないし，完全に集団主義的な文化では，管理職者の成功はワーク・チームの成功と同義語になるであろう。名誉の原理は，その中間的な位置を見いだす。つまり，個人の成果が，その人の関連する専門集団に名誉を与えることになる。このことは，互いが面子を失うことを避けるために，フランスの上級管理職者が，部下の専門性を問うことなしに，その仕事を視察したり，統制したりすることを制限する効果を持つ。この種のリーダー・フォロワー関係の性質に関しては，より多くの研究が必要である。それがまた，フランスや，Hofstedeが比較的勢力差の大きい国として分類した他の国における組織行動を，どの程度規定するかという問題に関しても同様のことがいえる。

7．進展の検討：土着心理学

これまでの章において主に取り上げてきた種類の調査によって，何が見落とされていたかを示すような研究を探索することはここで終了する。土着心理学の支持者によって行なわれてきた研究が，非常に多様であることは明らかである。ある研究者は，特定の場所でのみ適用する研究法を発展させたが，それらは原理的には，他の場所でも妥当性を持って用いられ得るのである。民族心理学と，社会的表象に基づく理論は，明らかにこの部類に入る。

他の研究者は，ある特定の場所に際立って特徴的な現象を見いだしているが，それらの現象は，より穏やかな形で，他の場所でも生じる可能性がある。これらの現象は，これまでに示してきたエティック的な志向にエミック的な研究をつなぐパイプ役となる点で，われわれの観点からすると特に興味深い。しかしここで，異文化心理学者が今後もチャレンジを受ける問題に直面する。つまり，異なる文化間で類似と思われる現象が，同一の基礎的プロセスの代替形式であると捉えてよいか，ということを，わ

れわれがいかに知ることができるのか，という問題である。Fernandez Dolsが，スペインの道理をはずれた規範の発生率や属性を認識するときと，Triandis（1994）が，「緊張性（tightness）」と「弛緩性（looseness）」を両極とした次元上で国々が多様性を示すとしたときとでは，果たして同じ現象を対象としているのだろうか。あるいは，Carr（1996）がマラウィで認知的耐性を認識し，一方でSinha & Tripathiがインドで不協和の耐性を見いだすとき，これらは，Hofstede（1980）のいう，不確実性を回避する度合いが低いことを示しているといえるのだろうか。また，これまでに論じてきた韓国，日本，中国，フィリピン，そしてラテン・アメリカにおける「集団性（groupness）」の概念は，どれだけ類似しており，どれだけ独自なものなのであろうか。エミック的に理論化されたこれら1つひとつの現象の発生率や属性を，他の場所で検証するような研究が得られたとき，他の同様の問いにも答えることができるであろう。

　おそらく，関連のある現象に対するエミック的な表現が，現在完成しつつある異文化心理学の一般的枠組みに同化される可能性はあるだろう。また一方で，そのような統合を拒むような，現象も見いだされるであろう。しかし，そのような結論を導くには，本書を通じて主張してきたように，慎重な科学的アプローチによる検証を待たねばならない。

第12章　将来の展望

　カオス・複雑系理論は，社会の発展に方向性と目的性があるとする推測に対してだけでなく，いかなる社会体制が正常であるということに対しても疑いをかけている。社会生活の限りない多様性を探求するための理論とテクノロジーが発展するにつれ，人類は世界を思い通りに形づくるための知識と手段をますます獲得することになり，それにより，既存の社会体制を自然，社会や神々の「鉄則」の産物として特権化することをいっそうしなくなるかもしれない。（ヤング，1995）

　われわれが住んでいる世界は目まぐるしく変化している。経済的発展，政治的再編，技術革新，そしてメディアのグローバル化は，われわれをより進んだ近代性と相互依存性へと導いている。多国籍企業とともに，グローバルな社会変容組織（Cooperrider & Pasmore, 1991）が出現し，文化の多様性を同質化するような影響を及ぼそうとしている。ある社会科学者たちは，これらの並行するプロセスが，結果として社会的および心理的なレベルでの収束をもたらし，異文化間心理学などは知的歴史に関連しない小片にすぎなくなるだろうと主張する。他方で，異なる文化的伝統を持つ人々が，進展する現実と向き合っていく中で，多様性というものが存続し，拡張さえしていく可能性を予測する者もいる。将来的にも多様性は存続するというこの信念と合わせて，社会心理学において異文化間研究は貢献し続けていくであろうという確信が持たれる。この章では，これまでが特に重視されてきた個人主義－集団主義の概念が持つ役割を考慮しながら，この論議を探求していく。

1. 歴史としての社会心理学？

　きわめて大きな影響力を与えた論文で，Gergen（1973）は，社会心理学者は時間と空間を越えて妥当性を維持する行動原理を発見するよりも，むしろ現代の歴史的発展を吟味してきたと議論した。さらに，「もし，この過去10年間における最も卓越した研究を概観したならば，それらにおいて観察された法則性，すなわち主要な理論的原理が，歴史的状況と固く結びついていることにすぐに気がつく」（p. 315）と加えた。例えば，Festinger（1954）の社会的比較理論に関して論じた際には，その根本

原理である，人が自分の考えや能力を正確に評価したいと願う欲求は，時代に駆られた特性であったと Gergen は提言した。「要するに，一連の研究全体が，ある特定の学習された偏向，それも時間や状況によって変化する可能性のある偏向に依存していると見られる」(p. 315)。

科学的法則性の探索をさらに複雑にしたのは，現代社会心理学の研究成果が広まってきたことの影響である。そのような情報の普及が行動を予測する方程式における重要な要素になったのである。人々はこうした先行研究の結果を，規範的なガイドラインとして受け入れるかもしれないし，あるいは自らの行動の自由を守るつもりで，これらの示唆される規範に対抗するかもしれない。いずれの場合にしても，「科学的法則」についての人々の知識が方程式に含まれてしまうため，そこから今得られる結果に基づいて，将来の結果を予測することはできない。

(1) 示唆されるところ

Gergen (1973) の見解によれば，こうした歴史状況との密接なつながりや，知識の普及が引き起こす反作用的影響がもたらす結果は2つである。まず，「人間関係における原理は，時が経てば発展していくものではない。なぜならば，それが依拠する事実が，ほとんど一定しないからである」(Gergen, 1973, p. 309)。したがって，社会心理学は，物理学や生物学と同等の科学的地位を望むことはできない。未来については大いに議論の余地があり，未解決であって，過去において導き出された知識によって断定されるものでもない。

第二に，Gergen は，「したがってわれわれは，歴史的影響を非常に受けやすい現象を一方の極に，そしてより安定したプロセスを他方の極に持つ，歴史的恒久性の連続体という見地から考えるべきである」(p. 318) と結論づけている。この考えから，彼は，対人的プロセスおよびそれに関わる諸問題の連続性を評価する手段として，過去の歴史的および文学的資料を研究することを推奨した。Adamopoulos & Bontempo (1987) はこの流れにおいて，連合 (association)，上位制 (superordination)，親密性 (intimacy) の3つの社会行動のテーマに着目して，種々の古典的文献を読み調べた。また，Adamopoulos (1988) は，3,000年前のギリシャ古典である『イリアッド』に描写されているアガメムノンとアキレスの間のやりとりに，自己中心的な個人主義の例を見いだしている。同様に，Simonton (1975) は，ヨーロッパ史上の127世代にわたるデータを調査し，創造的発展は，模範的人物 (role model) の存在の有無と，政治的不安によって影響されることを見いだした。

Gergen (1973) はその議論の流れから，異文化社会心理学の研究も推奨したのであり，そのことは過去30年間に見られる異文化心理学の研究量の急増と対応してい

る。彼の言葉でいえば、「異文化間での追試・検証は困難をはらんだものだが、多くの異なる文化の間で特定の機能に類似性が見いだされることは、そうした研究の恒久力を証明している……」(p. 318)。本書では、こうした研究の蓄積から出現してきた多くの普遍的なパターンを説明してきた。それに加え、異なる文化的システムにおいて得られた結果に見られる矛盾を、ある程度整理するのに役立つと思われる文化の多様的側面を識別した。

それでもなお、われわれが現在持っている知識を用いて未来の現実を予測することは疑わしいとするGergenの警告が残される。世界は変化し続けているのであり、その結果として、社会心理学的問題や、おそらくそのプロセスまでもが変化しているのだろう。過去に得た知識は、明日の対人環境を理解する上でどのようにわれわれの役に立つのだろうか。ここからは、この問題に関連した、社会科学者の憶測やデータを紹介していく。

2. 文化はどのように変容するのだろうか？

第3章で、われわれはHofstede (1980) に準拠して、文化を「心の集団的プログラミング」と定義し、そのプログラミングをさまざまな価値次元によって操作的に定義されるものとした。Hofstedeは、これらの文化的価値は、各社会の中で作用する外的および内的要因の両方から生じると主張した。内的要因は「生態的」要因と名づけられ、一国家の地理、経済、衛生、人口、遺伝子群、歴史、テクノロジー、都市化傾向や物質的資源といった側面を含む。外的要因は、気候の変化や環境災害など、自然の力によるものや、貿易、科学的発見、侵略やメディアの国際化など、人間の力によるものを含む。

Hofstede (1980) は、これらの内的および外的要因の変化に応じて、社会規範や文化的価値は確かに変化すると主張している。「心の集団的プログラミング」、すなわち社会行動における将来の発展を予測するためには、変化をもたらすこれらの要因の構造と、時を経ての発展の仕方を調べていくことが重要である。

(1) 収束仮説

国家もまた、人間と同様に時間の経過に伴って発展するものである。Cattell (1953) は、1837年から1937年にかけての大英帝国の特徴を表す、マクロ・レベルの変数の因子分析を行なった。その結果、分析対象となった100年間に、イギリスが変化を示した10の次元を抽出した。そのうちの1つは「文化的圧力」と命名され、それは要するに、この時期に単調に勢いを増していった経済の近代化の要因の1つであった。

18世紀以来続いてきた，科学的発見と産業技術の普及は，世界のすべての国の経済的発展の動力となってきた。このグローバルな変容に共通した特徴は，労働の専門化，市場のグローバル化と非人格化，自然エネルギー資源の搾取，そして資本資源の集中である。政治生活もまた変容した。Yang（1988）が説明するように，

> 政治的近代化は3つの主要なプロセスによって構成される。①多数の伝統的権威が，単一の国家的制治権威に取って代わられること，②生得的にではなく実績に基づいて選ばれる新たな行政階層によって管理されなければならない新たな政治機能の出現，そして③社会の中のあらゆる社会集団による政治参加の拡大と，これらの政治参加を組織するための，政党や政治団体といった新たな機構の発展である。(p. 67)

同様に，社会文化的な近代化も並行して進行していると議論をこう続けている。「社会文化的変容は，教育の拡張，職種の多様化，宗教の世俗化，都市化の進行やマスコミの発展などのプロセスに反映されている」(Yang, 1988, pp. 67-8)。

経済的決定論者は，これらの政治的および社会的変容は，生産モードの変化がもたらす結果であるという。そのような経済発展の広範囲にわたる普及が進行し続けていることを受けて，収束理論者は，Kerrら（1960）が「産業化の論理はいずれわれわれを皆，イデオロギーがもはや無意味となるような共通の社会へと導く」(p. 12) と述べた結論に同意する。イデオロギーが無意味になるというのは，われわれが全員同一のイデオロギーを共有することを予想されるからである。イデオロギーや価値観が行動の動因となると考えられるならば，異なる文化的伝統を持つ人々の間の差異はやがて消滅するだろう。これらは，近代化によって生じる社会的収束がもたらすであろうと推測される，心理的な影響である。

つまり収束理論者は，テクノロジー，訓練と資本が普及するのに十分な時間さえあれば，すべての国々が，共通の近代性の渦に引き込まれるであろうと信じる。Inglehart（1977）は，ヨーロッパ数か国およびアメリカで価値観研究を行ない，2つの主な因子を抽出した。第1因子は「物質主義－ポスト物質主義」と命名した。この次元は，Maslow（1954）の安全性や社会性に関わる欲求から自己実現欲求までの移行段階に対応した。裕福な国であればあるほど，ポスト物質主義者の割合が多くなった。過去15年間，西ヨーロッパ諸国において毎年実施されてきた，通称「ユーロ・バロメーター」と呼ばれる意識調査の分析結果には，すべての対象国においてポスト物質主義的価値観の重要性が，年々安定して高まっていることが示された(Inglehart, 1990)。しかし，1980年代の後半までには，全回答者の3分の1以下しか，ポスト物質主義者として分類されていなかったことに注目すべきである。それでもな

第12章　将来の展望 ● 353

■ボックス12.1■　英語の普及

　Naisbitt & Aburdene（1990）は，英語の普及に関して次のような驚くべきデータを紹介している。

- 英語は4億にもわたる人類の母国語となっている。
- さらに4億にのぼる人たちが第二外国語として英語を話している。
- 60か国において，英語は公式あるいは非公式の通用語となっている。
- 2億5千万の中国人が英語を学んでいる。
- ベルリッツに学ぶ学生の80－90パーセントは英語を学んでいる。
- 英語は次の分野において主要言語となっている：メディア，運輸・運送機関，情報の保管や伝達，国際ビジネス，外交関係，科学，若者文化。
- 2000年までには，およそ10億5000万人が英語を話すことになる。

　こうした数値と持続する英語の伸びを見ると，英語は異文化間交流にとっては主流であり，さらにそのまま有力な位置を保つであろう。

お，こうした結果に基づいて，ある社会科学者は，すべての国々における漸次的な富の増加は人々を同質化させることになり，その結果，現在われわれが行動の異文化間差に感じる魅力などは，いわば考古学的な好奇心，あるいは歴史的な脱線となり過ごすに違いないという。興味深いことに，現代の発展に対するこのような学問的評価の仕方は，一般の人々の関心領域にまで浸透し，また，発展途上国からのイデオロギー上の反動を引き起こした。

■近代化と欧米化　　多くの発展途上国の人々が，自分たちの文化を欧米文化と区別することによってその独自性を主張する必要があるという政治的課題によって，収束に関する論議の科学的側面は複雑化している。ある国々における政治家は，襲いかかる欧米化に対抗するように支持者を煽ることで，まったく異なる民族コミュニティを統一させていくことができる。Tajfel（1981）の理論から予測されるように，そのような発展途上国の市民にしてみれば，自分たちを欧米の伝統から区別することによってある程度の文化的自尊心を向上させることができる。したがって，次の，South China Morning Post（1991年1月5日付）のニュース記事のような例が見られる。

　　シンガポール，金曜日——シンガポールは今日，5つの「共有された価値」を指し示

し，それらは当国がその国民意識を発展させ，また欧米の影響に対抗するための助けとなると発表した。「この共有された価値は，われわれがシンガポールとしての国家的アイデンティティを発展する助けとなるであろう」と政府白書に書かれていた。そして，学校や親は子どもたちにそれらの価値を教え込むべきであるとも書かれていた。それらの価値とは，コミュニティよりも国家，自分よりも社会を優先すること，家族を社会の基本単位とすること，個人を尊重し，コミュニティで支援すること，議論よりもコンセンサスを優先すること，そして人種，宗教における調和を得ることである。

多くの政治指導者が特に気がかりとしているのは，欧米に影響された近代化に続いて起こると予想される，自己中心主義の増大と国内調和の崩壊である。

この筋の議論は，政治の上で有益ではあっても，多くの非合理な点が指摘される (Weinberg, 1969)。まず，「欧米」という表現は非常に意味合いが広く，北米および北ヨーロッパ諸国を主とした多くの国々を含む上，それらの国自体，互いに多くの側面において文化的に異なっている。これらの諸国の価値観や社会組織が決して一様ではないことは既に述べてきた (Hofstede, 1991; Rummel, 1972; Schwartz, 1994)。第二に，欧米を批判する人々は，たいてい社会生活の否定的な特徴を取り上げて，充実した社会福祉，女性の比較的高い地位や人権の尊重など，その多くの肯定的特徴を無視している (Bond, 1991a)。第三に，彼らは原因と結果を混同している。確かに，産業革命は欧米に始まり，その後の改良も多くは欧米で進展した。しかし，Yang (1988) が指摘したように，近代化は，

> 欧米，非欧米にかかわらず，すべての社会にとって初めてのことである。その新規のプロセスによってつくり出される主な近代的特徴は，伝統的な欧米には見当たらない。この意味で，近代化は，狭い意味での欧米化——伝統的に欧米のものを非欧米社会が受容すること——ではないといえる。(p. 68)

近代化をアジアやアフリカ，南米の社会で進めることが，それらを欧米社会に変えることになると結論するのは，柔軟性のない経済的決定論者だけである。近代化を新たに進めていくこれらの社会が，この発展を促す起動力をそれぞれ多様に変容させていくことを示す，確かな実証的証拠がある（例：Tsurumi, 1992)。では，次に収束に関する科学的証拠を見てみよう。

(2)個人的近代性の様相

近代社会に効果的に参加していくためには，核となる認知や動機の一定様式が必要

だと仮定されている。この核を評価するために，Kahl（1968）やInkeles & Smith（1974）をはじめとする社会学者は，標準化された質問からなる包括的なテスト・バッテリーを作成し，これらの質問紙を多くの発展途上国の成人サンプルに対して実施している。他の研究者は，1つの国に焦点を当て，その中で，例えば都市居住者と地方居住者のように，近代化プロセスの進行段階が異なると想定される集団の人々の回答を比較している（例：Armer & Youtz, 1971; Guthrie, 1977）。

これらの検査用具は，その質問項目が「強制されたエティック的」であろうと，「引きだされたエミック的」であろうと，それらが導き出す結果はかなり高い度合いで一致する。ボックス12.2に見られるように，こうした一致は，公約数的な心理学的

■ボックス12.2■　現代人のプロフィール

　Yang（1988）は，異文化間や文化内における研究をまとめ，それから次のような現代人のプロフィールを描き出した。

- 自己効力感（反運命論者）
- 親類との低い社会的融和
- 他人に対して平等主義者
- 革新や変革に対しての開放性
- 男女平等の信念
- 高い達成動機
- 自立心・独立独歩
- 社会組織への活発な参加
- 他人への寛容さと尊敬
- 認知的・行動的柔軟さ
- 高い将来志向性
- 高い共感性
- 情報への高いニーズ
- 人生においてリスクを冒す傾向
- 宗教の世俗化
- 都会生活嗜好
- 他人に対しての個人主義的志向
- 心理的分化（複雑化）
- 非地元性

特徴が現れていることを示唆する。

■個人志向性は近代性の別名か　鋭敏な読者ならば，心理学的プロフィールとしての近代性と個人志向性に，いくらか概念的な類似性があることに気づくであろう。Yang (1988) は，前述した近代性の特徴の約3分の2が個人志向者のプロフィールと重複するという。もし個人主義と集団主義が同一次元の両極であると捉えられるならば，近代化の進行は，心理学的なプロセスを徐々に個人志向化させていく。

　経済指標である1人当たりのGNPを，社会的近代化のおおよその指標として見ることもできる。この方法を用いると，Hofstede (1980) の研究は，近代性（国富を指標として）と文化的個人主義の間に0.82の強い相関がある。Bond (1988b) の研究も，国富と個人志向性の平均水準との間に同様な関連を示し，その関係を「社会的統合性 (social integration)」対「文化的内向性 (cultural inwardness)」と表した。さらに，Hofstede (1980) の4年間に及んだ縦断研究では，その期間中，サンプルを構成した全40か国の間で平均して上昇傾向を示したのは，彼の4つの次元のうち，個人主義だけであった。

　これら一連の研究は，一般に進行しつつある経済的発展が，いくつかの側面における個人の行動パターンの変化を伴うことを示唆している。これらのパターンは，本書の内容の多くの情報源となり，統一軸となってきた集団主義文化と個人主義文化の対比関係において重要なものである。それならば，本書の内容の多くは歴史的考古物となり，いずれ廃退する運命にあると考えるべきなのだろうか？

■国際性　文化的多様性をさらに同質化させるような影響を及ぼす要因が，グローバルな発展と共にもう1つ出現してきた。これが，人類の相互依存性に対する意識の高まりである。多くの評論家（例：Brown et al., 1990; Mesarovic & Pestel, 1974）が必死になって人々に理解させようとしたように，日進月歩のテクノロジーの発展は，環境破壊の潜在能力をわれわれにもたらした。人類によるエネルギー資源の枯渇，海洋における過剰な漁獲，大気汚染，雨林の伐採，そして肥沃な土壌の流出は，われわれを災害のグローバル化へと導いている。われわれの猛然とした個人的そして国家的な富の追求は，われわれの生活を支えるサポート・システムそのものが危機にさらされるという，「共有するジレンマ」(Dawes, 1980) を招く結果となった。

　これら最近の発展がもたらした結果の1つが，国際性の拡張である。その国際性とは，異なる人種，国家や文化の人々に対する行動について，重要な示唆を持つ一連の態度の集合体である。Sampson & Smith (1957) は，この概念を「世界意識性 (world-mindedness)」と命名し，「特定の国の国民ではなく，むしろ人類に関わる問

題を捉えるような世界観を，第一判断基準として据えることを好む準拠枠，あるいは価値志向」（p. 105）と定義した。彼らが用いたアメリカ人のサンプルでは，この国際性志向は，社会，政治，経済や宗教の問題に対する，一貫性のある信念の集合体であることが示され，それは個人の安定した特性であり，また権威主義とは負の相関にあることが明らかにされた。Kosterman & Feshbach (1989) は，この初期の研究を精緻化し，国際性は，ナショナリズム（国家主義）や愛国主義（自国に対する愛）のいずれの対極にあるのでもなく，これら3つの概念は互いに独立していることを明らかにした。

かつて国際性は，未来学者，政治派閥や特定の宗教集団だけが扱う領域であったが，最近の経済発展によって，より幅広く普及し，容認されるようになった。心理学者は，異文化間で同義的であるような，世界意識性の測度の作成に取り組み始め (Der-Karabetian, 1992)，それを環境に対するグローバルな問題意識と関連づけようとしている (Der-Karabetian, Stevenson & Poggi, 1996)。発展し続ける国際性は，文化的多様性にどんな影響を及ぼし得るのであろうか？

ここでSchwartz (1994) の研究を見るとよい。彼の国際調査で測定された，7つの文化レベルの価値領域の1つが「調和」であった。これは，自然との一体，環境の保護，そして美しい世界，という価値項目で構成されていた。この価値タイプには，国際性の一部を構成する，ひとまとまりの問題意識が組み込まれている。36か国において調査された教師のサンプルでは，この調和価値を重視する程度がかなり異なる傾向を示した。しかし，将来的な環境の安全のために，現在の経済的要求を犠牲にする必要があることを，地球の住民がより意識するようになることで，やがてこのような差異は減少していくと多くの人がいうであろう。Schwartz & Bilsky (1990) が主張したように，全体的に「調和」が重視されることの代償として，その対にある価値タイプ，つまり「支配」の重要性が減少していくであろう。この価値タイプは，成功，野心，独立性や，その他，現在のわれわれの危機を加速させたと多くの評論家が信じる，諸々の欲求的価値観を強調するものである (Laslo, 1989)。このようにして見ると，環境的発展がもたらす総合的な結果は，国家間での価値観の違いを表す，Schwartzの主要な次元軸の1つにおける多様性の減少でもあるようだ。

これはもちろん推測にすぎないが，未来に関するこのような議論は，かつて近代性に関して行なわれた議論とまったく同じようなものである。現在進められているSchwartzの価値調査の追試によって，この仮説を実証することが可能になる。それでは次に，収束を支持しない議論を見てみよう。

3. 収束仮説を支持しない証拠

科学においてはよくあることだが，強く主張された一般説は，よりよく吟味されることによって崩れ始める。収束理論に対する数々のアプローチは，その仮説が疑われ，修正されるべきであるという見解に向かって，それらのアプローチ自体が収束している。以下にそれらのアプローチを紹介する。

(1)経済発展と価値観

前述したように，Inglehart（1990）は，北米および北ヨーロッパ諸国において，市民の価値観が物質主義からポスト物質主義に移行しつつある傾向を見いだした。他の国々も近代化していく中，Inglehartはそれらの国の人々の価値観も，同様に移行していくと仮説を立てた。

しかし，他の産業国における研究は，そのような見解を支持していない。国富を近代性のおおよその指標とした場合，Hofstedeが示した4つ（1980），あるいは5つ（1991）の文化的多様性を表す次元のうち，国富となんらかの関係を示すものはたった1つしかない。これまでにふれてきた，価値観に関する他の多文化研究も同様に，国家間で多様性が示される価値次元を2つから7つ抽出しているが，経済発展の指標と確かな相関を示すものはたった1つしかない（Rummel, 1972; The Chinese Culture Connection, 1987; Schwartz, 1994）。たびたび得られるこの結果は，価値観がある国の近代性のレベルとは関係なく，多様に異なり得ることを示唆している。これらの「近代性とは無関連な」価値領域は，おそらく，前述してきた他の国家的性質の多様的側面と関連し，個人主義がそうであるのと同様に，社会行動に影響を及ぼすのであろう。

■個人主義―集団主義の運命　国富，即ち近代性と実際に最も相関のある文化的側面は，個人主義―集団主義のさまざまな定式化にある。この見解に関しては，いくつかの要点が指摘される。第一に，国富と個人主義の数々の指標との相関の強さは研究によって異なり，ある場合にはそれが弱い（Schwartz, 1994）。したがって，経済発展のレベルが同じ国であっても，用いる指標にかかわらず，個人主義のレベルが大幅に異なることがあり得る。第二に，個人主義―集団主義を縦断的に測定した唯一の研究では，国家間の得点差が4年間で増加したことを示した（Hofstede, 1980, 本書の第8章を参照）。第三に，過去25年間において，ある国の経済発展を予測する最もよい指標となってきたのは，その国の個人主義のレベルではなかった。むしろ，それとは

無関連な儒教的な仕事への原動力（第3章参照）と呼ばれる価値尺度であり，それは，かつてどうであったかは別として，現在GNPの増加率を予測する指標となっている（Hofstede & Bond, 1988）。ある国の儒教的な仕事への原動力のレベルは，その国の実際の国富や個人主義のレベルとは関係がないことが明らかにされており，これは国富および個人主義−集団主義における国家間差が存続することを示唆する結果である。

　したがって，少なくとも，時間と進歩の経過に伴って，諸国がより個人主義的な価値観へと，収束していることはないと結論するべきであろう。個人主義と集団主義における多様性は，同一文化内における個人差を理解する上で重要な指標であるのと同様に，行動の異文化差を理解する上でも重要な概念であり続けるであろう（例：Earley, 1989）。

(2)近代化症候群の多様性

　もし，近代化が統一された直線的なプロセスであったら，その多くの構成因（マス・メディア接触の増大や世俗化の進行など）において見られるパターンに国家間差はないはずである。しかし，そのような国家間差を示す証拠がある。近代化症候群を文化間（例：Sack, 1973），そして文化内（例：Chiu, 1979）で研究した結果，それは，異なる地域においては形式が異なる多面的な現象であることが明らかにされた。Sackは，近代性という複合概念に関わる29の項目を先行研究から引用し，1,000人以上のチュニジア人に対して調査を実施した。分析の結果，これらの測度を統一するような近代性の共通次元は見いだされなかった。むしろ，8つの独立した構成因が見いだされた。それらは，行動性，ホワイト・カラー症候群の拒絶，ユニバーサリズム，親類との融合の低さ，個人的な信頼感と自律感，過去の拒絶，都市生活への好み，そして家庭の近代性である。Yang（1988）が述べたように，「証拠は，近代の心理学的特性が，統一のとれた症候群を形成するほど一貫しないことを明らかに指し示している。個人的な近代性は，個別の要因によって構成されるかもしれない……」（p. 81）。したがって，各国における個人や集団は，異なる様式や速度で，そして異なる結果を伴って，近代化することが考えられる。

(3)伝統性と近代性が無関連であること

　ある政治家が近代性の普及を懸念するのは，一面，伝統的な価値が侵食されてしまう恐れがあるためである。彼らは，経済発展の対極に文化的伝統を置き，一方が増加すれば他方は減少するという論理で捉える。

　しかし，多くの社会科学者は，文化システムは革新的であり，伝統的な要素と近代

的な要素がうまく共存できるように，独自の方法でその両方の要素を合成することができると主張する（Abraham, 1980）。台湾（Yang, 1986）や日本（Ike, 1973），中国の社会（Yang, 1996）から得られた心理学的データは，まさにその結論を支持している。Yang（1988）は，Trommsdorff（1973）が日本で行なった調査研究を説明するのに，

> 集団結束力，対人調和，家父長制や家族性などの強い伝統的価値は，達成や競争などのかなり近代的価値と共存しており，また，民主主義的な価値とともに，階層的な社会構造，権威性，服従や男女不平等などの信念が存在している。(p. 82)

と述べている。したがって，近代性の力に対する心理学的な反応現象を，欧米化ではなく，「東洋化」と呼んでもおかしくないのかもしれない（Marsella & Choi, 1993）。

一般に報告される近代性の概念は，共通して，有益で相互支援的な国文化の共存を想定するものである（Bond & King, 1985）。これに関わる基本的な構造原理は2つある。まず，近代化と欧米化を区別する。これらを対比させることによって，欧米に対して恩を感じたり，卑屈にならずに，変化を受け入れることが可能になる。第二に，伝統的文化の遡及的側面と近代文化，それぞれの有益性を区別する。過去と現在の肯定的要素が取り込まれ，否定的要素は排除される。例えば香港系中国人は，自分たちは権威を尊重する伝統は維持しているが，運命論は排除し，また近代的な競争性は取り入れたが風紀紊乱は拒絶する，と信じている。この認知的戦略は，個人が歴史的伝統とのつながりを維持しながら，将来的に望ましいアイデンティティを形成することを可能にし，また集団間危機に直面したときに，社会的創造性の作用を表すのである（Tajfel, 1981）。

(4)移住と心理学的変化

個人の文化的独自性が立ち向かう最も大きな試練の1つが，異なる文化的伝統を持つ国への移住である。比較的近代化していない国から移住した人が，より近代化されたホスト国の特徴的な思考や行動パターンに同化したならば，近代化の力が示されることになる。第10章で明らかにされたように，文化への同化は，関与している特定の文化集団，移民の地位・相対数・ホスト国（移住先の国）における散布度，多文化主義の法的保障や，差別に対抗する法律の効果的な施行など，さまざまな社会学的および政治的問題の考慮を必要とする複合的な問題である。その研究を行なうことは，しばしば閉鎖的なコミュニティへのアクセスや，何世代にもわたってサンプルを得る必要があり，困難である。

Feldman & Rosenthal（1990）は，そのタイプの研究の最もよい例の1つである。彼らは，アメリカおよびオーストラリアにいる香港からの中国系移民に対し，2世代にわたって調査を行ない，親の拘束性と従順性の変化を調べた。また，1世，2世移民，ホスト国のアングロ系白人，そして母国香港の中国人，それぞれのティーンエイジャーの自律への期待を調査，比較した。第一に明らかになったのは，文化的適応が非常に遅い速度で進んでいたことである。2世の中国系移民においてさえ，ホスト国の白人よりも，香港人と回答が似ていた。第二に，この文化的弾力性は，特定の領域において特に際立った。例えば，中国系移民は，友人と時間を過ごすなどの社会活動に関してはホスト国の規範に適応したが，早い時期からの異性とのつきあいや，異性を含めた友人たちとの宿泊旅行など，異性との活動に関してはホスト国の規範に適応しない傾向があった。彼らは，次のように結論している。

　　欧米に移住した場合，中国人家庭はある程度変容するが，自律を促すような構造をつくり，子育て法を用いる程度においては，欧米の家族との違いが依然として維持される。（p. 277）

　親の拘束性は集団主義的な家族構造の特徴の1つでもある（Barry, Child & Bacon, 1959; Kagitçibasi, 1990）。親の影響からの独立は，近代性症候群と関連するが，近代的で個人主義的な国での居住にもかかわらず，伝統的な社会化の慣習が存続することを示す確かな証拠がある（Hines, 1973も参照のこと）。第10章で明らかになったように，移民における文化的同質化は，ほとんどの心理学的領域および社会において生じない。

4．収束と分岐の折衷

　収束仮説は説得が十分とは言い難いが，強固な支持者は，近代化の影響がその同質化効果を発揮させるのにまだ十分な時間が経過していないと主張して，反証的証拠をしりぞけるかもしれない。また，各国が持つ独自の背景や近代化プロセスの開始段階の違いを考えれば，それぞれの国におけるそのプロセスの様相が多様であるのは当然であるが，いずれもたらされる結果は同じである，とも議論できる。
　これは，近代化を直線的で単純なプロセスであるとする立場であり，影響する「システム」や，さまざまなインプットの微妙だが複合的な相互依存性を強調する，科学における現代の発展に対抗する見解でもある（Gleick, 1987; Young, 1995）。われわれは，近代化のプロセスに開放性があることを仮定することが，より現実的であると考

える。異なる発展途上国が，異なる伝統や現代的なインプットに影響されながら近代化のプロセスを開始するのであり，それらのその後の発展を歴史的な前例から予測することは危険である。変容するシステムは，変容プロセスの結果によってまた影響されて，変容し続ける。多様な近代文化自体，予測不可能な形で変容していくであろうと考えられ，ある共通の到達点に向けて収束していくという見解は信じ難い。むしろ，われわれは多様性の海に浮かぶ，収束の島々を眺め続けるであろう。

(1)特定の機能的収束

　Yang（1988）は，産業社会の不可避な要求に対して，さまざまな行動や気質が適応的であると主張している。農耕，狩猟，採集や牧畜で成り立つコミュニティの特徴は失われ，テクノロジー中心の環境において，より機能しやすい特徴によってそれらは取って代わられる。したがって，近代化への適応において，「特定の機能」を果たすことのできる属性に関してのみ収束は生じるであろう。そのような特性は，近代化の心理的症候群においていくつか見いだされており，その発見の頻度が増加していることは，心理的収束に関した文献の中に存在する「真実の核」を象徴している。

　しかし，この真実の核は，しばしば表現されるよりも実際は小さく，また多様な文化的土壌において繁茂する。Lauterbach（1974）が述べるように，「言い換えれば，近代化する各国が必ず従うべき，あるいは従うことのできる1つの近代化のパターンやモデルなどはない。ある技術的段階を越えたならば，その国自身の方策に頼らざるを得ない」（p. 147）。産業－技術的遂行になんら機能的関連を持たない，表面上の目的的特性は，各文化の内部で通用している論理に対応して存続，発展していくであろう。Yang（1988）はさらに，「もちろん，社会がその近代的段階まで前進するプロセスにおいて，新しく独自で非機能的な特性が形成されることは可能である（p. 84）」と述べている。したがって，近代化の進行にかかわらず，多様性は存続可能であり，また発展のプロセスにおいて，それが育成されることさえ可能である。

　文化的多様性が社会行動に及ぼす影響力を探求することは，今後も必要である。文化的多様性のさまざまな側面自体が発展したり，代替されて，人間行動の全範囲を説明しようとしたりする探求において，新たな概念を見いだす必要が生じるかもしれない。その進展の過程において重要となる1つの要素は，定期的にさまざまな文化集団を抽出して，適応範囲の拡張が可能である既定の価値調査を実施することである（例：Schwartz, 1992の調査など）。そのようなプロジェクトは，人類の進展に伴う価値観の異文化間変化を，社会心理学者がモニターすることを可能にする。国際性のように，出現しつつある価値次元などは既存の価値次元との関係を明らかにするために既定の調査用紙に加えることも考えられる。

特定の重大なできごとや政治的変動は，価値や行動の順応性を検討する機会を今後もまちがいなく提供することになる。例えば，旧東ドイツと西ドイツの統一後に得られたデータは，ともに西ドイツの規範である個人志向性の傾向が東ドイツの児童において（Oettingen et al., 1994），そしてイニシアティブ（率先性）の傾向が東ドイツの労働者において（Frese et al., 1996），それぞれ比較的急速に進んでいることを表している。

5．将来へ向けて

異文化社会心理学の歴史は，大陸間飛行の歴史と並行するくらいの短さである。それが今日まで果たしてきた主な役割は，世の中の主流に対し，より用心深く一般化を行なうことと（Bond, 1988a），それぞれの文化に形成されたバイアスにあまり素朴に反応しないことであった（Sampson, 1978; Furby, 1979）。しかし，これ以上の貢献が可能である。

(1)理論の拡張

ヨーロッパの初期の探検者は，自分たちの地元の料理をより豊かにするために，香辛料諸島（Spice Islands）を探し求めた。丁子，胡椒，カルダモンや朝鮮人参などは，ヨーロッパの料理人の調理範囲を大きく広げ，またそれだけでなく，医療的用途があることもしばしば発見された。同様に，社会心理学における異文化間研究も，主流ではない心理学者にフォーラムを提供することによって，行動を影響する要因についてのわれわれの理解範囲を広げるような概念やプロセス，理論を発掘することができる。Moghaddam（1987）は，「土着の第三世界心理学の発展は，第三世界の心理学者の研究からしか生まれ得ない，しかも心理学全体にとって有益であるような，新鮮なアイディアを導き出す可能性を持つ」（p. 917）と述べて，この望みを表現している。社会科学のほとんどの分野が「アメリカ中心主義」である中で（Featherman, 1993），心理学の文化的基盤がこのように拡張されていくことは，この学問を普遍化しやすくする。その可能性を示すいくつかの例がある。

■葛藤の解消　人が葛藤を解消するために，さまざまな戦略の中からどれを選択するかを決定する際には，その人が，「敵対感情の低減」の可能性について，どのような信念を持っているかが重要になる（例：Bond, Leung & Schwartz, 1992）。この重要な理論的構成概念は，中国人心理学者のLeung（1987）によって，心理学に導入された。それ以前は，Thibaut & Walker（1975）という2人のアメリカ人が，葛藤

解消に関する彼らの古典的論文の中で，社会的争議を解決するための戦略の選択に影響する根本的要因として，葛藤プロセスにおける統制力を見いだしていた。

　集団主義と個人主義に関するこれまでの議論を踏まえると，中国人の心理学者が，葛藤が関係集団にもたらし得る結果に注目し，他方でアメリカ人の心理学者たちが，その解決の過程に注目することは，もっともであると考えられる。同様な例として，中国人の社会科学者である Ting-Toomey（1994a）は，異文化間の結婚に関して述べながら，次のように提案している。

> 関係の受容，関係的運命性，関係上の長期的観点など（即ち対人関係的満足度・質・コミットメントなどの既存の変数に加えて），より文化的感度の高い対人関係に関する従属変数が，異文化間の親密な関係における葛藤とそれがもたらす結果の関係についての研究に取り入れられるべきである。(p. 74)

　ここで考慮すべき重要なことは，多くの国文化において，それがオランダ，インド，カナダ，韓国，スペイン，あるいは日本であろうと，人がどのように葛藤を解消しようと決定するかは，おそらく多くの要因が関係して説明されるということである。異なる文化的伝統を持つ心理学者からのアイディアが合わせられることで，理論的な相乗効果が得られる。目の見えない旅人と，耳の聞こえない旅人同士のように，われわれは互いを援助しながら旅を続けることができる。

■発達における成熟モデル　トルコの社会心理学者である Kagitçibasi は，欧米の心理学者の間に一貫して存在する個人主義傾向のバイアスを指摘する先陣の中の1人である。「自律と独立が，最適な人格的，認知的および道徳的発達における必須条件であることがあたりまえとされている（Kagitçibasi, 1988, p. 31）」発達心理学の分野において，このバイアスは強く現れている。この前提に対抗して，彼女は，人の「生得的社会性」（集団志向性）が，機能的で適応的な生活様式の土台となるような，多くの社会的状況や文化的環境を説明している。Kagitçibasi は，「社会化に関するこのような価値や慣習は，子どもの発達における自律と独立を強調するような，欧米の個人主義的イデオロギーに基づいた理論的志向では，適切に研究することができない」(p. 34) という結論を出している。

　収束に関するわれわれの前述の議論と一致して，Kagitçibasi（1988）は，「関係性と相互依存性から成る家族文化は，……社会経済的な発展と矛盾しない」(p. 36) と指摘している。多様な文化からのデータを列挙しながら，彼女は，「個人的忠誠と，共同－家族的忠誠とが，互いに打ち消し合うのではなく，むしろ新しい統合体として

共存することは可能である……」(p. 36) と主張する。対人関係を相互依存的に捉える見解は，個人を集団と戦わせるわけではないので，「関係性の心理学」を探求するための有益な基盤を科学者に提供する (Kagitçibasi, 1990, 1996a)。

関係性の心理学は，独立の心理学とは異なる見方で，発達における成熟を捉えることを提案する。そのような理論は，人間にとって必要な「主体性（agency）」（自律や独立）および「共同性（communion）」（関係性や相互依存性）をいずれも非常に重視する。Kagitçibasi, Sunar & Bekman (1988) や，その他の研究者（例：Lin & Fu, 1990）は，特定の文化的状況において，これらの志向性のいずれもが同時に重視されることがあることを明らかにしている。Lin & Fuの研究結果は，家庭内で親が相互依存性を支持するとともに，家庭の外において自律と達成を求める強い圧力があることによって，このような結果が生じることを示唆している。このような調査によって示唆される理想の成人の概念は，個人主義的な文化的状況で強調されるものとは異なるであろう。なぜならば，それは完全に機能的な人において，関係性志向が枢軸となることをより強調するからである。この見解を提供することによって，欧米社会において現在活発な，ジェンダー役割や文化的多様性に関する議論に貢献できるであろう。

(2)心理学の測定尺度を普遍化する

社会科学におけるアメリカ人の優勢，および科学的コミュニケーションにおける英語への依存の結果，社会心理学で用いられる質問紙のほとんどすべてが，英語を母国語として作成されたものとなっている。しかしWierzbicka (1993) が論じるように，self（自己），emotion（情動），mind（意識，精神や心）など，多くの英語の言葉は豊かな意味合いを持っており，他の言語に正確に訳すことが困難である。そのような翻訳は行なわれるものの，多くの意味合いが失われてしまう。

Wierzbicka (1993) は，英語を使用する代わりに，「概念的な普遍要素と……自民族中心主義のバイアスをなくして，文化を比較することのできる言語」を見いだし，それにより，「言語の普遍要素，特に語彙的な普遍要素に……重要な役割」(p. 208) を与えた。彼女は，この普遍システムを用いて，いくつかの「文化的スクリプト」を作成した。彼女はこれらを，「ある社会の暗黙の文化的規範を『ネイティブの視点から』捉えようとし，同時に，これらの規範を人間に普遍的な概念によって表現しようとした短文の連鎖」(p. 221) や単文であると説明している。例えば，アングロ系アメリカ人の"feel good"*というスクリプトは，「常に何かがよく感じられるというこ

---

*直訳だと「よいと感じる」あるいは「よさを感じる」になるが，通常は「よい気分である」などと訳される。

とはよいことである」と表現されるかもしれない。第5章の自己概念尺度などのさまざまな質問紙を，このような普遍システムを用いて構築できることは容易に想像できる。そうすると，文化集団の間での比較も，より基盤のしっかりしたものとなる。つまりそうした比較の結果は，単に，あるXという文化の成員が，例えば，アングロ系文化に特有の微妙な表現や前提を多く含んだ調査用紙を用いたときに，アメリカ人と異なることを示すことにはならない。むしろその比較は，真に普遍的である特定の概念やプロセスが，サンプリングした他の文化集団の成員によって，どのように捉えられているかについての情報を提供することになる。これはかなりの前進であるといえる。

(3)インプットを多様化させる

Öngel & Smith（1994）が指摘するように，異文化間研究の主要な発表の場である"Journal of Cross-Cultural Psychology"では，北米の著者が優勢である。多文化チームでの共同研究であっても，北米人著者が，主要な概念的役割を果たしたことが考えられる。この学問が，理論的に，そして方法論的にも開放しようとするならば，実践者としてのわれわれは，研究を行なう際に，より熟達した異文化間チーム・プレイヤーになる必要がある（Faucheux, 1976; Taft, 1976）。多文化のチームや組織を管理し，それが管理されるべき方法としてわれわれが支持する方法によって，実際，われわれ自身が管理し，管理される必要がある（第10章参照）。

異文化心理学者としては，社会学，政治学，歴史，人類学や言語学など，他の学問からの貢献に対しても受容的になる必要がある（Featherman, 1993）。会話の調整理論（第9章参照）に関する異文化間研究は，この意味における例証である（例：Giles et al., 1991）。この知的範囲の拡張を行なうことは，無理な要求と思われるかもしれないが，異文化間研究は臆病者がやることではないであろう（Gabrenya, 1988）。このように他の学問から学ぶことによって，「データ」を集める新しいアプローチに関わることが可能になり得る。例えば民族学的方法などは，土着の思考を検知するのに特に重要となり得る（例：Mouer, 1995による日本人の仕事に対する概念の研究）。

(4)新たに出現する文化的多様性の次元

ここまでで，過去20年間の社会および組織心理学の異文化間研究において，個人主義／集団主義の次元がどれほど支配的であったかが，読者にもわかるであろう。現在この概念は，本書で個人志向性／集団志向性と名づけているような，個人レベルで捉える尺度がいくつかあり，それらを用いることによって，心理学者はこの文化的次元をさらに展開していくことができる。また，集団主義に偏った注目が見られるのは，

比較研究に興味を持った将来性のある研究者集団が、アジア（集団主義）文化圏で出現していることによって加勢された側面がある。

　最近、ほかにもこれまで比較的注目されてこなかった文化的多様性の次元が、研究者によって取り上げられ始めている。Hofstedeは、近年の異文化間心理学国際学会（International Association of Cross-Cultural Psychology）で、文化的男性性／女性性に焦点を当てた一連のシンポジウムを催している。例えばHofstede（1996b）は、文化的男性性／女性性と、宗教性、ジェンダー関連の信念やイデオロギー、そして性的規範や行動との間の関連を研究した論文を発表した。また、Van de Vliertら（1997）は、慎重に統制をした研究を行ない、気温と国内の政治暴力との間に得られる国レベルでの曲線関係に、文化的男性性が媒介することを見いだした。この次元に関する異文化間研究を発展させる上で重要な次の段階は、この概念を個人レベルで心理学的に捉える測定尺度を作成することである。また、再興した概念である文化的緊張性／弛緩性に関する比較研究（Chan et al., 1996）に刺激を与えるためにも、そのような個人レベルの測定尺度が必要とされる。この場合には、曖昧性に対する心理的耐性（Furnham, 1994）などの既に確立された個人レベルの測定尺度が役立つかもしれない。同様に、社会的優勢志向の測定尺度（Sidanius, Pratto & Rabiinowitz, 1994）を用いることは、勢力差（Hofstede, 1980）や階層制（Schwartz, 1994）を研究する1つの方法である。特にSmith, Dugan & Trompenaars（1996）が、集団主義と階層的社会構造が独立している可能性を明らかにした現在、この研究の必要性は差し迫っているようである。

　Schwartz（1994）の価値観研究から得られた、大規模で妥当性のあるデータ収集は、以前は不可能であったような個人レベルおよび文化レベルでのさまざまな研究を可能にする。Barnea & Schwartz（1994）は、個人の価値観と投票行動の関連に見られる国家間差が、各国の価値プロフィールに基づいて予測可能であることを明らかにした。Sagie & Schwartz（1996）は、37か国それぞれの教師サンプル内における、価値観の一致率の差と相関関係にある変数を探索した。その結果、価値観の高い一致率は、高水準の社会経済的発展と関連した一方で、低水準の政治的民主化とも関連していることがわかった。

　またこの分野は、これまでの価値観へのこだわりを越える必要がある。信念や予測（例：Bond, Leung & Schwartz, 1992）など、他の心理学的概念を用いることの方が、個人の行動を予測するのに役立つかもしれない。革新的なアプローチによる文化の概念化と、それが人間に及ぼす影響のメカニズムの探求なども可能である。生態学的文化理論（Georgas & Berry, 1995）は、その予測的妥当性を、価値観を基盤とした理論と比較できる段階まで発展させることができる。例えば、異なる国における管理職

者の役割負担の超過をよりよく説明するのは，勢力差（Peterson et al., 1995; Peterson & Smith, 1997），あるいは一日の平均気温（van de Vliert et al., 1996）のいずれであろうか。

　また，この見地において，環境心理学の分野における最近の研究（例：Stokols, Clitheroe & Zmuidzinas, 1996)，特に「正常」な環境と「異常」な環境を比較対照するもの（Suedfeld, 1996）も，示唆するところが多分にある。同様に，Wilkinson (1996) も，ある国の収入配分の相対的平等性が，国の健康水準と経済成長という重要な変数と関連があることを示すデータを提示した。彼は，社会的凝集性という社会心理学者に用いられることをまちがいなく望んでいるような変数の媒介によって，収入の平等性が，これらの結果に作用すると考えている。

6．結論

　これらをはじめとした革新は，まだ出現し始めたばかりであり，今後概念化され，心理学の文献に統合されていくものである。これらのアイディアが生じてくるのは遅かったのであろうか。われわれは，そう思わない。これらの革新の出現は，多様な文化的環境への「欧米」心理学の普及と，独自の用語と確立した手段によってこの分野が持つバイアスに対抗するだけの能力を持つローカルな心理学者の育成を待たなければならなかった。

　いよいよわれわれはこの段階に到達したと思うのである。異文化社会心理学の発展は，それを示す良い例である。それは，異なる文化的素性が押しつけてくる限界を，われわれが越えることを可能にするような，知的相乗作用をもたらす。そうすると，われわれは人類の社会行動について，より真に普遍的な理解を獲得したと主張できるであろう。

　そしてすべての探求の果ては，
　出発点に立ち戻り，
　その場所をわれわれが初めて知ることである。
　　（T. S. Eliot, *Four Quartets*）

References

Abelson, R. (1976) 'Script processing in attitude formation and decision making', in J. Carroll and J. Payne (eds.), *Cognition and Social Behavior*, Hillsdale, NJ: Erlbaum.

Abraham, M. (1980) *Perspectives on Modernization: Toward a general theory of third world development*, Washington, DC: University Press of America.

Abrams, D., Wetherell, M., Cochrane, S., Hogg, M. A. and Turner, J. C. (1990) 'Knowing what to think by knowing who you are: Self-categorisation and the nature of norm formation, conformity and group polarisation', *British Journal of Social Psychology*, 29, 97–119.

Ackerman, D. (1990) *A Natural History of the Senses*. New York: Random House.

Adair, J. G., Puhan, P. N. and Vohra, N. (1993) 'Indigenisation of psychology: Empirical assessment of progress in Indian research', *International Journal of Psychology*, 28, 149–69.

Adair, J. G., Pandey, J., Begum, H. A., Puhan, B. N. and Vohra, N. (1995) 'Indigenisation and development of the discipline: Perceptions and opinions of Indian and Bangladeshi psychologists', *Journal of Cross-Cultural Psychology*, 26, 392–407.

Adair, J. G. *et al.* (1997) 'Empirical studies of discipline development and indigenisation in Latin America', Symposium presented at Interamerican Congress of Psychology, São Paulo, Brazil.

Adamopoulos, J. (1988) 'Interpersonal behavior: Cross-cultural and historical perspectives', in M. H. Bond (ed.), *The Cross-cultural Challenge to Social Psychology*, Newbury Park, CA: Sage.

Adamopoulos, J. (1991) 'Diachronic and cross-cultural processes in the evolution of intimacy', in S. Ting Toomey and F. Korzenny (eds.), *Cross-cultural Interpersonal Communication*, London: Sage.

Adamopoulos, J. and Bontempo, R. (1987) 'Diachronic universals in interpersonal structures: Evidence from literary sources', *Journal of Cross-Cultural Psychology*, 17, 169–89.

Adams, J. S. (1965) 'Inequity in social exchange', in L. Berkowitz (ed.), *Advances in Experimental Social Psychology*, Volume 2, New York: Academic Press.

Adelman, I. and Morris, C. T. (1967) *Society, Politics and Economic Development: A Quantitative Approach*, Baltimore, MD: Johns Hopkins University Press.

Adigun, I. (1997) 'Orientations to work: A cross-cultural approach', *Journal of Cross-Cultural Psychology*, 28, 352–5.

Adler, N. J. (1981) 'Re-entry: Managing cross-cultural transitions', *Group and Organizational Studies*, 6, 341–56.

Adler, N. J., Schwarz, T. and Graham, J. L. (1987) 'Business negotiations in Canada (French and English speakers), Mexico and the United States', *Journal of Business Research*, 15, 411–29.

Adler, P. S. (1975) 'The transitional experience: An alternative view of culture shock', *Journal of Humanistic Psychology*, 15, 13–23.

Adler, P. S. (1987) 'Culture shock and the cross-cultural learning experience', in L. F. Luce and E. C. Smith (eds.), *Toward Internationalism: Readings in cross-cultural communication*, Cambridge, MA: Newbury House.

Adorno, T. W., Frenkel-Brunswick, E., Levinson, D. J. and Sanford, N. (1950) *The Authoritarian Personality*, New York: Harper Row.

Ajzen, I. (1988) *Attitudes, Personality and Behavior*, Milton Keynes, UK: Open University Press.

Alatas, S. H. (1972) 'The captive mind in development studies: Some neglected problems and the need for an autonomous social science tradition in Asia', *International Social Science Journal*, 24, 9–25.

Albright, L., Malloy, T. E., Qi, D., Kenny, D. A. *et al.* (1997) 'Cross-cultural consensus in personality judgments', *Journal of Personality and Social Psychology*, 73, 270–80.

Alcock, J. E. (1974) 'Cooperation, competition and the effects of time pressure in Canada and India', *Journal of Conflict Resolution*, 18, 171–97.

Alcock, J. E. (1975) 'Motivation in an asymmetric bargaining situation: A cross-cultural study', *International Journal of Psychology*, 10, 69–81.

Alden, D. L., Hoyer, W. D. and Lee, C. (1993) 'Identifying global and culture-specific dimensions of humor in advertising: A multinational analysis', *Journal of Marketing*, 57, 64–75.

Ali, A. (1988) 'Scaling an Islamic work ethic', *Journal of Social Psychology*, 128, 575–83.

Ali, A. (1990) 'Islamic work ethic in Arabia', *Journal of Psychology*, 126, 507–19.

Allport, F. H. (1924) *Social Psychology*, Boston, MA: Houghton Mifflin.

Almagor, M., Tellegen, A. and Waller, N. G. (1995) 'The Big Seven model: A cross-cultural replication and further exploration of the basic dimensions of natural language trait descriptors', *Journal of Personality and Social Psychology*, 69, 300–7.

Almagor, U. (1990) 'Odors and private language: Observations on the phenomenology of scent', *Human Studies*, 13, 253–74.

Almaney, A. and Ahwan, A. (1982) *Communicating with the Arabs*, Prospect Heights, IL: Waveland.

Altemeyer, B. (1981) *Right-wing Authoritarianism*, Winnipeg: University of Manitoba Press.

Altemeyer, B. (1988) *Enemies of Freedom: Understanding right-wing authoritarianism*, San Francisco: Jossey-Bass.

Altemeyer, B. and Kamenshikov, A. (1991) 'Impressions of American and Soviet behaviour: RWA images in a mirror', *South African Journal of Psychology*, 21, 255–60.

Altman, I and Chemers, M. M. (1980) 'Cultural aspects of environment–behaviour relationships', in H. C. Triandis and R. W. Brislin (eds.), *Handbook of Cross-Cultural Psychology*, Volume 5, Boston, MA: Allyn and Bacon.

Altman, I. and Gauvain, M. (1981) 'A cross-cultural dialectic analysis of homes', in L. Liben, A. Patterson and N. Newcombe (eds.), *Spatial Representation and Behavior across the Life-span*, New York: Academic Press.

Al-Zahrani, S. S. A. and Kaplowitz, S. A. (1993) 'Attributional biases in individualist and

collectivist cultures: A comparison of Americans with Saudis', *Social Psychology Quarterly*, 56, 223–33.
Amabile, T. M. and Glazebrook, A. H. (1982) 'A negativity bias in interpersonal evaluation', *Journal of Experimental Social Psychology*, 18, 1–22.
Ambady, N., Koo, J., Lee, F. and Rosenthal, R. (1996) 'More than words: Linguistic and nonlinguistic politeness in two cultures', *Journal of Personality and Social Psychology*, 70, 996–1011.
Amir, Y. (1969) 'Contact hypothesis in ethnic relations', *Psychological Bulletin*, 71, 319–42.
Amir, Y. (1976) 'The role of intergroup contact in change of prejudice and ethnic relations', in P. A. Katz (ed.), *Towards the Elimination of Racism*, New York: Pergamon.
Amir, Y. and Sharon, I. (1987) 'Are social–psychological laws cross-culturally valid?', *Journal of Cross-Cultural Psychology*, 18, 383–470.
Ancona, L. and Pareyson, R. (1968) 'Contributo allo studio della aggressione: la dinamica della obbedienza distincttiva', *Archivio di Psicologia Neurologia e Psichiatria*, 29, 340–72.
Andersen, P. A. and Bowman, L. (1985) 'Positions of power: nonverbal cues of status and dominance in organizational communication', paper presented at the annual convention of the International Communication Association, Honolulu, HI.
Anderson, C. A. and Anderson, K. B. (1996) 'Violent crime rate studies in philosophical context: A destructive testing approach to heat and southern culture of violence effects', *Journal of Personality and Social Psychology*, 70, 740–56.
Anderson, C. A., Deuser, W. E. and DeNeve, K. M. (1995) 'Hot temperature, hostile affect, hostile cognition, and arousal: Tests of a general model of affective aggression', *Personality and Social Psychology Bulletin*, 21, 434–48.
Anderson, L. E. (1994) 'A new look at an old construct: Cross-cultural adaptation', *International Journal of Intercultural Relations*, 18, 293–328.
Andreeva, G. (1982) 'Common activity as a factor of causal attribution in a small group', in H. Hiebsch (ed.), *Social Psychology*, Amsterdam: North-Holland.
Andreeva, G. (1984) 'Cognitive processes in developing groups', in L. H. Strickland (ed.), *Directions in Soviet Social Psychology*, New York: Springer.
Aral, S. O. and Sunar, D. (1977) 'Interaction and justice norms: A cross-national comparison', *Journal of Social Psychology*, 101, 175–86.
Archer, D. (Producer) (1991) A world of gestures: Culture and nonverbal communication [Video]. Available from the University of California Extension Media Center, 2176 Shattuck Avenue, Berkeley, CA 94704.
Archer, D. and Gartner, R. (1984). *Violence and Crime in Cross-national Perspective*. New Haven: Yale University Press.
Ardila, R. (1996) 'Ethnopsychology and social values in Colombia', *Interamerican Journal of Psychology*, 30, 127–40.
Argyle, M. (1979) 'New developments in the analysis of social skills', in A. Wolfgang (ed.), *Non-verbal Behavior*, London: Academic Press.
Argyle, M., Furnham, A. and Graham, J. A. (1981) *Social Situations*, Cambridge: Cambridge University Press.
Argyle, M., Henderson, M., Bond, M. H., Iizuka, Y. and Contarello, A. (1986) 'Cross-cultural variations in relationship rules', *International Journal of Psychology*, 21, 287–315.

Armer, M. and Youtz, R. (1971) 'Formal education and individual modernity in an African society', *American Journal of Sociology*, 76, 604–26.

Asch, S. (1951) 'Effects of group pressure on the modification and distortion of judgments, in H. Guetzkow (ed.) *Groups, Leadership and Men*. Pittsburgh, PA: Carnegie.

Atsumi, T. and Sugiman, T. (1990) 'Group decision processes by majority and minority: Decision and implementation, *Japanese Journal of Experimental Social Psychology*, 30, 15–23 (English abstract).

Augoustinos, M. and Walker, I. (1995) 'Stereotypes as social representations', paper presented at the 5th European Congress of Psychology, Athens, Greece.

Avendano Sandoval, R. and Diaz Guerrero, R. (1992) 'Estudio experimental de la abnegacion', *Revista Mexicana de Psicologia*, 9, 15–19.

Aycan, Z. and Berry, J. W. (1996) 'Impact of employment-related experiences on immigrants' psychological well-being and adaptation to Canada', *Canadian Journal of Behavioural Science*, 28, 240–51.

Ayman, R. and Chemers, M. M. (1983) 'Relationship of supervisory behavior ratings to work group effectiveness and subordinate satisfaction among Iranian managers', *Journal of Applied Psychology*, 68, 338–41.

Babiker, Z. E., Cox, J. L. and Miller, P. M. (1980) 'The measurement of cultural distance and its relationship to medical consultations, symptomatology, and examination of performance of overseas students at Edinburgh University', *Social Psychiatry*, 15, 109–16.

Bakan, D. (1966) *The Duality of Human Existence*, Chicago: Rand McNally.

Bales, R. F. (1951) *Interaction Process Analysis: A method for the study of small groups*, Reading, MA: Addison-Wesley.

Bandura, A. (1977) 'Self-efficacy: Toward a unifying theory of behavioural change', *Psychological Review*, 84, 191–215.

Bandura, A. (1986) *Social Foundation of Thought and Action: A social cognitive theory*, Englewood Cliffs, NJ: Prentice-Hall.

Bandura, A. (1996) 'A sociocognitive view on shaping the future', in S. C. Choi (ed.), *Proceedings of the Korean Psychological Association 50th Anniversary Conference*. Seoul, Korea: Hak Mun Publishing.

Bandura, A. (1997) *Self-efficacy: The exercise of control*, San Francisco: Freeman.

Barker, M., Child, C., Gallois, C., Jones, E. and Callan, V. J. (1991) 'Difficulties of overseas students in social and academic situations', *Australian Journal of Psychology*, 43, 79–84.

Barker, R. C. (1968) *Ecological Psychology: Concepts and methods for studying the environment of human behavior*, Stanford, CA: Stanford University Press.

Barnea, M. and Schwartz, S. H. (1994) 'Values and voting', unpublished paper, Hebrew University of Jerusalem.

Barnlund, D. C. and Araki, S. (1985) 'Intercultural encounters: The management of compliments by Japanese and Americans', *Journal of Cross-Cultural Psychology*, 16, 9–26.

Barnlund, D. C. and Yoshioka, M. (1990) 'Apologies: Japanese and American styles', *International Journal of Intercultural Relations*, 14, 193–206.

Barnouw, V. (1985) *Culture and Personality*, 4th edn, Belmont CA: Wadsworth.

Baron, R. A. and Byrne, D. (1994) *Social Psychology: Understanding human interaction*, 7th edn, Boston, MA: Allyn and Bacon.

Barraclough, R. A., Christophel, D. M. and McCroskey, J. C. (1988) 'Willingness to communicate: A cross-cultural investigation', *Communication Research Reports*, 5, 187–92.
Barry, H., Child, I. and Bacon, M. (1959) 'Relation of child training to subsistence economy', *American Anthropologist*, 61, 51–63.
Bass, B. M. (1985) *Leadership and Performance Beyond Expectations*, New York: Free Press.
Bass, B. M. and Avolio, B. J. (1993) ' Transformational leadership: A response to critiques', in M. M. Chemers and R. Ayman (eds.), *Leadership Theory and Research: Perspectives and directions*, San Diego, CA: Academic Press.
Bateson, N. (1966) 'Familiarisation, group discussion and risk-taking, *Journal of Experimental Social Psychology*, 2, 119–29.
Baumrind, D. (1964) 'Some thoughts on ethics of research: After reading Milgram's "Behavioral study of obedience"', *American Psychologist*, 19, 421–3.
Bavelas, J. B. (1994) 'Gestures as part of speech: Methodological implications', *Research on Language and Social Interaction*, 27, 201–21.
Beebe, L. M. and Takahashi, T. (1989) 'Sociolinguistic variation in face-threatening speech acts. Chastisement and disagreement', in M. R. Eisenstein (ed.), *The Dynamic Interlanguage: Empirical studies in second language variation*, New York: Plenum.
Beiser, M., Barwick, C., Berry, J. W. *et al.* (1988) *Mental health issues affecting immigrants and refugees*, Ottawa: Health and Welfare Canada.
Bell, P. R. and Jamieson, B. D. (1970) 'Publicity of initial decisions and the risky shift phenomenon', *Journal of Experimental Social Psychology*, 6, 329–45.
Ben-Ari, R., Schwarzwald, J. and Horiner-Levi, E. (1994) 'The effect of prevalent social stereotypes on intergroup attribution', *Journal of Cross-Cultural Psychology*, 25, 489–500.
Benet, V. and John, O. P. (1996) 'Los cinco grandes across cultures and ethnic groups: Multi-trait, multi-language analyses of the Spanish Big Five Inventory', manuscript submitted for publication.
Benet, V. and Waller, N. G. (1995) 'The Big Seven factor model of personality description: Evidence for its cross-cultural generality in a Spanish sample', *Journal of Personality and Social Psychology*, 69, 701–18.
Bennett, J. (1977) 'Transition shock: Putting culture shock in perspective', *International and Intercultural Communication Annual*, 4, 45–52.
Bennett, M. J. (1986) 'A developmental approach to training for intercultural sensitivity', *International Journal of Intercultural Relations*, 10, 179–96.
Berger, A. A. (1975) 'What makes people laugh? Cracking the cultural code', *Etc*, 32, 427–8.
Berger, C. R. (1987) 'Communicating under uncertainty', in M. E. Roloff and G. R. Mitter (eds.), *Interpersonal Processes*, Newbury Park, CA: Sage.
Berkowitz, L. (1989) 'Frustration–aggression hypothesis: examination and reformulation', *Psychological Bulletin*, 106, 59–73.
Berman, J. J., Murphy-Berman, V. and Singh, P. (1985) 'Cross-cultural similarities and differences in perceptions of fairness', *Journal of Cross-Cultural Psychology*, 16, 55–67.
Berman, J. J. and Murphy-Berman, V. A. (1996) 'Cultural differences in perceptions of allocators of resources', *Journal of Cross-Cultural Psychology*, 27, 494–509.
Bernstein, I. H., Tsai-Ding, L. and McClelland, P. (1982) 'Cross- vs. within-racial judgments of attractiveness', *Perception and Psychophysics*, 32, 495–503.

Berry, J. W. (1967) 'Independence and conformity in subsistence-level societies', *Journal of Personality and Social Psychology*, 7, 415–18.

Berry, J. W. (1969) 'On cross-cultural comparability', *International Journal of Psychology*, 4, 119–28.

Berry, J. W. (1980) 'Introduction to methodology', in H. C. Triandis and J. W. Berry (eds.), *Handbook of Cross-Cultural Psychology*, Volume 2. Boston, MA: Allyn and Bacon.

Berry, J. W. (1984) 'Multicultural policy in Canada: A social psychological analysis', *Canadian Journal of Behavioural Science*, 16, 353–70.

Berry, J. W. (1989) 'Imposed etics – emics – derived etics: The operationalisation of a compelling idea', *International Journal of Psychology*, 24, 721–35.

Berry, J. W. (1990) 'The role of psychology in ethnic studies', *Canadian Ethnic Studies*, 22, 8–21.

Berry, J. W. (1991a) 'Towards diversity and equity at Queen's: A strategy for change', *Queen's University Gazette*, 23 (1), Supplement (8 April 1991).

Berry, J. W. (1991b) 'Understanding and managing multiculturalism: Some possible implications of research in Canada', *Psychology and Development Societies*, 3, 17–49.

Berry, J. W. (1997) 'Immigration, acculturation, and adaptation', *Applied Psychology: An International Review*, 46, 5–34.

Berry, J. W. and Annis, R. C. (1974) 'Ecology, culture and psychological differentiation', *International Journal of Psychology*, 9, 173–93.

Berry, J. W., Dasen, P. and Saraswathi, T. S. (eds.) (1997) *Handbook of Cross-cultural Psychology*, 2nd Edn, Volume 2, *Basic Processes and Human Development*, Boston, MA: Allyn and Bacon.

Berry, J. W. and Kalin, R. (1979) 'Reciprocity of inter–ethnic attitudes in a multicultural society', *International Journal of Intercultural Relations*, 3, 99–112.

Berry, J. W. and Kalin, R. (1995) 'Multicultural and ethnic attitudes in Canada: An overview of the 1991 national survey', *Canadian Journal of Behavioural Science*, 27, 301–20.

Berry, J. W., Kalin, R. and Taylor, D. M. (1977) *Multiculturalism and Ethnic Attitudes in Canada*, Ottawa: Ministry of Supplies and Services.

Berry, J. W., Kalin, R. and Taylor, D. M. (1980) 'Multiculturalism and ethnic attitudes in Canada', in J. E. Goldstein and R. M. Bienvenue (eds.), *Ethnicity and Ethnic Relations in Canada*, Toronto: Butterworth.

Berry, J. W. and Kim, U. (1988) 'Acculturation and mental health', in P. Dasen, J. W. Berry, and N. Sartorius (eds.), *Health and cross-cultural psychology*, Newbury Park, CA: Sage.

Berry, J. W. and Kwak, K. (1996) 'International comparative study of ethnocultural youth', paper presented at the 13th Congress of the International Association for Cross-Cultural Psychology, Montreal.

Berry, J. W., Kim, U., Power, S., Young, M. and Bujaki, M. (1989) 'Acculturation attitudes in plural societies', *Applied Psychology*, 38, 185–206.

Best, D. L. and Williams, J. E. (1994) 'Masculinity/femininity in the self and ideal self descriptions of university students in fourteen countries', in A. M. Bouvy, F. J. R. van de Vijver, P. Boski and P. Schmitz (eds.), *Journeys into Cross-cultural Psychology*, Lisse: Swets and Zeitlinger.

Bethlehem, D. W. (1975) 'The effect of Westernisation on cooperative behaviour in Central Africa', *International Journal of Psychology*, 10, 219–24.

Bhawuk, D. P. S. (1996) 'The role of culture theory in cross-cultural training: A multimethod study of culture-specific, culture general, and culture theory-based assimilators', paper presented at the Academy of Management Meeting, Cincinnati.
Bierbrauer, G. (1994) 'Toward an understanding of legal culture: Variations in individualism and collectivism between Kurds, Lebanese and Germans', *Law and Society Review*, 28, 243–64.
Bierbrauer, G. and Pedersen, P. (1996) 'Culture and migration', in G. R. Semin and K. Fiedler (eds.), *Applied Social Psychology*, London: Sage.
Bijnen, E. J., van der Net, T. Z. J. and Poortinga, Y. H. (1986) 'On cross-cultural comparative studies with the Eysenck Personality Questionnaire', *Journal of Cross-Cultural Psychology*, 17, 3–16.
Bijnen, E. J. and Poortinga, Y. H. (1988) 'The questionable value of cross-cultural comparisons with the Eysenck Personality Questionnaire', *Journal of Cross-Cultural Psychology*, 19, 193–202.
Bilbow, G. (1996) 'Requesting strategies in the cross-cultural business meeting', *Pragmatics*, 5, 45–55.
Billig, M. (1976) *Social Psychology and Intergroup Relations*, London: Academic Press.
Bilsky, W. and Schwartz, S. H. (1994) 'Values and personality', *European Journal of Personality*, 8, 163–81.
Birth, K. and Prillwitz, G. (1959) 'Fuhrungsstile und Gruppen Verhalten von Schulkindern', *Zeitschrift für Psychologie*, 163, 230–301.
Black, J. S. and Gregerson, H. B. (1991) 'When Yankee comes home: Factors related to expatriate and spouse repatriation adjustment', *Journal of International Business Studies*, 22, 671–94.
Black, J. S., Gregersen, H. B. and Mendenhall, M. E. (1992) *Global assignments: Successfully expatriating and repatriating international managers*, San Francisco, CA: Jossey-Bass.
Black, J. S. and Porter, L. W. (1991) 'Managerial behaviors and job performance: A successful manager in Los Angeles may not succeed in Hong Kong', *Journal of International Business Studies*, 22, 99–113.
Blackler, F. (ed.) (1983) *Social Psychology and Developing Countries*, Chichester: Wiley.
Blum-Kulka, S., House, J. and Kasper, G. (eds.) (1989) *Cross-cultural Pragmatics: Requests and apologies*, Norwood, NJ: Ablex.
Bochner, S. (ed.) (1980) *The Mediating Person: Bridges between cultures*, Cambridge, MA: Schenkman.
Bochner, S. (1982) 'The social psychology of cross-cultural relations', in S. Bochner (ed.), *Cultures in Contact: Studies in cross-cultural interaction*, Oxford: Pergamon.
Bochner, S. (1986) 'Training inter-cultural skills', in C. R. Hollin and P. Trower (eds.), *Handbook of Social Skills Training: Vol. 1. Applications across the life span*, Oxford: Pergamon.
Bochner, S. (1994) 'Cross-cultural differences in the self concept: A test of Hofstede's individualism/collectivism distinction', *Journal of Cross-Cultural Psychology*, 25, 273–83.
Bochner, S. and Hesketh, B. (1994) 'Power distance, individualism–collectivism and job-related attitudes in a culturally diverse work group', *Journal of Cross-Cultural Psychology*, 25, 233–57.
Bochner, S., Lin, A. and Macleod, B. M. (1980) 'Anticipated role conflict of returning overseas students', *Journal of Social Psychology*, 110, 265–72.

Bochner, S., Lin, A. and McLeod, B. M. (1979) 'Cross-cultural contact and the development of an international perspective', *Journal of Social Psychology*, 107, 29–41.

Bochner, S. and Perks, R. W. (1971) 'National role evocation as a function of cross-national interaction', *Journal of Cross-Cultural Psychology*, 2, 157–64.

Boisot, M. and Liang, X. G. (1992) 'The nature of managerial work in the Chinese enterprise reforms: A study of six directors', *Organization Studies*, 13, 161–84.

Bond, M. (1983) 'Linking person perception dimensions to behavioral intention dimensions: The Chinese connection', *Journal of Cross-Cultural Psychology*, 14, 41–63.

Bond, M. H. (1985) 'Language as a carrier of ethnic stereotypes in Hong Kong', *Journal of Social Psychology*, 125, 53–62.

Bond, M. H. (1986) 'Mutual stereotypes and the facilitation of interaction across cultural lines', *International Journal of Intercultural Relations*, 10, 259–76.

Bond, M. H. (ed.) (1988a) *The Cross-cultural Challenge to Social Psychology*, Newbury Park, CA: Sage.

Bond, M. H. (1988b) 'Finding universal dimensions of individual variation in multicultural studies of values: The Rokeach and Chinese value surveys', *Journal of Personality and Social Psychology*, 55, 1009–15.

Bond, M. H. (1991a) 'Chinese values and health: A cross-cultural examination', *Psychology and Health*, 5, 137–52.

Bond, M. H. (1991b) 'The process of enhancing cross-cultural competence in Hong Kong organizations', *International Journal of Intercultural Relations*, 16, 395–412.

Bond, M. H. (1991c) 'Cultural influences on modes of impression management: Implications of the culturally diverse organization', in R. A. Giacolone and P. Rosenfeld (eds.), *Applied Impression Management: How image-making affects managerial decisions*, Newbury Park, CA: Sage.

Bond, M. H. (1993) 'Emotions and their expression in Chinese culture', *Journal of Nonverbal Behavior*, 17, 245–62.

Bond, M. H. (ed.) (1996a) *The Handbook of Chinese Psychology*, Hong Kong: Oxford University Press.

Bond, M. H. (1996b) 'Social Psychology Across Cultures: Two ways forward', Keynote lecture, International Congress of Psychology, Montreal.

Bond, M. H. (ed.) (1997) *Working at the Interface of Cultures: Eighteen lives in social science*, London: Routledge.

Bond, M. H. and Chan, S. C. N. (1995) 'Country values and country health', paper presented at the 7th European Congress Psychology, Athens, Greece.

Bond, M. H. and Cheung, M. K. (1984) 'Experimenter language choice and ethnic affirmation by Chinese trilinguals in Hong Kong', *International Journal of Intercultureal Relations*, 8, 347–56.

Bond, M. H. and Cheung, T. S. (1983) 'The spontaneous self-concept of college students in Hong Kong, Japan, and the United States', *Journal of Cross-Cultural Psychology*, 14, 153–71.

Bond, M. H., Chiu, C. K. and Wan, K. C. (1984) 'When modesty fails: The social impact of group-effacing attributions following success or failure', *European Journal of Social Psychology*, 14, 335–8.

Bond, M. H. and Dutton, D. G. (1975) 'The effect of interaction anticipation and experience as a victim on aggressive behavior', *Journal of Personality*, 43, 515–27.

Bond, M. H. and Forgas, J. P. (1984) 'Linking person perception to behavioral intention across cultures: The role of cultural collectivism', *Journal of Cross-Cultural Psychology*, 15, 337-52.

Bond, M. H. and Hewstone, M. (1988) 'Social identity theory and the perception of intergroup relations in Hong Kong', *International Journal of Intercultural Relations*, 12, 153-70.

Bond, M. H. and Hwang, K. K. (1986) 'The social psychology of Chinese people', in M. H. Bond (ed.), *The Psychology of the Chinese People*, Hong Kong: Oxford University Press.

Bond, M. H. and King, A. Y. C. (1985) 'Coping with the threat of Westernization in Hong Kong', *International Journal of Intercultural Relations*, 9, 351-64.

Bond, M. H., Leung, K. and Schwartz, S. H. (1992) 'Explaining choices in procedural and distributive justice across cultures', *International Journal of Psychology*, 27, 211-25.

Bond, M. H., Leung, K. and Wan, K. C. (1982a) 'How does cultural collectivism operate? The impact of task and maintenance contributions on reward allocations', *Journal of Cross-Cultural Psychology*, 13, 186-200.

Bond, M. H., Leung, K. and Wan, K. C. (1982b) 'The social impact of self-effacing attributions: The Chinese case', *Journal of Social Psychology*, 118, 157-66.

Bond, M. H. and Mak, A. L. P. (1996) 'Deriving an intergroup topography from perceived values: Forging an identity in Hong Kong out of Chinese tradition', invited paper, Korean Psychological Association's 50th Anniversary Conference, Seoul.

Bond, M. H. and Shiu, W. Y. F. (1997) 'The relationship between a group's personality resources and the two dimensions of its group process', *Small Group Research*, 28, 194-217.

Bond, M. H. and Venus, C. K. (1991) 'Resistance to group or personal insults in an in-group or out-group context', *International Journal of Psychology*, 26, 83-94.

Bond, M. H. and Yang, K. S. (1982) 'Ethnic affirmation versus cross-cultural accommodation: The variable impact of questionnaire language on Chinese bilinguals in Hong Kong', *Journal of Cross-Cultural Psychology*, 12, 169-81.

Bond, M. H., Hewstone, M., Wan, K. C. and Chiu, C. K. (1985a) 'Group-serving attributions across intergroup contexts: Cultural differences in the explanation of sex-typed behaviours', *European Journal of Social Psychology*, 15, 435-51.

Bond, M. H., Wan, K. C., Leung, K. and Giacolone, R. A. (1985b) 'How are responses to verbal insult related to cultural collectivism and power distance?', *Journal of Cross-Cultural Psychology*, 16, 111-27.

Bond, R. A. and Smith, P. B. (1996) 'Culture and conformity: A meta-analysis of studies using the Asch's (1952b, 1956) line judgment task', *Psychological Bulletin*, 119, 111-37.

Bond, R., Smith, P. B. and Wood, W. (1997) 'Culture and minority influence', paper given at conference of the British Psychological Society, Social Psychology section, University of Sussex, September.

Borges Andrade, J. E. (1994) 'Comprometimento organizacional na administração pública e em seus segmentos meio e fim', *Temas de Psicologia – Psicologica Social e Organizacional*, 1, 49-61.

Borkenau, P. and Liebler, A. (1992) 'Trait inferences: Sources of validity at zero acquaintance', *Journal of Personality and Social Psychology*, 62, 645-57.

Boski, P. (1983) 'A study of person perception in Nigeria: Ethnicity and self versus other attributions for achievement-related outcomes', *Journal of Cross-Cultural Psychology*, 14, 85–108.

Bourhis, R. Y., Giles, H., Leyens, J. P. and Tajfel, H. (1979) 'Psycholinguistic distinctiveness: Language divergence in Belgium', in H. Giles and R. N. St Clair (eds.), *Language and Social Psychology*, Baltimore, MD: University Park Press.

Bradbury, T. N. and Fincham, F. D. (1990) 'Attributions in marriage: A review and critique', *Psychological Bulletin*, 107, 3–33.

Brehm, J. W. (1966) *A Theory of Psychological Reactance*, New York: Academic Press.

Brewer, M. B. (1988) 'A dual process model of impression formation', in R. Wyer and T. Scrull (eds.), *Advances in Social Cognition*, Volume 1, New York: Erlbaum.

Brewer, M. B. and Campbell, D. T. (1976) *Ethnocentrism and Intergroup Attitudes: East African evidence*, New York: Wiley.

Brewster, C. (1995) 'Toward a "European" model of human resource management', *Journal of International Business Studies*, 26, 1–22.

Brislin, R. (1981) *Cross-cultural Encounters*. Elmsford, NY: Pergamon.

Brislin, R. and Yoshida, T. (1994) *Intercultural Communication Training: An introduction*, Thousand Oaks, CA: Sage.

Brislin, R., Lonner, W. and Thorndike, R. M. (1973) *Cross-cultural Research Methods*, New York: Wiley.

Brislin, R., Cushner, K., Cherrie, C. and Yong, M. (1986) *Intercultural Interactions: A practical guide*, Beverly Hills, CA: Sage.

Bronfenbrenner, U. (1961) 'The mirror image in Soviet–American relations: A social psychologist's report', *Journal of Social Issues*, 17, 45–56.

Brown, L. R. *et al.* (1990) *State of the World 1990*, New York: Norton.

Brown, P. and Levinson, S. (1987) *Politeness: Some universals in language use*, Cambridge: Cambridge University Press.

Brown, R. J., Hinkle, S., Ely, P. C., Fox-Cardamone, L. *et al.* (1992) 'Recognising group diversity: Individualist–collectivist and autonomous–relational social orientations and their implications for intergroup processes', *British Journal of Social Psychology*, 31, 327–42.

Burgoon, J. K. (1989) 'Comparatively speaking: Applying a comparative approach to non-verbal expectancy violations theory', unpublished manuscript, University of Arizona.

Burgoon, J. K. (1995) 'Cross-cultural and intercultural applications of expectancy violations theory', in R. L. Wiseman (ed.), *Intercultural Communication Theory*, Thousand Oaks, CA: Sage.

Burgoon, J. K. and Walther, J. B. (1990) 'Non-verbal expectancies and the evaluative consequences of violations', *Human Communication Research*, 17, 232–65.

Burleson, B. R., Kunkel, A. W. and Birch, J. D. (1994) 'Thoughts about talk in romantic relationships: Similarity makes for attraction (and happiness, too)', *Communication Quarterly*, 42, 259–73.

Burley, P. M. and McGuiness, J. (1977) 'Effects of social intelligence on the Milgram paradigm', *Psychological Reports*, 40, 767–70.

Buss, D. M. (1989) 'Sex differences in human mate preferences: Evolutionary hypotheses tested in 37 cultures', *Behavioral and Brain Sciences*, 12, 1–49.

Buss, D. M. (1991) 'Evolutionary personality psychology', *Annual Review of Psychology*, 42, 459–91.

Buss, D. M. and 49 co-authors (1990) 'International preferences in selecting mates: A study of 37 cultures', *Journal of Cross-Cultural Psychology*, 21, 5–47.
Buunk, B. and Hupka, R. B. (1987) 'Cross-cultural differences in the elicitation of sexual jealousy', *Journal of Sex Research*, 23, 12–22.
Cameron, J. E. and Lalonde, R. N. (1994) 'Self, ethnicity, and social group memberships in two generations of Italian Canadians', *Personality and Social Psychology Bulletin*, 20, 514–20.
Campbell, A. (1993) *Men, Women, and Aggression*, New York: Basic Books.
Campbell, J. D., Trapnell, P. D., Heine, S. J. et al. (1996) 'Self-concept clarity: Measurement, personality correlates, and cultural boundaries', *Journal of Personality and Social Psychology*, 70, 141–56.
Campbell, N., Graham, J. L., Jolibert, A. and Meissner, H. G. (1988) 'Marketing negotiations in France, Germany, the United Kingdom and the United States', *Journal of Marketing*, 52, 49–62.
Cantor, N. and Mischel, W. (1978) 'Prototypes in person perception', in L. Berkowitz (ed.), *Advances in Experimental Social Psychology*, Volume 12, New York: Academic Press.
Carballo, M. (1994) *Scientific Consultation on the Social and Health Impact of Migration: Priorities for research*, Geneva: International Organization for Migration.
Carden, A. I. and Feicht, R. (1991) 'Homesickness among American and Turkish college students', *Journal of Cross-Cultural Psychology*, 22, 418–28.
Carlson, J. and Davis, D. M. (1971) 'Cultural values and the risky shift: A cross-cultural test in Uganda and the United States', *Journal of Personality and Social Psychology*, 20, 392–9.
Carment, D. W. (1974) 'Indian and Canadian choice behavior in a maximising difference game and in a game of chicken', *International Journal of Psychology*, 9, 213–21.
Carment, D. W. and Alcock, J. E. (1984) 'Indian and Canadian behavior in two person power games', *Journal of Conflict Resolution*, 28, 507–21.
Carr, S. C. (1994) 'Generating the velocity for overcoming motivational gravity in LDC business organisations', *Journal of Transnational Management Development*, 1, 33–56.
Carr, S. C. (1996) 'Social psychology in Malawi: Historical or developmental?', *Psychology and Developing Societies*, 8, 177–97.
Carr, S. C. and MacLachlan, M. (1997) 'Motivational gravity', in D. Munro, J. F. Schumacher and S. C. Carr (eds.), *Motivation and Culture*. New York: Routledge.
Carr, S., MacLachlan, M., Kachedwa, M. And Kanyangale, M. (1997) 'The meaning of work in Malawi', *Journal of International Development*, 9, in press.
Carr, S. C., Ehiobuche, I., Rugimbana, R. and Munro, D. (1996) 'Expatriates' ethnicity and their effectiveness: "Similarity-attraction" or "inverse resonance"?', *Psychology and Developing Societies*, 8, 265–82.
Carter, H. and Glick, P. C. (1970) *Marriage and Divorce: A social and economic study*, Cambridge, MA: Harvard University Press.
Cattell, R. B. (1953) 'A quantitative analysis of the changes in the culture pattern of Great Britain, 1837–1937, by P-technique', *Acta Psychologica*, 9, 99–121.
Cegala, D. J. (1981) 'Interaction involvement: A cognitive dimension of communication competence', *Communication Education*, 30, 109–21.
Chan, D. K. S., Gelfand, M. J., Triandis, H. C. and Tzeng, O. (1996) 'Tightness–looseness revisited: Some preliminary analyses in Japan and the United States', *International Journal of Psychology*, 31, 1–12.

Chan, D. K. S., Triandis, H. C., Carnevale, P. J. et al. (1995) 'Culture and negotiation: Effects of collectivism, relationship between negotiators, and opponent's strategy on negotiation behavior', unpublished paper, Chinese University of Hong Kong.

Chandler, T. A., Shama, D. D., Wolf, F. M. and Planchard, S. K. (1981) 'Multiattributional causality: A five cross-national samples study', *Journal of Cross-Cultural Psychology*, 12, 207–21.

Chandra, S. (1973) 'The effects of group pressure in perception: A cross-cultural conformity study', *International Journal of Psychology*, 8, 37–9.

Chang, Y., Lin, W. and Kohnstamm, G. A. (1994) 'Parents free descriptions on children's characteristics – a verified study on the Big Five in Chinese children', paper presented at ISSBD Workshop, Beijing.

Chanlat, J.-F. (1994) 'Francophone organizational analysis (1950–1990): An overview', *Organization Studies*, 15, 47–80.

Chataway, C. J. and Berry, J. W. (1989) 'Acculturation experiences, appraisal, coping, and adaptation: A comparison of Hong Kong Chinese, French, and English students in Canada', *Canadian Journal of Behavioural Science*, 21, 295–309.

Chen, C. (1995) 'New trends in rewards allocation preferences: A Sino–US comparison', *Academy of Management Journal*, 38, 408–28.

Chen, C., Meindl, J. R. and Hunt, R. (1997) 'Testing effects of horizontal and vertical collectivism: A study of rewards allocation preferences in China', *Journal of Cross-Cultural Psychology*, 28, 44–70.

Chen, C. S., Lee, S. Y. and Stevenson, H. W. (1995) 'Response style and cross-cultural comparisons of rating scales among East Asian and North American students', *Psychological Science*, 6, 170–5.

Chen, L. (1995) 'Interaction involvement and patterns of topical talk: A comparison of intracultural and intercultural dyads', *International Journal of Intercultural Relations*, 19, 463–82.

Chen, N. Y., Shaffer, D. R. and Wu, C. H. (1997) 'On physical attractiveness stereotyping in Taiwan: A revised socio-cultural perspective', *Journal of Social Psychology*, 137, 117–24.

Cheung, F. M., Leung, K., Zhang, J. X. et al. (1998) 'Indigenous Chinese personality constructs', *Journal of Cross-Cultural Psychology*, 29.

Child, J. (1981) 'Culture, contingency and capitalism in the cross-national study of organisations', in B. M. Staw and L. L. Cummings (eds.), *Research in Organisational Behaviour*, 3, 303–56.

Child, J. (1994) *Management in China During the Age of Reform*, Cambridge: Cambridge University Press.

Child, J. and Markoczy, L. (1993) 'Host country managerial behaviour and learning in Chinese and Hungarian joint ventures', *Journal of Management Studies*, 30, 611–31.

Chinese Culture Connection (1987) 'Chinese values and the search for culture-free dimensions of culture', *Journal of Cross-Cultural Psychology*, 18, 143–64.

Chiu, H. Y. (1979) 'A test of unidimensionality and universality of individual modernity in ten Taiwanese communities', unpublished doctoral dissertation, Indiana University.

Choi, S. C. and Choi, S. H. (1992) 'The conceptualisation of Korean tact, Noon-Chi', in S. Iwawaki, Y. Kashima and K. Leung (eds.), *Innovations in Cross-cultural Psychology*, Lisse: Swets and Zeitlinger.

Choi, S. C., Kim, U. and Choi, S. H (1993) 'Indigenous analysis of collective representations: A Korean perspective' in U. Kim and J. W. Berry (eds.), *Indigenous Psychologies: Research and experience in cultural context*, Newbury Park, CA: Sage.

Choi, S. C., Kim, U. and Kim, K. (1995) 'Multifacted analyses of chemyon (social face): An indigenous Korean perspective', paper presented at first conference of the Asian Association of Social Psychology, Kyoto.

Chow, I. H. S. (1994) 'An opinion survey of performance appraisal practices in Hong Kong and the People's Republic of China', *Asia Pacific Journal of Human Resources*, 32, 67–79.

Christensen, H. T. (1973) 'Attitudes toward marital infidelity: A nine culture sampling of university student opinion', *Journal of Comparative Family Studies*, 4, 197–214.

Christie, R. and Geis, F. (1970) *Studies in Machiavellianism*, New York: Academic Press.

Church, A. T. (1982) ' Sojourner adjustment', *Psychological Bulletin*, 91, 540–72.

Church, A. T. (1987) 'Personality research in a non-Western culture: The Philippines, *Psychological Bulletin*, 102, 272–92.

Church, A. T. and Katigbak, M. S. (1988) 'The emic strategy in the identification and assessment of personality dimensions in a non-Western culture', *Journal of Cross-Cultural Psychology*, 19, 140–63.

Church, A. T. and Katigbak, M. S. (1989) 'Internal, external and self-report structure of personality in a non-Western culture: An investigation of cross-language and cross-cultural generalisability', *Journal of Personality and Social Psychology*, 57, 857–72.

Church, A. T. and Katigbak, M. S. (1992) 'The cultural context of academic motives: A comparison of Filipino and American college students', *Journal of Cross-Cultural Psychology*, 23, 40–58.

Church, A. T., Katigbak, M. S. and Reyes, J. A. S. (1996) 'Toward a taxonomy of trait adjectives in Filipino: Comparing personality lexicons across cultures', *European Journal of Personality*, 10, 3–24.

Clark, H. H. and Brennan, S. E. (1991) 'Grounding in communication', in L. B. Resnick, J. M. Levine and S. D. Teasley (eds.), *Perspectives on Socially Shared Communication*, Washington, DC: American Psychological Association.

Clemence, A., Doise, W., de Rosa, A. S. and Gonzalez, L. (1995) 'La représentation sociale des droits de l'homme: une recherche internationale sur l'étendue et les limites de l'universalité', *International Journal of Psychology*, 30, 181–212.

Coch, L. and French, J. R. P. (1948) 'Overcoming resistance to change', *Human Relations*, 1, 512–32.

Cocroft, B.-A. K. and Ting-Toomey, S. (1994) 'Facework in Japan and the United States', *International Journal of Intercultural Relations*, 18, 469–506.

Cohen, D. (1996) 'Law, social policy, and violence: The impact of regional cultures', *Journal of Personality and Social Psychology*, 70, 961–78.

Cohen, D. and Nisbett, R. E. (1994) 'Self-protection and the culture of honor: Explaining Southern violence', *Personality and Social Psychology Bulletin*, 20, 551–67.

Cohen, D., Nisbett, R. E., Bowdle, B. F. and Schwarz, N. (1996) 'Insult, aggression, and the Southern culture of honor: An "experimental ethnography"', *Journal of Personality and Social Psychology*, 70, 945–60.

Cohen, E. (1985) 'The tourist guide: The origins, structure and dynamics of a role', *Annals of Tourism Research*, 12, 5–29.

Cole, M. (1990) 'Cultural psychology: A once and future discipline?', in J. J. Berman (ed.) *Nebraska Symposium on Motivation 1989: Cross-cultural perspectives*, 37, 279–336.

Collett, P. (1971) 'On training Englishmen in the non-verbal behaviours of Arabs', *International Journal of Psychology*, 6, 209–15.
Collett, P. and O'Shea, G. (1976) 'Pointing the way to a fictional place: A study of direction-giving in England and Iran', *European Journal of Social Psychology*, 6, 447–58.
Collins, M. A. and Zebrowitz, L. A. (1995) 'The contributions of appearance to occupational outcomes in civilian and military settings', *Journal of Applied Social Psychology*, 25, 129–63.
Condor, S. (1996) 'Unimagined community: Some social psychological issues concerning English national identity', in G. M. Breakwell and E. Lyons (eds.), *Changing European Identities: Social psychological analysis of social change*, Oxford: Butterworth-Heinemann.
Cooperrider, D. L. and Pasmore, W. A. (1991) 'The organization dimension of global change', *Human Relations*, 44, 763–87.
Cort, D. A. and King, M. (1979) 'Some correlates of culture shock among American tourists in Africa', *International Journal of Intercultural Relations*, 3, 211–25.
Costa, P. T. and McCrae, R. R. (1985) *The NEO Personality Inventory Manual*, Odessa, FL: Psychological Assessment Resources.
Costa, P. T. Jr. and McCrae, R. R. (1992) *Revised NEO Personality Inventory (NEO PI-R) and NEO Five-Factor Inventory (NEO-FFI)*, Odessa, FL: Psychological Assessment Resources.
Cottle, T. J. (1976) *Time Perspective: A psychological investigation with men and women*, New York: Wiley.
Coupland, J., Coupland, N., Giles, H., and Wiemann, J. (1988) 'My life in your hands: Processes of self-disclosure in intergenerational talk', in N. Coupland (ed.), *Styles of Discourse*, London: Croom Helm.
Cousins, S. (1989) 'Culture and selfhood in Japan and the U.S.', *Journal of Personality and Social Psychology*, 56, 124–31.
Cox, T. Jr. (1993) *Cultural Diversity in Organizations: Theory, research and practice*, San Francisco: Berrett-Koehlor.
Cox, T. H., Lobel, S. and McLeod, P. L. (1991) 'Effects of ethnic group cultural differences on cooperative and competitive behavior on a group task', *Academy of Management Journal*, 34, 827–47.
Crocker, J., Luhtanen, R., Blaine, B. and Broadnax, S. (1994) 'Collective self-esteem and psychological well-being among White, Black, and Asian college students', *Personality and Social Psychology Bulletin*, 20, 503–13.
Cuellar, I., Harris, L. C. and Jasso, R. (1980) 'An acculturation scale for Mexican American normal and clinical populations', *Hispanic Journal of Behavioural Sciences*, 2, 199–217.
Cunningham, M. R., Barbee, A. P. and Pike, C. L. (1990) 'What do women want? Facialmetric assessment of multiple motives in the perception of male facial physical attractiveness', *Journal of Personality and Social Psychology*, 59, 61–72.
Cunningham, M. R., Roberts, A. R., Barbee, A. P. *et al.* (1995) '"Their ideas of beauty are, on the whole, the same as ours": Consistency and variability in the cross-cultural perception of female physical attractiveness', *Journal of Personality and Social Psychology*, 68, 261–79.
Cupach, W. R., Metts, S., and Hazelton, V. (1978) 'Coping with social dis-ease: Remedial strategies and embarrassment', paper presented at the Western Speech Communication Association, Salt Lake City, UT.

Dahl, Ø. (1995) 'When the future comes from behind: Malagasy and other time concepts and some consequences for communication', *International Journal for Intercultural Relations*, 19, 197–209.
Dasen, P. (1984) 'The cross-cultural definition of intelligence: Piaget and the Baoulé', *International Journal of Psychology*, 19, 407–34.
Davies, D. (1989) 'Travellers' tales', *Far Eastern Economic Review*, 28 September, 41.
Dawes, R. M. (1980) 'Social Dilemmas', *Annual Review of Psychology*, 31, 169–93.
De Monchaux, C. and Shimmin, S. (1955) 'Some problems in experimental group psychology', *Human Relations*, 8, 53–60.
Der-Karabetian, A. (1992) 'World-mindedness and the nuclear threat: A multinational study', *Journal of Social Behavior and Personality*, 7, 293–308.
Der-Karabetian, A., Stephenson, K. and Poggi, T. (1996) 'Environmental risk perception, activism and world-mindedness among samples of British and US college students', *Perceptual and Motor Skills*, 83, 451–62.
DeRidder, R. and Tripathi, R. C. (1992) *Norm Violation and Intergroup Relations*, Oxford: Clarendon.
Derlega, V. J. and Stepien, E. G. (1977) 'Norms regulating self-disclosure among Polish university students', *Journal of Cross-Cultural Psychology*, 8, 369–76.
Deshpande, S. P. and Viswesvaran, C. (1992) 'Is cross-cultural training of expatriate managers effective? A meta-analysis', *International Journal of Intercultural Relations*, 16, 295–310.
Deutsch, K. (1968) 'Toward a cybernetic model of man and society', in W. Buckley (ed.), *Modern Systems Theory for the Behavioral Scientist*, Chicago: Aldine.
Devine, P. G. (1989) 'Stereotypes and prejudice: Their automatic and controlled components', *Journal of Personality and Social Psychology*, 56, 5–18.
Devine, P. G., Monteith, M. J., Znwerink, R. J. and Elliot, A. J. (1991) 'Prejudice with and without compunction', *Journal of Personality and Social Psychology*, 60, 817–30.
Diab, L. N. (1970) 'A study of intragroup and intergroup relations among experimentally produced small groups', *Genetic Psychology Monographs*, 82, 49–82.
Diaz Guerrero, R. (1993) 'Mexican ethnopsychology', in U. Kim and J. W. Berry (eds.), *Indigenous Psychologies: Research and experience in cultural context*, Newbury Park, CA: Sage.
Diaz Guerrero, R. (1995) 'Origins and development of Mexican ethnopsychology', *World Psychology*, 1, 49–67.
Diener, E. and Diener, M. (1995) 'Cross-cultural correlates of life satisfaction and self-esteem', *Journal of Personality and Social Psychology*, 68, 653–63.
Diener, E., Shao, L., Diener, C. and Suh, E. (1996) 'Subjective well-being: National similarities and differences', paper presented at 26th International Congress of Psychology, Montreal.
Digman, J. M. (1990) 'Personality structure: Emergence of the five-factor model', *Annual Review of Psychology*, 41, 417–40.
Dijker, A. J. (1987) 'Emotional reactions to ethnic minorities', *European Journal of Social Psychology*, 17, 305–25.
Dinges, N. G. and Lieberman, D. A. (1989) 'Intercultural communication competence: Coping with stressful work situations', *International Journal of Intercultural Relations*, 13, 371–85.
Dion, K. K. and Dion, K. L. (1991) 'Psychological individualism and romantic love', *Journal of Social Behavior and Personality*, 6, 7–13.

Dion, K. K. and Dion, K. L. (1993) 'Individualistic and collectivistic perspectives on gender and the cultural context of love and intimacy', *Journal of Social Issues*, 49, 53–69.

Dion, K. K., Pak, A. W. and Dion, K. L. (1990) 'Stereotyping physical attractiveness: A sociocultural perspective', *Journal of Cross-Cultural Psychology*, 21, 158–79.

Dion, K. L. (1986) 'Responses to perceived discrimination and relative deprivation', in J. M. Olson, C. P. Herman and M. P. Zanna (eds.), *Relative deprivation and social comparison: The Ontario symposium*, Volume 4, pp. 159–79, Hillsdale, NJ: Erlbaum.

Dion, K. L., Dion, K. K. and Pak, A. W. P. (1992) 'Personality-based hardiness as a buffer for discrimination-related stress in members of Toronto's Chinese community', *Canadian Journal of Behavioural Science*, 24, 517–36.

Dion, K. L. and Kawakami, K. (1996) 'Ethnicity and perceived discrimination in Toronto: Another look at the personal/group discrimination discrepancy', *Canadian Journal of Behavioural Science*, 28, 203–13.

D'Iribarne, P. (1994) 'The honour principle in the bureaucratic phenomenon', *Organizational Studies*, 15, 1–15.

Dittmar, H., Singelis, T. M. and Papadopoulou, K. (1996) 'Gender differences in the meaning of personal possessions as reflections of independent versus interdependent aspects of identity in the UK, US and Greece', paper given at 13th Congress of the International Association of Cross-Cultural Psychology, Montreal.

Doherty, R. W., Hatfield, E., Thompson, K. and Choo, P. (1994) 'Cultural and ethnic influences on love and attachment', *Personal Relationships*, 1, 391–98.

Doi, T. (1973) *The Anatomy of Dependence*, New York: Harper Row.

Doise, W. (1986) *Levels of Explanation in Social Psychology*, Cambridge: Cambridge University Press.

Doise, W., Clemence, A. and Spini, D. (1996) 'Human rights and social psychology', *British Psychological Society, Social Psychology Section Newsletter*, No. 35, 3–21.

Doktor, R. (1983) 'Culture and the management of time: A comparison of Japanese and American top management practice', *Asia Pacific Journal of Management*, 1, 65–71.

Donaldson, L. (1986) 'Size and bureaucracy in East and West: A preliminary meta-analysis', in S. Clegg, D. C. Dunphy and S. G. Redding (eds.), *The Enterprise and Management in South-East Asia*, Hong Kong: Hong Kong University Centre for Asian Studies.

Doraï, M. (1993) 'Effets de la catégorisation simple et de la catégorisation croisée sur les stéréotypes', *International Journal of Psychology*, 28, 3–18.

Dorfman, P. (1996) 'International and cross-cultural leadership', in B. J. Punnett and O. Shenkar (eds.), *Handbook for International Management Research*, Cambridge, MA: Blackwell.

Dragoti, E. (1996) 'Ancient crimes return to haunt Albania', *Psychology International*, 7, 1–3.

Drew, A. M. and Ward, C. (1993) 'The effects of ethnicity and culturally congruent and incongruent nonverbal behaviors on interpersonal attraction', *Journal of Applied Social Psychology*, 23, 1376–89.

DuBabcock, B., Babcock, R. D., Ng, P. and Lai, R. (1995) 'A Comparison of Use of L1 and L2 in Small-Group Business Decision-Making Meetings', Research Monograph 6, Department of English, City University of Hong Kong.

Durkheim, E. (1898) 'Representations individuelles et representations collectives', *Revue de Metaphysique et de Morale*, 6, 273–302.

Durojaiye, M. O. A. (1993) 'Indigenous psychology in Africa: The search for meaning', in U. Kim and J. W. Berry (eds.) *Indigenous Psychologies: Research and experience in cultural context*, Newbury Park, CA: Sage.

Dutton, D. G. (1973) 'Reverse discrimination: The relationship of amount of perceived discrimination toward a minority group on the behaviour of majority group members', *Canadian Journal of Behavioural Science*, 5, 34–45.

Eagly, A. M., Ashmore, Makhijani, M. G. and Kennedy, L. (1991) 'What is beautiful is good, but . . . .: A meta-analytic review of research on the physical attractiveness stereotype', *Psychological Bulletin*, 110, 109–28.

Earley, P. C. (1989) 'Social loafing and collectivism: A comparison of the United States and the People's Republic of China', *Administrative Science Quarterly*, 34, 565–81.

Earley, P. C. (1993) 'East meets West meets Mideast: Further explorations of collectivistic versus individualistic work groups', *Academy of Management Journal*, 36, 319–48.

Earley, P. C. (1994) 'Self or group? Cultural effects of training on self-efficacy and performance', *Administrative Science Quarterly*, 39, 89–117.

Ebbinghaus, H. (1908) *Abriss der Psychologie*, Leipzig: Veit.

Ebrahim, S. (1992) 'Social and medical problems of elderly migrants', *International Migration*, 30, 179–97.

Ekman, P. (1972) 'Universals and cultural differences in facial expressions of emotion', in J. Cole (ed.), *Science*, 164, 86–88.

Ekman, P., Sorenson, E. R. and Friesen, W. V. (1969) 'Pan-cultural elements in facial displays of emotion', *Nebraska Symposium on Motivation*, Lincoln, NE: University of Nebraska Press.

Ekman, P., and 11 others (1987) 'Universals and cultural differences in the judgments of facial expressions of emotion', *Journal of Personality and Social Psychology*, 53, 712–17.

Ekvall, G. and Arvonen, J. (1991) 'Change-centred-leadership: An extension of the two-dimensional model', *Scandinavian Journal of Management*, 7, 17–26.

Elliott, G. C. and Meeker, B. F. (1984) 'Modifiers of the equity effect: Group outcome and causes for individual performance', *Journal of Personality and Social Psychology*, 46, 586–97.

Ellsworth, P. C. (1994) 'Sense, culture, and sensibility', in S. Kitayama and H. R. Markus (eds.), *Emotion and culture: Empirical studies of mutual influence*, Washington, DC: American Psychological Association.

Elwell, C. M., Brown, R. J. and Rutter, D. R. (1984) 'Effects of accent and visual information on impression formation', *Journal of Language and Social Psychology*, 3, 297–9.

Ember, C. R. and Ember, M. (1994a) 'War, socialization, and interpersonal violence: A cross-cultural study', *Journal of Conflict Resolution*, 38, 620–46.

Ember, M. and Ember, C. R. (1994b) 'Prescriptions for peace: Policy implications of cross-cultural research on war and interpersonal violence', *Cross Cultural Research*, 28, 343–50.

Endo, Y. (1995) 'A false modesty/other-enhancing bias among Japanese', *Psychologia*, 38, 59–69.

Enriquez, V. (1988) 'The structure of Philippine social values: towards integrating indigenous values and appropriate technology', in D. Sinha and H. S. R. Kao (eds.), *Social Values and Development: Asian perspectives*, New Delhi: Sage.

Enriquez, V. (1993) 'Developing a Filipino psychology', in U. Kim and J. W. Berry (eds.), *Indigenous Psychologies: Research and experience in cultural context*, Newbury Park, CA: Sage.

Epstein, S. and O'Brien, E. J. (1985) 'The person–situation debate in historical and current perspective', *Psychological Bulletin*, 98, 513–37.

Erez, M. and Earley, P. C. (1987) 'Comparative analysis of goal-setting strategies across cultures', *Journal of Applied Psychology*, 72, 658–65.

Erez, M. and Somech, A. (1996) 'Group productivity loss – the rule or the exception: The effect of culture and group based motivation', *Academy of Management Journal*, 39, 1513–37.

Esses, V. M., Haddock, G. and Zanna, M. P. (1993) 'Values, stereotypes, and emotions as determinants of intergroup attitudes', in D. M. Mackie and D. L. Hamilton (eds.), *Affect, Cognition and Stereotyping: Interactive processes in group perception*, New York: Academic Press.

Esteban, G., Graham, J. L., Ockova, A., and Tang, S. (1993) 'Hofstede, Rokeach and culture's influence on marketing negotiations', unpublished paper, University of California, Irvine.

Evans, G. W., Palsane, N. and Carrer, S. (1987) 'Type A behavior and occupational stress: A cross-cultural study of blue-collar workers', *Journal of Personality and Social Psychology*, 52, 1002–7.

Everett, J. E. and Stening, B. W. (1987) 'Stereotyping in American, British, and Japanese corporations in Hong Kong and Singapore', *Journal of Social Psychology*, 127, 445–60.

Eysenck, H. J. (1986) 'Cross-cultural comparisons: The validity of assessment by indices of factor comparisons', *Journal of Cross-Cultural Psychology*, 17, 506–15.

Eysenck, H. J. and Eysenck, S. B. G. (1982) 'Recent advances in the cross-cultural study of personality', in J. N. Butcher and C. D. Spielberger (eds.), *Advances in Personality Assessment*, Volume 2, Hillsdale, NJ: Erlbaum.

Farh, J. L., Earley, P. C. and Lin, S.-C. (1997) 'Impetus for action: A cultural analysis of justice and organizational citizenship behavior in Chinese society', *Administrative Science Quarterly*, 42, 421–44.

Farr, R. and Moscovici, S. (eds.) (1984) *Social Representations*, Cambridge: Cambridge University Press.

Farris, G. F. and Butterfield, A. (1972) 'Control theory in Brazilian organizations', *Administrative Science Quarterly*, 17, 574–85.

Faucheux, C. (1976) 'Cross-cultural research in experimental social psychology', *European Journal of Social Psychology*, 6, 269–322.

Feather, N. T. (1979) 'Assimilation of values in migrant groups', in M. Rokeach (ed.), *Understanding Human Values*, New York: Free Press.

Feather, N. T. (1980) 'Similarity of values systems within the same nation: Evidence from Australia and Papua New Guinea', *Australian Journal of Psychology*, 32, 17–30.

Feather, N. T. (1988) 'From values to actions: Recent applications of the expectancy-value model', *Australian Journal of Psychology*, 40, 105–24.

Feather, N. T. (1994a) 'Values, national identification and favouritism towards the in-group', *British Journal of Social Psychology*, 33, 467–76.

Feather, N. T. (1994b) 'Attitudes toward high achievers and reactions to their fall: Theory and research concerning tall poppies', *Advances in Experimental Social Psychology*, 26, 1–73.

Feather, N. T. (1995) 'National identification and ingroup bias in majority and minority groups: A field study', *Australian Journal of Psychology*, 47, 129–36.

Feather, N. T. and McKee, I. R. (1993) 'Global self-esteem and attitudes toward the high achiever for Australian and Japanese students', *Social Psychology Quarterly*, 56, 65–76.
Featherman, D. L. (1993) 'What does society need from higher education?', *Items*, 47 (2/3), 38–43.
Feign, L. (1986) *Fong's Aieeyaaa*, Hong Kong: *Hong Kong Standard*.
Feign, L. (1987) *Fong's Aieeyaaa, Not Again*, Hong Kong: *Hong Kong Standard*.
Feingold, A. (1992) 'Good looking people are not what we think', *Psychological Bulletin*, 111, 304–41.
Feldman, R. E. (1967) 'Honesty toward compatriot and foreigner: Field experiments in Paris, Athens and Boston', in W. W. Lambert and R. Weisbrod (eds.), *Comparative Perspectives on Social Psychology*, Boston, MA: Little, Brown.
Feldman, S. S., Mont-Reynaud, R. and Rosenthal, D. A. (1992) 'The acculturation of values of Chinese adolescents residing in the United States and Australia', *Journal of Research on Adolescence*, 2, 147–73.
Feldman, S. S. and Rosenthal, D. A. (1990) 'The acculturation of autonomy expectations in Chinese high schoolers residing in two Western nations', *International Journal of Psychology*, 25, 259–81.
Felson, R. B. (1978) 'Aggression as impression management', *Social Psychology Quarterly*, 41, 205–13.
Fernandez Dols, J. M. (1992) 'Procesos escabrosos en Psicologia Social: el concepto de norma perversa', *Revista de Psicologia Social*, 7, 243–55.
Feshbach, S. (1987) 'Individual aggression, national attachment, and the search for peace: Psychological perspectives', *Aggressive Behavior*, 13, 315–25.
Festinger, L. (1954) 'A theory of social comparison processes', *Human Relations*, 7, 117–40.
Fiedler, F. E. (1967) *A Contingency Theory of Leadership Effectiveness*, New York: McGraw Hill.
Fine, G. A. (1976) 'Obscene joking across cultures', *Journal of Communication*, 26, 134–40.
Fishman, J. A. (1972) *Language and Nationalism*, Rowley, MA: Newbury House.
Fiske, A. P. (1991a) *Structures of Social Life: The four elementary forms of human relations*, New York: Free Press.
Fiske, A. P. (1991b) 'The cultural relativity of selfish individualism: Anthropological evidence that humans are inherently sociable', in M. S. Clark (ed.), *Prosocial Behavior, Review of Personality and Social Psychology*, 12, 176–214.
Fiske, A. P. (1992) 'The four elementary forms of sociality: Framework for a unified theory of sociality', *Psychological Review*, 99, 689–723.
Fiske, S. T. and Taylor, S. E. (1991) *Social Cognition*, 2nd edn, New York: Random House.
Foley Meeker, B. (1970) 'An experimental study of cooperation and competition in West Africa', *International Journal of Psychology*, 5, 11–19.
Fontaine, G. (1990) 'Cultural diversity in intimate intercultural relationships', in D. Cahn (ed.), *Intimates in Conflict: A communication perspective*, Hillsdale, NJ: Erlbaum.
Fontaine, G., and Dorch, E. (1980) 'Problems and benefits of close intercultural relationships', *International Journal of Intercultural Relations*, 4, 329–37.
Forgas, J. P. (1979) *Social Episodes: The study of interaction routines*, London: Academic Press.

Forgas, J. P. (1981) 'Affective and emotional influences on episode representations', in J. P. Forgas (ed.), *Social Cognition: Perspectives on Everyday Understanding*, London: Academic Press.

Forgas, J. P. and Bond, M. H. (1985) 'Cultural influences on the perception of interaction episodes', *Personality and Social Psychology Bulletin*, 11, 75–88.

Frager, R. (1970) 'Conformity and anti-conformity in Japan', *Journal of Personality and Social Psychology*, 15, 203–10.

Fraser, C., Gouge, C. and Billig, M. (1971) 'Risky shifts, cautious shifts and group polarisation', *European Journal of Social Psychology*, 1, 7–30.

Freedle, R. (ed.) (1979) *New Directions in Discourse Processing*, Volume 2, Norwood, NJ: Ablex.

French, J. R. P., Israel, J. and Ås, D. (1960) 'An experiment on participation in a Norwegian factory: Interpersonal dimensions of decision-making', *Human Relations*, 13, 3–19.

Frese, M., Kring, W., Soose, A. and Zempel, J. (1996) 'Personal initiative at work: Differences between East and West Germany', *Academy of Management Journal*, 39, 37–63.

Friend, R., Rafferty, Y. and Bramel, D. (1990) 'A puzzling misinterpretation of the Asch 'conformity' study', *European Journal of Social Psychology*, 20, 29–44.

Friesen, W. (1972) 'Cultural differences in facial expressions in a social situation: An experimental test of the concept of display rules', unpublished PhD thesis, University of California San Francisco.

Fry, P. S. and Ghosh, R. (1980) 'Attributions of success and failure: Comparison of cultural differences between Asian and Caucasian children', *Journal of Cross-Cultural Psychology*, 11, 343–63.

Furby, L. (1979) 'Individualistic bias in studies of locus of control', in A. R. Buss (ed.), *Psychology in Social Context*, New York: Irvington.

Furnham, A. (1982) 'The message, the context and the medium', *Language and Communication*, 2, 33–47.

Furnham, A. (1989) 'Communicating across cultures: A social skills perspective', *Counselling Psychology Quarterly*, 2, 205–22.

Furnham, A. (1994) 'A content, correlational and factor analytic study of four tolerance of ambiguity questionnaires', *Personality and Individual Differences*, 16, 403–10.

Furnham, A. and Bochner, S. (1982) 'Social difficulty in a foreign culture: An empirical analysis of culture shock', in S. Bochner (ed.), *Cultures in Contact*, New York: Pergamon.

Furnham, A. and Bochner, S. (1986) *Culture Shock: Psychological reactions to unfamiliar environments*, London: Methuen.

Furnham, A. and Erdmann, S. (1995) 'Psychological and socio-cultural variables as predictors of adjustment in cross-cultural transitions', *Psychologica*, 38, 238–51.

Furnham, A., Kirkcaldy, B. D. and Lynn, R. (1994) 'National attitudes to competitiveness, money and work among young people: First, second and third world differences', *Human Relations*, 47, 119–31.

Furnham, A., Bond, M. H., Heaven, P. C. *et al.* (1993) 'A comparison of Protestant work beliefs in 13 nations', *Journal of Social Psychology*, 133, 185–96.

Furuhata, K. (1980) *Ningenkankei no Shakaishinrigaku (Social Psychology of Interpersonal Relations)*, Tokyo: Science Publishers.

Gabrenya, W. K. Jr. (1988) 'Social science and social psychology: The cross-cultural link', in M. H. Bond (ed.), *The Cross-cultural Challenge to Social Psychology*, Newbury Park, CA: Sage.

Gabrenya, W. K. Jr. (1990) 'Dyadic social interaction during task behavior in collectivist and individualist societies', paper presented at the Workshop on Individualism and Collectivism, Seoul, Korea.

Gabrenya, W. K., Wang, Y. E. and Latané, B. (1985) 'Social loafing on an optimising task: Cross-cultural differences among Chinese and Americans', *Journal of Cross-Cultural Psychology*, 16, 223–42.

Gaertner, S. L., Mann, J., Murrell, A. and Dovidio, J. F. (1989) 'Reducing intergroup bias: The benefits of recategorization', *Journal of Personality and Social Psychology*, 57, 239–49.

Gaertner, S. L., Dovidio, J. F., Anastasio, P. A. *et al.* (1993) 'The common ingroup identity model: Recategorization and the reduction of intergroup bias', in W. Stroebe and M. Hewstone (eds.), *European Review of Social Psychology*, 4, 1–26.

Gallois, C. and Callan, V. J. (1991) 'Interethnic accommodation: The role of norms', in H. Giles, J. Coupland and N. Coupland (eds.), *Contexts of Accommodation: Developments in applied sociolinguistics*, Cambridge: Cambridge University Press.

Gallois, C., Franklyn-Stokes, A., Giles, H. and Coupland, N. (1988) 'Communication accommodation in intercultural encounters', in Y. Y. Kim and W. B. Gudykunst (eds.), *Theories in Intercultural Communication*, Newbury Park, CA: Sage.

Gangestad, S. W. (1993) 'Sexual selection and physical attractiveness: Implications for mating dynamics', *Human Nature*, 4, 205–36.

Gangestad, S. W. and Thornhill, R. (1994) 'Facial attractiveness, developmental stability, and fluctuation asymmetry', *Ethnology and Sociobiology*, 15, 73–85.

Gao, G. and Gudykunst, W. B. (1990) 'Uncertainty, anxiety, and adaptation', *International Journal of Intercultural Relations*, 14, 301–17.

Garcia, C. (1989) 'Apologizing in English: Politeness strategies used by native and non-native speakers', *Multilingua*, 8, 3–20.

Garza-Guerrero, A. C. (1974) 'Culture shock: Its mourning and the vicissitudes of identity', *Journal of the American Psychoanalytic Association*, 22, 408–29.

Gass, S. M. and Varonis, E. M. (1984) 'The effect of familiarity on the comprehensibility of nonnative speech', *Language Learning*, 34, 65–89.

Gass, S. M. and Varonis, E. M. (1985) 'Variation in native speaker speech modification to nonnative speakers', *Studies in Second Language Acquisition*, 7, 37–58.

Geen, R. G. (1994) 'Human aggression: Current theories and research', paper presented at the annual convention of the American Psychological Association, Los Angeles.

Geertz, C. (1974) 'From the native's point of view: On the nature of anthropological understanding', in K. Basso and H. Selby (eds.), *Meaning in Anthropology*, Albuquerque: University of New Mexico Press.

Gehm, T. L. and Scherer, K. R. (1988) 'Relating situation evaluation to emotion differentiation: Nonmetric analysis of cross-cultural questionnaire data', in K. R. Scherer (ed.), *Facets of Emotion*, Hillsdale, NJ: Erlbaum.

Gelfand, M., Triandis, H. C. and Chan, D. K. S. (1996) 'Individualism versus collectivism or versus authoritarianism?', *European Journal of Social Psychology*, 26, 397–410.

Georgas, J. and Berry, J. W. (1995) 'An ecocultural taxonomy for cross-cultural psychology', *Cross-Cultural Research*, 29, 121–57.

Georgas, J. and Papastylianou, D. (1996a) 'Acculturation and ethnic identity: The remigration of ethnic Greeks to Greece', in H. Grad, A. Blanco and J. Georgas (eds.), *Key Issues in Cross-cultural Psychology*, Lisse: Swets and Zeitlinger.

Georgas, J. and Papastylianou, D. (1996b) 'Re-acculturation of children of returning migrants to Greece', paper presented at the 13th Congress of the International Association for Cross-Cultural Psychology, Montreal.

Georgas, J., Berry, J. W., Shaw, A. *et al.* (1996) 'Acculturation of Greek family values', *Journal of Cross-Cultural Psychology*, 27, 329–38.

Gergen, K. J. (1973) 'Social psychology as history', *Journal of Personality and Social Psychology*, 26, 309–20.

Gibson, J. J. (1979) *The Ecological Approach to Visual Perception*, Boston: Houghton Mifflin.

Gielen, U. P. (1994) 'American mainstream psychology and its relationship to international and cross-cultural psychology', in A. L. Comunian and U. P. Gielen (eds.), *Advancing Psychology and its Applications: International perspectives*, Milan: Franco-Angeli.

Giles, H., Bourhis, R. Y., and Taylor, D. M. (1977) 'Towards a theory of language in ethnic group relations', in H. Giles (ed.), *Language, Ethnicity, and Intergroup Relations*, London: Academic Press.

Giles, H. and Byrne, J. L. (1982) 'An intergroup approach to second language acquisition', *Journal of Multilingual and Multicultural Development*, 3, 17–40.

Giles, H., Coupland, N. and Wiemann, J. M. (1992) '"Talk is cheap . . . but my word is my bond": Beliefs about talk', in K. Bolton and H. Kwok (eds.), *Sociolinguistics Today: Eastern and Western perspectives*, London: Routledge.

Giles, H. and Hewstone, M. (1982) 'Cognitive structures, speech, and social situations: Two integrative models', *Language Sciences*, 4, 187–219.

Giles, H., and Johnson, P. (1981) 'The role of language in ethnic group relations', in J. Turner and H. Giles (eds.), *Intergroup Behavior*, Chicago: University of Chicago Press.

Giles, H. and Johnson, P. (1986) 'Perceived threat, ethnic commitment, and interethnic language behaviour', in Y. Y. Kim (ed.), *Interethnic Communication: Current research*, Newbury Park, CA: Sage.

Giles, H. and Ryan, E. B. (1982) 'Prolegomena for developing a social psychological theory of language attitudes', in E. B. Ryan and H. Giles (eds.), *Attitudes towards Language Variation*, London: Edward Arnold.

Giles, H. A. and Viladot, A. (1994) 'Ethnolinguistic differentiation in Catalonia', *Multilingua: Journal of Cross-Cultural and Inter-Language Communication*, 13, 301–12.

Giles, H., Coupland, N., Williams, A. and Leets, L. (1991) 'Integrating theory in the study of minority languages', in R. L. Cooper and B. Spolsky (eds.), *The Influence of Language on Culture and Thought*, Amsterdam: Mouton de Gruyter.

Giorgi, L. and Marsh, C. (1990) 'The Protestant work ethic as a cultural phenomenon', *European Journal of Social Psychology*, 20, 499–518.

Gire, J. T. and Carment, D. W. (1993) 'Dealing with disputes: The influence of individualism–collectivism', *Journal of Social Psychology*, 133, 81–95.

Glass, D. C. (1977) *Behavior Patterns, Stress and Coronary Disease*, Hillsdale, NJ: Erlbaum.

Gleick, J. (1987) *Chaos: Making a New Science*, New York: Viking.

Glenn, E. S., Witmeyer, D. and Stevenson, K. A. (1977) 'Cultural styles of persuasion', *International Journal of Intercultural Relations*, 1, 52–66.

Goffman, E. (1956) 'Embarrassment and social organization', *American Journal of Sociology*, 62, 264–71.
Goffman, E. (1959) *The Presentation of Self in Everyday Life*, New York: Doubleday.
Goldberg, L. R. (1990) 'An alternative "description of personality": The Big-Five factor structure', *Journal of Personality and Social Psychology*, 59, 1216–29.
Gologor, E. (1977) 'Group polarisation in a non-risk-taking culture', *Journal of Cross-Cultural Psychology*, 8, 331–46.
Goodwin, R. (1995) 'The privatisation of the personal? 1: Intimate disclosure in modern-day Russia', *Journal of Personal and Social Relationships*, 12, 121–31.
Goodwin, R. and Lee, I. (1994) 'Taboo topics among Chinese and English friends', *Journal of Cross-Cultural Psychology*, 25, 325–38.
Goody, E. N. (1978) 'Introduction', in E. N. Goody (ed.), *Questions and Politeness*, Cambridge: Cambridge University Press.
Gouge, C. and Fraser, C. (1972) 'A further demonstration of group polarisation', *European Journal of Social Psychology*, 2, 95–7.
Graham, J. L. (1985) 'The influence of culture on the process of business negotiations: an exploratory study', *Journal of International Business Studies*, 16, 81–96.
Graham, J. L. (1993) 'The Japanese negotiation style: Characteristics of a distinct approach', *Negotiation Journal*, 9, 123–40.
Graham, J. L., Evenko, L. I. and Rajan, M. N. (1992) 'A empirical comparison of Soviet and American business negotiations', *Journal of International Business Studies*, 23, 387–418.
Graham, J. L., Mintu, A. T. and Rodgers, W. (1994) 'Explorations of negotiation behaviors in ten foreign cultures using a model developed in the United States', *Management Science*, 40, 72–95.
Graham, J. L., Kim, D. K., Lin, C.-Y. and Robinson, M. (1988) 'Buyer–seller negotiations around the Pacific rim: Differences in fundamental exchange processes', *Journal of Consumer Research*, 15, 48–54.
Greenberg, J. and Baron, R. A. (1995) *Behavior in Organizations: Understanding and managing the human side of work*, 5th edn, Englewood Cliffs, NJ: Prentice Hall.
Grove, C. J. and Torbiörn, I. (1985) 'A new conceptualization of intercultural adjustment and the goals of training', *International Journal of Intercultural Relations*, 9, 205–33.
Gudykunst, W. B. (1988) 'Culture and intergroup processes', in M. H. Bond (ed.), *The Cross-cultural Challenge to Social Psychology*, Newbury Park, CA: Sage.
Gudykunst, W. B. (1991) *Bridging Differences: Effective intergroup communication*, Newbury Park: Sage.
Gudykunst, W. B. (1995) 'Anxiety/Uncertainty Management (AUM) theory: Current status', in R. L. Wiseman (ed.), *Intercultural Communication Theory*, Thousand Oaks, CA: Sage.
Gudykunst, W. B., Gao, G. and Franklyn-Stokes, A. (1996) 'Self-monitoring and concern for social appropriateness in China and England', in J. Pandey, D. Sinha and D. P. S. Bhawuk (eds.) *Asian Contributions to Cross-cultual Psychology*, New Delhi: Sage.
Gudykunst, W. B. and Hammer, M. R. (1988) 'Strangers and hosts: An uncertainty reduction-based theory of intercultural adaptation', in Y. Y. Kim and W. B. Gudykunst (eds.), *Intercultural Adaptation*, Newbury Park, CA: Sage.
Gudykunst, W. B. and Kim, Y. Y. (1997) *Communicating with Strangers*, 3rd edn, New York: McGraw-Hill.

Gudykunst, W. B. and Shapiro, R. B. (1996) 'Communication in everyday interpersonal and intergroup encounters', *International Journal of Intercultural Relations*, 20, 19–46.

Gudykunst, W. B., Ting-Toomey, S. and Chua, E. (1988) *Culture and Interpersonal Communication*, Newbury Park, CA: Sage.

Gudykunst, W. B., Ting-Toomey, S. and Nishida, T. (eds.) (1996) *Communication in Personal Relationships across Cultures*, Thousand Oaks, CA: Sage.

Gudykunst, W. B., Yang, S. M. and Nishida, T. (1985) 'A cross-cultural test of uncertainty reduction theory: Comparisons of acquaintance, friend, and dating relationships in Japan, Korea, and the United States', *Human Communication Research*, 11, 407–55.

Gudykunst, W. B., Gao, G., Nishida, T., Nadamitsu, Y. and Sakai, J. (1990) 'Self-monitoring in Japan and the United States', in S. Iwawaki, Y. Kashima and K. Leung (eds.), *Innovations in Cross-Cultural Psychology*, Lisse: Swets and Zeitlinger.

Gudykunst, W. B., Gao, G., Schmidt, K. L. et al. (1992) 'The influence of individualism–collectivism, self-monitoring and predicted-outcome value on communication in in-group and out-group relationships', *Journal of Cross-Cultural Psychology*, 23, 196–213.

Gudykunst, W. B., Matsumoto, Y. Ting-Toomey, S., Nishida, T. and Karimi, H. (1994) 'Measuring self-construals across cultures: A derived-etic analysis', paper presented at the International Communication Association, Sydney.

Gudykunst, W. B., Matsumoto, Y., Ting-Toomey, S., Nishida, T., Kim, K. and Heyman, S. (1996) 'The influence of cultural individualism–collectivism, self construals, and individual values on communication styles across cultures', *Human Communication Research*, 22, 510–43.

Guerin, B. (1993) *Social Facilitation*, Cambridge: Cambridge University Press.

Gullahorn, J. T. and Gullahorn, J. E. (1963) 'An extension of the U-curve hypothesis', *Journal of Social Issues*, 19, 33–47.

Guthrie, G. M. (1975) 'A behavioural analysis of culture learning', in R. W. Brislin, S. Bochner and W. J. Lonner (eds.), *Cross-cultural Perspectives on Learning*, New York: Wiley.

Guthrie, G. M. (1977) 'A socio-psychological analysis of modernization in the Philippines', *Journal of Cross-Cultural Psychology*, 8, 177–206.

Guthrie, G. M. and Azores, F. M. (1968) 'Philippine interpersonal behavior patterns', *Ateneo de Manila University IPC Papers*, 6, 3–63.

Guzzo, R. A., Noonan, K. A. and Elron, E. (1994) 'Expatriate managers and the psychological contract', *Journal of Applied Psychology*, 79, 617–26.

Guzzo, R. A., Yost, P. R., Campbell, R. J. and Shea, G. P. (1993) 'Potency in groups: Articulating a construct', *British Journal of Social Psychology*, 32, 87–106.

Haddock, G., Zanna, M. P. and Esses, V. M. (1993) 'Assessing the structure of prejudicial attitudes: The case of attitudes towards homosexuals', *Journal of Personality and Social Psychology*, 65, 1105–18.

Haddock, G., Zanna, M. P. and Esses, V. M. (1994) 'The (limited) role of trait-laden stereotypes in predicting attitudes towards native peoples', *British Journal of Social Psychology*, 33, 83–106.

Hall, E. T. (1966) *The Hidden Dimension*, New York: Doubleday.

Hall, E. T. (1976) *Beyond Culture*, New York: Doubleday.

Hall, E. T. (1983) *The Dance of Life: The other dimension of time*, New York: Doubleday.

Hamaguchi, E. (1987) 'Experimental and survey research on the Japanese basic value', Faculty of Human Sciences, Osaka University (in Japanese).
Hamilton, D. C. and Trolier, T. K. (1986) 'Stereotypes and stereotyping: An overview of the cognitive approach', in J. F. Dovidio and S. L. Gaertner (eds.), *Prejudice, Discrimination, and Racism*, Orlando, FL: Academic Press.
Hammer, M. R. (1987) 'Behavioral dimensions of intercultural effectiveness: A replication and extension', *International Journal of Intercultural Relations*, 11, 65–88.
Hammer, M. R., Gudykunst, W. B. and Wiseman, R. L. (1978) 'Dimensions of intercultural effectiveness: An exploratory study', *International Journal of Intercultural Relatives*, 2, 382–93.
Han, S.-P. and Shavitt, S. (1994) 'Persuasion and culture: Advertising appeals in individualistic and collectivistic societies', *Journal of Experimental Social Psychology*, 30, 326–50.
Hannigan, T. P. (1995) 'Body odor: The international student and cross-cultural communication', *Culture and Psychology*, 1, 497–503.
Harbison, F. H. and Myers, C. A. (1959) *Management in the Industrial World*, New York: McGraw-Hill.
Harnett, D. L. and Cummings, L. L. (1980) *Bargaining Behavior: An international study*, Houston, TX: Dame.
Harris, J. G. (1972) 'Prediction of success on a distant Pacific Island: Peace Corps style', *Journal of Clinical and Consulting Psychology*, 38, 181–90.
Harvey, M. (1983) 'The other side of foreign assignments: Dealing with the repatriation problem', *Columbia Journal of World Business*, 17, 53–9.
Harvey, M. (1989) 'Repatriation of corporate executives: An empirical study', *Journal of International Business Studies*, 20, 131–44.
Harwood, J., Giles, H. and Bourhis, R. Y. (1994) 'The genesis of vitality theory: Historical patterns and discoursal dimensions', *International Journal of the Sociology of Language*, 108, 167–206.
Harzing, A. W. K. (1995) 'The persistent myth of high expatriate failure rates', *International Journal of Human Resource Management*, 6, 457–74.
Hasegawa, T. and Gudykunst, W. B. (1997) 'Silence in Japan and United States', manuscript submitted for publication.
Haslett, B. and Ogilvie, J. (1988) 'Feedback processes in small groups', in R. Cathcart and L. Samovar (eds.), *Small Group Communication: A reader*, 5th edn., Dubuque, IA: Brown.
Hatfield, E. and Rapson, R. L. (1996) *Love and Sex: Cross-cultural perspectives*, Needham Heights, MA: Allyn and Bacon.
Hecht, M. L., Andersen, P. A. and Ribeau, S. A. (1989) 'The cultural dimensions of nonverbal communication', in M. K. Asante and W. B. Gudykunst (eds.), *Handbook of International and Intercultural Communication*, Newbury Park, CA: Sage.
Hedge, A. and Yousif, Y. H. (1992) 'The effect of urban size, cost and urgency on helpfulness: A cross-cultural comparison between the United Kingdom and the Sudan', *Journal of Cross-Cultural Psychology*, 23, 107–15.
Heider, F. (1958) *The Psychology of Interpersonal Relations*, New York: Wiley.
Heine, S. J. and Lehman, D. R. (1995) 'Cultural variation in unrealistic optimism: Does the west feel more invulnerable than the east?', *Journal of Personality and Social Psychology*, 68, 595–607.

Heine, S. J. and Lehman, D. R. (1997) 'Culture, dissonance, and self-affirmation', *Personality and Social Psychology Bulletin*, 23, 389–400.

Heller, F., Drenth, P., Koopman, P. and Rus, V. (1988) *Decisions in Organisations: A three-country comparative study*, London: Sage.

Heller, F. and Wilpert, B. (1981) *Competence and Power in Managerial Decision-making*, Chichester: Wiley.

Helmreich, R. L. (1994) 'Anatomy of a system accident: The crash of Avianca flight 052', *International Journal of Aviation Psychology*, 4, 265–84.

Helmreich, R. and Schaefer, H. (1994) 'Team performance in the operating room', in M. S. Bogner (ed.), *Human Error in Medicine*, Hillsdale, NJ: Erlbaum.

Helmreich, R., Merritt, A. C. and Sherman, P. J. (1996) 'Human factors and national culture', *International Civil Aviation Organization Journal*, xxx.

Hendrix, L. and Johnson, G. D. (1985) 'Instrumental and expressive socialization: A false dichotomy', *Sex Roles*, 13, 581–95.

Herman, S. and Schield, E. (1961) 'The stranger group in a cross-cultural situation', *Sociometry*, 24, 165–74.

Herskovits, M. J. (1948) *Man and his Works: The science of cultural anthropology*, New York: Knopf.

Herzlich, C. (1973) *Health and Illness: A social psychological analysis*, London: Academic Press.

Hewitt, J. P. (1994) *Self and Society: A symbolic interactionist social psychology*, 6th edn, Boston: Allyn and Bacon.

Hewstone, M. (1990) 'The "ultimate attribution error"? A review of the literature on intergroup causal attribution', *European Journal of Social Psychology*, 20, 311–35.

Hewstone, M. and Brown, R. (1986) 'Contact is not enough: An intergroup perspective on the contact hypothesis', in M. Hewstone and R. Brown (eds.), *Contact and Conflict in Intergroup Encounters*, Oxford: Blackwell.

Hewstone, M., Stroebe, W., and Stephenson, G. (1996) *Introduction to Social Psychology: A European perspective*, 2nd edn, Oxford: Blackwell.

Hewstone, M. and Ward, C. (1985) 'Ethnocentrism and causal attribution in Southeast Asia', *Journal of Personality and Social Psychology*, 48, 614–23.

Hickson, D. J. and McMillan, C. J. (1981) *Organisation and Nation: The Aston programme IV*, Westmead: Gower.

Hickson, D. J., Hinings, C. R., McMillan, C. J. and Schwitter, J. P. (1974) 'The culture-free context of organizational structure', *Sociology*, 8, 59–80.

Hines, G. H. (1973) 'The persistence of Greek achievement motivation across time and culture', *International Journal of Psychology*, 8, 285–8.

Hinkle, S. and Brown, R. (1990) 'Intergroup comparisons and social identity: Some links and lacunae', in D. Abrams and M. Hogg (eds.), *Social Identity Theory: Constructive and critical advances*, Hemel Hempstead: Harvester Wheatsheaf.

Ho, D. Y. F. (1976) 'On the concept of face', *American Journal of Sociology*, 81, 867–84.

Ho, F. C. and Johnson, R. C. (1990) 'Intra-ethnic and inter-ethnic marriage and divorce in Hawaii', *Social Biology*, 37, 44–51.

Ho, Y. S. (1996) 'Cultural differences in group discussion style', unpublished bachelor's thesis, Chinese University of Hong Kong.

Hobart, C. W. (1958) 'The incidence of romanticism during courtship', *Social Forces*, 36, 362–7.

Hoecklin, L. A. (1993) *Managing Cultural Differences for Competitive Advantage*, London: Economist Intelligence Unit.
Hoffman, C., Lau, I. and Johnson, D. R. (1986) 'The linguistic relativity of person cognition: An English–Chinese comparison', *Journal of Personality and Social Psychology*, 51, 1097–1105.
Hofstede, G. (1980) *Culture's Consequences: International differences in work-related values*, Beverly Hills, CA: Sage.
Hofstede, G. (1983) 'Dimensions of national cultures in fifty countries and three regions', in J. Deregowski, S. Dzuirawiec and R. Annis (eds.), *Expications in Cross-cultural Psychology*, Lisse, Netherlands: Swets and Zeitlinger.
Hofstede, G. (1991) *Cultures and Organizations: Software of the mind*, London: McGraw-Hill.
Hofstede, G. (1996a) 'An American in Paris: The influence of nationality on organisation theories', *Organization Studies*, 17, 525–37.
Hofstede, G. (1996b) 'Masculinity, religion, gender and sex', paper presented at 13th Congress of the International Association for Cross-Cultural Psychology, Montreal.
Hofstede, G. (1996c) 'Images of Europe: Past, present and future', in P. Joynt and M. Warner (eds.), *Managing across Cultures: Issues and Perspectives*, London: International Thomson Business Press.
Hofstede, G. and Bond, M. H. (1988) 'The Confucius connection: From cultural roots to economic growth', *Organization Dynamics*, 16, 4–21.
Hofstede, G., Bond, M. H. and Luk, C.-L. (1993) 'Individual perceptions of organizational cultures: A methodological treatise on levels of analysis', *Organization Studies*, 14, 483–503.
Hofstede, G., Neuyen, B., Ohayv, D. D. and Sanders, G. (1990) 'Measuring organisational cultures: A qualitative and quantitative study across 20 cases', *Administrative Science Quarterly*, 35, 286–316.
Hofstede, G., Kolman, L., Nicolescu, O. and Pajumaa, I. (1996) 'Characteristics of the ideal job among students in eight countries', in H. Grad, A. Blanco and J. Georgas (eds.), *Key Issues in Cross-cultural Psychology*, Lisse: Swets and Zeitlinger.
Hogan, R. (1996) 'A socioanalytic perspective on the five-factor model', in J. S. Wiggins (ed.), *The Five-Factor Model of Personality: Theoretical perspectives*, New York: Guilford Press.
Hogan, R. and Emler, N. (1978) 'The biases of contemporary social psychology', *Social Research*, 45, 478–534.
Hogg, M. A. and Sunderland, J. (1991) 'Self-esteem and intergroup discrimination in the minimal group paradigm', *British Journal of Social Psychology*, 30, 51–62.
Hogg, M. A. and Vaughan, G. M. (1995) *Social Psychology: An introduction*, Hemel Hempstead: Prentice Hall.
Holloway, S. D., Kashiwagi, K., Hess, R. D. and Azuma, H. (1986) 'Causal attribution by Japanese and American mothers and children about performance in mathematics', *International Journal of Psychology*, 21, 269–86.
Holtgraves, T. (1992) 'The linguistic realization of face management: Implications for language production and comprehension, person perception, and cross-cultural communication', *Social Psychology Quarterly*, 55, 141–59.
Holtgraves, T. and Yang, J. (1990) 'Politeness as universal: Cross-cultural perceptions of request strategies and inferences based on their use', *Journal of Personality and Social Psychology*, 59, 719–29.

Holtgraves, T. and Yang, J. (1992) 'Interpersonal underpinnings of request strategies: General principles and differences due to culture and gender', *Journal of Personality and Social Psychology*, 62, 246–56.

Hong, L. K. (1978) 'Risky shift and cautious shift: Some direct evidence of the culture-value theory', *Social Psychology Quarterly*, 41, 342–46.

Hortaçsu, N. and Karançi, A. N. (1987) 'Premarital breakups in a Turkish sample: Perceived reasons, attributional dimensions and affective reactions', *International Journal of Psychology*, 22, 57–64.

Horvath, A. M., Marsella, A. J. and Yamada, S. Y. (in press) 'Ethnocultural identity: The psychometric properties of a self-report behavior scale', *Psychological Reports*.

Horvath, A. M. and Singelis, T. M. (in press) 'Biculturalism and self-construal', *International Journal of Intercultural Relations*.

House, R. J. and Wright, N. (1997) 'Cross-cultural research on organizational leadership: A critical analysis and a proposed theory', in P. C. Earley and M. Erez (eds.), *Frontiers of Industrial and Organizational Psychology*, San Francisco: Jossey-Bass.

Howell, J. P., Dorfman, P. W., Hibino, S., Lee, J. K. and Tate, U. (1997) 'Leadership in Western and Asian countries: Commonalities and differences in effective leadership processes across cultures', *Leadership Quarterly*, 8, 233–74.

Howitt, D. and Owusu-Bempah, J. (1994) *The Racism of Psychology*, Hemel Hempstead: Harvester Wheatsheaf.

Hubbert, K. N., Guerrero, S. L. and Gudykunst, W. B. (in press) 'Intergroup communication over time', *International Journal of Intercultural Relations*.

Hui, C. H. (1988) 'Measurement of individualism–collectivism', *Journal of Research on Personality*, 22, 17–36.

Hui, H. C. and Cheng, I. W. M. (1987) 'Effects of second language proficiency of speakers and listeners on person perception and behavioural intention: A study of Chinese bilinguals', *International Journal of Psychology*, 22, 421–30.

Hui, C. H., and Triandis, H. C. (1989) 'Effects of culture and response format on extreme response style', *Journal of Cross-Cultural Psychology*, 20, 296–309.

Hui, C. H., Triandis, H. C. and Yee, C. (1991) 'Cultural differences in reward allocation: Is collectivism the explanation?', *British Journal of Social Psychology*, 30, 145–57.

Hullos, M. (1980) 'Collective education in Hungary: Development of competitive–cooperative and role-taking behaviours', *Ethos*, 8, 3–23.

Humana, C. (1986) *World Human Rights Guide*, London: Pan.

Huo, Y. P. and von Glinow, M. A. (1995) 'On transplanting human resource practices to China: A culture-driven approach', *International Journal of Manpower*, 16(9), 3–13.

Hupka, R. B. and Ryan, J. M. (1990) 'The cultural contribution to jealousy: cross-cultural aggression in sexual jealousy situations', *Behavior Science Research*, 24, 51–71.

Ibrahim, S. E. M. (1970) 'Interaction, perception, and attitudes of Arab students toward Americans', *Sociology and Social Research*, 55, 29–46.

Ike, N. (1973) 'Economic growth and intergenerational change in Japan', *American Political Science Review*, 67, 1194–1203.

Imahori, T. T. and Cupach, W. R. (1994) 'A cross-cultural comparison of the interpretation and management of face: US American and Japanese responses to embarrassing predicaments', *International Journal of Intercultural Relations*, 18, 193–219.

Industrial Democracy in Europe International Research Group (1981) *Industrial Democracy in Europe*, Oxford: Oxford University Press.

Industrial Democracy in Europe International Research Group (1993) *Industrial Democracy in Europe Revisited*, Oxford: Oxford University Press.

Inglehart, R. (1977) *The Silent Revolution: Changing values and political styles among Western publics*, Princeton, NJ: Princeton University Press.

Inglehart, R. (1990) *Culture Shift in Advanced Industrial Society*, Princeton, NJ: Princeton University Press.

Inkeles, A. and Smith, D. H. (1974) *Becoming Modern: Individual change in six developing countries*, Cambridge, MA: Harvard University Press.

International Survey Research (1995) *Employee Satisfaction: Tracking international trends*, London: International Survey Research.

International Survey Research (1997) *Tracking Trends: Employee satisfaction in Europe in the '90s*, London: International Survey Research.

Ip, G. W. M. and Bond, M. H. (1995) 'Culture, values and the spontaneous self-concept', *Asian Journal of Psychology*, 1, 29–35.

Isaka, H. (1990) 'Factor analysis of trait terms in everyday Japanese language', *Personality and Individual Differences*, 11, 115–24.

Islam, M. R. and Hewstone, M. (1993a) 'Dimensions of contact as predictors of intergroup anxiety, perceived outgroup variability, and outgroup attitude', *Personality and Social Psychology Bulletin*, 19, 700–10.

Islam, M. R. and Hewstone, M. (1993b) 'Intergroup attributions and affective consequences in majority and minority groups', *Journal of Personality and Social Psychology*, 64, 936–50.

Israel, J. and Tajfel, H. (eds.) (1972) *The Context of Social Psychology: A critical assessment*, London: Academic Press.

Izard, C. (1971) *The Face of Emotion*, New York: Appleton-Century-Crofts.

Izard, C. (1980) 'Cross-cultural perspectives on emotion and emotion communication', in H. C. Triandis and W. Lonner (eds.), *Handbook of Cross-cultural Psychology: Volume 3 – Basic Processes*, Boston: Allyn and Bacon.

Jaffe, Y. and Yinon, Y. (1983) 'Collective aggression: The group–individual paradigm in the study of collective antisocial behaviour', in H. H. Blumberg, A. P. Hare, V. Kent and M. F. Davies (eds.), *Small Groups and Social Interaction*, Volume 1, pp. 267–75, Chichester: Wiley.

Jago, A. and 5 co-authors (1993) 'Culture's consequence? A seven-nation study of participation', *Proceedings of the 24th Annual Meeting of the Decision Sciences Institute*, Washington DC: Decision Sciences Institute.

Jahoda, G. (1979) 'A cross-cultural perspective on experimental social psychology', *Personality and Social Psychology Bulletin*, 5, 142–8.

Jahoda, G. (1982) *Psychology and Anthropology: A psychological perspective*, London: Academic Press.

Jahoda, G. (1984) 'Do we need a concept of culture?', *Journal of Cross-Cultural Psychology*, 15, 139–52.

Jahoda, G. (1993) *Crossroads between Culture and Mind*, Cambridge, MA: Harvard University Press.

Jahoda, G. and Krewer, B. (1997) 'History of cross-cultural and cultural psychology', in J. W. Berry, Y. Poortinga and J. Pandey (eds.), *Handbook of Cross-Cultural Psychology*, 2nd edn, Volume 1, Needham Heights, MA: Allyn and Bacon.

Jamieson, B. D. (1968) 'The risky shift phenomenon with a heterogeneous sample', *Psychological Reports*, 23, 203–6.

Jesuino, J. C. (1986) 'Influence of leadership processes on group polarisation', *European Journal of Social Psychology*, 16, 413–24.

Jodelet, D. (1993) 'Indigenous psychologies and social representations of the body and the self', in U. Kim and J. W. Berry (eds.), *Indigenous Psychologies: Research and experience in cultural context*, Thousand Oaks, CA: Sage.

John, O. P., Goldberg, L. R. and Angleitner, A. (1984) 'Better than the alphabet: Taxonomics of personality descriptive terms in English, Dutch, and German', in H. Bonarius, G. van Heck and N. Smid (eds.), *Personality Psychology in Europe: Theoretical and empirical developments*, Lisse: Swets and Zeitlinger.

Johns, G. and Xie, J. L. (1995) 'Workgroup absence culture and the social perception of absence: The People's Republic of China vs. Canada', paper presented to Academy of Management meeting, Vancouver.

Jones, D. and Hill, K. (1993) 'Criteria of facial attractiveness in five populations', *Human Nature*, 4, 271–96.

Jones, E., Gallois, C., Barker, M. and Callan, V. J. (1994) 'Evaluations of interactions between students and academic staff: Influence of communication accommodation, ethnic group, and status', *Journal of Language and Social Psychology*, 13, 158–91.

Jordan, D. K. (1988) 'Esperanto – the international language of humor: Or what's so funny about Esperanto?', *Humor: International Journal of Humor Research*, 1, 143–57.

Jost, J. T. and Banaji, M. R. (1994) 'The role of stereotyping in system-justification and the production of false consciousness', *British Journal of Social Psychology*, 33, 1–27.

Juralewicz, R. S. (1974) 'An experiment in participation in a Latin American factory', *Human Relations*, 27, 627–37.

Kagan, S., Knight, G. P. and Martinez-Romero, S. (1982) 'Culture and the development of conflict resolution style', *Journal of Cross-Cultural Psychology*, 13, 43–58.

Kagan, S. and Madsen, M. C. (1972) 'Experimental analyses of cooperation and competition of Anglo-American and Mexican children', *Developmental Psychology*, 6, 49–59.

Kagitçibasi, C. (1970) 'Social norms and authoritarianism: A Turkish–American comparison', *Journal of Cross-Cultural Psychology*, 4, 157–74.

Kagitçibasi, C. (1988) 'Diversity of socialization and social change', in P. R. Dasen, J. W. Berry, and N. Sartorius (eds.), *Health and Cross-cultural Psychology*, Newbury Park, CA: Sage.

Kagitçibasi, C. (1990) 'Family and socialization in cross-cultural perspective: A model of change', in J. Berman (ed.), *Nebraska Symposium on Motivation, 1989*, Lincoln, NE: Nebraska University Press.

Kagitçibasi, C. (1994) 'A critical appraisal of individualism–collectivism: Toward a new formulation', in U. Kim, H. C. Triandis, C. Kagitçibasi et al. (eds.), *Individualism and Collectivism: Theory, method and applications*, Newbury Park, CA: Sage.

Kagitçibasi, C. (1996a) 'The autonomous–relational self: A new synthesis', *European Psychologist*, 1, 180–6.

Kagitçibasi, C. (1996b) *Family and Human Development Across Cultures: A view from the other side*, Hillsdale, NJ: Erlbaum.

Kagitçibasi, C. (1997). 'Individualism and collectivism' in J. W. Berry, M. H. Segall and C. Kagitçibasi (eds.), *Handbook of Cross-cultural Psychology*, 2nd edn, Volume 3, Needham Heights, MA: Allyn and Bacon.

Kagitçibasi C., Sunar, D., and Bekman, S. (1988) *Comprehensive Preschool Education Project Final Report*, Ottawa: IDRC.

Kahl, J. A. (1968) *The Measurement of Modernism: A study of values in Brazil and Mexico*, Austin, TX: University of Texas Press.
Kahn, A., Lamm, H. and Nelson, R. (1977) 'Preferences for an equal or equitable allocation', *Journal of Personality and Social Psychology*, 35, 837–44.
Kakimoto, T. (1992) 'Cognitive distraction and the effect of social categorisation', paper presented at the 25th International Congress of Psychology, Brussels.
Kane, T. R. and Tedeschi, J. T. (1973) 'Impressions created by conforming and independent persons', *Journal of Social Psychology*, 91, 109–16.
Kaplan, H. B. and Robbins, C. (1983) 'Testing a general theory of deviant behavior in longitudinal perspective', in K. T. van Dusen and S. A. Mednick (eds.), *Prospective Studies of Crime and Delinquency*, Boston, MA: Kluwer-Nijhoff.
Karau, S. J. and Williams, K. D. (1993) 'Social loafing: A meta-analytic review of social integration', *Journal of Personality and Social Psychology*, 65, 681–706.
Kashima, E. S. and Kashima, Y. (in press) 'Culture and language: A case of cultural dimensions and personal pronoun use', *Journal of Cross-Cultural Psychology*.
Kashima, Y. and Callan, V. (1994) 'The Japanese work group' in H. C. Triandis (ed.) *Handbook of Industrial/Organizational Psychology*, 2nd edn, Volume 4, pp. 609–46. Palo-Alto, CA: Consulting Psychologists Press.
Kashima, Y. and Triandis, H. C. (1986) 'The self-serving bias in attributions as a coping strategy: A cross-cultural study', *Journal of Cross-Cultural Psychology*, 17, 83–97.
Kashima, Y., Siegal, M., Tanaka, K. and Isaka, H. (1988) 'Universalism in lay conceptions of distributive justice: A cross-cultural examination', *International Journal of Psychology*, 23, 51–64.
Kashima, Y., Siegal, M., Tanaka, K. and Kashima, E. S. (1992) 'Do people believe behaviours are consistent with attitudes? Towards a cultural psychology of attribution processes', *British Journal of Social Psychology*, 31, 111–24.
Kashima, Y., Yamaguchi, S., Kim, U. *et al.* (1995) 'Culture, gender, and self: A perspective from individualism–collectivism research', *Journal of Personality and Social Psychology*, 69, 925–37.
Katigbak, M. S., Church, A. T. and Akamine, T. X. (1996) 'Cross-cultural generalizability of personality dimensions: Relating indigenous and imported dimensions in two cultures', *Journal of Personality and Social Psychology*, 70, 99–114.
Katriel, T. (1986) *Talking Straight: Dugri speech in Israeli Sabra culture*, Cambridge: Cambridge University Press.
Katz, D. and Braly, K. W. (1933) 'Verbal stereotypes and racial prejudice', *Journal of Abnormal and Social Psychology*, 28, 280–90.
Kealey, D. (1989) 'A study of cross-cultural effectiveness: Theoretical issues and practical applications', *International Journal of Intercultural Relations*, 13, 387–428.
Keating, C. F. (1985) 'Human dominance signals: The primate in us', in S. L. Ellyson and J. F. Dovidio (eds.), *Power, Dominance and Non-verbal Behavior*, New York: Springer.
Keefe, S. M. and Padilla, A. M. (1987) *Chicano Ethnicity*, Albuquerque: University of New Mexico Press.
Kelley, H. H. (1967) 'Attribution theory in social psychology', in D. Levine (ed.), *Nebraska Symposium on Motivation*, 14, 192–240.
Kelley, K. and 5 co-authors (1986) 'Chronic self-destructiveness and locus of control in cross-cultural perspective', *Journal of Social Psychology*, 126, 573–7.
Kelly, A. F. D. (1989) 'Ethnic identification, association and redefinition: Muslim

Pakistanis and Greek Cypriots in Britain', in K. Liebkind (ed.), *New Identities in Europe. Immigrant ancestry and the ethnic identity of youth*, London: Gower.

Kendon, A. (1988) 'How gestures can become like words', in F. Poyatos (ed.), *Cross-cultural Perspectives in Nonverbal Communication*, Toronto: Hogrefe.

Kenrick, D. T. (1994) 'Evolutionary social psychology: From sexual selection to social cognition', in M. P. Zanna (ed.), *Advances in Experimental Social Psychology*, 26, 75–121.

Kerr, C., Dunlop, J. T., Harbison, F. H., and Myers, C. A. (1960) *Industrialism and Industrial Man: The problems of labor and management in economic growth*, London: Heinemann.

Kerr, S. and Jermier, J. M. (1978) 'Substitutes for leadership: Their meaning and measurement', *Organizational Behavior and Human Performance*, 22, 375–403.

Keuschel, R. (1988) *Vengeance is their Reply: Blood feuds and homicides on Bellona island*, Copenhagen: Dansk Psykologisk Forlag.

Kidder, L. H. (1991) *Japanese Returnees: Loose threads in a tight culture*, unpublished manuscript, Temple University.

Kiesler, C. A., Kiesler, S. B. and Pallak, M. S. (1967) 'The effect of commitment to future interaction on reactions to norm violations', *Journal of Personality*, 35, 585–600.

Kilham, W. and Mann, L. (1974) 'Level of destructive obedience as a function of transmitter and executant roles in the Milgram obedience paradigm', *Journal of Personality and Social Psychology*, 29, 696–702.

Kim, K. I., Park, H. J. and Suzuki, N. (1990) 'Reward allocations in the United States, Japan and Korea: A comparison of individualistic and collectivistic cultures', *Academy of Management Journal*, 33, 188–98.

Kim, M. S. (1994) 'Cross-cultural comparisons of the perceived importance of interactive constraints', *Human Communication Research*, 21, 128–51.

Kim, M. S. and Bresnahan, M. (1994) 'A process model of request tactic evaluation', *Discourse Processes*, 18, 317–44.

Kim, M. S., Sharkey, W. F. and Singelis, T. (1994) 'The relationship between individual's self-construals and perceived importance of interactive constraints', *International Journal of Intercultural Relations*, 18, 1–24.

Kim, M. S., Hunter, J. E., Miyahara, A., Horvath, A. M., Bresnahan, M. and Yoon, H. J. (1996) 'Individual- vs. culture-level dimensions of individualism and collectivism: Effects on preferred conversational styles', *Communication Monographs*, 63, 29–49.

Kim, U., Yamaguchi, S. *et al.* (1996) 'Conceptual and empirical analysis of *amae*', Symposium presented at 13th Congress of International Association for Cross-Cultural Psychology, Montreal.

Kimmel, P. R. (1994) 'Cultural perspectives on international negotiations', *Journal of Social Issues*, 50, 179–96.

Kipnis, D., Schmidt, S. M. and Wilkinson, I. (1980) 'Intraorganizational influence tactics: Exploration in getting one's way', *Journal of Applied Psychology*, 65, 440–52.

Kirchmeyer, C. (1993) 'Multicultural task groups: An account of the low contribution level of minorities', *Small Group Research*, 24, 127–48.

Kirchmeyer, C. and Cohen, A. (1992) 'Multicultural groups: Their performance and reactions with constructive conflict', *Group and Organization Management*, 17, 153–70.

Kirkbride, P., Durcan, J. and Tang, S. F. Y. (1990) 'The possibilities and limits of team training in South East Asia', *Journal of Management Development*, 9, 41–50.
Kirkbride, P., Tang, S. F. Y. and Westwood, R. I. (1991) 'Chinese conflict preferences and negotiating behaviour: Cultural and psychological influences', *Organization Studies*, 12, 365–86.
Kitayama, S., Markus, H. R. and Kurokawa, M. (1995) 'Cultural views of self and emotional experience: Does the nature of good feelings depend on culture?', unpublished manuscript.
Kitayama, S., Markus, H. R. and Lieberman, C. (1995) 'The collective construction of self esteem: Implications for culture, self, and emotion', in J. Russell, J. Fernandez-Dols, A. S. R. Manstead and J. C. Wellenkamp (eds.), *Everyday Conceptions of Emotion: An introduction to the psychology, anthropology and linguistics of emotion*, Dordrecht: Kluwer.
Kitayama, S., Markus, H. R. and Matsumoto, H. (1995) 'Culture, self, and emotion: A cultural perspective on "self-conscious" emotions', in J. P. Tangney and K. W. Fischer (eds.), *Self-Conscious Emotions: The psychology of shame, guilt, embarrassment, and pride*, New York: Guilford.
Klein, K. J., Dansereau, F. and Hall, R. J. (1994) 'Levels issues in theory development, data collection and analysis', *Academy of Management Review*, 19, 195–229.
Kluckhohn, C. (1962) 'Universal categories of culture', in S. Tax (ed.), *Anthropology Today*, Chicago: University of Chicago Press.
Kluckhohn, C. and Murray, H. A. (1948) *Personality in Nature, Culture and Society*, New York: Knopf.
Kluckhohn, F. R. and Strodtbeck, F. L. (1961) *Variations in Value Orientations*, Evanston, IL: Row, Peterson.
Knapp, M. L. (1978) *Nonverbal Communication in Human Interaction*, 2nd edn, New York: Holt, Rinehart and Winston.
Knauft, B. M. (1987) 'Reconsidering violence in simple human societies: Homicide among the Gebusi of New Guinea', *Current Anthropology*, 28, 457–500.
Kobasa, S. C. (1979) 'Stressful life events, personality, and health: An inquiry into hardiness', *Journal of Personality and Social Psychology*, 37, 1–11.
Kodama, K. and Canetto, S. S. (1995) 'Reliability and validity of the Suinn–Lew Asian self-identity acculturation scale with Japanese temporary residents', *Psychologia*, 38, 17–21.
Kogan, N. and Doise, W. (1969) 'Effects of anticipated delegate status on level of risk-taking in small decision-making groups', *Acta Psychologica*, 29, 228–43.
Kolers, P. A. (1968) 'Bilingualism and information processing', *Scientific American*, 218, 78–86.
Koltsova, V. A., Oleinik, Y. N., Gilgen, A. R. and Gilgen C. K. (1996) *Post-Soviet Perspectives on Russian Psychology*, Westport, CT: Greenwood.
Koomen, W. (1988) 'The relationship between participation rate and liking ratings in groups', *British Journal of Social Psychology*, 27, 127–32.
Koomen, W. and Bähler, M. (1996) 'National stereotypes: Common representations and ingroup favouritism', *European Journal of Social Psychology*, 26, 325–32.
Kornadt, H.-J., Hayashi, T., Tachibana, Y., Trommsdorff, G. and Yamauchi, H. (1992) 'Aggressiveness and its developmental conditions in five cultures', in S. Iwawaki, Y. Kashima and K. Leung (eds.), *Innovations in Cross-cultural Psychology*, Lisse: Swets and Zeitlinger.

Korte, C. and Ayvalioglu, N. (1981) 'Helpfulness in Turkey: Cities, towns and urban villages', *Journal of Cross-Cultural Psychology*, 12, 123–41.
Korte, C., Ympa, I. and Toppen, A. (1975) 'Helpfulness in Dutch society as a function of urbanisation and environmental input level', *Journal of Personality and Social Psychology*, 32, 996–1003.
Korten, F. F. (1974) 'The influence of culture and sex on the perception of persons', *International Journal of Psychology*, 9, 31–44.
Koseki, Y. (1989) 'A study of the influence of deviant minority on visual judgments within a small group', *Japanese Psychological Research*, 31 (4), 149–60.
Kosterman, R. and Feshbach, S. (1989) 'Toward a measure of patriotic and nationalistic attitudes', *Political Psychology*, 10, 257–74.
Kravitz D. A. and Martin, B. (1986) 'Ringelmann rediscovered: The original article', *Journal of Personality and Social Psychology*, 50, 936–41.
Krewer, B. and Jahoda, G. (1993) 'Psychologie et culture: vers une solution du Babel?', *International Journal of Psychology*, 28, 367–76.
Krichevskii, R. L. (1983) 'The phenomenon of the differentiation of the leadership role in small groups', in H. H. Blumberg, A. P. Hare, V. Kent and M. Davies (eds.), *Small Groups and Social Interaction*, Volume 1, Chichester: Wiley.
Krishnan, L. (1992) 'Justice research: The Indian perspective', *Psychology and Developing Societies*, 4, 133–51.
Kwan, V. S. Y. (1997) 'Alternative conceptualizations of self-enhancement', unpublished Master's thesis, Chinese University of Hong Kong.
Kwan, V. S. Y., Bond, M. H. and Singelis, T. M. (1997) 'Pancultural explanation for life satisfaction: Adding relationship harmony to self-esteem', *Journal of Personality and Social Psychology*, 73, 1038–51.
LaFrance, M. and Mayo, C. (1976) 'Racial differences in gaze behaviour during conversations: Two systematic observational studies', *Journal of Personality and Social Psychology*, 33, 547–52.
LaFromboise, T., Coleman, H. L. K. and Gerton, J. (1993) 'Psychological impact of biculturalism: evidence and theory', *Psychological Bulletin*, 114, 395–412.
Laguna Reyes, I., Valdez, M. J. and Wagner, W. (1996) 'The self-concept across cultures', paper given at International Congress of Psychology, Montreal.
Lambert, W. E. (1967) 'The social psychology of bilingualism', *Journal of Social Issues*, 23, 91–109.
Lambert, W. E., Mermigis, L. and Taylor, D. M. (1986) 'Greek Canadians' attitudes toward own group and other Canadian ethnic groups: A test of the multiculturalism hypothesis', *Canadian Journal of Behavioural Science*, 18, 35–51.
Lamm, H. and Kogan, N. (1970) 'Risk-taking in the context of intergroup negotiation', *Journal of Experimental Social Psychology*, 6, 351–63.
Landau, S. F. (1984) 'Trends in violence and aggression: A cross-cultural analysis', *International Journal of Comparative Sociology*, 24, 133–58.
Landis, D. and Bhagat, R. S. (eds.) (1996) *Handbook of Intercultural Training*, 2nd edn, Thousand Oaks, CA: Sage.
Landrine, H. (1992) 'Clinical implications of cultural differences: The referential versus the indexical self', *Clinical Psychology Review*, 12, 401–15.
Langer, E. (1989) *Mindfulness*, Reading, MA: Addison-Wesley.
Largey, G. P. and Watson, D. R. (1971) 'The sociology of odors', *American Journal of Sociology*, 77, 1021–34.

L'Armand, K. and Pepitone, A. (1975) 'Helping to reward another person: A cross-cultural analysis', *Journal of Personality and Social Psychology*, 31, 189–98.
L'Armand, K., Pepitone, A. and Shanmugam, T. E. (1981) 'Attitudes toward rape: A comparison of the role of chastity in India and the U.S.', *Journal of Cross-Cultural Psychology*, 12, 284–303.
La Rosa, J. and Diaz Loving, R. (1988) 'Diferencial semantico del autoconcepto en estudiantes', *Revista de Psicologia Social y Personalidad*, 4, 39–57.
Larsen, K. S., Killifer, C., Csepelli, G. *et al.* (1992) 'National identity: A new look at an old issue', *Journal of Social Behavior and Personality*, 7, 309–22.
Laslo, E. (1989) *The Inner Limits of Mankind*, London: Oneworld.
Latané, B., Williams, K. and Harkins, S. (1979) 'Many hands make light the work: causes and consequences of social loafing', *Journal of Personality and Social Psychology*, 37, 822–32.
Laucken, U., Mees, U. and Chassein, J. (1992) 'Beschwerde und normative Ordnung. Eine Kulturvergleichende untersuchung', in U. Mees (ed.), *Psychologie des Ärgers*, Berlin: Hogrefe.
Laurent, A. (1983) 'The cultural diversity of Western conceptions of management', *International Studies of Management and Organization*, 13, 75–96.
Lauterbach, A. (1974) *Psychological Challenges to Modernization*, New York: Elsevier.
Lebedeva, N. (1996) 'Ethnic psychology in Russia', *Cross-Cultural Psychology Bulletin*, 30(4), 14–16.
Lee, C. M. (1996) 'Attraction in initial interethnic interactions', unpublished Master's thesis, California State University, Fullerton.
Lee, F., Hallahan, M. and Herzog, T. (1996) 'Explaining real-life events: How cultural and domain shape attributions', *Personality and Social Psychology Bulletin*, 22, 732–41.
Lee, L. and Ward, C. (in press) 'Ethnicity, idiocentrism–allocentrism, and intergroup perceptions', *Journal of Applied Social Psychology*.
Lee, Y.-T. and Duenas, G. (1995) 'Stereotype accuracy in multicultural business', in Y.-T. Lee, L. J. Jussim and C. R. McCauley (eds.), *Stereotype Accuracy: Towards appreciating group differences*, Washington, DC: American Psychological Association.
Lee, Y.-T. and Ottati, V. (1993) 'Determinants of in-group and out-group perceptions of heterogeneity: An investigation of Sino-American stereotypes', *Journal of Cross-Cultural Psychology*, 24, 298–318.
Lee, Y.-T. and Ottati, V. (1995) 'Perceived in-group homogeneity as a function of group salience and stereotype threat', *Personality and Social Psychology Bulletin*, 21, 610–19.
Lee, Y.-T. and Seligman, M. E. P. (1997) 'Are Americans more optimistic than the Chinese?', *Personality and Social Psychology Bulletin*, 23, 32–40.
Leichty, G. and Applegate, J. L. (1991) 'Social-cognitive and situational influences on the use of face-saving persuasive strategies', *Human Communication Research*, 17, 451–84.
Leong, T. L. F. (1996) 'Acculturation and Asian values in the United States', paper presented at the Conference on Global Organizations, Department of Management, Hong Kong University of Science and Technology.
Leung, K. (1987) 'Some determinants of reactions to procedural models for conflict resolution: A cross-national study', *Journal of Personality and Social Psychology*, 53, 898–908.
Leung, K. (1989) 'Cross-cultural differences: Individual-level and cultural-level analysis', *International Journal of Psychology*, 24, 703–19.

Leung, K. (1997) 'Negotiation and reward allocation across cultures', in P. C. Earley and M. Erez (eds.) *New Perspectives on International Industrial/Organizational Psychology*, San Francisco: Jossey-Bass.

Leung, K. and Bond, M. H. (1982) 'How Chinese and Americans reward task-related contributions: A preliminary study', *Psychologia*, 25, 32–9.

Leung, K. and Bond, M. H. (1984) 'The impact of cultural collectivism on reward allocation', *Journal of Personality and Social Psychology*, 47, 793–804.

Leung, K. and Bond, M. H. (1989) 'On the empirical identification of dimensions for cross-cultural comparison', *Journal of Cross-Cultural Psychology*, 20, 133–51.

Leung, K., Bond, M. H. and Schwartz, S. H. (1995) 'How to explain cross-cultural differences: Values, valences and expectancies?', *Asian Journal of Psychology*, 1, 70–5.

Leung, K., Earley, P. C. and Lind, E. A. (no date) 'Fairness heuristic: A cross-cultural study of organizational justice in the United States and Hong Kong', Chinese University of Hong Kong.

Leung, K. and Iwawaki, S. (1988) 'Cultural collectivism and distributive behavior: A cross-cultural study', *Journal of Cross-Cultural Psychology*, 19, 35–49.

Leung, K. and Lau, S. (1989) 'Effect of self-concept and perceived disapproval of delinquent behavior in school children', *Journal of Youth and Adolescence*, 18, 345–59.

Leung, K. and Lind, E. A. (1986) 'Procedural justice and culture: Effects of culture, gender and investigator status on procedural preferences', *Journal of Personality and Social Psychology*, 50, 1134–40.

Leung, K. and Park, H. J. (1986) 'Effects of interactional goal on choice of allocation rules: A cross-national study', *Organizational Behavior and Human Decision Processes*, 37, 111–20.

Leung, K., Bond, M. H., Carment, D. W., Krishnan, L. and Liebrand, W. B. G. (1990) 'Effects of cultural femininity on preference for methods of conflict processing: A cross-cultural study', *Journal of Experimental Social Psychology*, 26, 373–88. Correction to this paper (1991). *Journal of Experimental Social Psychology*, 27, 201–2.

Leung, K., Au, Y. F., Fernandez-Dols, J. M. and Iwawaki, S. (1992) 'Preferences for methods of conflict processing for two collectivist cultures', *International Journal of Psychology*, 27, 195–209.

Leung, K., Smith, P. B., Wang, Z. M. and Sun, H. (1997) 'Job satisfaction in joint venture hotels in China: An organizational justice analysis', *Journal of International Business Studies*, 27, 947–63.

Levine, D. N. (1985) *The Flight from Ambiguity*, Chicago: University of Chicago Press.

Levine, R. (1997) *A Geography of Time*, New York: Basic Books.

Levine, R. V. and Bartlett, C. (1984) 'Pace of life, punctuality and coronary heart disease in six countries', *Journal of Cross-Cultural Psychology*, 15, 233–55.

Levine, R. A. and Campbell, D. T. (1972) *Ethnocentrism: Theories of conflict, ethnic attitudes and group behavior*, New York: Wiley.

Levine, R. V. and Norenzayan, A. (submitted) 'The pace of life in 31 countries', California State University, Fresno.

Levine, R. V., West, L. J. and Reis, H. T. (1980) 'Perceptions of time and punctuality in the US and Brazil', *Journal of Personality and Social Psychology*, 38, 541–50.

Levine, R. V., Sato, S., Hashimoto, T. and Verma, J. (1995) 'Love and marriage in eleven cultures', *Journal of Cross-Cultural Psychology*, 26, 554–71.

Levine, R. V., Martinez, T., Brase, G. and Sorenson, K. (1994) 'Helping in 36 U.S. cities', *Journal of Personality and Social Psychology*, 67, 69–82.

Levinson, D. (1989) *Family Violence in Cross-cultural Perspective*, Newbury Park, CA: Sage.
Lewin, K. (1947) 'Group decision and social change', In T. M. Newcomb and E. L. Hartley (eds.), *Readings in Social Psychology*, New York: Holt.
Lewin, K., Lippitt, R. and White, R. K. (1939) 'Patterns of aggressive behavior in experimentally created "social climates"', *Journal of Social Psychology*, 10, 271–99.
Li, H. Z. (1994) 'Inter- and intra-cultural information transmission', unpublished Doctoral dissertation, University of Victoria, Canada.
Lichtenberger, B. and Naulleau, G. (1993) 'Cultural conflicts and synergies in the management of French–German joint ventures', in P. S. Kirkbride (ed.), *Human Resource Management in Europe: Perspectives for the Nineties*, London: Routledge.
Lin, C. Y. C. and Fu, V. R. (1990) 'A comparison of child rearing practices among Chinese, immigrant Chinese, and Caucasian–American parents', *Child Development*, 61, 429–33.
Lind, E. A., Erickson, B. E., Friedland, N. and Dickenberger, M. (1978) 'Reactions to procedural models for adjudicative conflict resolution', *Journal of Conflict Resolution*, 22, 318–41.
Linssen, H. and Hagendoorn, L. (1994) 'Social and geographic factors in the explanation of the content of European nationality stereotypes', *British Journal of Social Psychology*, 33, 165–82.
Liska, J. and Hazelton, V. (1990) 'Deferential language as a rhetorical strategy: The case for polite disagreement', *Journal of Social Behavior and Personality*, 5, 187–98.
Little, K. B. (1968) 'Cultural variations in social schemata', *Journal of Personality and Social Psychology*, 10, 1–7.
Little, T., Oettingen, G., Stetsenko, A. and Baltes, P. (1995) 'Children's action–control beliefs about school performance: How do American children compare with German and Russian children?', *Journal of Personality and Social Psychology*, 69, 686–700.
Locke, E. A. and Schweiger, D. M. (1979) 'Participation in decision-making: One more time', in B. M. Staw (ed.), *Research in Organizational Behavior*, Volume 1, Greenwich CT: JAI Press.
Loh, T. W. C. (1993) 'Responses to compliments across languages and cultures: A comparative study of British and Hong Kong Chinese', Research Report No. 30, City University of Hong Kong.
Lonner, W. J. (1980) 'The search for psychological universals', in H. C. Triandis and W. W. Lambert (eds.), *Handbook of Cross-Cultural Psychology: Volume 1 – Perspectives*, 143–204, Boston: Allyn and Bacon.
Lonner, W. J. (1989) 'The introductory psychology text: Beyond Ekman, Whorf and biassed IQ tests', In D. M. Keats, D. Munro and L. Mann (eds.), *Heterogeneity in Cross-cultural Psychology*, Lisse: Swets and Zeitlinger.
Luce, L. F. and Smith, E. C. (1986) 'Cross-cultural literacy: A national priority', in L. F. Luce and E. C. Smith (eds.), *Toward Internationalism: Readings in cross-cultural communication*, 2nd edn, Cambridge, MA: Newbury House.
Luk, C. L. and Bond, M. H. (1993) 'Personality variation and values endorsement in Chinese university students', *Personality and Individual Differences*, 14, 429–37.
Luthans, F., Welsh, D. H. B. and Rosenkrantz, S. A. (1993) 'What do Russian managers really do? An observational study with comparisons to U. S. managers', *Journal of International Business Studies*, 24, 741–61.

Lysgaard, S. (1955) 'Adjustment in foreign society: Norwegian Fulbright grantees visiting the United States', *International Social Science Bulletin*, 7, 45–51.

McArthur, L. Z. and Baron, R. M. (1983) 'Toward an ecological theory of social perception', *Psychological Review*, 90, 215–38.

McArthur, L. Z. and Berry, D. S. (1987) 'Cross-cultural agreement in perceptions of baby-faced adults', *Journal of Cross-Cultural Psychology*, 18, 165–92.

McClelland, D. C. (1961) *The Achieving Society*, New York: Free Press.

McClintock, C. G. and McNeel, C. P. (1966) 'Cross-cultural comparisons of interpersonal motives', *Sociometry*, 29, 406–27.

McCrae, R. R. and Costa, P. T. Jr. (1985) 'Openness to experience', in R. Hogan and E. H. Jones (eds.), *Perspectives in Personality*, Volume 1, Greenwich, CT: JAI Press.

McCrae, R. R. and Costa, P. T. Jr. (1996) 'Toward a new generation of personality theories: Theoretical contexts for the five-factor model', in J. S. Wiggins (ed.), *The Five-factor Model of Personality*, New York: Guilford.

McCrae, R. R. and Costa, P. T. (1997) 'Personality trait structure as a human universal', *American Psychologist*, 52, 509–16.

McCrae, R. R., Costa, P. T. Jr. and Yik, M. S. M. (1996) 'Universal aspects of Chinese personality structure', in M. H. Bond (ed.), *The Handbook of Chinese Psychology*, Hong Kong: Oxford University Press.

McCrae, R. R. and John, O. P. (1992) 'An introduction to the five factor model and its applications', *Journal of Personality*, 60, 175–215.

McCrae, R. R., Zonderman, A. B., Costa, P. T., Bond, M. H. and Paunonen, S. V. (1996) 'Evaluating replicability of factors in the revised NEO Personality Inventory: Confirmatory factor analysis versus Procrustes rotation', *Journal of Personality and Social Psychology*, 70, 552–66.

McCrae, R. R., Yik, M. S. M., Trapnell, P. D., Bond, M. H. and Paulhus, D. L. (1997) 'Interpreting personality profiles across cultures: Bilingual, acculturation, and peer rating studies of Chinese undergraduates', manuscript submitted for publication.

McDougall, W. (1908) *Introduction to Social Psychology*, London: Methuen.

McGuire, W. J., McGuire, C. V., Child, P. and Fujioka, T. (1978) 'Salience of ethnicity in the spontaneous self-concept as a function of one's ethnic distinctiveness in the social environment', *Journal of Personality and Social Psychology*, 36, 511–20.

Mackie, M. (1973) 'Arriving at "truth" by definition: The case of stereotype inaccuracy', *Social Problems*, 20, 431–47.

McLeod, B. A. and Carment, D. W. (1988) 'To lie or not to lie: A comparison of Canadian and Chinese attitudes towards deception', unpublished manuscript, McMaster University.

McLeod, P. L., Lobel, S. A. and Cox, T. H. (1996) 'Ethnic diversity and creativity in small groups', *Small Group Research*, 27, 248–64.

McNeel, C. P., McClintock, C. G. and Nuttin, J. (1972) 'Effects of sex-role in a two-person mixed-motive game', *Journal of Personality and Social Psychology*, 24, 372–8.

Madsen, M. (1967) 'Cooperative and competitive motivation of children in three Mexican sub-cultures', *Psychological Reports*, 20, 1307–20.

Madsen, M. (1971) 'Developmental and cross-cultural differences in the cooperative and competitive behavior of young children', *Journal of Cross-Cultural Psychology*, 2, 365–71.

Madsen, M. and Lancy, D. F. (1981) 'Cooperative and competitive behavior: Experiments related to ethnic identity and urbanization in Papua New Guinea', *Journal of Cross-Cultural Psychology*, 12, 389–408.

Madsen, M. and Shapira, A. (1970) 'Cooperative and competitive behavior of urban Afro-American, Anglo-American, Mexican-American and Mexican village children', *Developmental Psychology*, 3, 16–20.

Madsen, M. and Yi, S. (1975) 'Cooperation and competition of urban and rural children in the republic of South Korea', *International Journal of Psychology*, 10, 269–75.

Mahler, I., Greenberg, L. and Hayashi, H. (1981) 'A comparative study of rules of justice: Japanese versus Americans', *Psychologia*, 24, 1–8.

Makita, M. (1952) 'Comparative study on lecture and group decision in motivating a desired behavior', *Japanese Journal of Educational Psychology*, 1, 84–91.

Mandal, M. K., Bryden, M. P. and Bulman-Fleming, M. B. (1996) 'Similarities and variations in facial expressions of emotions: cross-cultural evidence', *International Journal of Psychology*, 31, 49–58.

Mann, L., Radford, M. and Kanagawa, C. (1985) 'Cross-cultural differences in children's use of decision rules: a comparison of Japan and Australia', *Journal of Personality and Social Psychology*, 49, 1557–64.

Mann, L., Burnett, P., Radford, M. and Ford, S. (1997a) 'The Melbourne decision making questionnaire: An instrument for measuring patterns for coping with decisional conflict', *Journal of Behavioral Decision Making*, 10, 1–19.

Mann, L., Radford, M., Burnett, P. *et al.* (1997b) 'Cross cultural differences in self-reported decision making style and confidence', unpublished manuscript, University of Melbourne.

Mantell, D. M., (1971) 'The potential for violence in Germany', *Journal of Social Issues*, 27, 101–12.

Manz, C. C. (1983) *The Art of Self-leadership*, Englewood Cliffs, NJ: Prentice Hall.

Mao, L. M. R. (1996) 'Chinese first person pronoun and social implicature', *Journal of Asian Pacific Communication*, 7, 106–28.

Marin, G. (1981) 'Perceiving justice across cultures: Equity vs. equality in Colombia and in the United States', *International Journal of Psychology*, 16, 153–9.

Marin, G. (1983) 'The Latin American experience in applying social psychology to community change', in F. Blackler (ed.), *Social Psychology and Developing Countries*, Chichester: Wiley.

Marin, G. (1985) 'Validez transcultural del principio de equidad: el colectivismo–individualismo come una variable moderatora', *Revista Interamericana de Psicologia Occupational*, 4, 7–20.

Marin, G. and Marin, B. V. (1982) 'Methodological fallacies when studying Hispanics', in L. Bickman (ed.), *Applied Social Psychology Annual*, 3, 99–118.

Marin, G., Mejia, B. and Oberle, C. (1975) 'Cooperation as a function of place of residence among Colombian children', *Journal of Social Psychology*, 95, 127–8.

Markus, H. and Kitayama, S. (1991) 'Culture and the self: Implications for cognition, emotion and motivation', *Psychological Review*, 98, 224–53.

Markus, H. R. and Kitayama, S. (1994) 'A collective fear of the collective: Implications for selves and theories of selves', *Personality and Social Psychology Bulletin*, 20, 568–79.

Markus, H. and Zajonc, R. B. (1985) 'The cognitive perspective in social psychology', in G. Lindzey and E. Aronson (eds.), *Handbook of Social Psychology*, Volume 1, New York: Random House.

Marriott, H. (1993a) 'Spatial arrangements in Australian–Japanese business communication', *Journal of Asian Pacific Communication*, 4, 107–26.
Marriott, H. (1993b) 'Acquiring sociolinguistic competence: Australian secondary students in Japan', *Journal of Asian Pacific Communication*, 4, 167–92.
Marrow, A. J. (1964) 'Risks and uncertainties in action research', *Journal of Social Issues*, 20 (3), 5–20.
Marrow, A. J. (1969) *The Practical Theorist: The life and work of Kurt Lewin*, New York: Basic Books.
Marsella, A. J. and Choi, S. C. (1993) 'Psychological aspects of modernization and economic development in East Asian nations', *Psychologia*, 36, 201–13.
Marsella, A. J., De Vos, G. and Hsu, F. L. K. (1985) *Culture and Self: Asian and Western perspectives*, London: Tavistock.
Marsh, R. M. (1967) *Comparative Sociology: A codification of cross-societal analysis*, New York: Harcourt Brace Jovanovich.
Marshall, R. (1997) 'An investigation of variances of individualism across two cultures and three social classes', *Journal of Cross-Cultural Psychology*, 28, 490–5.
Martin, J. N. (1984) 'The intercultural reentry: Conceptualizations and suggestions for future research', *International Journal of Intercultural Relations*, 8, 115–34.
Martin, J. N. and Hammer, M. R. (1989) 'Behavioral categories of intercultural communication competence: everyday communicators' perceptions', *International Journal of Intercultural Relations*, 13, 303–32.
Marwell, G. and Schmitt, D. R. (1972) 'Cooperation and interpersonal risk: Cross-cultural and cross-procedural generalisations', *Journal of Experimental Social Psychology*, 8, 594–9.
Marwell, G., Schmitt, D. R. and Boyesen, B. (1973) 'Pacifist strategy and cooperation under interpersonal risk', *Journal of Personality and Social Psychology*, 28, 12–20.
Maslow, A. H. (1954) *Motivation and Personality*, New York: Harper.
Masuda, M., Lin, K. and Tazuma, L. (1982) 'Life changes among Vietnamese refugees', in R. C. Nann (ed.), *Uprooting and surviving*, Boston, MA: Reidel.
Mataragnon, R. H. (1988) 'Pakikiramdam in Filipino social interaction: A study of subtlety and sensitivity', in A. C. Paranjpe, D. Y. F. Ho and R. W. Rieber (eds.), *Asian Contributions to Psychology*, New York: Praeger.
Mathieson, A. and Wall, G. (1982) *Tourism: Economic, physical and social impacts*, London: Longman.
Matsui, T., Kakuyama, T. and Onglatco, M. L. (1987) 'Effects of goals and feedback on performance in groups', *Journal of Applied Psychology*, 72, 407–15.
Matsumoto, D. (1989) 'Cultural influences of the perception of emotion', *Journal of Cross-Cultural Psychology*, 20, 92–105.
Matsumoto, D. (1992) 'American–Japanese cultural differences in the recognition of universal facial expressions', *Journal of Cross-Cultural Psychology*, 23, 72–84.
Matsumoto, D. and Kudoh, T. (1993) 'American–Japanese cultural differences in attributions of personality based on smiles', *Journal of Nonverbal Behavior*, 17, 231–44.
Matsumoto, D., Kudoh, T., Scherer, K. and Wallbot, H. G. (1988) 'Emotion antecedents and reactions in the US and Japan', *Journal of Cross-Cultural Psychology*, 19, 267–86.
Matsumoto, D., Kudoh, T. and Takeuchi, S. (1996) 'Changing patterns of individualism and collectivism in the United States and Japan', *Culture and Psychology*, 2, 77–107.

Maurice, M. (1976) 'Introduction: Theoretical and ideological aspects of the universalistic approach to the study of organisations', *International Studies of Management and Organization*, 6, 3–10.
Mauro, R., Sato, K. and Tucker, J. (1992) 'The role of appraisal in human emotions: A cross-cultural study', *Journal of Personality and Social Psychology*, 62, 301–17.
Mazur, A. (1977) 'Interpersonal spacing on public benches in 'contact' versus 'non-contact' cultures', *Journal of Social Psychology*, 101, 53–8.
Mead, M. (1935) *Sex and Temperament in Three Primitive Societies*, New York: Morrow.
Meade, R. D. (1967) 'An experimental study of leadership in India', *Journal of Social Psychology*, 72, 35–43.
Meade, R. D. (1972) 'Future time perspectives of Americans and subcultures in India', *Journal of Cross-Cultural Psychology*, 3, 93–100.
Meade, R. D. (1985) 'Experimental studies of authoritarian and democratic leadership in four cultures: American, Indian, Chinese and Chinese–American', *High School Journal*, 68, 293–5.
Meaning of Working International Team (1987) *The Meaning of Work: An international view*, New York: Academic Press.
Meeus, W. H. J. and Raaijmakers, Q. A. W. (1986) 'Administrative obedience: Carrying out orders to use psychological–administrative violence', *European Journal of Social Psychology*, 16, 311–24.
Mendenhall, M., Dunbar, E. and Oddou, G. R. (1987) 'Expatriate selection, training, and career pathing: A review and critique', *Human Resource Management*, 26, 331–45.
Merritt, A. C. (1995) 'Commercial pilot selection and training: The next ten years, some global considerations', paper presented at Royal Aeronautical Society conference.
Merritt, A. C. (1996) 'Facing the issue: Indirect communication in aviation', *Proceedings of the Third Australian Aviation Psychology Symposium*, pp. 135–42, Sydney, 1995.
Merritt, A. C. and Helmreich, R. L. (1996) 'Human factors on the flightdeck: The influence of national culture', *Journal of Cross-Cultural Psychology*, 27, 5–24.
Mesarovic, M. and Pestel, E. (1974) *Mankind at the Turning Point: The second report to the Club of Rome*, New York: Dutton.
Mesquita, B. and Frijda, N. H. (1992) 'Cultural variations in emotions: A review', *Psychological Bulletin*, 112, 179–204.
Mikula, G. (1974) 'Nationality, performance and sex as determinants of reward allocation', *Journal of Personality and Social Psychology*, 29, 435–40.
Milgram, S. (1963) 'Behavioral study of obedience', *Journal of Abnormal Psychology*, 67, 371–8.
Milgram, S. (1970) 'The experience of living in cities', *Science*, 167, 1461–8.
Milgram, S. (1974) *Obedience to Authority: An experimental view*, New York: Harper Row.
Milhouse, V. H. (1993) 'The applicability of interpersonal communication competence to the intercultural communication context', in R. Wiseman and J. Koester (eds.), *International and Intercultural Communication Annual*, Volume 17, pp. 184–203, Newbury Park, CA: Sage.
Mill, J. S. (1872/1973) *A System of Logic*, Volumes 7 and 8 in J. M. Robson (ed.), *Collected Works of John Stuart Mill*, Toronto: University of Toronto Press.
Miller, A. G. and Thomas, R. (1972) 'Cooperation and competition among Blackfoot Indian and urban Canadian children', *Child Development*, 43, 1104–10.

Miller, J. G. (1984) 'Culture and the development of everyday social explanation', *Journal of Personality and Social Psychology*, 46, 961–78.

Miller, J. G., Bersoff, D. M. and Harwood, R. L. (1990) 'Perceptions of social responsibilities in India and in the United States: Moral imperatives or personal decisions?', *Journal of Personality and Social Psychology*, 58, 33–47.

Miller, L. (1994) 'Japanese and American indirectness', *Journal of Asian Pacific Communication*, 5, 37–55.

Miller, L. (1995) 'Two aspects of Japanese and American co-worker interaction: Giving instructions and creating rapport', *Journal of Applied Behavioral Science*, 31, 141–61.

Milner, D. (1975) *Children and Race*, Harmondsworth: Penguin.

Miranda, F. S. B., Caballero, R. B., Gomez, M. N. G. and Zamorano, M. A. M. (1981) 'Obediencia a la autoridad', *Psiquis*, 2, 212–21.

Mischel, W. (1968) *Personality and Assessment*, New York: Wiley.

Misra, S. (1981) 'Excursion from the pure to the applied in experimental social psychology', in J. Pandey (ed.), *Perspectives on Experimental Social Psychology in India*, New Delhi: Concept.

Misumi, J. (1985) *The Behavioral Science of Leadership: An interdisciplinary Japanese research program*, Ann Arbor, MI: University of Michigan Press.

Misumi, J. and Haraoka, K. (1958) 'An experimental study of group decision (1)', *Research Bulletin of the Faculty of Education, Kyushu University*, 5, 61–81.

Misumi, J. and Haraoka, K. (1960) 'An experimental study of group decision (11)', *Japanese Journal of Educational and Social Psychology*, 1, 136–53.

Misumi, J. and Nakano, S. (1960) 'A cross-cultural study of the effects of democratic, authoritarian and laissez-faire atmosphere in children's groups', *Japanese Journal of Educational and Social Psychology*, 1, 10–22 and 119–35.

Mizokawa, D. T. and Ryckman, D. B. (1990) 'Attributions of academic success and failure: A comparison of six Asian–American ethnic groups', *Journal of Cross-Cultural Psychology*, 21, 434–51.

Mlicki, P. and Ellemers, N. (1996) 'Being different or being better? National stereotypes and identifications of Polish and Dutch students', *European Journal of Social Psychology*, 26, 97–114.

Modigliani, A. (1966) 'Embarrassment and social influence', unpublished Doctoral dissertation, University of Michigan.

Moede, W. (1920) *Experimentelle Massenpsychologie*, Leipzig: Hirzel.

Moghaddam, F. M. (1987) 'Psychology in the three worlds', *American Psychologist*, 42, 912–20.

Moghaddam, F. M. (1990) 'Modulative and generative orientations in psychology: Implications for psychology in the three worlds', *Journal of Social Issues*, 46, 21–41.

Moghaddam, F. M. (1994) 'Ethnic segregation in a multicultural society: A review of recent trends in Montreal and Toronto and reconceptualization of causal factors', in F. Frisken (ed.), *The Changing Canadian Metropolis: A public policy perspective,* Volume 2, Berkeley: University of California Press.

Montepare, J. M. and Zebrowitz McArthur, L. (1987) 'Perceptions of adults with child-like voices in two cultures', *Journal of Experimental Social Psychology*, 23, 331–49.

Montepare, J. M. and Zebrowitz, L. (1993) 'A cross-cultural comparison of impressions created by age-related variations in gait', *Journal of Non-Verbal Behavior*, 17, 55–68.

Morris, M. H., Davis, D. L. and Allen, J. W. (1994) 'Fostering corporate entrepreneurship: Cross-cultural comparisons of the importance of individualism versus collectivism', *Journal of International Business Studies*, 25, 65–90.

Morris, M. W. and Peng, K. P. (1994) 'Culture and cause: American and Chinese attributions for social and physical events', *Journal of Personality and Social Psychology*, 67, 949–71.

Moscovici, S. (1961) *La Psychanalyse: Son image et son public*. Paris: Presses Universitaires de France.

Moscovici, S. (1976) *Social Influence and Social Change*, London: Academic Press.

Moscovici, S. (1981) 'On social representation', in J. P. Forgas (ed.), *Social Cognition: Perspectives on everyday life*, London: Academic Press.

Moscovici, S. and Faucheux, C. (1972) 'Social influence, conformity bias and the study of active minorities', in L. Berkowitz (ed.), *Advances in Experimental Social Psychology*, Volume 6, New York: Academic Press.

Moscovici, S. and Personnaz, B. (1980) 'Studies in social influence. V: Minority influence and conversion behaviour in a perceptual task', *Journal of Experimental Social Psychology*, 16, 270–82.

Moscovici, S. and Zavalloni, M. (1969) 'The group as a polariser of attitudes', *Journal of Personality and Social Psychology*, 12, 125–35.

Mouer, R. (1995) 'Work post-modernism or ultra modernism: The Japanese dilemma at work', in Y. Sugimoto and J. P. Arnason (eds.), *Japanese Encounters with Postmodernity*, London: Kegan Paul.

Mpofu, E. (1995) 'Exploring the self-concept in an African culture', *Journal of Genetic Psychology*, 155, 341–54.

Mullen, B., Brown, R. J. and Smith, C. (1992) 'Ingroup bias as a function of salience, relevance and status: An integration', *European Journal of Social Psychology*, 22, 103–22.

Mummendey, A. (1995) 'Positive distinctiveness and social discrimination: An old couple living in divorce', *European Journal of Social Psychology*, 25, 657–70.

Mummendey, A. and Schreiber, H. J. (1984) '"Different" just means "better": Some obvious and some hidden pathways to in-group favouritism', *British Journal of Social Psychology*, 23, 363–8.

Munene J. C. (1991) 'Organisational environments in Africa: A factor analysis of critical incidents', *Human Relations*, 44, 439–58.

Munene J. C. (1995) '"Not on seat": An investigation of some correlates of organisational citizenship behaviour in Nigeria', *Applied Psychology: An International Review*, 44, 111–22.

Munro, B. and Adams, G. (1978) 'Love American style: A test of role structure theory on changes in attitudes toward love', *Human Relations*, 31, 215–28.

Munro, D. (1979) 'Locus of control attribution: Factors among Blacks and Whites in Africa', *Journal of Cross-Cultural Psychology*, 10, 157–72.

Munro, D. (1986) 'Work motivation and values: Problems and possibilities in and out of Africa', *Australian Journal of Psychology*, 38, 285–96.

Munroe, R. L. and Munroe, R. H. (1977) 'Cooperation and competition among East African and American children', *Journal of Social Psychology*, 101, 145–6.

Munroe, R. L., Munroe, R. H. and Winters, S. (1996) 'Cross-cultural correlates of the consonant–vowel (cv) syllable', *Cross-Cultural Research*, 30, 60–83.

Murata, K. (1994) 'Intrusive or co-operative? A cross-cultural study of interruption', *Journal of Pragmatics*, 21, 385–400.

Murphy-Berman, V. and Berman, J. J. (1993) 'Effects of responsibility for illness and social acceptability on reactions to people with AIDS: A cross-cultural comparison', *Basic and Applied Social Psychology*, 14, 215–29.

Murphy-Berman, V., Berman, J. J., Singh, P. *et al.* (1984) 'Factors affecting allocation to needy and meritorious recipients: A cross-cultural comparison', *Journal of Personality and Social Psychology*, 46, 1267–72.

Myers, D. (1996) *Social Psychology*, 5th edn, New York: McGraw-Hill.

Naisbitt, J. and Aburdene, P. (1990) *Megatrends 2000: Ten new directions for the 1990's*, New York: Avon.

Naidoo, J. and Davis, J. C. (1988) 'Canadian South Asian women in transition: A dualistic view of life', *Journal of Comparative Family Studies*, 19, 311–27.

Nakane, C. (1970) *Japanese Society*, London: Weidenfeld and Nicolson.

Narayan, L., Menon, S. and Levine, E. L. (1995) 'Personality structure: A culture-specific examination of the five-factor model', *Journal of Personality Assessment*, 64, 51–62.

Needham, J. (1978) *The Shorter Science and Civilisation of China*, Cambridge: Cambridge University Press.

Nelson, G. L., El Bakary, W. and Al Batal, M. (1993) 'Egyptian and American compliments: A cross-cultural study', *International Journal of Intercultural Relations*, 17, 293–314.

Nettler, G. (1984) *Explaining Crime*, 3rd edn, New York: McGraw-Hill.

Newman, L. S. (1993) 'How individuals interpret behavior: Idiocentrism and spontaneous trait inference', *Social Cognition*, 11, 243–69.

Nicholson, N. (1996) 'Personality, culture and organization: Change and stability dynamics', paper presented at the Conference on Work Motivation in the Context of a Globalizing Economy, Ein-Gedi, Israel.

Nisbett, R. E. and Ross, L. (1980) *Human Inference: Strategies and shortcomings of social judgments*, Englewood Cliffs, NJ: Prentice Hall.

Noesjirwan, J. (1977) 'Contrasting cultural patterns of interpersonal closeness in doctors' waiting rooms in Sydney and Jakarta', *Journal of Cross-Cultural Psychology*, 8, 357–68.

Nomura, N. and Barnlund, D. (1983) 'Patterns of interpersonal criticism in Japan and the United States', *International Journal of Intercultural Relations*, 7, 1–18.

Norenzayan, A. and Levine, R. V. (1994) 'Helping in 18 international cities', paper presented at the annual meeting of the Western Psychological Association, Kona, Hawaii.

Norman, W. T. (1963) 'Toward an adequate taxonomy of personality attributes: Replicated factor structure in peer nomination personality ratings', *Journal of Abnormal and Social Psychology*, 66, 574–83.

Oberg, K. (1960) 'Cultural shock: Adjustment to a new cultural environment', *Practical Anthropology*, 7, 177–82.

Oceja, L. V. and Fernandez Dols, J. M. (1992) 'El reconocimiento de la norma perversa y sus consecuencias en los juicios de las personas', *Revista de Psicología Social*, 7, 227–40.

Oerter, R., Oerter, R., Agostiani, H., Kim, H. O. and Wibowo, S. (1996) 'The concept of human nature in East Asia: Etic and emic characteristics', *Culture and Psychology*, 2, 9–51.

Oettingen, G., Little, T., Lindenberger, U. and Baltes, P. (1994) 'Causality, agency and control beliefs in East vs. West Berlin children: A natural experiment in the role of context', *Journal of Personality and Social Psychology*, 66, 579–95.

Oetzel, J. C. (1995) 'Intercultural small groups: An effective decision-making theory', in R. L. Wiseman (ed.), *Intercultural Communication Theories*, Newbury Park, CA: Sage.

Oetzel, J. G. (1996) 'Explaining individual communication processes in homogeneous and heterogeneous groups through individualism–collectivism and self-construal', manuscript submitted for publication.

Ohbuchi, K. and Takahashi, Y. (1994) 'Cultural styles of conflict management in Japanese and Americans: Passivity, covertness and effectiveness of strategies', *Journal of Applied Social Psychology*, 24, 1345–66.

Okumura, T. and Brett, J. M. (1996) 'Inter- and intra-cultural negotiation: U. S. and Japanese negotiators', unpublished manuscript, Northwestern University.

Öngel, Ü. and Smith, P. B. (1994) 'Who are we and where are we going? JCCP approaches its 100th issue', *Journal of Cross-Cultural Psychology*, 25, 25–53.

Öngel, Ü. and Smith, P. B. (1996) 'Indigenous psychologies: Where can we find them?', Paper presented at International Congress of Psychology, Montreal.

Organ, D. W. (1988) *Organizational Citizenship Behavior: The Good Soldier syndrome*, Lexington, MA: Lexington Books.

Osbeck, L. M., Moghaddam, F. M. and Perreault, S. (1997) 'Similarity and attraction among majority and minority groups in a multicultural context', *International Journal of Intercultural Relations*, 21, 113–23.

Osgood, C. E., Suci, G. J. and Tannenbaum, P. H. (1957) *The Measurement of Meaning*, Urbana, IL: University of Illinois Press.

Ottati, V. and Lee, Y.-T. (1995) 'Accuracy: A neglected component of stereotype research', in Y.-T Lee, L. J. Jussim and C. R. McCauley (eds.), *Stereotype Accuracy: Towards appreciating group differences*, Washington, DC: American Psychological Association.

Pacheco, A. M. and Lucca, N. (1996) 'Of actions and deeds: Ethnopsychology in Puerto Rico', *Interamerican Journal of Psychology*, 30, 111–17.

Pak, A. W. P., Dion, K. L. and Dion, K. K. (1991) 'Social–psychological correlates of experienced discrimination: Test of the double jeopardy hypothesis', *International Journal of Intercultural Relations*, 15, 243–54.

Palsane, M. N. and Lam, D. J. (1996) 'Stress and coping from traditional Indian and Chinese perspectives', *Psychology and Developing Societies*, 8, 29–53.

Pande, N. and Naidu, R. K. (1986) 'Effort and outcome orientations as moderators of the stress–strain relationship', *Psychological Studies*, 32, 207–14.

Pande, N. and Naidu, R. K. (1992) '*Anasakti* and health: A study of non-attachment', *Psychology and Developing Societies*, 4, 89–104.

Pandey, J. (1979) 'Effect of status of benefactor and recipient on helping behaviour', *Journal of Social Psychology*, 15, 303–11.

Pandey, J. (ed.) (1981a) *Perspectives on Experimental Social Psychology in India*, New Delhi: Concept.

Pandey, J. (1981b) 'Ingratiation as social behaviour', in J. Pandey (ed.), *Perspectives on Experimental Social Psychology in India*, New Delhi: Concept.

Pandey, J. (1986) 'Socio-cultural perspectives on ingratiation', in B. A. Maher and W. B. Maher (eds.), *Progress in Experimental Personality Research*, Volume 14, Orlando, FL: Academic Press.

Park, R. E. (1928) 'Human migration and the marginal man', *American Journal of Sociology*, 33, 881–93.

Parker, B. and McEvoy, G. M. (1993) 'Initial examination of a model of intercultural adjustment', *International Journal of Intercultural Relations*, 17, 355–80.

Parsons, T. and Shils, E. A. (eds.) (1951) *Towards a General Theory of Action*, Cambridge, MA: Harvard University Press.

Patterson, M. L. (1991) 'A functional approach to nonverbal exchange', in R. S. Feldman and B. Rimé (eds.), *Fundamentals of Nonverbal Behavior*, New York: Cambridge University Press.

Paunonen, S. V., Keinonen, M., Trzebinski, J. *et al.* (1996) 'The structure of personality in six cultures', *Journal of Cross-Cultural Psychology*, 27, 339–53.

Payne, M. and Vandewiele, M. (1987) 'Attitudes toward love in the Caribbean', *Psychological Reports*, 60, 715–21.

Peabody, D. (1985) *National Characteristics*, Cambridge: Cambridge University Press.

Peabody, D. and Shmelyov, A. G. (1996) 'Psychological characteristics of Russians', *European Journal of Social Psychology*, 26, 507–12.

Pearce, P. L. (1981) '"Environment shock": A study of tourists' reactions to two tropical islands', *Journal of Applied Social Psychology*, 11, 268–80.

Pearce, P. L. (1982) 'Tourists and their hosts: Some social and psychological effects of inter-cultural contact', in S. Bochner (ed.), *Cultures in Contact: Studies in cross-cultural interaction*, Oxford: Pergamon.

Pearce, P. L., Moscardo, G. and Ross, G. F. (1991) 'Tourism impact and community perception: An equity-social representational perspective', *Australian Psychologist*, 26, 147–52.

Peng, Y., Zebrowitz, L. A. and Lee, H. K. (1993) 'The impact of cultural background and cross-cultural experience on impressions of American and Korean male speakers', *Journal of Cross-Cultural Psychology*, 24, 203–20.

Pepitone, A., and 7 co-authors (1967) 'The role of self-esteem in competitive choice behavior', *International Journal of Psychology*, 2, 147–59.

Pepitone, A., and 10 co-authors (1970) 'Justice in choice behavior: A cross-cultural analysis', *International Journal of Psychology*, 5, 1–10.

Peristiany, J. G. (ed.). (1965) *Honor and Shame: The values of Mediterranean society*, London: Weidenfeld and Nicolson.

Perkins, C. S., Perkins, M. L., Guglielmino, L. M. and Reiff, R. F. (1977) 'A comparison of adjustment problems of three international student groups', *Journal of College Student Personnel*, 18, 382–88.

Perrett, D. I., May, K. A. and Yoshikawa, S. (1994) 'Facial shape and judgments of female attractiveness', *Nature*, 368, 239–42.

Perrin, S. and Spencer, C. P. (1981) 'Independence or conformity in the Asch experiment as a reflection of cultural and situational factors', *British Journal of Social Psychology*, 20, 205–10.

Personnaz, B. (1996) 'European identity and national groups', *International Journal of Psychology*, 37, 5715.

Peterson, M. F. and Smith, P. B. (1997) 'Does national culture or ambient temperature explain cross-national differences in role stress? No Sweat! A response to Van de Vliert and van Yperen', *Academy of Management Journal*, 39, 930–46.

Peterson, M. F. and 22 co-authors (1995) 'Role conflict, ambiguity and overload: A 21 nation study', *Academy of Management Journal*, 38, 429–52.

Peterson, R. A. and Jolibert, A. J. P. (1995) 'A meta-analysis of country-of-origin effects', *Journal of International Business Studies*, 26, 883–900.

Pettigrew, T. (1958) 'Personality and sociocultural factors in intergroup attitudes: A cross-national comparison', *Journal of Conflict Resolution*, 2, 29–42.
Pettigrew, T. F. (1979) 'The ultimate attribution error: Extending Allport's cognitive analysis of prejudice', *Personality and Social Psychology Bulletin*, 5, 461–76.
Phalet, K. and Hagendoorn, L. (1996) 'Personal adjustment to acculturative transitions: The Turkish experience', *International Journal of Psychology*, 31, 131–44.
Philbrick, J. L. (1987) 'Sex differences in romantic attitudes toward love in engineering students', *Psychological Reports*, 61, 482.
Philbrick, J. L. and Opolot, J. A. (1980) 'Love style: Comparison of African and American attitudes', *Psychological Reports*, 46, 286.
Pierson, H. D. and Bond, M. H. (1982) 'How do Chinese bilinguals respond to variations of interviewer language and ethnicity?', *Journal of Language and Social Psychology*, 1, 123–39.
Poortinga, Y. H. (1990) 'Towards a conceptualisation of culture for psychology', *Cross-Cultural Psychology Bulletin*, 24, 2–10.
Population Crisis Committee (1988) 'Country rankings of the status of women: poor, powerless, and pregnant', Population Briefing Paper, No. 20.
Porat, A. (1970) 'Cross-cultural differences in resolving union–management conflict through negotiations', *Journal of Applied Psychology*, 54, 441–51.
Potter, J. and Wetherell, M. (1987) *Discourse and Social Psychology*, London: Sage.
Poyatos, F. (ed.) (1988) *Cross-Cultural Perspectives on Communication*, Toronto: Hogrefe.
Pratto, F. and Bargh, J. A. (1991) 'Stereotyping based on apparently individuating information: Trait and global components of sex stereotypes under attention overload', *Journal of Experimental Social Psychology*, 27, 26–47.
Pratto, F., Liu, J. H., Levin, S., Sidanius, J. *et al.* (1996) 'Social dominance orientation and legitimization of inequality across cultures', unpublished manuscript, Stanford University.
Pye, L. W. (1991) 'The challenge of modernization to the Chinese national identity', *Chinese University Bulletin Supplement*, 22, 12–29.
Pyszczynski, T. A. and Greenberg, J. (1981) 'Role disconfirmed expectancies in the instigation of attributional processing', *Journal of Personality and Social Psychology*, 40, 31–8.
Quattrone, G. A. and Jones, E. E. (1980) 'The perception of variability within ingroups and outgroups: Implications for the law of small numbers', *Journal of Personality and Social Psychology*, 38, 141–52.
Rabbie, J. (1982) 'Are groups more aggressive than individuals?', Henri Tajfel lecture, conference of the British Psychological Society, Social Psychology section.
Radzikhovski, L. A. (1991) 'The historical meaning of the crisis in psychology', *Soviet Psychology*, 29, 73–96.
Ralston, D. A., Holt, D. H., Terpstra, R. H. *et al.* (1997) 'The impact of national culture and economic ideology on managerial work values: A study of the United States, Russia, Japan and China', *Journal of International Business Studies*, 28, 177–208.
Ramirez, M. (1967) 'Identification with Mexican family values and authoritarianism in Mexican Americans', *Journal of Social Psychology*, 73, 3–11.
Rao, A. and Hashimoto, K. (1996) 'Intercultural influence: A study of Japanese expatriate managers in Canada', *Journal of International Business Studies*, 27, 443–66.
Rapoport, A., Guyer, M. and Gordon, D. (1971) 'A comparison of performance of Danish and American students in a "threat" game', *Behavioral Science*, 16, 456–66.

Redding, S. G. (1990) *The Spirit of Chinese Capitalism*, Berlin: De Gruyter.
Redding, S. G., Norman, A. and Schlander, A. (1994) 'The nature of individual attachment to the organization: A review of East Asian variations', in H. C. Triandis (ed.), *Handbook of Industrial/Organizational Psychology*, 2nd edn, Volume 4, Palo Alto. CA: Consulting Psychologists Press.
Redding, S. G. and Wong, G. Y. Y. (1986) 'The psychology of Chinese organisational behaviour', in M. H. Bond (ed.) *The Psychology of the Chinese People*, Hong Kong: Oxford University Press.
Retschitzsky, J., Bossel-Lagos, M. and Dasen P. (1989) *La Recherche Interculturelle*, 2 volumes, Paris: L'Harmattan.
Rhee, E., Ulemann, J. S., Lee, H. K. and Roman, R. J. (1995) 'Spontaneous self-descriptions and ethnic identities in individualistic and collectivistic cultures', *Journal of Personality and Social Psychology*, 69, 142–52.
Riley, P. (1989) 'Well don't blame me! On the interpretation of pragmatic errors', in W. Oleksy (ed.), *Contrastive Pragmatics*, Amsterdam: John Benjamins.
Rim, Y. (1964) 'Personality and group decisions involving risk', *Psychological Reports*, 14, 37–45.
Ripple, S. (1996) 'Does interpersonal contact help to reduce intergroup conflict: The case of the united Germany', paper presented at the 13th Congress of the International Association for Cross-Cultural Psychology, Montreal.
Robbins, M. C., DeWalt, B. R. and Pelto, P. J. (1972) 'Climate and behavior: A biocultural study', *Journal of Cross-Cultural Psychology*, 3, 331–44.
Robertson, R. (1990) 'Mapping the global condition: Globalization as the central concept', *Theory, Culture and Society*, 7, 15–30.
Roccas, S. and Schwartz, S. (1993) 'Effects of intergroup similarity on intergroup relations', *European Journal of Social Psychology*, 23, 581–95.
Rodrigues, A. (1982) 'Replication: A neglected type of research in social psychology', *Interamerican Journal of Psychology*, 16, 91–109.
Rodriguez, A. and Seoane, J. (eds.) (1989) *Creencias, Actitudes y Valores*, Volume 7 of J. Mayor and J. L. Pinillos (eds.), *Tratado de Psicologia General*, Madrid: Alhambra University Press.
Rogler, L. H. (1994) 'International migrations: A framework for directing research', *American Psychologist*, 49, 701–8.
Rogoff, B. and Morelli, G. (1989) 'Section introduction', *American Psychologist*, 44, 341–2.
Rohner, R. (1984) 'Toward a conception of culture for cross-cultural psychology', *Journal of Cross-Cultural Psychology*, 15, 111–38.
Rosenberg, M. (1965) *Society and the Adolescent Self-Image*, Princeton, NJ: Princeton University Press.
Rosenthal, D. A. and Feldman, S. S. (1992) 'The nature and stability of ethnic identity in Chinese youth: Effects of length of residence in two cultural contexts', *Journal of Cross-Cultural Psychology*, 23, 214–27.
Rosenzweig, M. R. (1992) *International Psychological Science: Progress, problems and prospects*, Washington, DC: American Psychological Association.
Ross, E. A. (1908) *Social Psychology*, New York: MacMillan.
Ross, L. (1977) 'The intuitive psychologist and his shortcomings: Distortions in the attribution process', in L. Berkowitz (ed.), *Advances in Experimental Social Psychology*, 10, 173–220.

Rothbaum, F. and Tsang, B. (in press) 'Love songs in the US and China: On the nature of romantic love', *Journal of Cross-Cultural Psychology*.

Rotter, J. (1966) 'Generalised expectancies for internal versus external control of reinforcement', *Psychological Monographs*, 80 (Whole No. 609).

Ruben, B. (1976) 'Assessing communication competency for intercultural adaptation', *Group and Organizational Studies*, 1, 334–54.

Ruben, B. (1989) 'The study of cross-cultural competence: Traditions and contemporary issues', *International Journal of Intercultural Relations*, 13, 229–40.

Ruben, B. D. and Kealey, D. J. (1979) 'Behavioral assessment of communication competency and the prediction of cross-cultural adaptation', *International Journal of Intercultural Relations*, 3, 15–47.

Rubinstein, G. (1996) 'Two peoples in one land: A validation study of Altemeyer's right-wing authoritarianism scale in the Palestinian and Jewish societies in Israel', *Journal of Cross-Cultural Psychology*, 27, 216–30.

Ruiz Quintanilla, S. A. and England, G. W. (1996) 'How working is defined: Structure and stability', *Journal of Organizational Behaviour*, 17, 515–40.

Rummel, R. J. (1972) *The Dimensions of Nations*, Beverly Hills, CA: Sage.

Rummelhart, D. E. (1984) 'Schemata and the cognitive system', in R. S. Wyer and T. K. Scrull (eds.), *Handbook of Social Cognition*, Volume 1, Hillsdale, NJ: Erlbaum.

Rusbult, C. E., Insko, C. A. and Lin, Y.-H. W. (1993) 'Seniority-based reward allocation in the US and Taiwan', *Social Psychology Quarterly*, 58, 13–30.

Russell, J. A. (1991) 'Culture and the categorisation of emotions', *Psychological Bulletin*, 110, 426–50.

Russell, J. A. (1994) 'Is there universal recognition of emotion from facial expression? A review of the cross-cultural studies', *Psychological Bulletin*, 115, 102–41.

Sack, R. (1973) 'The impact of education on individual modernity in Tunisia', *International Journal of Comparative Sociology*, 14, 245–72.

Sagie, G. and Schwartz, S. H. (1996) 'National differences in value consensus', in H. Grad, A. Blanco and J. Georgas (eds.), *Key Issues in Cross-cultural Psychology*, Lisse: Swets and Zeitlinger.

Sagiv, L. and Schwartz, S. H. (1995) 'Value priorities and readiness for outgroup social contact', *Journal of Personality and Social Psychology*, 69, 437–48.

Salazar, J. M. (1997) 'Permanence and change in national identities' in J. G. Adair (ed.) *Advances in Psychological Science*, Hove: Psychology Press.

Sampson, D. L. and Smith, H. P. (1957) 'A scale to measure world-minded attitudes', *Journal of Social Psychology*, 45, 99–106.

Sampson, E. E. (1978) 'Personality and the location of identity', *Journal of Personality*, 46, 552–68.

Sampson, E. E. (1981) 'Cognitive psychology as ideology', *American Psychologist*, 36, 730–43.

Sampson, E. E. (1985) 'The decentralization of identity: Toward a revised concept of personal and social order', *American Psychologist*, 40, 1203–11.

Sanchez, E. (1996a) 'The Latin American experience in community social psychology', in S. C. Carr and J. F. Schumaker (eds.), *Psychology and the Developing World*, Westport, CT: Praeger.

Sanchez, E. (1996b) 'Social psychology applied in a Latin American context', paper given at International Congress of Psychology, Montreal.

Sanders, J. L., Hakky, U. M. and Brizzolara, M. M. (1985) 'Personal space amongst Arabs and Americans', *International Journal of Psychology*, 20, 13–17.

Sanders, J. L., McKim, W. and McKim, A. (1988) 'Personal space among Botswana and American students', *Journal of Social Psychology*, 128, 559–61.

Saucier, G. and Goldberg, L. R. (1996) 'The language of personality: Lexical perspectives on the Five-Factor mode', in J. S. Wiggins (ed.), *The Five-Factor Model of Personality: Theoretical perspectives*, New York: Guilford.

Schachter, S. (1951) 'Deviation, rejection and communication', *Journal of Abnormal and Social Psychology*, 46, 190–207.

Schachter, S., and 7 co-authors (1954) 'Cross-cultural experiments on threats and rejection', *Human Relations*, 7, 403–39.

Scherer, K. R. (1979) 'Personality markers in speech', in K. R. Scherer and H. Giles (eds.), *Social Markers in Speech*, Cambridge: Cambridge University Press.

Scherer, K. R., Wallbot, H. G. and Summerfield, A. B. (eds.) (1986) *Experiencing Emotion: A cross-cultural study*, Cambridge: Cambridge University Press.

Schermerhorn, J. R. and Bond, M. H. (1991) 'Upward and downward influence tactics in managerial networks: A comparative study of Hong Kong Chinese and Americans', *Asia Pacific Journal of Management*, 8, 147–58.

Schimmack, U. (1996) 'Cultural influences on the recognition of emotion by facial expressions: Individualistic or Caucasian cultures?', *Journal of Cross-Cultural Psychology*, 27, 37–50.

Schleidt, M., Hold, B. and Attili, G. (1981) 'A cross-cultural study on the attitude towards personal odors', *Journal of Chemical Ecology*, 7, 19–33.

Schmidt, S. M. and Yeh, R. S. (1992) 'The structure of leader influence: A cross-national comparison', *Journal of Cross-Cultural Psychology*, 23, 251–64.

Schmitz, P. G. (1992) 'Acculturation styles and health', in S. Iwawaki, Y. Kashima and K. Leung (eds.), *Innovations in Cross-cultural Psychology*, Amsterdam: Swets and Zeitlinger.

Schmitz, P. G. (1996) 'Acculturation: The relevance of open-mindedness as a moderator variable', paper presented at the 13th Congress of the International Association of Cross-Cultural Psychology, Montreal.

Schneller, R. (1989) 'Intercultural and intrapersonal processes and factors of misunderstanding: Implications for multicultural training', *International Journal of Intercultural Relations*, 13, 465–84.

Schurz, G. (1985) 'Experimentelle Uberprufung des Zusammenhangs zwischen Personlichkeitsmerkmalen und der Bereitschaft der destruktiven Gehorsam gegenuber Autoritaten', *Zeitschrift für Experimentelle und Angewandte Psychologie*, 32, 160–77.

Schwartz, J. (1980) 'The negotiation for meaning', in D. Larsen-Freeman (ed.), *Discourse Analysis in Second Language Research*, Rowley, MA: Newbury House.

Schwartz, S. H. (1991) 'The universal content and structure of values: Theoretical advances and empirical tests in 20 countries', *Advances in Experimental Social Psychology*, 25, 1–65.

Schwartz, S. H. (1994) 'Beyond individualism/collectivism: new dimensions of values', in U. Kim, H. C. Triandis, C. Kagitçibasi, S. C. Choi and G. Yoon (eds.), *Individualism and Collectivism: Theory application and methods*, Newbury Park, CA: Sage.

Schwartz, S. H. (in press) 'Cultural value differences: Some implications for work', *Applied Psychology: An International Review*.

Schwartz, S. H. and Bardi, A. (1997) 'Influences of adaptation to communist rule on value priorities in Eastern Europe', *Political Psychology*, 18, 385–410.

Schwartz, S. H. and Bilsky, W. (1987) 'Towards a psychological structure of human values', *Journal of Personality and Social Psychology*, 53, 550–62.

Schwartz, S. H. and Bilsky, W. (1990) 'Toward a theory of the universal content and structure of values: extensions and cross-cultural replications', *Journal of Personality and Social Psychology*, 58, 878–91.

Schwartz, S. H. and Ros, M. (1995) 'Values in the West: A theoretical and empirical challenge to the individualism–collectivism dimension', *World Psychology*, 1, 91–122.

Schwartz, S. H. and Sagiv, L. (1985) 'Identifying culture-specifics in the content and structure of values', *Journal of Cross-Cultural Psychology*, 26, 92–116.

Schwartz, S. H., Struch, N. and Bilsky, W. (1990) 'Values and intergroup social motives: A study of Israeli and German students', *Social Psychology Quarterly*, 53, 185–98.

Schwartzwald, J. and Yinon, Y. (1977) 'Symmetrical and asymmetrical interethnic perception in Israel', *International Journal of Intercultural Relations*, 1, 40–7.

Schwarzer, R. (1993) 'Measurement of perceived self-efficacy: psychometric scales for cross-cultural research', Berlin: Freie Universität.

Schwarzer, R., Bässler, J., Kwiatek, P., Schröder, K. and Zhang, J. X. (1997) 'The assessment of optimistic self-beliefs: Comparison of the German, Spanish and Chinese versions of the general self-efficacy scale', *Applied Psychology: An International Review*, 46, 69–88.

Scollon, R. and Scollon, S. (1981) *Narrative, Literacy and Face in Interethnic Communication*, Norwood, NJ: Ablex.

Scollon, R. and Scollon, S. B. K. (1983) 'Face in interethnic communication', in J. C. Richards and R. W. Schmidt (eds.), *Language and Communication*, London: Longman.

Scollon, R. and Scollon, S. (1995) *Intercultural Communication: A discourse approach*, Oxford: Blackwell.

Scollon, R. and Wong-Scollon, S. (1991) 'Topic confusion in English–Asian discourse', *World Englishes*, 10, 113–25.

Scott, W. A. (1965) 'Psychological and social correlates of international images', in H. C. Kelman (ed.), *International Behaviour: A social-psychological analysis*, New York: Holt, Rinehart.

Searle-White, J. (1996) 'Personal boundaries among Russians and Americans: A Vygotskyan approach', *Cross-Cultural Research*, 30, 184–208.

Secord, P. F. and Backman, C. W. (1974) *Social Psychology*, 2nd edn, New York: McGraw-Hill.

Seddon, J. W. (1987) 'Assumptions, culture and performance appraisal', *Journal of Management Development*, 6, 47–54.

Segall, M. H., Dasen, P. R., Berry, J. W. and Poortinga, Y. H. (1990) *Human Behavior in Global Perspective: An introduction to cross-cultural psychology*, New York: Pergamon.

Semin, G. R. (1975) 'Two studies on polarisation', *European Journal of Social Psychology*, 5, 121–31.

Semin, G. R. and Glendon, I. (1973) 'Polarisation and the established group', *British Journal of Social and Clinical Psychology*, 12, 113–21.

Semin, G. R. and Rubini, M. (1990) 'Unfolding the concept of person by verbal abuse', *European Journal of Social Psychology*, 20, 463–74.

Sewell, W. H. and Davidsen, O. M. (1961) *Scandinavian Students on an American Campus*, Minneapolis: University of Minnesota Press.

Shackleton, V. and Newell, S. (1991) 'Management selection: A comparative survey of methods used in top British and French companies', *Journal of Occupational Psychology*, 64, 23–36.

Shackleton, V. and Newell, S. (1994) 'European management selection methods: A comparison of five countries', *International Journal of Selection and Assessment*, 2, 91–102.

Shanab, M. E. and Yahya, K. A. (1978) 'A cross-cultural study of obedience', *Bulletin of the Psychonomic Society*, 11, 267–69.

Shapira, A. (1976) 'Developmental differences in competitive behavior of kibbutz and city children in Israel', *Journal of Social Psychology*, 98, 19–26.

Shapira, A. and Lomranz, J. (1972) 'Cooperative and competitive behavior of rural Arab children in Israel', *Journal of Cross-Cultural Psychology*, 3, 353–9.

Shapira, A. and Madsen, M. (1969) 'Cooperative and competitive behavior of kibbutz and urban children in Israel', *Child Development*, 40, 609–17.

Shaver, P. R., Wu, S. and Schwartz, J. C. (1992) 'Cross-cultural similarities and differences in emotion and its representation: A prototype approach', in M. S. Clark (ed.), *Review of Personality and Social Psychology*, 13, 175–212.

Shenkar, O. and Zeira, Y. (1992) 'Role conflict and role ambiguity of chief executive officers in international joint ventures', *Journal of International Business Studies*, 23, 55–75.

Sherif, M. and Sherif, C. W. (1953) *Groups in Harmony and in Tension: An integration of studies on intergroup relations*, New York: Octagon.

Sherif, M., Harvey, O. J., White, B. J. et al. (1961) *Intergroup Conflict and Cooperation: The Robber's Cave Experiment*, Norman, OK: University of Oklahoma Press.

Shirakashi, S. (1984–5) 'Social loafing of Japanese students', *Hiroshima Forum for Psychology*, 10, 35–40.

Shmelyov, A. G. and Pokhil'ko, V. I. (1992) 'A taxonomy of Russian personality-trait names', unpublished manuscript, Moscow State University.

Shuter, R. (1976) 'Proxemics and tactility in Latin America', *Journal of Communication*, 26, 46–52.

Shuter, R. (1977) 'A field study of non-verbal communication in Germany, Italy and the United States', *Communication Monographs*, 44, 298–305.

Shwalb, D. W, Shwalb, B., Harnisch, D. L. et al. (1992) 'Personal investment in Japan and the USA: A study of worker motivation', *International Journal of Intercultural Relations*, 16, 107–24.

Shweder, R. A. (1973) 'The between and within of cross-cultural research,' *Ethos*, 1, 531–45.

Shweder, R. A. and Bourne, E. J. (1982) 'Does the concept of the person vary cross-culturally?', in A. J. Marsella and G. M. White (eds.), *Cultural Conceptions of Mental Health and Therapy*. Dordrecht, Holland: Riedel.

Shweder, R. A. and Sullivan, M. A. (1993) 'Cultural psychology: Who needs it?', *Annual Review of Psychology*, 44, 497–523.

Sidanius, J. (1993) 'The psychology of group conflict and the dynamics of oppression: A social dominance perspective', in S. Iyengar and W. McGuire (eds.), *Explorations in Political Psychology*, Durham, NC: Duke University Press.

Sidanius, J., Levin, S. and Pratto, F. (1996) 'Consensual social dominance orientation and its correlates within the hierarchical structure of American society', *International Journal of Intercultural Relations*, 20, 385–408.

Sidanius, J., Pratto, F. and Rabinowitz, J. L. (1994) 'Gender, ethnic status and ideological asymmetry: A social dominance interpretation', *Journal of Cross-Cultural Psychology*, 25, 194–216.

Simard, L. M. (1981) 'Cross-cultural interaction: Potential invisible barriers', *Journal of Social Psychology*, 113, 171–92.

Simmel, G. (1950) 'The stranger', in K. Wolff (ed. and trans.), *The Sociology of George Simmel*, New York: Free Press.

Simmons, C. H., von Kolke, A. and Shimizu, H. (1986) 'Attitudes toward romantic love among American, German and Japanese students', *Journal of Social Psychology*, 126, 327–36.

Simmons, C. H., Wehner, E. A. and Kay, K. A. (1989) 'Differences in attitudes toward romantic love of French, and American college students', *Journal of Social Psychology*, 129, 793–9.

Simonton, D. K. (1975) 'Sociocultural context of individual creativity: A transhistorical time-series analysis', *Journal of Personality and Social Psychology*, 32, 1119–33.

Singelis, T. M. (1994) 'The measurement of independent and interdependent self-construals', *Personality and Social Psychology Bulletin*, 20, 580–91.

Singelis, T. M. (1997) *Culture, self, and emotional contagion*, manuscript submitted for publication.

Singelis, T. M. and Brown, W. J. (1995) 'Culture, self, and collectivist communication: Linking culture to individual behavior', *Human Communication Research*, 21, 354–89.

Singelis, T. M. and Sharkey, W. F. (1995) 'Culture, self-construal, and embarrassability', *Journal of Cross-Cultural Psychology*, 26, 622–44.

Singelis, T. M., Triandis, H. C., Bhawuk, D. P. S. and Gelfand, M. (1995) Horizontal and vertical dimensions of individualism and collectivism: A theoretical and measurement refinement', *Cross-Cultural Research*, 29, 240–75.

Singelis, T. M., Bond, M. H., Lai, S. Y. and Sharkey, W. F. (1996) 'Self construal, self-esteem, and embarrassability in Hong Kong, Hawaii, and Mainland United States', manuscript submitted for publication.

Singh, P. and Pandey, J. (1994) 'Distributive decisions as a function of recipients' need performance variations and caste of allocator', in A.-M. Bouvy, F. J. R. van de Vijver, P. Boski and P. Schmitz (eds.), *Journeys into Cross-cultural Psychology*, Lisse: Swets and Zeitlinger.

Singh, R. (1981) 'Prediction of performance from motivation and ability: An appraisal of the cultural difference hypothesis', in J. Pandey (ed.), *Perspectives on Experimental Social Psychology in India*, New Delhi: Concept.

Sinha, D. (1986) *Psychology in a Third World Country: The Indian experience*, New Delhi: Sage.

Sinha, D. (1992) 'Appropriate indigenous psychology: The Indian trend', in S. Iwawaki, Y. Kashima and K. Leung (eds.), *Innovations in Cross-cultural Psychology*, Amsterdam: Swets and Zeitlinger.

Sinha, D. (1996) 'Culture as the target and culture as the source: A review of cross-cultural psychology in Asia', *Psychology and Developing Societies*, 8, 83–105.

Sinha, D. (1997) 'Indigenising psychology', in J. W. Berry, Y. Poortinga and J. Pandey (eds.) *Handbook of Cross-cultural Psychology*, 2nd edn, Volume 1, *Theory and Method*, Boston, MA: Allyn and Bacon.

Sinha, D. and Tripathi, R. C. (1994) 'Individualism in a collectivist culture: A case of coexistence of opposites', in U. Kim, H. C. Triandis, C. Kagitçibasi *et al.* (eds.), *Individualism and Collectivism: Theory, method and applications*, Newbury Park, CA: Sage.

Sinha, J. B. P. (1995) *The Cultural Context of Leadership and Power*, New Delhi: Sage.

Sisman, R. (1994) 'Tourism: environmental relevance', in E. Cater and G. Lowman (eds.), *Ecotourism: A sustainable option?*, Chichester: Wiley.

Sleet, D. A. (1969) 'Physique and social image', *Perceptual and Motor Skills*, 28, 295–9.

Sloan, T. and Montero, M. (eds.) (1990) 'Psychology for the third world: A sampler', *Journal of Social Issues*, 46(3), 1–165.

Smith, C. A. and Ellsworth, P. C. (1985) 'Patterns of cognitive appraisal in emotion', *Journal of Personality and Social Psychology*, 48, 813–38.

Smith, M. B., Fawcett, J. T., Ezekiel, T. and Roth, S. (1963) 'A factorial study of morale among Peace Corps teachers in Ghana', *Journal of Social Issues*, 19(3), 10–32.

Smith, P. B. (1963) 'Differentiation between sociometric rankings: a test of four theories', *Human Relations*, 16, 335–50.

Smith, P. B., Dugan, S. and Trompenaars, F. (1996) 'National culture and managerial values: A dimensional analysis across 43 nations', *Journal of Cross-Cultural Psychology*, 27, 231–64.

Smith, P. B., Dugan, S. and Trompenaars, F. (1997) 'Locus of control and affectivity by gender and occupational status: A 14 nation study', *Sex Roles*, 36, 51–77.

Smith, P. B. and Misumi, J. (1989) 'Japanese management: A sun rising in the west?', in C. L. Cooper and I. T. Robertson (eds.), *International Review of Industrial and Organizational Psychology*, Volume 4, Chichester: Wiley.

Smith, P. B. and Noakes, J. (1996) 'Cultural differences in group processes', in M. A. West (ed.), *Handbook of Work Group Psychology*, Chichester: Wiley.

Smith, P. B. and Peterson, M. F. (1988) *Leadership, Organizations and Culture*, London: Sage.

Smith, P. B. and Tayeb, M. (1988) 'Organisational structure and processes', in M. H. Bond (ed.), *The Cross-cultural Challenge to Social Psychology*, Newbury Park, CA: Sage.

Smith, P. B., Trompenaars, F. and Dugan, S. (1995) 'The Rotter locus of control scale in 43 countries: A test of cultural relativity', *International Journal of Psychology*, 30, 377–400.

Smith, P. B., Wang, Z. M. and Leung, K. (1997) 'Leadership, decision-making and cultural context: event management within Chinese joint ventures', *Leadership Quarterly*, 8, 413–31.

Smith, P. B., Peterson, M. F., Misumi, J. and Tayeb, M. H. (1989) 'On the generality of leadership styles across cultures', *Journal of Occupational Psychology*, 62, 97–110.

Smith, P. B., Peterson, M. F. and 14 co-authors (1994) 'Organizational event management in 14 countries: A comparison with Hofstede's dimensions', in A. M. Bouvy, F. Van de Vijver, P. Boski and P. Schmitz (eds.), *Journeys into Cross-cultural Psychology*, Lisse: Swets and Zeitlinger.

Smith, P. B., Peterson, M. F., Leung, K. and Dugan, S. (in press) 'Individualism–collectivism and the handling of disagreement: A 23 country study', *International Journal of Intercultural Relations*.

Smith, P. B. and Schwartz, S. H. (1997) 'Values', in J. W. Berry, M. H. Segall and C. Kagitçibasi (eds.), *Handbook of Cross-cultural Psychology*, 2nd edn, Volume 3, Boston: Allyn and Bacon.

Smith, R. J., Griffith, J. E., Griffith, H. K. and Steger, M. J. (1980) 'When is a stereotype a stereotype?', *Psychological Reports*, 46, 643–51.
Smith, V. L. (ed.) (1989) *Hosts and Guests: The anthropology of tourism*, 2nd edn, Philadelphia, PA: University of Pennsylvania Press.
Smolicz, J. J. (1979) *Culture and Education in a Plural Society*, Canberra: Curriculum Development Centre.
Snyder, C. R. and Fromkin, H. L. (1980) *Uniqueness: The human pursuit of difference*, New York: Plenum.
Snyder, M. (1979) 'Self-monitoring processes', *Advances in Experimental Social Psychology*, 12, 85–128.
Solomon, S., Greenberg, J. and Pyszczynski, T. (1991) 'A terror management theory of social behavior: the psychological functions of self-esteem and cultural worldviews', *Advances in Experimental Social Psychology*, 24, 93–159.
Sommerlad, E. and Bellingham, W. P. (1972) 'Cooperation–competition: A comparison of Australian, European and Aboriginal school children', *Journal of Cross-Cultural Psychology*, 3, 149–57.
Spencer-Oatey, H. (1997) 'Unequal relationships in high and low power distance societies: A comparative study of tutor–student relations in Britain and China', *Journal of Cross-Cultural Psychology*, 28, 284–302.
Sperber, D. (1985) 'Anthropology and psychology: Toward an epidemiology of representations', *Man*, 20, 73–89.
Sprecher, S. and Chandak, R. (1992) 'Attitudes about arranged marriages and dating among men and women from India', *Free Inquiry in Creative Sociology*, 20, 1–11.
Sprecher, S., Sullivan, Q. and Hatfield, E. (1994) 'Mate selection preferences: Gender differences examined in a national sample', *Journal of Personality and Social Psychology*, 66, 1074–80.
Sprecher, S., Aron, A., Hatfield, E., Cortese, A. *et al.* (1994) 'Love: American style, Russian style and Japanese style', *Personal Relationships*, 1, 349–69.
Staub, E. (1988) 'The evolution of caring and nonaggressive persons and societies', *Journal of Social Issues*, 44, 81–100.
Staub, E. (1990) 'Moral exclusion, personal goal theory, and extreme destructiveness', *Journal of Social Issues*, 46, 47–64.
Staub, E. (1996) 'Cultural-societal roots of violence: The examples of genocidal violence and of contemporary youth violence in the United States', *American Psychologist*, 51, 117–32.
Stephan, W. G. (1985) 'Intergroup relations', in G. Lindzey and E. Aronson (eds.), *Handbook of Social Psychology*, 3rd edn, Volume 2, New York: Random House.
Stephan, W. G. and Stephan, C. W. (1985) 'Intergroup anxiety', *Journal of Social Issues*, 41, 157–76.
Stephan, W. G., Stephan, C. W. and De Vargas, M. C. D. (1996) 'Emotional expression in Costa Rica and the United States', *Journal of Cross-Cultural Psychology*, 27, 147–60.
Stephan, W. G., Ageyev, V., Stephan, C. W. *et al.* (1993) 'Measuring stereotypes: A comparison of methods using Russian and American samples', *Social Psychology Quarterly*, 56, 54–64.
Stephan, W. G., Ageyev, V., Coates-Shrider, L., Stephan, C. W. and Abalkina, M. (1994) 'On the relationship between stereotypes and prejudice: An international study', *Personality and Social Psychology Bulletin*, 20, 277–84.

Stevenson, H. W. and Lee, S. Y. (1996) 'The academic achievement of Chinese people', in M. H. Bond (ed.), *The Handbook of Chinese Psychology*, Hong Kong: Oxford.

Stevenson, H. W., Stigler, J. W., Lee, S. Y. et al. (1985) 'Cognitive performance and academic achievement of Japanese, Chinese, and American children', *Child Development*, 56, 713–34.

Stigler, J. W., Shweder, R. A. and Herdt, G. (eds.) (1990) *Cultural Psychology: Essays on comparative human development*, Cambridge: Cambridge University Press.

Stimpson, D., Jensen, L. and Neff, W. (1992) 'Cross-cultural gender differences in preference for a caring morality', *Journal of Social Psychology*, 132, 317–22.

Stipek, D., Weiner, B. and Li, K. (1989) 'Testing some attribution–emotion relations in the People's Republic of China', *Journal of Personality and Social Psychology*, 56, 109–16.

Stokols, D., Clitheroe, C. and Zmuidzinas, M. (1996) 'Qualities of work environments that promote perceived support for creativity', paper presented at the 26th International Congress of Psychology, Montreal.

Stone Feinstein, B. E. and Ward, C. (1990) 'Loneliness and psychological adjustment of sojourners. New perspectives on cultural shock', in D. M. Keats, D. Munro and L. Mann (eds.), *Heterogeneity in Cross-cultural Psychology*, Lisse: Swets and Zeitlinger.

Stoner, J. A. F. (1961) 'A comparison of individual and group decisions involving risk', unpublished master's thesis, Massachusetts Institute of Technology.

Stones, C. R. and Philbrick, J. L. (1991) 'Attitudes toward love of a small fundamentalist community in South Africa', *Journal of Social Psychology*, 131, 219–23.

Storti, C. (1990) *The Art of Crossing Cultures*, Yarmouth, ME: Intercultural Press.

Strickland, L. H. (ed.) (1979) *Soviet and Western Perspectives in Social Psychology*, Oxford: Pergamon.

Strickland, L. H. (ed.) (1984) *Directions in Soviet Social Psychology*, New York: Springer.

Stroebe, W., Lenkert, A. and Jonas, K. (1988) 'Familiarity may breed contempt: The impact of student exchange on national stereotypes and attitudes', in W. Stroebe, A. Kruglanski, D. Bar-Tal and M. Hewstone (eds.), *The Social Psychology of Intergroup Conflict: Theory, research and applications*, New York: Springer.

Strube, M. J. (1981) 'Meta-analysis and cross-cultural comparison: sex differences in child competitiveness', *Journal of Cross-Cultural Psychology*, 12, 3–20.

Struch, N. and Schwartz, S. H. (1989) 'Intergroup aggression: Its predictors and distinctness from in-group bias', *Journal of Personality and Social Psychology*, 56, 364–73.

Sueda, K. and Wiseman, R. L. (1992) 'Embarrassment remediation in Japan and the United States', *International Journal of Intercultural Relations*, 16, 159–74.

Suedfeld, P. (1996) 'What can abnormal environments tell us about normal people?', *International Journal of Psychology*, 31, 438.

Suinn, R. M., Ahuna, C. and Khoo, G. (1992) 'The Suinn–Lew Asian self-identity acculturation scale: Concurrent and factorial validation', *Educational and Psychological Measurement*, 52, 1041–6.

Sumner, W. G. (1906/1940) *Folkways*, Boston: Ginn.

Sundberg, N. D., Poole, M. E. and Tyler, L. E. (1983) 'Adolescents' expectations of future events – A cross-cultural study of Australians, Americans and Indians', *International Journal of Psychology*, 18, 415–27.

Sussman, N. and Rosenfeld, H. (1982) 'Influence of culture, language and sex on conversational distance', *Journal of Personality and Social Psychology*, 42, 66–74.

Suutari, V. (1996) 'Comparative studies on leadership beliefs and behavior of European managers', *Acta Wasaensia*, 50, University of Vaasa, Finland.
Szapocznik, J., Kurtines, W. M. and Fernandez, T. (1980) 'Bicultural involvement and adjustment in Hispanic-American youths', *International Journal of Intercultural Relations*, 4, 353–65.
Tafarodi, R. W. and Swann, W. B., Jr. (1996) 'Individualism–collectivism and global self-esteem: Evidence for a cultural trade-off', *Journal of Cross-Cultural Psychology*, 27, 651–72.
Taft, R. (1973) 'Migration: Problems of adjustment and assimilation in immigrants', in P. Watson (ed.), *Psychology and Race*, Harmondsworth: Penguin.
Taft, R. (1976) 'Cross-cultural psychology as a social science: Comments on Faucheux's paper', *European Journal of Social Psychology*, 6, 323–30.
Tajfel, H. (1972) 'Experiments in a vacuum', in J. Israel and H. Tajfel (eds.), *The Context of Social Psychology: A critical assessment*, London: Academic Press.
Tajfel, H. (1981) *Human Groups and Social Categories*, Cambridge: Cambridge University Press.
Tajfel, H., Billig, M., Bundy, R. P. and Flament, C. (1971) 'Social categorisation and intergroup behaviour', *European Journal of Social Psychology*, 1, 149–78.
Takata, T. (1987) 'Self-deprecative tendencies in self-evaluation through social comparison', *Japanese Journal of Experimental Social Psychology*, 27, 27–36.
Tamura, T. and Furnham, A. (1993) 'Comparison of adaptation to the home culture of Japanese children and adolescents returned from overseas sojourn', *The International Journal of Social Psychiatry*, 39, 10–21.
Tannen, D. (1985) 'Cross-cultural communication', in T. A. van Dijk (ed.), *Handbook of Discourse Analysis*, Volume 4, 203–15, London: Academic Press.
Tayeb, M. H. (1988) *Organisations and National Culture: A comparative analysis*, London: Sage.
Taylor, D. M. (1981) 'Stereotypes and intergroup relations', in R. C. Gardner and R. Kalin (eds.), *A Canadian Social Psychology of Ethnic Relations*, Toronto: Methuen.
Taylor, D. M. and Jaggi, V. (1974) 'Ethnocentrism and causal attribution in a South Indian context', *Journal of Cross-Cultural Psychology*, 5, 162–71.
Taylor, E. W. (1994) 'A learning model for becoming interculturally competent', *International Journal of Intercultural Relations*, 18, 389–408.
Taylor, S. E. and Brown, J. D. (1988) 'Illusion and well-being: A social psychological perspective on mental health', *Psychological Bulletin*, 103, 193–210.
Taylor, S. E., Fiske, S. T., Etcoff, N. l. and Ruderman, A. J. (1978) 'Categorical and contextual bases of person memory and stereotyping', *Journal of Personality and Social Psychology*, 36, 778–93.
Thakerar, J. N., Giles, H. and Cheshire, J. (1982) 'Psychological and linguistic parameters of speech accommodation theory', in C. Fraser and K. R. Scherer (eds.), *Advances in the Social Psychology of Language*, Cambridge: Cambridge University Press.
Thibaut, J. and Walker, L. (1975) *Procedural Justice: A psychological analysis*, Hillsdale, NJ: Erlbaum.
Thomas, D. (1975) 'Cooperation and competition among Polynesian and European children', *Child Development*, 46, 948–53.
Thomas, D. C. and Ravlin, E. C. (1995) 'Responses of employees to cultural adaptation by a foreign manager', *Journal of Applied Psychology*, 80, 133–46.

Thomas, D. C., Ravlin, E. C. and Wallace, A. W. (1994) 'Effect of cultural diversity in work groups', unpublished manuscript, University of Auckland.

Thomas, J. (1983) 'Cross-cultural pragmatic failure', *Applied Linguistics*, 4, 91–112.

Ting-Toomey, S. (1988) 'A face-negotiation theory', in Y. Kim and W. B. Gudykunst (eds.), *Theory in Intercultural Communication*, Newbury Park, CA: Sage.

Ting-Toomey, S. (1991) 'Intimacy expressions in three cultures: France, Japan and the United States', *International Journal of Intercultural Relations*, 15, 29–46.

Ting-Toomey, S. (1994a) 'Managing conflict in intimate intercultural relationships', in D. Cahn (ed.), *Intimate Conflict in Personal Relationships*, Hillsdale, NJ: Erlbaum.

Ting-Toomey, S. (1994b) 'Managing intercultural conflicts effectively', in L. Samovar and R. Porter (eds.), *Intercultural Communication: A reader*, 7th edn, Belmont, CA: Sage.

Ting-Toomey, S., Gao, G., Trubisky, P., et al. (1991) 'Culture, face maintenance, and styles of handling interpersonal conflict: A study in five cultures', *International Journal of Conflict Management*, 2, 275–96.

Toki, K. (1935) 'The leader-follower structure in school classes', *Japanese Journal of Psychology*, 10, 27–56.

Tollgerdt-Andersson, I. (1996) 'Attitudes, values and demands on leadership: A cultural comparison among some European countries', in P. Joynt and M. Warner (eds.), *Managing across Cultures: Issues and perspectives*, London: Routledge.

Torbiörn, I. (1982) *Living Abroad: Personal adjustment and personnel policy in the overseas setting*, Chichester: Wiley.

Torres, A. R. R. (1996) 'Exploring group diversity: Relationships between in-group identification and in-group bias', unpublished doctoral dissertation, University of Kent, UK.

Trafimow, D. and Finlay, K. A. (1996) 'The importance of subjective norms for a minority of people: Between-subjects and within-subjects analyses', *Personality and Social Psychology Bulletin*, 22, 820–8.

Trafimow, D., Triandis, H. C. and Goto, S. G. (1991) 'Some tests of the distinction between the private self and the collective self', *Journal of Personality and Social Psychology*, 60, 649–55.

Trapnell, P. D. (1994) 'Openness versus intellect: A lexical left turn', *European Journal of Personality*, 8, 273–90.

Trevor, M. (1983) *Japan's Reluctant Multinationals: Japanese management at home and abroad*, London: Pinter.

Triandis, H. C. (1976) 'On the value of cross-cultural research in social psychology: Reactions to Faucheux's paper', *European Journal of Social Psychology*, 6, 331–41.

Triandis, H. C. (1978) 'Some universals of social behavior', *Personality and Social Psychology Bulletin*, 4, 1–16.

Triandis, H. C. (1988) 'Cross-cultural contributions to theory in social psychology', in M. H. Bond (ed.), *The Cross-cultural Challenge to Social Psychology*, Newbury Park, CA: Sage.

Triandis, H. C. (1990) 'Cross-cultural studies of individualism and collectivism', in J. J. Berman (ed.), *Nebraska Symposium on Motivation, 1989*, 37, 41–133.

Triandis, H. C. (1992) 'Comments on "Social identity processses: Some limitations and limiting conditions"', *Revista de Psicologia Social, Monografico*, 113–15.

Triandis, H. C. (1994) *Culture and Social Behavior*, New York: McGraw-Hill.

Triandis, H. C. (1995a) *Individualism and Collectivism*, Boulder, CO: Westview.

Triandis, H. C. (1995b) 'Culture-specific assimilators', in S. M. Fowler and M. G. Mumford (eds.), *Intercultural Sourcebook: Cross-cultural training methods*, Yarmouth, ME: Intercultural Press.
Triandis, H. C. (1996) 'Converging measurement of horizontal and vertical individualism and collectivism', unpublished manuscript, University of Illinois.
Triandis, H. C., Brislin, R. and Hui, C. H. (1988) 'Cross-cultural training across the individualism–collectivism divide', *International Journal of Intercultural Relations*, 12, 269–89.
Triandis, H. C., Lisanski, J., Setiadi, B., Chang, B. H., Marin, G. and Betancourt, H. (1982) 'Stereotyping among Hispanics and Anglos: The uniformity, intensity, direction, and quality of auto- and heterostereotypes', *Journal of Cross-Cultural Psychology*, 13, 409–26.
Triandis, H. C., Marin, G., Lisansky, J. and Betancourt, H. (1984) 'Simpatia as a cultural script for Hispanics', *Journal of Personality and Social Psychology*, 47, 1363–75.
Triandis, H. C., Leung, K., Villareal, M. and Clack, F. L. (1985) 'Allocentric vs. idiocentric tendencies: convergent and discriminant validation', *Journal of Research in Personality*, 19, 395–415.
Triandis, H. C., McCusker, C. and Hui, C. H. (1990) 'Multimethod probes of individualism and collectivism', *Journal of Personality and Social Psychology*, 59, 1006–20.
Triandis, H. C., Kurowski, L. L., Tecktiel, A. and Chan, D. K. S. (1993) 'Extracting the emics of diversity', *International Journal of Intercultural Relations*, 17, 217–34.
Triandis, H. C., Chan, D. K. S., Bhawuk, D. P. S. *et al.* (1995) 'Multimethod probes of allocentrism and idiocentrism', *International Journal of Psychology*, 30, 461–80.
Trimble, J. E. (1990) 'Ethnic specification, validation prospects, and the future of drug use research', *International Journal of the Addictions*, 25, 149–70.
Tripathi, R. C. (1981) 'Machiavellianism and social manipulation', in J. Pandey (ed.), *Perspectives on Experimental Social Psychology in India*, New Delhi: Concept.
Triplett, N. D. (1898) 'The dynamogenic factor in pace-making and competition', *American Journal of Psychology*, 9, 507–33.
Trommsdorff, G. (1973) 'Value change in Japan', *International Journal of Intercultural Relations*, 7, 337–60.
Trompenaars, F. (1993) *Riding the Waves of Culture*, London: Brealey.
Trosborg, A. (1987) 'Apology strategies in natives/non-natives', *Journal of Pragmatics*, 11, 146–67.
Trubisky, P., Ting-Toomey, S. and Lin, S.-L. (1991) 'The influence of individualism–collectivism and self-monitoring on conflict styles', *International Journal of Intercultural Relations*, 15, 65–84.
Tsai, H. Y. (1996) 'Concept of 'mien tzu' (face) in East Asian societies: The case of Taiwanese and Japanese', in H. Grad, A. Blanco and J. Georgas (eds.), *Key Issues in Cross-cultural Psychology*, Lisse: Swets and Zeitlinger.
Tsuji, H., Fujishima, Y., Natsuno, Y. *et al.* (1996) 'Standardization of the Five-Factor personality questionnaire', paper presented at the 26th International Congress of Psychology, Montreal.
Tsurumi, K. (1992) 'Aspects of endogenous development in contemporary China and Japan', paper presented at joint symposium, International Associations of Comparative Sociology and of Sociology of Organizations, Kurashiki, Japan.
Tung, R. (1981) 'Selection and training of personnel for overseas assignments', *Columbia Journal of World Business*, 1, 68–78.

Turner, J. C., Wetherell, M. S. and Hogg, M. A. (1989) 'Referent informational influence and group polarisation', *British Journal of Social Psychology*, 28, 135–47.

Turner, J. C., Hogg, M. A., Oakes, P. *et al.* (1987) *Rediscovering the Social Group: A self-categorisation theory*, Oxford: Blackwell.

Tyerman, A. and Spencer, C. (1983) 'A critical test of the Sherifs' Robber's Cave experiments', *Small Group Behaviour*, 14, 515–31.

Tyler, A. (1995) 'The construction of cross-cultural miscommunication: Conflicts in perception, negotiation, and enactment of participant role and status', *Studies in Second Language Acquisition*, 17, 129–48.

Tyler, T. R. and Bies, R. J. (1990) 'Interpersonal aspects of procedural justice', in S. J. Carroll (ed.), *Applied Social Psychology in Business Settings*, Hillsdale, NJ: Erlbaum.

Tzeng, O. C. S. and Jackson, J. W. (1994) 'Effects of contact, conflict, and social identity on interethnic group hostilities', *International Journal of Intercultural Relations*, 18, 259–76.

United Nations (1990) *Demographic Yearbook, 1989*, New York: United Nations.

United Nations Commission on Trade and Development (1995) *World Investment Report, 1995: Transnational Corporations and Competitiveness*, New York: United Nations.

Urry, J. (1990) *The Tourist Gaze*, London: Sage.

Üsdiken, B. and Pasadeos, Y. (1995) 'Organizational analysis in North America and Europe: A comparison of co-citation networks', *Organization Studies*, 16, 503–26.

Valdes, J. M. (ed.) (1986) *Culture Bound*, New York: Cambridge University Press.

Valsiner, J. (1995) 'Editorial: Culture and psychology', *Culture and Psychology*, 1, 5–10.

Valsiner, J. and Lawrence, J. (1997) 'Human development in culture across the life-span', in J. W. Berry, P. R. Dasen and T. S. Saraswathi (eds.), *Handbook of Cross-cultural Psychology*, 2nd edn, Volume 2, *Basic Processes and Human Development*, Boston, MA: Allyn and Bacon.

Van de Veer, R. (1996) 'The concept of culture in Vygotsky's thinking', *Culture and Psychology*, 2, 247–64.

Van de Vijver, F. and Leung K. (1997) *Methods and Data Analysis for Cross-cultural Research*, Thousand Oaks, CA: Sage.

Van de Vliert, E. and van Yperen, N. W. (1996) 'Why cross-national differences in role overload? Don't overlook ambient temperature', *Academy of Management Journal*, 39, 986–1004.

Van de Vliert, E., Schwartz, S. H., Huismans, S. E. *et al.* (1997) 'Temperature, cultural masculinity and domestic political violence: A cross-national study', manuscript submitted for publication.

Vandewiele, M. and Philbrick, J. L. (1983) 'Attitudes of Senegalese students toward love', *Psychological Reports*, 52, 915–8.

van Goozen, S. and Frijda, N. H. (1993) 'Emotion words used in six European countries', *European Journal of Social Psychology*, 23, 89–95.

van Knippenberg, A. F. M. and van Oers, H. (1984) 'Social identity and equity concerns in intergroup perceptions', *British Journal of Social Psychology*, 23, 351–62.

Van Lange, P. A. M. and Liebrand, W. B. G. (1991) 'Social value orientation and intelligence: A test of the goal prescribes rationality principle', *European Journal of Social Psychology*, 21, 273–92.

Van Muijen, J. and Koopman, P. L. (in press) 'The influence of national culture on

organisational culture: A comparative study between ten countries', *European Journal of Work and Organisational Psychology*.
VanYperen, N. W. and Buunk, B. P. (1991) 'Equity theory and exchange and communal orientation from a cross-national perspective', *Journal of Social Psychology*, 131, 5–21.
Varonis, E. M. and Gass, S. (1985a) 'Non-native/non-native conversations: A model for negotiation of meaning', *Applied Linguistics*, 6, 71–90.
Varonis, E. M. and Gass, S. M. (1985b) 'Miscommunication in native/nonnative conversation', *Language in Society*, 14, 327–43.
Veenhoven, R. (1993) *Happiness in nations: Subjective appreciation of life in 56 nations 1946–1992*, Rotterdam: RISBO.
Veenhoven, R. (1996a) 'Developments in satisfaction research', *Social Indicators Research*, 37, 1–46.
Veenhoven, R. (1996b) 'Happy life-expectancy: A comprehensive measure of quality-of-life in nations', *Social Indicators Research*, 39, 1–58.
Veiga, J. F. (1991) 'The frequency of self-limiting behavior in groups: A measure and an explanation', *Human Relations*, 44, 877–95.
Verkuyten, M. and Masson, K. (1996) 'Culture and gender differences in the perception of friendship by adolescents', *International Journal of Psychology*, 31, 207–17.
Vidmar, N. (1970) 'Group composition and the risky shift', *Journal of Experimental Social Psychology*, 6, 153–66.
Vrij, A. and Winkel, F. W. (1992) 'Cross-cultural police–citizen interactions: The influence of race, beliefs, and nonverbal communication on impression formation', *Journal of Applied Social Psychology*, 22, 1546–59.
Vroom, V. H. and Yetton, P. W. (1973) *Leadership and Decision-making*, Pittsburgh: University of Pittsburgh Press.
Wakushima, K. (1996) 'The confirmation of interactive gestures: The relationship between interactive gestures and family therapy', *Japanese Journal of Family Psychology*, 10, 91–103 (in Japanese).
Wallbot, H. G. and Scherer, K. R. (1986) 'How universal and specific is emotional experience? Evidence from 27 countries on five continents', *Social Science Information*, 25, 763–95.
Wallendorf, M. and Arnould, E. J. (1988) '"My favourite things": A cross-cultural inquiry into object attachment, possessiveness and social linkage', *Journal of Consumer Research*, 14, 531–47.
Wan, K. C. and Bond, M. H. (1982) 'Chinese attributions for success and failure under public and anonymous conditions of rating', *Acta Psychologica Taiwanica*, 24, 23–31.
Wang, Z. M. and Heller, F. (1993) 'Patterns of power distribution in managerial decision-making in Chinese and British industrial organizations', *International Journal of Human Resource Management*, 4, 113–28.
Wang, A., Silver, N., Wooten, W., Chiddick, M. and Chiddick, B. (1993) 'Development of an ethnic identity scale', paper presented on the 1993 annual meeting of the American Psychological Association, Toronto.
Ward, C. (1996) 'Acculturation', in D. Landis and R. S. Bhagat (eds.), *Handbook of Intercultural Training*, 2nd edn, pp. 124–47, Thousand Oaks, CA: Sage.
Ward, C. and Kennedy, A. (1993) 'Psychological and sociocultural adjustment during cross-cultural transitions: A comparison of secondary students at home and abroad', *International Journal of Psychology*, 28, 129–47.

Ward, C. and Kennedy, A. (1994) 'Acculturation strategies, psychological adjustment, and sociocultural competence during cross-cultural transitions', *International Journal of Intercultural Relations*, 18, 329–43.

Ward, C. and Searle, W. (1991) 'The impact of value discrepancies and cultural identity on psychological and sociocultural adjustment of sojourners', *International Journal of Intercultural Relations*, 15, 209–25.

Watkins, D. and Cheng, C. (1995) 'The revised causal dimension scale: A confirmatory factor analysis with Hong Kong subjects', *British Journal of Educational Psychology*, 65, 249–52.

Watkins, D. and Dong, Q. (1994) 'Assessing the self-esteem of Chinese school children', *Educational Psychology*, 14, 129–37.

Watkins, D. and Gerong, A. (1997) 'Culture and the spontaneous self-concept: A study of Filipino college students and cross-cultural comparisons', *Journal of Social Psychology*, 137, 480–8.

Watkins, D. and Regmi, M. (1990) 'Self-serving bias: A Nepalese investigation', *Journal of Social Psychology*, 130, 555–6.

Watkins, D., Adair, J., Akande, A. *et al.* (1996) 'Individualism–collectivism, gender, and the self-concept: A nine cultural investigation', manuscript submitted for publication.

Watson, O. M. (1970) *Proxemic Behavior: A Cross Cultural Study*, The Hague: Mouton.

Watson, O. M. and Graves, T. D. (1966) 'Quantitative research in proxemic behavior', *American Anthropologist*, 68, 971–85.

Watson, W. E., Kumar, K. and Michaelsen, L. K. (1993) 'Cultural diversity's impact on interaction process and performance: Comparing homogeneous and diverse task groups', *Academy of Management Journal*, 36, 590–602.

Watzlawick, P., Beavin, J. H. and Jackson, D. D. (1967) *The Pragmatics of Human Communication*, New York: Norton.

Weber, J. G. (1994) 'The nature of ethnocentric attribution bias: Ingroup protection or enhancement?', *Journal of Experimental Social Psychology*, 30, 482–504.

Weber, M. (1921/1947) *The Theory of Economic and Social Organisation*, New York: Free Press.

Wehmann, P., Goldstein, M. A. and Williams, J. R. (1977) 'Effects of different leadership styles on individual risk-taking in groups', *Human Relations*, 30, 249–59.

Wei, L. and Yue, L. (1996) '"My stupid wife and ugly daughter": The use of pejorative references as a politeness strategy by Chinese speakers', *Journal of Asian Pacific Communication*, 7, 129–42.

Weinberg, I. (1969) 'The problem of the convergence of industrial societies: A critical look at the state of a theory', *Comparative Studies in Society and History*, 11, 1–15.

Weinreich, P. (1986) 'The operationalization of identity theory in racial and ethnic relations', in J. Rex and D. Mason (eds.), *Theories of Race and Ethnic Relations*, Cambridge: Cambridge University Press.

Weinreich, P. (1989) 'Variations in ethnic identity: Identity structure analysis', in K. Liebkind (ed.), *New Identities in Europe*, London: Gower.

Weinreich, P. (1992) 'Socio-psychological maintenance of ethnicity in Northern Ireland: A commentary', *The Psychologist*, 5, 345–6.

Weinreich, P. (1996) 'Variations in the expression of ethnic identity', paper presented at the meeting of the British Psychological Society Annual Conference, Brighton, UK.

Weinreich, P., Luk, C. L. and Bond, M. H. (1996) 'Ethnic stereotyping and identification in a multicultural context: "Acculturation", self-esteem and identity diffusion in Hong Kong Chinese university students', *Psychology and Developing Societies*, 8, 107–69.

Weinstein, N. D. (1980) 'Unrealistic optimism about future life events', *Journal of Personality and Social Psychology*, 39, 806–20.

Weldon, E., Jehn, K. A., Doucet, L. *et al.* (1996) 'Conflict management in US–Chinese joint ventures', unpublished manuscript, Indiana University.

Weller, L., Amitsour, E. and Pazzi, R. (1976) 'Reactions to absurd humor by Jews of Eastern and Western descent', *Journal of Social Psychology*, 98, 159–63.

Westwood, M. J. and Lawrance, W. S. (1988) 'Reentry for international students', in G. MacDonald (ed.), *International Student Advisors' Handbook*, Ottawa: Canadian Bureau of International Education.

Wetherell, M. (1982) 'Cross-cultural studies of minimal groups: Implications for the social identity theory of intergroup relations', in H. Tajfel (ed.), *Social Identity and Intergroup Relations*, Cambridge: Cambridge University Press.

Wetherell, M. and Potter, J. (1992). *Mapping the Language of Racism: Discourse and the legitimization of exploitation*, Hemel Hempstead: Harvester Wheatsheaf.

Wheeler, L. and Kim, Y. (1997) 'What is beautiful is culturally good: The physical attractiveness stereotype has different content in collectivistic cultures', *Personality and Social Psychology Bulletin*, 23, 795–800.

Wheeler, L., Reis, H. T. and Bond, M. H. (1989) 'Collectivism–Individualism in everyday social life: The Middle Kingdom and the melting pot', *Journal of Personality and Social Psychology*, 57, 79–86.

White, M. and Trevor, M. (1983) *Under Japanese Management: The experience of British workers*, London: Heinemann.

Whiting, B. B. (ed.) (1963) *Six Cultures: Studies in child-rearing*, New York: Wiley.

Whiting, B. B. (1976) 'The problem of the packaged variable', in K. F. Reigel and J. A. Meacham (eds.), *The Developing Individual in a Changing World*, The Hague: Mouton.

Whiting, B. B. and Edwards, C. P. (1973) 'A cross-cultural analysis of sex differences in the behavior of children aged three through 11', *Journal of Social Psychology*, 91, 171–88.

Whorf, B. L. (1956) *Language, Thought and Reality*, New York: Wiley.

Wible, D. S. and Hui, C. H. (1985) 'Perceived language proficiency and person perception', *Journal of Cross-Cultural Psychology*, 16, 206–22.

Wiemann, J., Chen, V. and Giles, H. (1986) 'Beliefs about talk and silence in a cultural context', paper presented to the Speech Communication Association, Chicago.

Wierzbicka, A. (1993) 'A conceptual basis for cultural psychology', *Ethos*, 21, 205–31.

Wierzbicka, A. (1994) 'Cultural scripts: A semantic approach to cultural analysis and cross-cultural communication', in M. Pütz (ed.), *Language Contact, Language Conflict*, Amsterdam: John Benjamins.

Wiggins, J. S. (1979) 'A psychological taxonomy of trait-descriptive terms: The interpersonal domain', *Journal of Personality and Social Psychology*, 37, 395–412.

Wilkinson, R. G. (1996) *Unhealthy Societies: The afflictions of inequality*, London: Routledge.

Williams, J. and Best, D. (1982) *Measuring Sex Stereotypes: A thirty nation study*, Beverly Hills, CA: Sage.

Williams, J. and Best, D. (1990) *Sex and Psyche: Gender and self viewed cross-culturally*, Newbury Park, CA: Sage.

Williams, J. E., Satterwhite, R. C. and Saiz, J. L. (in press) *Cross-cultural variations in the importance of psychological traits: A 20 country study*, New York: Plenum.

Williams, R. (1961) *The Long Revolution*, London: Chatto and Windus.

Williams, T. P. and Sogon, S. (1984) 'Group composition and conforming behavior in Japanese students', *Japanese Psychological Research*, 26, 231–34.

Wilpert, B. (ed.) (1991) 'Special Issue: Latin America', *Applied Psychology: An International Review*, 40, 111–236.

Wiseman, R. L. (ed.) (1995) *Intercultural Communication Theory*, Thousand Oaks, CA: Sage.

Wish, M. (1979) 'Dimensions of dyadic communication', in S. Weitz (ed.), *Non-verbal Communication*, New York: Oxford.

Wolfgang, A. (1992) *People Watching Across Cultures Made Easy*, Toronto: Ontario Institute for Studies in Education.

Wolfson, N. (1989) 'The social dynamics of native and nonnative variation in complimenting behavior', in M. R. Eisenstein (ed.), *The Dynamic Interlanguage: Empirical studies in second language variation*, New York: Plenum.

Won-Doornink, M. (1985) 'Self-disclosure and reciprocity in conversation: A cross-national study', *Social Psychology Quarterly*, 48, 97–107.

Wood, W., Lundgren, S., Ouellette, J. A. *et al.* (1994) 'Minority influence: A meta-analysis of social influence processes', *Psychological Bulletin*, 115, 323–45.

World Commission on Environment and Development (1987) *Our Common Future*, New York: Oxford.

World Tourism Organization (1986) *Economic Review of World Tourism*, Madrid: World Tourism Organization.

Worm, V. (1996) *Vikings and Mandarins: Sino–Scandinavian business cooperation in cross-cultural settings*, Copenhagen: Copenhagen Business School.

Wright, R. (1994) *The Moral Animal: Evolutionary psychology and everyday life*, New York: Little Brown.

Xu, X. and White, M. K. (1990) 'Love matches and arranged marriages: A Chinese replication', *Journal of Marriage and the Family*, 52, 709–22.

Yamagishi, T. (1988) 'Exit from the group as an individualistic solution to free rider problem in the United States and Japan', *Journal of Experimental Social Psychology*, 24, 530–42.

Yamagishi, T. and Sato, K. (1986) 'Motivational basis of the public goods problem', *Journal of Personality and Social Psychology*, 50, 67–73.

Yamaguchi, S. (1994) 'Collectivism among the Japanese: A view from the self', in U. Kim, H. C. Triandis, Ç. Kagitçibasi, S. C. Choi and G. Yoon (eds.), *Individualism and Collectivism: Theory, Method and Applications*, Thousand Oaks, CA: Sage.

Yamaguchi, S., Kuhlman, D. M. and Sugimori, S. (1995) 'Personality correlates of allocentric tendencies in individualist and collectivist cultures', *Journal of Cross-Cultural Psychology*, 26, 658–72.

Yang, K. S. (1986) 'Chinese personality and its change', in M. H. Bond (ed.), *The Psychology of the Chinese People*, Hong Kong: Oxford University Press.

Yang, K. S. (1988) 'Will societal modernization eventually eliminate cross-cultural psychological differences?', in M. H. Bond (ed.), *The Cross-Cultural Challenge to Social Psychology*, Newbury Park, CA: Sage.

Yang, K. S. (1996) 'Psychological transformation of the Chinese people as a result of societal modernization', in M. H. Bond (ed.), *The Handbook of Chinese Psychology*, Hong Kong: Oxford University Press.

Yang, K. S. and Bond, M. H. (1990) 'Exploring implicit personality theories with indigenous and imported constructs: The Chinese case', *Journal of Personality and Social Psychology*, 58, 1087–95.

Yates, J. F., Lee, J. W. and Shinotsuka, H. (1996) 'Beliefs about overconfidence, including its cross-national variation', *Organizational Behavior and Human Decision Processes*, 65, 138–47.

Yates, J. F., Zhu, Y., Ronis, D. L. *et al.* (1989) 'Probability judgment accuracy: China, Japan and the United States', *Organizational Behavior and Human Decision Processes*, 43, 147–71.

Yeung, L. N. T. (1996) 'The question of Chinese indirection: A comparison of Chinese and English participative decision-making discourse', unpublished manuscript, Lingan College, Hong Kong.

Yik, M. S. M. and Bond, M. H. (1993) 'Exploring the dimensions of Chinese person perception with indigenous and imported constructs: Creating a culturally balanced scale', *International Journal of Psychology*, 28, 75–95.

Yik, M. S. M., Bond, M. H. and Paulhus, D. L. (1997) 'Do Chinese self-enhance or self-efface?', manuscript submitted for publication.

Yoshikawa, M. J. (1988) 'Cross-cultural adaptation and perceptual development', in Y. Y. Kim and W. B. Gudykunst (eds.), *Cross-cultural Adaptation: Current approaches*, Newbury Park, CA: Sage.

Yoshiyama, N. (1988) 'A time series analysis of minority influence on majority in a group', *Japanese Journal of Experimental Social Psychology*, 28, 27–54 (English abstract).

Young, T. R. (1995) 'Chaos theory and social dynamics: Foundations of postmodern social science', in R. Robertson and A. Combs (eds.), *Chaos Theory in Psychology and the Life Sciences*, Manwah, NJ: Erlbaum.

Yousif, Y. and Korte, C. (1995) 'Urbanization, culture, and helpfulness: Cross-cultural studies in England and the Sudan', *Journal of Cross-Cultural Psychology*, 26, 474–89.

Yu, A. B. (1996) 'Ultimate life concerns, self and Chinese achievement motivation', in M. H. Bond (ed.) *The Handbook of Chinese Psychology*, Hong Kong: Oxford University Press.

Yuen, S. (1991) 'The concern for "face": A cross-cultural examination between subjects from Hong Kong and England', unpublished manuscript, University of Oxford.

Yukl, G. (1994) *Leadership in Organizations*, 3rd edn, Englewood Cliffs, NJ: Prentice Hall.

Zak, I. (1976) 'Structure of ethnic identity of Arab–Israeli students', *Psychological Reports*, 38, 239–46.

Zarate, M. A. and Smith, E. R. (1990) 'Person categorization and stereotyping', *Social Cognition*, 8, 161–85.

Zebrowitz, L. A., Montepare, J. and Lee, H. K. (1993) 'Differentiating same versus other race individuals', *Journal of Personality and Social Psychology*, 65, 85–101.

Zebrowitz, L. A. and Collins, M. A. (1996) 'Accurate social perception at zero acquaintance: the affordances of a Gibsonian approach', unpublished manuscript, Brandeis University.

Zebrowitz-McArthur, L. A. (1988) 'Person perception in cross-cultural perspective', in M. H. Bond (ed.), *The Cross-cultural Challenge to Social Psychology*, Newbury Park,CA: Sage.

Zhang, J. and Bond, M. H. (1996) 'Personality and filial piety among college students in two Chinese societies: The added value of indigenous constructs', unpublished manuscript, Chinese University of Hong Kong.
Zhurvalev, A. L. (1990) 'The tasks of social psychology in light of perestroika', *Soviet Psychology*, 28, 28–32.
Zhurvalev, A. L. and Shorokhova, E. V. (1984) 'Social psychological problems of managing the collective', in L. H. Strickland (ed.), *Directions in Soviet Social Psychology*, New York: Springer.
Zimbardo, P. G. (1970) 'The human choice: Individuation, reason and order versus deindividuation, impulse and chaos', in W. J. Arnold and D. Levine (eds.), *Nebraska Symposium on Motivation, 1969*, 17, 237–307.

人名索引

【A】

Abelson, R. 264
Abraham, M. 360
Abrams, D. 32, 184, 197
Ackerman, D. 164
Adair, J. G. 332
Adamopoulos, J. 169, 269, 350
Adams, J. S. 172, 232
Adelman, I. 48
Adigun, I. 227
Adler, N. J. 248, 329
Adler, P. S. 305
Adorno, T. W. 64, 215
Ajzen, I. 44
Alatas, S. H. 309
Albright, L. 133, 165
Alcock, J. E. 177, 179
Alden, D. L. 288
Ali, A. 230
Allport, F. H. 14
Almagor, M. 121
Almagor, U. 164
Almaney, A. 160
Altemeyer, B. 215
Altman, I. 113, 114
Al-Zahrani, S. S. A. 199
Amabile, T. M. 204
Ambady, N. 156
Amir, Y. 40, 41, 314, 315
Ancona, L. 26
Andersen, P. A. 163
Anderson, C. A. 97
Anderson, L. E. 303, 305, 306
Andreeva, G. 34, 35
Aral, S. O. 235
Archer, D. 96, 97, 162
Ardila, R. 333
Argyle, M. 85, 118, 157, 322
Armer, M. 355
Asch, S. 17, 19, 20, 22, 23, 35, 183
Atsumi, T. 188
Augoustinos, M. 205, 207, 209
Avendano Sandoval, R. 333

Aycan, Z. 318, 319
Ayman, R. 241

【B】

Babiker, Z. E. 307
Bakan, D. 77
Bales, R. F. 15, 238
Bandura, A. 93-95, 190
Barker, M. 316
Barker, R. C. 272
Barnea, M. 367
Barnlund, D. C. 161, 285
Barnouw, V. 126
Baron, R. A. 2-4, 78, 214
Barraclough, R. A. 159
Barry, H. 95, 361
Bass, B. M. 240
Bateson, N. 32
Baumrind, D. 25
Bavelas, J. B. 162
Beebe, L. M. 153, 161
Beiser, M. 319
Bell, P. R. 32
Ben-Ari, R. 207
Benet, V. 121
Bennett, J. 305
Bennett, M. J. 303
Berger, A. A. 288
Berger, C. R. 263, 264, 274
Berkowitz, L. 98
Berman, J. J. 235, 236, 337
Bernstein, I. H. 133
Berry, J. W. 41, 42, 47-49, 63, 64, 90, 174, 184, 207, 216, 307, 312, 315-318, 321, 322, 329
Best, D. L. 79, 80
Bethlehem, D. W. 178
Bhawuk, D. P. S. 322
Bierbrauer, G. 254, 303
Bijnen, E. J. 89
Bilbow, G. 290
Billig, M. 33
Bilsky, W. 57, 93
Birth, K. 29
Black, J. S. 226, 315, 329, 330

Blackler, F. 16
Blum-Kulka, S. 282
Bochner, S. 119, 197, 270, 291, 296, 304, 307, 316, 322, 327
Boisot, M. 245
Bond, M. H. 39, 54, 67-69, 73-75, 86, 88, 92, 98, 106, 119, 126, 131, 142, 158, 165, 189, 203, 207-209, 213, 215, 217, 233, 241, 253, 258, 270, 279, 298, 305, 313, 317, 328, 339, 354, 356, 360, 363, 367
Bond, R. A. 17, 18, 183, 187
Borges Andrade, J. E. 257
Borkenau, P. 92
Boski, P. 140
Bourhis, R. Y. 278
Bradbury, T. N. 173
Brehm, J. W. 299
Brewer, M. B. 211, 215, 266
Brewster, C. 258
Brislin, R. 37, 39, 56, 275, 307, 322-324, 329
Bronfenbrenner, U. 208
Brown, L. R. 356
Brown, P. 156, 273
Brown, R. J. 202
Burgoon, J. K. 275, 276
Burleson, B. R. 268
Burley, P. M. 26
Buss, D. M. 78, 79, 81, 92, 171
Buunk, B. 81, 172, 173

[C]

Cameron, J. B. 313
Campbell, A. 95
Campbell, J. D. 122
Campbell, N. 248
Cantor, N. 266
Carballo, M. 319
Carden, A. I. 316
Carlson, J. 32
Carment, D. W. 160, 177, 179
Carr, S. C. 122, 227, 258, 335, 347
Carter, H. 316
Cattell, R. B. 351
Cegala, D. J. 268
Chan, D. K. S. 123, 250, 367
Chandler, T. A. 141, 142
Chandra, S. 184
Chang, Y. 92
Chanlat, J. -F. 259
Chataway, C. J. 317

Chen, C. 236
Chen, C. S. 111
Chen, L. 268
Chen, N. Y. 133
Cheung, F. M. 90, 91
Child, J. 95, 225, 294
Chinese Culture Connection 56, 57, 59, 65, 74, 166, 230, 317, 339, 358
Chiu, H. Y. 359
Choi, S. C. 157, 339, 340
Chow, I. H. S. 226
Christensen, H. T. 81
Christie, R. 160
Church, A. T. 90-92, 121, 122, 145, 307, 320, 341
Clark, H. H. 268
Clemence, A. 73
Coch, L. 29
Cocroft, B. -A. K. 158
Cohen, D. 98, 99
Cohen, E. 304
Cole, M. 342
Collett, P. 101, 113, 322
Collins, M. A. 132
Condor, S. 212
Cooperrider, D. L. 349
Cort, D. A. 304
Costa, P. T. 89-91, 95, 126
Cottle, T. J. 169
Coupland, J. 266, 281
Cousins, S. 119, 120, 139
Cox, T. H. 179, 327
Crocker, J. 137
Cuellar, I. 311
Cunningham, M. R. 133
Cupach, W. R. 158, 283

[D]

Dahl, O. 336
Dasen, P. 10, 174, 336
Davies, D. 278
Dawes, R. M. 356
De Monchaux, C. 21
DeRidder, R. 219
Der-Karabetian, A. 357
Derlega, V. J. 154
Deshpande, S. P. 322
Deutsch, K. 15, 286
Devine, P. G. 218, 272
Diab, L. N. 34
Diaz Guerrero, R. 333

Diener, B.   134, 137, 138
Digman, J. M.   91, 120, 208
Dijker, A. J.   217
Dinges, N. G.   324
Dion, K. K.   133, 173
Dion, K. L.   173, 318
D'Iribarne, P.   346
Dittmar, H.   115
Doherty, R. W.   170, 174
Doi, T.   338
Doise, W.   32, 73, 193
Doktor, R.   167
Donaldson, L.   102
Doraï, M.   198
Dorfman, P.   240
Dragoti, E.   220
Drew, A. M.   276
Du Babcock, B.   290
Durkheim, B.   345
Durojaiye, M. O. A.   336
Dutton, D. G.   272

[E]

Eagly, A. M.   133
Earley, P. C.   24, 94, 95, 183, 190, 231, 359
Ebbinghaus, H.   1
Ebrahim, S.   319
Ekman, P.   81, 82
Ekvall, G.   242
Elliott, G. C.   232
Ellsworth, P. C.   87
Elwell, C. M.   276
Ember, C. R.   97
Ember, M.   97
Endo, Y.   144
Enriquez, V.   340
Epstein, S.   118
Erez, M.   192, 243
Esses, V. M.   217
Esteban, G.   248-250
Evans, G. W.   88
Everett, J. E.   209
Eysenck, H. J.   89-91

[F]

Farh, J. L.   257
Farr, R.   344
Farris, G. F.   241
Faucheux, C.   176, 185, 366
Feather, N. T.   95, 136, 201, 202, 208, 217, 258, 313

Featherman, D. L.   296, 363, 366
Feign, L.   141, 250, 268, 280
Feingold, A.   133
Feldman, R. E.   101
Feldman, S. S.   313, 361
Felson, R. B.   99, 282, 284
Fernandez Dols, J. M.   343, 347
Feshbach, S.   215
Festinger, L.   15, 349
Fiedler, F. E.   241
Fine, G. A.   288
Fishman, J. A.   277
Fiske, A. P.   65, 66, 101
Fiske, S. T.   214
Foley Meeker, B.   178, 179
Fontaine, G.   325, 326
Forgas, J. P.   92, 263, 272
Frager, R.   184
Fraser, C.   32
Freedle, R.   301
French, J. R. P.   15, 29, 30
Frese, M.   363
Friend, R.   19, 20
Friesen, W.   81
Fry, P. S.   141
Furby, L.   363
Furnham, A.   229, 230, 273, 309, 316, 317, 322, 367
Furuhata, K.   3

[G]

Gabrenya, W. K.   24, 179, 366
Gaertner, S. L.   218, 328
Gallois, C.   266, 279, 281
Gangestad, S. W.   132
Gao, G.   125, 152, 321
Garcia, C.   285
Garza-Guerrero, A. C.   303
Gass, S. M.   281
Geen, R. G.   95, 96, 98
Geertz, C.   117
Gehm, T. L.   87
Gelfand, M.   123
Georgas, J.   48, 49, 313, 315, 367
Gergen, K. J.   349-351
Gibson, J. J.   209
Gielen, U. P.   5
Giles, H.   158, 159, 208, 267, 277-279, 310
Giorgi, L.   229
Gire, J. T.   253
Glass, D. C.   88

Gleick, J. 361
Glenn, E. S. 246, 247
Goffman, E. 15, 157, 283
Goldberg, L. R. 120
Gologor, B. 32
Goodwin, R. 154
Goody, E. N. 156
Gouge, C. 32
Graham, J. L. 112, 159, 248, 249, 251, 274
Greenberg, J. 3, 134
Grove, C. J. 305
Gudykunst, W. B. 84, 85, 114, 123-126, 147, 151, 152, 155, 159, 262-264, 267, 270, 282, 319, 320, 325
Guerin, B. 22
Gullahorn, J. T. 308
Guthrie, G. M. 279, 303, 355
Guzzo, R. A. 190, 220, 329

[H]

Haddock, G. 217, 315
Hall, E. T. 112, 150, 151, 166
Hamaguchi, E. 123
Hamilton, D. C. 207
Hammer, M. R. 308, 309
Han, S. -P. 251
Hannigan, T. P. 163, 164
Harbison, F. H. 317
Harnett, D. L. 248
Harris, J. G. 307
Harvey, M. 315
Harwood, J. 277
Harzing, A. W. K. 329
Hasegawa, T. 159
Haslett, B. 285
Hatfield, E. 79, 171
Hecht, M. L. 163
Hedge, A. 100
Heider, F. 140, 143
Heine, S. J. 122, 125, 135
Heller, F. 258
Helmreich, R. L. 191, 192, 291
Hendrix, L. 78
Herman, S. 262
Herskovits, M. J. 43
Herzlich, C. 345
Hewitt, J. P. 15
Hewstone, M. 3, 199-201, 267, 314, 315
Hickson, D. J. 102
Hines, G. H. 361

Hinkle, S. 201-204
Ho, D. Y. F. 156, 283
Ho, F. C. 316, 325
Ho, Y. S. 189
Hobart, C. W. 171
Hoecklin, L. A. 327
Hoffman, C. 279
Hofstede, G. 50-57, 59, 61-63, 65-67, 69-71, 79, 80, 83-85, 92, 105, 106, 151, 152, 166-168, 170, 173, 174, 178, 182, 184, 190, 218, 227, 237, 244, 249, 254, 255, 259, 287, 295, 317, 342, 346, 347, 351, 358, 359, 367
Hogan, R. 67, 92, 110, 137
Hogg, M. A. 3, 196
Holtgraves, T. 156, 273
Hong, L. K. 32, 33
Hortaçsu, N. 174
Horvath, A. M. 311
House, R. J. 240
Howell, J. P. 242
Howitt, D. 336
Hubbert, K. N. 264
Hui, C. H. 39, 119, 123, 234, 280
Hullos, M. 181
Humana, C. 138, 218, 317
Huo, Y. P. 225
Hupka, R. B. 81, 172

[I]

Ibrahim, S. E. M. 307
Ike, N. 360
Imahori, T. T. 158
Industrial Democracy in Europe International Research Group 257
Inglehart, R. 352, 358
Inkeles, A. 355
International Survey Research 229
Ip, G. W. M. 122
Isaka, H. 121
Islam, M. R. 198, 315, 319
Israel, J. 30, 193
Izard, C. 81, 82

[J]

Jaffe, Y. 99
Jago, A. 244
Jahoda, G. 10, 39, 44, 115, 116
Jamieson, B. D. 32
Jesuino, J. C. 32, 33
Jodelet, D. 345

John, O. P.　120
Johns, G.　256
Jones, D.　133
Jones, E.　276
Jordan, D. K.　288
Jost, J. T.　196, 209
Juralewicz, R. S.　30, 239

【K】

Kagan, S.　180, 181
Kagitçibasi, C.　64, 105, 146, 174, 361, 364, 365
Kahl, J. A.　355
Kahn, A.　235
Kakimoto, T.　196
Kane, T. R.　18
Kaplan, H. B.　136
Karau, S. J.　23
Kashima, E. S.　152
Kashima, Y.　78, 122, 126, 139, 140, 174, 233, 339
Katigbak, M. S.　90, 91, 121, 122, 145
Katriel, T.　151
Katz, D.　210
Kealey, D.　308, 324
Keating, C. F.　132
Keefe, S. M.　310
Kelley, H. H.　15, 147
Kelley, K.　88
Kelly, A. F. D.　312
Kendon, A.　162
Kenrick, D. T.　78
Kerr, C.　352
Kerr, S.　239
Keuschel, R.　98
Kidder, L. H.　310, 315
Kiesler, C. A.　270
Kilham, W.　26
Kim, K. I.　233
Kim, M. S.　151, 152
Kim, U.　338
Kimmel, P. R.　246
Kipnis, D.　299
Kirchmeyer, C.　289, 316, 330
Kirkbride, P.　251, 292
Kitayama, S.　82-84, 86, 87, 110, 116, 118, 119, 128, 134, 135, 137, 145
Klein, K. J.　68
Kluckhohn, C.　43, 77
Kluckhohn, F. R.　61
Knapp, M. L.　164
Knauft, B. M.　98

Kobasa, S. C.　318
Kodama, K.　311
Kogan, N.　32
Kolers, P. A.　279
Koltsova, V. A.　342
Koomen, W.　211, 238
Kornadt, H. -J.　86
Korte, C.　100, 101
Korten, F. F.　127
Koseki, Y.　187, 188
Kosterman, R.　357
Kravitz, D. A.　23
Krewer, B.　10
Krichevskii, R. L.　238
Krishnan, L.　337
Kwan, V. S. Y.　89, 126, 135, 136, 146, 204

【L】

LaFrance, M.　275
LaFromboise, T.　311
Laguna Reyes, I.　333
Lambert, W. E.　207, 215, 278
Lamm, H.　32
Landau, S. F.　96
Landis, D.　328
Landrine, H.　109
Langer, E.　264, 268, 296, 326
Largey, G. P.　164
L'Armand, K.　127, 177, 178
La Rosa, J.　333
Larsen, K. S.　211
Laslo, E.　357
Latané, B.　23
Laucken, U.　153
Laurent, A.　295
Lauterbach, A.　362
Lebedeva, N.　342
Lee, C. M.　268, 276
Lee, F.　128
Lee, L.　215
Lee, Y. -T.　140, 213
Leichty, G.　156
Leong, T. L. F.　311
Leung, K.　40, 67, 69, 74, 75, 111, 136, 142, 232, 234, 235, 237, 252-254, 256, 257, 294, 363
Levine, D. N.　153
Levine, R.　165
LeVine, R. A.　214
Levine, R. V.　100, 101, 166, 167, 169, 174
Levinson, D.　172

Lewin, K.   14, 15, 21, 28, 29, 237, 242
Li, H. Z.   280, 284
Lichtenberger, B.   295
Lin, C. Y. C.   365
Lind, E. A.   251
Linssen, H.   210
Liska, J.   156
Little, K. B.   110
Little, T.   143, 144
Locke, E. A.   30
Loh, T. W. C.   161, 279
Lonner, W. J.   5, 37, 63
Luce, L. F.   330
Luk, C. L.   93
Luthans, F.   244
Lysgaard, S.   308

[M]

Mackie, M.   207
Madsen, M.   181
Mahler, I.   235
Makita, M.   30
Mandal, M. K.   86
Mann, L.   26, 136, 234
Mantell, D. M.   26
Manz, C. C.   239
Mao, L. M. R.   153
Marin, G.   16, 106, 181, 234, 235
Markus, H. R.   82-84, 86, 87, 110, 116, 119, 128, 134, 135, 137, 145, 147
Marriott, H.   113, 316
Marrow, A. J.   14, 30, 239
Marsella, A. J.   118, 360
Marsh, R. M.   48
Marshall, R.   146
Martin, J. N.   315, 325
Marwell, G.   177, 179
Maslow, A. H.   352
Masuda, M.   307
Mataragnon, R. H.   340
Mathieson, A.   304
Matsui, T.   24
Matsumoto, D.   83-87, 123, 146, 165
Maurice, M.   103
Mauro, R.   87
Mazur, A.   112
McArthur, L. Z.   131, 132, 265, 266
McClelland, D. C.   145, 230
McClintock, C. G.   176, 179
McCrae, R. R.   89-91, 95, 126, 314, 322

McDougall, W.   14
McGuire, W. J.   266
McLeod, B. A.   160
McLeod, P. L.   179, 289
McNeel, C. P.   176, 179
Mead, M.   77
Meade, R. D.   29, 168
Meaning of Working International Team   227, 228
Meeus, W. H. J.   26
Mendenhall, M.   329
Merritt, A. C.   191, 192, 291
Mesarovic, M.   356
Mesquita, B.   83, 88
Mikula, G.   235
Milgram, S.   20, 25-27, 99, 101
Milhouse, V. H.   324
Mill, J. S.   147
Miller, A. G.   181
Miller, J. G.   127-129
Miller, L.   153, 287
Milner, D.   204
Miranda, F. S. B.   26
Mischel, W.   118
Misra, S.   16
Misumi, J.   29, 30, 241
Mizokawa, D. T.   142
Mlicki, P.   211, 213
Modigliani, A.   284
Moede, W.   14
Moghaddam, F. M.   16, 318, 363
Montepare, J. M.   132
Morris, M. H.   256, 258
Morris, M. W.   128
Moscovici, S.   31, 185-188, 205, 343-345
Mouer, R.   366
Mpofu, E.   336
Mullen, B.   195, 196, 200
Mummendey, A.   198, 201
Munene, J. C.   335
Munro, B.   170
Munro, D.   90, 140
Munroe, R. L.   150, 181
Murata, K.   275
Murphy-Berman, V.   233, 235, 337
Myers, D.   3

[N]

Naidoo, J.   319
Naisbitt, J.   155, 261, 279, 353
Nakane, C.   106

Narayan, L.   121
Needham, J.   117
Nelson, G. L.   161
Nettler, G.   96
Newman, L. S.   128
Nicholson, N.   78
Nisbett, R. E.   98, 99, 139
Noesjirwan, J.   112
Nomura, N.   286
Norenzayan, A.   100, 101
Norman, W. T.   91

[O]

Oberg, K.   303, 308
Oceja, L. V.   343
Oerter, R.   116
Oettingen, G.   95, 144, 363
Oetzel, J. C.   189, 290
Ohbuchi, K.   251
Okumura, T.   274
Öngel, Ü.   331, 332, 366
Organ, D. W.   256
Osbeck, L. M.   317
Osgood, C. E.   79
Ottati, V.   213

[P]

Pacheco, A. M.   333
Pak, A. W. P.   318
Palsane, M. N.   88, 337
Pande, N.   337
Pandey, J.   3, 177, 338
Park, R. E.   309
Parker, B.   322
Parsons, T.   61, 71
Patterson, M. L.   162
Paunonen, S. V.   91
Payne, M.   170
Peabody, D.   205, 206, 210, 211, 213
Pearce, P. L.   304
Peng, Y.   132, 159
Pepitone, A.   127, 177, 178, 234
Peristiany, J. G.   99
Perkins, C. S.   307
Perrett, D. I.   133
Perrin, S.   184
Personnaz, B.   186, 212
Peterson, M. F.   244, 368
Peterson, R. A.   198
Pettigrew, T. F.   64, 199

Phalet, K.   317, 318, 320
Philbrick, J. L.   170
Pierson, H. D.   281
Poortinga, Y. H.   89, 104, 105
Population Crisis Committee   319
Porat, A.   248
Potter, J.   345
Poyatos, F.   162
Pratto, F.   205, 267
Pye, L. W.   310
Pyszczynski, T. A.   274

[Q]

Quattrone, G. A.   266

[R]

Rabbie, J.   99
Radzikhovski, L. A.   341, 342
Ralston, D. A.   231
Ramirez, M.   215
Rao, A.   287
Rapoport, A.   179
Redding, S. G.   103, 230, 339, 340
Retschitzsky, J.   10
Rhee, E.   119
Riley, P.   282
Rim, Y.   32
Ripple, S.   218
Robbins, M. C.   97
Robertson, R.   304
Roccas, S.   202
Rodrigues, A.   41
Rodriguez, A.   3
Rogler, L. H.   303
Rogoff, B.   331
Rohner, R.   43-45, 53, 66
Rosenberg, M.   135
Rosenthal, D. A.   310
Rosenzweig, M. R.   3
Ross, E. A.   14
Ross, L.   130, 139
Rothbaum, F.   170
Rotter, J. B.   74, 88, 90
Ruben, B. D.   309, 321, 327
Rubinstein, G.   215
Ruiz Quintanilla, S. A.   228
Rummel, R. J.   48, 354, 358
Rummelhart, D. E.   207
Rusbult, C. B.   236
Russell, J. A.   82, 83

[S]

Sack, R. 359
Sagie, G. 67, 367
Sagiv, L. 59, 60, 170, 217
Salazar, J. M. 211, 212
Sampson, D. L. 356
Sampson, E. E. 109, 147, 363
Sanchez, E. 334
Sanders, J. L. 112
Saucier, G. 120
Schachter, S. 15, 20, 21, 37
Scherer, K. R. 84, 87, 159
Schermerhorn, J. R. 245
Schimmack, U. 83
Schleidt, M. 164
Schmidt, S. M. 245
Schmitz, P. G. 322
Schneller, R. 322
Schurz, G. 26
Schwartz, J. 269, 283
Schwartz, S. H. 57-62, 65-72, 74, 75, 92, 93, 105, 106, 124, 152, 170, 184, 190, 205, 208, 217-220, 228, 231, 262, 317, 330, 342, 354, 357, 358, 362, 367
Schwartzwald, J. 207
Schwarzer, R. 94
Scollon, R. 270, 273, 282, 328
Scott, W. A. 267
Searle-White, J. 342
Secord, P. F. 15
Seddon, J. W. 226
Segall, M. H. 95
Semin, G. R. 32, 33, 38, 131
Sewell, W. H. 307
Shackleton, V. 224, 225
Shanab, M. E. 26
Shapira, A. 181
Shaver, P. R. 170
Shenkar, O. 295
Sherif, M. 33-35
Shirakashi, S. 23
Shmelyov, A. G. 121
Shuter, R. 112
Shwalb, D. W. 228
Shweder, R. A. 10, 69, 127
Sidanius, J. 204, 205, 367
Simard, L. M. 263
Simmel, G. 262
Simmons, C. H. 171
Simonton, D. K. 350

Singelis, T. M. 89, 105, 115, 118, 123, 125, 126, 147, 284
Singh, P. 236, 338
Singh, R. 143, 337
Sinha, D. 16, 105, 106, 336, 338, 347
Sinha, J. B. P. 241, 331, 338
Sisman, R. 304
Sleet, D. A. 132
Sloan, T. 16
Smith, C. A. 87
Smith, M. B. 306
Smith, P. B. 6, 17, 18, 62, 68, 70-72, 74, 77, 123, 152, 183, 187, 191, 218, 238, 239, 241, 242, 244, 292, 294, 367
Smith, R. J. 317
Smith, V. L. 304
Smolicz, J. J. 277
Snyder, M. 125
Solomon, S. 134
Sommerlad, E. 181
Spencer-Oatey, H. 273
Sperber, D. 344
Sprecher, S. 79, 169
Staub, E. 218, 220
Stephan, W. G. 86, 211, 217, 262, 319, 327
Stevenson, H. W. 297-299
Stigler, J. W. 345
Stimpson, D. 78
Stipek, D. 119, 142
Stokols, D. 368
Stone Feinstein, B. E. 307, 320
Stoner, J. A. F. 31-33
Stones, C. R. 170
Storti, C. 305
Strickland, L. H. 3, 15, 342
Stroebe, W. 315
Strube, M. J. 180
Struch, N. 220
Sueda, K. 284
Suedfeld, P. 368
Suinn, R. M. 311
Sumner, W. G. 214
Sundberg, N. D. 168
Sussman, N. 111
Suutari, V. 295
Szapocznik, J. 312

[T]

Tafarodi, R. W. 135
Taft, R. 309, 366

Tajfel, H. 16, 137, 193-195, 200, 204, 353, 360
Takata, T. 144
Tamura, T. 315
Tannen, D. 270
Tayeb, M. H. 104
Taylor, D. M. 198-200, 207
Taylor, E. W. 303, 307
Taylor, S. E. 134, 266
Thakerar, J. N. 278
Thibaut, J. 15, 363
Thomas, D. 181
Thomas, D. C. 287, 290, 328
Thomas, J. 282
Ting-Toomey, S. 84, 114, 151, 156-158, 172, 189, 283, 299, 325, 326, 364
Toki, K. 15
Tollgerdt-Andersson, I. 224, 225
Torbiörn, I. 319, 329
Torres, A. R. R. 203
Trafimow, D. 118, 128, 129
Trapnell, P. D. 215
Trevor, M. 293
Triandis, H. C. 37, 39, 40, 55, 68, 76, 88, 106, 119, 123, 129, 139, 140, 161, 203, 206, 214, 215, 272, 317, 322, 324, 334, 347
Trimble, J. E. 38
Tripathi, R. C. 105, 160
Triplett, N. D. 23
Trommsdorff, G. 360
Trompenaars, F. 61, 62, 71, 74, 78, 123, 152, 169, 184
Trosborg, A. 285
Trubisky, P. 252
Tsai, H. Y. 157
Tsuji, H. 90
Tsurumi, K. 354
Turner, J. C. 32, 197
Tyerman, A. 34
Tyler, A. 263, 273
Tyler, T. R. 328
Tzeng, O. C. S. 220

[U]

United Nations 46
United Nations Commission on Trade and Development 293
Urry, J. 304
Üsdiken, B. 259

[V]

Valdes, J. M. 296
Valsiner, J. 10, 342
Van de Veer, R. 342
Van de Vijver, F. J. R. 39
Van de Vliert, E. 50, 367
Van Lange, P. A. M. 181
Van Muijen, J. 255
Van Yperen, N. W. 50, 172, 173
van Goozen, S. 82
van Knippenberg, A. F. M. 201
Vandewiele, M. 170
Varonis, E. M. 281
Veenhoven, R. 138
Veiga, J. F. 25
Verkuyten, M. 174
Vidmar, N. 32
Vrij, A. 276
Vroom, V. H. 241

[W]

Wakashima, K. 163, 283
Wallbot, H. G. 84
Wallendorf, M. 115
Wan, K. C. 142
Wang, A. 311
Wang, Z. M. 258
Ward, C. A. 307-309, 311, 312, 317, 320-322
Watkins, D. 92, 122, 134, 135, 142, 143, 147
Watson, O. M. 110-112, 114
Watson, W. E. 289, 292, 328
Watzlawick, P. 268
Weber, J. G. 199
Weber, M. 228, 230
Wehmann, P. 33
Wei, L. 282
Weinberg, I. 354
Weinreich, P. 208, 312, 313
Weinstein, N. D. 135
Weldon, E. 287
Weller, L. 288
Westwood, M. J. 315
Wetherell, M. 196, 197
Wheeler, L. 133, 168
White, M. 295
Whiting, B. B. 74, 77, 96
Whorf, B. L. 130
Wible, D. S. 280
Wiemann, J. 159
Wierzbicka, A. 263, 365

Wiggins, J. S. 121
Wilkinson, R. G. 220, 368
Williams, J. E. 79, 80, 121
Williams, R. 117
Williams, T. P. 184
Wilpert, B. 16
Wiseman, R. L. 270
Wish, M. 269, 287
Wolfgang, A. 322
Wolfson, N. 161
Won-Doornink, M. 154
Wood, W. 186, 187
World Commission on Environment and Development 97
World Tourism Organization 304
Worm, V. 294
Wright, R. 78

[X]

Xu, X. 169

[Y]

Yamagishi, T. 24, 182
Yamaguchi, S. 123, 126
Yang, K. S. 91, 121, 145, 263, 352, 354, 356, 359, 360, 362
Yates, J. F. 136
Yeung, L. N. T. 153, 282
Yik, M. S. M. 89, 121, 122, 126, 145
Yoshikawa, M. J. 307
Yoshiyama, N. 188
Young, T. R. 349, 361
Yousif, Y. 100, 101
Yu, A. B. 145, 230
Yuen, S. 283
Yukl, G. 241

[Z]

Zak, I. 312
Zarate, M. A. 265
Zebrowitz, L. A. 132, 159, 267
Zhang, J. 91
Zhurvalev, A. L. 242, 342
Zimbardo, P. G. 116

事項索引

【あ】

アイ・コンタクト　112-114, 250, 276
アイスランド　138
アイデンティティの手がかり　265
アイルランド　52, 72, 167
アサバスカ族　273
アストン・モデル　102, 103
甘え　91, 338
アメリカ　1, 2, 4-6, 13, 14, 19-21, 23-26, 28-33, 35, 36, 40, 41, 46, 53-55, 63, 70, 72, 82-86, 88, 96-101, 105, 110, 115, 116, 119, 124-129, 133, 136, 143, 155, 156, 158, 159, 165, 167-174, 176, 177, 179-181, 186, 187, 192, 195, 196, 199, 204, 206, 209, 213, 216, 223, 227, 228, 231-233, 238, 240-248, 250, 251, 256, 264, 269, 274, 284-286, 289, 290, 313, 361
アラブ首長国連邦　72
アラブ諸国　19, 111, 160, 246, 247
アルゼンチン　52, 58, 72
アルバニア　73

【い】

イギリス　6, 14, 19, 21, 26, 32-34, 45-47, 52, 67, 70, 72, 82, 85, 90, 96, 100, 102-104, 113, 147, 154, 157, 167, 184, 186, 187, 194-197, 201-203, 206, 208, 212, 216, 224-227, 229, 238, 245, 248, 251, 258, 263, 273, 275, 288, 295, 322, 343, 351
意思決定　31, 56, 136, 153, 189, 238, 243, 257, 316, 335
移住　303, 360
イスラエル　32, 40, 52, 57, 74, 102, 151, 181
イスラム教徒　34, 140, 168
イタリア　26, 52, 70, 72, 73, 85, 110, 112, 131, 157, 164, 165, 167, 170, 186, 187, 206, 224, 226, 229, 234, 240, 313, 317
移動の経験　305
イヌイット　41
異文化間結婚　325
異文化間接触の種類　271
異文化心理学　10, 55, 67, 74, 104, 201, 223, 350
異文化心理学研究　10, 78
異文化接触　314
異文化適応　303

イラク　110
イラン　52, 102
インターネット　155
インド　3, 4, 16, 23, 29, 45, 52, 72, 88, 102, 104, 106, 111, 121, 127-129, 138, 141, 143, 160, 168-170, 177, 178, 180, 184, 198-200, 233, 235, 236, 240, 241, 332, 336-338, 347, 364
インドネシア　52, 66, 72, 167

【う】

ヴォーカリックス　324
ウガンダ　31, 32
ウルグアイ　53

【え】

英語の普及　353
エクアドル　52
エコ文化的アプローチ　47
エジプト　102, 110
エストニア　70
エチオピア　72
エティックによる区別　63
エミックによる区別　63
エルサルバドル　52

【お】

欧米化　353
大きい勢力差　57, 66
オーストラリア　3, 4, 26, 27, 41, 46, 52, 60, 70-72, 91, 100, 105, 111-113, 136, 153, 167, 168, 181, 187, 196, 197, 209, 234, 245, 258, 272, 275, 276, 291, 310, 313, 316, 361
オーストリア　52, 72
オランダ　19, 26-28, 52, 70, 72, 81, 100, 121, 138, 167, 182, 187, 195, 196, 201, 211, 212, 216, 229, 238, 240, 252, 255, 258

【か】

ガーナ　19
海外駐在者　329
海外赴任　330
外向性　89-91, 120, 121, 126, 146, 208, 209, 314, 320, 325, 329
外集団における報酬分配　235

外集団の認識　265
階層性　66, 70, 317
外部者とのコミュニケーション　267
葛藤　33, 35, 74, 172, 189, 191 218, 259, 319, 344
葛藤の解消　251, 363
カナダ　1, 18, 19, 32, 41, 46, 52, 100, 122, 133, 167, 170, 171, 173, 178, 181, 196, 216, 218, 240, 248, 252, 253, 256, 287, 289, 310, 313-315, 318, 319, 330, 364
カルチャー・アシミレーター　323, 324
観光産業　304
韓国　52, 72, 167, 181, 339, 347
感情的自律　61, 66, 70
間接的コミュニケーション　154, 157
管理職　257, 258

【き】

機嫌取り方略　338
帰属　66, 87, 127, 139, 141, 146, 174, 180, 199, 201, 204, 207, 274, 275, 282, 285, 296, 298, 322, 326
基本的帰属錯誤　130
究極の帰属錯誤　199
旧チェコスロバキア　72
旧西ドイツ　72
旧東ドイツ　72
旧ユーゴスラビア　72, 141
境界人　310
凝視　7, 163, 265
競争　33, 175, 180, 360
競争性　178
協調　41, 132, 191, 315
協調性　90, 91, 95, 120-122, 126, 208, 314, 321, 325, 329
協同　33, 34, 41, 224, 269
共有するジレンマ　356
協力　175, 176, 178, 180, 181, 245, 256, 320
ギリシャ　52, 72, 167, 186, 187
近接性　110-112, 114, 265
近代化　353

【く】

グアテマラ　52, 54
クエート　19
国という文化　45
国別ステレオタイプ　210
訓練　39, 87, 113, 192, 223

【け】

経験への開放性　90, 91, 121, 126, 215
ゲシュタルト心理学　14

ケニア　167, 181, 211
権威主義　215, 318, 357
権威への服従　25, 28, 291
謙虚さのバイアス　197
謙遜バイアス　141, 143, 144
勢力差　50, 51, 53, 57, 59, 61-63, 65, 71, 80, 84, 156, 163, 218, 224, 230, 238, 328, 336, 343, 367

【こ】

攻撃性　63, 95, 96, 98, 100, 102, 218
攻撃性の表出　99
攻撃性の抑制　99
高コンテクスト文化　150, 151, 161
向社会的行動　100, 101, 104
交渉　245
交渉スタイル　246
行動場　272
公平　337
コートジボワール　73
国際異文化学会　10
国内総生産　138, 167
国民アイデンティティ　212
国民総生産率　48
個人志向性　68, 69, 203, 204, 356, 363, 366
個人志向的価値　89, 173, 174, 179, 183, 231
個人主義　50, 51, 53, 57, 61, 62, 66, 70, 105, 107, 147, 148, 182, 191, 227, 317, 349, 358, 359
個人主義文化　38, 55, 68, 70, 94, 109, 110, 113, 114, 123, 125, 133-136, 138, 145, 149, 151, 154, 156-158, 166, 180, 185, 191, 192, 200, 356
個人の生活空間（ライフ・スペース）　14
コスタリカ　52, 73, 167
言葉の壁　276
コミュニケーション　267
コミュニケーション・コンピテンス　330
コミュニケーション・スキル　324
コミュニケーション・スタイル　150-153, 156, 157, 159, 161, 238, 282
コミュニケーション不全　274
コロンビア　52, 181
コンゴ共和国　19
困惑　283

【さ】

ザイール　19
最小集団条件効果　196, 198
最小集団条件パラダイム　197, 198
最小集団パラダイム　194, 195
サウジアラビア　199
先の見通し　167

事項索引 ● 447

サクラ　17, 18, 20-22, 26, 27, 158, 188
殺人　96-99, 138, 172, 247
査定　120, 126, 134, 138, 144, 163, 183, 223, 308, 314
サモア　196
ザンビア人　140

【し】

ジェスチャー　162, 163, 283
ジェンダー　2, 57, 78, 79, 97, 101, 110, 173, 204, 205, 318, 365, 367
ジェンダー差　77, 78, 80, 95, 104, 107, 173, 180, 205
ジェンダー・ステレオタイプ　79, 80
ジェンダーによる違い　9
時間的展望　165, 167-169, 192
自己開示　154, 155, 157, 209, 264, 282
自己効力　91, 94, 95, 190
自己効力感　231
仕事への動機づけ　227, 228, 255
自己についての概念化　109
自己奉仕的バイアス　139-142
自己モニタリング　125
自尊感情　134-137, 307
質的アプローチ　10
失敗の帰属　139, 141
支配　61, 66, 70, 79, 98, 99, 154, 278, 313, 357
思いやり　208, 209, 217
自民族中心主義　214, 215, 315
社会システム　14, 15, 44, 45, 66, 98, 219, 254, 263
社会人類学　14, 43, 61, 63
社会・組織心理学　1-5, 11, 39, 43, 54, 62
社会的アイデンティティ　194, 197
社会的アイデンティティ理論　137, 198, 199, 201, 202, 211, 232
社会的逸脱　21, 22, 37
社会的移動性　200, 204, 211
社会的カテゴリー化理論　197, 198
社会的創造性　200, 201, 204, 211, 360
社会的促進　22
社会的手抜き　22
社会的統合　215, 356
社会的表象　205, 344-346
社会的表象理論　343
社会的優勢理論　204, 205, 211, 212
ジャマイカ　52
集合的自尊感情　137
囚人のジレンマ　176, 178, 179
収束仮説　351, 361
集団アイデンティティ　201, 203

集団葛藤　33, 200
集団間葛藤　219
集団間の調和　320
集団極性化　31, 35, 100, 197
集団決定　15, 29-31, 33, 35
集団効力感　190
集団志向性　68, 69, 89, 199, 202-204, 215, 234, 364, 366
集団志向的価値　89, 105, 130, 173, 174, 183
集団主義　50, 53, 57, 61, 62, 66, 70, 105, 107, 147, 148, 182, 191, 227, 317, 349, 358, 359
集団主義文化　38, 55, 68, 70, 71, 86, 94, 101, 103, 109, 110, 113, 114, 116, 123, 128, 130, 134-136, 138, 139, 142, 143, 145, 146, 151, 154, 156, 157, 160, 165, 166, 178, 185, 187, 191, 192, 200, 356
集団討論　20, 29-31, 33, 189
集団奉仕的帰属　198, 199
修復的フィードバック　282
周辺化　321
主観的幸福感　137, 138
儒教的な仕事への原動力　57, 166, 167, 230
熟達　61, 366
少数者の影響　22, 185, 197, 187
小集団行動　182
情動経験　83, 84-86, 88, 119
情動の解読　82
女性性　50, 51, 53, 57, 59, 66, 80, 106, 182, 190, 367
女性的　173, 182, 224, 227
情動表現　81
所有物　114, 115
シリア　246
信念　66, 69, 74, 75, 91, 95, 109, 115, 122, 126, 143, 149, 159, 190, 198, 204, 217, 220, 268, 306, 310, 344, 349, 357, 360, 363, 367
人格特性　206, 208, 333, 334, 341
シンガポール　53, 72, 167
神経症傾向　89, 91, 208, 209
人権　72, 73, 138, 216, 218, 261, 317, 327, 354
人選　223-225, 255, 259
身体的特徴　131, 132, 262, 266
シンパティア　106, 334
ジンバブエ　19, 58, 70, 90, 336
親密な関係　64, 169, 171-173, 175, 188, 235, 285, 364

【す】

スイス　53, 73, 167, 186, 187
垂直集団　70, 109
垂直集団主義　70, 71, 75, 215
水平集団　70, 109

水平集団主義 70, 71, 75
スウェーデン 53, 72, 110, 167, 224, 226
スーダン 100
スキル 322
ステレオタイプ 9, 34, 79, 85, 105, 133, 134, 173, 198, 205-210, 212, 213, 217, 218, 220, 231, 261, 265-267, 281, 298, 301, 315, 345
ステレオタイプの機能 207
スピーチの適応 277
スピーチ・プラグマティックス 282
スペイン 3, 26, 46, 53, 70, 72, 112, 121, 187, 225, 240, 248, 343

【せ】

生活の質 138, 139, 332
成功の帰属 139, 141
誠実性 90, 91, 120-122, 126, 146, 208, 320
貞節 78, 79, 128
生態学的誤謬 54, 67, 96
生態的文化理論 367
世界観 2, 216, 307, 324, 357
接触仮説 314
セネガル 171

【そ】

相互依存的自己 116, 117, 125, 146, 148, 152, 284, 290
相互依存的な自己の捉え方の測定 123, 124
組織構造 102
組織の慣例 256
組織の公正さ 256
組織文化 254
ソビエト連邦 34, 45, 72
存在脅威理論 134

【た】

タイ 23, 53, 72, 170, 248, 282
体臭 163-165, 265
第二言語を用いる者（話す者） 279, 280
Type A パーソナリティ 88
台湾 23, 24, 31-33, 53, 70, 121, 133, 167, 225, 230, 236, 241, 242, 245, 248, 250, 252, 257, 360
多国籍企業 293
達成動機 145, 230, 355
単一的時間の捉え方 166
男性性 50, 51, 53, 57, 59, 80, 84, 106, 190, 288, 295, 367
男性的 227

【ち】

小さい勢力差 66
知覚 14, 38, 87, 94, 95, 98, 101, 120, 127, 128, 132, 138, 146, 165, 174, 177, 188, 190, 199, 266, 317
地球村 11
知的自律 66, 69, 70, 228
チャドル 116
注意 14, 20, 35, 42, 59, 69, 87, 94, 98, 106, 128, 129, 138, 147, 192, 193, 203, 207, 267, 301
注意の向き 130
中国 24, 42, 56, 58, 70, 72, 91, 119, 125, 135, 136, 141, 167, 169, 170, 205, 225, 231, 236, 245, 248, 251, 256, 258, 273, 293, 294, 339, 347
チュニジア 359
調和 61, 70, 83, 86, 98, 118, 154, 157, 175, 183, 188, 192, 201, 207, 226, 228, 246, 253, 259, 260, 263, 299, 301, 303, 310, 354, 357
直接的コミュニケーション 154
チリ 52
沈黙 152, 153, 158, 159, 251

【つ】

追試 16, 17, 25, 34-36, 40-42, 47, 116, 139, 182, 183, 195, 201, 230, 233, 258, 334, 351, 357

【て】

定義 10, 43, 44, 45, 48, 51, 53, 54, 62, 65, 66, 72, 74, 95, 118, 122, 137, 190, 217, 277, 283, 286, 301, 312, 351, 357
ディスコース（談話）分析 10
敵対感情の低減 363
デンマーク 52, 72, 81, 178, 224

【と】

ドイツ 14, 15, 19, 21, 26, 27, 29, 31, 32, 46, 52, 70, 91, 112, 121, 143, 144, 153, 159, 165, 167, 171, 195, 201, 206, 224, 225, 227, 228, 236, 240, 244, 248, 251, 254, 295
同化 321
統合 57, 87, 107, 117, 191, 193, 252, 255, 277, 305, 315, 317, 321, 345, 347, 368
統制位置 88
統制の所在 74
同調 17-23, 35, 41, 47, 59, 125, 183-186, 197, 198, 202, 217, 299
道徳的規律 57
道理をはずれた規範 343
都会と地方の間 180
独立 17-20
独立的自己 116, 117, 125, 152, 284, 290

独立的な自己の捉え方の測定　123, 124
土着心理学　10, 16, 331
ドミニカ共和国　212
捕われた心のシンドローム　309
努力差　113, 243, 244
トルコ　53, 70, 72, 332

【な】

内向性　89, 356
ナイジェリア　72, 138, 335
内集団における報酬分配　232
内集団バイアス　196-199, 201, 203, 211, 212
普遍主義　71, 75, 109, 123, 159, 160, 232, 294
内集団卑下　200, 201
内的統制の位置　77

【に】

ニジェール共和国　115
20答法　119, 122, 130, 134, 147
西ヨーロッパ　342
日米交渉　274
日本　3, 4, 6, 19, 24, 28, 30, 42, 46, 52, 55, 60, 72, 73, 82-85, 91, 96, 102, 106, 113, 119-122, 124, 125, 135, 136, 140-142, 144, 145, 155, 157-159, 163, 165, 167, 169-172, 182, 184-188, 196, 223, 225, 227, 228, 231, 233-235, 238, 240-242, 245, 248, 251, 252, 258, 264, 274, 275, 283-285, 287, 290, 293-295, 316, 338- 340, 347, 360, 364, 366
ニューギニア　41, 77, 81, 98
ニュージーランド　3, 32, 52, 70, 71, 136, 146, 181, 196, 240
人情　57

【ね】

ネパール　142

【の】

能力帰属　143
ノルウェー　52, 72, 178, 224

【は】

パーソナリティ　20, 77, 88, 91, 95, 102, 104, 120, 126, 133, 146, 154, 262, 263, 265, 267, 274, 292, 314, 320, 322, 326, 330
排他主義　71, 75, 106, 109, 123, 160
パキスタン　52, 72, 170
バック・トランスレーション法　37
パナマ　52
パプアニューギニア　181
ハワイ　29, 174

ハンガリー　72, 81, 181
反応傾向　39

【ひ】

ヒエラルキー　237
東アジア　338
非言語　155, 162, 165, 262, 265, 274, 276, 286, 291, 322
被験者内標準化　39
ビッグ・ファイブ　91, 95, 208, 215, 320, 334, 341
人と状況との相互作用　118
Human Relations Area Files　97
表出　73, 83-88, 91, 96, 98, 100, 107, 110, 116, 153, 157, 159, 165, 189, 208, 209, 308
平等　337
平等主義　61, 98, 123, 205, 219, 228, 236, 248, 273
平等主義的コミットメント　61, 62, 66, 70, 71, 262
ヒンズー教徒　168, 198, 199

【ふ】

フィードバック　285
フィジー　19, 184
フィリピン　52, 72, 145, 279, 340, 347
フィンランド　52, 70, 72
プエルトリコ　30, 333
不可解な東洋人　85
不確実性の回避　50, 51, 53, 57, 83, 84, 106, 166, 172
複合的時間の捉え方　166
侮辱　98, 131, 158, 162, 298
部長　24, 25, 99, 183
物理的コンテクスト　110
普遍性　11, 59, 63, 74, 77, 78, 80, 82, 91, 94, 102, 104, 106, 107, 133, 134, 175, 217, 294
ブラジル　6, 16, 19, 41, 52, 56, 72, 105, 106, 112, 166, 167, 203, 212, 241, 251, 257, 282, 288, 332
フランス　19, 32, 52, 72, 73, 167, 186, 187
不倫　81
ブルガリア　72
ブルキナファソ　72
プロクセミックス　162, 163
プロテスタントの労働倫理　229, 230
文化　43, 62, 66, 74, 135, 169, 272, 316, 351, 366
文化間研究学会　10
文化間心理学　10
文化心理学　10
文化心理学者　342
文化的アイデンティティ　309
文化的コンテクスト　16, 22, 39, 71, 107, 116, 150, 192, 322

文化的内面性　215
文化的バイアス　56, 230
文化変容　307, 308, 312
文化レベル　47, 60, 62, 67-70, 73, 75, 97, 123, 125, 134, 147, 152, 174, 189, 243, 333, 334, 357, 367
分配の公正　231, 232, 235

【へ】

ベネズエラ　46, 53, 88
ペルー　52
ベルギー　19, 21, 45, 52, 72, 116, 176, 178, 187, 224, 228, 248
変容　351

【ほ】

報酬分配　194, 231-233, 237, 253, 255, 259, 337
報酬分配表　176, 195
ポーランド　58, 70, 72, 167, 211
保守主義　61, 62, 66, 69, 70, 184, 218, 228
保守性　59
没個性化　116
ボツワナ　112
ポルトガル　19, 32, 33, 52, 56, 72, 91, 256, 282
香港　6, 19, 29, 42, 46, 52, 55, 72, 74, 85, 88, 91, 94, 98, 99, 103, 119, 125, 126, 131, 134, 136, 142, 145, 153, 155, 157, 158, 162, 167, 168, 204, 208, 209, 226, 231, 232, 234, 235, 245, 250, 251, 256, 258, 284, 290, 292-294, 296, 310, 312-314, 360, 361

【ま】

マキャヴェリ主義　160
マダガスカル　336
マラウィ共和国　227
マレーシア　23, 45, 52, 70, 136, 200, 201

【み】

見知らぬ人　262
南アフリカ　53, 141
民族言語としての生命力　277
民族心理学　13
民族的アイデンティティ　2, 311, 312

【む】

無意識　264

【め】

名誉の原理　345
メキシコ　6, 16, 52, 72, 167, 180, 181, 212, 213, 242, 248, 293, 317, 332-334
メタ・コミュニケーション　269
メタ文化的認識　325
メタ分析　17, 18, 23, 35, 133, 180, 183, 186, 196, 198
面子　156-158, 175, 226, 283, 284, 294, 299, 339, 340, 346

【も】

モロッコ　112

【ゆ】

ユーゴスラビア　45, 53
ユーモア　288

【よ】

ヨルダン　26, 28, 102, 167

【ら】

ラテン・アメリカ　88, 333

【り】

リーダーシップ　14, 15, 22, 28, 29, 35, 188, 237, 238, 240-242, 244, 255, 292, 338
リーダーシップ・スタイル　28-30, 190, 241-244, 257
リベリア　31, 32

【る】

ルーマニア　72, 167

【れ】

歴史としての社会心理学　349
レバノン　19, 34
恋愛　169-171, 173, 174, 192

【ろ】

ロシア　3, 15, 35, 81, 121, 143, 144, 154, 169, 206, 210, 213, 231, 245, 248, 251, 332, 341

【わ】

ワシントンＤＣ　29

訳者あとがき

　本書は，Peter B. Smith氏（University of Sussex）と Michael Harris Bond氏（The Chinese University of Hong Kong）による"*Social Psychology across Cultures - 2nd edition（1998）*"（London: Prentice Hall Europe）の翻訳である。原著者の簡単な紹介をしておく。Peter B. Smith氏（英国・ケンブリッジ大学より博士号取得）は1966年以来，英国・サセックス大学で教鞭を執られ，現在は社会心理学主任教授である。また，Journal of Cross-Cultural Psychologyの編集委員長としての経歴もあり，異文化・比較文化心理学研究分野では世界的に名の知られた社会心理学者である。多くの著書・論文があるが，彼の著書「小集団活動と人格変容」の訳書は北大路書房から出版されている。特に日本における共同研究も多く，過去には文部科学省（旧文部省）並びにキャノンからはリーダーシップ研究の助成金を得ている。また，Michael Harris Bond氏（米国・スタンフォード大学より博士号取得）は過去25年間に渡り，香港中文大学（The Chinese University of Hong Kong）で心理学の教鞭をとっている。過去にはThe International Association of Cross-Cultural Psychologyの会長も務めている。以前，Bond氏は日本の関西学院大学でも教鞭を執っておられ，社会心理学・異文化心理学の研究において，100以上の数多い著書・論文を発表している。

　この翻訳プロジェクトに取り掛かるきっかけは，1998年トロントでのアメリカ心理学会の場において，原著者の一人であるBond氏と翻訳者の1人（笹尾）の出会いであった。この出会いは，ハワイ大学のUichol Kim氏（現在は韓国・中央大学　心理学準教授）を介してであったが，原著者には日本語訳だけではなく韓国語と中国語にも翻訳してより多くの研究者，学生，また一般の方々にも読んでいただきたいとの意向が原著者にあり，偶然その場に居合わせたのがUichol Kim氏，Kwok Leung氏（当時は香港中文大学のBond氏同僚，Asian Journal of Social Psychologyの編集主幹で現在は香港経営大学の心理学教授）と私（笹尾）であった。個人的には，大学院在学中に本書の第1版を読んだことはあったが，第2版が直に出版とのことであった。その後，1998年12月にはBond氏を国際基督教大学心理学フォーラムにお招きし，公開講演・ワークショップをしていただき，本書の主旨である「実証社会心理学の研究成果を実社会にて有益なものとし，また異文化間理解も促進していきたい」という信念に触れられることができ感謝している。また，この翻訳の完成に至るまで他の雑務等で難行したが，アメリカ心理学会（ボストン），国際異文化心理学会（ポーランド），国際応用心理学会（シンガポール）でお会いしたときには2人ともいつも笑顔

でこのプロジェクトの進捗状況を気にかけてくださったことに，ここで改めてBond氏とSmith氏に感謝の念を述べる。

　さて，本書のタイトルにはいくつか案が出されたが，最終的に「グローバル化時代の社会心理学」とした。日本でよく耳にする「国際化」という言葉は，諸外国との経済的・文化的な相互交流や協調，あるいは外国に対する門戸開放といった意味合いを持ち，「英語を話せる国際人」，「国際的な視野に立つ知識人」などと使用され，肯定的な面があるが，「国際化」の持つニュアンスには，ある一国を基盤にした一方的な面が強くでているように思われるので，敢えて「グローバル化」という言葉を当てた。1993年に，クリントン政権時のゴア副大統領が"Super Information Highway"の構築を提言して以来，10年も経たないうちに世界はもはや「情報化」によって，さらに交通とコミュニケーションの飛躍的発展により，世界が1つといった考え方，つまり「global village（地球村）」を示唆する概念が台頭してきた。すなわち，「グローバリゼーション（globalization）」という言葉で，より双方向的で，国境を越えた（without borders）社会状況を表す全地球的な共通性・普遍性を高めることが期待されてきている。にもかかわらず，ここ4-5年の間には，米国9.11同時多発テロ事件，イラク戦争などの不幸な出来事に世界は脅かされ，国際問題は着実に解決しているとは言い難い。Smith氏とBond氏は世界平和を求めるには，グローバル化された社会を目標にしつつも，国家間の社会心理的違いを理解し，その理解を活かし，一歩でも実のりある解決方法へ導く努力をしていくことが21世紀に生きる社会心理学者の使命ではないだろうかと論じている。この視点には私もまったくの同感である。また，原著者らは厳密な科学的・実証的研究法を重視している点でも評価すべきである。以上のことが，タイトルを「グローバル化時代の社会心理学」とした所以である。

　また，本書では世界各国で実施された研究，特に欧米以外の研究が紹介されているが，それらの研究者名の読み方には，カタカナ表示をせず，英語での綴りのまま表記した。その理由の1つとして，外国人名（日本人から見ればの話だが）の読み方を日本語表記することは，困難極まるものもあり，やはり間違って発音し，それを広めてしまうことへの責任を感じる。例えば，人名の読み方をある本，特に訳書から学んだ場合，国際学会に出席したり，海外留学等で交流を持とうとするときなど，それが伝わらないときが少なからずある。それゆえ，敢えてカタカナによる当て字での発音よりも読者自身が実際の場で発音して試してもらいたいと思い，この翻訳書では英語での綴りのまま表記する方法を選択した。それによって，もし発音が不正確な場合があるとしても，それはかえって他者あるいは本人とのコミュニケーションのきっかけになるのではないかと思う。例えば，稚拙な私の体験例であるが，2000年夏，ドイツ・フランクフルト郊外の研究会議でトルコ共和国のCigdem Kagitçibasi先生とお

会いしたことがあったが，この著名な先生の名前がどうしても発音できなく，また単に「先生」「教授」「博士」と呼ぶのも失礼になると思い，会議の休憩時間に思い切って話しかけそれを切り口に国際会議等における人名の呼び方を話題にしたことがあった。私なりにカタカナにすると，「チードゥム・カジィチィバチィ」でよさそうである。このように悩むのは私だけではないと彼女は笑っておられた。しかし，「グローバル化」している社会においてのコミュニケーションでは，まず相手の名前をそのネイティブの言語が発せられなくても（後で訂正すればよいのであるから），お互いを名前で呼び合うことができるのは，研究内容の共有と同様に重要で，学問の「国際化」つまり，研究の吸収と発信を可能にし研究内容の理解，さらには国境を越えた知識の蓄積につながるのではないかと思われる。

　また翻訳を進める上で，使われている英語の地域性によってニュアンスが微妙に違ってしまうのではないかという懸念があった。原著者のおひとりのSmith氏は英国で教育を受け英国で教鞭をとっておられるが，Bond氏はカナダ出身で，教育はアメリカ，そして職場は長い間英国領であった香港であることで，訳者のひとりである私のようにアメリカで高等教育を受け，教鞭をとり，現在は日本で教えているものにとってはところどころ戸惑う箇所もあったが，その都度電子メールや実際にお会いしたときにお互いに率直にその解釈の違いを議論し，翻訳にあたって共通項を見出せたことには感謝する。

　さて本書の翻訳に当たって——特に初期の素訳の段階では下記に掲げる多くの有能な国際基督教大学の学生・院生の諸君によるところが多かったが——最初の1－6章に関しては磯崎が，また後半の7－12章は笹尾が最終的に担当した。以下の学生は本書に触発され，現在，アメリカの諸大学院で博士号（Ph.D.）を目指して学んでいるものもいる。将来の心理科学分野の中核を担ってくれるものと期待をしている。

　　狩野恵美（カリフォルニア大学ロスアンジェルス校公衆衛生学部　コミュニティ健康科
　　　　学科　博士後期課程在籍）
　　新谷　優（ミシガン大学心理学科　社会心理学　博士後期課程在籍）
　　西村美咲（カリフォルニア大学デイヴィス校　コミュニティ・人間発達学科　博士後期
　　　　課程在籍）
　　黒石憲彦（国際基督教大学教育学研究科　社会心理学専攻　博士後期課程在籍）
　　土居香央理（東京都立大学人文科学研究科　社会心理学専攻　博士後期課程在籍）
　　池田　満（国際基督教大学教育学研究科　コミュニティ心理学　博士前期課程在籍）
　　小山　梓（国際基督教大学教育学研究科　コミュニティ心理学　博士前期課程在籍）
　　椙山彩子（国際基督教大学教育学研究科　臨床心理学　博士後期課程満期退学）

大内潤子（国際基督教大学教養学部教育学科　心理学専攻　学士課程在籍）

　また，東京大学の山口勧教授及び研究室大学院生らの適切なコメントと援助も厚く感謝するところである。
　最後になってしまったが，この拙訳の出版の機会を与えてくださった北大路書房営業部の西村泰一氏，また最後まで辛抱強く丁寧な対応をもって見守ってくださった編集部の薄木敏之氏には本当にお世話になった。この場を借りて厚く感謝したい。

米国ニューメキシコ州・ラスベガス市での学会宿泊先にて
2003年6月　笹尾敏明

付記
　訳者の1人磯崎は，2002年9月より国際基督教大学より特別研究休暇を与えられた。このことが本訳書の完成に大いに力があったことを記し，同大学および教育学科の皆さんに感謝したい。

訳者紹介

笹尾敏明（ささお・としあき）　　［序文，第7章～第12章］

    1955年　北海道に生まれる

    1988年　米国・南カリフォルニア大学　社会心理学専攻　心理学博士号取得（Ph.D.）

    現　在　国際基督教大学教養学部・大学院教育学研究科　準教授（異文化・コミュニティ心理学）　アメリカ研究プログラム主任

            米国・イリノイ大学シカゴ校心理学科　外部教授（Adjunct Professor）

    主著・論文

    対人社会心理学重要研究集：対人知覚と社会認知の心理　（共著）　誠信書房　1988年

    対人社会心理学重要研究集：社会心理学の応用と展開　（共著）　誠信書房　1999年

    応用心理学の現在　（共著）　北樹出版　2001年

    Substance Abuse & Gang Violence　（共著）　Sage Publications　1992年

    Advanced Methodological Issues in Culturally Competent Evaluation for Substance Abuse Prevention　（共著）　U.S. Center for Substance Abuse Prevention　1996年

    Understanding and dealing with violence: A Multicultural Approach　（共著）　Teachers College Columbia University Press　2003年

磯崎三喜年（いそざき・みきとし）　　［第1章～第6章］

    1954年　茨城県に生まれる

    1980年　広島大学大学院教育学研究科博士課程中退　社会心理学専攻

    現　在　国際基督教大学教養学部・大学院教育学研究科　教授（博士／心理学）

    主著・論文

    The effect of discussion on polarization of judgments. *Japanese Psychological Research*, 26, 187-193. 1984年

    人間行動論入門　（共編著）　北大路書房　1988年

    児童・生徒の自己評価維持機制の発達的変化と抑うつとの関連について　心理学研究, 65, 130-137.　1994年

    社会集団の再発見　（共訳）　誠信書房　1995年

    マインド・スペース　加速する心理学　（共編著）　ナカニシヤ出版　1999年

    「心の教育」再考――個と関係性の視点から――　キリスト教文化学会年報, 48, 1-11. 2002年

グローバル化時代の社会心理学

2003年7月20日　初版第1刷印刷	＊定価はカバーに表示して
2003年7月30日　初版第1刷発行	あります。

著　者　　P．B．スミス
　　　　　M．H．ボンド
訳　者　　笹　尾　敏　明
　　　　　磯　崎　三喜年
発行者　　小　森　公　明
発行所　　（株）北大路書房

〒603-8303 京都市北区紫野十二坊町12-8
振替口座　01050-4-2083
TEL (075)431-0361（代）／FAX (075)431-9393

©2003　制作：高瀬桃子　印刷／製本：ヨシダ印刷株式会社
検印省略　落丁・乱丁本はお取替え致します
ISBN 4-7628-2317-1　　Printed in Japan